“恩智浦”杯
智能汽车设计与实例教程

隋金雪　杨　莉　张　岩◎编著

電子工業出版社
Publishing House of Electronics Industry
北京·BEIJING

3. Kinetis ARM®微控制器

32 位 Kinetis MCU 是业界最具扩展能力的 ARM® Cortex™-M4 MCU 的出色代表。该产品组合前期推出的产品包括 5 个系列 200 多款引脚、外设和软件都兼容的 MCU，具有出色的性能、内存和功能扩展能力。由于采用了创新的 90nm 薄膜存储器（TFS）闪存技术，并带有独特的 FlexMemory（可配置嵌入式 E2PROM），Kinetis 包含最新的低功耗创新技术和高性能、高精度的混合信号功能。Kinetis MCU 还得到恩智浦和 ARM 第三方生态系统合作伙伴的领先市场的工具包的支持。

本书特色

1. 实用性强

本书以实用性为原则，根据前几届参赛选手的亲身经历，通过“第一视角”向读者展示智能汽车制作与调试的精髓。

2. 内容全面、系统、深入

本书涵盖了智能汽车制作的各方面知识点，向读者展示了一个完整的体系，特别对技术盲点进行了深入的解析，有利于读者继续研究和学习。

3. 源代码丰富

编著者从事智能汽车研究多年，先后参加过第五届、第六届、第七届、第八届、第十二届“恩智浦”杯智能汽车竞赛，多次获得省级奖、赛区奖和国家奖，本书收录了编者长期制作与调试的经验，向读者完全开放源代码，讲解精华程序，给读者呈现最具体、最实用的资料。

本书结构

全书分为 11 章，第 1 章介绍全国大学生“恩智浦”杯智能汽车竞赛概况与竞赛规则；第 2～4 章分别从硬件设计、软件设计及机械结构设计给出智能汽车整体设计的框架；第 5 章对控制芯片的使用进行了详细描述，着重讲解了智能汽车竞赛需要用到的各模块，由于竞赛规定每个学校参赛队伍不得采用同一种型号的控制芯片，因此挑选 4 种适用于智能汽车竞赛的恩智浦系列芯片——MC9S12XS128、MCF52259、Kinetis K60 及 MPC5604 进行相应讲解；第 6～11 章根据编著者自身的参赛经历，将完整的智能汽车的实例制作过程收录在内，涵盖了电磁、节能、摄像头、光电及自平衡、信标等组别。

读者对象

- ✓ 智能汽车制作初学者
- ✓ 想进行技术提升的智能汽车参赛队员
- ✓ 嵌入式开发人员
- ✓ 自动控制领域研究人员
- ✓ 本科院校学生及研究生
- ✓ 科技爱好者

本书作者

本书由隋金雪、杨莉、张岩编著，参加编写的人员还有山东工商学院深蓝工作室（山东工商学院机器人协会）等。

鉴于作者水平有限，书中难免存在不足和错误之处，恳望读者提出宝贵建议和意见，以便再版时改进。

编著者

2018 年 4 月

CONTENTS 目录

第 1 章

竞赛简介

1.1 竞赛与规则简介

1.1.1 竞赛介绍

全国大学生“恩智浦”杯智能汽车竞赛起源于韩国，是韩国汉阳大学汽车控制实验室在恩智浦半导体公司资助下举办的、以 HCS12 单片机为核心的大学生课外科技竞赛。组委会提供一个标准的汽车模型、直流电动机和可充电式电池，参赛队伍要制作一个能够自动识别路径的智能汽车，在专门设计的跑道上自动识别道路行驶，最快跑完全程而没有冲出跑道且技术报告评分较高为获胜者。智能汽车设计内容涵盖了控制、模式识别、传感技术、汽车电子、电气、计算机、机械、能源等多个学科的知识，对学生知识融合和实践动手能力的培养具有良好的推动作用。

全国大学生“恩智浦”杯智能汽车竞赛原则上由全国有自动化专业的高等学校（包括中国香港、澳门地区的高校）参赛。竞赛首先在各分赛区进行报名、预赛，各分赛区的优胜队将参加全国总决赛。每届比赛根据参赛队伍和队员情况，分别设立光电组、摄像头组、电磁组、创意组等多个赛题组别。每个学校可以根据竞赛规则选报不同组别的参赛队伍。全国大学生智能汽车竞赛组织运行模式贯彻“政府倡导、专家主办、学生主体、社会参与”的 16 字方针，充分调动各方面参与的积极性。

“恩智浦”杯智能汽车竞赛以恩智浦半导体公司为协办方，自 2006 年首届举办以来已经成功举办了 12 届，得到教育部领导、恩智浦半导体公司领导与各高校师生的高度评价，已发展成全国 34 个省级行政区、市级行政区、自治区 200 余所高校广泛参与的全国大学生智能汽车竞赛。2008 年第三届“恩智浦”杯智能汽车竞赛被教育部批准列入国家教学质量与教学改革工程资助项目中 9 个科技人文竞赛之一，2009 年第四届“恩智浦”杯智能汽车竞赛被列入国家教学质量与教学改革工程资助项目。

全国大学生“恩智浦”杯智能汽车竞赛一般在每年的 10 月公布次年竞赛的题目和组织方式，并开始接受报名，次年的 3 月进行相关技术培训，7 月进行分赛区竞赛，8 月进行全国总决赛。

1.1.2 竞赛规则

全国大学生“恩智浦”杯智能汽车竞赛参赛选手须使用竞赛秘书处统一指定并负责采购的竞赛车模，采用恩智浦各系列芯片作为核心控制单元，自主构思控制方案及系统设计，包括传感器信号采集处理、控制算法及执行、动力电动机驱动、转向舵机控制等，完成智能汽车工程制作及调试，于指定日期、地点参加各分赛区的场地比赛，在获得决赛资格后，参加全国决赛区的场地比赛。参赛队伍之名次（成绩）由赛车现场成功完成赛道比赛时间为主、技术方案和制作工程质量评分为辅来决定。竞赛秘书处制定的比赛规则适用于各分赛区预赛及最终决赛。在实际可操作性基础上力求公正、公平参与。秘书处将邀请独立公证人监督现场赛事及评判过程。

分赛区、决赛区的现场比赛规则相同，均分为初赛与决赛两个阶段。

计算比赛成绩时，分赛区只通过比赛单圈最短时间进行评比，而决赛区还须结合技术报告分数综合评定。

近年来，随着智能汽车技术水平的不断突破，大赛组委会制定了新的赛道元素来考验选手，如反跑、双向跑、直角转弯、单双线切换、障碍、灯塔起步、圆环路径选择、节能控制、双车追逐等。具体的赛道元素与规则请参阅大赛组委会官方网站发布的大赛公告。

1.2 历届竞赛承办单位及获奖情况

1．第一届（2006 年）

承办单位：清华大学

特等奖：清华大学

2．第二届（2007 年）

承办单位：上海交通大学

特等奖：上海交通大学

3．第三届（2008 年）

承办单位：东北大学

摄像头组冠、亚、季军：东北大学、北京科技大学、上海交通大学

光电组冠、亚、季军：武汉科技大学、北京科技大学、东北大学

4．第四届（2009 年）

承办单位：北京科技大学

摄像头组冠、亚、季军：北京科技大学、上海交通大学、上海大学

光电组冠、亚、季军：北京科技大学、清华大学、杭州电子科技大学

5．第五届（2010 年）

承办单位：杭州电子科技大学

摄像头组冠、亚、季军：北京科技大学、杭州电子科技大学信息工程学院、南京师范大学

光电组冠、亚、季军：杭州电子科技大学、杭州电子科技大学信息工程学院、乐山师范学院

电磁组冠、亚、季军：广东技术师范学院、清华大学、杭州电子科技大学

6．第六届（2011 年）

承办单位：西北工业大学

摄像头组冠、亚、季军：湖南大学、北京科技大学、山东大学

光电组冠、亚、季军：西北工业大学、电子科技大学、乐山师范学院

电磁组冠、亚、季军：杭州电子科技大学、北京科技大学、西北工业大学

7．第七届（2012 年）

承办单位：南京师范大学

摄像头组冠、亚、季军：北京科技大学、常熟理工大学、电子科技大学

光电组冠、亚、季军：北京科技大学、山东大学、乐山师范学院

电磁组冠、亚、季军：中南民族大学、浙江大学、华中科技大学

8．第八届（2013 年）

承办单位：哈尔滨工业大学

摄像头组冠、亚、季军：北京科技大学、武汉科技大学、西安交通大学

光电组冠、亚、季军：北京科技大学、厦门大学、厦门大学嘉庚学院

电磁组冠、亚、季军：电子科技大学、北京科技大学、东北大学秦皇岛分校

9．第九届（2014 年）

承办单位：电子科技大学

摄像头组冠、亚、季军：南京师范大学、北京科技大学、电子科技大学

光电组冠、亚、季军：北京科技大学、中南民族大学、华中科技大学

电磁组冠、亚、季军：华中科技大学、浙江大学、电子科技大学

10．第十届（2015 年）

承办单位：山东大学

摄像头组冠、亚、季军：厦门大学、北京科技大学、山东大学

光电组冠、亚、季军：重庆大学、中南大学、北京科技大学
电磁组冠、亚、季军：北京科技大学、天津大学、中南民族大学

11．第十一届（2016 年）

承办单位：中南大学
摄像头组冠、亚、季军：北京科技大学、电子科技大学、惠州学院
光电组冠、亚、季军：北京科技大学、北京邮电大学、厦门大学嘉庚学院
电磁组冠、亚、季军：中南大学、北京科技大学、湖北工程学院
电轨组冠、亚、季军：电子科技大学、北京科技大学、中南民族大学
双车追逐组冠、亚、季军：北京科技大学、武汉大学、厦门大学
信标越野组冠、亚、季军：哈尔滨工业大学、武汉大学、武汉理工大学

12．第十二届（2017 年）

承办单位：常熟理工学院
光电直立组冠、亚、季军：太原理工大学、湖北工程学院、北京科技大学
光电四轮组冠、亚、季军：武汉大学、华中科技大学、燕山大学
电磁组冠、亚、季军：北京科技大学、中南民族大学、合肥工业大学
电磁追逐组冠、亚、季军：西北工业大学、合肥学院、北京科技大学
光电追逐组冠、亚、季军：北京科技大学、杭州电子科技大学、重庆大学
电磁节能组冠、亚、季军：华中科技大学、杭州电子科技大学、武汉大学

13．第十三届（2018 年）

承办单位：厦门大学嘉庚学院

1.3 历届竞赛变化趋势

自第一届“恩智浦”杯智能汽车竞赛以来，由最初的光电、电磁为主导的智能汽车竞赛，到如今的信标、节能、摄像头等多种多样的比赛组别，这极大地提高了参赛大学生研究和比赛的趣味性，使得更多的学校积极参与、投入竞赛。通过对这些年汽车竞赛规则及其类别的分析，我们发现自第三届“恩智浦”杯智能汽车竞赛引入摄像头组之后，摄像头组一直被延续下来，可见其给参与者带来的趣味性和研究价值已为大众所接受；但摄像头组对车型的要求有一定的更改；经典的电磁组检测信号方式单一且稳定便于操作，可以看出主办方在赛道类别的难度上有一定程度的提高；而最近几届新的比赛组别，如节能、信标、四旋翼等都反映出比赛的多样性和创新性，这些比赛组别相对于经典摄像头和电磁组别而言，比赛环境和赛道等要求不高，其控制策略偏向于稳定、准确和创新性。

第 2 章

2 智能汽车硬件设计

在智能汽车的整体设计中，硬件的设计至关重要。良好的硬件设计是智能汽车稳定运行的基本保证。智能汽车的硬件模块大致可以分为 3 部分，即传感器电路、驱动电路和辅助电路。传感器电路主要包括不同组别的智能汽车在识别赛道时使用的传感器及其外围电路，如摄像头使用的图像采集“硬件二值化”电路、电磁的“放大、选频”电路等；驱动电路主要是指用于摄像头、电动机、舵机的驱动电路；辅助电路包括信号的缓冲、光电隔离等电路设计。智能汽车整体方案概览如图 2.1 所示。

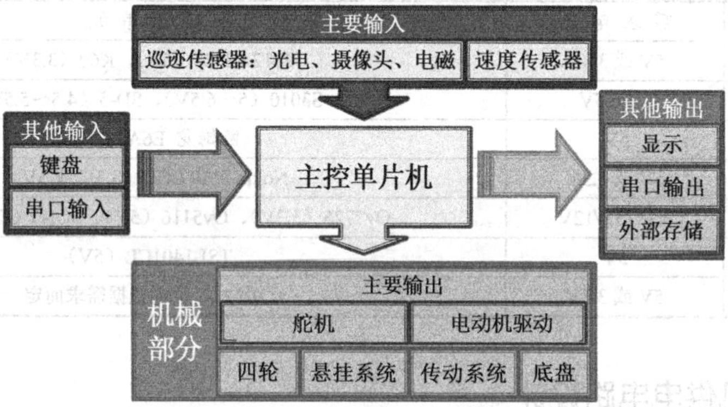

图 2.1 智能汽车整体方案概览

在硬件设计过程中有很多需要考虑的因素，如强弱电的分离、模拟和数字信号的隔离、布线的合理性等。本章将从“电路原理设计”到“电路实物设计”的思路进行讲解，详细介绍智能汽车的硬件设计方案。

本章的前 5 节主要介绍智能汽车基本电路的硬件原理，后两节根据前面介绍的原理进行实物设计。

注意：本章内容是根据智能汽车竞赛考察的技术要点进行整合讲解的，从原理上阐述智能汽车硬件的设计制作过程，并提供在嵌入式系统中的制作思路，其应用不限于此次竞赛。

2.1 供电模块电路设计

智能汽车是依靠电能工作的，因此在智能汽车的硬件系统中有一个稳定可靠的电源系统是智能汽车正常运行的前提。然而，在智能汽车运行过程中，各传感器及其周边电路所需要的电压不尽相同，而根据大赛组委会的规定，智能汽车的电源只能是规定型号的充电电池，因此在硬件电路设计过程中，第一步就是给各电路单元设计好输出电压不同的供电电路。

在设计供电电路之前，首先要充分了解智能汽车电池的特性。智能汽车的充电电池标准规格为7.2V、2000mAh。根据实际使用过程中得到的经验来看，在电池充满电时，其电压能达到8.2V左右。随着使用时间的延长，电池的电压会缓慢下降，当电压下降到7.5V以下时，电池就不能提供足够的电流给电动机。根据电池的特性，要对所有恒压供电的器件提供稳定的电压才能保证智能汽车的稳定运行。

表2.1.1给出了智能汽车常用模块的电压需求情况，在下面的各小节中将对以上模块的供电方案进行详细解读。

表 2.1.1 智能汽车常用模块的电压需求情况

模 块 名 称	需 求 电 压	典 型 单 元
单片机供电	5V或3.3V	9S12XS128（5V）、K60（3.3V）
舵机供电	5～6.5V	S3010（5～6.5V）、SD-5（4.5～5.5V）
编码器供电	5V	欧姆龙 E6A2-CW3C
I/O外设	5V或3.3V	Nokia 5110 LCD（3.3V或5V）
摄像头	3.3V/5V/12V	Ov7725（3.3V）、Ov5116（5V）、SONY CCD（12V）
线性CCD	5V	TSL1401CL（5V）
常用IC芯片	5V或3.3V	缓冲IC供电根据需求而定

2.1.1 单片机供电电路设计

单片机供电需求电压为5V或3.3V，这两种典型电压是根据智能汽车竞赛组委会规定的预选芯片种类而定的。其中，最常用的16位单片机MC9S12XS128的需求电压为5V，如图2.1.1所示；常用的32位单片机（如K60、ColdFire 52259等芯片）则为3.3V供电，如图2.1.2所示。大部分单片机的功耗并不大，所以不需要大电流稳压，但单片机需要一个稳定的电压保持平稳工作，所以单片机供电最好设计为独立供电，避免与其他负载并联导致负载变化时影响单片机供电而引起问题。

在单片机供电中，推荐使用三端固定式集成稳压器为单片机提供降压稳压供电。首先介绍一下三端固定式集成稳压器。

图 2.1.1　MC9S12XS128 核心板

图 2.1.2　K60 核心板

如图 2.1.3 所示为三端固定式集成稳压器的基本应用电路，只要把正输入电压加到三端固定式集成稳压器的输入端，稳压器的公共端接地，其输出端则可以输出芯片所表示的正电压。在实际应用电路中，芯片输入端、输出端与地之间除分别接大容量滤波电容外，通常还需要在芯片引出根部接小容量（0.1～10μF）电容到地，用于抑制芯片自激振荡，压窄芯片的高频带宽，减小高频噪声。电容的具体取值应随芯片输出电压的高低和应用电路的方式不同而变化。

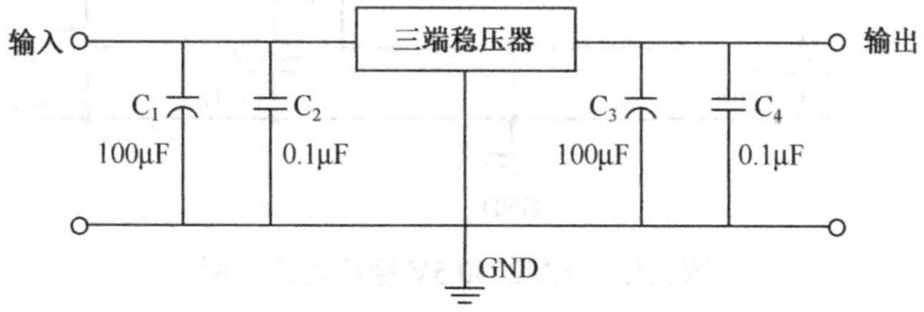

图 2.1.3　三端固定式集成稳压器典型电路

常用的稳压芯片有 78 系列、LM2940、AMS1117 等系列。由于 78 系列的稳压芯片发热量较大，不做推荐。在 5V 稳压方案中使用 LM2940 进行讲解，在 3.3V 稳压方案中则使用 AMS1117-3.3。

图 2.1.4 和图 2.1.5 分别为 LM2940 和 AMS1117-3.3 的实物照片，关于实物封装的选择将在 PCB 设计部分进行介绍。

图 2.1.4　LM2940（STO-263-3）

图 2.1.5　AMS1117-3.3（SOT-223）

如图 2.1.6 所示，使用一片 LM2940 为 5V 单片机供电，其中，输入端的滤波电容为 0.47μF 和 0.1μF，输出端的滤波电容为 22μF 和 0.1μF。在输出端接入 LED 指示灯来检测稳压 IC 是否可以正常输出。其中，三端固定式集成稳压器也可换为 AMS1117-3.3。

若使用 3.3V 供电的单片机，则可以在 5V 稳压后使用 AMS1117-3.3 进行二次稳压，从而给 32 位的单片机提供 3.3V 的电压，其稳压电路如图 2.1.7 所示。实例电路图中的滤波电容仅供参考，有余力的读者可以根据理论依据自行计算所需的滤波电容。在使用滤波电容时，应注意区分是否有极性，极性电容和非极性电容应区分使用。

值得注意的是，在三端固定式集成稳压器的使用过程中，一定要避免将输出端直接接地，直接接地很容易损坏三端固定式集成稳压器，进而对整个电路造成不可预估的影响。

上述三端固定式集成稳压器的示例电路都是根据芯片手册设计的，根据外围电路的不同，三端固定式集成稳压器还能实现其他更多功能。有关 LM2940 和 AMS1117-3.3 的更多功能请参考芯片手册自行设计。

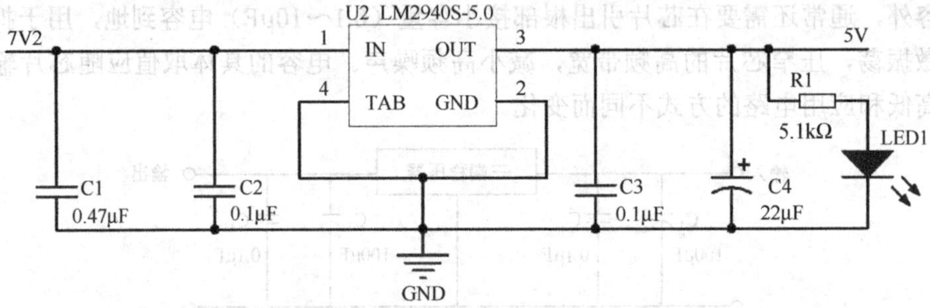

图 2.1.6 LM2940 5V 稳压电路示例

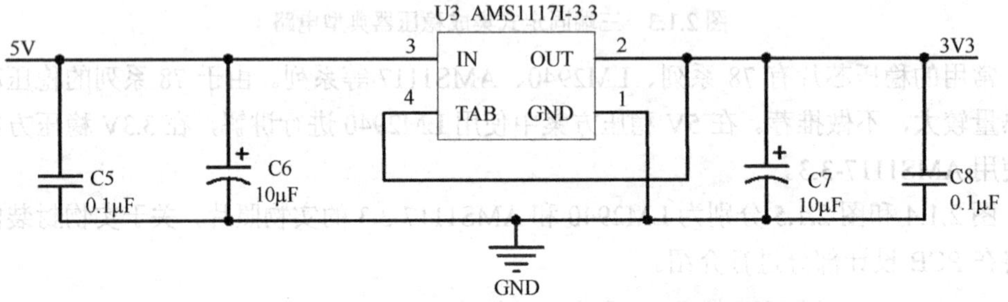

图 2.1.7 AMS1117-3.3 3.3V 稳压电路示例

2.1.2 舵机供电电路设计

在舵机供电部分，要根据舵机型号分别制订供电方案。A 车的舵机为 S3010（见图 2.1.8），此舵机的额定工作电压为 6V，在 6V 电压下其扭力达 6.5kg·cm，动作速度为 0.16±0.02s/60°。在实际使用中，为了使舵机转向更加灵活有力，常将舵机供电电压升至 6.5V 甚至更高。B 车的舵机为 SD-5（见图 2.1.9）。相比 A 车，B 车的舵机性能较弱，在额定工作电压为 5V 时，动作速度为 0.16～0.14s/60°，扭力为 5kg·cm。又因为 SD-5 舵机内部齿轮组的自身缺陷，无法负载更大的扭力，电压过高会导致齿轮碎裂，SD-5 舵机一般使用 5V 供电。

图 2.1.8 S3010 舵机

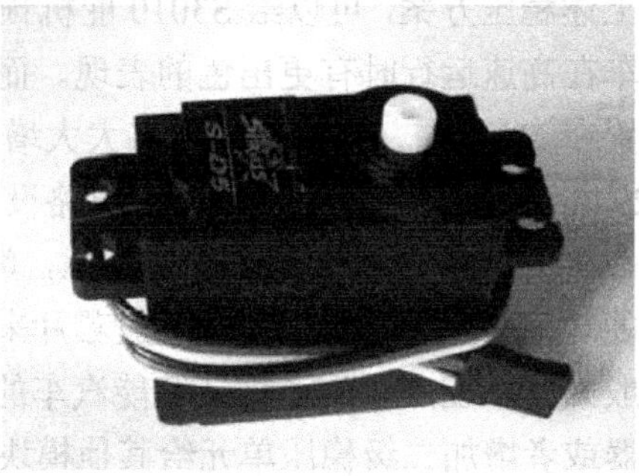

图 2.1.9 SD-5 舵机

舵机供电在考虑供给足够电压的同时，还要考虑给舵机提供足够的电流。如果稳压芯片的最大通过电流小于舵机的最大工作电流，则可能制约舵机的性能发挥。

综合上述情况，在设计 S3010 舵机的供电方案时，推荐使用 AMS1117-ADJ 来实现。AMS1117-ADJ 与固定电压的三端稳压器不同，它是一种稳压值可调的三端稳压器，其稳定电压通过外围电路中的电位器来调节。

通过图 2.1.10 可知，AMS1117-ADJ 与上文提到的 AMS1117-3.3 都由 SOT-223 封装，但引脚的定义是不同的。AMS1117-ADJ 外围电路设计方案如图 2.1.11 所示。

图 2.1.10 AMS1117-ADJ（SOT-223）

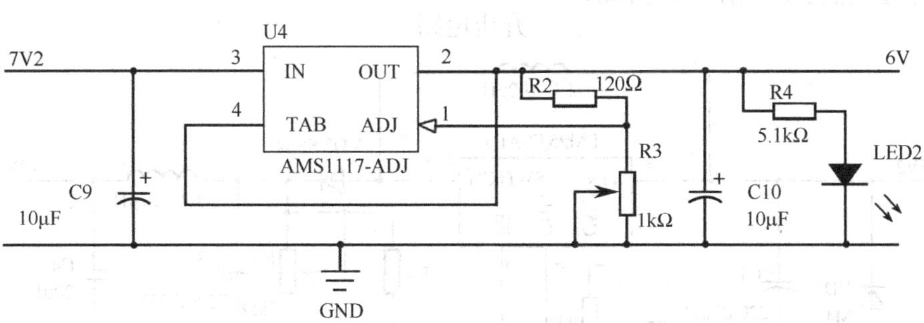

图 2.1.11 AMS1117-ADJ 稳压电路示例

示例电路根据芯片手册给出的典型电路设计添加了 LED 指示灯来指示输出端是否正常。AMS1117-ADJ 的 1 号引脚为调整端，2 号引脚为输出端，3 号引脚为输入端。这是它与其他三端稳压器不同之处，使用时要注意区分。在图 2.1.11 所示的方案中，使用

1kΩ的电位器可以调节输出端的电压，精度可达 0.1V。

根据上述稳压方案，可以给 S3010 舵机预置 6V 甚至更高的电压来提升舵机的扭力，使智能汽车在高速运行时有更出色的表现。而对于 SD-5 舵机，由于它存在自身缺陷，将电压预置在 5V 左右，过高的电压将大大增加舵机齿轮组损坏的概率。SD-5 舵机也可使用 LM2940 实现 5V 定值稳压供电，电路设计方案与单片机 5V 供电方案相同。

由于舵机的工作电流普遍大于 200mA，峰值电流可能达到 800mA 甚至更高，由此可见舵机的功率变化相对单片机和一般芯片来说浮动更大。上文中选取的稳压芯片的通过电流一般为 1A 左右，为了保证智能汽车的稳定运行，建议舵机的供电模块不要并联其他用电器或者增加二级稳压单元给其他模块供电。

2.1.3 特殊传感器的升压供电

从表 2.1.1 中可以得知，大部分供电模块都能实现降压稳压的功能，其供电电压都低于供电电池的电压。然而在智能汽车的制作过程中，在部分特殊的传感器或者芯片需要为其提供高于电源的电压才能正常工作，如 SONY CCD 摄像头、MOS 管电动机驱动 H 桥等。对于需要高于电源电压驱动的模块单元，可以购买成品的升压模块来升压，也可以自行设计升压电路。竞赛组委会指定的竞赛规则中禁止对电动机进行升压，但是对传感器模块允许使用升压电路。在升压电路的设计中，对大电流设备供电推荐使用 LM2577-ADJ；对小电流设备供电推荐使用 MC34063。

图 2.1.12　LM2577-ADJ（TO-263-6）

首先介绍 LM2577-ADJ 芯片，外形如图 2.1.12 所示。LM2577-ADJ 的输入电压为 3～30V，输出电压为 4～35V，最高转换效率为 92%，最大电流为 3A，完全可以满足智能汽车所有需要升压电路单元的电源供给。

根据芯片手册给出的典型电路可以自行设计升压电路。图 2.1.13 所示为 LM2577-ADJ 的典型升压电路。

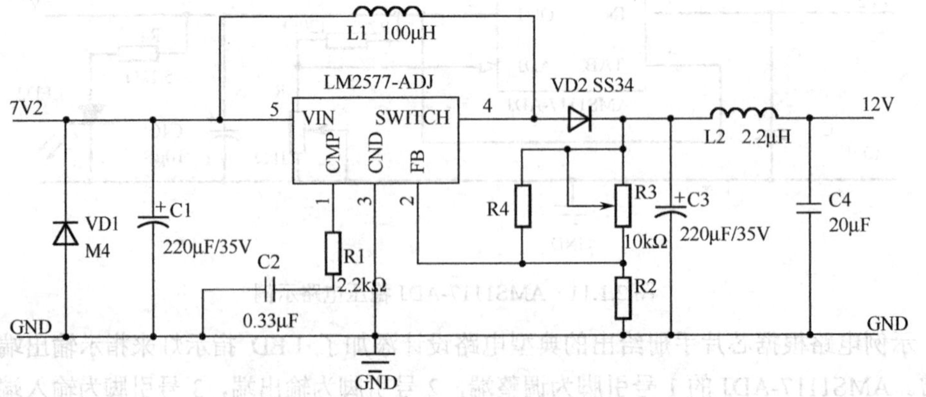

图 2.1.13　LM2577-ADJ 升压稳压电路示例

许多参赛选手在比赛初期都使用 5V 摄像头，在调试过程中由于各种原因想更换为 12V 的 CCD 摄像头，在改动主板的情况下，可以自行制作或者购买升压稳压模块对 12V 的摄像头供电，模块照片如图 2.1.14 所示。

再来介绍一下使用 MC34063 的升压稳压方案，首先了解一下 MC34063 芯片，如图 2.1.15 所示。其输入电压为 2.5～40V，输出电压为 1.25～40V，输出电流可达 1.5A，工作频率最高可达 180kHz，并且静态电流低，可限制短路电流，该器件本身包含了 AC/DC 变换器所需要的主要功能的单片控制电路，且价格便宜。它由具有温度自动补偿功能的基准电压发生器、比较器、占空比可控的振荡器，R-S 触发器和大电流输出开关电路等组成。该器件可用于升压变换器、降压变换器、反向器的控制核心，由它构成的 DC/DC 变换器仅用了少量的外部元器件。

图 2.1.14　LM2577-ADJ 升压稳压模块照片

图 2.1.15　MC34063（SOP-8）

MC34063 可以根据外围电路的不同而实现很多不同的功能，在此只研究升压功能。升压电路方案如图 2.1.16 所示，升压电路如图 2.1.17 所示。

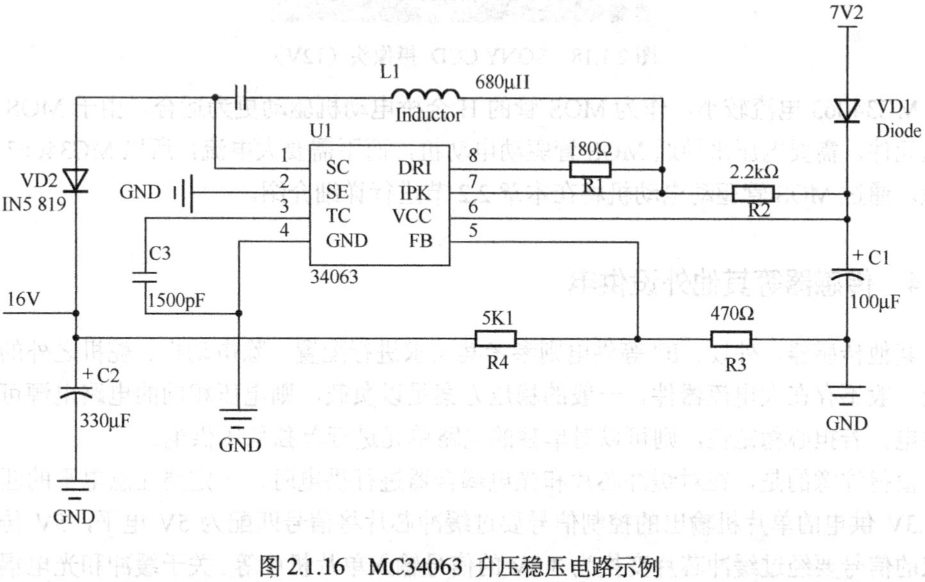

图 2.1.16　MC34063 升压稳压电路示例

图 2.1.16 所示为升压至 16V 的电路方案，主要用于 MOS 管 H 全桥电路的驱动升压。其他升压方案可自行参考资料搭建，也可购买现成的升压模块实现升压功能。

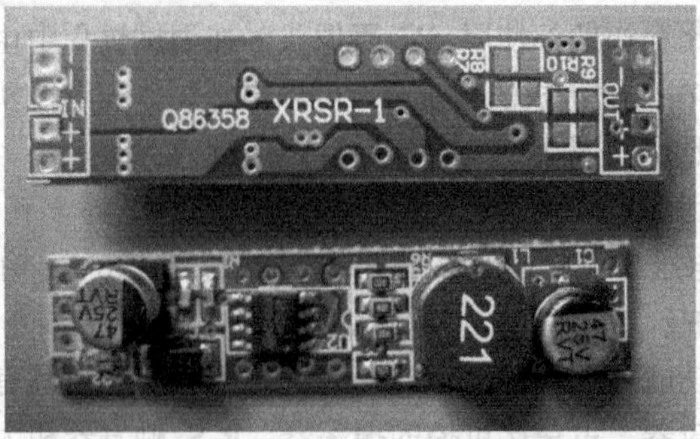

图 2.1.17 MC34063 升压模块

虽然 12V 的 CCD 摄像头的自身发热量相比 CMOS 摄像头要高一些，但是为了获取更高的图像质量和更优越的动态图像性能，很多选手选择这款摄像头参加比赛。在升压的同时保证足够的电流才能发挥 CCD 摄像头的优势，所以，建议使用 LM2577-ADJ 给 CCD 摄像头升压供电，保证电流的供给。SONY CCD 摄像头示意如图 2.1.18 所示。

图 2.1.18 SONY CCD 摄像头（12V）

MC34063 电流较小，作为 MOS 管的 H 全桥电动机驱动更为适合。由于 MOS 管是电压元件，需要电压来导通 MOS 管驱动电动机，而不需要大电流，所以 MC34063 更为合适。通过 MOS 管驱动电动机将在本章 2.2 节进行详细介绍。

2.1.4 传感器等其他外设供电

其他传感器、外设、IC 等供电则参考其需求进行配置。除电动机、舵机之外的电路单元一般不存在大电流器件，一般的稳压方案足以负载，则电压相同的电路电源可以并联供电。若担心稳定性，则可以对单独的电路单元进行单独稳压供电。

值得注意的是，在对缓冲芯片和光电耦合器进行供电时，一定要注意电平的匹配，如 3.3V 供电的单片机输出的控制信号要过缓冲芯片将信号匹配为 5V 电平，5V 传感器获取的信号要经过缓冲芯片变换为 3.3V 的信号输入单片机中等。关于缓冲和光电耦合器的设计将在本章 2.3 节进行详细介绍。

2.2 电动机驱动电路设计

电动机的供电与上述电路单元供电有所不同，在智能汽车运行过程中，电动机的速度是根据传感器的反馈随时调整的。要实现电动机调速，像玩具四驱车那样用恒定电压对电动机进行供电无法实现。与舵机的工作原理类似，电动机的控制也是通过脉宽调制（PWM）信号实现的。主控单片机在接收并处理完成传感器传回的赛道信息后得出预期速度，通过脉宽调制（PWM）信号控制电动机的转速，从而实现调速。然而，单片机的输出信号电流非常小，根本不可能驱动电动机转动，所以需要一个专门的驱动模块来放大单片机输出的信号，并实现对电动机的驱动。这个驱动模块就是这一节要介绍的电动机驱动电路。

图 2.2.1 是一个典型的简单直流电动机调速驱动电路，功率管的选择由电动机的功率决定，其标称电流是电动机正常工作电流的 3～5 倍（电动机启动的时候存在较大的浪涌电流）。PWM 信号的占空比决定电动机的转速，故电动机的调速可通过改变 PWM 信号的占空比来实现。使用此方案可以实现电动机的单向调速驱动，若要实现双向调速，就要使用 H 桥。H 桥可以实现电动机的双向调速，即电动机可以正转也可以反转，并且都能通过控制信号来实现速度调整。本节重点介绍两种驱动方案，使用 BTN7971 的 H 全桥驱动方案和使用 N-MOS 管的 H 全桥驱动方案。

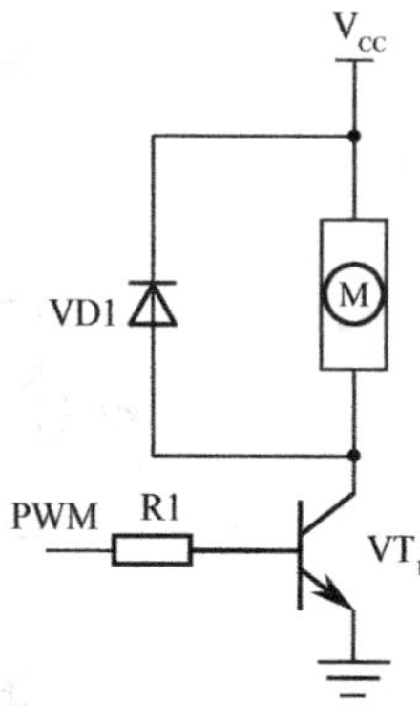

图 2.2.1 简单直流电动机调速驱动电路

在智能汽车运行过程中，电动机与舵机的控制都是通过单片机产生的脉宽调制（PWM）信号来实现的。当前，脉宽调制（PWM）在控制环节被广泛使用。在介绍控制电路前，首先介绍一下脉宽调制的相关原理。

2.2.1 脉宽调制基本原理

PWM（Pulse Width Modulation）控制——脉冲宽度调制技术通过对一系列脉冲的宽度进行调制来等效地获得所需要的波形（含形状和幅值）。

PWM 控制技术在逆变电路中应用最广，应用的逆变电路绝大部分是 PWM 型，正是由于 PWM 控制技术在逆变电路中的应用，才确定了它在电力电子技术领域的重要地位。

1. 基础理论

冲量相等而形状不同的窄脉冲（见图 2.2.1）加在具有惯性的环节上时，其效果基本相同。冲量指窄脉冲的面积；效果基本相同是指环节的输出响应波形基本相同，低频段非常接近，仅在高频段略有差异。

2．面积等效原理

分别将如图 2.2.2 所示的电压窄脉冲加在一阶惯性环节（R-L 电路）上，如图 2.2.3（a）所示，其输出电流 $i(t)$对不同窄脉冲时的响应波形如图 2.2.3（b）所示。从波形可以看出，在$i(t)$的上升段，$i(t)$的形状略有不同，但其下降段则几乎完全相同。脉冲越窄，各$i(t)$响应波形的差异越小。如果周期性地施加上述脉冲，则$i(t)$响应波形也是周期性的，用傅里叶级数分解后可看出，各 $i(t)$在低频段的特性非常接近，仅在高频段有所不同。

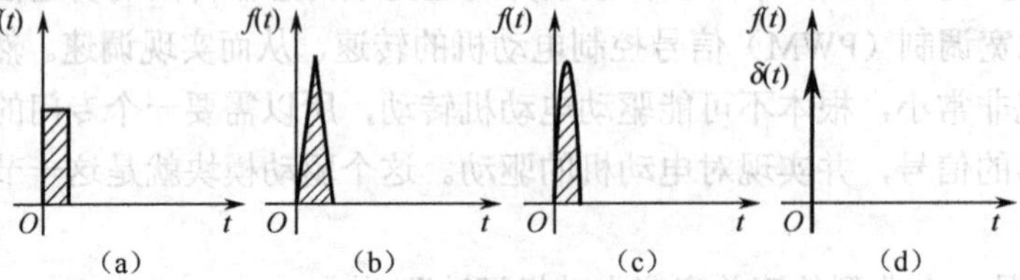

图 2.2.2　形状不同而冲量相同的各种窄脉冲

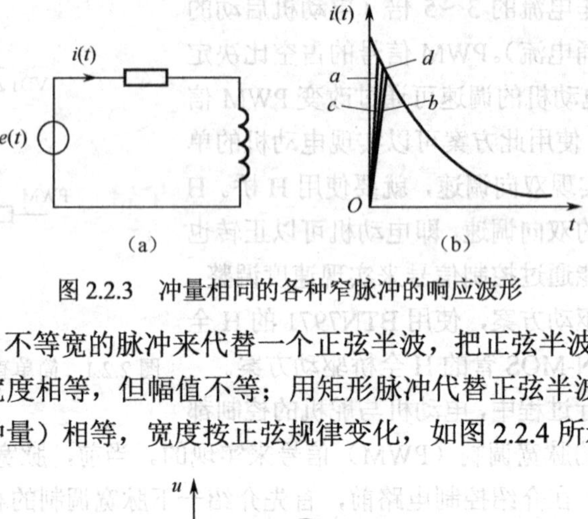

图 2.2.3　冲量相同的各种窄脉冲的响应波形

用一系列等幅、不等宽的脉冲来代替一个正弦半波，把正弦半波 N 等分，看成 N 个相连的脉冲序列，宽度相等，但幅值不等；用矩形脉冲代替正弦半波，等幅，不等宽，中点重合，面积（冲量）相等，宽度按正弦规律变化，如图 2.2.4 所示。

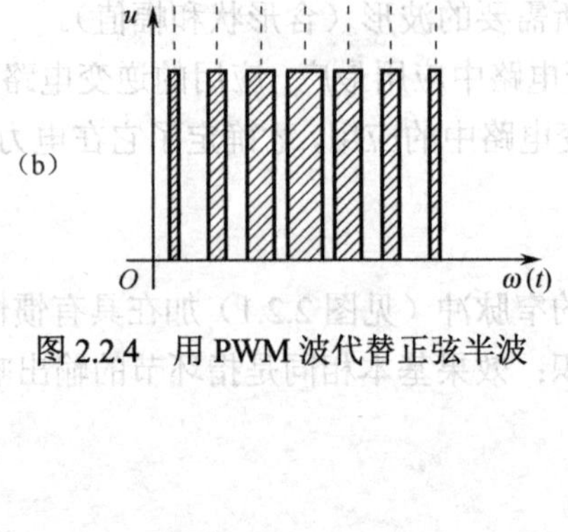

图 2.2.4　用 PWM 波代替正弦半波

SPWM 波形——脉冲宽度按正弦规律变化，且和正弦波等效的 PWM 波形。

若要改变等效输出正弦波幅值，按同一比例改变各脉冲宽度即可。

3. 相关概念

（1）占空比。占空比就是在输出的 PWM 中，高电平保持的时间与该 PWM 时钟周期的时间之比。如果一个 PWM 的频率是 1000Hz，那么它的时钟周期就是 1ms，就是 1000μs，如果高电平出现的时间是 200μs，那么低电平的时间肯定是 800μs，那么占空比就是 200∶1000，也就是说 PWM 的占空比为 1∶5。

（2）分辨率。分辨率是指占空比最小能达到多少，例如，8 位的 PWM，理论上的分辨率就是 1∶255（单斜率）；16 位的 PWM，理论上的分辨率就是 1∶65535（单斜率）。

（3）频率。频率是这样的，例如，16 位的 PWM，它的理论分辨率为 1∶65535，要达到这个分辨率，T/C 就必须从 0 计数到 65535，如果计数从 0 计到 80 之后又从 0 开始计到 80……，那么它的分辨率就是 1∶80，但是它变化快了，也就是说 PWM 的输出频率高了。

（4）双斜率/单斜率。假设一个 PWM 从 0 计数到 80，之后又从 0 计数到 80……这就是单斜率。假设一个 PWM 从 0 计数到 80，之后又从 80 计数到 0……这就是双斜率。

可见，双斜率的计数时间多了一倍，所以输出的 PWM 频率低了一半，但是分辨率却变为 1∶(80+80) ＝1∶160，也就是提高了一倍。

假设 PWM 是单斜率，设定最高计数是 80，再设定一个比较值是 10，那么当 T/C 从 0 计数到 10 时（这时计数器还是一直向上计数，直到计数到设定值 80 为止），单片机就会根据设定控制某个 I/O 口在此时是输出 1 或 0 或端口取反，这就是 PWM 的最基本的原理。

2.2.2 H 全桥的基本原理

了解脉宽调制之后再来了解一下 H 全桥驱动的基本原理。如图 2.2.5 所示，使用三极管搭建的 H 全桥可以很好地帮助初学者理解驱动原理。

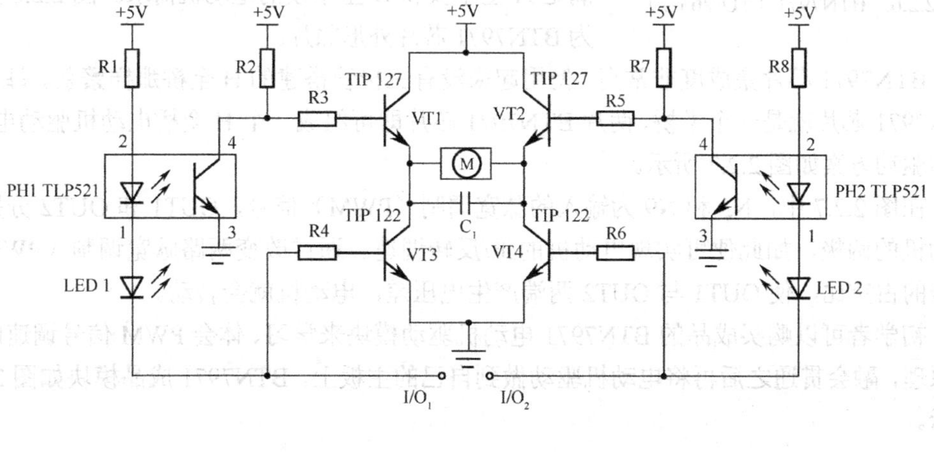

图 2.2.5　H 全桥基本原理示意

如图 2.2.5 所示，电路中电动机的转动方向由 I/O_1 和 I/O_2 的电平来决定。

① 当 I/O_1 和 I/O_2 为 00 时，VT1、VT2 导通，VT3、VT4 截止，加在电动机两端的电压差为 0，电动机不转。

② 当 I/O_1 和 I/O_2 为 01 时，VT1、VT4 导通，VT2、VT3 截止，电动机转动。

③ 当 I/O_1 和 I/O_2 为 10 时，VT1、VT4 截止，VT2、VT3 导通，电动机转动。

注：在情况②和情况③下，流经电动机上的电流方向相反，电动机转动方向也相反。

④ 当 I/O_1 和 I/O_2 为 11 时，VT1、VT2 截止，VT3、VT4 导通，加在电动机两端的电压差为 0，电动机不转动。

基于上述原理，可以实现电动机的正/反转控制。通过对脉宽调制（PWM）信号占空比的调整，可以实现速度的调节。

理解了 H 全桥及脉宽调制的基本原理，下面来详细说明智能汽车驱动的设计方案。

2.2.3 A 型车模、D 型车模电动机驱动方案

A 型车模是广大车友公认的、最好用的车模，除了其具有良好的机械性能外，还因为其电动机的功率适中，驱动方式简单；而 D 型车模是自平衡组专用的车模，车上有两个电动机，电动机功率小于 A 型车模，驱动起来也很简单。广大车友在设计驱动时最常用的驱动方式（也是相对简单且成熟的驱动方式）为使用 BTN7971 芯片来实现 H 全桥的搭建。BTN7971 芯片是应用于电动机驱动的大电流、半桥、高集成芯片，它带有一个 P 沟道的高边 MOSFET、一个 N 沟道的低边 MOSFET 和一个驱动 IC。P 沟道高边开关省去了电荷泵的需求，因而减小了 EMI。集成的驱动 IC 具有逻辑电平输入、电流诊断、斜率调节、死区时间产生及过温、过压、欠压、过流及短路保护的功能。BTN7971 芯片的可输入电压为 4.5～28V，驱动电流可达 70A，完全可以满足 A 型车模和 D 型车模的电动机需求。图 2.2.6 所示为 BTN7971 芯片外形照片。

图 2.2.6 BTN7971（TO-263-7）

BTN7971 芯片集成度非常高，使用起来没有三极管搭建的 H 全桥那样繁杂。每一片 BTN7971 芯片就是一个半桥，两片 BTN7971 芯片即可组成一个 H 全桥电动机驱动电路。具体驱动方案如图 2.2.7 所示。

在图 2.2.7 中，N3 和 N9 为输入的脉宽调制（PWM）信号，OUT1 和 OUT2 分别接电动机的两极，如此便可实现电动机的正/反转调速。通过改变两路脉宽调制（PWM）信号的占空比，使 OUT1 与 OUT2 两端产生电压差，电动机就会转动。

初学者可以购买成品的 BTN7971 电动机驱动模块来学习、体会 PWM 信号调速的基本原理，融会贯通之后再将电动机驱动做到自己的主板上。BTN7971 成品模块如图 2.2.8 所示。

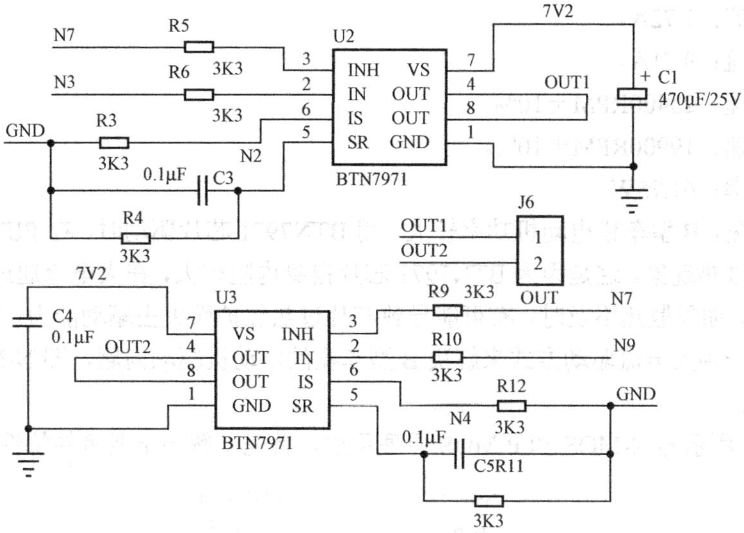

图 2.2.7　BTN7971 芯片 H 全桥电动机驱动电路方案

图 2.2.8　BTN7971 电动机驱动成品模块

使用 BTN7971 芯片作为电动机驱动有诸多优点，如芯片集成度高、控制方法简单、外围电路简单等。但是，BTN7971 芯片也有其自身的不足，过高的集成度也导致该芯片内阻很大，在有 PID 参与的智能汽车速度调控中很容易发热，温度过高会导致芯片过热保护而停止工作。所以，BTN7971 芯片更适合驱动功率相对适中的 A 型车模和 D 型车模，A 型车模所配电动机功率约为 26.5W，D 型车模所配电动机功率约为 11.5W，显然 BTN7971 芯片的驱动能力远大于此。对于电动机功率相对较大的 B 型车模来说，使用 BTN7971 芯片不是最理想的驱动方式。

2.2.4　B 型车模电动机驱动方案

在设计 B 型车模电动机驱动方案前，先来看一下 B 型车模电动机的基本参数。

工作电压：DC7.2V。

空载电流：1.72A。

最大电流：9.71A。

空载转速：23400RPM±10%。

负载转速：19900RPM±10%。

最大功率：61.75W。

由此可见，B型车模电动机功率较大，用BTN7971芯片驱动时，在PID调速情况下很容易出现过热现象。这是因为BTN7971芯片自身内阻较大，在大电流通过芯片时会产生较大热量。如果散热不及时，有可能导致芯片过热保护而失去驱动能力。针对此情况，需要使用另一种大电流驱动方式来解决B型车模的电动机驱动问题，即N-MOS H全桥电动机驱动。

图2.2.9所示为N-MOS和P-MOS原理示意，首先了解一下两者的特性与区别。

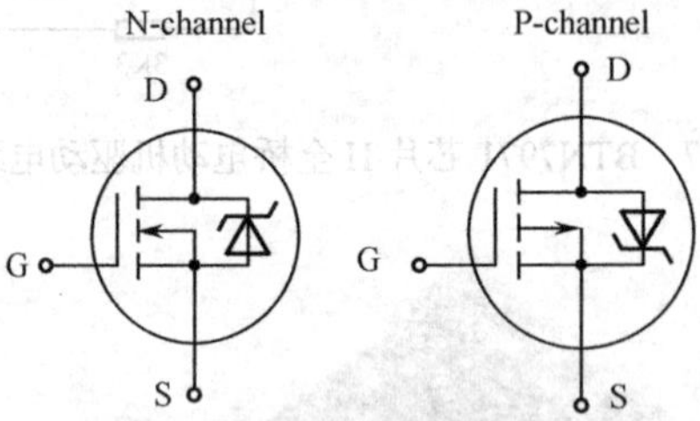

图2.2.9 N-MOS与P-MOS原理示意

（1）N-MOS的特性。vgs大于一定值就会导通，适用于源极接地的情况（低端驱动），只要栅极电压达到4V或10V就可以了。

（2）P-MOS的特性。vgs小于一定值就会导通，适用于源极接V_{CC}的情况（高端驱动）。虽然P-MOS可以很方便地用作高端驱动，但由于导通电阻大、价格贵、替换种类少等原因，在高端驱动中通常还是使用N-MOS。

N-MOS的导通电阻小，且容易制造也是它被常用的原因。在MOS管原理示意中可以看到，漏极和源极之间有一个寄生二极管，也叫“晶体二极管”，在驱动感性负载（如电动机）时，这个二极管很重要。

N-MOS管，即N沟道场效应管，其连接方式可以类比三极管，在H全桥的设计中，可以参考本节三极管H全桥电路搭建N-MOS电动机驱动电路。在本部分的驱动设计示例中，使用IR2104（见图2.2.10）来驱动N-MOS管，采用的N-MOS管为LR7843（见图2.2.11）。

查阅芯片手册可知，LR7843芯片的最大电流可达100A以上，且自身内阻很小，所以使用LR7843驱动B型车模电动机完全克服了BTN7971芯片的发热问题。查阅IR2104的芯片手册可以得到搭建N-MOS电动机驱动的典型电路，但是其中的相关电容值要根据电动机的功率进行合理计算。图2.2.12给出N-MOS电动机驱动的参考电路原理。

在图2.2.12所示的H全桥电动机驱动电路原理中，将控制信号输入IR2104中，使用一片IR2104可以控制两个N-MOS管成为一个半桥，两路相同的半桥接入电动机两极实现H全桥驱动。方案中的电容和电阻给出参考值，C2、C4使用10μF的钽电容即可。

在智能汽车制作过程中建议读者自行计算，使得驱动性能更加完善。

图 2.2.10　IR2104（SOP-8）

图 2.2.11　LR7843（TO-252）

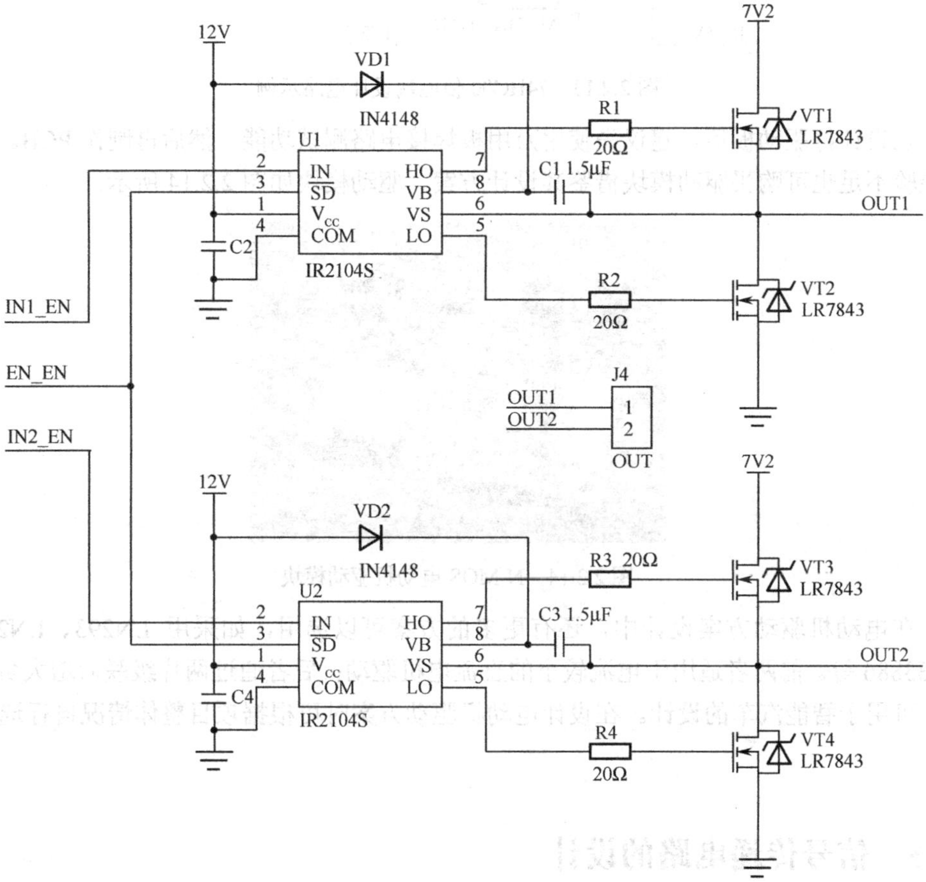

图 2.2.12　IR2104 + LR7843H 全桥电动机驱动电路示例

与前文提到的 BTN7971 芯片不同的是，使用此方案需要接入 12V 或者更高一点的电压作为原理叙述中的 vgs 使得 N-MOS 管可以导通。这里就可以使用 2.1 节介绍过的升压电路来实现 12V 电压的供电。另外，配合使用 74HC00 与非门芯片，组成的使能端可以获得更加可靠的驱动性能。

图 2.2.13 所示为 74HC00 使能端设计电路示例。

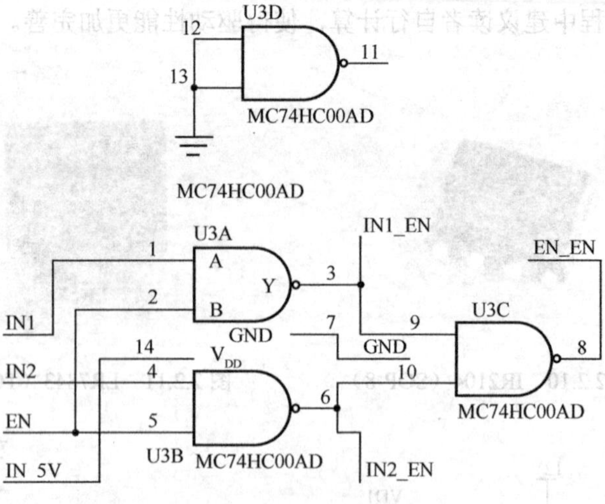

图 2.2.13 74HC00 使能端设计电路示例

在设计好驱动板后，建议先使用万用板焊接电路测试功能，然后再制作 PCB。若制作经验不足也可购买驱动模块借鉴其设计方案，驱动模块如图 2.2.14 所示。

图 2.2.14 N-MOS 电动机驱动模块

在电动机驱动方案设计中，还有更多的方案可以选用，如采用 LN293、LN298、MC33886 等。前两者适用于电流较小的直流电机驱动；后者通过两片级联后增大负载电流，可用于智能汽车的设计。在设计电动机驱动方案时可根据项目整体情况自行选择。

2.3 信号传递电路的设计

前文介绍了智能汽车电路的供电与驱动原理，下面介绍控制信号传递过程中的电平转换与隔离。单片机在程序运行过程中一边获取从传感器发送来的数据，一边向执行器发送控制信号。在信号传递过程中可能会存在电路单元之间的干扰，造成信号失真，严重时可能引起单片机复位，影响智能汽车的正常运行。要想避免此类问题的产生，就要对信号传递电路进行优化设计。在智能汽车硬件系统中，信号传递过程中常见的问题大致可以归为两类，一类为电平的变化，另一类为强弱电的隔离。

2.3.1 电动机控制信号的电平转换与隔离

在智能汽车硬件设计中，常用的芯片及传感器都为 TTL 电平。当主控单片机与传感器通信时，若使用 5V 供电的单片机，则可以直接连接获取数据；若使用 3.3V 的单片机则需要电平转换保证数据稳定。但是，当单片机与执行器相连接时，由于单片机的输出电流有限，对于一些对电流有要求的执行器单元无法正常驱动，无论是 5V 还是 3.3V 的单片机都需要加入驱动芯片来提高单片机的带负载能力，同时还能将 3.3V 的单片机的输出控制信号转换为 5V 的 TTL 电平。下面介绍用于信号电平转换、增强驱动能力的芯片。

74HC244 三态缓冲器/线驱动器 用于电动机驱动信号的输出

在电动机驱动信号的传输中，推荐使用 74HC244 来实现提高驱动能力、保护单片机的目的。下面先了解一下 74HC244（见图 2.3.1）。

1．74HC244 概述

74HC244 是一款高速 CMOS 器件，74HC244 引脚兼容低功耗肖特基 TTL（LSTTL）系列。

74HC244 是 8 路正相缓冲器/线路驱动器，具有三态输出。该三态输出由输出使能端 1OE 和 2OE 控制。任意 *n*OE 上的高电平将使输出端呈现高阻态。

74HC244 与 74HC240 逻辑功能相似，只不过 74HC244 带有正相输出。

2．74HC244 特性

图 2.3.2 所示为 74HC244 内部逻辑电路。

74HC244 的特性如下：

- ⊙ 8 路总线接口；
- ⊙ 正相三态输出；
- ⊙ 兼容 JEDEC 标准 no.7A；
- ⊙ ESD 保护；
- ⊙ HBM EIA/JESD22-A114-C 超过 2000V；
- ⊙ MM EIA/JESD22-A115-A 超过 200V；
- ⊙ 可选多种封装类型；
- ⊙ 温度范围为-40～85℃和-40～125℃。

基于上述特点，74HC244 为单向缓冲，适用于增强单片机驱动信号的电平调节。在智能汽车制作过程中，使用 74HC244 可以将 3.3V 的单片机输出的 PWM 信号转换为 5V 信号；同时增强其驱动能力。与此同时，基于该芯片单向传输的特点，当信号在传递过程中受到干扰时，还能有效保护单片机不受影响，大大提高了智能汽车运行的稳定性。图 2.3.3 给出 74HC244 驱动的示例电路。

图 2.3.1　74HC244D（SOP-20）

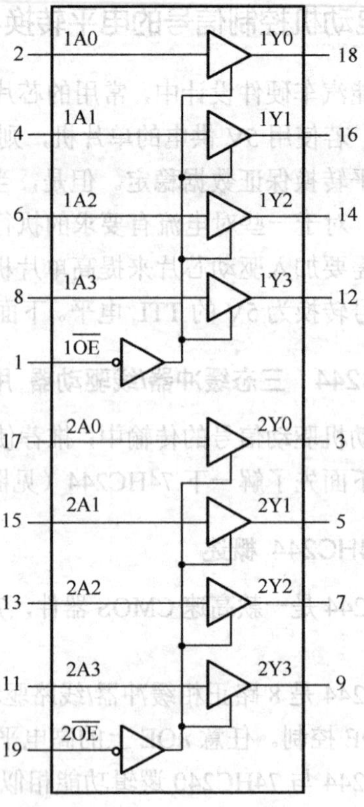

图 2.3.2　74HC244 内部逻辑电路

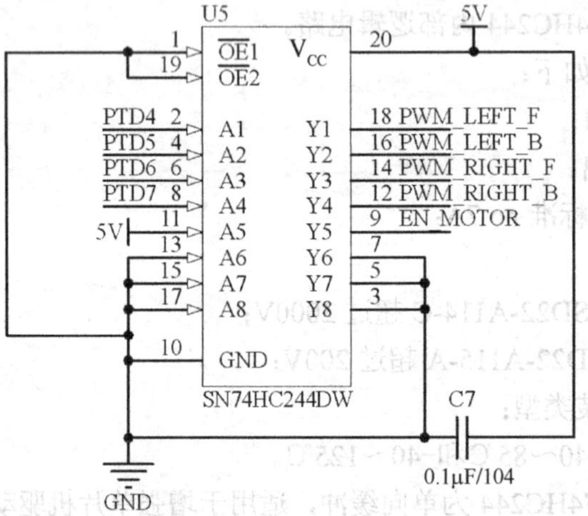

图 2.3.3　74HC244 驱动示例电路

该示例方案可用于 K60 芯片的驱动，其中，PTD5、PTD6 为 K60 芯片输出的电动机控制信号，对应驱动后的信号为 N3、N9。这里两路控制信号对应图 2.2.7 中 BTN7971 电动机驱动方案的两路控制信号。由图可以看出，由于 74HC244 为 5V 供电，从而可以将 K60 输出的 3.3V 控制信号转换为 5V 控制信号，实现控制信号的电平转换。

2.3.2 传感器数据信号的电平转换

1. 74HC245 双向缓冲 用于摄像头信号采集

由于 74HC245 为双向缓冲，可以用于双向数据通信。在智能汽车制作过程中，74HC245 常用于数字摄像头与单片机之间的数据通信。常用的数字摄像头包括 OV7620 等，其供电电压为 5V。若想使用 K60 等 3.3V 的单片机作为控制器，就需要将 5V 供电摄像头发送的数据经过电平转换后传送给单片机，而数字摄像头可以通过 I^2C 协议写入 SCCB，对摄像头进行初始化设置，因而要选择双向通信的 74HC245，其实物照片如图 2.3.4 所示。

图 2.3.4 74HC245（SOP-20）

1）74HC245 概述

74HC245 是一款高速 CMOS 器件，其引脚兼容低功耗肖特基 TTL（LSTTL）系列。74HC245 的 8 路收发器在发送和接收两个方向上都具有正相三态总线兼容输出。74HC245 的输出使能端（OE）可实现轻松级联，而发送/接收端（DIR）可用于控制方向。OE 控制输出使得总线被有效隔离。

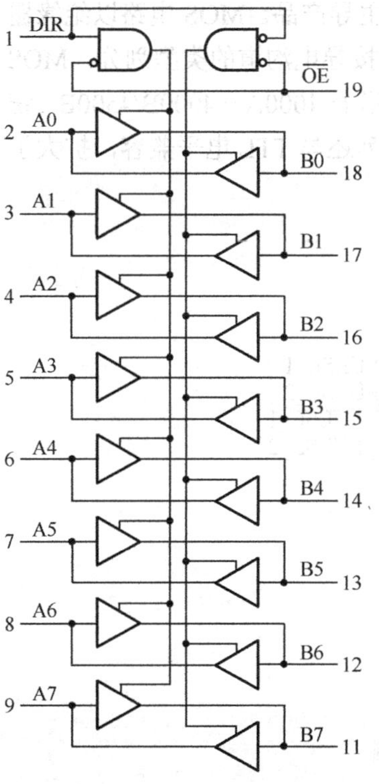

图 2.3.5 74HC245 内部逻辑电路

74HC245 与 74HC640 逻辑功能相似，但 74HC245 具有原码（正相）输出。

2）74HC245 特性

图 2.3.5 为 74HC245 内部逻辑电路。74HC245 特性如下：

- 8 路双向总线接口；
- 正相三态输出；
- 可选多种封装类型；
- 兼容 JEDEC 标准 no.7A；
- ESD 保护；
- HBM EIA/JESD22-A114-B 超过 2000V；
- MM EIA/JESD22-A115-A 超过 200V；
- 温度范围为-40～85℃或-40～125℃。

从图 2.3.5 可以看出，通过 DIR 引脚可以控制数据通信方向。只要在通信过程中根据数据传递方向的需求给 DIR 引脚相应的电平就能实现双向数据通信。

光电组的线性CCD传感器和电磁组的LC选频振荡电路都是通过AD来采集数据的，线性 CCD 可以通过 AD 直接采集数据，LC 选频振荡电路可以通过放大器的放大倍率调节来匹配合适的电压。一般情况下光电组和电磁组都不需要 74HC245 对输入信号进行电平转换；而摄像头的数据量较大，通过 74HC245 转换电平后输入单片机能最大限度地保证信号的稳定。

图 2.3.6 给出 74HC245 的示例电路。在图 2.3.6 所示的电路中，将 74HC245 用于 OV7620 数字摄像头的信号输入，其中 B2、B3 用于 I^2C 协议的写入设置。为了方便使用，将配置信号由 B 端输入、A 端输出，这样在使用过程中不需要切换 DIR 引脚的电平就能变换信号的传递方向。74HC245 供电电压为 3.3V，这是为了将摄像头输送的 TTL 电平信号转换为 3.3V 电平信号给单片机接收。

在一些特殊场合，为了布线的合理性，更多地选用 74HC245 作为缓冲芯片，因为其输入和输出都在单独的一侧；而 74HC244 的输入和输出是左右侧交替的，在一些情况下会影响布线的合理性。

2. 74LS 系列、74HC 系列、CD 系列芯片的区别

常用的 74 系列逻辑芯片及 CD 系列芯片的区别在这里给大家给出一个解释。

74LS 是 TTL 电路的一个系列，TTL 电路以双极型晶体管为开关元件，所以称为双极型（电子和空穴）集成电路。

74HC 是 CMOS 电路，CMOS 电路是 MOS 电路中的主导产品。MOS 电路以绝缘栅场效应晶体管为开关元件，所以又称为单极型集成电路。按导电沟道的类型划分，MOS 电路可分为 PMOST、NMOS 和 CMOS 电路。CMOS 电路沿着 4000A—4000B/4500B（统一称为 4000B）—74HC—74HCT 系列高速发展。HCT 系列还与 TTL 电平兼容，扩大了应用范围。

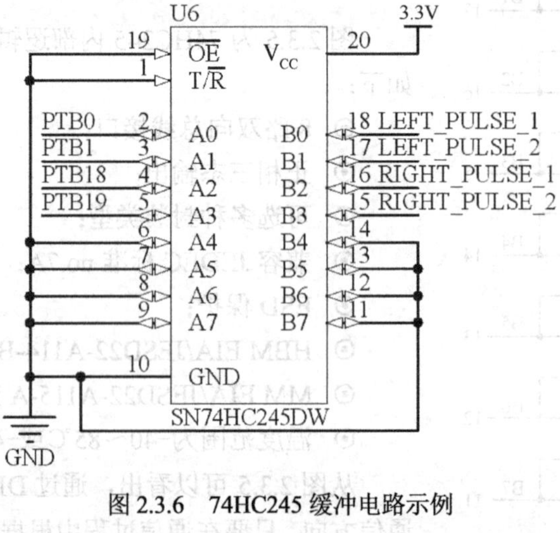

图 2.3.6　74HC245 缓冲电路示例

CD 代表标准的 4000 系列 CMOS 电路，我国生产的 CMOS 电路系列为 CC4000B。各系列芯片详细特性比较如表 2.3.1 所示。

表 2.3.1　74 系列芯片特性比较

比 较 项 目	TTL	CMOS
性能	±5V 左右	3～18V
频率特性	5MHz 以下	100kHz 以下
速度功耗积（在 100kHz 时，单位为 PJ）	100	11
最小输出的驱动电流 （输出低电平为 0.4V）	16mA	4000 系列为 16mA 74 系列为 4mA
大电流输出	48V	4000 系列为 16V 74 系列为 6V
扇出能力	标准系列为 40 大电流输出为 120	4000 系列为 4 74 系列为 10 大电流输出为 4、15
最大输入电流 （输出低电平为 4V）	-1.6mA	4000 系列为±0.001mA 74 系列为-0.001mA
输入阻抗	5MΩ	10MΩ

2.3.3　舵机控制信号的隔离

舵机控制技术［脉宽调制（PWM）技术］已经十分成熟。然而，在舵机实际工作过程中，其供电电流较大；而且在调整过程中随着负载的变化供给舵机的电压和电流也会发生一定的波动。若舵机输入的控制信号（PWM）由单片机直接输出，上述干扰就可能会影响单片机的工作，轻者会引起单片机复位，严重的情况下会导致单片机击穿烧毁。针对这种情况，可使用光电耦合器来实现信号的隔离。

下面介绍一下光电耦合器（简称光耦）。简单说，耦合器隔离电路使被隔离的两部分电路之间没有电的直接连接，其作用主要是防止因为电的连接而引起干扰，特别是在低压控制电路与外部高压电路之间。光电耦合器一般由 3 个部分组成：光的发射、光的接收及信号放大。输入的电信号驱动发光二极管（LED），使之发出一定波长的光，被光探测器接收而产生光电流，再经过进一步放大后输出，这就完成了“电—光—电”的转换，从而起到输入、输出、隔离作用。由于光电耦合器输入/输出间互相隔离，电信号传输具有单向性等特点，因而其具有良好的电绝缘能力和抗干扰能力。又由于光电耦合器的输入端属于电流型工作的低阻元件，因而具有很强的共模抑制能力。

TLP181 低速光电耦合器 用于舵机信号输出隔离

在舵机隔离电路中，推荐使用的光电耦合器型号为 TLP181，其外形示意和原理分别如图 2.3.7 和图 2.3.8 所示。TLP181 工作频率不高，但是足够隔离舵机的控制信号。S3010 舵机的 PWM 控制信号频率为 50～200Hz，而 SD-5 型舵机的 PWM 控制信号频率为 50～300Hz。在这个频段使用 TLP181 完全可以胜任隔离工作，且价格相对低廉。

图 2.3.7 TLP181（SOP-4）

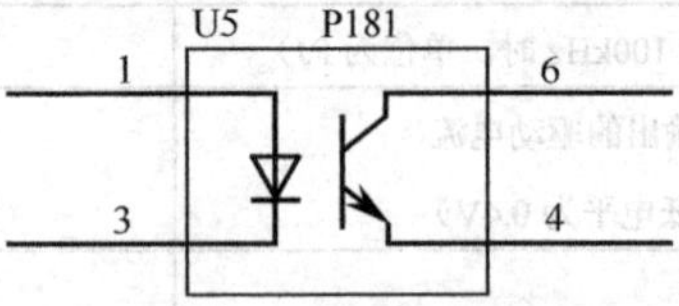

图 2.3.8 TLP181 原理

图 2.3.9 给出 TLP181 的工作电路。图中 SERVO 为单片机输出的 PWM 控制信号，经过光耦之后的输出为 PWM5out。通过光耦将控制信号与执行器之间实现隔离。从原理图中还可以看到，光耦还可以实现电平转换的作用，即光耦转换后输出信号的电平为光耦的供电电平。由此可见，光耦可以同时实现信号的隔离和电平的转换两种功能，因此光耦对于智能汽车信号传递电路是必不可少的。

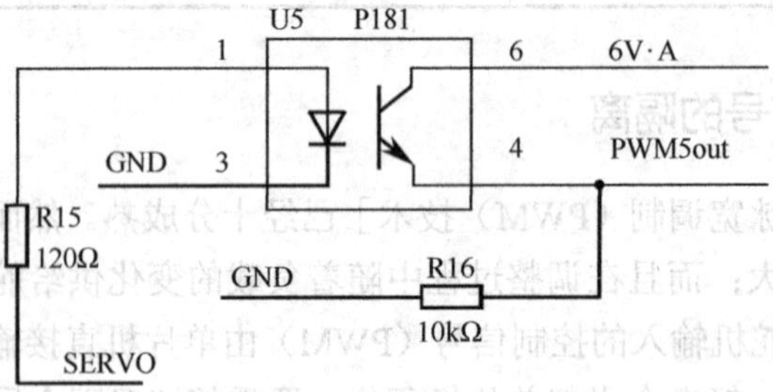

图 2.3.9 TLP181 隔离电路示例

2.4 测速模块原理与电路设计

在智能汽车设计中，速度反馈是一个重要环节，良好的速度反馈是智能汽车在高速运行过程中精确调节速度的前提。速度反馈可以让 PID 速度调节算法（详见软件设计部分）更加迅速地调整智能汽车的加速与减速，让智能汽车在直线上可以加速行驶，而在进入弯道前降低速度，保证稳定过弯。本节以光电脉冲原理测速传感器为主介绍智能汽车测速电路设计。首先介绍一下光电脉冲测速原理。

2.4.1 光电脉冲测速原理

光电式脉冲编码器可将机械位移、转角或速度变化转换成电脉冲输出，是精密数控采用的检测传感器。光电式脉冲编码器的最大特点是非接触式，此外还具有精度高、响应快、可靠性高等特点。

光电式脉冲编码器采用光电方法，将转角和位移转换为各种代码形式的数字脉冲，图 2.4.1 所示为光电脉冲测速原理示意，在发光元件和光电接收元件中间有一个直接装在旋转轴上的、具有相当数量的透光扇形区码盘，当光源经光学系统形成一束平行光投在透光和不透光区的码盘上时，转动码盘，在码盘的另一侧就形成光脉冲，光脉冲照射在光电元件上就产生与之对应的电脉冲信号。

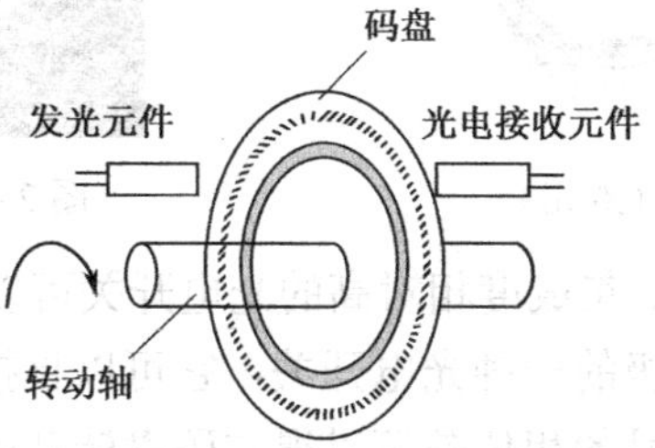

图 2.4.1　光电脉冲测速原理示意

光电式脉冲编码器的精度和分辨率取决于光电码盘的刻线数的精度。目前可生产径向线宽为 6.7×10^{-8} rad 的码盘，其精度达 1×10^{-8}，比接触式码盘编码器的精度要高很多个数量级，若进一步采用光学分解技术还可获得更高精度的光电编码器。

光电编码器按其结构的转动方式可分为直线型线性编码器和转角型轴角编码器两种，按脉冲信号的性质可分为有增量式编码器和绝对式编码器两种类型。

增量式编码器码盘图案和光脉冲信号均匀，可将任意位置设为基准点，从该点开始按一定量化单位检测。该方案无确定的对应测量点，一旦停电则失掉当前位置，且速度不可超越计数器极限的相应速度，此外噪声影响可能造成计数积累误差。该方案的优点是其零点可任意预置，且测量速度仅受计数器容量的限制。

绝对式编码器的码盘图案不均匀，编码器的码盘与码道位数相等，在相应位置上可输出对应的数字码。其优点是坐标固定，与测量前状态无关，抗干扰能力强，无累积误差，具有断电位置保持，不进行读数时移动速度可超越极限响应速度，不需要方向判别和可逆计数，信号并行传送等；其缺点是结构复杂、价格高。要想提高光电编码器的分辨率，需要提高码道数目或者使用减速齿轮机构组成双码盘机构，将任意位置取作零位时须进行一定的运算。

使用单片机的脉冲累加器模块可以记录光电开关所产生的脉冲数量，然后使用定时器模块读取固定时间内的脉冲个数，即可得知智能汽车的当前速度。

2.4.2　低成本方案——光电码盘

基于上述原理，制作智能汽车时可以使用光电开关及码盘制成简单的测速模块，也可购买成品的测速码盘来使用。网络上出售的测速码盘一般价格在 20 元以内，相对价格昂贵的编码器，光电码盘经济且实用，但是由于精度很高的码盘极易损坏，而码盘裸露在外又会限制其精度，故无法与封装完整的编码器相媲美。图 2.4.2 所示为光电开关，而图 2.4.3 所示为码盘。

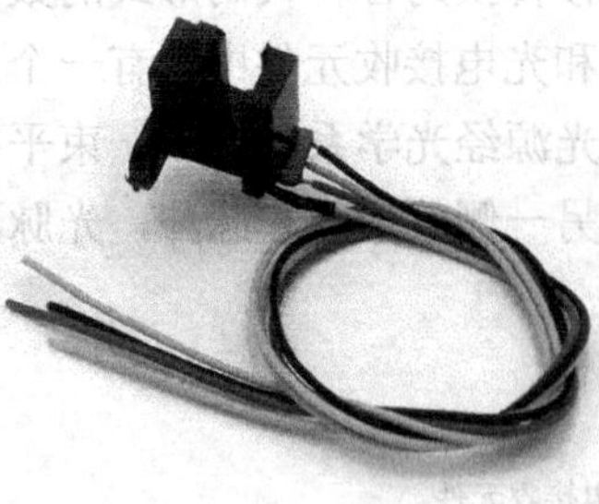

图 2.4.2　光电开关（双相）

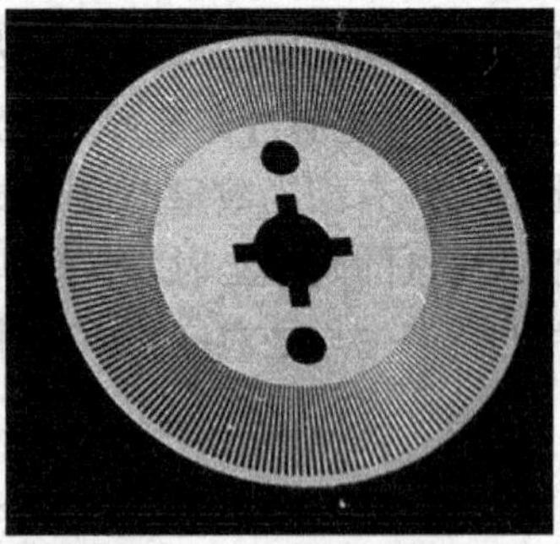

图 2.4.3　码盘（200 线）

光电码盘之间也有不同。集成度相对高的光电开关可以直接输出方波信号，图 2.4.2 所示的光电开关就是相对高级的一种光电开关，它可以直接输出方波信号，而且还具备双相输出功能，通过两相信号的相位差可以得知码盘转动的方向；而价格相对低廉的光电开关输出正弦信号。由于单片机的脉冲累加器模块只能读取方波信号，所以需要使用电压比较器或者施密特触发器来实现正弦信号到方波信号的转换，图 2.4.4 给出正弦信号到方波信号的转换方案。

图 2.4.4 所示的示例电路为双路码盘测速设计。J23、J14 分别为码盘的接口，一般情况下如果码盘需要测得一路信号则需要测量 J23、J14 中的 E 引脚输入信号；R32、R124 为上拉电阻，若不接入上拉电阻，则码盘产生的正弦波幅值太小而无法检测。一片 LM393 集成双路运放可以为两个码盘提供信号转换。在运放的反相输入端输入参考电压、同向输入端输入码盘产生的正弦信号，就可以在运放的输出端得到方波信号。

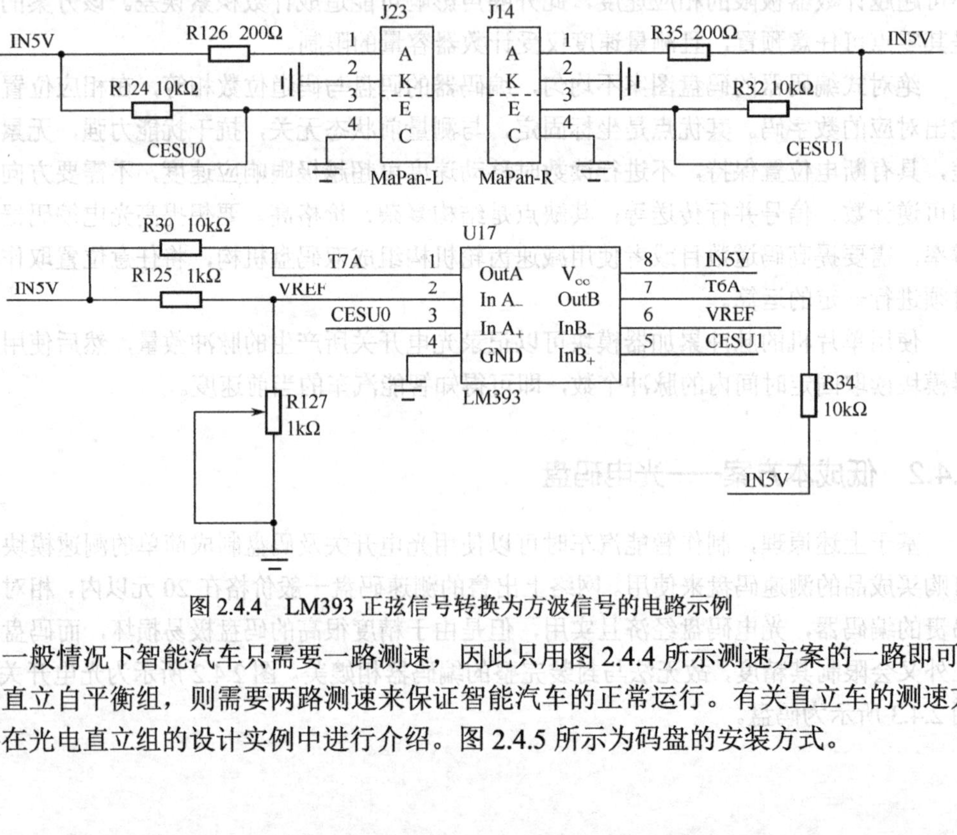

图 2.4.4　LM393 正弦信号转换为方波信号的电路示例

一般情况下智能汽车只需要一路测速，因此只用图 2.4.4 所示测速方案的一路即可。对于直立自平衡组，则需要两路测速来保证智能汽车的正常运行。有关直立车的测速方案将在光电直立组的设计实例中进行介绍。图 2.4.5 所示为码盘的安装方式。

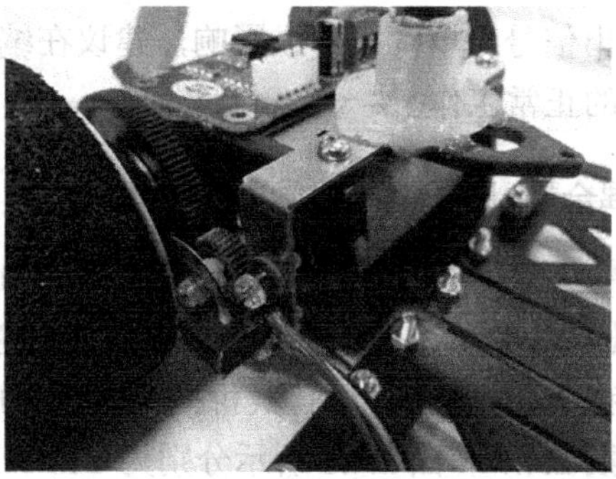

图 2.4.5 码盘的安装方式

2.4.3 高精度方案——光电编码器

上文介绍的码盘测速方案结构简单，但是测速的精度有限。对于很多参赛车队来说，稳定且高精度测速是必不可少的，所以需要使用光电编码器来实现测速。

旋转编码器是用来测量转速的装置，光电式旋转编码器通过光电转换可将输出轴的角位移、角速度等机械量转换成相应的电脉冲以数字的形式输出（REP）。REP 可分为单路输出和双路输出两种。技术参数主要有每转脉冲数（几十个到几千个都有）和供电电压等。单路输出是指旋转编码器的输出是一组脉冲；而双路输出的旋转编码器输出两组 A/B 相位差为 90° 的脉冲，通过这两组脉冲不仅可以测量转速，还可以判断旋转的方向。

编码器封装精度高、测速准确，码盘和电路都封装在编码器内，极大地降低了损坏的概率。现在常用的编码器为欧姆龙公司生产的 100 线、200 线或 500 线编码器。图 2.4.6 所示的编码器为欧姆龙 EA62-CW3C 型 100 线编码器，具有双向测速功能，可直接输出方波，还可通过两路方波的相位差来识别转动方向。该编码器的供电电压为 5～12V，完全兼容智能汽车的供电电平。

图 2.4.6 欧姆龙 EA62-CW3C 编码器（100 线）

值得一提的是，有很多高仿的欧姆龙编码器，其价格相对原装的欧姆龙编码器低廉很多，但高仿编码器产生的脉冲信号需要上拉电阻才能被单片机检测到，而且故障率相对原装编码器要高很多。但是，由于原装编码器价格太过昂贵，且高仿编码器的功能已经完全可以满足广大智能汽车参赛选手的制作需求，因此在比赛中很多参赛车队都选择了高仿编码器来进行测速。

在编码器的使用过程中，由于编码器自身输出信号有电压信号和电流信号，为了避免电路波动时编码器的输出信号对单片机造成影响，建议在编码器与单片机之间的电路中加入光耦，保证单片机的正常工作。

TLP115A 高速光电耦合器 用于编码器脉冲输入隔离

在编码器工作过程中，其输出的脉冲频率高达万赫兹的级别，因此前文介绍的TLP181 无法正常转换如此高频的脉冲信号。针对编码器的光电隔离，建议使用 TLP115A 来实现。TLP115A 的转换频率远大于 TLP181，其价格相对 TLP181 也较高，正品 TLP115A 的价格大约为 5 元左右。图 2.4.7 和图 2.4.8 所示分别为 TLP115A 的外形和引脚定义。

图 2.4.7 TLP115A（5-MFSOP）

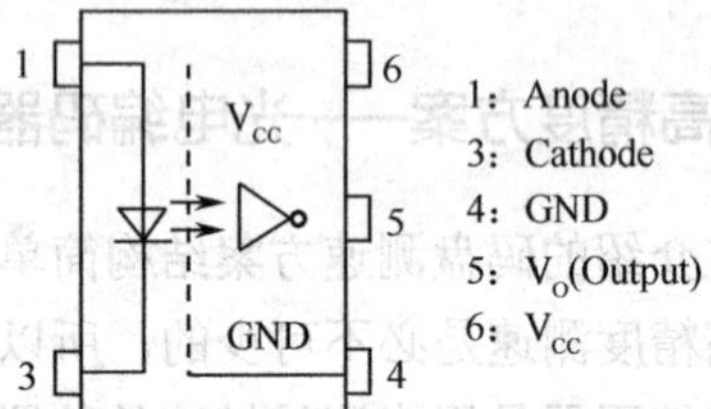

图 2.4.8 TLP115A 引脚定义

如图 2.4.9 所示，编码器的输出脉冲信号由 Pout 输入光耦，经过光耦隔离，由 5 号引脚输出到单片机的脉冲累加器。可以看到，光耦供电电压为 3.3V，因为该电路搭配 3.3V 供电的 K60 芯片使用，所以 5V 供电编码器输出的 TTL 电平信号通过光耦的脉冲信号也被转换为 3.3V 的脉冲信号，从而实现了信号的隔离与电平的转换，确保了单片机运行的稳定性。

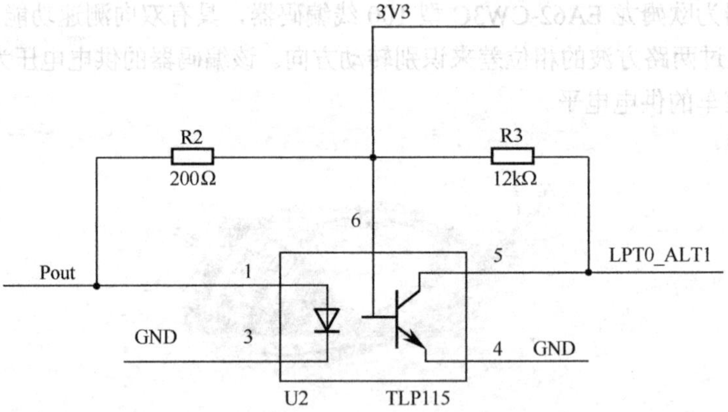

图 2.4.9 TLP115A 光电隔离电路示例

2.4.4 第五轮测速方式

除了主流的测速方式，也有部分参赛车队采用第五轮测速方式。普通的编码器安装方式可测量差速齿轮的转速，但是智能汽车在过弯过程中因为差速打滑而有可能造成测速不准，所以有些参赛车队采取了第五轮测速方案。

图 2.4.10 所示为编码器与差速齿轮相连接的测速方式，第五轮测速的安装方式如图 2.4.11 所示。

图 2.4.11 所示的第五轮测速的安装方式可以测得智能汽车当前运行的实际速度，从而可以更加精确地获得速度反馈值用于智能汽车的 PID 调速。利用此方式还可以构成更高端的双闭环测速方案，内环电动机转速闭环，外环是速度闭环，从而对速度的控制更加精确、快速。

图 2.4.10　编码器与差速齿轮相连接的测速方式

图 2.4.11　第五轮测速的安装方式

2.5　辅助调试设备及其电路设计

本章前四节介绍了智能汽车主要电路模块的原理、电路设计，本节将介绍智能汽车辅助调试模块的电路设计。在智能汽车的基本硬件模块组装完成后，还需要花费大量的时间进行调试，从而让智能汽车的速度不断提升。在调试过程中需要对智能汽车的硬件、软件、机械等各方面暴露出来的不足进一步调整。如何才能快速、准确地找到智能汽车的不足，并且方便、快捷地进行调试呢？良好的辅助调试设备就可以解决上述问题。

若想快速、准确地找到智能汽车的不足，最好的方式就是让智能汽车自己说出自己的不足。与智能汽车良好的沟通就是辅助调试电路要实现的基本功能。在调试过程中，要收集智能汽车的反馈信息并根据反馈做出新的调整输入智能汽车，这个过程最简单的实现方式就是在线仿真。通过 BDM 或者 JTAG 进行在线仿真，通过监视变量的值来获取数据，然后更改程序后重新烧写至芯片来改变软件策略。但是，这种方式效率非常低下，需要反复进行烧写；并且在监视变量时智能汽车只能处于静止状态，无法动态地获得智能汽车运行过程中的具体情况。下面介绍多种调试方式，让智能汽车的调试过程更加方便、灵活。

2.5.1　液晶显示

液晶显示是智能汽车对外界反馈信息的最好方式，快捷且直观，可以将液晶显示模块与单片机连接，将要监视的数据发送到液晶显示模块上，从而可以脱离在线仿真监视变量的变化。最简单的显示模块为数码管，通过扫描数码管可以显示数字或者简单字母。

但是，数码管占用面积较大且显示数据量较少，所以不推荐。在调试过程中推荐使用液晶显示模块。常用的液晶显示模块有 LCD1602、LCD12864、NOKIA 5110 液晶屏等。

1. LCD1602 液晶显示模块

LCD1602 液晶显示模块如图 2.5.1 所示，它是最常用的液晶显示模块，在学习 51 单片机时应用较多。其使用方式简单、易于学习，显示单元为两行，每行 16 个显示单元，每个显示单元由 5×7 的点阵组成。LCD1602 液晶显示模块可显示基本的 ASCII 码，但无法显示中文。由于其自身重量过重，建议仅在调车过程中使用，调试完毕后即摘下屏幕。

2. LCD12864 液晶显示模块

LCD12864 液晶显示模块如图 2.5.2 所示。与 LCD1602 液晶显示模块类似，LCD12864 广泛应用于 51 单片机学习中，相信广大读者也不会陌生。LCD12864 由 128×64 的点阵组成，通过编程可以自定义显示区域。若使用带有中文字库的 LCD12864，还可以显示汉字。通过编程还可以将 LCD12864 液晶显示模块应用于摄像头图像的实时显示。LCD12864 的自身重量非常重，仅推荐读者在调试环节使用。

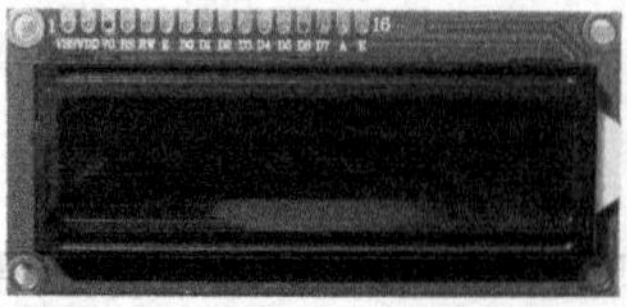

图 2.5.1　LCD1602 液晶显示模块

图 2.5.2　LCD12864 液晶显示模块

3. NOKIA 5110 液晶显示模块

上述两种液晶显示模块使用广泛、应用资料丰富，是学习单片机基础的必备内容，但因为上述两款液晶显示模块的自身重量与占用面积都很大，使用起来有诸多不便，在此不再赘述。NOKIA 5110 液晶显示模块自身重量轻、占用面积小、显示区域大且编程自由，推荐读者使用此液晶显示模块来获取智能汽车的调试信息。

图 2.5.3　NOKIA5110 液晶显示模块

如图 2.5.3 所示为 NOKIA 5110 液晶显示模块。从图中可以看出，这款液晶显示器的数据为串行输入，与 LCD1602 和 LCD12864 相比更节省单片机的资源。图中模块顶部与底部的两排引脚功能定义相同，在使用过程中根据需求接入一排引脚即可。这种设计为 NOKIA 5110 的安装提供了很大的灵活性。表 2.5.1 给出 NOKIA5110 模块的引脚定义。

表 2.5.1 NOKIA5110 液晶显示模块引脚介绍

引脚编号	引脚名称	引脚功能
1	RST	复位
2	CE	片选
3	DC	数据/指令选择
4	DIN	串行数据线
5	CLK	串行时钟线
6	3.3V	电源正极
7	LIGHT	背光控制端
8	GND	电源负极

NOKIA 5110 液晶显示模块具有以下特点。

- 84×48 的点阵 LCD，可以显示 4 行汉字。
- 采用串行接口与主处理器进行通信，接口信号线数量大幅度减小，包括电源和地在内的信号线仅有 8 条。支持多种串行通信协议（如 AVR 单片机的 SPI、MCS51 的串口模式 0 等），传输速率高达 4Mb/s，可全速写入显示数据，无等待时间。
- 可通过导电胶连接模块与印制板，不需要连接电缆，用模块上的金属钩就可将模块固定到印制板上，非常便于安装和更换。
- LCD 控制器 / 驱动器芯片已绑定到 LCD 晶片上，模块的体积很小。
- 采用低电压供电，正常显示时的工作电流在 200μA 以下，且具有掉电模式。

基于 NOKIA 5110 液晶显示模块的上述特点，仅需要基本的 I/O 接口就可以驱动该液晶显示模块，无须特殊总线的接入，在设计单片机资源分配时可以更加灵活。

2.5.2 矩阵键盘

前文讲述了获取智能汽车信息的方案，在获取了智能汽车信息之后，需要对智能汽车内置的参数进行调整。调整参数的手段很多，这里推荐使用矩阵键盘。使用矩阵键盘占用的端口少且可获得的按键多，可以对按键进行编程实现丰富的交互功能。使用矩阵键盘来调整智能汽车的参数方便快捷，图 2.5.4 给出矩阵键盘的电路示例。

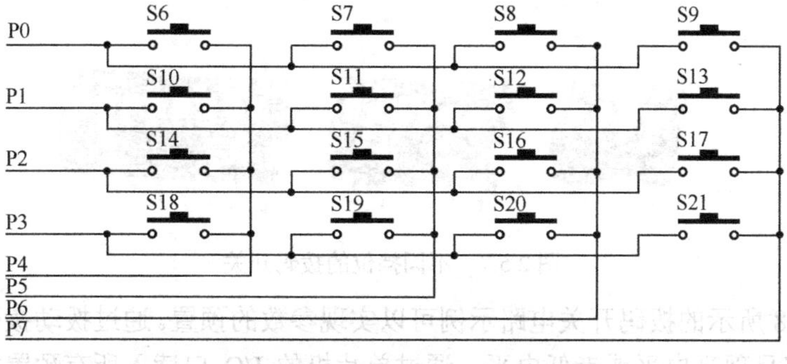

图 2.5.4 矩阵键盘电路示例

利用微机原理、单片机原理及应用课程中学习的矩阵键盘扫描方式，可以方便、快捷地使用矩阵键盘。图 2.5.4 所示的电路是广大单片机初学者在学习过程中接触最多的电路，相关的程序资料都可以通过网络获取。由于矩阵键盘占用的空间较大，不建议将其集成到主板上；推荐将矩阵键盘模块（见图 2.5.5）使用排线或者杜邦线与主板连接，在调试结束后拔下以免影响智能汽车的整体性能。出于方便的角度考虑，还可以购买矩阵键盘模块来实现智能汽车的调整。图 2.5.6 所示为薄膜式矩阵键盘模块。

图 2.5.5　矩阵键盘模块

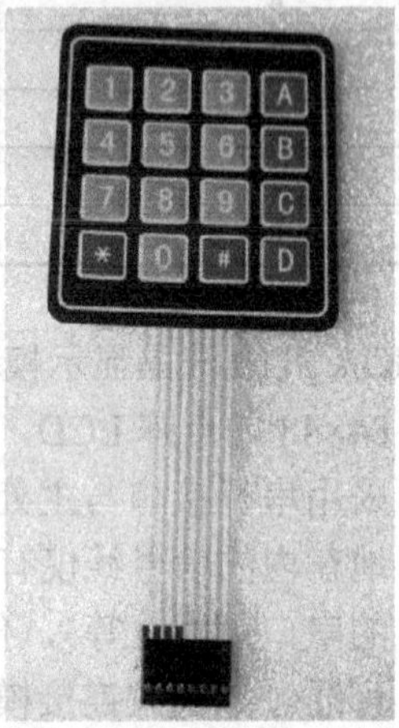

图 2.5.6　薄膜式矩阵键盘模块

2.5.3　拨码开关

使用矩阵键盘预置参数时需要每次都连接键盘，而在实际比赛中临场调整策略时，使用键盘会浪费大量时间。若想要预置不同的比赛策略，并在比赛现场迅速地调整，推荐使用拨码开关。不同挡位的拨码开关如图 2.5.7 所示。

图 2.5.7　不同挡位的拨码开关

如图 2.5.8 所示的拨码开关电路示例可以实现参数的预置。通过拨动拨码开关的挡位可以使某一路呈现高电平或者低电平。通过单片机的 I/O 口读入所有预置端口的数据，使用二进制数的位运算可以得到不同的二进制数。通过拨码开关预置的数字可以调整不同的比赛策略。

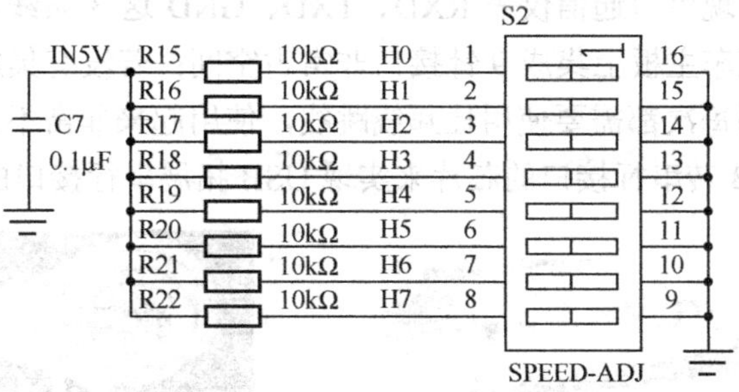

图 2.5.8　拨码开关电路示例

从图 2.5.8 可以看到，使用上拉电阻可以拉高拨码开关左侧的电平，从而输入单片机的某一位就为高电平；若接通拨码开关的一位，则电平就会被拉低，因此单片机读入的就是低电平，从而可以读取一组 8 位二进制数，若按十进制转换使用，则可预置 256 组不同策略。当然，还可以给不同的位分配不同的功能分别进行预置。

值得一提的是，在使用部分高端单片机时，单片机的 I/O 接口内置了上拉功能，只需要在初始化 I/O 接口时开启上拉功能就可以实现单片机内部上拉，从而免去上拉电阻的使用，例如，K60 单片机就可以实现内部上拉，从而无须上拉电阻即可使用拨码开关，其电路示例如图 2.5.9 所示。

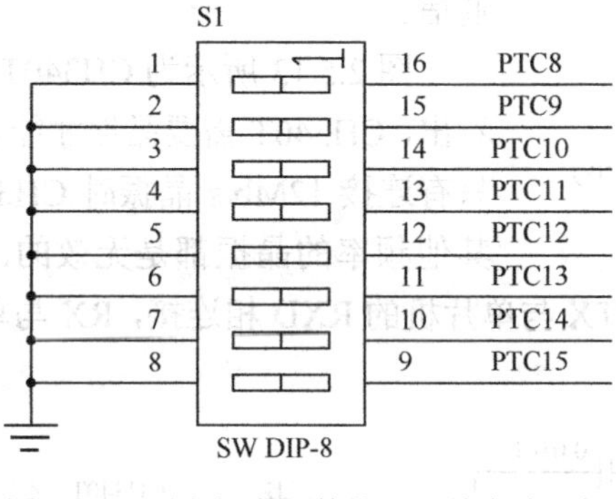

图 2.5.9　无上拉电阻的拨码开关电路示例

2.5.4　串口通信

上述调试手段都是用来实现人与智能汽车的直接交互的；而对于一些大型数据的分析，还需要计算机来进行。例如，将智能汽车采集的数据反馈到 MATLAB 中进行仿真等功能的实现，就需要智能汽车将数据实时地传送给计算机。实现智能汽车与计算机通信最简单易行的方式就是串口通信。由于恩智浦单片机都有串口通信模块（UART）功能，只需要初始化相关模块就可以使用通用的串口通信协议与计算机进行通信。大部分台式计算机都在主板上预留了串口通信要用的串行接口，也称 COM 口。使用串行接口可以直接将 UART 模块发送来的数据读入单片机。

图 2.5.10 和图 2.5.11 所示的传统串行接口通信线路在使用时需要使用专用的 9 针接口，而在智能汽车实现串口通信仅需 RXD、TXD、GND 这 3 条线即可，其他线路都是无效线路。在智能汽车主板上集成 9 针接口非常占空间；若没有集成 9 针接口而使用传统串行接口线缆，则每次都需要使用杜邦线跳线，使用起来非常不方便。为了解决上述问题，推荐使用 USB 转串行接口的芯片来实现 USB 拓展串行接口的目的。

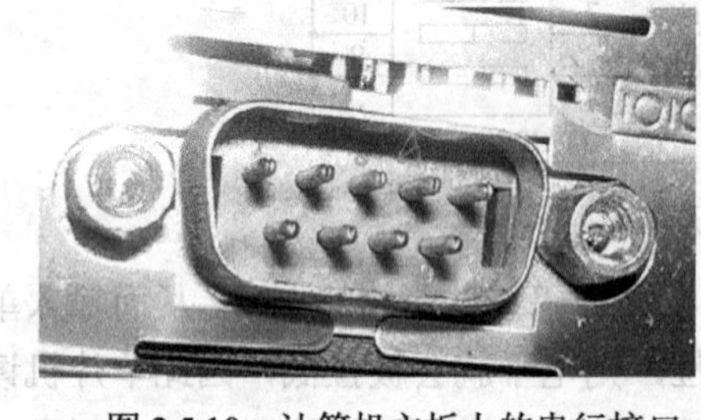

图 2.5.10　计算机主板上的串行接口

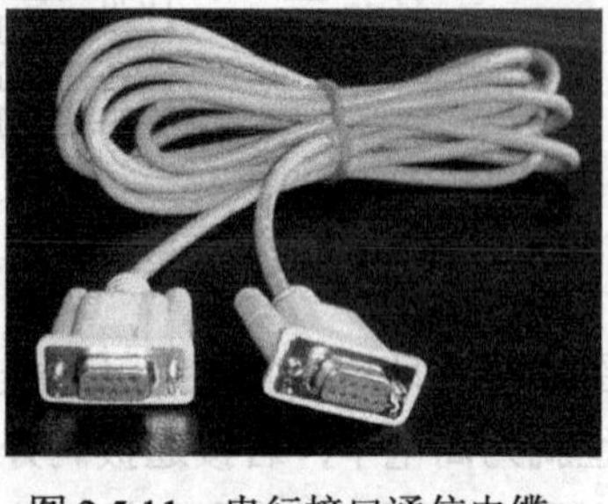

图 2.5.11　串行接口通信电缆

图 2.5.12　CH340T（SSOP-20）

常用的 USB 转串口的芯片为 CH340T，如图 2.5.12 所示。CH340T 芯片集成驱动，可以即插即用，经过实际测试在 Windows XP 和 Windows 7 中都没有问题。使用此方案不但解决了台式计算机使用不便的问题，还使得没有预留串口的笔记本电脑实现了与单片机的串口通信。

图 2.5.13 所示为 CH340T 的原理示意。从图中可以看出，CH340T 需要晶振才能正常工作。在实际测试中，只有连接 12Mb/s 晶振时 CH340T 才能正常工作，连接其他频率的晶振都是无效的。其中，D_+、D_-分别对应 USB 接口中的数据线路，TX 与单片机的 RXD 相连接，RX 与单片机的 TXD 相连接，实现了 USB 到串口的转换。

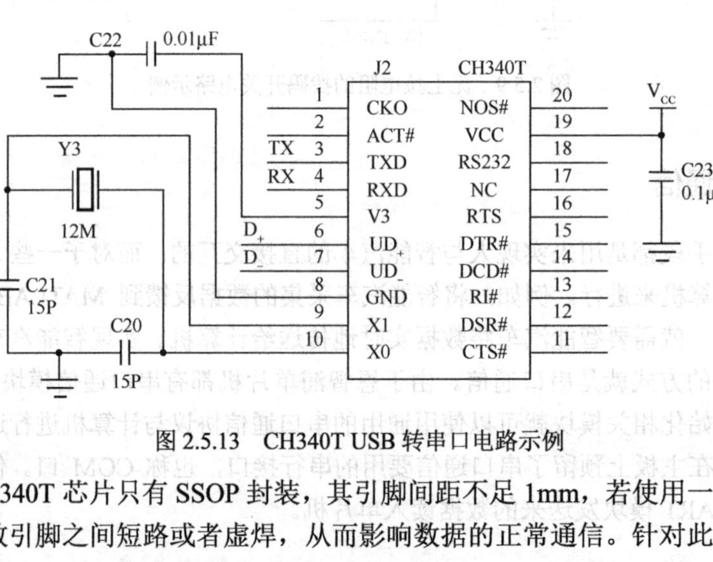

图 2.5.13　CH340T USB 转串口电路示例

由于 CH340T 芯片只有 SSOP 封装，其引脚间距不足 1mm，若使用一般的电烙铁焊接可能会导致引脚之间短路或者虚焊，从而影响数据的正常通信。针对此问题，读者可以购买网上的成品转换模块来使用。成品模块如图 2.5.14 所示。

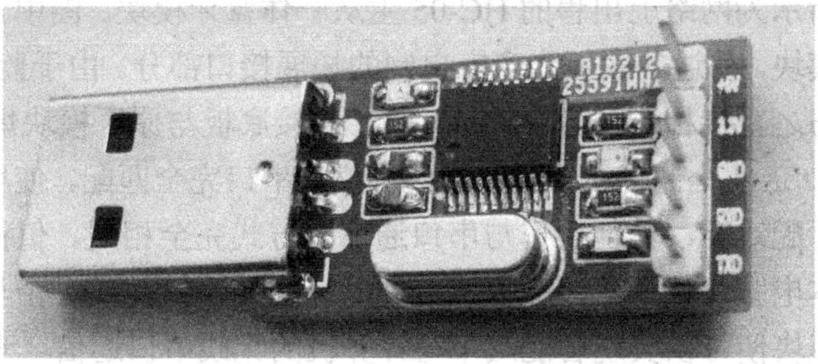

图 2.5.14 CH340T USB 转串口模块

2.5.5 无线通信

使用串口通信可以将智能汽车采集到的数据发送给计算机进行处理，然而其弊端在于线缆的限制。由于通信过程必须使用线缆连接，因此无法采集到智能汽车运行过程中的动态数据。为了摆脱线缆的束缚，可以使用无线通信方式。

常用的无线通信方式有 2.4G 无线通信模块 NRF24L01、蓝牙模块 HC-05 等。图 2.5.15 所示为 NRF24L01 模块的实物照片。

图 2.5.15 NRF24L01 模块

2.4G 无线通信模块 NRF24L01 使用 SPI 协议与单片机通信，则两个模块要想进行通信必须有两个单片机提供 SPI 协议才能实现。这就意味着若使用 NRF24L01 模块无线传输智能汽车采集到的数据就需要在智能汽车上安装一个 NRF24L01 模块，通过 SPI 协议驱动模块发送数据，接收端需要一款单片机提供 SPI 协议驱动 NRF24L01 模块接收数据，并且通过串口方式发送给计算机。这种方式虽然实现了无线通信，但是在数据传输环节需要的模块较多，数据需要经过转换才能被计算机接收，非常烦琐。若使用蓝牙模块实现无线数据通信，则仅仅需要两个蓝牙模块就能实现。

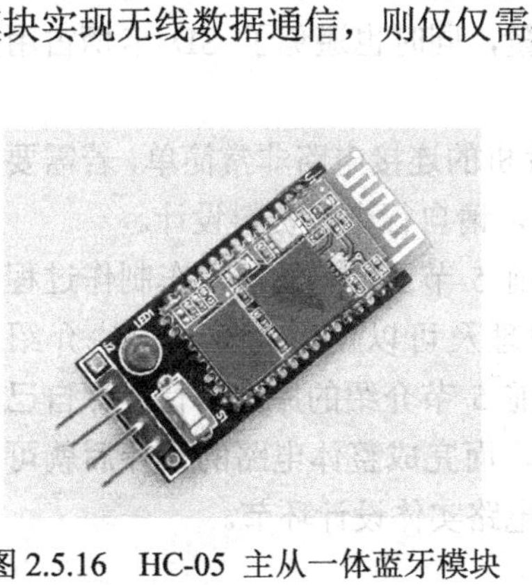

图 2.5.16 HC-05 主从一体蓝牙模块

蓝牙模块的通信原理非常简单，在蓝牙配对之后，数据通信就相当于串口通信。两个蓝牙模块之间就相当于有一条无形的串口线缆在通信。单片机驱动蓝牙模块无须使用 SPI 协议，仅仅需要使用 UART 模块，像之前使用 CH340T 发送数据给计算机一样将数据发送给蓝牙模块，蓝牙模块就会自动将数据发送给配对的蓝牙模块。接收端通过 CH340T 模块可以将蓝牙模块接收到的数据以串口通信的形式发送给计算机。使用蓝牙模块的优点在于操作简单、无须 SPI 协议的支持，但是带宽有限、传送的数据量不是很大。

如图 2.5.16 所示为网络上出售的 HC-05 主从一体蓝牙模块。图中上层芯片及电路为厂家出售的原始模块，外边的底板为商家自制的拓展接口部分。由于蓝牙模块封装特殊，没有合适的接口与之直接相连，因此商家自制了转接底板与原厂模块焊接，引出了 V_{CC}、GND、RXD、TXD 这 4 个通信引脚，其通信协议与串口完全匹配，使用时仅须先按照模块说明书进行蓝牙配对后，其他操作与串口通信的方式完全相同。值得一提的是，该模块还可以与笔记本电脑内置的蓝牙模块直接配对，从而仅仅需要一个与智能汽车上的单片机连接的蓝牙模块便可以实现智能汽车与计算机的无线串口通信，十分方便。

各大网店出售的蓝牙模块的价格大约在 40 元，而原厂的蓝牙板只需要 26 元就可以买到。所以建议有条件的读者可以直接购买原厂蓝牙板配合自制的外围电路来实现无线通信。DIY 可以节省部分资金，还可以锻炼动手能力，何乐而不为呢？

由于智能汽车大赛组委会规定智能汽车在运行过程中不可以人为干预，因此无线通信手段仅仅可以用于调试阶段，切勿将无线通信模块集成于智能汽车的主板上。

2.5.6 SD 卡读写

为了解决无线通信带宽有限、数据无法大量传输的问题，可以使用写 SD 卡的方式绕过实时发送环节。在智能汽车运行过程中将数据高速写入大容量的 SD 卡中，在运行结束后将 SD 卡内的数据读入计算机进行分析。使用这种方式同样可以记录智能汽车的动态特性，还解决了因为带宽限制无法获取足够数据的问题。现在的 SD 卡读写协议常用的有 SDIO 协议及 SPI 协议。在智能汽车调试过程中，可以根据单片机的情况来选择合适的协议进行 SD 卡的读写。Micro SD 卡是选用最多的 SD 卡，主要由于其外形小、占用空间小，同时还有良好的读写速度。为了实现读写 SD 卡，部分商家出售的单片机核心板上已经集成了 SD 卡的卡槽，若没有集成卡槽，则可以购买读写卡模块进行 SD 卡的读写操作。

图 2.5.17 为 Micro SD 卡读写卡模块，使用此模块与单片机对应的引脚相连接就可以实现 SD 卡的读写操作。使用读写卡模块的好处在于可以仅在调试阶段进行读写卡操作，比赛中可以摘除模块来减少车身重量，同时也避免了 SD 卡槽占用空间。

图 2.5.17 Micro SD 卡读写卡模块

SD 卡槽与单片机的连接电路非常简单，若需要自行 DIY 读写卡电路，请自行查找资料设计。

至此，本章的前 5 节已经将智能汽车制作过程中常用电路模块的原理及可以使用的成品模块介绍完了。读者可以根据前 5 节介绍的原理自行设计自己的智能汽车整体电路，而完成整体电路的设计后就可以进入本章后两节的电路实体设计环节。

2.6　主板外形设计

在智能汽车硬件电路实体设计中，要根据智能汽车的结构规划好主板的外形。良好的主板外形可以让各电路模块的排布更加合理，并且根据智能汽车的机械性能来规划主板外形可以让主板对智能汽车机械性能的影响降到最低，使得智能汽车的运行更加快速、稳定。下面将结合官方规定的 A、B 型车模讲解主板外形的设计。

2.6.1　A 型车模主板设计参考

以 A 型车模为例，A 型车模已经在竞赛中沿用了很多年，被广大车友誉为车模中性能最好的一款。由于车模电池的安装位置中部偏后，在前轮与电池之间的位置就成为放置主板的最佳位置。将主板安置于此处，一方面可以将重心前移，优化车模的整体性能；另一方面又可以让主板紧贴底盘，降低重心，避免架高主板而导致的重心增高。

如图 2.6.1 所示，A 型车模自身的避震结构会影响主板的安置，在车模的改造过程中，一般选择摘除避震结构来获得更多的空间放置主板。在设计主板外形时，要尽可能地使主板外观与车模形状契合。在设计过程中，可以先使用直尺等测距工具量出车模可安置主板位置的外形尺寸，然后在 PCB 制作时设置好相应的禁止布线层。

图 2.6.1　A 型车模

在智能汽车的底盘上有部分预置的螺钉孔位，在设计主板时，可以精确测量已经预置的螺钉孔的位置，并加以利用。如果觉得预置的螺钉孔位置不够优化，可以自己打孔固定主板。

在主板外形测量和记录过程中，建议先使用辅助设计软件绘制主板的外形，经过优化修改定稿后再设计主板上的电路模块。常用的辅助设计软件有 AutoCAD、PRO-E 等。以 AutoCAD 为例，使用软件的直线、构造线、旋转、相对坐标、捕捉等工具可以精确地绘制主板的外形。图 2.6.2 为 PRO-E 软件绘制的主板外形。

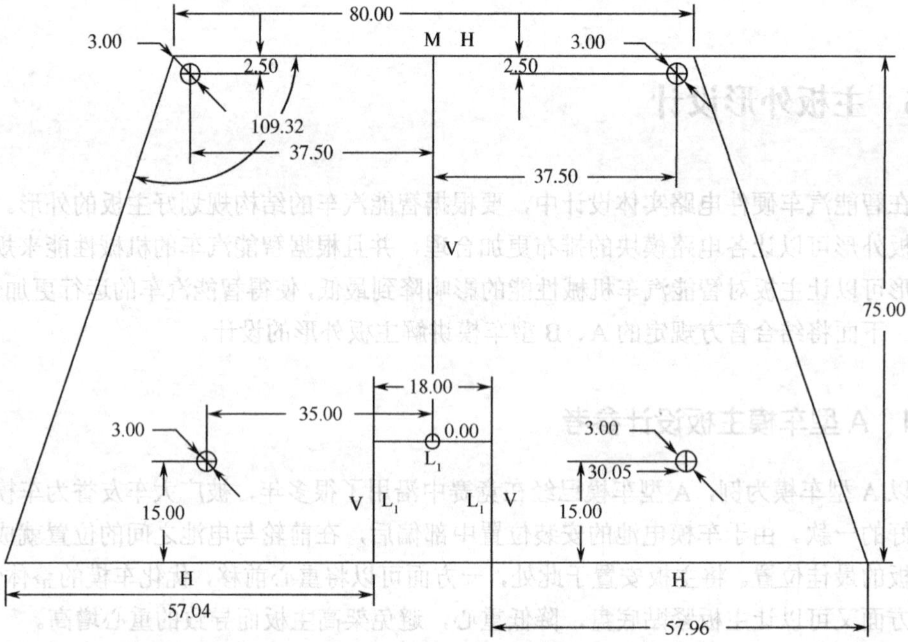

图 2.6.2 PRO-E 软件绘制的主板外形

在主板外形设计完成后，可以使用打印机将设计好的主板外形按照 1:1 的比例打印出来，并剪裁成型后放在智能汽车车模上进行模拟测试，确保设计好的外形与车体契合良好。有不合适的设计可以根据实际情况进一步修正，使得主板与车模兼容得更加完善。

2.6.2 B 型车模主板设计参考

在 B 型车模的主板设计中，B 型车模的车身前半部分空间较小，无法放置大型的主板；如果采用主板整体后置会导致中心偏后，所以采用双主板设计。两块主板集成不同的电路单元，并通过排线通信实现同时工作，设计案例如图 2.6.3 所示。

采用这种设计需要考虑两个主板上集成的电路单元分布，强电与弱电需要隔离，并且注意大电流电路的散热，避免电路设计不当而导致的干扰，使得智能汽车运行稳定。相关知识将在下一节讲述。

图 2.6.3 B 型车模主板外形设计案例

2.7　PCB 实体电路设计

完成 PCB 外形设计后就要结合之前设计好的电路原理图将电路模块排布在 PCB 上，从而完成智能汽车硬件电路的设计。在 PCB 设计过程中，要考虑元器件封装的选择、电路模块的排布，以及电路的防干扰设计。本节内容主要使用 Altium Designer 设计 PCB，但是 PCB 设计原则殊途同归，也可用于其他软件进行 PCB 的设计。

2.7.1　元器件封装选择

同样的一个元件可以有不同的封装形式，因此要选择合适的封装形式来设计 PCB 电路中的元件排布。首先介绍一下封装。

封装就是指把硅片上的电路引脚用导线接引到外部接头处，以便与其他器件连接。封装形式是指安装半导体集成电路芯片用的外壳，它不仅起着安装、固定、密封、保护芯片及增强电热性能等方面的作用，而且还通过芯片上的接点用导线连接到封装外壳的引脚上，这些引脚又通过印制电路板上的导线与其他器件相连接，从而实现内部芯片与外部电路的连接。一方面，芯片必须与外界隔离以防止空气中的杂质对芯片电路腐蚀而造成电气性能下降；另一方面，封装后的芯片更便于安装和运输。由于封装技术的好坏直接影响芯片自身性能的发挥和与之连接的 PCB（印制电路板）的设计和制造，因此它是至关重要的。

封装主要分为 DIP 双列直插和 SMD 贴片封装两种。从结构方面来看，封装经历了最早期的晶体管 TO（如 TO-89、TO92）封装发展到了双列直插封装，随后由 PHILIPS 公司开发出了 SOP 小外形封装，以后逐渐派生出 SOJ（J 型引脚小外形封装）、TSOP（薄小外形封装）、VSOP（甚小外形封装）、SSOP（缩小型 SOP）、TSSOP（薄的缩小型 SOP）及 SOT（小外形晶体管）、SOIC（小外形集成电路）等。从材料介质方面来看，金属、陶瓷、塑料等很多高强度工作条件需求的电路，如军工和宇航级别仍有大量的金属封装。

在智能汽车 PCB 电路设计中，元件封装的选择要在保证稳定的基础上尽量轻、小，这样能保证智能汽车的整体质量更轻、运行速度更快。在前 5 节介绍电路原理的部分已经将推荐使用的集成电路元件的封装标注在图片名称后面。表 2.7.1 所示为前文提到的元件与推荐使用的封装类型。

表 2.7.1　元件与推荐使用的封装类型

元 件 名 称	元件推荐封装	元 件 功 能
LM2940S	TO-263-3	5V 三端稳压
AMS1117-3.3	SOT-223	3.3V 三端稳压
AMS1117-ADJ	SOT-223	可调降压稳压
LM2577ADJ	TO-263-6	可调升压稳压

续表

元 件 名 称	元件推荐封装	元 件 功 能
BTN7971	TO-263-7	直流电动机驱动半桥
IR2104	SOP-8	半桥 MOS 驱动
LR7843	TO-252	N-MOS 直流电动机驱动
74HC244D	SOP-20	输出信号电平转换、隔离
74HC245	SOP-20	输入信号电平转换、隔离
TLP181	SOP-4	舵机控制信号隔离
74HC00	SOP-16	电动机驱动使能
LM393	SOP-8	正弦波转方波
TLP115A	5-MFSOP	编码器脉冲输入隔离
CH340T	SSOP-20	串口转 USB

从表 2.7.1 中的封装形式可以看出，板载的集成电路芯片大多选用贴片封装形式，这样设计 PCB 可以节省电路板空间，保证布局的合理性。秉持在满足功能的基础上尽量轻的原则，电路中使用的电容、电阻等器件建议使用 0805 的贴片封装，部分钽电容体型较大，可以使用 1206 或者 3528 的贴片封装。这些常用电路封装的尺寸都可以通过网络获取；若没有找到合适的封装库，可以使用 PCB 设计软件按照芯片手册给出的具体尺寸自行绘制所需的封装。

2.7.2 基于原理图设计实体电路

在选择了合适的封装之后就可以在电路图中给各电路元件分配合适的封装，然后将元件加载到 PCB 工程中进行 PCB 设计。PCB 设计大体分为元件布局和电路布线两个环节。具体的实现方法请根据使用的设计软件而自行实现。下面将介绍布局和布线中的一些技巧和注意事项。

1. 元件布局

（1）根据结构图设置板框尺寸，按结构要素布置安装孔、接插件等需要定位的器件，并给这些器件赋予不可移动属性。按工艺设计规范的要求进行尺寸标注。

（2）根据结构图和生产加工时所需的夹持边设置印制电路板的禁止布线区、禁止布局区域。根据某些元件的特殊要求设置禁止布线区。

（3）综合考虑 PCB 性能和加工效率选择加工流程。

加工工艺的优选顺序为：元件面单面贴装→元件面贴、插混装（元件面插装、焊接面贴装一次波峰成型）→双面贴装→元件面贴插混装、焊接面贴装。

（4）布局操作的基本原则如下。

① 遵照“先大后小，先难后易”的布置原则，即重要的单元电路、核心元器件应当优先布局。

② 布局中应参考原理图，根据单板的主信号流向规律安排主要元器件。

③ 布局应尽量满足以下要求：总的连线尽可能短，关键信号线最短；高电压、大电

流的强信号与小电流、低电压的弱信号完全分开；模拟信号与数字信号分开；高频信号与低频信号分开；高频元器件的间隔要充分。

④ 相同结构电路部分尽可能采用“对称式”标准布局。

⑤ 按照均匀分布、重心平衡、版面美观的标准优化布局。

⑥ 器件布局栅格的设置：一般 IC 器件布局时，栅格应为 1.27～2.54mm；小型表面安装器件，如表面贴装元件布局时，栅格设置应不小于 0.635mm。

⑦ 如有特殊布局要求，应双方沟通后确定。

（5）同类型插装元件在 X 或 Y 方向上应朝一个方向放置。同一种类型的有极性分立元件也要力争在 X 或 Y 方向上保持一致，便于生产和检验。

（6）发热元件一般应均匀分布，以利于单板和整机散热，除温度检测元件以外的温度敏感元件应远离发热量高的元件。

（7）元件的排列要便于调试和维修，即小元件周围不能放置大元件、需要调试的元件周围要有足够的空间。

（8）需要用波峰焊工艺生产的单板，其紧固件安装孔和定位孔都应为非金属化孔。当安装孔需要接地时，应采用分布接地小孔的方式与地平面连接。

（9）焊接面的贴装元件采用波峰焊接生产工艺时，阻容件轴向要与波峰焊传送方向垂直，阻排及 SOP（PIN 间距≥1.27mm）元件轴向与传送方向平行；PIN 间距<1.27mm（50mil）的 IC、SOJ、PLCC、QFP 等有源元件避免用波峰焊焊接。

（10）BGA 与相邻元件的距离>5mm；其他贴片元件相互间的距离>0.7mm。贴装元件焊盘的外侧与相邻插装元件的外侧距离>2mm。有压接件的 PCB，压接的接插件周围 5mm 内不能有插装元件，在焊接面周围 5mm 内不能有贴装元件。

（11）IC 去耦电容的布局要尽量靠近 IC 的电源引脚，并使之与电源和地之间形成的回路最短。

（12）元件布局时，应适当考虑将使用同一种电源的元件尽量放在一起，以便于以后设计时须考虑的电源分隔问题。

（13）用于阻抗匹配的阻容元件的布局要根据其属性合理布置。

①串联匹配电阻的布局要靠近该信号的驱动端，距离一般不超过 12.7mm（500mil）。

②匹配电阻、电容的布局一定要分清信号的源端与终端，对于多负载的终端匹配一定要在信号的最远端匹配。

（14）布局完成后打印装配图供原理图设计者检查器件封装的正确性，并且确认单板、背板和接插件的信号对应关系，经确认无误后方可开始布线。

2. 电路布线

布线是整个 PCB 设计中最重要的工序，布线将直接影响 PCB 的性能。在 PCB 设计过程中，布线一般有 3 种境界的划分。首先是布通，这是 PCB 设计最基本的要求。如果线路都没布通，那将是一块不合格的印制电路板，可以说还没入门。其次是电器性能的满足。这是衡量一块印制电路板是否合格的标准。在布通之后认真调整布线，使其能达到最佳的电器性能。最后是美观，假如布线布通了，也没有什么影响电器性能的地方，但是一眼看过去杂乱无章，就算电器性能好，在别人眼里还是一块垃圾。这给测试和维修带来极大的不便。布线要整齐划一，不能纵横交错、毫无章法。这些都要在保证电器性能和满足其他个别要求的情况下实现，否则就是舍本逐末了。

布线时主要按以下原则进行。

（1）一般情况下，应对电源线和地线进行布线，以保证电路板的电气性能。在条件允许的范围内，尽量加宽电源线、地线宽度，最好是地线比电源线宽，它们的关系是：地线>电源线>信号线。通常信号线宽为 0.2～0.3mm，最细宽度可达 0.05～0.07mm；电源线一般为 1.2～2.5mm。对数字电路的 PCB 可用宽的地线组成一个回路，即构成一个地网来使用（模拟电路的地线则不能这样使用）。

（2）预先对要求比较严格的线（如高频线）进行布线，输入端与输出端的边线应避免相邻平行，以免产生反射干扰。必要时应加地线隔离，两相邻层的布线要互相垂直，平行容易产生寄生耦合。

（3）振荡器外壳接地，时钟线要尽量短，且不能引得到处都是。时钟振荡电路下面、特殊高速逻辑电路部分要加大接地面积，而不应该走其他信号线，以使周围电场趋近于零。

（4）尽可能采用 45° 的折线布线，不可使用 90° 折线，以减小高频信号的辐射（要求高的线还要用双弧线）。

（5）任何信号线都不要形成环路，如不可避免，环路应尽量小；信号线的过孔要尽量少。

（6）关键的线尽量短而粗，并在两边加上保护地线。

（7）通过扁平电缆传送敏感信号和噪声场带信号时，要用“地线—信号线—地线”的方式引出。

（8）关键信号应预留测试点，以便生产和维修检测。

（9）原理图布线完成后应对布线进行优化；同时，经初步网络检查和 DRC 检查无误后，对未布线区域进行地线填充，用大面积铜层作为地线使用，在印制电路板上把没被用上的地方都与地相连接作为地线使用。或是做成多层板，电源、地线各占一层。

3．布线注意事项

（1）避免在 PCB 边缘安排重要的信号线，如时钟和复位信号等。

（2）机壳地线与信号线间隔至少为 4mm；保持机壳地线的长宽比小于 5:1，以减小电感效应。

（3）已确定位置的器件和线用 LOCK 功能将其锁定，使之以后不被误动。

（4）导线的宽度不宜小于 0.2mm（8mil），在高密度、高精度的印制电路板中，导线宽度和间距一般可取 0.3mm（12mil）。

（5）在 DIP 封装的 IC 脚间走线可应用 10－10 与 12－12 原则，即当两脚间通过两根线时，焊盘直径可设为 1.27mm（50mil），线宽与线距都为 0.25mm（10mil），当两脚间只通过一根线时，焊盘直径可设为 1.524mm（64mil）、线宽与线距都为 0.3mm（12mil）。

（6）当焊盘直径为 1.5mm 时，为了增加焊盘抗剥强度，可采用长不小于 1.5mm、宽为 1.5mm 的长圆形焊盘。

（7）当焊盘连接的走线较细时，要将焊盘与走线之间的连接设计成水滴状，这样焊盘不容易起皮，走线与焊盘不易断开。

（8）大面积敷铜设计时，敷铜上应有开窗口加散热孔，并将开窗口设计成网状。

（9）尽可能缩短高频元件之间的连线，减小它们的分布参数和相互间的电磁干扰。易受干扰的元件之间不能挨得太近，输入元件和输出元件应尽量远离。

4. 特殊元件的处理

（1）高频元件。高频元件之间的连线越短越好，设法减小连线的分布参数和相互之间的电磁干扰，易受干扰的元件不能离得太近。隶属于输入和隶属于输出的元件之间的距离应尽可能小一些。

（2）具有高电位差的元件。应该加大具有高电位差元件和连线之间的距离，以免出现意外短路时损坏元件。为了避免爬电现象的发生，一般要求 2000V 电位差之间的铜膜线距离应该大于 2mm；若对于更高的电位差，距离还应该加大。带有高电压的元件应该尽量布置在调试时手不易触及的地方。

（3）重量太大的元件。此类元件应该由支架固定，而对于又大又重、发热量多的元件，不宜安装在电路板上。

（4）发热与热敏元件。发热元件应该远离热敏元件。

2.7.3 电路抗干扰、防静电设计

印制电路板的抗干扰设计与具体电路有密切关系，这里仅就 PCB 抗干扰设计的几项常用措施做一些说明。

1. 电源线设计

根据印制电路板电流的大小，尽量加粗电源线宽度，减小环路电阻。同时，使电源线、地线的走向和数据传递的方向一致，这样有助于增强抗噪声能力。

2. 地线设计

在电子产品设计中，接地是控制干扰的重要方法，如能将接地和屏蔽正确结合起来使用，可解决大部分干扰问题。电子产品中地线结构大致有系统地、机壳地（屏蔽地）、数字地（逻辑地）和模拟地等。在地线设计中应注意以下几点。

（1）正确选择单点接地与多点接地。

在低频电路中，信号的工作频率小于 1MHz，它的布线对器件间的电感影响较小，而接地电路形成的环流对干扰影响较大，因而应采用单点接地的方式。当信号工作频率大于 10MHz 时，地线阻抗变得很大，此时应尽量降低地线阻抗，采用就近多点接地。当工作频率在 1～10MHz 时，如果采用单点接地，其地线长度不应超过波长的 1/20，否则应采用多点接地。

（2）数字地与模拟地分开。

电路板上既有高速逻辑电路，又有线性电路，应使它们尽量分开，而两者的地线不要相混，分别与电源端地线相连。低频电路应尽量采用单点并联接地，实际布线有困难时可部分串联后再并联接地。高频电路宜采用多点串联接地，地线应短而粗，高频元件周围尽量用栅格扩充面积地箔。要尽量加大线性电路的接地面积。

（3）接地线应尽量加粗。

若接地线用很细的线，接地电位则随电流的变化而变化，致使电子产品的定时信号电平不稳，抗噪声性能降低。因此，应将接地线尽量加粗，使它能通过 3 倍于印制电路板的允许电流。如有可能，接地线的宽度应大于 3mm。

（4）接地线构成闭环路。

设计只由数字电路组成的印制电路板的地线系统时，将接地线做成闭路可以明显地提高抗噪声能力。其原因在于：印制电路板上有很多集成电路元件，尤其遇有耗电多的元件时，因受接地线粗细的限制，会在地线上产生较大的电位差，引起抗噪能力下降，若将接地线构成环路，则会缩小电位差，提高电子设备的抗噪声能力。

3. 退耦电容配置

PCB 设计的常规做法之一是在印制电路板的各关键部位配置适当的退耦电容。退耦电容的一般配置原则如下。

（1）电源输入端跨接 10～100μF 的电解电容器，如有可能，接 100μF 以上的更好。

（2）原则上每个集成电路芯片都应布置 1 个 0.01pF 的瓷片电容，如遇印制电路板空隙不够，可每 4～8 个芯片布置 1 个 1～10pF 的钽电容。

（3）对于抗噪能力弱、关断时电源变化大的器件，如 RAM、ROM 存储器件，应在芯片的电源线和地线之间直接接入退耦电容。

（4）电容引线不能太长，尤其是高频旁路电容不能有引线。

此外，还应注意以下两点。

（1）若印制电路板中有接触器、继电器、按钮等元件，在操作它们时均会产生较大的火花放电，因此必须采用 RC 电路来吸收放电电流。一般 R 取 1～2kΩ，C 取 2.2～47μF。

（2）CMOS 的输入阻抗很高，且易受感应，因此在使用时对无用端要接地或接正电源。

除了在设计过程中注意上述问题外，在 PCB 工程设计完成后建议使用软件自带的 DRC 功能检查一下整体设计是否有问题。在确定 DRC 没有问题后再将 PCB 的网络表与原理图的网络表进行比较，从而确保 PCB 设计得万无一失。

2.7.4 自制 PCB 的方法指导

1. 打印电路板

将绘制好的电路板用转印纸打印出来，注意光滑的一面面向自己，一般打印两张电路板，即一张纸上打印两张电路板。选择打印效果最好的制作线路板。

2. 裁剪覆铜板

覆铜板也就是两面都覆有铜膜的线路板，将覆铜板裁成电路板的大小，不要过大，以节约材料。

3. 预处理覆铜板

用细砂纸把覆铜板表面的氧化层打磨掉，以保证在转印电路板时，热转印纸上的碳粉能牢固地印在覆铜板上，打磨好的标准是板面光亮、没有明显污渍。

4. 转印电路板

将打印好的电路板裁剪成合适的大小，把印有电路板的一面贴在覆铜板上，对齐后把覆铜板放入热转印机，放入时一定要保证转印纸没有错位。一般来说经过 2～3 次转印，电路板就能很牢固地转印在覆铜板上。热转印机事先已经预热，温度设定在 160～200℃，由于温度很高，操作时要注意安全！

5. 腐蚀线路板

首先检查线路板是否转印完整，若有少数没有转印好的地方可以用黑色油性笔修补；然后就可以腐蚀了，等线路板上暴露的铜膜完全被腐蚀掉后，将线路板从腐蚀液中取出清洗干净，这样一块线路板就腐蚀好了。腐蚀液的成分为浓盐酸、浓双氧水、水，比例为 1:2:3，在配制腐蚀液时，先放水，再加浓盐酸、浓双氧水。若操作时浓盐酸、浓双氧水或腐蚀液不小心溅到皮肤或衣物上，要及时用清水清洗。由于要使用强腐蚀性溶液，操作时一定要注意安全！

6. 线路板钻孔

线路板上要插入电子元件，所以要对线路板钻孔。依据电子元件引脚的粗细选择不同的钻针，在使用钻机钻孔时，线路板一定要按稳，钻机速度不能开得过慢，请仔细看操作人员操作。

7. 线路板预处理

钻完孔后，用细砂纸把覆在线路板上的墨粉打磨掉，用清水把线路板清洗干净。水干后，用松香水涂在有线路的一面，为加快松香凝固，用热风机加热线路板，只需要 2～3min 松香就能凝固。

上述制作过程比较烦琐，所需材料对人体有一定危害，操作时须谨慎小心。由于自制 PCB 工艺精度有限，可能会产生许多非预期的问题，所以建议广大车友在网络上找 PCB 印制工厂代加工制作。每 10 片 10cm×10cm 的 PCB 一次印刷的市场价格大约为 100 元。

本章小结

本章从智能汽车整体电路原理设计开始，分别从供电模块、电动机驱动、信号隔离、测速模块及辅助调试模块五大方面详细介绍智能汽车整体硬件的设计方案。对每个模块都剖析了电路的实现原理，并且给出实测可用的示例电路。为方便新手快速实现功能还介绍了相关成品模块。在全面了解电路原理之后，本章讲解了智能汽车 PCB 设计的具体流程和注意事项，从主板外形、封装选择、元件布局、电路布线等方面详细介绍了 PCB 设计的方法技巧。希望广大读者在学习本章内容后结合自己所学相关知识举一反三，为自己的智能汽车设计出性能优越的硬件电路。

第3章

3 智能汽车软件设计

软件部分是整个智能汽车运行的核心，在硬件和机械部分相对固定之后，软件算法的完善程度决定了车模运行的最终效果。本章首先介绍C语言在嵌入式开发设计中的应用，然后阐述智能汽车制作软件部分的原理和算法设计思路，具体的代码实现可以参考后面的实例部分。

此部分讲解基于嵌入式软件编程的核心框架，并将其应用到智能汽车的设计中，展现了理论知识在实际平台的应用。

注意：软件部分中的代码是基于32位芯片K60进行开发的，与芯片相关的寄存器如有不明之处请参阅K60的芯片手册。

3.1 C语言核心内容与芯片编程规范

3.1.1 C语言核心内容

1. 数据类型

单片机的存储器十分有限，因此在单片机上编程时需要高效地利用资源，这就要求对各种数据类型有深刻的理解。各种数据类型的含义与长度如表3.1.1所示。

表3.1.1 各种数据类型的含义与长度

数据类型		简明含义	位数	字节数
字节型	signed char	有符号字节型	8	1
	unsigned char	无符号字节型	8	1
整型	signed short	有符号短整型	16	2
	unsigned short	无符号短整型	16	2
	signed int	有符号整型	16	2

续表

数据类型		简明含义	位数	字节数
整型	unsigned int	无符号整型	16	2
	signed long	有符号长整型	32	4
	unsigned long	无符号长整型	32	4
实型	float	浮点型	32	4
	double	双精度型	64	8

2. 运算符号与控制流程

C 语言常用的运算符号主要包括以下部分。

⊙ 算术运算：+ − * / ^ %

⊙ 逻辑运算：|| && !

⊙ 关系运算：> < >= <= == !=

⊙ 位运算：~ << >> & ^ |

⊙ 增量和减量运算：++ --

⊙ 复合赋值运算：+= -= *= /= %=

⊙ 指针和地址运算：* &

⊙ 强制类型转换：（类型）变量

其中，位操作在嵌入式编程中极为重要，对寄存器的操作离不开位操作，本节将详细介绍此部分，其他知识较为基础，在此不做赘述。

程序的控制流程由一系列控制语句完成（C 语言共 9 种语句）。

⊙ if ()…else… （条件语句）

⊙ for() （循环语句）

⊙ while() （循环语句）

⊙ do while() （循环语句）

⊙ continue （结束本次循环语句）

⊙ break （终止 switch 或循环语句）

⊙ switch （分支选择语句）

⊙ return （函数返回语句）

⊙ goto （跳转语句）

通过循环、判断、分支选择、调用函数、跳转等实现一定的控制功能。由于控制语句比较基础，在此不做赘述。

参与运算的量按二进制位进行运算。C 语言提供了以下 6 种位运算符。

& 按位与

| 按位或

^ 按位异或

~ 求反

<< 左移

>> 右移

1）按位与（&）运算

按位与运算符“&”是双目运算符，其功能是参与运算的两数各对应的二进制位相与。只有对应的两个二进制位均为 1 时，结果位才为 1 ，否则为 0。参与运算的数均以补码方式出现。

例如，9&5 可写成算式：00001001（9 的二进制补码）& 00000101（5 的二进制补码）为 00000001（1 的二进制补码），即 9&5=1。

按位与运算通常用来对某些位清零或保留某些位。例如，把 *a* 的高 8 位清零，保留低 8 位，可进行 a&255 运算（255 的二进制数为 0000000011111111）。

2）按位或（|）运算

按位或运算符“|”是双目运算符，其功能是参与运算的两数各对应的二进制位相或。只要对应的两个二进制位有一个为 1 时，其结果位就为 1。参与运算的两个数均以补码方式出现。

例如，9|5 可写成算式：00001001 | 00000101 为 00001101（十进制数为 13），得 9|5=13。

3）按位异或（^）运算

按位异或运算符“^”是双目运算符，其功能是参与运算的两数各对应的二进制位相异或。当两个对应的二进制位相异时，结果为 1。参与运算的数仍以补码形式出现。

例如，9^5 可写成算式：00001001 ^ 00000101 为 00001100（十进制数为 12），即 9^5=12。

4）求反（~）运算

求反运算符“~”为单目运算符，具有右结合性，其功能是对参与运算数的各二进制位按位求反。

例如，~9 的运算为：~（0000000000001001）为 1111111111110110。

5）左移（<<）运算

左移运算符“<<”是双目运算符，其功能是把“<< ”左边的运算数的各二进制位全部左移若干位，由“<<”右边的数指定移动的位数，高位丢弃，低位补 0。

例如，*a*<<4 指把 *a* 的各二进制位向左移动 4 位，如 *a*=00000011（十进制数为 3），左移 4 位后为 00110000（十进制数为 48）。

6）右移运算

右移运算符“>>”是双目运算符，其功能是把“>>”左边的运算数的各二进制位全部右移若干位，“>>”右边的数指定移动的位数。

例如，设 *a*=15，*a*>>2 表示把 000001111 右移为 00000011（十进制数为 3）。应该说明的是，对于有符号数，在右移时，符号位将随同移动。当为正数时，最高位补 0，而为负数时，符号位补 1，最高位补 0 或补 1 取决于编译系统的规定。Turbo C 和很多系统规定为补 1。

3. 指针的应用

C 语言的高效性、灵活性、可移植性是所有嵌入式编程人员所共识的，其中灵活性是学习者体会最深的一点。C 语言指针将 C 语言的灵活性体现得淋漓尽致。运用指针可以提高程序的运行速度，降低程序的存储空间，也可以有效地表示和实现复杂的数据结构。

1）定义一个指针变量

指针变量其一般形式为：

类型说明符　*变量名

其中，* 表示这是一个指针变量，变量名即为定义的指针变量名；类型说明符表示本指针变量所指向变量的数据类型。

例如，`int *p1;` 表示 *p*1 是一个指针变量。它的值是某个整型变量的地址，或者说 *p*1 指向一个整型变量。至于 *p*1 究竟指向哪一个整型变量，应由向 *p*1 赋予的地址来决定。

再如：

```
int *p2;         /*p2 是指向整型变量的指针变量*/
float *p3;       /*p3 是指向浮点变量的指针变量*/
char *p4;        /*p4 是指向字符变量的指针变量*/
```

应该注意的是，一个指针变量只能指向同类型的变量。例如，*p*3 只能指向浮点变量，不能时而指向一个浮点变量，时而又指向一个字符变量。

对指针变量赋值规则如下。

指针变量只能赋予地址，不能赋予任何其他数据，否则将引起错误。在C语言中，变量的地址是由编译系统分配的，对用户完全透明，用户不知道变量的具体地址。设有指向整型变量的指针变量 *p*，如要把整型变量 *a* 的地址赋予 *p* 可以有以下两种方式。

（1）指针变量初始化的方法：

```
int a;
int *p=&a;
```

（2）赋值语句的方法：

```
int a;
int *p;
p=&a;
```

不允许把一个数赋予指针变量，故下面的赋值是错误的：

```
int *p;
p=1000;
```

被赋值的指针变量前不能再加“*”说明符，如写为`*p=&a` 也是错误的。假设：

```
int i=200, x;
int *ip;
```

定义两个整型变量 *i*、*x*，再定义一个指向整型数的指针变量 ip。*i* 和 *x* 中可存放整数，而 ip 中只能存放整型变量的地址。

可以把 *i* 的地址赋给 ip：`ip=&i;`

2）通过指针引用数组

一个变量有地址，一个数组包含多个元素，每个数组元素都在内存中占有存储单元，它们都有相应的地址。与指针变量指向变量一样，指针变量也可以指向数组元素（把某一个元素的地址放到一个指针变量中）。数组元素的指针就是数组元素的地址。

可以用一个指针变量指向一个数组元素。例如，

```
int a[10]={1,2,3,4,5,6,7,8,9,10};    //定义a为包含10个整型数据的数组
int *p;                              //定义p为指向整型变量的指针变量
p=&a[0];                             //把a[0]元素的地址赋给指针变量p
```

在 C 语言中，数组名代表数组中首元素（序号为 0 的元素）的地址，因此下面两个语句等价：

```
p=&a[0];                             //p的值是a[0]的地址
p=a;                                 //p的值是数组a中首元素(a[0])的地址
```

注意：数组名不代表数组中的所有元素，只代表数组首元素的地址。上述“`p=a;`”的作用是“把 *a* 数组首元素的地址赋给指针变量 *p*”，而不是“把数组 *a* 各元素的值赋给 *p*”。

C 语言规定：如果指针变量 *p* 已指向数组中的一个元素，则 *p*+1 指向同一数组中的下一个元素。

引入指针变量后，就可以用第二种方法来访问数组元素了。

如果 *p* 的初值为&a[0]，则 *p*+*i* 和 *a*+*i* 就是 a[i]的地址，或者说它们指向 *a* 数组的第 *i* 个元素。`*(p+i)`或`*(a+i)`就是 *p*+*i* 或 *a*+*i* 所指向的数组元素，即 a[i]。例如，`*(p+5)`或`*(a+5)`就是 a[5]。

指向数组的指针变量也可以带下标，如 `p[i]`与`*(p+i)`等价。

4. 结构体

结构体就是一个可以包含不同数据类型的结构，是一种可以自己定义的数据类型。它的特点和数组主要有两点不同。首先，结构体可以在一个结构中声明不同的数据类型；其次，相同结构的结构体变量是可以相互赋值的。而数组是做不到的，因为数组是单一数据类型的数据集合，它本身不是数据类型（而结构体是），数组名称是常量指针，所以不可以作为左值进行运算，所以数组之间不能通过数组名称相互复制，即使数据类型和数组大小完全相同。

结构体有其显著优势，能够节省内存空间，极大地提高代码效率。对于智能汽车来说，存储资源相对有限，合理运用结构体可以提升代码空间。

定义一个结构体的一般形式为：

```
struct 结构名
{成员表列};
```

成员表列由若干个成员组成，每个成员都是该结构的一个组成部分。对每个成员也

必须作类型说明，其形式为：类型说明符 成员名。

成员名的命名应符合标识符的书写规定。例如，

```
struct stu
{
    int num;
    char name[20];
    char sex;
    float score;
}student={101,"Li ping","M",45};
```

在这个结构体中，结构名为 stu，该结构由 4 个成员组成：第 1 个成员为 num，整型变量；第 2 个成员为 name，字符数组；第 3 个成员为 sex，字符变量；第 4 个成员为 score，实型变量，并对各成员进行了初始化。将 101, “Li ping”，‘M’，45 按顺序分别赋给了 stu 结构体变量中的成员 num, name 数组，sex, score。

应注意在括号后的分号是不可少的。结构定义之后，即可进行变量说明。凡说明为结构 stu 的变量都由上述 4 个成员组成。由此可见，结构体是一种复杂的数据类型，是数目固定、类型不同的若干有序变量的集合。

```
struct stu
{
    int num;
    char *name;
    char sex;
    float score;
}boy[5];
```

定义了一个结构数组 boy，共有 5 个元素，boy[0]～boy[4]。每个数组元素都具有 struct stu 的结构形式。对结构数组可以作初始化赋值。

例如，

```
struct stu
{
    int num;
    char *name;
    char sex;
    float score;
}boy[5]={
    {101,"Li ping","M",45},
    {102,"Zhang ping","M",62.5},
    {103,"He fang","F",92.5},
    {104,"Cheng ling","F",87},
    {105,"Wang ming","M",58};
}
```

当对全部元素作初始化赋值时，也可不给出数组长度。

5. 位域

位域是指信息在存储时并不需要占用一个完整的字节，而只需要占几个或一个二进制位。例如，在存放一个开关量时，只有0和1两种状态，用一位二进制位即可。为了节省存储空间，并使处理简便，C语言又提供了一种数据结构，称为“位域”或“位段”。所谓“位域”是把一个字节中的二进制位划分为几个不同的区域，并说明每个区域的位数。每个域有一个域名，允许在程序中按域名进行操作。这样就可以把几个不同的对象用一个字节的二进制位域来表示。

与结构体定义相仿，其形式为：

```
struct 位域结构名
{ 位域列表 };
```

其中，位域列表的形式为：类型说明符 位域名:位域长度。

```
struct bs
{
Union
{
   int R;
   struct
   {
   int a:8;
   int b:2;
   int c:6;
   }B;
}
}register;
```

此结构体里嵌套共用体，*R*、*B*为共用体里的两个变量，占用相同的内存单元。data为bs变量，共占两个字节。其中位域*a*占8位，位域*b*占2位，位域*c*占6位。

如果给此内存单元整体赋值：`register.R=data;`

如果给此内存单元高8位赋值：`register.B.a=data;`

6. 编译预处理

1）宏定义

解析：用一个指定的标志符来代表一个字符串。

```
#define PI 3.141592653
#define ADD(a, b) a+b
```

2）条件编译

条件编译用高速编译器，某些代码不用编译，经常使用它来避免重复编译。

```
#ifndef INCLUDE_H_
#define INCLUDE_H_
//1 头文件
//1.1通用头文件
#include "../MCUabout/common.h"                //通用函数头文件
//1.2 包含面向硬件对象头文件（构件模块）
#include "hw_gpio.h"
#include "light.h"                             //小灯构件头文件
#include "hw_uart.h"
#include "hwComponent/PWM/driver.h"
#include "hwComponent/LCD/LCD.h"
#include "hwComponent/Wdog/wdog.h"
#include "hwComponent/FTM/ftm.h"
#include "define.h"
//2 宏定义
#endif
```

条件编译一般用于头文件中，以上是智能汽车工程的总头文件。

3.1.2 命名规则

1. 命名基本原则

（1）命名清晰明了，有明确含义，使用完整单词或约定俗成的缩写。通常，较短的单词可通过去掉元音字母形成缩写；较长的单词可取单词的头几个字母形成缩写，即“见名知意”。

（2）命名风格要自始至终保持一致。

（3）命名中若使用特殊约定或缩写，要有注释说明。

（4）为了代码复用，命名中应避免使用与具体项目相关的前缀。

（5）应使用英语命名。

2. 预定义

只使用大写字母、下划线和数字。

例如，#define MAX_LENGTH 1

3. 宏和常量命名

只使用大写字母、下划线和数字。宏和常量全部用大写字母来命名，词与词之间用下划线分隔。程序中用到的数字均应用有意义的枚举或宏来代替。

4. 变量命名

变量命名规则： <<范围>_类型>名称。

变量命名介绍如表 3.1.2 所示，变量类型介绍如表 3.1.3 所示。

表 3.1.2 变量命名介绍

范　围	前　缀
结构体的成员变量	m_
静态变量	s_
全局变量	g_
局部变量	无前缀

表 3.1.3 变量类型介绍

类　型	前　缀
指针（Pointer）	p
枚举（Enumeration）	e
结构（Structure）	st
布尔（Boolean）	b
浮点（Float）	f
双精度（Double）	d
字符（Char）	c
其他数字类型，如 byte, (unsigned) int, (unsigned) long int, (unsigned) short, (unsigned) short int, (unsigned) long long	n

例如：

```
//全局变量
int g_nMaxCount;
//函数体内局部变量
MyEnumType  eParsingMode;
```

局部循环体控制变量优先使用 *i*、*j*、*k* 等；局部长度变量优先使用 len、num 等；临时中间变量优先使用 temp、tmp 等。

5. 结构和类型定义

按 Camel-Style 方式命名，如 ThisIsAnExampleStructOrEnumOrTyedef，避免使用下划线。

6. 枚举

```
Enum DataSetState
{
ValidModified = 1,
```

```
    InvalidModified = 2,
    AllDataLoaded = 3
    }
```

7. 函数命名

按 Camel-Style 方式命名，如 ThisIsAnExampleMethod。

8. 文件命名

一个文件包含一类功能或一个模块的所有函数，文件名称应清楚表明其功能或性质。每个.c 文件应该有一个同名的.h 文件作为头文件。

3.1.3 注释

1. 注释基本原则

注释有助于对程序的阅读理解，说明程序在“做什么”，解释代码的目的、功能和所采用的方法。一般情况下源程序有效注释量在 30%左右。注释语言必须准确、易懂、简洁。边写代码边注释，修改代码的同时修改相应的注释，不再有用的注释要删除。汇编语言和 C 语言中都用“//”，取消“;”不使用段的注释用“/*　*/”（调试时可用）。

2. 文件注释

文件注释必须说明文件名、项目名称、函数功能、创建人、创建日期、版本等相关信息。修改文件代码时，应在文件注释中记录修改日期、修改人员，并简要说明此次修改的目的。所有修改记录必须保持完整。文件注释放在文件顶端，用“/*……*/”格式包含。注释文本每行缩进 4 个空格；每个注释文本的分项名称应对齐。

```
/***********************************************************
    文件名称：
    项目名称：
    平台信息：
    作  者：
    版  本：
    说  明：
    修改记录：
***********************************************************/
```

3. 函数注释

函数头部注释应包括函数名称、函数功能、入口参数、出口参数等内容，如有必要还可增加作者、创建日期、修改记录（备注）等相关项目。函数头部注释放在每个函数的顶端，用“/*……*/”格式包含。其中，函数名称应简写为 FunctionName()，不加入口/出口参数等信息。

```
/**********************************************************
函数名称：
函数功能：
入口参数：
出口参数：
备 注：
**********************************************************/
```

4．代码注释

代码注释应与被注释的代码紧邻，放在其上方或右方，不可放在下面，如放于上方则须与其上面的代码用空行隔开。一般少量注释应该添加在被注释语句的行尾，一个函数内的多个注释左对齐；较多注释则应加在上方且注释行与被注释的语句左对齐。通常，分支语句（条件分支、循环语句等）必须编写注释。其程序块结束行“}”的右方应加表明该程序块结束的标记“end of …”，尤其在多重嵌套时。

```
int  nNum = 7;          //注释…
// 注释…
for(int i = 0 ; i < nNum; i++)
{
     if( i == 0)
     {
         //code…
     }
     else
     {
         //code
     } //end of if(i == 0)
} // end of for(i)
```

5．变量、常量、宏的注释

同一类型的标识符应集中定义，并在定义的前一行对其共性加以统一注释。对单个标识符的注释应加在定义语句的行尾。全局变量一定要有详细的注释，包括其功能、取值范围、哪些函数或过程存取它，以及存取时的注意事项等。注释用“//…//”的格式。

3.1.4 统一类型别名定义

见上节预编译处理内容，在此不再赘述。

3.1.5 编码

（1）代码的每一级均往右缩进 4 个空格。

（2）不使用 Tab 键。

（3）相对独立的程序块之间要加空行。

（4）括号内侧（左括号后面和右括号前面）不加空格，多重括号间不加空格。

例如，`SetName(GetFunc());`

（5）函数形参之间应该有且只有一个空格（形参逗号后面加空格）。

例如，`CallFunction(para1, para2, para3)`，而 `CallFunction(para1,para2,para3)` 不符合要求。

（6）操作符前后均加一个空格，如 nSum = nNunm1 + nNum2，而 nSum=nNunm1+ nNum2 不符合要求。

（7）单目操作符，如“!”“～”“++”“-”“&”（地址运算符）等，后面不加空格，如 `i++`，`pName = &name`，`bRes =!(x < 10)`。

（8）if、else if、else、for、while 语句无论其执行体是一条语句还是多条语句都必须加花括号，且左右花括号各独占一行。

（9）if、else if、else、for、while 中的条件判断，操作符只可能是 ==、!=、&&、||、<、>、<=、>=。例如，

```
int  nNum = nValue1 & nValue2;


if(nNum == 0)
{
    // TODO
}
```

绝对不允许写成：

```
if(!(nValue1 & nValue2))
{
   //TODO
}
```

（10）Switch 语句必须包含 Default 分支。例如，

```
 Switch(nNum)
{
   Case 1:
        Break;
   Case 2:
        Break;
```

```
    Default:
}
```

（11）一个函数不要超过 80 行代码。

3.2 控制主程序

3.2.1 摄像头组主程序设计

摄像头组智能汽车的主程序可以用图 3.2.1 表示，对于常用的 OV7620、OV6620 等数字摄像头，当采用奇偶场连续扫描的方式时，它的场速率最高为 60fps，也就是 60 场/秒（图像采集原理在下一节介绍），因此主程序的运行周期最小可以达到 16.6ms，而对于大赛中常见的 5116 等模拟摄像头，其场速率最高为 20fps，因此主程序的运行周期最小可以达到 20ms。另外，舵机的性能也影响主程序的运行周期，比赛中使用的舵机一般均工作在周期为 20ms 的最佳状态，所以通常将主程序的运行周期设为 20ms 以满足需要。以下是主程序的基本框架。

```
/**************    主程序    *************/
int main(void){
    软硬件初始化();
    for(;;) {
        if(图像采集完成){
            图像处理();
            赛道识别提取中心线();
            方向控制();
            速度控制();
        }
    }
}
```

3.2.2 电磁组主程序设计

与摄像头组智能汽车的主程序类似，电磁组智能汽车主程序的基本框架如下。

```
/**************    主程序    *************/
int main(void){
    软硬件初始化();
    for(;;) {
        if(等待 AD 信号采集完成){
```

```
                AD 信号处理 ();
                赛道识别提取信号中心线 ();
                方向控制 ();
                速度控制 ();
            }
        }
    }
```

电磁组智能汽车的主程序可以用图 3.2.2 来表示。

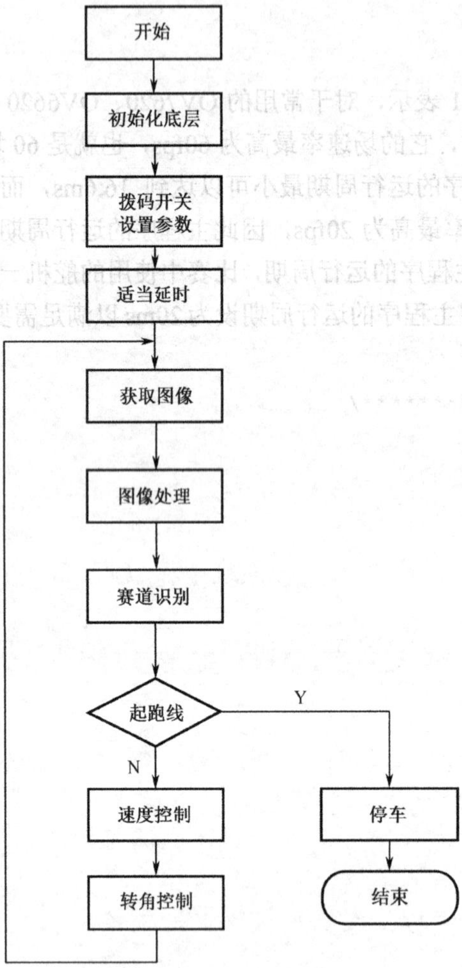

图 3.2.1 摄像头组主程序流程

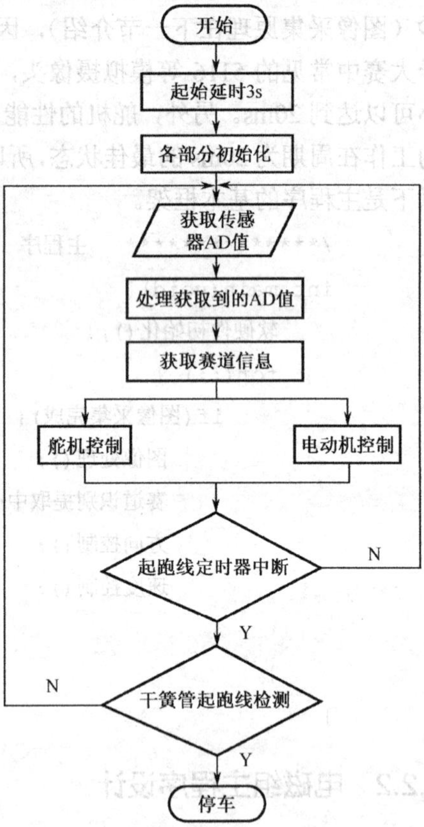

图 3.2.2 电磁组程序流程

3.2.3 光电组主程序设计

光电组的整体控制使用 5ms 的定时器中断，所有的控制环节都在中断服务子程序中进行。光电组程序流程如图 3.2.3 所示。

以下是主程序与中断服务程序的基本框架。

```
int main(void){
    软硬件初始化();
    for(;;) {
        读取线性传感器的数值();
        液晶显示读取的数值();
        根据需要延时();
    }
}

#pragma CODE_SEG _NEAR_SEG NON_BANKED
/void interrupt 66 PIT0(void)
{
    卡尔曼滤波();
    倾角调整();
    速度控制();
}
```

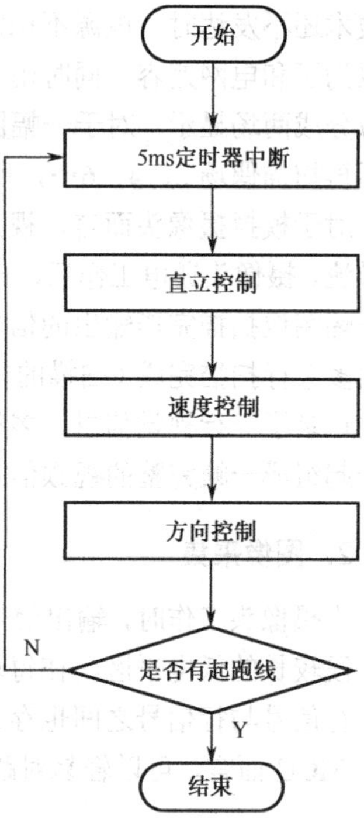

图 3.2.3　光电组程序流程

3.3　赛道信息的获取

3.3.1　摄像头图像的获取

在采集图像之前，首先要知道摄像头输出信号的特性。目前的模拟摄像头一般都是 PAL 制式的，输出的信号由复合同步信号、复合消隐信号和视频信号组成。

1．视频信号的构成

（1）原始视频信号。真正的图像信号，对于灰度摄像头来说，图像越黑，电压越低，图像越白，电压越高。在这里通过 AD 采集得到亮度信号。

（2）复合同步信号。复合同步信号用于控制电视机的电子枪对电子的偏转。当电子枪收到行同步信号时，电子束就从上一行的最右端移动到下一行的最左端。当电子枪收到场同步信号时，电子束就从屏幕的最右下角移到最左上角。复合同步信号用来控制采集像素的时序。

（3）复合消隐信号。在图像换行和换场时，电子枪回扫时不发射电子，即收到复合同步信号后，电子枪在换位置时是不能发射电子束的，这时就由复合消隐信号来消隐。此信号在处理过程中可忽略。

当人眼看到的图像频率≥24Hz 时才不会觉得图像闪烁，PAL 制式输出的图像频率是 25Hz，即每秒钟有 25 幅画面，即每秒 25 帧，其中每一帧有 625 行。但由于在早期电子技术还不发达时，电源不稳定，容易对电视信号造成干扰，而交流电源频率是 50Hz，所以为了和电网兼容，同时由于在频率为 25Hz 时图像不稳定，所以工程师们就把一幅图像分成两场显示，对于一幅图像，一共有 625 行，但是电子枪先扫描奇场 1，3，5…，然后再扫描偶场 2，4，6…，所以一幅图像就变成了隔行扫描，每秒钟就有 50 场。

对于模拟摄像头而言，视频信号的电气体现为一条电压幅值随外部信息变化的电压信号流。摄像头通电工作后，开始对外界环境进行逐行扫描，并输出相应的电压信号流，将一幅图像扫描完毕输出的信号称为一帧，每帧的扫描分为奇场扫描和偶场扫描，场扫描由多个行扫描完成（扫描的行数由摄像头的分辨率决定）。这样行扫描作为最小的扫描单位记录了一行视觉信息，多行信号顺序累积起来就构成一场信号，奇场信号和偶场信号一起组成一帧完整的视频信号。

2. 图像采集

当摄像头工作时，输出信号为连续的视频信号流，如图 3.3.1 所示，在场与场之间存在一段较长的低电平区，在每场信号开始时会出现一个阶跃式的电平跳变，在一场信号中，行信号与行信号之间也存在一段低电平区，行信号开始时也有一个阶跃式的跳变。对于 MCU 而言，可以轻易对跳变信号进行检测，故能对视频信号的时序进行正确判断。

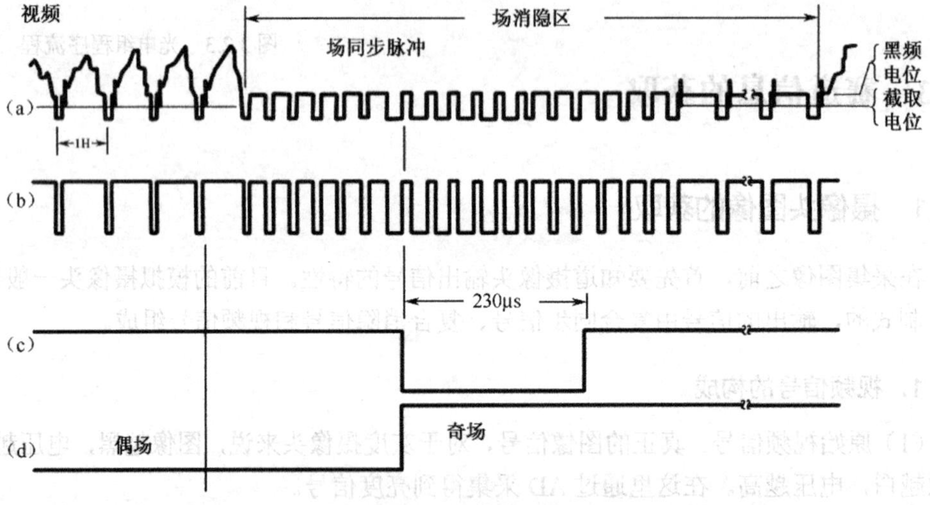

（a）视频信号 （b）行同步信号 （c）场同步信号 （d）奇—偶场同步信号

图 3.3.1 摄像头信号时序

在 MCU 对视频信号的时序进行正确判断后，系统只需要通过相应的电路对每行视频信号进行数字化即可完成视频信号数字化，然后这些数字信息将会被传送到 MCU 进行计算和控制。

主函数中并没有图像采集，因为图像采集实际上是在中断服务子程序中完成的。每当主程序运行完一次之后便开始等待摄像头场中断信号，由该信号来触发单片机采集图像。这里以数字摄像头OV7620为例详细介绍图像采集的过程。

1）摄像头初始化

在底层的初始化中，若需要对摄像头的工作方式调整，如改变图像的分辨率；可以设置摄像头相应的寄存器来改变摄像头的工作方式，如改变图像的分辨率、帧速率等；但是设置寄存器并不是必要的，如果没有特殊要求，就可以按照摄像头默认的方式工作。

表3.3.1所示为OV7620部分常用寄存器。

表3.3.1 OV7620部分常用寄存器介绍

地址	寄存器	默认值	R/W	说明
00	Gain	00	RW	GC[7:6]——未使用，读取时返回“*x*”。 GC[5:0]——存储当前AGC增益值。 本寄存器自动更新。如果AGC允许，内部控制电路将最佳增益存储在该寄存器中；如果AGC禁止，寄存器中存“00”
01	Blue	80	RW	存储白平衡控制当前蓝色通道设置。 Blue[7]——“0”减小增益；“1”增加增益。 Blue[6:0]——蓝色通道增益
02	Red	80	RW	存储白平衡控制当前红色通道设置。 Red[7]——“0”减小增益；“1”增加增益。 Red[6:0]——红色通道增益
03	Sat	80	RW	Sat[7:0]——颜色饱和度调整；“FF”最大，“00h”最小
05	Cnt	48	RW	Ctr[7:0]——对比度调整，“FF”最大，“00h”最小
06	Brt	80	RW	Brt[7:0]——亮度调整，“FF”最大，“00h”最小
0C	AWB Blue	20	RW	白平衡背景控制：蓝通道。 ABLU[7:6]——保留位。 ABLU[5]——符号位，“0”减小背景蓝色成分，“1”增大背景蓝色成分。 ABLU[4:0]——比率调整
0D	AWB Red	20	RW	白平衡背景控制：红通道。 ARED[7:6]——保留位。 ARED[5]——符号位，“0”减小背景红色成分，“1”增大背景红色成分。 ARED[4:0]——比率调整
0E	COMR	0D	RW	COMR[7]——模拟信号两倍增益控制位，“1” 2×gain，“0”普通。 COMR[6:0]——保留位
10	AEC	9A	RW	曝光时间控制。 Interlaced——Tex = Tline×AEC[7:0]。 Progressive——Tex = Tline×AEC[7:0]×2

续表

地址	寄存器	默认值	R/W	说明
11	CLKRC	00	RW	时钟控制： CLKRC[7:5]——同步输出极性选择。 "00"——行中断为下降沿，同步信号输出为下降沿，场中断为上升沿。 "01"——行中断为下降沿，同步信号输出为下降沿，场中断为下降沿。 "10"——行中断为上升沿，同步信号输出为下降沿，场中断为上升沿。 "11"——行中断为上升沿，同步信号输出为上升沿，场中断为上升沿。 CLKRC[5:0]——时钟分频设置。 CLK = (主时钟/((CLKRC[5:0]+1) ×2))/2
12	COMA	24	RW	COMA[7]——SRST，"1"启动软复位，所有寄存器设置到默认值，芯片复位到确定状态并继续运行，复位后该位自动清除。 COMA[6]——MIRR 选择镜像图像。 COMA[5]——"1"使能 AGC。 COMA[4]——"1"选择 8 位输出格式为 YUYVYUYV。 COMA[3]——"1"选择视频输出格式为 RGB，"0"为 YcrCb(YUV)。 COMA[2]——"1"使能 AWB，"0"禁止用。 COMA[1]——"1"使能颜色测试模式。 COMA[0]——保留字位
13	COMB	01	RW	COMB[7:6]——保留字位。 COMB[5]——"1"配置输入为 8 位模式，"0"16 位模式。 COMB[4]——"1"使能数字输出为 CCIR656。 COMB[3]——"1"水平同步，"0"综合同步。 COMB[2]——"1"使 Y and UV 三态。 COMB[1]——"1"触发单场传输。 COMB[0]——"1"使能自动调整模式
14	COMC	00	RW	COMC[7:6]——保留字位。 COMC[5]——"1"像素输出为 176×144；"0"为 352×288。 COMC[4]——"1"帧同步，"0"场同步。 COMC[3]——"0"HREF 为上升沿中断，"1"HREF 为下降沿中断。 COMC[2]——伽马选择。 COMC[1:0]——保留字位
15	COMD	01	RW	COMD[7]——保留字位。 COMD[6]——"0"PCLK 在高电平时输出稳定数据，"1"PCLK 在低电平时输出稳定数据。 COMD[5:1]——保留字位。 COMD[0]——UV 数据输出置换控制。 "1"：UVUV 为 16 位，UYVY 为 8 位。 "0"：VUVU 为 16 位，VYUY 为 8 位

续表

地　址	寄 存 器	默 认 值	R/W	说　　明
16	FSD	03	RW	FSD[1:0] 00——OFF 模式；HREF 在单场触发（通过 13 寄存器控制）。 01——ODD 模式；HREF 在偶场触发。 10——EVEN 模式；HREF 在奇场触发。 11——FRAME 模式；HREF 在奇偶场均触发。 FSD[7:2] 000000——禁止数字输出 000001——每 2 场/帧 HREF 被激活一次 000010——每 4 场/帧 HREF 被激活一次 000100——每 8 场/帧 HREF 被激活一次 001000——每 16 场/帧 HREF 被激活一次

设置这些寄存器时需要通过 SCCB（Serial Camera Control Bus）总线协议。

SCCB 是和 I^2C 基本相同的一个协议。SIO_C（SCL）和 SIO_D（SDA）分别为 SCCB 总线的时钟线和数据线，可以采用 I/O 口模拟的方式实现 SCCB 总线的数据传输。

数据开始传输时首先需要经历数据传输的起始过程，如图 3.3.2 所示，在时钟信号 SCL 高电平时 SDA 由高电平变为低电平，此时传感器准备接收数据。

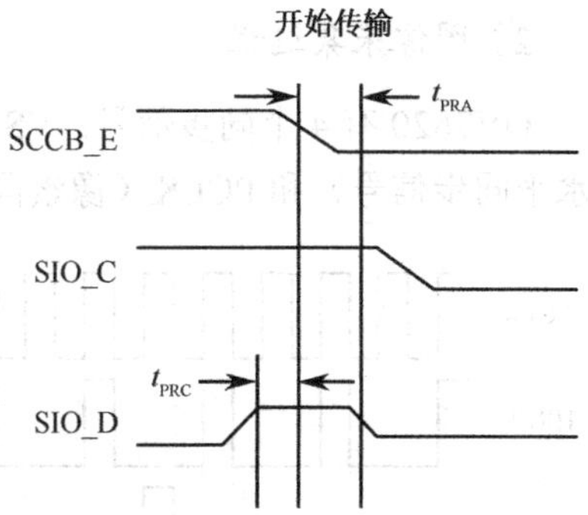

图 3.3.2　SCCB 总线数据传输的起始条件

主机向图像传感器传输的有效数据分为 3 个部分，称为三相数据传输方式，如图 3.3.3 所示，第一步先发送 OV7620 的 ID 地址，第二步发送寄存器的地址，第三步发送要写的数据。如果连续写寄存器，则写完第一个寄存器之后，OV7620 会自动将寄存器地址加 1，接着继续写寄存器，而不用写地址。如果设置不连续的寄存器，则采用三相写数据的方法。

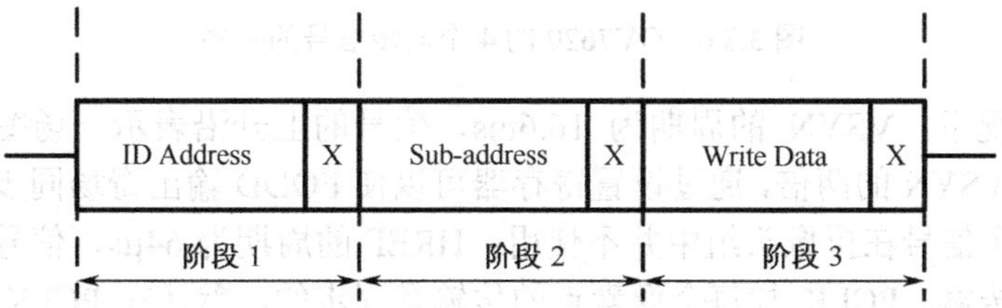

图 3.3.3　三相数据传输方式

传输每个字节时，最高位总是先传输，读/写控制位是每个字节的最低位。如图 3.3.4 所示，SCL 为高电平时 SDA 上的数据有效。

数据传输结束时主机还要发送中止信号，在时钟信号 SCL 高电平时 SDA 由低电平变为高电平，这样 OV7620 认为数据传输结束，如图 3.3.5 所示。

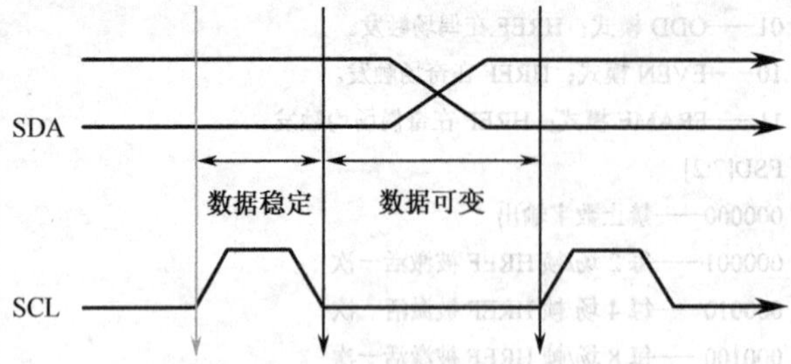

图 3.3.4　SCCB 总线位传输

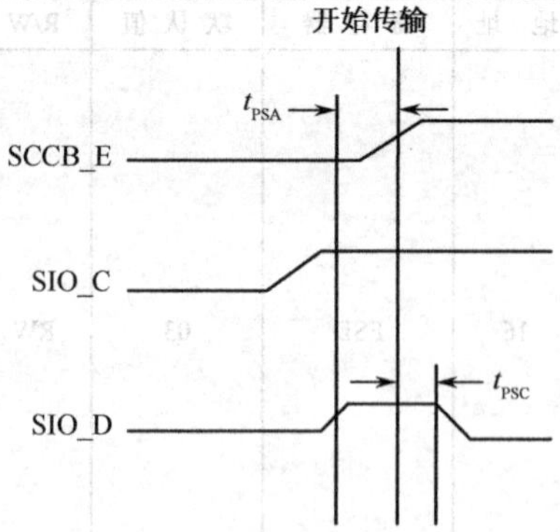

图 3.3.5　SCCB 总线数据传输的终止条件

通过调用 SCCB 写寄存器函数设置摄像头采用连续扫描的方式如下。

```
SCCB_WRITE(0x20; 0x00);          //设置连续扫描
SCCB_WRITE(0x21; 0x00);          //设置帧速率为25fps
```

2）图像采集过程

OV7620 有 4 个同步信号：VSYN（垂直同步信号）、FODD（奇场同步信号）、HREF（水平同步信号）和 PCLK（像素同步信号）。图 3.3.6 所示为这 4 个同步信号的时序。

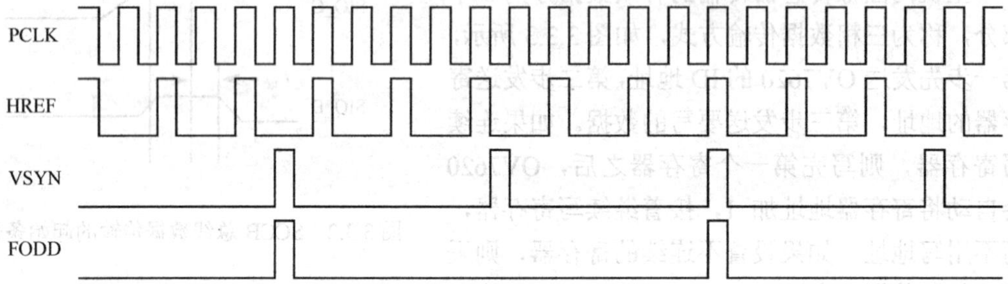

图 3.3.6　OV7620 的 4 个同步信号的时序

在默认情况下，VSYN 的周期为 16.6ms，信号的上升沿表示一场图像开始传输；FODD 周期为 VSYN 的两倍，通过设置寄存器可以使 FODD 输出奇场同步信号或者偶场同步信号，这个信号在摄像头组中并不使用；HREF 的周期为 64μs，信号的上升沿表示一行数据开始传输；PCLK 与每个像素点的传输是同步的，默认在 PCLK 高电平时数据稳定，在采用 DMA 采集时可以用到这个信号。下面介绍一下循环采集的方式。

循环采集就是单片机以一定的速率循环采集摄像头信号线上的数据，而不必与每个信号传输的速度同步。

如图 3.3.7 和图 3.3.8 所示为图像采集的过程，采用连续扫描方式，只需要用 VSYN 和 HREF 两个同步信号，VSYN 信号上升沿触发场中断，HREF 信号上升沿触发行中断。

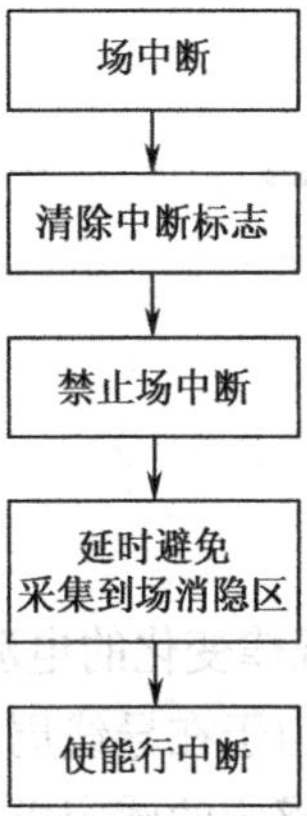

图 3.3.7 场中断服务子程序流程

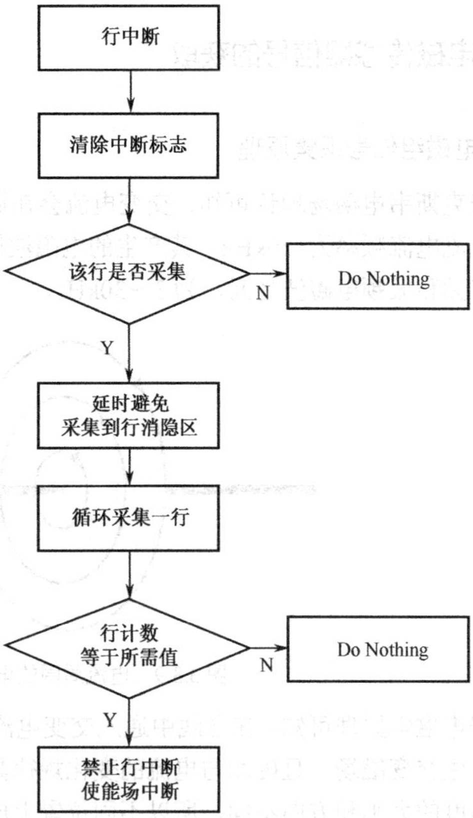

图 3.3.8 行中断服务子程序流程

OV7620 的最大有效像素为 640×480，但是在智能汽车系统中只采集部分像素点，如 40×100，主要原因如下：

① 单片机内部 RAM 有限，无法存储过多数据；

② 如果图像数据过大，单片机处理耗时长，舵机则不能及时响应，降低了系统的实时性，这点是很致命的；

③ 系统的要求并不是很高。

上述只采集图像中的部分像素点，并不是说只采集一幅图像中的某一块，而是相当于将图像在横向和纵向进行了一个压缩。

需要注意的是，对于不同的原理图或者不同的芯片可能会出现几个 I/O 口共用一个中断向量的情况，这时行中断和场中断的中断服务子程序是同一个，为了区分是哪个引脚触发的中断，需要在进入中断服务子程序之后判断各引脚的中断标志位来执行相应的程序。

详细的采集图像的程序可在摄像头实例部分查阅，实例中还介绍了一种高效的数据采集方式——DMA 方式，详见 8.5 节。

3.3.2 电磁传感器信号的获取

1. 电磁组信号采集原理

由麦克斯韦电磁场理论可知，交变电流会在周围产生交变的电磁场。比赛中导线所使用的交流电流频率为 20kHz，其产生的电磁波属于甚低频（VLF）电磁波。甚低频频率处于工频和低频电磁波之间，为 3～30kHz，波长为 100m～10km，如图 3.3.9 所示。

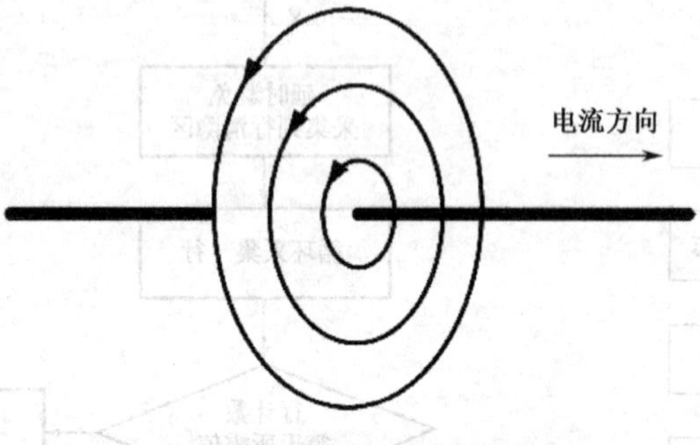

图 3.3.9 电流周围的电磁场示意

根据电磁学原理可知，在导线中通入交变电流（如按正弦规律变化的电流），则导线周围会产生交变磁场，且磁场与电流的变化规律具有一致性。由于在导线周围不同位置磁感应强度的大小和方向不同，所以不同位置上电磁传感器所感应的感应电动势也是不同的。这就是“电磁组”竞赛车模提取赛道信息的基本原理和方法。

可将导线周围变化的磁场近似为缓变的磁场，按照检测静态磁场的方法获取导线周围的磁场分布，从而进行位置检测。这是因为赛道通电导线和竞赛车模长度远远小于电磁波的波长，电磁场辐射能量很小。如果天线的长度远小于电磁波长，在施加交变电压后，电磁波辐射功率正比于天线长度的 4 次方，所以能够感应到电磁波的能量非常小。

由毕奥—萨伐尔定律可知，通有稳恒电流为 I、长度为 L 的直导线周围会产生磁场，距离导线为 r 处 P 点的磁感应强度为

$$B=\int_{\theta_1}^{\theta_2}\frac{\mu_0 I}{4\pi r}\sin\theta \mathrm{d}\theta \qquad (\mu_0=4\pi r\times 10^{-7}\,\mathrm{TmA^{-1}})$$

由此得出 $B=\dfrac{\mu_0 I}{4\pi r}(\cos\theta_1-\cos\theta_2)$。

对于无限长直导线来说，上式中 $\theta_1=0$，$\theta_2=\pi$，则有 $B=\dfrac{\mu_0 I}{2\pi r}$。

如图 3.3.10 所示，把赛道看作无限长直导线，在距离导线 10cm 处的磁场强度为

$$B=\frac{\mu_0 I}{2\pi r}=\frac{4\pi\times 0.1}{2\pi\times 0.1}\times 10^{-7}=2\times 10^{-7}\,\mathrm{T}=2\times 10^{-3}\,\mathrm{G}$$

通过不同位置的电感就可以采集到不同强度的信号，就可以对车模进行控制。

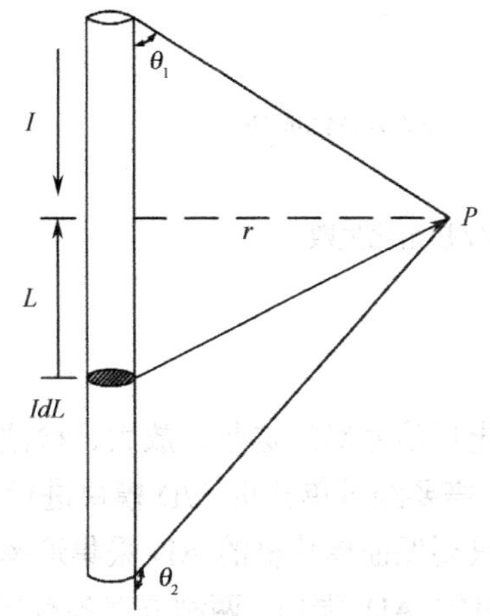

图 3.3.10 无限长导线周围的磁场强度

2. 信号采集

1）A/D 模块初始化

在 A/D 模块的一系列初始化中对 AD 的采样方法、采样周期、采样密度进行了细致的编写，具体处理 AD 值的方法如下（此 AD 初始化例程以 Kinetis K60 为例）：

```
/***************************AD 初始化***************************/
/* 注释：MoudelNumber：模块号（0 或 1）                              */
/***************************************************************/
uint8 hw_adc_init(int MoudelNumber)
{
    if(MoudelNumber == 0)     //模块 0
    {
        SIM_SCGC6 |= (SIM_SCGC6_ADC0_MASK );//打开 ADC0 模块时钟
        SIM_SOPT7 &= ~(SIM_SOPT7_ADC0ALTTRGEN_MASK  |
        SIM_SOPT7_ADC0PRETRGSEL_MASK);
        SIM_SOPT7 = SIM_SOPT7_ADC0TRGSEL(0);
    }
    else if(MoudelNumber == 1)     //模块 1
    {
        SIM_SCGC3 |= (SIM_SCGC3_ADC1_MASK );// 打开 ADC1 模块时钟
        SIM_SOPT7 &= ~(SIM_SOPT7_ADC1ALTTRGEN_MASK  |
                    SIM_SOPT7_ADC1PRETRGSEL_MASK) ;
        SIM_SOPT7 = SIM_SOPT7_ADC1TRGSEL(0);
    }
```

```
    else
    {
       return 1;    //初始化成功
    }
    return 0;    //初始化失败
}
```

2）AD 信号采集过程

通过电感采集到的交变电压信号经过选频、放大、检波之后仍是连续模拟量，还不能被单片机直接读取、利用，需要经过单片机 A/D 模块进行 A/D 转换变成数字量后才能被单片机检测识别。实际上只要保证单片机的 AD 采集速率足够大就可以不对信号进行检波，而直接将其接入单片机的 AD 端口。两种方案各有优势。检波后的信号可以获得正比于交流电压信号有效值的直流信号，处理起来很方便。缺点是由于电容的充放电，信号突变时有延迟，这种现象尤其在入弯时更明显，使智能控制系统的响应变慢。直接采集放大信号的方案则有效克服了这一缺点，但信号处理起来没有有效值检波那样简单，对 AD 性能的要求较高。要满足信号采集量的需要，单片机 AD 数据转换时间要达到 5μs，将近 1MSPS。恩智浦系列芯片 MC9S12XS128、Kinetis K60、MCF52259 等的转换速率均能达到 2～3μs，能够满足信号采集的需求。

A/D 模块初始化后便可开始 A/D 转换，采集一次一路 AD 例程如下。

```
/****************************AD 采集****************************/
/* 注释：MoudelNumber：模块号  Channel：通道号  accuracy：精度     */
/***************************************************************/
uint16 hw_adc_once(int MoudelNumber, int Channel, uint8 accuracy)
//采集某路模拟量 AD 值
{
    uint16 result = 0;
    uint8 ADCCfg1Mode = 0;
    ADC_MemMapPtr ADCMoudel;    //保存 ADC 模块地址指针
    switch(accuracy)
    {
        case 8 : ADCCfg1Mode = 0x00;break;
        case 12: ADCCfg1Mode = 0x01;break;
        case 10: ADCCfg1Mode = 0x02; break;
        case 16: ADCCfg1Mode = 0x03; break;
        default: ADCCfg1Mode = 0x00;
    }
    if(MoudelNumber==0)    //选择 ADC 模块 0
    {
```

```
        ADCMoudel = ADC0_BASE_PTR;
    }
    else          //选择ADC模块1
    {
        ADCMoudel = ADC1_BASE_PTR;
    }
    //配置正常电源模式，总线时钟，总线时钟4分频，长采样时间使能，设置精度
    ADC_CFG1_REG(ADCMoudel) = ADLPC_NORMAL
                            | ADC_CFG1_ADIV(ADIV_4)
                            | ADLSMP_LONG
                            | ADC_CFG1_MODE(ADCCfg1Mode)
                            | ADC_CFG1_ADICLK(ADICLK_BUS);
    //配置禁止异步时钟使能输出，ADxxat通道选择，高速配置，长采样时间
    ADC_CFG2_REG(ADCMoudel) = MUXSEL_ADCA
                            | ADACKEN_DISABLED
                            | ADHSC_HISPEED
                            | ADC_CFG2_ADLSTS(ADLSTS_20) ;
    //设置通道号
    ADC_SC1_REG(ADCMoudel,A) = AIEN_ON | DIFF_SINGLE
                            | ADC_SC1_ADCH(Channel);
    //等待转换完成
    while(( ADC_SC1_REG(ADCMoudel,A) & ADC_SC1_COCO_MASK ) !=
         ADC_SC1_COCO_MASK)
    {
    }
    //读取转化结果
    result = ADC_R_REG(ADCMoudel,A);
    //清除ADC转换完成标志
    ADC_SC1_REG(ADCMoudel,A) &= ~ADC_SC1_COCO_MASK;

   return result;
}
```

3.3.3　光电传感器信号的获取

由于第七届光电组的激光传感器造价过高，在第八届比赛中组委会规定使用线性CCD传感器。线性CCD传感器的工作原理类似于单行图像数据的CCD摄像头，传感器输出模拟信号，经过AD转换后得到赛道信息。

具体采集原理与摄像头采集基本一致，摄像头由行中断与场中断采集整幅图像，而线性 CCD 一行数据相当于整幅图像，因此每次采集只需要一个中断，详细概念请参照本节摄像头图像的获取。

与直立相关的信号获取在光电组实例部分有详细介绍，请参阅 10.3 节。

3.4 信号处理与赛道识别

3.4.1 摄像头组图像处理与赛道边沿识别

1. 图像处理

图像处理是摄像头组程序中不可缺少的一步，其目的主要在于为图像降噪、分离白底与黑边，为下一步的图像识别提供更简便、准确的图像数据。摄像头组常用的图像处理方法有 3×3 孤立点去噪、二值化、边缘检测等。

1）二值化

要从一幅图像中分离出目标物体，最常用的方法就是进行图像二值化。其原理为：先设定一个阈值 T，将图像中的灰度值 0～255 与 T 进行比较，大于 T 的像素点设定为纯白色，小于 T 的像素点设定为黑色。如图 3.4.1 和图 3.4.2 所示为将阈值 T 设置成 100 对赛道的灰度图像进行二值化前后的效果。

图 3.4.1　二值化之前

图 3.4.2　二值化之后

在本赛事中，各参赛队伍应用最多的图像处理方法便是二值化。这里规定，在图像二值化处理后，用 0 表示白色，用 1 表示黑色。

需要注意的是，二值化用到的阈值 T 需要根据各场地的亮度来调整才能有效区分白底和黑边。在正式比赛场地中，光线相对均匀，阈值 T 只要设置得合理，在整个赛道中都能够很好地工作，二值化是历届参赛队伍中使用最多的图像处理方法。

2）图像去噪

图像中的噪点指的是图像中不该出现的外来像素，通常由电子干扰产生，如图 3.4.3 所示，在调车的过程中表现出来的就是在本应该全是白色的赛道上无规律地出现黑色像素点，这就是噪点。

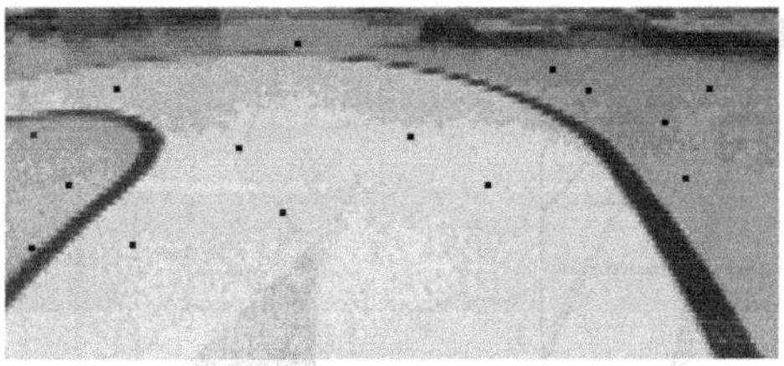

图 3.4.3 有噪点图像

对于数字摄像头来说，采集得到的图像相对可靠，一般不会出现噪点，可以不用进行图像去噪处理。如果使用模拟摄像头则容易出现噪点，有必要进行图像去噪处理，否则会影响黑线的准确提取。以下是几种比较实用的图像去噪算法。

（1）中值滤波。

中值滤波是一种非线性平滑技术，如图 3.4.4 所示，它将每个像素点的灰度值设置为该点某邻域窗口内所有像素点灰度值的中值，它的目的是保护图像边缘的同时去除噪声。

实现方法如下：

① 从图像中的某个采样窗口取出奇数个数据进行排序；

② 用排序后的中值取代要处理的数据。

（2）限幅平均滤波。

正常情况下，摄像头采集到的图像中每个像素点的灰度值都在一定范围内，如认为 10～245 为正常的灰度值，则把灰度值为 0～10 和 245～255 这两个范围内的像素点认定为噪点，然后将这些点的灰度值用相邻几个点的均值代替，如图 3.4.5 所示。

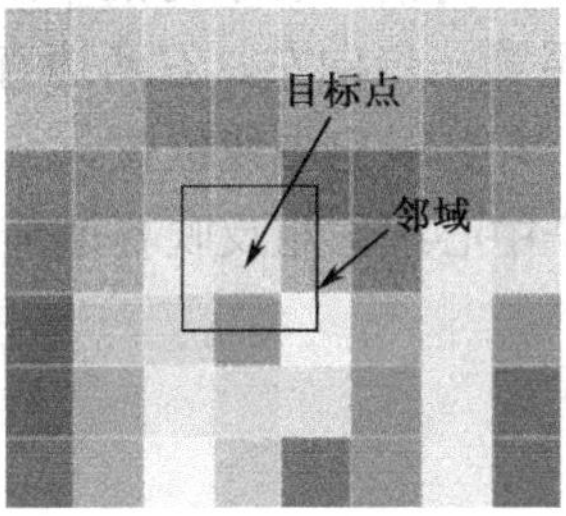

图 3.4.4 中值滤波

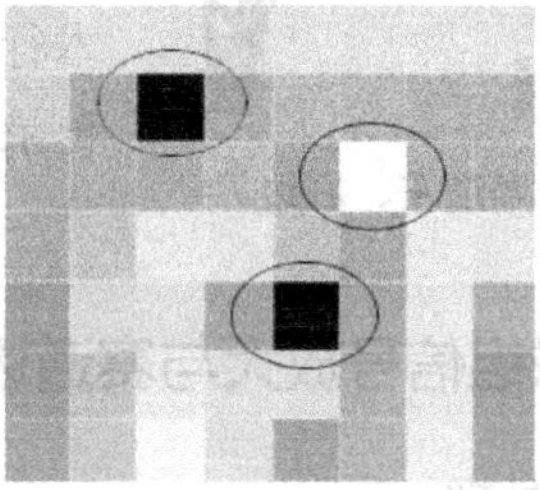

图 3.4.5 限幅平均滤波

上述噪点灰度值范围需要根据调试经验来给出。

3）图像校正

图像校正的具体步骤如下：

（1）调整好摄像头的位置、前瞻，固定好摄像头；

（2）将摄像头对准黑白相间的赛道板，然后用电视观看摄像头图像，用照相机对准电视拍照（见图 3.4.6）；

（3）从照片中截取赛道部分，然后用 MATLAB 编写程序，载入图片并进行相应的桶形变换、透视变换，调整好参数，生成校正表和反校正表；

（4）在单片机程序中加入常量表，然后进行相应的校正和反校正变换，校正后的效果如图 3.4.7 所示。

图 3.4.6 失真的图像

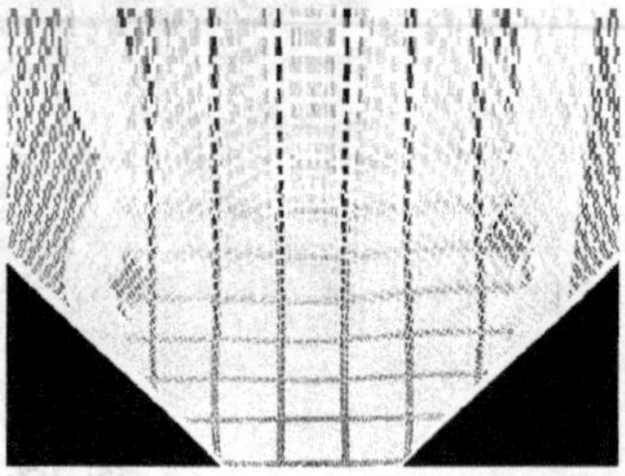

图 3.4.7 校正后的效果

2. 赛道识别

从第七届智能汽车竞赛开始，场地的赛道由单线变成了双线。

赛道识别的主要工作是准确提取黑线所在位置，无论是单线赛道还是双线赛道，一般经过处理之后得到一个中心线数组，根据这个数组来控制方向和车速。这里介绍一种简单的思路来提取赛道左、右两个边界的列位置，如图 3.4.8 所示。

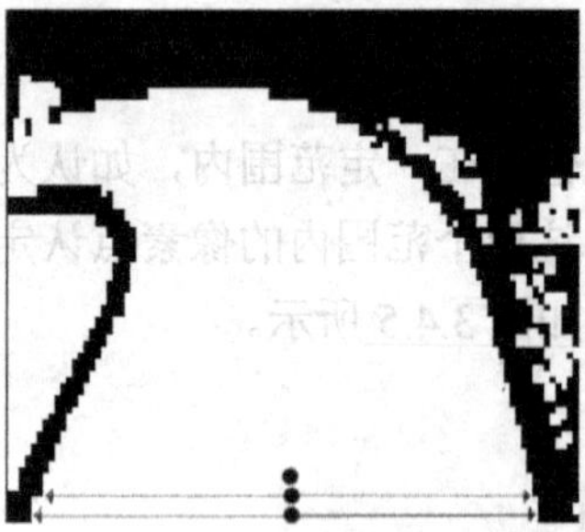

图 3.4.8 提取寨道左、右边界

（1）从最近的第一行开始，由中间向两边查找，记录左边第一次扫描到的黑点位置，存入左边界数组 left，同理记录右边第一次扫描到的黑点位置，存入右边界数组 right。

（2）对第一行左、右边界的列位置求均值，得到中线位置，存入 center 数组。

（3）从第二行开始，将前一行求得的中线位置作为本行的起始位置，仿照第一步向左、右两边查找黑点，记录左、右边界位置，并且求出中线位置。

这样便能得到一个中心线数组反映赛道情况。

3.4.2 电磁组信号放大与赛道边沿识别

1. 信号处理

为了使采样得到的数据更准确，必须对采样数据进行筛选滤波，去掉误差较大的数据。具体的 AD 信号滤波流程如图 3.4.9 所示。

图 3.4.9 AD 信号滤波流程

信号滤波的方法有很多，常用的方法有中值滤波和均值滤波。所谓中值滤波，就是将 M 次连续采样值按大小进行排序，取中间值作为中值滤波的结果；而均值滤波是把 N 次采样结果值相加，然后除以采样次数 N，得到的平均值即为均值滤波的结果。

在实际比赛中，可以采用中值滤波与均值滤波相结合的复合滤波方式，既先进行 n

次中值滤波，再将这 n 次中值滤波的结果相加，然后除以采集次数 n 得到均值滤波的结果。

2. 赛道识别

电磁组识别赛道的方法有很多，这里介绍一种简单、易懂的思路。处理方法为：首先，初始化一个数组，记录每次的弯曲度，动态更新数组；然后，对数据求绝对值和、代数和，如果两个值都很小，则车在直道，如果代数和、绝对值和较小，但是代数和更大，则可以判定车模正在出弯，如果代数和、绝对值和较小，但绝对值和较大，则判定车模正在入弯，如果代数和很小，但绝对值和很大，则在S弯道。尽管这种策略有一点滞后性，但经过进一步的调试可以很好地处理弯道。

3.4.3 光电组信号处理与赛道边沿识别

线性CCD采集到的数据相当于摄像头采集图像中的某一行数据，可以动态存储当前CCD采集到的数据到一个二维数组，即构成一幅图像，相应地可以采用对图像的采集处理方法，也可以直接对当前的一行数据进行处理及边沿提取，这种方法比较简单。

注意：此数组的数据有滞后性，因此调试时须根据实际情况处理。

3.5 赛道分析与控制策略

根据采集到的赛道信息可以对车体位置进行判断，分析出赛道趋势及赛道类型，然后改变控制策略，制定控制方案及整定参数，提供系统的整体性能。以下就各组别介绍赛道分析与控制方案。

3.5.1 摄像头组

在赛道提取相对准确的前提下，控制策略决定了车模的整体性能。根据上述中线数组 center 可以计算赛道的偏差、斜率、曲率等参数，控制策略则可以根据这些参数来算出相应的舵机转角及车速。

1. 数学模型与参数的计算

根据各参赛队伍往届的经验，常用的控制依据有偏差、斜率、曲率等数学模型，下面逐一介绍这几个参数的意义和计算方法。

1）偏差

计算偏差就是求样本的平均值与某个定值的差，即

$$\text{error} = \frac{\sum_{i=0}^{n} e_i}{n} - \text{Center\_Col}$$

其中，Center_Col 是宏定义量，表示图像的绝对中心位置；e_i 表示每一行的中心线位置。如此求得的结果便是车身与跑道的偏移量，也叫偏差。

2）斜率

斜率反映了车身与赛道所构成的角度，可以根据各个时刻计算的斜率判断赛道的类型与趋势，利用最小二乘法对中心线的一系列离散点求得较为准确的斜率。

例如，$y = ax + \varepsilon$。

其中，y、x 可测；ε 为不可测的干扰项；a 为未知参数。

通过 N 次实验，得到测量数据 y_k 和 x_k，k=1,2,3⋯, N，确定未知参数 a，称为“参数估计”。使准则 J 为最小：

令 $\frac{\partial J}{\partial a} = 0$，导出 a。

$$J = \sum_{k=1}^{N} (y_k - ax_k)^2 = \min \qquad \frac{\partial J}{\partial a} = \sum_{k=1}^{N} -2x_k(y_k - x_k) = 0$$

得最小二乘法求斜率公式为

$$a = \frac{\sum_{k=1}^{N} x_k y_k}{\sum_{k=1}^{N} x_k^2}$$

3）曲率

曲率反映的是赛道的弯曲程度。如图 3.5.1 所示，它可以归结为一个直三角形的三点坐标 $A(x_1,y_1)$、$B(x_2,y_2)$、$C(x_3,y_3)$，求解三角形外接圆曲率。

计算公式为 $K = \frac{4S_{\triangle ABC}}{AB \cdot BC \cdot AC}$。

其中，$S_{\triangle ABC} = \frac{\left|\overrightarrow{AB} \cdot \overrightarrow{AC}\right|}{2} = \frac{\left|(x_2 - x_1)(y_3 - y_1) - (x_3 - x_1)(y_2 - y_1)\right|}{2}$。

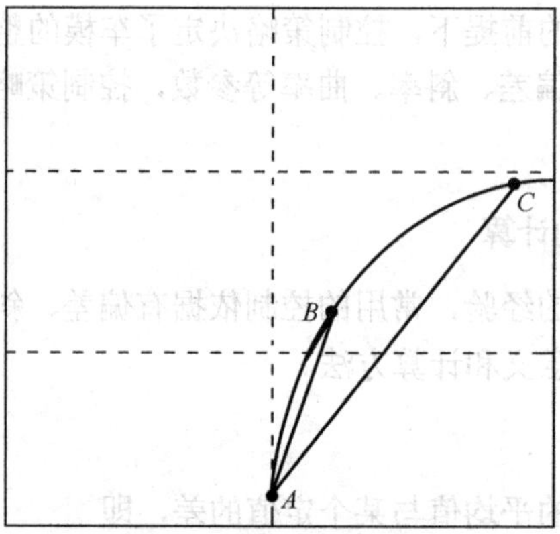

图 3.5.1　曲率计算示意

式中求边长需要用到开根号运算，在单片机中，开根号运算可以参考如下程序。

```
unsigned int math_sqrt(unsigned int x)
{
    unsigned char ans=0,p=0x80;
    while(p!=0){
       ans+=p;
       if(ans*ans>x)
       {
           ans-=p;
       }
       p=(unsigned char)(p/2);
    }
    return ans;
}
```

2. 舵机的控制方案

1）比例控制

比例控制是最常用的控制方法，当偏差出现时，系统会自动调节，直到偏差消失。其一般公式为：

$$\text{output} = \alpha \cdot e$$

其中，α 为比例系数；e 为车身与赛道的偏移量。

在智能汽车舵机控制中，e 为通过计算求得的中心线偏差，k 为舵机的转角比例。当车模在直道或者弯道上行驶时，比例系数 α 如果设置成定值往往不能满足转向要求，可能出现直道上抖动或者弯道上转向不足的情况，故需要根据各种赛道设定不同的值，以优化车模行驶的路线。

比例系数如何计算，这里提供一个简单可行的方法，利用中心线的斜率 k 构成一元二次函数，即

$$\alpha = A \cdot k^2 + B \cdot k + C$$

如图 3.5.2 所示为斜率构成的二次函数曲线，从图中可以看出，当车模位于直线上时，由于斜率较小，计算出的比例系数也较小，而在弯道上时斜率 k 通常比较大，计算出的比例系数也比较大。车模在行驶过程中，舵机的转角会比较连续，只要 A、B、C 这 3 个参数设置得比较合适，车模一般都能够平稳运行。

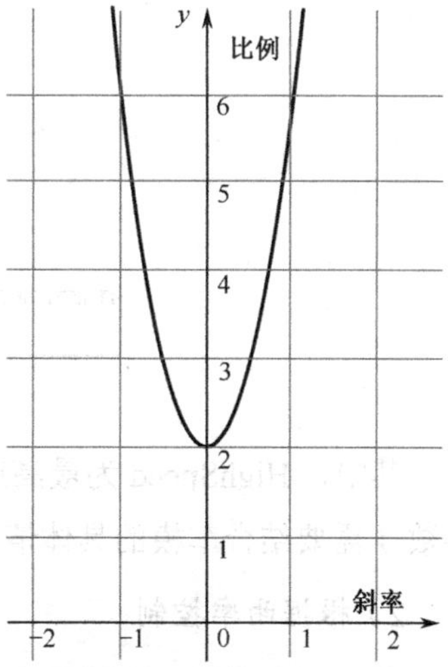

图 3.5.2 斜率构成的二次函数

2）舵机 PD 控制

在比例控制的基础上，为提高舵机的动态特性，

可加入 PD 控制，具体应用请参阅 3.7 节 PID 控制算法与应用。

3. 速度控制方案

速度控制的目的是在直道上保持高速以节省时间，在入弯或者弯道上行驶时能够保持较低的速度从而不至于冲出赛道。车模的速度是取胜的关键，速度的控制策略在后期的提速中尤为重要。车模加/减速的过程需要用到 PID 控制，怎样选取 PID 控制算法在 3.7 节与大家讨论。在进行 PID 控制之前，首先要根据赛道的信息来控制车模的期望速度，也就是速度控制方案的选取，下面介绍几种速度控制的方案以供参考。

1）根据偏差控制

原理：利用偏差构成二次方程调节，如图 3.5.3 所示，并且设定最低速度。如此一来，当偏差为零或者在零左右波动时，车模能达到最高速度；当偏差比较大时，车模低速运行。

公式如下：

$$\text{Speed} = -A \cdot e^2 + \text{HighSpeed}$$
$$\text{Speed} \geqslant \text{LowSpeed}$$

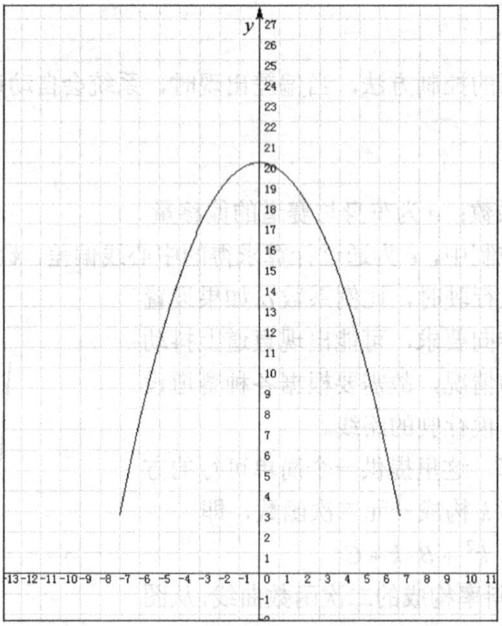

图 3.5.3 斜率构成的二次函数

其中， HighSpeed 为最高速度； LowSpeed 为最低速度；e 为车身与赛道的偏移量；参数 A 需要结合车模的具体情况调节。

2）根据曲率控制

在前面介绍的参数计算中已经算出了赛道的斜率和曲率，这两个参数也可以用来控制速度。原理也是利用曲率或者斜率构成开口方向向下的二次曲线，具体公式不再阐述，当曲率和斜率相对较小时，车模以高速运行，反之则速度降低。

这里再简单介绍一下用斜率控制速度和用曲率控制速度的不同之处。

当车身与赛道形成一定夹角，即使位于直道上时计算出来的斜率也是比较大的，因此车模如果在直道上出现较小的摆动，就会造成减速，导致整场速度较慢。因此，纯粹用斜率控制是不够的。曲率与斜率相比，控制速度会比较优化一些，原因是曲率反映的是弯曲程度，车模只会在入弯或者弯道上时相应减速，而在直道上时即使车模与赛道形成了一定夹角，计算出来的曲率也是一个较小的值，能获得比较高的速度。

要想达到最优化的速度控制，可以将偏差、斜率和曲率这 3 者结合，通过计算得出当前车模的期望速度。

3.5.2　电磁组及光电组

参照摄像头组方案。

3.6　起跑线的识别

起跑线的识别是智能汽车比赛中极其重要的一环。能否准确地识别起跑线直接决定了比赛成绩的好坏。因此，需要仔细研究起跑线的特征，根据其特征设计识别方案，最终解决起跑线的识别问题。

3.6.1　摄像头组

在距离车模 30cm 的区域进行起跑线识别。根据图像，当这个区域中出现满足长度的黑色段并且黑色段在赛道中时，就认为识别到起跑线。因为赛道内都为白色，起跑线相对较好识别。

值得注意的是，当车速较快时，由于数字摄像头的动态性能不够好，起跑线很容易被模糊掉，甚至没有。因此，需要修改寄存器设置曝光来改善摄像头的动态性能，保证起跑线不被模糊掉。

运用特征提取法能很好地识别起跑线。

前面的方案都没有最准确地体现起跑线的最主要特征，起跑线区别于十字交叉和别的干扰的最主要特征应该是由左侧段黑线到中间黑线的跳变，以及中间黑线到右侧黑线的跳变，在正常情况下，黑线的跳变次数为左、右各 1 次，所以就在检测到跳变次数大于 1 的时候检测起跑线，而且在车出发 5s 后再检测起跑线。步骤如下：

（1）系统时间是否达到起跑线检测时间；

（2）检测是否为直道；

（3）判断跳变的次数是否达到检测要求；

（4）从中心向两侧确定中间那段白线；

（5）对白线的宽度做进一步要求。

因为前面已经介绍过起跑线在直道上，弯道不可能出现起跑线，所以就检测赛道是否为直道，在弯道上不检测。在车开始 5s 内不可能出现起跑线，所以在 5s 内也不检测起跑线，然后当跳变次数超过 1 的时候，就从黑线的中心位置向两侧搜索另外一条黑线，并且记录这两次搜索的距离，这个距离应该左、右大致相等，并且有上限和下限。当达到这些条件时就认为它确实是起跑线。

起跑线识别的准确性体现着这个系统的准确性和稳定性。因此起跑线的识别要在整个系统都比较稳定的情况下进行。识别起跑线要在图像采集可靠的情况下进行，并且考虑误识别和漏识别的问题。但是，只要图像采集合理、算法准确，一定能够实现对起跑线的识别。

3.6.2 电磁组

大赛组委会对于电磁组竞赛车模起跑线的规定如下：赛道有一个长为 1m 的出发区计时起始点，两边分别有一个长度为 10cm 的黑色计时起始线，赛车前端通过起始线作为比赛计时开始或者结束的时刻。在黑色计时起始线中间安装了永久磁铁（见图 3.6.1），每一边各 3 只。磁铁参数：直径为 7.5～15mm，高度为 1～3mm，表面磁场强度为 3000～5000A/m。图 3.6.2 所示为起跑线示意。

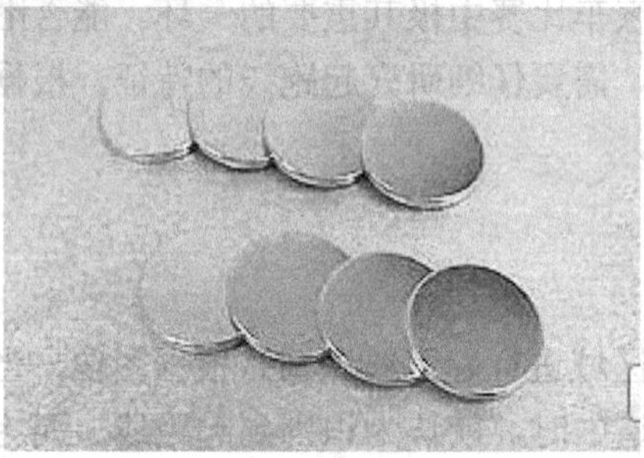

图 3.6.1　永磁铁实物照片

现有的磁场检测电路尚不能直接用于检测起跑线的永久磁铁。对于静态永久磁铁的检测可以使用干簧管通过硬件检测起跑线。

干簧管是一种特殊的磁敏开关，具有结构简单、体积小、吸合功率小、灵敏度高、反应速度快等特点，一般吸合与释放时间均在 0.5～2ms 以内。触点密封，不受尘埃、潮气及有害气体污染，动片质量轻，动程小，触点寿命一般可达 107 次左右，能承受的电流大。它通常由 2 个或 3 个既导磁又导电的材料做成簧片触点，被封装在充有惰性气体（如氮、氦等）或真空的玻璃管里，玻璃管内平行封装的簧片端部重叠，并留有一定间隙或相互接触以构成开关的常开或常闭触点。当通过一定强度的磁场时，干簧管就会吸合，就像一个开关一样，开和关取决于是否经过磁场。利用此特点，通过上拉电阻接到单片机的中断口，使单片机快速响应起跑线信号。

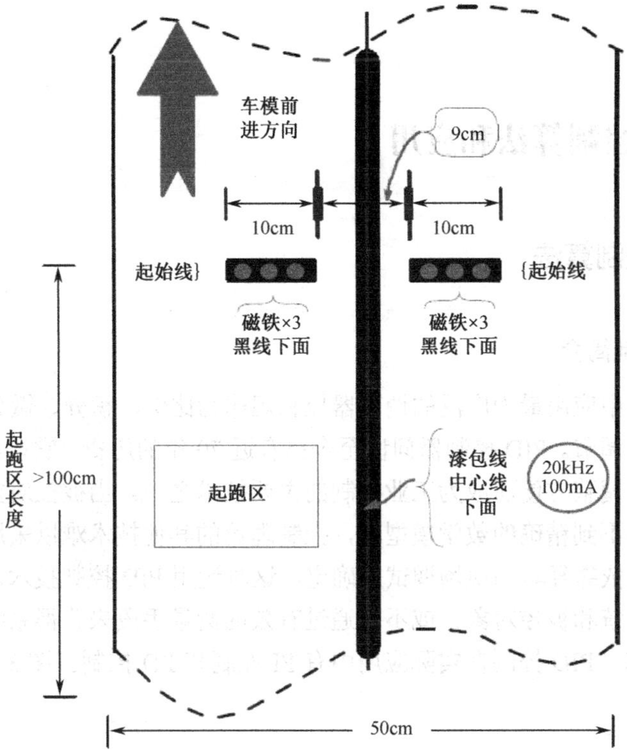

图 3.6.2　起跑线示意

另外，干簧管是一种有触点的无源元件，比使用霍尔元件能省去一个电源为其供电，为使用充电电池的竞赛车模节省了能源，也是保证车模电力系统稳定的一个方面。根据起跑线永久磁铁安放的位置，对于干簧管必须进行单独放置，不和磁感应线圈一起放置。所有的干簧管采用并联的形式，占用单片机系统资源少，当任何一个干簧管检测到磁场信号后便会给单片机 I/O 口一个检测到起跑线的信号，用来控制停车。另外，可以在系统刚开始的一段时间不检测 I/O 口，过一段时间再检测，这样更加简单、精确。干簧管电路如图 3.6.3 所示。

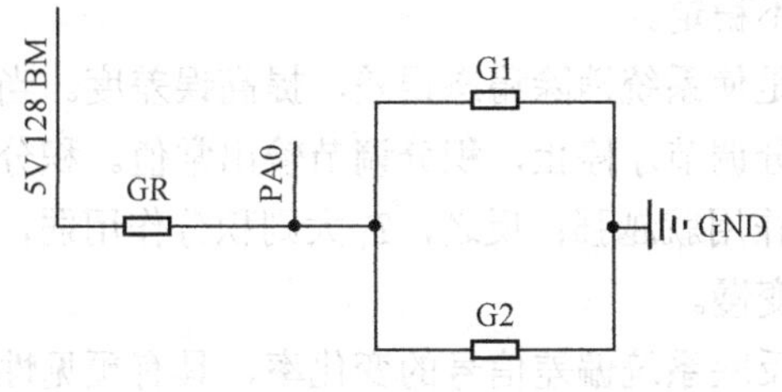

图 3.6.3　干簧管电路

3.6.3　光电组

参照摄像头组。

3.7 PID 控制算法和应用

3.7.1 PID 控制算法

1. PID 控制简介

在工程实际中应用最为广泛的调节器控制规律为比例、积分、微分控制，简称 PID 控制，又称 PID 调节。PID 控制器问世至今已有近 70 年的历史，它以结构简单、稳定性好、工作可靠、调整方便而成为工业控制的主要技术之一。当被控对象的结构和参数不能完全掌握或得不到精确的数学模型时，控制理论的其他技术难以采用，系统控制器的结构和参数必须依靠经验和现场调试来确定，这时运用 PID 控制技术最为方便，即当不完全了解一个系统和被控对象，或不能通过有效的测量手段来获得系统参数时，最适合用 PID 控制技术。PID 控制在实际应用中有 PI 控制和 PD 控制。图 3.7.1 所示为 PID 控制系统原理。

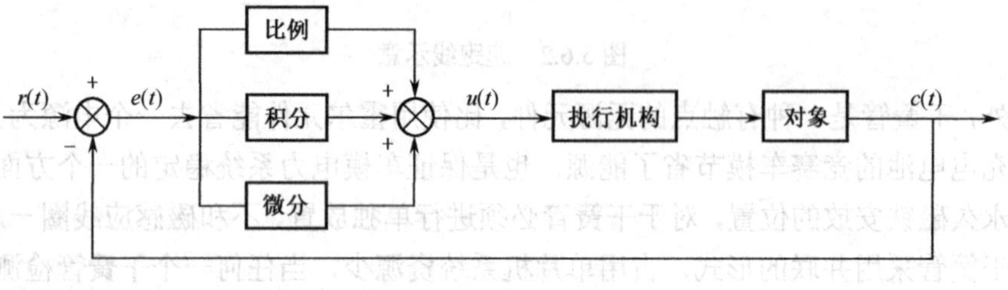

图 3.7.1　PID 控制系统原理

（1）比例调节作用是按比例反映系统的偏差，系统一旦出现偏差，比例调节作用可减小偏差。比例作用大，可以加快调节、减小误差，但是过大的比例使系统的稳定性下降，甚至会造成系统的不稳定。

（2）积分调节作用是使系统消除稳态误差，提高误差度。当有误差时，积分调节就进行，直至无误差时积分调节才停止，积分调节输出常值。积分作用的强弱取决于积分时间 T_1，T_1 越小，积分作用就越强；反之，T_1 大则积分作用弱，加入积分调节可使系统稳定性下降，动态响应变慢。

（3）微分调节作用反映系统偏差信号的变化率，具有预见性，能预见偏差变化的趋势，因此能产生超前的控制作用，在偏差还没有形成之前，已被微分调节作用消除。因此，可以改善系统的动态性能。在微分时间选择合适的情况下，可以减少超调，减少调节时间。微分作用对噪声干扰有放大作用，因此过强地加微分调节，对系统抗干扰不利。

智能汽车的结构和参数受各个方面的影响，所以系统得不到精确的数学模型，控制理论的其他技术也难以采用，系统控制器的结构和参数必须依靠经验和现场调试来确定，因此 PID 控制技术最为方便。

数字 PID 有多种改进形式，如位置式 PID、增量式 PID、PI 控制及 PD 控制，应视系统的需求进行选择。

2. PID 算法分类

在计算机控制系统中，数字 PID 控制通常又分为位置式 PID 和增量式 PID。增量式算法与位置式算法相比，具有以下优点：增量式算法不需要累加，增量的确定仅与最近几次偏差采样值有关，计算精度对控制量的计算影响较小，而位置式算法要用过去偏差的累加值，容易产生大的累加误差；增量式算法得出的是控制量的增量，而位置式算法的输出是控制量的全量输出，误动作影响大；采用增量式算法，易于实现手动到自动的无冲击切换。

1）位置式 PID

$$u(k)=K_{\mathrm{p}}\left\{e(k)+\frac{T}{T_{\mathrm{i}}}\sum_{j=0}^{k}e(j)+\frac{T_{\mathrm{d}}}{T}[e-(k)-e(k-1)]\right\} \tag{3.1}$$

模拟调节器的调节动作是连续的，任何瞬间的输出控制量 u 都对应于执行机构（如调节阀）的位置。由上式可知，数字控制器的输出控制量也和阀门位置相对应，故称为位置型算式（简称位置式）。相应的算法流程如图 3.7.2 所示。

由算法流程图可以看出，因为积分的作用是对一段时间内偏差信号的累加，因此利用计算机实现位置式算法不是很方便，不仅需要占用较多的存储单元，而且编程也不方便。下面介绍其改进式——增量式算法。

2）增量式 PID

在实际电动机编程控制时，采用了基于 PWM 脉宽调制的 PID 闭环控制，主要实现对智能汽车车模直流电动机速度的闭环控制。

控制编程依据为

$$u(n)=u(n-1)+K_{\mathrm{p}}[e(n)-e(n-1)]+K_{\mathrm{i}}e(n)+K_{\mathrm{d}}[e(n-2)-2e(n-1)+e(n)]$$

式中，$u(n)$ 为第 n 次输出控制量；$u(n-1)$ 为第 n-1 次输出控制量；$e(n)$ 为第 n 次偏差；$e(n-1)$ 为第 n-1 次偏差；$e(n-2)$ 为第 n-2 次偏差；K_{p} 为比例增益系数；K_{i} 为积分增益系数；K_{d} 为微分增益系数。

电动机 PID 控制子程序流程如图 3.7.3 所示。

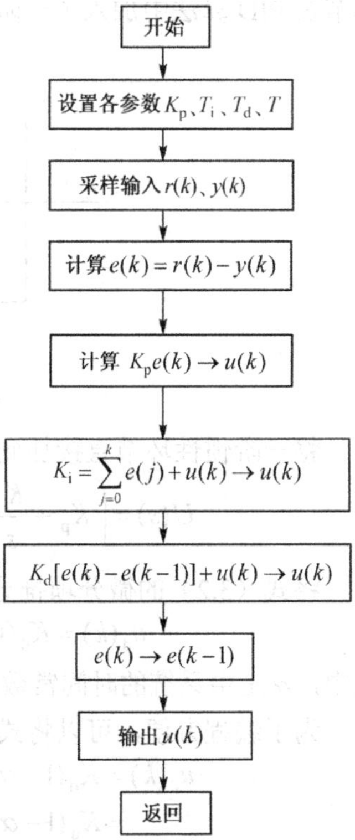

图 3.7.2 位置式 PID 算法流程

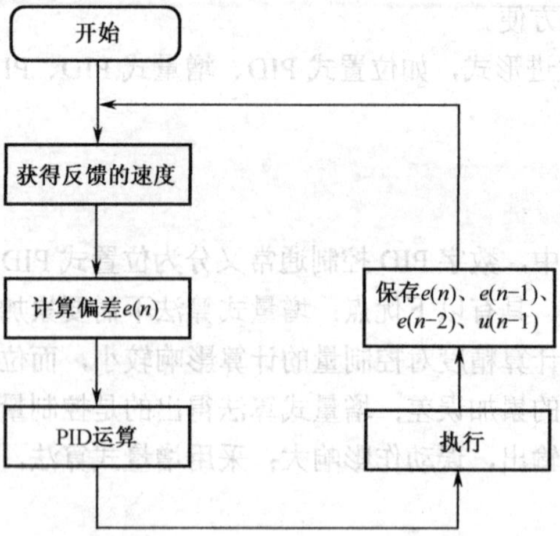

图 3.7.3　电动机 PID 控制子程序流程

3）不完全微分 PID

将微分环节引入智能汽车的方向和速度控制明显地改善了系统的动态性能，但其对于误差干扰突变也特别敏感，对系统的稳定性有一定的不良影响。为了克服上述缺点，本节在 PID 算法中加入了一阶惯性环节，不完全微分 PID 算法结构如图 3.7.4 所示。

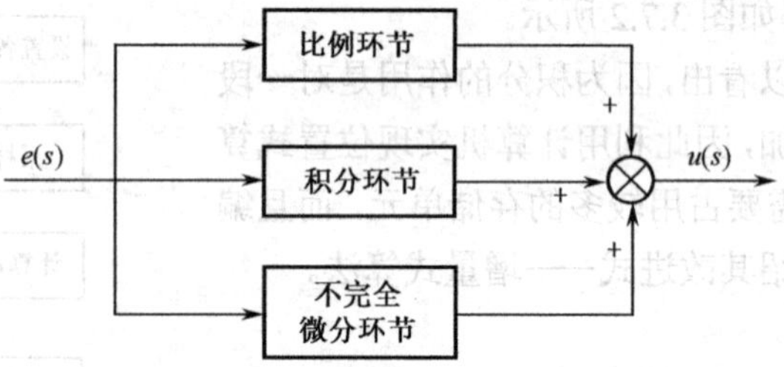

图 3.7.4　不完全微分 PID 算法结构

将一阶惯性环节直接加到微分环节上，可以得到系统的传递函数为

$$U(s)=\left(K_{\mathrm{p}}+\frac{K_{\mathrm{i}}}{s}+\frac{K_{\mathrm{d}}\cdot s}{1+T\cdot s}\right)=U_{\mathrm{p}}(s)+U_{\mathrm{i}}(s)+U_{\mathrm{d}}(s) \tag{3.2}$$

将式（3.2）的微分项推导并整理，得到方程如下：

$$u_{\mathrm{d}}(k)=K_{\mathrm{d}}(1-\alpha)[e(k)-e(k-1)]+\alpha\cdot u_{\mathrm{d}}(k-1) \tag{3.3}$$

式中，α 是由系统的时间常数和一阶惯性环节时间常数决定的一个常数。

为了编程方便，可以将式（3.3）写成如下形式：

$$\begin{aligned}u_{\mathrm{d}}(k)&=K_{\mathrm{d}}(1-\alpha)e(k)+e\alpha\cdot u_{\mathrm{d}}(k-1)-K_{\mathrm{d}}(1-\alpha)e(k-1)\\&=K_{\mathrm{d}}(1-\alpha)e(k)+H(k-1)\end{aligned} \tag{3.4}$$

式中，$H(k-1)=\alpha u(k-1)-K(1-\alpha)e(k-1)$。

分析式（3.4）可知，引入不完全微分以后，微分输出在第一个采样周期内被减小了，此后又按照一定比例衰减[3,4]。实验表明，不完全微分有效克服了智能汽车的偏差干扰给速度控制带来的不良影响，具有较好的控制效果。图 3.7.5 为不完全微分 PID 算法的程序流程。

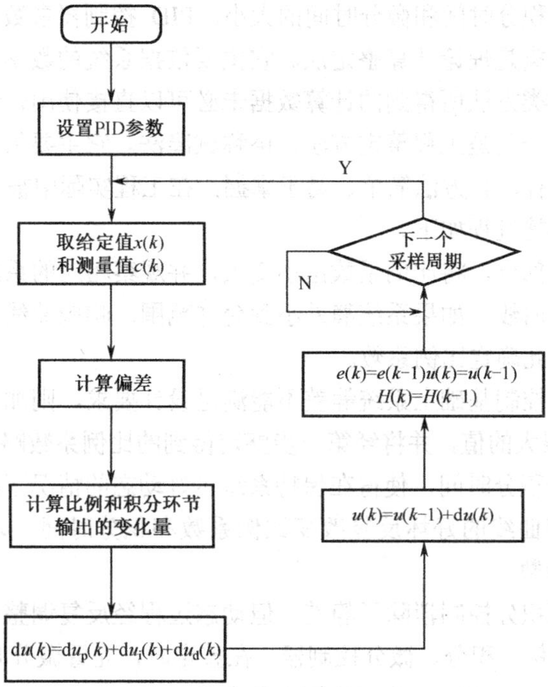

图 3.7.5 不完全微分 PID 算法的程序流程

4）微分先行 PID

由于智能汽车在赛道上行驶时经常会遇到转弯的情况，所以智能汽车的速度设定值和方向设定值都会发生频繁的变化，从而造成系统振荡。为了解决设定值的频繁变化给系统带来的不良影响，本节在智能汽车的速度和方向控制上引入微分先行 PID 算法，其特点是只对输出量进行微分，即只对速度测量值和舵机偏转量进行微分，而不对速度和方向的设定值进行微分。这样在设定值发生变化时，输出量并不会改变，而被控量的变化相对来说是比较缓和的，这就很好地避免了设定值的频繁变化给系统造成的振荡，明显改善了系统的动态性能。

图 3.7.6 是微分先行 PID 控制结构，微分先行的增量控制算式如下。

$$\Delta u(k)=K_{\mathrm{p}}[e(k)-e(k-1)]+Ke(k)-K[c(k)-2c(k-1)+c(k-2)]-K_{\mathrm{d}}[c(k)-c(k-1)] \tag{3.5}$$

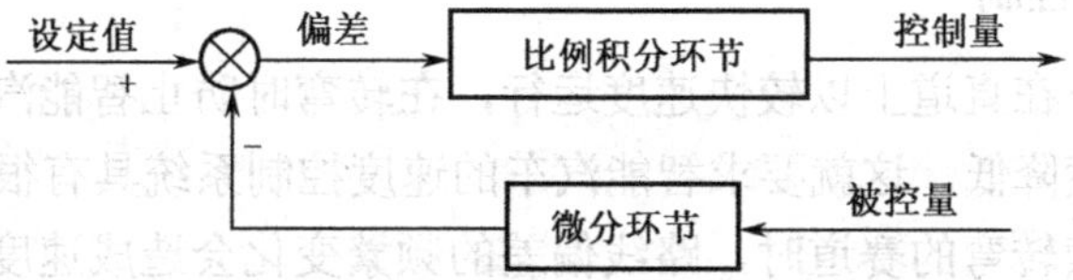

图 3.7.6 微分先行 PID 控制结构

3. PID 参数的整定

PID 控制器的参数整定是控制系统设计的核心内容。它根据被控过程的特性确定 PID 控制器的比例系数及积分时间和微分时间的大小。PID 控制器参数整定的方法很多，概括起来有两大类。一类是理论计算整定法。它主要依据系统的数学模型，经过理论计算确定控制器参数。这类方法所得到的计算数据未必可以直接使用，还必须通过工程实际进行调整和修改。另一类是工程整定方法，俗称试凑法。它主要依赖工程经验，直接在控制系统的试验中进行，且方法简单、易于掌握，在工程实际中被广泛采用。

试凑法的具体实施过程如下。

（1）在整定比例部分，将比例系数由小变大，并观察相应的系统响应，直至得到反应快、超调小的响应曲线。如果系统静差小到允许范围，响应曲线已经满意，那么只需要比例控制即可，由此确定比例系数。

（2）如果在比例控制基础上系统静差不能满足设计要求，则加入积分环节，整定时先置积分时间 T_1 为很大的值，并将经第一步整定得到的比例系数略微缩小（如缩小为原值的 0.8），然后减少积分时间，使得在保持系统良好动态的情况下静差得到消除。在此过程中，可根据响应曲线的好坏反复改变比例系数和积分时间，以得到满意的控制过程，从而得到整定参数。

（3）若使用比例积分控制消除了静差，但动态过程经反复调整仍不能满意，则可加入微分环节，构成比例、积分、微分控制器。在整定时，先置微分时间 T_d 为零，在第二步整定的基础上增大 T_d，相应地改变比例系数和微分时间，逐步试凑以获得满意的调节效果和控制参数。

3.7.2 PID 控制在智能汽车上的实现

1. 舵机 PD 控制

舵机的 PD 控制也是历届参赛队伍中使用比较多的方法。

表达式为

$$\text{output} = K_p e + K_i \sum e + K_d \Delta e$$

式中，e 为车身与赛道的偏移量；K_p 为比例系数；K_i 为积分系数；K_d 为微分系数；output 为舵机 PWM 输出量；Δe 为上一次偏移量与当前偏移量之差。

其中，起最主要作用的是比例项；积分项会导致舵机转向延时，故常常将积分项系数 K_i 置零；适当调节微分系数 K_d 能使车模优化路径，达到更好的转向效果。

2. 电动机 PID 控制

为了使智能汽车在直道上以较快速度运行，在转弯时防止智能汽车冲出跑道，则必须将智能汽车的速度降低，这就要求智能汽车的速度控制系统具有很好的加/减速性能。当智能汽车经过连续转弯的赛道时，路线偏差的频繁变化会造成速度设定的频繁变化，这会引起速度控制系统的振荡，并且微分环节对误差突变干扰很敏感，容易造成系统的不稳定。为了解决上述存在的问题，本节对数字PID算法进行了改进，将不完全微分和微分先行引入PID算法中，大大改善了速度控制系统的动态性能。

图3.7.7是智能汽车速度控制系统结构。由于赛道路况和智能汽车的姿态会经常变化，所以速度控制系统的模型也是不定的，为了提高系统的适应性，本节速度控制系统采用了模糊PID算法。将速度设定和实际速度进行模糊分挡[5,6]，通过调试得到不同情况下相对最优的PID参数，保证了速度控制系统在不同情况下都有较好的控制效果。

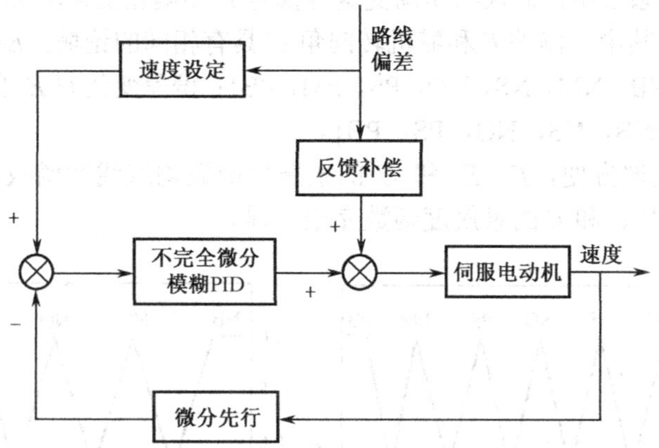

图3.7.7 智能汽车速度控制系统结构

3.8 其他控制算法和应用

3.8.1 模糊控制

在转向控制算法中，如果采用PID控制算法，为了使车模在整个过程中跑得比较顺畅，要求在小偏差时缓慢调节，甚至不调节；在遇到弯道产生大偏差时，舵机能够迅速动作。这就要求偏差量比例系数 P 是一个变量，即一个非线性的过程。但由于 P 是一个离散的数值，势必造成转向调节的阶跃式变化，对路径变化反应不灵敏，同时容易产生超调及振荡现象。而对于追求高速性能的高车速、短决策周期控制策略来说，很可能因为舵机响应不及时或超调过大而造成控制失效。因而，该系统的设计采用模糊控制算法，以增强系统的控制响应速度及对不确定性因素的适应性，其原理如图3.8.1所示。

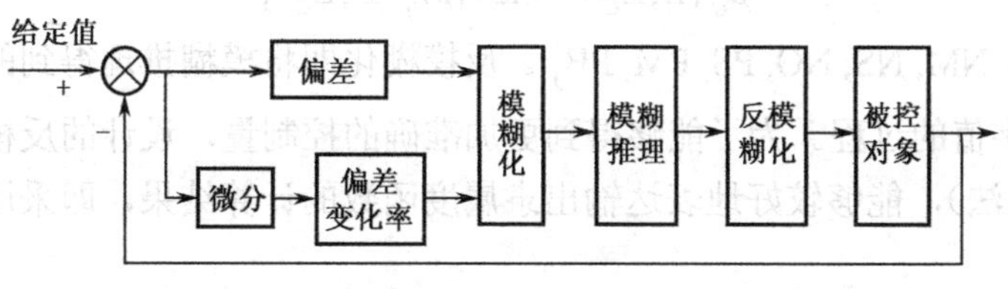

图3.8.1 模糊控制原理

模糊控制采用二维模糊控制器，输入变量是摄像头判断出的黑线相对于中心线的横向偏差 E 和偏差的变化率 E_C，其输出量是智能汽车舵机的转向角 U。同时，由于系统所采用的单片机具有模糊控制指令，算法的实现较容易。

1. 模糊子集的选取

模糊化即把精确的输入量按照输入隶属度转换为一个模糊矢量，并作为模糊控制器的输入变量。在该系统中，输入的模糊变量为偏差 E 和偏差变化率 E_C，输出的模糊变量是舵机转向角 U。其中，偏差 E 和舵机转向角 U 具有相同的论域：E=U={−40，40}，及相同的模糊子集{NB，NM，NS，NO，PS，PM，PB}；偏差变化率 E_C 的论域为 E_C={−20，20}，模糊子集为{NB，NS，NO，PS，PB}。

为了实现和处理方便，E、E_C 和 U 的隶属度函数均取线性函数，其隶属度函数如图 3.8.2 所示，其中 U 和 E 的隶属度函数完全一样。

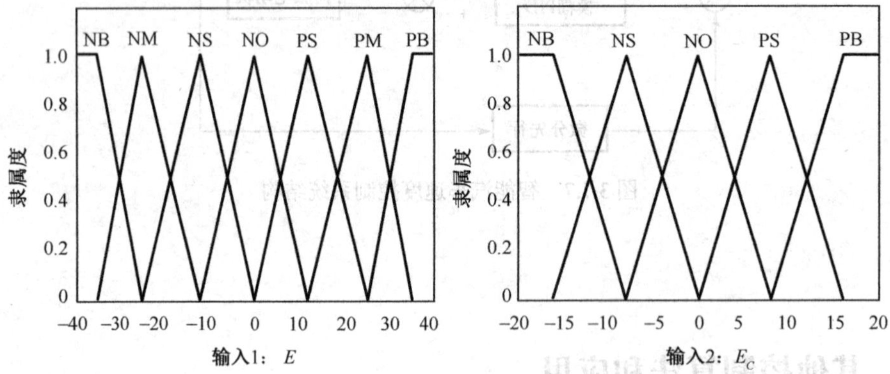

图 3.8.2　模糊子集

2. 模糊规则表的设计

模糊规则表是模糊推理的依据，也是模糊控制器设计的核心工作，根据智能汽车的运行特性，并通过实际调试效果不断调整，最终设计出模糊控制器模糊规则表。

3. 模糊推理及反模糊化

该系统中模糊推理采用 MAX-MIN 法：当相同元件的规则强度不同时，模糊输出取其大者。设输入变量 E、E_C、U 的隶属度分别为 μ_E、μ_{EC}、μ_U，则有

$$\mu_{U_k}(E,E_C)=\min\{\mu_{E_i},\mu_{EC_j}\}$$

$$\mu_U(E,E_C)=\max\{\mu_{U_k}(E,E_C)\}$$

式中，$i,j=\{\text{NB, NM, NS, NO, PS, PM, PB}\}$。反模糊化即将模糊推理得到的模糊集转化为用作控制的数字值的过程。为了能够得到更加准确的控制量，设计的反模糊化算法采用重心法（COG 法），能够较好地表达输出隶属度函数的计算结果，即采用下式确定控制输出 v_0：

$$v_0 = \frac{\sum_{i=1}^{m} v_i k_i}{\sum_{i=1}^{m} k_i}$$

式中，m 为输出模糊子集数；v_i 为各输出模糊子集对应模糊单点集的值；k_i 为输出对该子集的隶属度；v_0 为控制器的精确输出控制量。

3.8.2 赛道记忆算法

全国大学生智能汽车竞赛的规则为记忆算法在智能汽车控制系统中的应用提供了条件。比赛中智能汽车要在赛道上连续跑两圈，并以其中最好圈的成绩作为比赛成绩。赛道记忆算法的基本原理是：在第一圈以最安全的速度慢速驶过，将赛道的信息保存下来；第二圈根据保存下来的信息进行车速和转向控制策略的最优化，从而在第二圈取得好成绩。

要想成功实现赛道记忆算法，必须具备以下几点。

（1）智能汽车在第一圈必须安全走完全程。在第一圈，智能汽车的最主要目的并不是跑得快，而是采集赛道信息。因此它的期望运行轨迹与赛道重合，如果智能汽车在第一圈出现跑出场外等特殊情况，那么可以说智能汽车并没有真正将赛道正确记录下来，此时赛道记忆已经失败。因此使用赛道记忆算法的智能汽车，在第一圈一般都较缓慢地、匀速地走完全程。

（2）智能汽车必须能明确分辨赛道起始线和十字交叉线的区别。根据比赛规则，在赛道的计时起始点两边有一个长度为 100mm 的黑色计时起跑线，智能汽车前端通过起始线作为比赛开始或者结束的时刻；同时，比赛规则还规定了赛道可以交叉，交叉角为 90°。不采用赛道记忆算法的智能汽车有时可以通过简单地将起始线和交叉线一起处理来回避这个问题，而采用赛道记忆算法的智能汽车必须要判断出第一圈的结束和赛道十字交叉线的区别。

（3）智能汽车必须有足够记录一圈赛道数据的内存空间。由于单片机芯片的 RAM 容量有限，因此这个问题也不能忽视。算法设计者需要对算法进行优化处理，改变保存的格式，从而节省内存空间。

以上是成功实现记忆算法的条件，但实现记忆的难度远不止这些，主要体现在对第一圈记忆的赛道信息的分析和处理，这往往是记忆算法成功与否的关键。记忆算法的难度虽然大，但若成功，它取得的效果是不言而喻的，而且它有很大的发展空间。

3.9 计算机辅助调试

3.9.1 开发软件介绍

本实例采用 Kinetis K60 芯片，开发环境为 CodeWarrrior10.1。 CodeWarrrior10.1 是 CodeWarrrior 公司为 Kinetis 系列微处理器开发的一个集成开发环境。

3.9.2 C#上位机获取图像

通过上位机进行调试可以很好地进行人机交互，为了观察摄像头采集图像的直观效果，本实例运用 VS2012 的 C#语言环境下载一套基于 PC 平台的图像显示与处理程序，可完成赛道显示及相关参数的实时反馈，运行界面如图 3.9.1 所示。

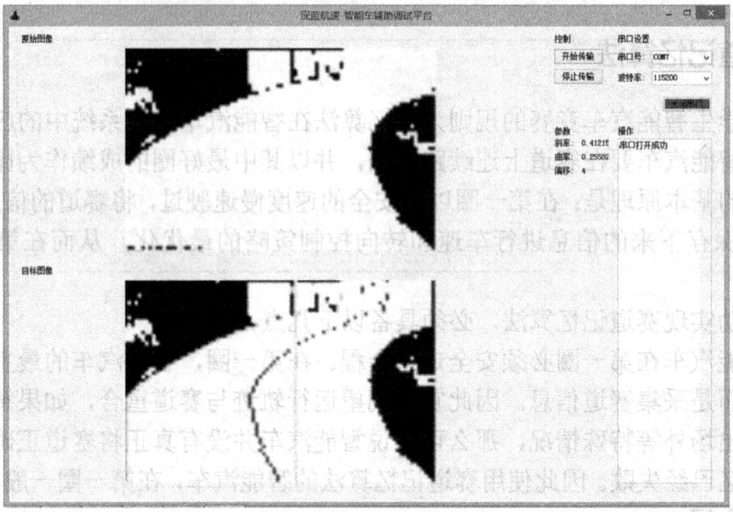

图 3.9.1 C#上位机运行界面

3.9.3 MATLAB 调试 PID

制作 MATLAB 串口上位机，该上位机分为两部分：一部分建立 PID 的系统模型，理论分析 PID 参数，绘制 PID 控制曲线；另一部分通过串口接收 MCU 发送的编码器采集到的数据，并绘制速度曲线，与 PID 模型比较分析。图 3.9.2 所示为 MATLAB 调试的界面。

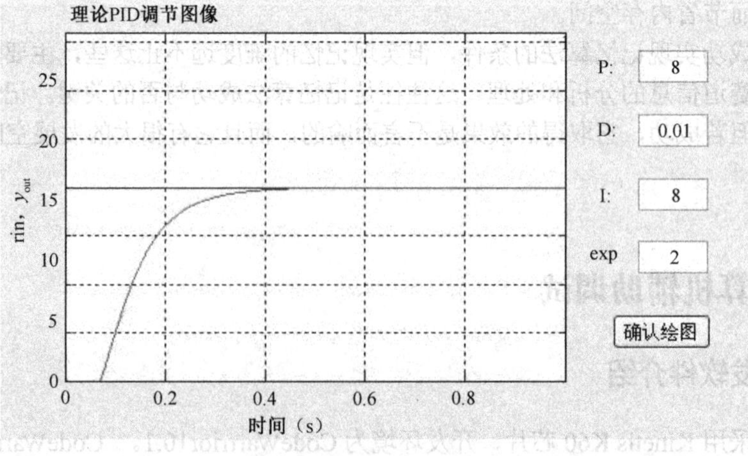

图 3.9.2 MATLAB 上位机

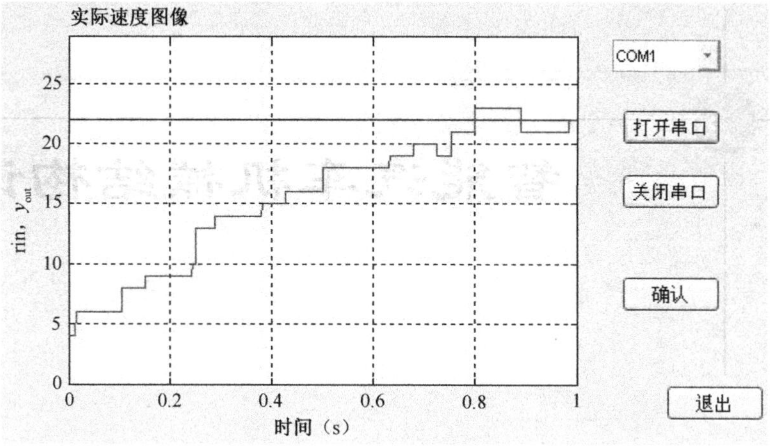

图 3.9.2　MATLAB 上位机（续）

3.9.4　按键及显示屏模块

调试的方法多种多样，怎样才能高效率地进行调试是参赛选手必须思考的问题。通过显示屏与拨码开关及按键的配合使用，可以使得调试变得简单而高效。本实例采用 Nokia5110 显示屏（见图 3.9.3）辅助调试，可以显示摄像头采集到的图像信息、偏差与斜率的计算值，也可通过按键调整 PID 参数。与在线调试相比，这种方式在调试过程中节省了大量时间。

相关硬件电路在第 4 章硬件部分做详细介绍，如有需要可查阅 4.5 节。

图 3.9.3　Nokia5110 显示屏

第4章

4 智能汽车机械结构设计

4.1 机械设计软件——Pro-Engineer

4.1.1 简介

Pro-E 是 Pro-Engineer 的简称，更常用的简称是 ProE 或 Pro/E。Pro-E 是美国参数技术公司（Parametric Technology Corporation，PTC）的重要产品，是一套由设计至生产的机械设计自动化软件，是新一代的产品造型系统，是一个参数化、基于特征的实体造型系统，并且具有单一的数据库功能，在目前的三维造型软件领域占有重要地位。Pro-E 作为当今世界机械 CAD/CAE/CAM 领域的新标准而得到业界的认可和推广，是现今主流的模具和产品三维 CAD/CAM 设计软件之一。

4.1.2 历史版本

从 Pro-E 18 版本引入中国市场后，PTC 公司陆续推出了 Pro-E 2000 i、Pro-E 2000 i2、Pro-E 2001 等版本，在 2003 年更推出划时代的产品 Wild Fire 系列，从 2003 年的 Wild Fire、Wild Fire 2.0、Wild Fire 3.0、Wild Fire 4.0，直到 2009 年推出 Wild Fire 5.0 版本。

截至 2012 年的市场应用中，不同的公司还在使用从 Pro-E 2001 到 Wild Fire 5.0 的各种版本，Wild Fire 3.0 和 Wild Fire 是目前主流应用版本。Pro-Engineer软件系列都支持向下兼容但不支持向上兼容。虽然 PTC 提供了相应的插件以实现旧版本打开新版本文件的功能，但在很多情况下并不理想，在操作过程中会出现软件直接跳出的情况。

在 Pro-E软件版本中，除使用类似 Pro-E 2001、Wild Fire、Wild Fire 2.0、Wild Fire 3.0、Wild Fire 4.0 和 Wild Fire 5.0 等主版本外，在每个主版本中还有日期代码的小版本区别，不同的日期代码代表主版本的发行日期顺序。通常每个主版本中都会有 C 000、F 000 和 M xxx 共 3 个不同系列的日期代码，C 000 代表测试版，F 000 是第一次正式版，而类似 M 010、M 020、M 200 等属于成熟的正式发行版系列。M 系列的版本可以打开 C 000 和 F 000 系列版本的文件，而 C 000 版本则无法打开相同主版本的 F 000 和 M xxx 版本的 Pro-Engineer 文件。

4.1.3 主要模块

Pro-Engineer 软件主要涵盖六大方面，即工业设计模块、机械设计模块、功能仿真模块、制造模块、数据管理模块和数据交换模块。

4.1.4 主要特性

Pro-E 第一个提出了参数化设计的概念，并且采用了单一数据库来解决特征的相关性问题。另外，它采用模块化方式，用户可以根据自身的需要进行选择，而不必安装所有模块。Pro-E 基于特征的方式能够将设计至生产全过程集成到一起，实现并行工程设计。它不但可以应用于工作站，而且可以应用于单机。

Pro-E 采用了模块方式，可以分别进行草图绘制、零件制作、装配设计、钣金设计、加工处理等，保证用户可以按照自己的需要选择使用。

1. 参数化设计

相对于产品而言，可以把它看成几何模型，而无论多么复杂的几何模型，都可以分解成有限数量的构成特征，而每种构成特征都可以用有限的参数完全约束，这就是参数化的基本概念。

2. 基于特征建模

Pro-E 是基于特征的实体模型化系统，工程设计人员采用具有智能特性的基于特征的功能生成模型，如腔、壳、倒角及圆角，可以随意勾画草图，轻易改变模型。这种功能特性给工程设计者提供了在设计上从未有过的简易和灵活，特别是在设计系列化产品上更是有得天独厚的优势。

3. 单一数据库

Pro-Engineer 建立在统一基层的数据库集成基础上，不像一些传统的 CAD/CAM 系统建立在多个数据库上。所谓单一数据库，就是工程中的资料全部来自一个数据库，使得每个独立用户都在为一件产品造型而工作，不管他是哪个部门的。换言之，在整个设计过程的任何一处发生改动，也可以前后反映在整个设计过程的相关环节上。例如，一旦工程详图有改变，NC（数控）工具路径也会自动更新；组装工程图如有任何变动，也同样反映在整个三维模型上。这种独特的数据结构与工程设计的完整结合使得一件产品的设计能够结合起来。这一优点造就了过程更优化的设计、质量更高的成品、能更好地推向市场的产品、价格低廉的产品等一系列回报。

4. 直观装配管理

Pro-Engineer的基本结构能够利用一些直观的命令，如“贴合”“插入”“对齐”等，很容易地把零件装配起来，同时保持设计意图。高级的功能支持大型复杂装配体的构造和管理，这些装配体中零件的数量不受限制。

5．易于使用

菜单以直观的方式级联出现，提供了逻辑选项和预先选取的最普通选项，同时还提供了简短的菜单描述和完整的在线帮助，这种形式使得 Pro-E 软件容易学习和使用。

4.1.5 Pro-Engineer在智能汽车上的应用

电路板、传感器及舵机的安装位置是智能汽车组装的三大主要方面，这三者位置搭配的合理性直接决定了车模的重心位置，对车模的机械性能有很大影响。软件的学习使用详见Pro-Engineer使用手册或相关书籍。

1．电路板定位

电路板的外廓形状尺寸需要根据车模尺寸精确啮合，电路板过孔也需要与车模底盘上的过孔精确对应，若孔径对应不准确，电路板安装后会造成车模底盘或电路板变形，影响车体的行驶性能。通过Pro-Engineer的整体布局，精确切合过孔位置，实现无误差安装，确保车模性能。

2．传感器安装

同样，传感器的底座、连接、承托零件的设计制作也离不开Pro-Engineer，传感器需要精确的位置定位，通过软件精确设计形状尺寸，确保信号采集无偏差、数据无失误。

3．舵机安装

由于舵机控制转向轮，因而精确定位舵机的位置及传动片可以使方向控制更精确，降低原装零件及车轮空程造成的误差。同样，使用软件进行精确设计，可以将误差降到最低。

4.1.6 用户关注热点

在目前中国市场应用上，Pro-E 的应用主要集中于消费电子、高科技领域和玩具的产品设计和模具设计，因此也决定了用户的关注热点比较集中于零件建模、曲面造型、工程图、优化设计方法、模具设计和逆向造型等模块。随着国内用户三维软件技术应用水平的不断提高，关注软件数据管理和产品生命周期（PLM）的用户也越来越多。

4.2 智能汽车机械零件设计的一般步骤与准则

4.2.1 相关概念

在智能汽车的机械设计制作方面有以下概念需要了解，根据相关概念，从实际出发，以便更好地理解各种机械应力，掌握力学原理、机械原理在实际中的应用，在后期车模调试过程中能够更好地分析车模在每个动作过程中的受力情况。

1．失效

在机械领域，机械部件丧失工作能力或者达不到设计要求的性能称为失效。失效主要存在于强度、刚度、振动稳定性、磨损、挤压、腐蚀、连接的松动及可靠性方面，其中，强度、刚度、振动等为本体失效，磨损、挤压、腐蚀等为表面失效。引起失效的原因主要为机械力（弹性变形、塑性变形、断裂、疲劳、剥落等）、热应力（蠕变、热松弛、热冲击、热疲劳、蠕变疲劳等）、摩擦力（磨粒磨损、表面疲劳磨损、冲击磨损、咬合磨损等）、活性介质（化学腐蚀、应力腐蚀等）等。

2．工作能力

工作能力是指机械零件不发生失效的安全工作限度。

3．承载能力

承载能力对应于载荷的工作能力。

在机械部件设计过程中，通常情况下都希望尺寸小、质量轻，同时又希望不发生任何形式的失效，基于此最终确定机械部件的最优尺寸，所以设计时需要进行必要的计算。常用的计算方法有以下两种。

（1）设计计算。

分析零件的可能失效方式，根据该失效方式的计算准则最终确定零件的结构尺寸。

（2）校验计算。

先根据经验确定零件的结构尺寸，然后验算零件是否符合计算准则。若不满足，则修改零件尺寸。

4.2.2　设计机械零件的一般步骤

设计机械零件的一般步骤如下：

（1）根据零件的使用要求，选择零件的类型及结构形式，并拟定计算简图；

（2）分析作用在零件上的载荷（拉力、压力、剪切力等）；

（3）根据零件的工作条件，选取合适的材料及处理方法，确定应力；

（4）分析零件的主要失效形式，按照相应的设计准则确定零件的基本尺寸；

（5）按照结构工艺性、标准化要求设计零件的结构及其尺寸；绘制零件工作图，拟定必要的技术条件，编写设计说明书。

4.2.3　设计机械零件的基本准则

1．避免提前失效

避免提前失效就必须满足强度、耐磨性、震动稳定性的要求。

（1）强度准则。

强度准则就是指零件中的应力不得超过允许的限度。

强度不足是零件在工作过程中断裂或者产生过度形变的直接原因。可以采取以下措施改进：采用高强度的材料；增大零件的截面尺寸；合理设计零件的形状以增大惯性矩；提高零件的制造精度，降低工作时的动载荷；合理配置零件位置以降低作用于零件上的载荷。

在智能汽车的制作过程中，需要综合考虑各方面，制订最优方案。

（2）耐磨性准则。

对易于磨损失效的零件，常采用限制其相对运动表面单位面积上的压力作为条件性的设计计算或者校验计算。

在运动过程中，零件之间产生相对运动或震动导致零件表面材料的丧失或迁移即形成磨损。磨损会破坏零件的表面尺寸、形状精度，增大运动副之间的运动间隙，降低系统的效率和可靠性，并随时间越来越强烈。

磨损的 3 个阶段：磨合阶段、稳定磨损阶段、剧烈磨损阶段。

磨合阶段是磨损的不稳定阶段，在整个工作时间内所占比例很小；在稳定磨损阶段，零件在平稳缓慢的速度下磨损，在这个阶段摩擦条件保持相对恒定，这也决定了零件的使用寿命；经过稳定磨损阶段后，零件表面遭到破坏，运动中的间隙增大，引起额外的动载荷，出现噪声和震动，即进入剧烈磨损阶段。

在设计智能汽车的过程中，应该力求缩短磨合期，延长稳定磨损阶段，推迟剧烈磨损阶段的到来。

（3）震动稳定性。

在车模运行过程中，不可避免地会产生震动，为了避免因此带来的传感器剧烈抖动，造成图像丢失，必须尽可能地降低震动，达到车模的最大稳定程度。

2. 结构标准化

零件的结构标准化是指零件的特征参数、结构尺寸、检验方法和图样等的规范化。

3. 可靠性

零件可靠性与机械系统可靠性的概念相似，用零件的可靠度来衡量。在预定的环境条件下和使用时间内，零件能正常工作而不失效的概率称为零件的可靠度。

4. 结构工艺性

所谓机械零件的结构工艺性是指在一定的生产条件下，方便、经济的生产装配。也就是零件的结构设计应该易于加工。

5. 提高机械强度的一般措施

合理设计零件位置及形状，减小所受最大载荷；采用等强度结构，减少应力集中；采用合理截面，如工字形、T 字形的横梁截面及圆形、空心圆形的转轴截面等，对零件表面进行强化处理。

4.3 工具准备

4.3.1 锯切工具——钢锯

钢锯作为钳工的常用工具，可切断较小尺寸的圆钢、角钢、扁钢和工件等，在智能汽车的零件制作上是不可或缺的，主要应用于传感器支架、伺服舵机支架的制作及车模改装。钢锯包括锯架（俗称锯弓子）和锯条两部分，使用时将锯条安装在锯架上，一般将齿尖朝前安装锯条，锯割材料时一定要注意将锯架端稳、端平（锯条所在平面与材质垂直）。初学者使用时会发现较容易锛齿，可以将锯齿尖朝自己的方向安装，这样可缓解锛齿且能延长锯条的使用寿命，但是会减缓锯割速度。钢锯使用后应卸下锯条或将拉紧螺母拧松，这样可防止锯架变形，从而延长锯架的使用寿命。锯条有单边锯齿和双边锯齿两类，又分粗齿（14 齿/25mm）、中齿（18～24 齿/25mm）和细齿（32 齿/25mm）几种规格，以适用于不同材质的锯割。为提高工作效率、避免锛齿，锯割较硬的材质时选用细齿锯条，锯割较软的材质时选用粗齿锯条，锯割一般的材质时选用中齿锯条。锯条厚度为 0.5～0.65mm，宽度为 10～12mm，长度有 200mm、250mm、300mm 共 3 种规格。锯架有固定长度、可调长度两种，可调长度的锯架有 3 个挡位，分别适用于 3 种长度的锯条。目前工厂因进货锯条规格所限，另外两个较短的挡位基本不用，只是闲置时将活动部分吞进去而已。因锯条容易锛齿或折断，故须常备一包锯条，如图 4.3.1 所示。

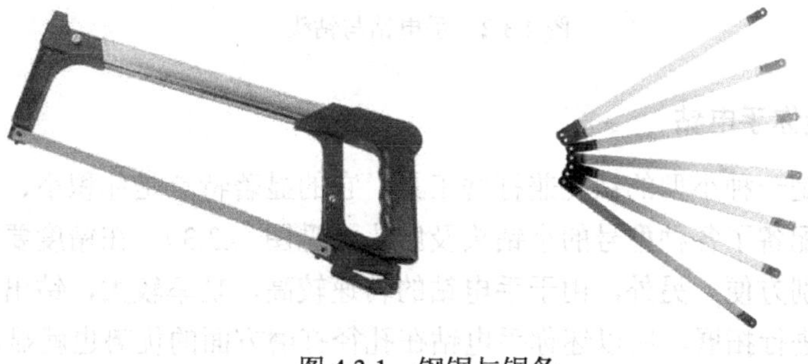

图 4.3.1　钢锯与锯条

4.3.2 打孔工具

1. 手电钻

手电钻就是以交流电源或直流电池为动力的钻孔工具，是手持式电动工具的一种。手电钻是电动工具行业销量最大的产品，广泛用于建筑、装修、家具等行业，可在物件上开孔或洞穿物体，有的行业也称之为电锤。

手电钻的主要构成包括钻夹头、输出杆、齿轮、转子、定子、机壳、开关和电缆线。小型手电钻（又称手枪钻）是指用于金属材料、木材、塑料等钻孔的工具。当装了正/反转开关和电子调速装置后，手电钻可用作电螺丝批。有的手电钻配有充电电池，可在一定时间内，在无外接电源的情况下正常工作。手电钻不可以用来钻水泥和砖墙；否则，极易造成电动机过载、烧毁电动机。造成这种原因的关键在于电动机内缺少冲击机构，承力小。手电钻在智能汽车的车模改造打孔、传感器安装、舵机位置调整等方面有着极其重要的作用。常备钻头采用麻花钻头，常用型号为1mm、2.5mm、3mm；不常用但必备的型号为4mm、5mm、8mm，如图4.3.2所示。

手电钻的型号选择关键：

⊙ 额定功率；
⊙ 正/反转；
⊙ 电子调速；
⊙ 夹头直径；
⊙ 额定冲击率；
⊙ 最大扭力；
⊙ 钻孔能力（钢材/木材）。

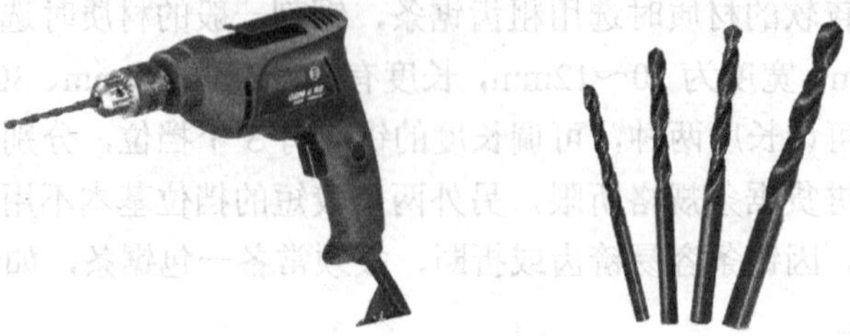

图 4.3.2　手电钻与钻头

2. 多功能迷你手电钻

迷你手电钻是一种小型的钻孔兼打磨工具，它的显著特点是体积小、功率小、易操作。迷你手电钻配备了各种型号的小钻头及磨头（见图 4.3.3），在精度要求较高、孔径较小的应用上特别方便。另外，由于手电钻的转速较高、功率较大，钻出的新孔不光滑或者需要对孔口进行拓展，所以迷你手电钻在孔径打磨方面的优势也就显而易见了。

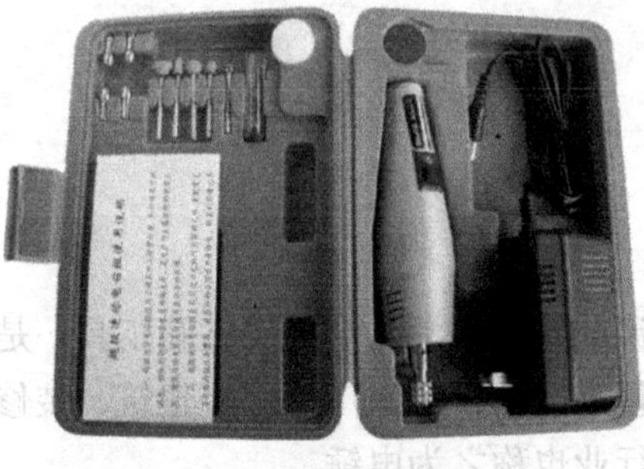

图 4.3.3　多功能迷你手电钻

3. 特殊型号

直角电钻——设计了直角钻头接口，适合在狭窄工作空间使用，但不常用，仅供了解（电钻机头与机身呈 90°，所需工作空间较小）。

4.3.3 支持定位工具——桌虎钳

桌虎钳的钳体为可铸铁制作，使用安全不易断裂。钳口经精密加工后感应淬火处理，夹持坚固耐用。丝杠是 45 号碳结钢调质处理而成的。应经常维护桌虎钳，丝杠处加油润滑，保持使用的方便、灵活。桌虎钳适用于各行业，可加工维修各类工件。

桌虎钳由钳体、底座、导螺母、丝杠、钳口体等组成的。活动钳身通过导轨与固定钳身的导轨滑动配合。丝杠装在活动钳身上，可以旋转，但不能轴向移动，可与安装在固定钳身内的丝杠螺母配合。当摇动手柄使丝杠旋转时，就可以带动活动钳身相对于固定钳身做轴向移动，起夹紧或放松的作用。弹簧借助挡圈和开口销固定在丝杠上，其作用是在放松丝杠时，可使活动钳身及时退出。在固定钳身和活动钳身上各装有钢制钳口，并用螺钉固定。钳口的工作面上制有交叉的网纹，使工件夹紧后不易产生滑动。钳口经过热处理淬硬，具有较好的耐磨性。固定钳身装在转座上，并能绕转座轴心线转动，当转到要求的方向时，扳动夹紧手柄使夹紧螺钉旋紧，便可在夹紧盘的作用下把固定钳身固定。转座上有 3 个螺栓孔，用以与钳台固定。

桌虎钳是钳工必备的工具，也是钳工名称的由来，因为钳工的大部分工作都是在桌虎钳上完成的，如锯、锉及零件的装配和拆卸。桌虎钳安装在钳工台上，以钳口的宽度为标定规格，常见规格为 75～300mm。桌虎钳装置在工作台上，用以固定加工工件，为钳工车间必备工具，并且安装方便，适用于夹持小型工件，如图 4.3.4 所示。

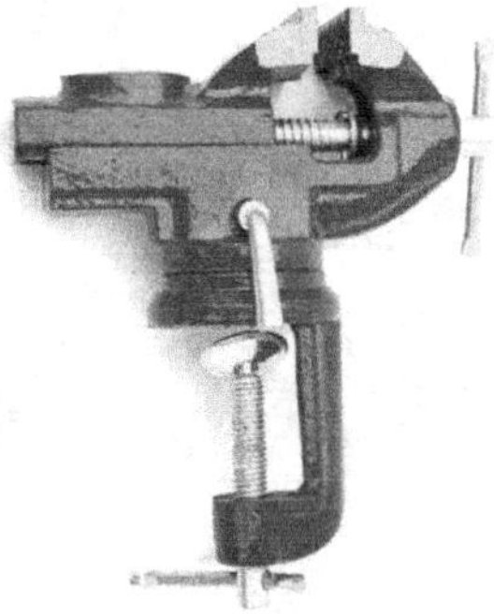

图 4.3.4　桌虎钳

（1）使用方法。

桌虎钳在钳台上安装时，必须使固定钳身的工作面处于钳台边缘以外，以保证当夹持长条形工件时，工件的下端不受钳台边缘的阻碍。回转底座的中间孔应该朝里，这样钳工桌更受力，不至于压坏钳工桌。在钳工桌装上桌虎钳后操作者工作的高度比较合适，一般以钳口高度恰好与肘齐平为宜，即肘放在桌虎钳最高点半握拳，拳刚好抵下颚，钳桌的长度和宽度则随工作而定。

（2）日常维护。

① 桌虎钳在安装时必须使固定钳身的钳口一部分处在钳台边缘外，保证当夹持长条形工件时工件不受钳台边缘的阻碍。

② 桌虎钳一定要牢固地固定在钳台上，3 个压紧螺钉必须扳紧，使桌虎钳钳身在加工时没有松动现象，否则会损坏桌虎钳和影响加工。

③ 在夹紧工件时只能用手的力量扳动手柄，绝不允许用锤子或其他套筒扳动手柄，以免丝杠、螺母或钳身损坏。

④ 不能在钳口上敲击工件，应该在固定钳身的平台上敲击工件，否则会损坏钳口。

⑤ 丝杠、螺母和其他滑动表面要求保持清洁，并加油润滑。

（3）注意事项。

① 夹紧工件时要松紧适当，只能用手扳紧手柄，不得借助其他工具加力。

② 强力作业时，应尽量使力朝向固定钳身。

③ 不允许在活动钳身和光滑平面上敲击作业。

④ 对丝杠、螺母等活动表面应经常清洗、润滑，以防生锈。

4.3.4 画线工具

俗话说“三分画线七分做”，这句话强调做工的重要性，但画线占的三分也不可忽视。画线不整齐，做工再精细也会出错。

要制作出标准、精美、实用的工件，第一道工序就是画线。最常用的画线工具就是三角尺，它在一定程度上代替了直尺和角尺，在小型工件制作上非常方便。一般采用 30°的直角三角尺，长直角边一般为 250～300mm。

另外，必不可少的工具之一就是铅笔，当然也可以用美工刀、画线刀等刀具代替，画线过程中值得注意的是要力求画线工整规范，标注标准，清晰明了，不冗余。画线工具照片如图 4.3.5 所示。

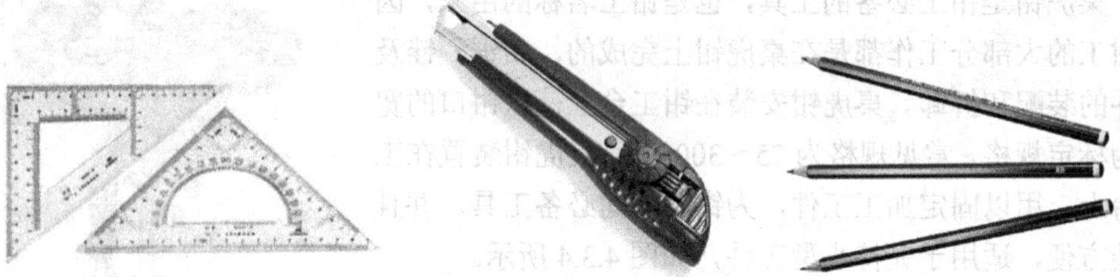

图 4.3.5 画线工具

4.3.5 螺丝刀

螺丝刀是一种用来拧转螺钉迫使其就位的工具。螺丝刀将有形状的端头对准螺钉顶部凹坑固定，然后开始旋转手柄，根据规格标准，顺时针方向旋转为嵌紧，逆时针方向旋转为松开。一字螺丝刀可应用于十字螺钉，但十字螺丝刀不可用于平口螺钉。从结构形状上来说，一般常用的有 3 种：直形、L 字形和十字形。直形的头部型号有一字形、十字形、米字形、梅花形和六角形，根据需要每种都要配备，最常用的就是十字形，可以配备几把十字形的，一盒组合型的螺丝刀。L 字形的多见于六角形螺丝刀，利用其较长的杆来增大力矩，从而更省力。“恩智浦”智能汽车竞赛官方规定车模中的 B 型车模多使用 L 字形螺丝刀，它是 B 型车模配套工具之一。十字形的为内六花，一般每套车模都配备一个，主要用于螺母的松和紧。螺丝刀照片如图 4.3.6 所示。

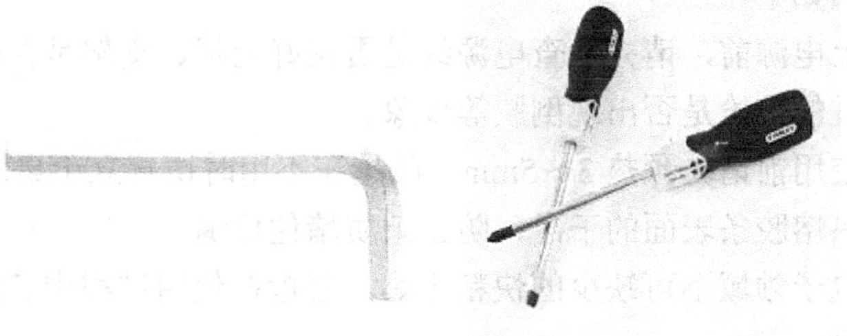

图 4.3.6　螺丝刀

4.3.6　钳子

钳子是一种用于夹持、固定加工工件，以及扭转、弯曲、剪断金属丝线的手工工具，钳子的外形呈 V 字形，通常包括手柄、钳腮、钳嘴 3 个部分。钳子一般用碳素结构钢制造，先锻压轧制成钳胚形状，然后经过磨铣、抛光等金属切削加工，最后进行热处理。钳的手柄依握持形式而设计成直柄、弯柄和弓柄 3 种式样。钳子使用时常与电线之类的带电导体接触，故其手柄上一般都套有以聚氯乙烯等绝缘材料制成的护管，以确保操作者的安全。钳嘴的形式很多，常见的有尖嘴、平嘴、扁嘴、圆嘴、弯嘴等样式，可应对不同形状工件的作业需要。切勿把钳子当作锤子使用，不可以用钳子剪切双股带电电线，这样做会造成短路。一种常用的钳子是剥线钳，剥线钳是内线电工、电动机修理、仪器仪表电工常用的工具之一。它适用于塑料、橡胶绝缘电线、电缆芯线的剥皮。它的使用方法是：将待剥皮的线头置于钳头的刃口中，用手将两钳柄一捏，然后一松，绝缘皮便与芯线脱开。钳子照片如图 4.3.7 所示。

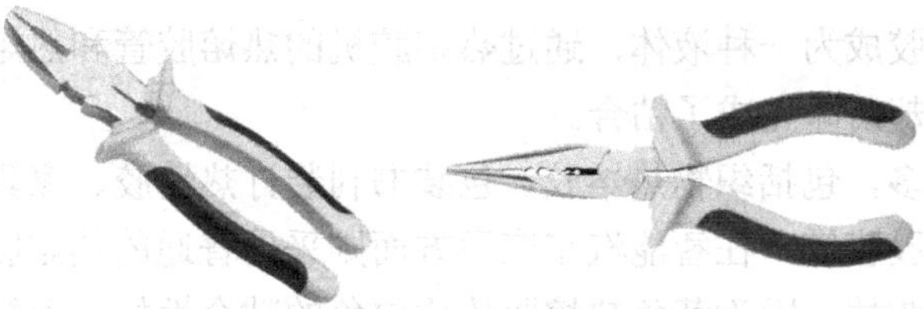

图 4.3.7　钳子

4.3.7　粘连工具

1．热熔胶枪

热熔胶枪外壳采用进口材料制作而成，可耐 300℃高温，能保证长时间处于高温使用状态下而不发生变形，且枪身质量轻，操作方便灵活。热熔胶枪独具特色的护具设计，可防止操作人员工作时不慎烫伤；万向接头结合欧洲先进技术，运转灵便，经久耐用；螺旋、条状、点状、雾状、纤维状多种出胶方式，可供不同行业的多种选择。热熔胶枪在智能汽车上的应用一般只使用点状出胶方式，不用配备其他出胶方式的枪嘴，如图 4.3.8（b）所示。

使用注意事项如下。

（1）胶枪插上电源前，请先检查电源线是否完好无损、支架是否具备。

（2）已使用过的胶枪是否出现倒胶等现象。

（3）胶枪在使用前请先预热 3～5min，胶枪在不用时请直立于桌面。

（4）请保持热熔胶条表面的干净，防止杂质堵住枪嘴。

（5）胶枪是电子领域不可缺少的快粘工具，胶枪在使用过程中若发现打不出胶，请检查胶枪是否发热。

① 若胶枪不能正常发热，原因可能是：胶枪的电源没有插好；胶枪因短路而烧坏；因意外碰摔导致的电热部分零件损坏。

② 若胶枪能正常发热，原因可能是：枪嘴因有杂质堵住出胶口，应请专业人员处理；胶枪倒胶而使胶条变粗，此时只须将胶条轻轻旋转一周并小心向后拉出一小部分，把胶条变粗的部分剥掉，再继续使用；避免在潮湿环境下使用胶枪，湿度会影响绝缘性能，可能会导致触电；喷嘴及熔胶高温（大约为 200℃），除手柄外，不可接触其他部分；切勿从进胶口取出胶条，热熔胶会严重灼伤或损坏热熔胶枪；不可随意拆卸及安装胶枪电热部分零件，否则会导致失灵；切勿让小孩子触及胶枪，并存放于其接触以外的地方；除了熔胶外，胶枪不可作任何其他用途；胶枪中的胶条若发生倒流现象，请立即停止使用，待专业人员清洁完毕倒流的热熔胶后方可使用；胶枪连续加热超过 15min 不用，请切断电源。

2．热熔胶

热熔胶是一种可塑性的粘合剂，在一定温度范围内其物理状态随温度改变而改变，而化学特性不变。热熔胶无毒无味，属环保型化学产品。利用热熔胶机通过热力把热熔胶熔解，熔化后的胶成为一种液体，通过热熔胶机的热熔胶管和热熔胶枪送到被粘合物的表面，热熔胶冷却后即完成了粘合。

热熔胶种类繁多，包括织物热熔胶、包装书刊装订热熔胶、家具封边热熔胶、热塑性粉末涂料、热熔胶膜等，在智能汽车应用方面则采用普通的热熔胶棒（见图 4.3.8），建议使用黄色热熔胶棒，因为黄色热熔胶棒比白色的粘合性好，而智能汽车的制作对颜色也没有特殊要求。另外，在使用过程中，值得注意的是一定要将被粘合物表面的灰尘、油污等处理干净，这样才能使热熔胶发挥更好的粘合作用。

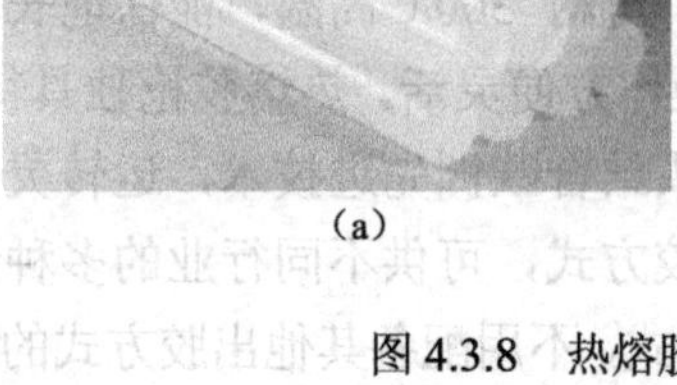

(a)

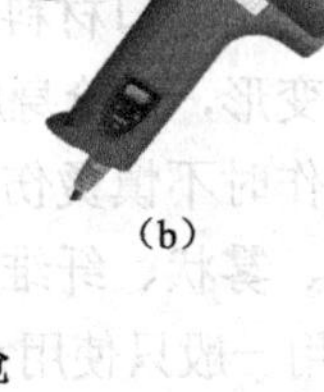

(b)

图 4.3.8　热熔胶及热熔胶枪

4.4 常用材料

4.4.1 铝合金

铝合金（Aluminum Alloy），是以铝为基体元素并加入一种或多种合金元素组成的合金。

铝合金密度低，但强度比较高，接近或超过优质钢，塑性好，可加工成各种型材，具有优良的导电性、导热性和抗蚀性。

铝合金是制作智能汽车必不可少的材料，通过铝合金可以把一些难以固定的器件固定，如舵机、摄像头支架、支架底座等。之所以选择铝合金就是因为它质量轻、强度高、易加工、接近优质钢、可塑性好，另外铝合金还不易变形、不会生锈，最重要的一点是它价格低。

另外，还有一种常用并且实用的固定材料就是废弃的 PCB，舵机的输出杆、碳素杆的尾端固定等都能用得到，刚性足够，不变形，还能废物利用。

4.4.2 碳素纤维

碳素纤维又称碳纤维（Carbon Fiber，CF），在国际上被誉为“黑色黄金”，它继石器和钢铁等金属后，被国际上称为“第三代材料”。

碳纤维是由碳元素组成的一种特种纤维，其含碳量随种类不同而异，一般在 90%以上。碳纤维具有一般碳素材料的特性，如耐高温、耐摩擦、导电、导热及耐腐蚀等，但与一般碳素材料不同的是，其外形有显著的各向异性、柔软、可加工成各种织物，碳纤维比重小，沿纤维轴方向表现出很高的强度。

碳素纤维在我们的智能汽车中起到了至关重要的作用，正是因为它质量轻、韧性好的特性，使它成为连接车与传感器的最优材料。我们应用的是碳素纤维杆，它可以用作摄像头的支杆、固定电感的支架等。

4.4.3 润滑剂

1. 润滑脂

润滑脂（Lubricating Grease）是稠厚的油脂状半固体，用于机械的摩擦部分，起润滑和密封作用；也用于金属表面，起填充空隙和防锈作用。润滑脂主要由矿物油（或合成润滑油）和稠化剂调制而成。

绝大多数润滑脂用于润滑，称为减摩润滑脂。减摩润滑脂主要起降低机械摩擦、防止机械磨损的作用，同时还兼起防止金属腐蚀的保护作用，以及密封防尘作用。智能汽车就是利用了润滑脂的这一特性，用它减小轴承的摩擦磨损、延长疲劳寿命、排出摩擦热，以及防止生锈等。

用法用量：加脂量过大，会使摩擦力矩增大，温度升高，耗脂量增大；而加脂量过小，则因不能获得可靠润滑而发生干摩擦。一般来讲，适宜的加脂量为轴承内总空隙体积的1/3～1/2。估算公式为

$$Q=0.005DB$$

式中，Q——填充量（g）；

D——轴承外径（mm）；

B——轴承宽度（mm）。

由于润滑脂使用的稠化剂、基础油及添加剂都有所区别，混合使用后会引起胶体结构的变化，使得分油增大、稠度变化、机械安定性会受影响，故要避免不同品牌的润滑脂混合使用。另外，还要注意定期加注和更换润滑脂，在加换新脂时，应将废弃润滑脂挤出，直到在排出口有新润滑脂排出为止。加脂过程中务必保持清洁，防止机械杂质、尘埃和砂粒的混入。

2. 阻尼脂

阻尼脂（Damping Grease）也叫阻力脂、阻尼润滑脂、高黏度润滑脂、减震脂、防震润滑脂，它是以高纯度无机稠化剂和合成油，加上各种添加剂精制而成的润滑脂，无毒，符合环保要求，密封，防水入侵。阻尼脂用于结合部件，允许较大间隙及公差，具有缓冲作用，让部件顺畅、准确地活动。

阻尼脂具有优异的阻力稳定性、缓冲性，使部件能平滑、顺畅、准确地运动；良好的低温性，极佳的防水密封性，使用寿命长；油分子分布均匀，粘合性强，阻尼、缓冲力平均；用于结合部件，允许较大间隙及公差；与大多数塑料相容，对金属无腐蚀；耐水、耐酸、耐碱、防尘，可在各种环境下使用。

注意事项：加脂之前确保部件表面的清洁干燥，确保注脂过程的清洁；禁止不同品牌的阻尼脂混用；注意换脂周期及使用过程的管理，加入的量要适当。

4.5 智能汽车机械结构优化

4.5.1 智能汽车的整体结构

1. 智能汽车简介

“恩智浦”杯全国大学生智能汽车竞赛官方规定车模共有3种：A型车模、B型车模、C型车模。根据竞赛规则，竞赛过程中必须使用与该组别相对应的车模，若损毁车模中禁止改动的零部件，须使用相同型号的部件代替。禁止改动车模底盘结构、轮径及轮胎；禁止改动驱动电动机的型号及传动比；禁止改动滚珠轴承；禁止改动舵机，但可以更改

舵机输出杆上的连接件；禁止改动驱动电动机及电池，车模主要前进动力来源于车模本身的直流电动机及电池；为了车模的行驶可以安装电路、传感器等，允许在底盘上打孔或安装辅助支架等。详见智能汽车竞赛官网通知。

2. 现役车模

1）A 型车模简介

A 型车模自第一届“恩智浦”杯全国大学生智能汽车竞赛开始一直沿用至今，是智能汽车竞赛的元老级车模。规则年年都有所改动，但 A 型车模凭借其良好的性能在每届智能汽车竞赛中一直独拔头筹。

基本参数如下。

车模尺寸：27cm×16cm×8cm。

电动机：DC 7.2V、380 电动机、功率 26.5W。

伺服舵机：6V 时扭力达 6.5kg·cm、动作速度 0.16±0.02 s/6°。

轮胎：ϕ52mm×25mm，轻便小巧，内填海绵，极好的减震性和耐磨性。

电池：7.2V、2000mAh 的镍镉电池 1 块，为车模提供强大动力。

充电器：智能充电器，充满电自动停止，空载为绿灯（或桔黄灯），正常充电为红灯，充满电为绿灯，是电池强劲电能的来源。

2）B 型车模简介

随着智能汽车竞赛的发展，竞赛方式从最初单一的摄像头组发展到后来的摄像头、光电两组，后来又增加了电磁组，为适应各种不同的传感器，体现竞赛的公平公正性，B 型车模应运而生。B 型车模底盘采用 2.5mm 厚的玻璃纤维板，具有一定的弹性和刚性，前轮调整方式简单，全车滚珠轴承，前/后轮轴高度可调（离地间隙为 0.75cm/1.65cm），双滚珠差速，轮胎采用了高弹力 EVA 材料，增加了摩擦力，加强了车模的抓地力。

基本参数如下。

车模尺寸：28.75cm×16.6cm×7.0cm。

电动机：DC7.2V、RS-540 电动机、转速 20000r/min、内装散热风扇。

伺服舵机：S-D5 数码伺服器，工作电压为 4.5～5.5V，带堵转保护电路，力矩为 5.0kg·m，回中更准确，定位更精确，动作速度≤0.14±0.02s/6°；

轮胎：轮胎直径为 6.4cm，前轮宽 2.7cm，后轮宽 3.7cm，高弹力 EVA 材料。

3）C 型车模简介

C 型车模的出现标志着智能汽车竞赛事业发展到一个新的高度，形成了分组别、分类型、分车模的统一完整的竞赛体系，并且车模性能堪比 A 型车模。

基本参数如下。

车模尺寸：28.5cm×16cm×8cm。

电动机：DC 7.2V、260 电动机、功率可达 4.17W。

伺服舵机：6V 时扭力达 6.5kg·cm、动作速度 0.16±0.02 s/6°。

轮胎：ϕ52mm×25mm，轻便小巧，内填海绵，极好的减震性和耐磨性。

电池：7.2V、2000mAh 的镍镉电池 1 块，为车模提供强大动力。

充电器：智能充电器，充满电自动停止，空载为绿灯（或桔黄灯），正常充电为红灯，充满电为绿灯，是电池强劲电能的来源。

4）D 型车模简介

D 型车模是智能汽车竞赛发展的又一新产物，是 C 型车模的改版，在 C 型车模的基础上，去掉了 C 型车模的前轮，增大了电动机功率，更好地满足了直立行驶的要求。

基本参数如下。

车模尺寸：27cm×16cm×5.3cm。

电动机：DC 7.2V、260 电动机、功率可达 11.55W。

轮胎：ϕ52mm×25mm，轻便小巧，内填海绵，极好的减震性和耐磨性。

电池：7.2V、2000mAh 的镍镉电池 1 块，为车模提供强大的动力。

充电器：智能充电器，充满电自动停止，空载为绿灯（或桔黄灯），正常充电为红灯，充满电为绿灯，是电池强劲电能的来源。

4.5.2 智能汽车防护保养与机械结构调整

1. 车体防护

1）防撞

在智能汽车调试过程中，车模难免失去控制撞向周围墙壁或其他硬物，当前轮突然受到外力撞击时，传动杆会将力传到舵机，造成舵机齿轮组损坏或者内部芯片损坏，在车体前部加装防护装置，即俗称的保险杠，就可以很好地避免这个问题。保险杠的材料可以是碳素杆、细木棍、硬质海绵等硬质并具有一定弹性的材料。

注意事项：安装牢固，长度超过轮距 20～30mm。另外，在赛道周围一定距离外铺设软质材料的防护栏也可以有效地解决这个问题，但是效果不如前者好，如果条件允许可以两者都用。

2）防滑

试车过程中，当车速较快时，若轮胎摩擦力小会造成转向轮不灵敏、动力轮侧滑等问题，以致车模冲出赛道。要有效解决这个问题必须保持轮胎有足够的摩擦力。用潮湿的防静电布时常擦拭轮胎表面及赛道表面可以增大摩擦力，另外需要保持试车环境的清洁，做好防尘措施。

3）防静电

静电在生活中非常普遍，在一般产业中静电会产生高压放电，造成火灾、爆炸、电击等安全事故；在电子领域，静电吸附灰尘，降低元件绝缘电阻，缩短寿命，放电会产生烧毁、击穿，使元件损坏不能工作，放电电场或电路产生的热量也会使元件受伤，导致潜在性失效。静电无处不在，智能汽车也难以摆脱其厄运，因此智能汽车的电路、芯片、舵机、传感器等都需要防止静电危害，尤其是电路和芯片，轻则导致芯片复位、电路不能正常工作，重则导致电路短路、芯片烧毁。

静电无法完全消除，防护静电有两种方式：一种是从源头上消除静电的产生，即杜绝或减少静电产生的途径和材料；另外一种是泻放或中和静电电荷，防止静电放电。但是从智能汽车的角度来讲，车模已定，另外考虑到成本，其他器件也不可大规模更换，所以只能采取泻放或中和电荷的方式来防止静电危害。具体方法：车体携带一电荷容器，即在车底粘贴一层铝箔，确保不与其他金属相连，引一根导线接到电路板的 GND 上；直接在电路板的 GND 上跳出一根裸线拖地，把电荷转移到地面；经常用防静电布擦拭车体。

2. 车体保养

1）润滑

（1）轴承润滑。

长时间的摩擦会造成轴承内部润滑油消耗殆尽，所以要定期向轴承内添加润滑油或者润滑脂。

（2）齿轮组润滑。

齿轮长时间啮合摩擦，会增大齿轮间的摩擦，造成齿轮磨损，主要是电动机齿轮与差速齿轮之间需要经常添加润滑脂。

（3）差速滚珠润滑。

差速结构内部有 8 个滚珠、两片夹持垫片，长时间的摩擦同样会使滚珠与垫片之间干涸，造成垫片与滚珠的磨损。注意，这里润滑材料不能是润滑油或者润滑脂，因为滚珠与垫片之间不仅需要降低滑动摩擦，还要增大滚动摩擦，所以阻尼脂就成了最好的选择。

2）检修与维护

（1）传感器检修。

传感器的性能决定着整个系统的第一环——信号采集，信号采集一旦出现问题，芯片的数据处理就会出现偏差或者错误，继而做出错误指令，导致车模冲出跑道，造成不必要的撞击和损坏。主要注意传感器是否牢固、倾角是否合适、摄像头与激光管接收器透镜是否清洁等。

（2）车体检修。

定期检查车模各部位的螺钉是否稳固，电动机齿轮、编码器齿轮与差速齿轮咬合是否严密及相关磨损情况，舵机连杆是否空程变大，以及前轮是否稳定等。

3. 车体连接方式

智能汽车竞赛官方规定使用的车模型号，车体分为底盘与后轮电动机齿轮两个部分，两个部分需要通过某种方式连接才能组成完整车模。连接方式是指车体的底盘与后轮电动机齿轮组合起来的方式，一般有软连接与悬挂连接、硬连接、主动连接 3 种方式。

1）软连接与悬挂连接

软连接与悬挂连接一般同时使用，即车模的出厂连接方式；也可以只用软连接，取消悬挂连接。这种连接方式的好处是增强车体的柔韧性，遇抖动可迅速稳定；缺点也比较突出，在车模高速行驶转弯过程中，由于惯性，车体会产生不利倾斜，导致外侧动力轮摩擦力较小，不能为转向过程提供足够动力。

2）硬连接

硬连接是历届智能汽车竞赛中各学校的参赛队伍使用最多的一种连接方式。将出厂车模的软连接片和避震装置卸掉，以一种刚性比较强的平板代替软连接片，一般可以采用废弃的 PCB。这种连接方式很好地弥补了软连接的缺点，但是车体遇抖动后稳定周期变长，使传感器采集数据失真成为一个新的问题。不过一般情况下失真不是太严重，在可以忍受的范围内。

3）主动连接

主动连接是近几届汽车竞赛中崭露头角的一种连接方式。在连接部位安装舵机，通过芯片主动控制车模在转弯过程中车体的最优倾斜角度。最优倾斜角度的获得需要通过无数次的测量，另外对舵机的性能要求也较高，难度相对较大，所以采用的队伍一直不多，一般都是实力比较强的队伍，取得的成绩都还不错，但是不建议入门选手选用。

4．传感器安装方式

一般采用碳素杆（8mm、10mm、15mm 等）作为支撑，尾端固定于车模，顶端固定传感器。也可以采用废弃鱼竿、木质支架，安装方式大同小异。本书以碳素杆安装为例做以下说明。

1）摄像头

摄像头的安装要求：镜头居中，即镜头位于轮距的正中，必须水平或者垂直于水平面；摄像头支架必须稳定，尽量减小抖动所带来的数据采集误差，尽量纵向扩大摄像头的视野范围，即尽量减小摄像头对车体前面的盲区并尽量获得更大的前瞻，当然同时要考虑芯片对数据的处理能力。

根据车模的整体设计方案，确定摄像头支架底座的安装位置，选择轻质材料制作底座与摄像头的卡头，可以采用铝合金或者废弃 PCB，在满足稳定性、牢固性的基础上一定要越小越好，尤其是摄像头卡头，因为质量越轻，对重心高度的影响越小，车模的整体机械性能也就越好。

2）电磁传感器

电磁传感器的安装要求：两侧电感必须对称于车模中轴，电感的倾斜角度尽量选择与通电导线周围磁场感应最强的角度，近/远端两排电感与前轮的距离须根据相关算法通过测试而定。

根据车模的整体设计方案，支架的底座可以安装在伺服舵机的底部、两侧及上部，电感的离地高度需要通过测量电感能采集到的信号强度来确定，碳素杆远端电感固定方式建议采用热熔胶进行粘合，电工胶带粘合得不够牢固，电感倾斜角度易变；也可以先用热熔胶粘合之后再用电工胶带进行外围保护。

3）光电传感器

近几年光电组竞赛多采用激光传感器，激光传感器相对于红外传感器的强大优势使得红外传感器日渐退出智能汽车竞赛的舞台。从最初一个接收管对应两个发射管（一拖二），随后发展到一拖三、一拖四，到第七届竞赛中轰动全场的一拖十二，可以说激光管潜力无限。但是，激光管也有致命缺点，就是造价相对较高，相当一部分队伍无力承担，在第八届竞赛中已经规定不再使用激光管，而改用线性 CCD，不仅降低了成本，减轻了参赛学校及选手的经济负担，还减少了激光对管过程的麻烦。

激光管的安装要求：发射管唯一对应接收管，并且每个接收管对应的所有发射管相互之间不能有干扰，一般采用分时发射；发射管的射点位置必须在同一条直线（该直线垂直于车体的行进方向）；摆头伺服舵机校正务必要精确。

激光管的安装方式有两种：固定传感器和主动摆头传感器。两种方式各有优缺点，固定传感器简单易上手、数据稳定，弯道易丢失数据；主动摆头传感器对技术程度要求比较高，采用信号随动的方式，传感器跟随赛道信号进行实时摆动跟踪，难点在于摆头舵机的校准和安装的精确度。

线性 CCD 的安装简单了许多，基本等同于摄像头的安装方式，不同的是线性 CCD 的稳定性要求更高了。在第八届竞赛中光电组要求汽车车模直立行驶，所以线性 CCD 直接安装在车模上部，不必再加装很长的碳素杆，在支架底座安装其承托部件即可，以获得足够的视野范围，并省去了很多麻烦，但是必须保证线性 CCD 在安装固定后不能再有丝毫位置变化，否则会影响已经调试成功的陀螺仪及速度传感器等一系列平衡的相关参数。

支架底座和传感器的承托部件制作原则和注意事项与前两种传感器大同小异，在此不再赘述。

5. 电路板设计安装方式

电路板的设计安装主要在于安装位置及外廓设计，只有在确定了电路板的位置及外廓之后才能设计各种器件的排布位置及连线方式。外廓设计要考虑啮合车模形状、减小风阻、能容纳所有所需器件等因素。安装位置应该考虑车模的重心位置及尽可能少地占用车模空间，既能减轻车体最终质量还能给传感器及伺服舵机的安装节省大量空间，同时保证了车模重心的合理性，使得整个车体更易于控制。

电路板安装的注意事项：防静电、防撞击、防短路，在电路板的过孔上、下表面加绝缘垫片，安装高度原则上越低越好，一般采用 5mm 铜柱进行固定，外廓不要伸出车模底盘所在区域等。

6. 舵机安装方式

舵机的安装关键在于：保证舵机机身的稳定性、牢固性，保证输出杆的精确性，保证输出杆与联动横杆连接的灵活性，同时尽量减小机械误差。

舵机安装一般有卧式、立式、俯式 3 种方式。卧式的安装方式为出厂给定的安装方式，舵机输出杆上的配件也都按照卧式安装方式配备，所以要改装成立式或俯式的安装方式则须另外设计制作舵机支架、输出杆、联动杆等。可根据所处阶段不同对 3 种安装方式选其优。

卧式顾名思义为舵机横卧在支架上，由于支架处在两前轮之间，空间有限，舵机横卧造成输出杆不居中，导致联动杆不等长，这就使得两转向轮的机械误差不能保持一致，左、右转向不对称，不方便控制算法的调试。不过一般初学者还是多采用这种方式，因为速度较低，左右转向不对称的问题对车模运行没有较大影响；安装简单，上手比较容易，可以直接使用随车配带的配件，不用考虑自主制作的零件精度、误差分析等因素。

立式的安装方式是参赛队伍采用最多的一种舵机安装方式，这种安装方式 DIY 程度相对较高，包括支架设计、舵机固定方式、输出杆、联动杆等都需要自主设计制作安装，较能锻炼自主创新及动手能力。优点在于立式能保证舵机处于车模前部的中心位置，使两联动杆等长，保证左、右转向的对称性；输出杆的长度约 3.5cm（须设计不同长度的输出杆，根据不同长度的转向性能进行选择），输出杆太长会导致前轮的转向过于灵敏，不便于控制，输出杆太短会导致前轮的方向调整速度慢，造成转向滞后。

俯式的安装方式在各参赛队伍中并不常见，其 DIY 程度与立式相似，具体制作方式也大同小异，区别在于舵机面向地面，输出杆水平，控制精度更优于立式，但制作的难度系数也提升了不少。这种舵机安装方式只有少数参赛队伍采用，但多为传统强队，所以也具有一定的参考价值。

7. 重心调整

除电路板、传感器及舵机的安装位置外，电池位置也是影响重心的一个重要因素。在设计电路板、传感器及舵机安装位置的同时必须将电池的影响考虑在内，整体统一规划，将四轮着地车模的重心稳定在车模轴距中间偏后 10mm 左右的位置。对于直立车模来说，重心越低越好，把电池、电路板的高度尽可能降到最低，加速度传感器与线性 CCD 摄像头则要优先考虑性能，安装在性能最优的位置，由于每部车模的重心都不尽相同，传感器的最优位置需要自定，一般在车体的上部对应于 C 型车模前轮的安装位置。

4.5.3 智能汽车转向结构调整

1. 轮胎调整

1）车轴

一般车模的前轴都会存在机械误差，即车轴不完全固定，会有一定程度的间隙，导致前轮在自然状态下会发生晃动、方向改变等。在车轴的内侧固定端加装垫片，以及在车轮的内、外侧加装相应垫片可以有效减轻这一误差影响，但不能完全排除这一缺陷。

2）胎皮

在车模高速行驶过程中，前轮在转向时，由于摩擦外侧轮会承受一个较大的侧向反作用力，导致轮胎皮脱落，造成车模失控。为避免这一情况，可以采用胶剂粘合的方式将胎皮固定，一般可选用 502、101 等快速粘合剂，使用过程中务必避免胶剂洒到胎皮的着地面上，用量在保证粘合牢固的前提下越少越好，不能影响胎皮的弹性，一旦影响胎皮弹性则须更换。

2. 主销后倾

主销后倾（Kingpin Caster）是指主销装在前轴，上端略向后倾斜一定的角度。主销后倾的作用是增加汽车直线行驶时的稳定性，以及在转向后使前轮自动回正，这与摩托车的前轮支架向后倾的道理一样，它使车辆转弯时产生的离心力所形成的力矩方向与车轮偏转方向相反，迫使车轮偏转后自动恢复到原来的中间位置。由此，主销后倾角越大，车速越高，前轮稳定性也越好。但后倾角过大也会使转向费力，因此主销后倾角也有一个范围，一般不大于 3°。

主销后倾的作用原理：由于主销后倾，主销（转向轴线）与地面的交点位于车轮接地点的前面，车轮所受到阻力的作用点总在主销轴线之后，相当于主销拖着车轮前进，这样就能保持行驶方向的稳定性。当汽车转弯时，由于车轮所受阻力作用线与主销轴线不重合，车轮所受阻力在主销方向就会有力矩作用的产生，迫使车轮自动偏转直到车轮所受阻力作用线通过主销轴线为止。

3. 主销内倾

主销内倾是指主销装在前轴略向内倾斜的角度，它的作用是使前轮自动回正和转向轻便。角度越大，前轮自动回正的作用就越强烈，但转向时也越费力，轮胎磨损增大；反之，角度越小，前轮自动回正的作用就越弱，因此主销内倾角的范围应保持在 3°～5°。

由于主销内倾，转向轮在转向时绕主销转动，必须使车轮陷入地面以下。这当然是不可能的，在实际转向时，强迫车模的前部稍稍抬高，这样车模的重力将使转向轮自动回正。主销内倾不能过大，否则转向过于沉重。

4. 前轮外倾

前轮外倾是指使车模前轮竖直轴线相对于自然竖直方向有一定的倾斜角度，这个倾角就是前轮外倾角。

前轮设置外倾后，地面对前轮的反作用力沿前轮旋转轴线的分力将前轮压向转向节内侧，同时地面反作用力的作用线更接近于转向节轴的根部，可以减小转向力，使转向更灵活、敏捷。

5. 前轮前束

前轮前束是指车模两前轮的前端距离小于后端距离，其距离之差叫作前束值，一般在几毫米内。前束值为负值时，即前轮后束。

前轮前束是为了配合前轮外倾的一个调整车轮性能的参数，前轮外倾引起车轮向外侧转动，由于有外倾，转向操作省力；但是，由于车轮倾斜，左、右前轮分别向外侧转动，为了修正这个问题，如果左、右两轮带有向内的角度，则正负为零，左、右两轮可保持直线行进，减少轮胎磨损。

前轮前束可通过改变横拉杆的长度来调整，拉杆伸长，前束值增大，拉杆缩短，前束值减小。

4.5.4 智能汽车后轮结构调整

1. 差速调整

差速调整的关键在于“一紧一松”。其中，“一紧”是指分别固定两个后轮，差速齿轮不会在电动机的驱动下产生转动，但这一过程不能持续太长时间，后轮有明显的固定停转即须固定；“一松”是指单独固定一个后轮，电动机能无压迫驱动另一后轮，并且差速齿轮无生涩感。“一紧一松”全靠一个螺钉的松紧来调节，即后轴右端的固定螺钉，调整其松紧可以调节差速松紧。

2. 轮胎调整

1）轮胎

后轮轮胎由 4 个螺钉固定在车模后轴，但是简单地拧紧螺钉并不能使轮胎完全处于车模的前进方向上，也就是说轮胎不正。4 个螺钉应该按照一定的紧固顺序进行紧固，即先拧对角线上的两个螺钉，再拧另外一条对角线上的两个螺钉，每次都不能将螺钉拧紧，要循环往复，逐次拧紧。

2）车轴

后轮车轴会出现左右晃动的情况，有不少队伍会陷入这样一个误区，认为车模在这方面出现机械误差很正常，并不深究其原因。导致这种情况的原因不是机械误差，而是因为在左侧后轮有一个简单的小构件能对车轴长度进行调整，出厂时该结构只是安装在该位置，并未调整到最佳位置，存在后轴晃动的车模只须对其进行左右调整即可。

3）轮距

一般来说，轮距越大，操纵平稳性越好，横向稳定性越好。但是，轮距并非越大越好，轮距过大会导致车体的灵活性降低，因此轮距应与车身宽度相适应。按照车模的具体尺寸，轮距和轴距一般存在的关系为 $B=KL$ （B 为轮距，L 为轴距），其中 K 一般根据需求设定为 0.55～0.64。

因为车模的动力系统由后轮提供，所以后轮的轮距对车模的平稳性、横向稳定性影响较大。后轮轮距的调整方式为更换后轮轮距垫块，以 A 型车模为例，垫块分为厚薄两种，可根据车模性能需要对其进行更换。

4）胎皮

同前轮一样，车模在高速行驶中外侧轮会受到较大的侧向摩擦力，可引起轮胎皮脱落，导致车模失控，因此须对胎皮进行固定，具体操作方式同前轮。

3. 底盘调整

根据动力学原理，底盘高度对车模重心高度有直接影响，底盘高一分，重心也高一分。由于重心越低车模越稳定，因此为了保证车模行驶过程中的稳定性，要尽量降低底盘高度。底盘高度通过调整车轴在车架上的高度来调整。本书还是以 A 型车模为例，在配件包里有备用轴承的固定块，可以改变轴承的高度，轴承变高即底盘相对变低。

4.5.5 赛道保养

赛道在使用过程中也需要注意保养，具体事项如下：要确保试车场地干净整洁，赛道表面没有灰尘、毛发等吸附物；擦拭赛道要使用潮湿的抹布，避免因干燥抹布的摩擦产生静电；不能过于频繁地擦拭赛道，不断地擦拭会使赛道老化；不要为了方便，跪或坐在赛道上，赛道是软质 KT 板材，跪压会产生变形，破坏赛道的平整，影响车模行驶及参数采集；赛道出现损坏要及时更换。

第5章 控制芯片

本章介绍一款全新的 MCU 芯片所应具备的软硬件基础知识与实践训练。一般来说，学习一款新的 MCU 芯片，若用 C 语言进行编程，比较快速的学习过程如下。

- ⊙ 了解芯片的引脚总体布局情况，掌握最小的系统电路。
- ⊙ 了解性能及内部主要功能模块与存储空间的地址分配。
- ⊙ 了解基本编程结构、编程模式及寻址方式。
- ⊙ 了解中断结构。
- ⊙ 理解一个工程的结构，理解工程中各文件的基本功能。一般来说，第一个工程为一个简单的小程序，如借助 LED 灯来测试 I/O，主要目的是给出程序框架。
- ⊙ 实际环境的编译、链接及生成可以下载到芯片的程序，了解程序的编辑方式，熟悉编译环境及对编译程序的使用方式。
- ⊙ 从整个工程组织、各文件的功能角度完全理解一个工程的执行过程。
- ⊙ 理解一个带中断过程的 C 语言工程结构，理解主程序及中断服务子程序（程序后台和程序前台）的运行执行路线，以及它们之间的前后执行过程。

所谓 MCU，基本含义是在一块芯片上集成了中央处理单元（CPU）、存储器（RAM/ROM 等）、定时器/计数器及多种输入/输出（I/O）接口的、比较完整的数字处理系统。图 5.1 给出了典型的 MCU 组成框架。

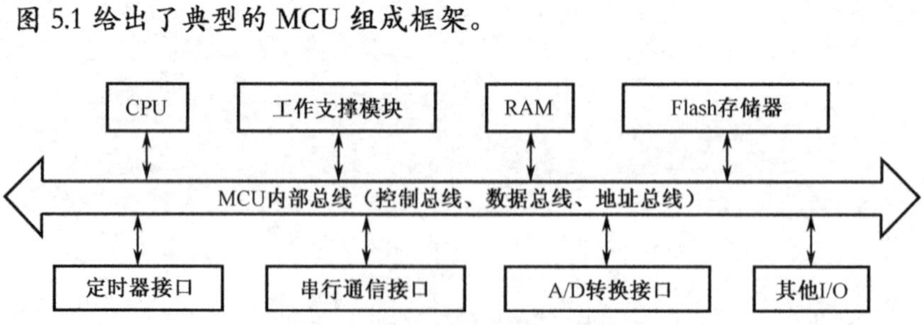

图 5.1 典型的 MCU 组成框架

5.1 MC9S12XS128 芯片

5.1.1 芯片简介

MC9S12XS128 是一款 16 位单片机，由 16 位中央处理单元（CPU12X）、128KB 程序 Flash（P-lash）、8KB RAM、8KB 数据 Flash（D-lash）组成片内存储器。主要功能模块如下。

- 内部存储器。
- 内部 PLL 锁相环模块。
- 两个异步串口通信 SCI。
- 1 个串行外设接口 SPI。
- MSCAN 模块。
- 1 个 8 通道输入/输出比较定时器模块 TIM。
- 周期中断定时器模块 PIT。
- 16 通道 A/D 转换模块 ADC。
- 1 个 8 通道脉冲宽度调制模块 PWM。
- 输入/输出数字 I/O 口。

5.1.2 时钟模块

1. 内部锁相环 PLL 介绍

1）简介

MCU 的支撑电路一般需要外部时钟来给 MCU 提供时钟信号，而外部时钟的频率可能偏低，为了使系统更加快速稳定地运行，需要提升系统所需要的时钟频率，俗称超频，即为锁相环的作用。例如，MCU 用的外部晶振是 16MHz 的无源晶振，可以通过锁相环 PLL 把系统时钟倍频到 24MHz，从而给系统提供更高的时钟信号，提高程序的运行速度。51 单片机和 AVR 单片机内部没有锁相环电路，其系统时钟直接由外部晶振提供；而 XS128 内部集成了锁相环电路，其系统时钟既可由外部晶振直接提供，也可以通过锁相环倍频后提供，当然也可由 XS128 内部的时钟电路来提供（当其他来源提供的系统时钟不稳定时，内部时钟电路就起作用了，也就是自时钟模式）。

2）结构

锁相环结构如图 5.1.1 所示。

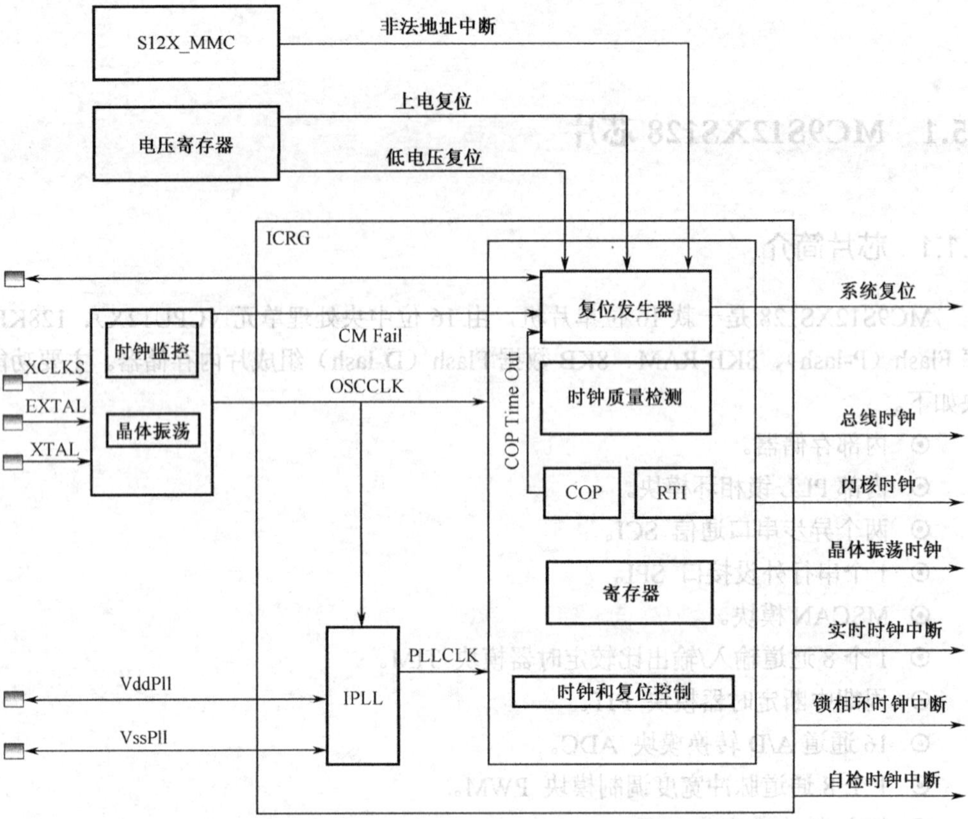

图 5.1.1　内部锁相环 PLL 结构

2．寄存器介绍

1）CRG 时钟合成寄存器（SYNR，见图 5.1.2）

SYNR 寄存器控制 IPLL 的乘法系数并选择 VCO 频率范围。

Bit	7	6	5	4	3	2	1	0
R/W	VCOFRQ[1:0]		SYNDIV[5:0]					
Reset	0	0	0	0	0	0	0	0

图 5.1.2　时钟合成寄存器

计算公式如下：

$$f_{\mathrm{VCO}} = 2f_{\mathrm{OSC}} \cdot \frac{(\mathrm{SYNDIV}+1)}{(\mathrm{REFDIV}+1)}$$

$$f_{\mathrm{PLL}} = \frac{f_{\mathrm{VCO}}}{2\mathrm{POSTDIV}}$$

$$f_{\mathrm{BUS}} = \frac{f_{\mathrm{PLL}}}{2}$$

VCOFRQ[1:0]位用于配置达到最佳稳定性和锁定时间的 VCO 增益。为了获得正确的 IPLL 时钟，VCOFRQ[1:0]位必须根据实际 VCOCLK 频率选择合适的分频因子，如表 5.1.1 所示。

注意：VCOFRQ[1:0]位设置错误可能导致锁相环失败（无锁定和/或稳定性不足）。

表 5.1.1 分频因子

VCOCLK 频率变化	VCOFRQ[1:0]
32MHz≤ f_{VCO} ≤48MHz	00
48MHz< f_{VCO} ≤80MHz	01
保留	10
80MHz< f_{VCO} ≤120MHz	11

2）时钟参考分频寄存器（REFDV，见图 5.1.3 和表 5.1.2）

Bit	7	6	5	4	3	2	1	0
R/W	REFFRQ[1:0]		REFDIV[5:0]					
Reset	0	0	0	0	0	0	0	0

图 5.1.3 时钟参考分频寄存器

表 5.1.2 REFDV 字段说明

<table>
<tr><th>数 据 位</th><th>描 述</th></tr>
<tr><td>D7～D6
REFFRQ[1:0]</td><td>表示参考时钟范围
该位用于配置内部 PLL 滤波器的最优稳定和锁定时间。
为正确地进行 IPL 操作，须根据实际 REFCLK 频率选择 REFFRQ[1:0]，如下表所示。<table>
<tr><th>REFCLK 频率范围</th><th>REFFRQ[1:0]</th></tr>
<tr><td>1MHz≤ f_{REF} ≤2 MHz</td><td>00</td></tr>
<tr><td>2MHz< f_{REF} ≤6 MHz</td><td>01</td></tr>
<tr><td>6MHz< f_{REF} ≤12 MHz</td><td>10</td></tr>
<tr><td>f_{REF} ≥12 MHz</td><td>11</td></tr>
</table></td></tr>
<tr><td>D5～D0
REFDIV[5:0]</td><td>时钟分频寄存器为 IPLL 提供更加精细的分频因子</td></tr>
</table>

系统时钟分频公式为

$$f_{REF} = \frac{f_{OSC}}{(REFDIV + 1)}$$

3）CRG 时钟后分频寄存器（POSTDIV，见图 5.1.4）

Bit	7	6	5	4	3	2	1	0
R	0	0	0	POSTDIV[4:0]				
W								
Reset	0	0	0	0	0	0	0	0

图 5.1.4 时钟后分频寄存器

POSTDIV 寄存器控制 VCOCLK 和 PLLCLK 之间的频率比。分频公式为

$$f_{\mathrm{PLL}}=\frac{f_{\mathrm{VCO}}}{2\mathrm{POSTDIV}}$$

4）CRG 标志寄存器（CRGFLG，见图 5.1.5 和表 5.1.3）

Bit	7	6	5	4	3	2	1	0
R	RTIF	PORF	LVRF	LOCKIF	LOCK	ILAF	SCMIF	SCM
W	RTIF	PORF	LVRF	LOCKIF		ILAF	SCMIF	
Reset	0	0	0	0	0	0	0	0

图 5.1.5　CRG 标志寄存器

表 5.1.3　CRGFLG 字段说明

数 据 位	描　　述
D7 RTIF	实时中断标志 RTIF 位在 RTI 时钟结束时被置为 1。当 RTIE=1 及中断允许使能时，RTIF 能作为一个中断请求。端口被置为 1 时，发生上电复位。这个标志只能通过写 1 来清除，写入 0 没有效果。 0：RTI 超时尚未发生； 1：RTI 超时发生
D6 PORF	上电复位标志 PORF 被置为 1 时，发生上电复位。这个标志只能通过写 1 来清除，写入 0 没有效果。 0：上电复位没有发生； 1：发生上电复位
D5 LVRF	低电压复位标志 LVRF 被置为 1 时，发生低电压复位。 0：低电压复位没有发生； 1：低电压复位发生
D4 LOCKIF	IPLL 锁中断标志 当 LOCK 位状态改变时，LOCKIF 位被置 1。当中断允许使能（LOCKIE=1），LOCKIF 位状态可以产生一个中断请求。 0：LOCK 位状态没有改变； 1：LOCK 位发生变化
D3 LOCK	LOCK 状态位 LOCK 反映了当前状态 IPLL 的锁定状态。该位被清零自时钟模式，写没有影响。 0：VCOCLK 不在目标频率所需的公差范围内； 1：VCOCLK 目标频率范围内所需的公差
D2 ILAF	非法地址复位标志 当非法地址复位时 ILAF 被置为 1。这个标志只能通过写 1 来清除，写 0 没有效果。 0：未发生非法地址复位； 1：非法地址复位发生
D1 SCMIF	自时钟模式中断标志 当 SCM 位状态改变时，SCMIF 位被置为 1。当中断允许使能（SCMIE =1），SCMIF 位状态可以产生一个中断请求。 0：SCM 位没有发生变化； 1：SCM 位发生变化

续表

数据位	描　述
D0 SCM	自时钟模式状态位 SCM 反映了当前时钟模式。 0：MCU 用 OSCCLK 正常工作； 1：MCU 在自时钟模式下运行，OSCCLK 处于未知状态，所有的时钟使用来自 PLLCLK 的频率

5）CRG 中断使能寄存器（CRGINT，见图 5.1.6 和表 5.1.4）

Bit	7	6	5	4	3	2	1	0
R	RTIE	0	0	LOCKIE	0	0	SCMIE	0
W								
Reset	0	0	0	0	0	0	0	0

图 5.1.6　CRG 中断使能寄存器

表 5.1.4　CRGINT 字段说明

数据位	描　述
D7 RTIE	实时时钟中断允许位 0：禁止 RTI 中断； 1：当 RTIF=1 时，使能 RTI 中断
D4 LOCKIE	锁中断允许位 0：禁止 LOCK 中断； 1：当 LOCKIF=1 时，使能 LOCK 中断
D1 SCMIE	内部时钟模式中断允许位 0：禁止 SCM 中断； 1：当 SCMIF=1 时，使能 SCM 中断

6）CRG 时钟选择寄存器（CLKSEL，见图 5.1.7 和表 5.1.5）

Bit	7	6	5	4	3	2	1	0
R	PLLSEL	PSTP	XCLKS	0	PLLWAI	0	RTIWAI	COPWAI
W								
Reset	0	0	0	0	0	0	0	0

图 5.1.7　CRG 时钟选择寄存器

表 5.1.5　CLKSEL 字段说明

数据位	描　述
D7 PLLSEL	PLL 选择位 当 LOCK=0 时对该位写 1 没有任何作用。这可以防止选择一个不稳定的 PLLCLK 作为 SYSCLK。当 MCU 进入自时钟模式、停止模式或等待模式并且 PLLWAI 位被置位时，PLLSEL 位被置位。 0：使用 OSCLK（$f_{BUS} = f_{OSC}/2$）为系统时钟； 1：使用 PLLCLK（$f_{BUS} = f_{OSC}/2$）为系统时钟

续表

数 据 位	描 述
D6 PSTP	伪周期停止位 该位控制在停止模式下时钟振荡器的工作状态。 0：在停止模式下，时钟振荡器停止工作； 1：在停止模式下，时钟振荡器不停止工作
D5 XCLKS	振荡器状态配置位 该位是只读位，反映振荡器的配置状态。 0：选择了闭环控制振荡器； 1：选择了外部时钟振荡器
D3 PLLWAI	等待模式 PLL 停止位 如果该位置 1，系统会在进入等待模式之前清除 PLLSEL 位。在等待模式下 PLLON 位保持置位状态，但是 IPLL 被关闭。在退出等待模式时，如果需要 PLL 时钟，PLLSEL 位必须手动置 1。 0：等待模式下，PLL 继续运行； 1：等待模式下，PLL 停止工作
D1 RTIWAI	等待模式下 RTI 停止位 0：等待模式下，RTI 继续运行； 1：等待模式下，RTI 停止
D0 COPWAI	等待模式 COP 停止位 该位为 1 时，系统靠自时钟工作，外部晶振停止工作。 0：等待模式下，COP 继续运行； 1：等待模式下，COP 停止并且重置 COP 计数器

7）锁相环控制寄存器（PLLCTL，见图 5.1.8 和表 5.1.6）

Bit	7	6	5	4	3	2	1	0
R/W	CME	PLLON	FM1	FM0	FSTWKP	PRE	PCE	SCME
Reset	0	0	0	0	0	0	0	0

图 5.1.8　锁相环控制寄存器

表 5.1.6　PLLCTL 字段说明

数 据 位	描 述
D7 CME	时钟监控允许位 除了在 SCM=1 时，其他时候可以随时读/写。 0：禁止时钟监控； 1：使能时钟监控
D6 PLLON	锁相环电路允许位 PLLON 可以打开 IPLL 电路。在内部时钟模式下，IPLL 被打开，但 PLLON 位读取值为上次写入值。除了在 PLLSEL=1 时，其他时候可以随时读/写。
D6 PLLON	0：关闭 IPLL； 1：开启 IPLL

续表

<table>
<tr><th>数 据 位</th><th>描 述</th></tr>
<tr><td>D53～D4
FM1～FM0</td><td>IPLL 调频使能位
FM1 和 FM0 使能
<table>
<tr><th>FM1</th><th>FM2</th><th>FM 幅度/f_{VCO} 变化</th></tr>
<tr><td>0</td><td>0</td><td>FM 关闭</td></tr>
<tr><td>0</td><td>1</td><td>±1%</td></tr>
<tr><td>1</td><td>0</td><td>±2%</td></tr>
<tr><td>1</td><td>1</td><td>±4%</td></tr>
</table></td></tr>
<tr><td>D3
FSTWKP</td><td>快速唤醒位
FSTWKP 启动快速唤醒，随时可写。当内部时钟模式被禁止（SCME=0）时，该位没有效果。
0：禁止快速唤醒；
1：使能快速唤醒</td></tr>
<tr><td>D2
PRE</td><td>伪停止状态 RTI 位
在伪停止模式下，PRE 启动 RTI。
0：伪停止模式下，禁止 RTI；
1：伪停止模式下，使能 RTI</td></tr>
<tr><td>D1
PCE</td><td>伪停止状态看门狗（COP）允许位
在伪停止模式下，PCE 启动看门狗（COP）。
0：伪停止模式下，禁止看门狗（COP）；
1：伪停止模式下，使能看门狗（COP）</td></tr>
<tr><td>D0
SCME</td><td>自时钟方式允许位
自时钟模式（SCM=1）时，SCME 不可被清空。
0：探测到外部晶振失效时，产生复位信号；
1：探测到外部晶振失效时，进入自给时钟方式</td></tr>
</table>

8）实时时钟中断控制寄存器（RTICTL，见图 5.1.9 和表 5.1.7）

	7	6	5	4	3	2	1	0
R W	RTDEC	RTR6	RTR5	RTR4	RTR3	RTR2	RTR1	RTR0
Reset	0	0	0	0	0	0	0	0

图 5.1.9 实时时钟中断控制寄存器

表 5.1.7 RTICTL 字段说明

数 据 位	描 述
D7 RTDEC	二进制或者十进制分频器选择位 0：二进制分频器值； 1：十进制分频器值
D6～D4 RTR[6:4]	实时中断（RTI）预分频比例选择位 详见芯片手册
D3～D0 RTR[3:0]	实时中断模/数计数器选择位 选择提供额外细度的计数器目标值，详见芯片手册

9）看门狗控制寄存器（COPCTL，见图 5.1.10 和表 5.1.8）

Bit	7	6	5	4	3	2	1	0
R	WCOP	RSBCK	0	0	0	CR2	CR1	CR0
W			WRTMASK					
Reset	0	0	0	0	0	0	0	0

图 5.1.10　看门狗控制寄存器

表 5.1.8　COPCTL 字段说明

<table>
<tr><th>数 据 位</th><th>描　述</th></tr>
<tr><td>D7
WCOP</td><td>Window COP 选择位
当被置位时，对 ARMCOP 寄存器的写入必须在选定周期（由 CR[2:0]设定）的最后 25%周期内，否则会引起 COP 复位；在 25%的周期内，55 可以随时写入，但 AA 一旦跟在 55 后面输入，看门狗计数单元将清零，用户必须在下一个 25%周期内才能对 ARMCOP 写数据。
0：使用 Normal COP；
1：使用 Window COP</td></tr>
<tr><td>D6
RSBCK</td><td>BDM 模式下 COP 和 RTI 停止位
0：BDM 模式下，COP 和 RTI 继续运行；
1：BDM 模式下，COP 和 RTI 停止运行</td></tr>
<tr><td>D5
WRTMASK</td><td>看门狗屏蔽位
0：当写入 COPCTL 时，影响 WCOP 和 CR[2:0]；
1：当写入 COPCTL 时，不影响 WCOP 和 CR[2:0]</td></tr>
<tr><td>D2～D0
CR[2:0]</td><td>看门狗溢出时间设定
全 0 时，禁止看门狗功能。溢出时间为所选数据的晶振周期倍数。当选 001 时，外部晶振 214 次后产生复位。
<table>
<tr><th>CR2～CR0</th><th>OSCLCLK 时钟</th><th>CR2～CR0</th><th>OSCLCLK 时钟</th></tr>
<tr><td>000</td><td>COP 禁止</td><td>100</td><td>2^{20}</td></tr>
<tr><td>001</td><td>2^{14}</td><td>101</td><td>2^{22}</td></tr>
<tr><td>010</td><td>2^{16}</td><td>110</td><td>2^{23}</td></tr>
<tr><td>011</td><td>2^{18}</td><td>111</td><td>2^{24}</td></tr>
</table></td></tr>
</table>

10）看门狗复位寄存器（ARMCOP，见图 5.1.11）

Bit	7	6	5	4	3	2	1	0
R W	0	0	0	0	0	0	0	0
Reset	0	0	0	0	0	0	0	0

图 5.1.11　看门狗复位寄存器

当 CR[2:0]=000 时，对该寄存器写无效。当 CR[2:0]不全为 0 时，对该寄存器写入 55 和 AA 以外的数据会引起看门狗复位；只有写入 55 后再写入 AA 才会清除看门狗计数器。

3. 锁相环程序初始化

```
//==================================================================
//文件名称：DELAY.h
//功能概要：128 底层驱动程序源文件
//版权所有：DeepBlueStdio
//版本更新：2013-03-05   V1.0  （规范文件、函数、参数等命名方式）
//==================================================================
#ifndef _DELAY_H_H
#define _DELAY_H_H
//==================================================================
//函数名：delay_us
//功  能：延时函数初始化
//参  数：time 延时的时间长度
//返  回：无
//说  明：
//==================================================================
void delay_us(int time);
#endif
//==================================================================
//文件名称：DELAY.c
//功能概要：128 底层驱动程序源文件
//版权所有：DeepBlueStdio
//版本更新：2013-03-05   V1.0  （规范文件、函数、参数等命名方式）
//==================================================================
#include <hidef.h>       /* 通用宏定义 */
#include "derivative.h"  /* 特殊引用定义 */
#include "delay.h"
//==================================================================
//函数名：delay_us
//功  能：延时函数初始化
//参  数：time 延时的时间长度
//返  回：无
//说  明：
//==================================================================
void delay_us(int time) {
  int i,j;
  for(i=0;i<time;i++)
```

```
    for(j=0;j<100;j++);
}
//=================================================================
//文件名称：SYS.c
//功能概要：128 底层驱动程序源文件
//版权所有：DeepBlueStdio
//版本更新：2013-03-05   V1.0  （规范文件、函数、参数等命名方式）
//=================================================================
#include "DELAY.h"
//=================================================================
//函数名:PLL_Init
//功  能：锁相环函数初始化
//参  数：无
//返  回：无
//说  明：初始化总线频率为 80MHz
//=================================================================
Void PLL_Init(void)
{
CLKSEL=0X00;              //系统禁用 PLL
PLLCTL_PLLON=1;           //打开 PLL
SYNR =0xc0 | 0x09;
REFDV=0x80 | 0x01;
POSTDIV=0x00;             //PLL 时钟=2*osc*(1+SYNR)/(1+REFDV)=160MHz;
_asm(nop);                //总线时钟=80MHz
_asm(nop);
while(!(CRGFLG_LOCK==1));         //等待 PLL 稳定
CLKSEL_PLLSEL =1;                 //系统使能 PLL
}
```

5.1.3 I/O 模块及其应用

1. 功能介绍

I/O 为通用输入/输出口，是 MCU 与外设及外部事件进行数据和指令交换的接口。用 I/O 口可以将芯片内部的状态通过数码管及显示屏等外部设备显示出来，同时可以通过按键或传感器件与 MCU 进行交互通信。MC9S12XS 系列具有丰富的输入/输出端口资源，同时集成了多种功能模块，包括 PORTA、PORTB、PORTE、PORTK、PORTT、PORTS、PORTM、PORTP、PORTH、PORTJ 和 PORTAD 共 11 个端口。端口引脚大多为复用口，往往具有多重功能，所有端口都具有通用 I/O 口功能。

2．引脚概述

PORTA、PORTB 和 PORTK 作为普通 I/O 口。

PORTE 中的 IRQ、XIRQ 引脚可作为外部中断输入。

PORTT 集成 TIM（定时器模块）。

PORTS 关联两个 SCI 模块和一个 SPI 模块。

PORTM 关联 MSCAN 模块。

PORTP 接 PWM 输入可以作为一个外部中断源。

PORTH 和 PORTJ 作为普通 I/O 口同时能用作外部中断源。

PORTAD 集成一个 16 通道的 AD 转换模块。

3．引脚分配概览

MC9S12XS128 引脚分配如图 5.1.12 所示。

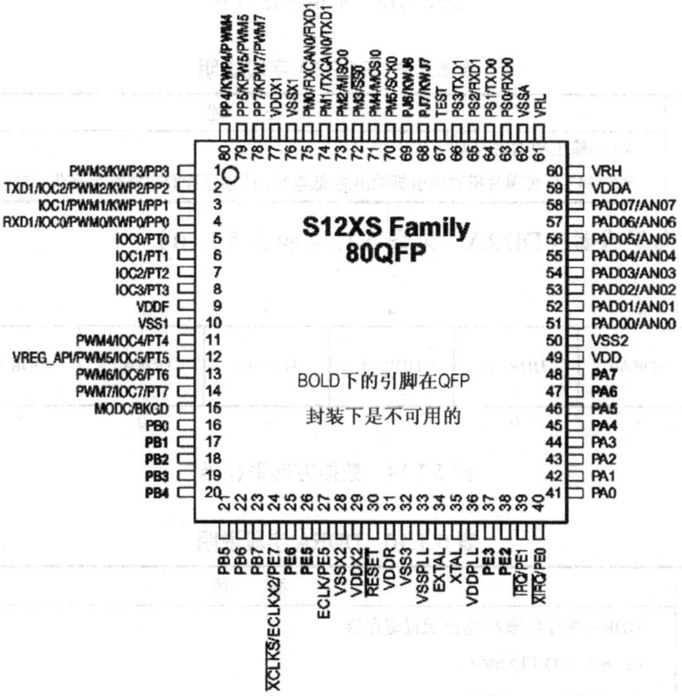

图 5.1.12　MC9S12XS128 引脚分配

4．I/O 口寄存器及其设置

通用 I/O 口通过配置相应的寄存器可以设置端口输出方向、驱动能力、内置上拉/下拉电阻、中断输入方式等功能。其中：

DDR（数据方向寄存器）用于设定端口为输入还是输出；

I/O（数据寄存器）指定端口设置为输出时，可指定数据输出为高电平或低电平；

RDR（驱动控制寄存器）用于指定输出引脚的驱动能力；

PE（上拉/下拉使能寄存器）当 I/O 设置为输入口时使能内置上拉或下拉电阻；

PS（上拉/下拉选择寄存器）当使用内置上拉或下拉电阻使能时用于选择使用上拉还是下拉电阻，当使能中断时用于指定中断上升沿触发还是下降沿触发；

IE（中断使能寄存器）使能允许使用中断的 I/O 口。

1）数据寄存器 A（PORTA，见图 5.1.13 和表 5.1.9）

PORTA 为通用 I/O 口，共 8 个，作为通用数字 I/O 口使用，未集成特殊功能。主要配置寄存器有数据寄存器 PORTA、数据方向寄存器 DDRA、上拉电阻控制寄存器 PUCR 和驱动控制寄存器 RDR。

Bit	7	6	5	4	3	2	1	0
R W	PORTA7	PORTA6	PORTA5	PORTA4	PORTA3	PORTA2	PORTA1	PORTA0
Reset	0	0	0	0	0	0	0	0

图 5.1.13　数据寄存器 A

表 5.1.9　PORTA 字段说明

数 据 位	描　述
PAn	输入/输出数据寄存器 通过写 I/O 使单片机对应引脚输出高/低电平，或通过读取数据寄存器获得对应引脚的高/低电平值

2）数据方向寄存器（DDRA，见图 5.1.14 和表 5.1.10）

Bit	7	6	5	4	3	2	1	0
R W	DDRA7	DDRA6	DDRA5	DDRA4	DDRA3	DDRA2	DDRA1	DDRA0
Reset	0	0	0	0	0	0	0	0

图 5.1.14　数据方向寄存器

表 5.1.10　DDRA 字段说明

数 据 位	描　述
D7～D0 DDRn	DDRA 寄存器输入/输出配置寄存器 0：相应 I/O 口为输入； 1：相应 I/O 口为输出

3）上拉电阻控制寄存器（PUCR，见图 5.1.15 和表 5.1.11）

Bit	7	6	5	4	3	2	1	0
R	PUPKE	BKPUE	0	PUPEE	0	0	PUPBE	PUPAE
W								
Reset	0	0	0	0	0	0	0	0

图 5.1.15　上拉电阻控制寄存器

表 5.1.11　PUCR 字段说明

数　据　位	描　　述
D7 PUPKE	1：对应 PORTA 端口上拉电阻使能； 0：上拉电阻禁止
D6 BKPUE	设置 BKGD 引脚上拉电阻
D5 预留	
D4 PUPEE	1：对应 PORTB 端口上拉电阻使能； 0：上拉电阻禁止
D3、D2 预留	
D1 PUPBE	1：对应 PORTE 端口上拉电阻使能； 0：上拉电阻禁止
D0 PUPAE	1：对应 PORTK 端口上拉电阻使能； 0：上拉电阻禁止

PORTA、PORTB、PORTE、PORTK 端口都内置了上拉电阻，且共用上拉电阻控制寄存器 PUCR。

4）驱动控制寄存器（RDRIV，见图 5.1.16）

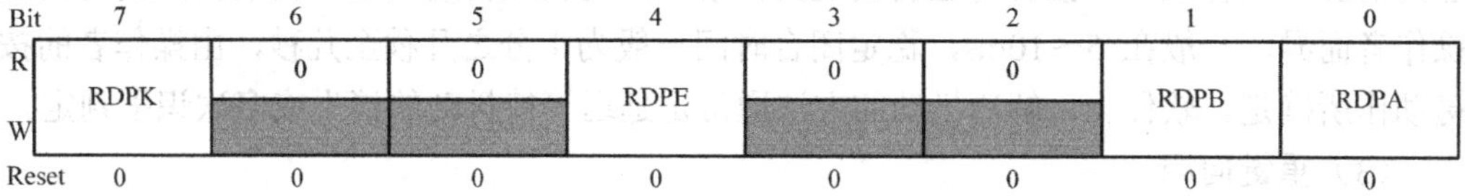

图 5.1.16　驱动控制寄存器

当 PORTA、PORTB、PORTE、PORTK 端口设置为输出口时，驱动控制寄存器 RDRIV 的 7、4、1、0 位分别设置这 4 个端口的输出驱动能力。1 表示输出驱动能力降低；0 表示正常输出驱动方式。

5. I/O 口键盘应用

键盘是由若干个按键组成的开关矩阵，它是最简单的 MCU 数字量输入设备。操作员通过键盘输入数据或命令，实现简单的人机通信。键盘的基本电路为接触开关，通、断两种状态分别表示为 0、1，MCU 通过检测与键盘相连接的 I/O 口来确定键盘状态。按键盘排布方式键盘可以分为独立方式和矩阵方式。以下介绍较为常用的键盘接口方式。

1）独立方式

独立方式是指将每个独立按键按一对一的方式直接接到 I/O 输入线上。读键值时直接读 I/O 口，通过读入对应 I/O 的状态来反映每个键值，所以也称这种方式为一维直读方式，习惯称为独立方式。这种方式查键简单，但占用 I/O 资源较多，一般在按键数量较少的情况下采用。

2）矩阵方式

矩阵方式是用 *n* 条 I/O 线组成行输入口，*m* 条 I/O 线组成列输出口，在行列线的每一个交点上设置一个按键。读键值方法一般采用扫描方式，即 MCU 输出口按位轮换输出低电平，再从输入口读入键信息，最后获得键码。这种方式占用 I/O 线较少，在实际应用系统中采用较多。在使用这种方法时需要考虑，硬件连接时需要选择键盘哪些引脚作为 MCU 的输入，哪些作为 MCU 的输出，作为 MCU 输入的键盘引脚需要上拉。设计键盘的时候，通常少于 4 个按键的应用，可以使用独立方式接口。如果多于 4 个按键，为了减少对微处理器的 I/O 资源的占用，可以使用矩阵方式键盘。

3）键盘编程的基本问题

（1）键的识别。

如何知道键盘上哪个键被按下就是键的识别问题。若键盘上闭合键的识别由专用硬件来实现则称为编码键盘；而靠软件实现则称为未编码键盘。在这里主要讨论未编码键盘的接口技术和键盘输入程序的设计。识别是否有键被按下主要有查询法、定时扫描法与中断法等；而要识别键盘上哪个键被按下主要有行扫描法与行反转法。

（2）抖动问题。

当键被按下时，会出现所按的键在闭合位置和断开位置之间跳几下才稳定到闭合状态的情况，当释放一个按键时也会出现类似情况，这就是抖动问题。抖动持续的时间因操作者而异，一般在 5～10ms，稳定闭合时间一般为十分之几秒至几秒，由操作者的按键动作所确定。软件上，解决抖动的方法通常是延迟等待抖动的消失或多次识别判定。

（3）重键问题。

所谓重键问题就是有两个及两个以上按键同时处于闭合状态的处理问题。在软件上，处理重键问题通常有连锁法与巡回法。

6. I/O 应用接口初始化

```
//================================================================
//函数名:IoPort_Init
//功  能: 端口初始化
//参  数: 无
//返  回: 无
//说  明: PORTA 初始化为输出模式，输出量为 1; PORTB 初始化为输入并读取
//================================================================
Void IoPort_Init(void)
{
Unsigned char port_data;        //定义变量用于存放端口 B 的数据
DDRA |= 0xFF;                   //将 A 口设置为输出
PORTA |= 0xFF;                  //将 A 口输出 1
```

```
DDRB &= 0x00;                  //将B口设置为输入
port_data = PORTB;             //读取B口数据
}
```

5.1.4 计数器和定时器模块

1. 模块特征

1）实现计数与定时的基本方法

实现计数与定时的基本方法有3种。

（1）完全硬件方式。

在过去的许多仪器仪表或设备中，需要进行延时、定时或计数时经常使用数字逻辑电路来实现，即完全用硬件电路实现计数/定时功能，若要改变计数/定时的要求，必须改变电路参数，通用性和灵活性差。微型电子计算机出现以后，特别是随着单片微型计算机的发展与普及，完全硬件方式实现定时与计数的方法已较少使用。

（2）完全软件方式。

在计算机中通过编程利用计算机执行指令的时间实现定时的方式称为完全软件方式，简称软件方式。在这种方式中，一般根据所需要的时间常数来设计一个延时子程序，延时子程序中包含一定的指令，设计者要对这些指令的执行时间进行精确的计算和测试，以便确定延时时间是否符合要求。当时间常数比较大时，常常将延时子程序设计为一个循环程序，通过循环常数和循环体内的指令来确定延时时间。每当延时子程序结束时，可以直接转入下面的操作，也可以用输出指令产生一个信号作为定时输出。这种方法的优点是节省硬件；主要缺点是执行延时程序期间，CPU一直被占用，所以降低了CPU的使用效率，也不容易提供多作业环境。另外，设计延时子程序时要用指令执行时间来拼凑延时时间，显得比较麻烦。不过这种方法在实际应用中经常使用，尤其是在已有系统上进行软件开发时，以及延时时间较少而重复次数也较少的情况下。在计算机控制软件开发过程中，作为粗略的延时，经常使用软件方法来实现定时。

（3）可编程计数器/定时器。

利用专门的可编程计数器/定时器实现计数与定时，克服了完全硬件方式与完全软件方式的缺点，综合利用了它们各自的优点，其计数/定时功能可由程序灵活地设置，设定之后与CPU并行地工作，不占用CPU的工作时间。应用可编程计数器/定时器，在简单的软件控制下，可以产生准确的时间延时。这种方法的主要思想是，根据需要的定时时间，用指令对计数器/定时器设置定时常数，并用指令启动计数器/定时器开始计数，当计数达到指定值时，便自动产生一个定时输出。在计数器/定时器开始工作以后，CPU不必管它，而可以去做其他工作。这种方法最突出的优点是计数时不占用CPU的时间，通过计数器/定时器产生中断信号还可以建立多作业的环境，所以可大大提高CPU的利用率。另外，计数器/定时器本身的开销并不是很大，因此这种方法在微机应用系统中得到广泛的应用。

2）TIM 模块结构

TIM 的组成如下：

（1）1 个 16 位自由运行计数器；

（2）8 个 16 位输入捕捉/输出比较通道；

（3）1 个 16 位脉冲累加器；

（4）模块时钟输入具有 7 位预分频器；

（5）8 个输入捕捉通道带有边沿检测器；

（6）8 个输出比较通道的输出极性可选择；

（7）16 位脉冲累加器带有边沿检测器。

2. 模块结构

模块结构如图 5.1.17 和图 5.1.18 所示。

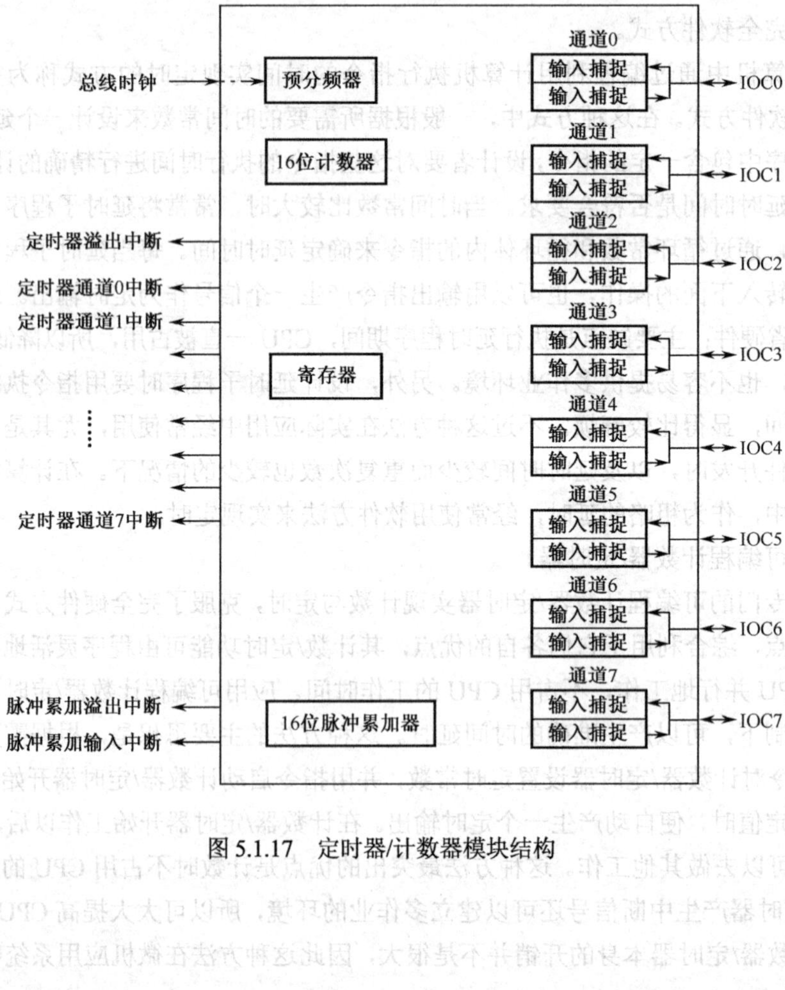

图 5.1.17　定时器/计数器模块结构

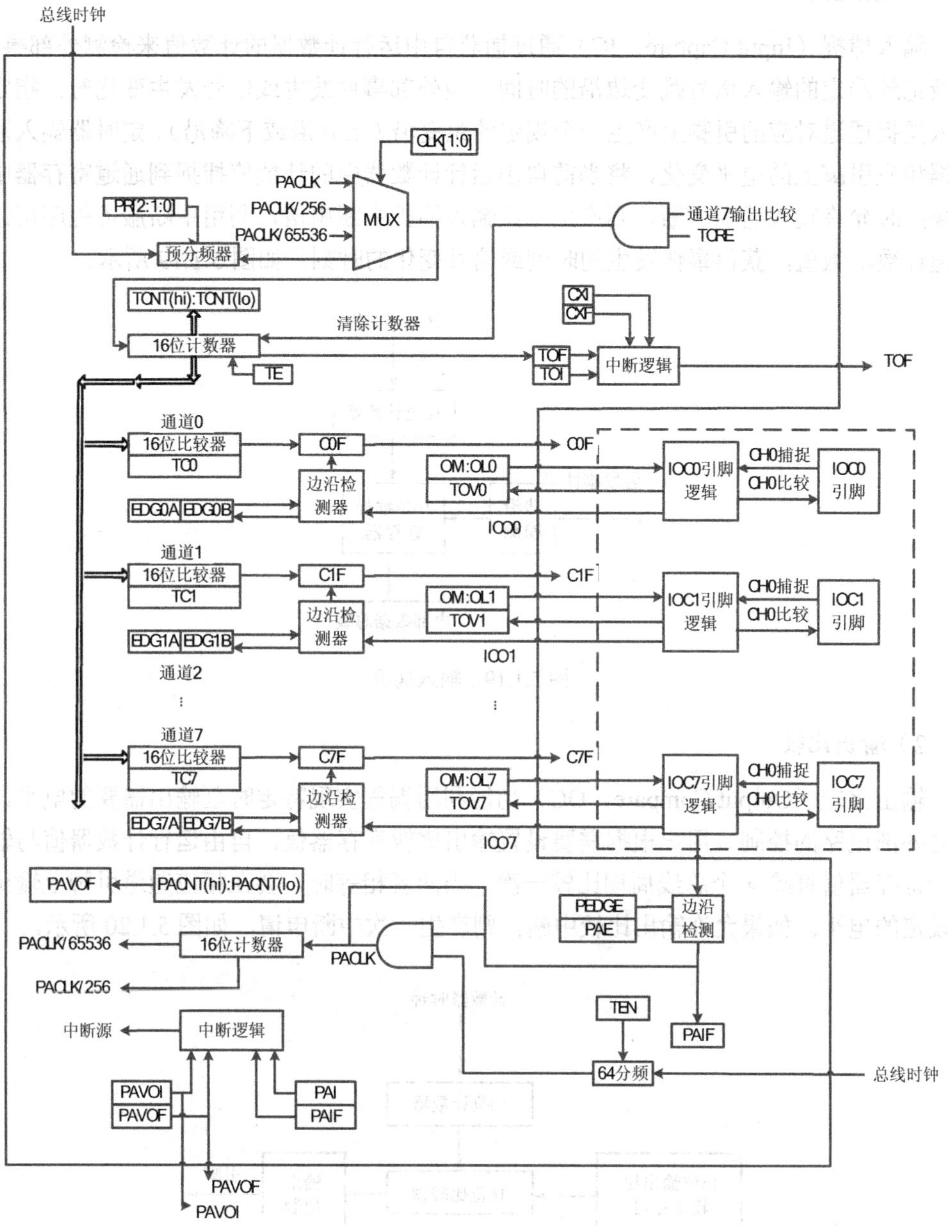

图 5.1.18　定时器/计数器模块电路结构

3. TIM 模块的工作模式

- ⊙ 冻结（Freeze）模式：定时器/计数器持续运行，直到 TSCR 的 TSFRZ 位置 1。
- ⊙ 等待（Wait）模式：定时器持续运行，直到 TSCR 的 TSWAI 位置 1。
- ⊙ 停止（Stop）模式：定时器停止运行，因为时钟已停止。
- ⊙ 正常（Normal）模式：定时器持续运行，直到 TSCR 的 TEN 位置 1。

1）输入捕捉

输入捕捉（Input Capture，IC）通过捕获自由运行计数器的计数值来检测外部事件，以及记录选定的输入信号跳变边沿的时间。当外部事件发生或信号发生变化时，指定的输入捕捉通道对应的引脚上产生一个规定的跳变沿（上升沿或下降沿）。定时器输入通道根据相应引脚上的电平变化，将当前自由运行计数器中的计数值捕捉到通道寄存器中。如果此时允许输入捕捉中断，则产生一次输入捕捉中断申请，利用中断服务程序可读取通道计数器数值，获得事件发生的时刻或信号变化的时刻，如图 5.1.19 所示。

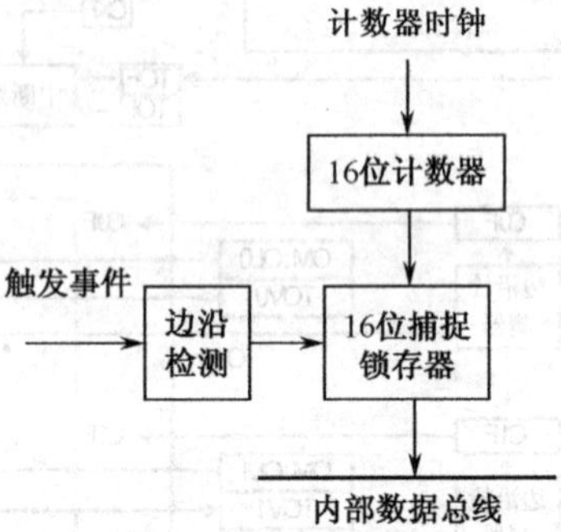

图 5.1.19　输入捕捉

2）输出比较

输出比较（Output Compare，OC）功能利用编程实现特定时刻输出需要的电平，实现对外部电路的控制。用户根据需要设置输出比较寄存器值，自由运行计数器值与输出比较寄存器值每隔 4 个总线周期比较一次，当两者相等时，会在相应通道引脚上输出预先设定的电平。如果允许输出比较中断，则产生一次中断申请，如图 5.1.20 所示。

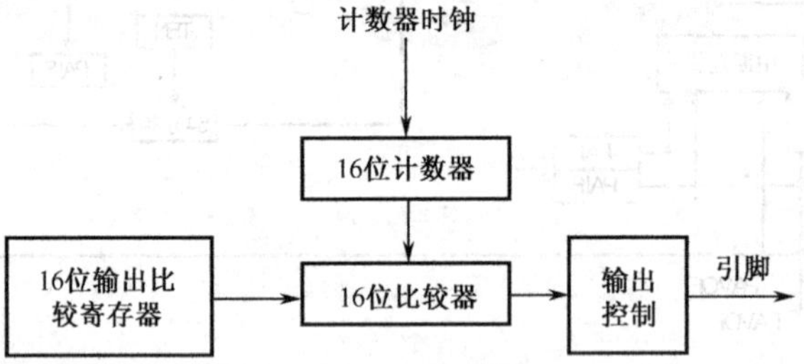

图 5.1.20　输出比较

3）脉冲累加器

脉冲累加器（Pulse Accumulator，PA）通过检测相应引脚上的有效边沿统计脉冲个数。TIM 模块只有一个 16 位的脉冲累加器，与 PT7 引脚复用，其工作方式有事件计数方式和门控时间累加方式两种。

注意：工作方式不同，脉冲累加器计数脉冲的来源不同。

（1）事件计数方式。

计数脉冲来自输入引脚，脉冲累加器相当于普通计数器，即对有效边沿计数，有效边沿可设定为上升沿或下降沿。输入引脚上每产生一个有效边沿跳变，脉冲累加计数器的值加 1。当脉冲累加器溢出时，将置位中断标志。如果允许脉冲累加器溢出中断，则产生一次中断申请。

（2）门控时间累加方式。

门控信号来自输入引脚，时钟信号来自内部时钟 PACLK，即总线时钟的 64 分频（ECLK/64），门控信号可设定为高电平有效或低电平有效。在有效电平期间，脉冲累加器对 PACLK 时钟信号进行计数。此时，脉冲累加器相当于可控计数器，可用来测量脉冲宽度。在门控时间累加方式下，输入引脚上的有效电平将触发脉冲累加器开始对 ECLK/64 时钟进行计数，输入引脚上有效电平结束时的跳变沿将停止计数，同时置位中断标志。如果允许脉冲累加器中断，则产生一次中断申请。

4. 寄存器模块

TIM 模块的 3 类基本寄存器为控制寄存器、数据寄存器和状态寄存器。

定时器系统控制寄存器 TSCR1 和 TSCR2 用于确定定时器是否工作；设置自由运行计数器预分频器的分频因子；是否允许定时器溢出中断；是否允许通过通道 7 输出比较事件复位定时器计数寄存器 TCNT。

1）控制寄存器 1（TSCR1，见图 5.1.21 和表 5.1.12）

Bit	7	6	5	4	3	2	1	0
R	TEN	TSWAI	TSFRZ	TFFCA	PRNT	0	0	0
W								
Reset	0	0	0	0	0	0	0	0

图 5.1.21 控制寄存器 1

表 5.1.12 TSCR1 字段说明

数 据 位	描 述
D7 TEN	定时器允许位 1：允许定时器正常工作； 0：禁止定时器（包括计数器），可以降低功耗
D6 TSWAI	WAIT 模式下定时器允许位 1：MCU 处于 WAIT 模式时，禁止定时器工作，此时不能用定时的方式让 MCU 退出 WAIT 模式； 0：MCU 处于 WAIT 模式时，定时器继续工作，这也会影响脉冲累加器
D5 TSFRZ	FREEZE 模式下定时器允许位，SFRZ 位对脉冲累加器无影响 1：当 MCU 处于 TFREEZE 模式时，禁止定时器计数器，这对仿真非常有用； 0：当 MCU 处于 TFREEZE 模式时，定时器计数器继续正常工作

续表

数 据 位	描 述
D4 TFFCA	定时器标志快速清除位 1：对于 TFLG1 寄存器（$0E），读输入捕捉通道或写输出比较通道（$10～$1F）将清空相应的通道标志位 CxF；对于 TFLG2 寄存器（$0F），访问 TCNT 寄存器（$04，$05）将清空 TOF 标志位。访问 PACN3 和 PACN2 寄存器（$22，$23）将清空 PAFLG 寄存器（$21）中的 PAOVF 和 PAIF 位。访问 PACN1 和 PACN0 寄存器（$24，$25）将清空 PBFLG 寄存器（$31）中的 PBOVF 位。这样做的好处是可以缩短软件开发周期，不需要单独的清零操作步骤。不过使用时要特别小心，以免将其他标志位清零； 0：将定时器标志位清空，以进行正常的操作
D3 PRNT	精密定时器 1：使能遗留定时器； 0：使能精密定时器
D2～D0 预留	预留口复位值为 0

2）控制寄存器 2（TSCR2，见图 5.1.22 和表 5.1.13）

Bit	7	6	5	4	3	2	1	0
R	TOI	0	0	0	TCRE	PR2	PR1	PR0
W								
Reset	0	0	0	0	0	0	0	0

图 5.1.22 控制寄存器 2

表 5.1.13 TSCR2 字段说明

数 据 位	描 述
D7 TOI	定时器溢出中断允许位 1：如果 TOF 位为 1 则产生硬件中断； 0：禁止中断
D6～D4 预留	
D3 TCRE	定时器计数器复位允许位 允许输出比较寄存器 7 的事件来复位定时器计数器。这种操作模式与加 1 计数模块的功能相似。 0：禁止复位计数器，定时器计数器自由运行； 1：OC7 比较成功时复位计数器。如果 TC7=$0000，并且 TCRE=1，则 TCNT 继续保持$0000 值。如果 TC7=$FFFF，并且 TCRE=1，那么当 TCNT 从$FFFF 复位变为$0000 时，TOF 位永远不会被置位
D2～D0 PR2～PR0	定时器分频因子选择位 这三位用来设置对总线时钟的分频因子。总线时钟经过分频得到 TIM 工作时钟，供每个通道使用。分频因子可以为 1，2，4，8，16，32，64 或 128。新设置的分频因子不会立即生效，直到所有的预置计数器值都等于 0 的下一个同步时钟沿发生时才能生效

续表

<table>
<tr><th>数据位</th><th>描述</th></tr>
<tr><td>D2～D0
PR2～PR0</td><td>
<table>
<tr><th>PR2～PR0</th><th>预分频系数</th><th>定时器时钟</th></tr>
<tr><td>000</td><td>1</td><td>总线时钟/1</td></tr>
<tr><td>001</td><td></td><td>总 时钟/2</td></tr>
<tr><td>010</td><td>4</td><td>总线时钟/4</td></tr>
<tr><td>011</td><td>8</td><td>总线时钟/8</td></tr>
<tr><td>100</td><td>16</td><td>总线时钟/16</td></tr>
<tr><td>101</td><td>32</td><td>总线时钟/32</td></tr>
<tr><td>110</td><td>64</td><td>总线时钟/64</td></tr>
<tr><td>111</td><td>128</td><td>总线时钟/128</td></tr>
</table>
</td></tr>
</table>

时钟分频说明如下。

要产生给定的时间间隔，应该如何计算分频因子：假定总线时钟的频率f_{BUS}为4MHz，希望产生 t=1s 的定时间隔，设分频因子为 p，则它们的关系为 $t=n/(f_{BUS}/p)$，其中 $n=2^{16}=65536$，所以分频因子 $p=t/n\times f_{BUS}=1/65536\times4000000\approx61$，但是分频因子只能是 2 的整数幂，所以可以选择 64 分频，这时产生的定时间隔就稍微小于 1s。由于这个原因可以将 1s 的定时间隔分成几次定时中断来完成。

3）定时器计数器（TCNT，见图 5.1.23）

Bit	15	14	13	12	11	10	9	8	7	6	5	4	3	2	1	0
R W	TCNT															
Reset	0	0	0	0	0	0	0	0	0	0	0	0	0	0	0	0

图 5.1.23　定时器计数器

16 位的定时器是一个加 1 计数器。TCNT 寄存器值的访问要求在一个时钟周期内完成，且应该按字访问，分别读/写操作高字节寄存器和低字节寄存器可能会产生不同的结果。用户随时可以读取这个寄存器的值。正常模式下写这个寄存器无意义，也不会产生任何影响。仅在特殊模式（test_mode=1）下可写。

4）状态寄存器——主定时器中断标志寄存器 2（TFLG2，见图 5.1.24 和表 5.1.14）

Bit	7	6	5	4	3	2	1	0
R	TOF	0	0	0	0	0	0	0
W								
Reset	0	0	0	0	0	0	0	0

图 5.1.24　状态寄存器

表 5.1.14　TFLG2 字段说明

数 据 位	描　　述
D7 TOF	定时器溢出标志位 当 16 位的自由运行计数器从$ FFFF 加 1 变为$ 0000 产生溢出时，该位被置位。如果向该位写 1，则将清除 TOF 标志位。 1：如果允许中断（TCRE=1）则将引发中断。在禁止中断的情况下也可以通过软件查询的方式进行相应的处理操作。其余低 7 位无效
D6～D0 预留	初始化为 0

5.1.5　TIM 模块的脉冲累加器

1．模块特征

1）脉冲累加器介绍

脉冲累加器（Pulse Accumulator，PA）主要用来统计输入引脚上出现的有效边沿数量，也可以统计有效电平出现的累计时间。S12XS 系列 MCU 的 TIM 内只有一个 16 位脉冲累加器，其核心是一个 16 位的计数器 PACNT，程序可以随时读取或写入设定的初值。由于脉冲累加器与输入捕捉/输出比较通道 7 共享资源，因此当通道 7 作为脉冲累加器使用时，对应引脚必须通过寄存器 TIOS 设置为 IC 方式。

2）脉冲累加器功能介绍

脉冲累加器既可以工作在事件计数方式下，也可以工作在门控时间累加方式下，程序可以随时读取计数寄存器 PACNT 来获得计数值，其功能框架如图 5.1.25 所示。

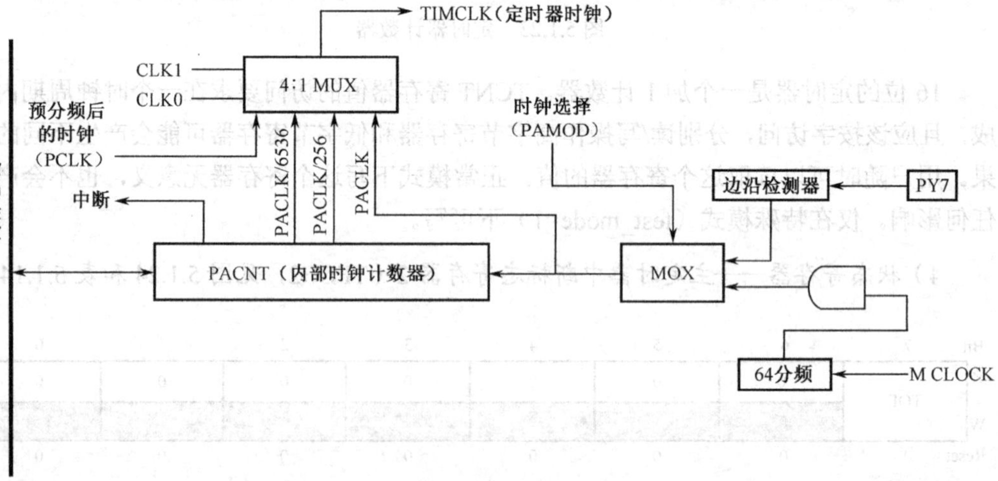

图 5.1.25　脉冲累加器功能框架

根据工作方式的不同，脉冲累加器的计数脉冲来自不同的渠道。

（1）事件计数方式。

当寄存器 PACTL 中的控制位 PAMOD=0 时，脉冲累加器工作于事件计数方式下，即对有效边沿计数。

计数脉冲信号来自引脚 PT7，有效边沿（上升沿或下降沿）通过脉冲累加器控制寄存器 PACTL 中的控制位 PEDGE 选择。当检测到 PT7 引脚出现预先选定的有效边沿时，输入有效边沿标志 PAIF 置位。输入引脚上每产生一个有效边沿跳变，脉冲累加计数器的值加 1。在脉冲累加器未溢出时，程序可以随时读取脉冲累加器计数寄存器来获得计数值，也可以写计数寄存器 PACNT 设定初始值。当脉冲累加器从$FFFF 到$0000 溢出时，将置位 PAFLG 寄存器中的 PAOVF 标志。如果允许脉冲累加器溢出中断（寄存器 PACTL 中的 PAOVI=1），则产生一次硬件中断。向 PAOVF 位写入 1 时，将自动清除对应的标志。当 TSCR1 寄存器中的 TFFCA=1 时，对 PACNT 寄存器的任何访问将清除 PAOVF 标志。

（2）门控时间累加模式。

当脉冲累加器控制寄存器 PACTL 中的控制位 PAMOD=1 时，脉冲累加器工作于门控时间累加方式下。

在门控时间累加方式下，门控信号来自引脚 PT7，而时钟信号为 PACLK（总线时钟的 64 分频 ECLK/64），门控信号可通过脉冲累加器控制寄存器 PACTL 中的控制位 PEDGE 设定为高电平有效或低电平有效。在有效电平期间，脉冲累加器对 PACLK 时钟信号进行计数。输入引脚上的有效电平跳变沿将触发脉冲累加器开始计数，有效电平结束时的跳变沿将停止计数，并使输入有效边沿标志 PAIF 置位。如果允许中断（寄存器 PACTL 中的 PAI=1），则产生一次硬件输入中断。向 PAIF 位写入 1 时，将自动清除该标志。当脉冲累加器溢出时，将置位寄存器 PAFLG 中的 PAOVF 标志，如果允许脉冲累加器溢出中断（寄存器 PACTL 中的 PAOVI=1），则产生一次硬件溢出中断。对 PAOVF 位写入 1 时，将自动清除该标志。

当 TSCR1 寄存器中的 TFFCA=1 时，对 PACNT 寄存器的任何访问将清除 PAFLG 寄存器中的 PAOVF 标志和 PAIF 标志。在脉冲累加器未溢出时，程序可以随时读取计数寄存器 PACNT 来获得计数值，也可以写计数寄存器 PACNT 设定初始值。

注意：门控时间累加方式的时间基准为 ECLK/64，它来自一个共用的分频器，该分频器受定时器控制寄存器 TSCR1 中控制位 TEN 的控制。因此这种方式要求定时器必须使能，即设置 TEN=1，否则脉冲累加器无法得到计数脉冲。

虽然脉冲累加器是 TIM 模块的一个子系统，但控制位 PAEN 与 TEN 相互独立。当 TEN=0 时，只要满足 PAEN=1 且 PAMOD=0，PACNT 仍然可以对引脚的有效边沿计数。即使脉冲累加器子系统关闭（PAEN=0），脉冲累加器的计数寄存器 PACNT 仍然可以访问，PACNT 支持写操作，这为设置计数初值提供了方便。

由于输出比较通道 7（OC7）与脉冲累加器共用同一个引脚，当定时器控制寄存器 TCTL1 中的控制位 OM7 和 OL7，或输出比较通道 7 屏蔽寄存器 OC7M 中的控制位 OC7M7 任意一个为 1 时，PT7 将作为输出引脚。能够让脉冲累加器从 PT7 引脚收到独立输入信号的唯一办法是将 OM7 和 OL7 同时设定为 0，然后再设置 OC7M7=0，这样就切断了 OC7 与引脚的联系。

2. 寄存器模块

1）16 位脉冲累加控制寄存器（PACTL，见图 5.1.26 和表 5.1.15）

该寄存器确定脉冲累加器启用、工作方式、计数的有效边沿、溢出中断和输入中断允许，以及自由运行计数器的时钟选择。

Bit	7	6	5	4	3	2	1	0
R	0	PAEN	PAMOD	PEDGE	CLK1	CLK0	PAOVI	PAI
W								
Reset	0	0	0	0	0	0	0	0

图 5.1.26 16 位脉冲累加控制寄存器

表 5.1.15 PACTL 字段说明

<table>
<tr><th>数 据 位</th><th>描 述</th></tr>
<tr><td>D7 预留</td><td></td></tr>
<tr><td>D6
PAEN</td><td>脉冲累加器系统使能位
0：16 位脉冲累加器系统禁止；
1：脉冲累加器系统允许</td></tr>
<tr><td>D5
PAMOD</td><td>脉冲累加器模式选择位
注：只有当脉冲累加器允许（PAEN=1）时，该位才起作用。
0：事件计数模式；
1：门控时间累加模式。
如果定时器未启用（TSCR 中的 TEN=0），没有 64 分频时钟 PACLK，因为 ECLK/64 时钟由定时器的预分频器产生。此时，脉冲累加器只能工作在事件计数模式下</td></tr>
<tr><td>D4
PEDGE</td><td>脉冲累加器边沿控制位
注：只有当脉冲累加器允许（PAEN=1）时，该位才起作用。
<table>
<tr><th>PAMOD</th><th>PEDGE</th><th>动作</th></tr>
<tr><td>0</td><td>0</td><td>下降沿</td></tr>
<tr><td>0</td><td>1</td><td>上升沿</td></tr>
<tr><td>1</td><td>0</td><td>高电平，允许总线时钟 6 分频输入</td></tr>
<tr><td>1</td><td>1</td><td>低电平，允许总线时钟 6 分频输入</td></tr>
</table>
如果脉冲累加器被禁止（PAEN=0），来自主定时器的预分频器时钟总是作为自由运行定时计数器的输入时钟。时钟源的改变在 CLK1、CLK0 两位写入后立即生效</td></tr>
<tr><td>D3～D2
CLK[1:0]</td><td>时钟选择位
这两位用来选择自由运行计数器的时钟 TIMCLK，时钟源的确定如下表所示。
<table>
<tr><th>CLK1</th><th>CLK0</th><th>动 作</th></tr>
<tr><td>0</td><td>0</td><td>用定时器预分频时钟 PCLK 作为自由运行计数器时钟 TIMCLK</td></tr>
<tr><td>0</td><td>1</td><td>用 PACLK 作为自由运行计数器时钟 TIMCLK</td></tr>
<tr><td>1</td><td>0</td><td>用 PACLK/256 作为自由运行计数器时钟 TIMCLK</td></tr>
<tr><td>1</td><td>1</td><td>用 PACLK/65536 作为自由运行计数器时钟 TIMCLK</td></tr>
</table></td></tr>
</table>

续表

数 据 位	描　述
D1 PAOVI	脉冲累加器溢出中断允许位 0：禁止溢出中断请求； 1：如果 PAOVF 置位，则允许溢出中断请求
D0 PAI	脉冲累加器输入中断允许位 0：禁止输入中断请求； 1：如果 PAIF 置位，则输入中断允许请求

2）脉冲累加器计数寄存器（PACNT）

该寄存器用来反映 16 位脉冲累加器的计数结果，由高位字节 PACNTH 和低位字节 PACNTL 组成。其各位定义如图 5.1.27 所示。

Bit	15	14	13	12	11	10	9	8	7	6	5	4	3	2	1	0
R W	PACNT															
Reset	0	0	0	0	0	0	0	0	0	0	0	0	0	0	0	0

图 5.1.27　脉冲累加器计数寄存器

当 PACNT 寄存器从$FFFF 到$0000 溢出时，PAFLG 中的中断标志 PBOVF 被置位，可分别读/写高位和低位将产生与作为一个字访问时不同的结果。

注意：当脉冲计数与写寄存器同时发生时，写操作优先，寄存器不加 1。在脉冲累加器输入引脚出现有效边沿后立即读脉冲累加器计数寄存器，可能会丢失最后一个计数值，因为输入必须与总线时钟同步。

3）脉冲累加器 A 标志寄存器（PAFLG）

该寄存器反映脉冲累加器是否溢出、PT7 引脚是否出现有效输入信号。当 TSCR1 寄存器中的 TFFCA=1 时，对 PACNT 寄存器的任何访问都将清除 PAFLG 寄存器中的所有标志。当修改这些位时，定时器模块或脉冲累加器必须保持使能状态（TEN=1 或 PAEN=1）。其各位定义如图 5.1.28 所示，字段说明如表 5.1.16 所示。

Bit	7	6	5	4	3	2	1	0
R	0	0	0	0	0	0	PAOVF	PAIF
W								
Reset	0	0	0	0	0	0	0	0

图 5.1.28　脉冲累加器 A 标志寄存器

表 5.1.16 PAFLG 字段说明

数据位	描述
D7～D2 预留	
D1 PAOVF	脉冲累加器溢出标志位 当脉冲累加器从$FFFF 到$0000 溢出时，PAOVF 被置位。当向 PAOVF 写入 1 时，将自动清零该标志
D0 PAIF	脉冲累加器输入边沿标志位 当在 PT7 引脚检测到选择的边沿时，PAIF 被置位。在事件模式下，事件边沿触发 PAIF；在门控时间累加模式下，在 PT7 输入引脚门控信号的后沿触发 PAIF。当向 PAIF 位写入 1 时，将自动清零该标志。脉冲累加器子系统可能产生两种中断：累加器溢出中断和事件中断。当 16 位脉冲累加器溢出时，先置位 PAOVF 标志，如果此时 PACTL 寄存器中的 PAOVI=1，将发出中断请求，而 PAIF 在检测到 PT7 引脚上出现有效事件时被置位

3. 脉冲累加器初始化例程

```
//==========================================================================
//函数名: ECT _Init
//功  能: 脉冲累加器初始化函数
//参  数: 无
//返  回: 无
//说  明: 下降沿触发计数; 输入捕捉
//==========================================================================
void ECT_Init(void)   /
{
  init
  TIOS_IOS7 = 0;    //设置 IOC7 输入
  OC7M_OC7M7 = 0;  //输出时有用（输入时无用）
  TCTL1 = 0;        //关闭输出
  PACTL_PAEN = 1;  //使能输入捕捉的计数功能
  PACTL_PAMOD = 0;

  PACTL_PEDGE = 0; //PACTL_PAMOD = 0 与 PACTL_PEDGE = 0 共同确定下降沿捕捉
  PACTL_PAOVI = 0; //关闭溢出中断
  PACTL_PAI = 0;    //关闭输入捕捉中断
  TSCR1_TFFCA = 1;  //清除输入捕捉标志位
  PACNT = 0;        //计数器清零
}
```

5.1.6 脉冲调制解调模块

1. 模块特征

1）脉冲调制解调模块（PWM）介绍

每个PWM输出通道都能调制出占空比为0%～100%的波形。

2）PWM的主要特点

- 有8个独立的输出通道，并且通过编程可控制其输出波形的周期。
- 每个输出通道都有一个精确的计数器。
- 每个通道的PWM输出使能都可以由编程来控制。
- PWM输出波形的翻转控制可以通过编程来实现。
- 周期和脉宽可以被双缓冲。当通道关闭或PWM计数器为0时，改变周期和脉宽才起作用。
- 有8个字节或16个字节的通道协议。
- 有4个时钟源可供选择（A、SA、B、SB），它们提供了一个宽范围的时钟频率。
- 通过编程可以实现所希望的时钟周期。
- 具有遇到紧急情况关闭程序的功能。

2. 寄存器模块

1）PWM使能控制寄存器（PWME，见图5.1.29和表5.1.17）

Bit	7	6	5	4	3	2	1	0
R W	PWME7	PWME6	PWME5	PWME4	PWME3	PWME2	PWME1	PWME0
Reset	0	0	0	0	0	0	0	0

图5.1.29 PWM使能控制寄存器

表5.1.17 PWME字段说明

数 据 位	描 述
D7～D0 PWMn	通道使能位 每个PWM的输出通道都有一个使能位PWMEx。它是用来启动和关闭波形输出的。当任意PWMEx位置1时，则相关的PWM输出通道就立刻可用；然而实际PWM波形的输出还取决于时钟源。 0：*n*通道不能对外输出波形； 1：*n*通道可对外输出波形。 注意：在通道使能后所输出的第一个波形可能是不规则的。当输出通道在串联模式工作时（PWMCTL寄存器中的CONxx位被设置），使能相应的16位PWM输出通道是由PWMEx的低电平位控制的（详见PWMCTL寄存器）

2）PWM 极性控制寄存器（PWMPOL，见图 5.1.30 和表 5.1.18）

Bit	7	6	5	4	3	2	1	0
R/W	PPOL7	PPOL6	PPOL5	PPOL4	PPOL3	PPOL2	PPOL1	PPOL0
Reset	0	0	0	0	0	0	0	0

图 5.1.30　PWM 极性控制寄存器

表 5.1.18　PWMPOL 字段说明

数 据 位	描　述
D7～D0 PPOLn	每个 PWM 输出通道的波形都可以选择是在高电平时翻转还是在低电平时翻转。此功能就是由 PWMPOL 寄存器实现的。 0：*n* 通道对外输出波形先是低电平然后变为高电平； 1：*n* 通道对外输出波形先是高电平然后变为低电平。 注意：此寄存器在任何时间都是可读写的，复位时全置 0

3）PWM 时钟选择寄存器（PWMCLK，见图 5.1.31 和表 5.1.19）

Bit	7	6	5	4	3	2	1	0
R/W	PCKK7	PCKK6	PCKK5	PCKK4	PCKK3	PCKK2	PCKK1	PCKK0
Reset	0	0	0	0	0	0	0	0

图 5.1.31　PWM 时钟选择寄存器

每个 PWM 输出通道都有两个时钟可供选择（A、SA 或 B、SB）。0、1、4、5 通道可选用 A、SA 时钟，2、3、6、7 通道可选用 B、SB 通道。此寄存器在任何时间都是可读写的，复位时全置 0。应当注意的是，如果当一个 PWM 输出波形正在产生时会发生时钟改变，这时就会产生一个平头或线性脉冲。

表 5.1.19　PWMCLK 字段说明

数 据 位	描　述
D7～D0 PCLKn	0：*n* 通道的时钟源设为 SA/SB； 1：*n* 通道的时钟源设为 A/B

4）PWM 时钟预分频寄存器（PWMPRCLK，见图 5.1.32 和表 5.1.20）

PWMPRCLK 寄存器是单独用来给时钟源 A、B 进行预分频的。

Bit	7	6	5	4	3	2	1	0
R	0	PCKB2	PCKB1	PCKB0	0	PCKA2	PCKA1	PCKA0
W								
Reset	0	0	0	0	0	0	0	0

图 5.1.32　PWM 时钟预分频寄存器

表 5.1.20 PWMPRCLK 字段说明

<table>
<tr><th>数据位</th><th colspan="4">描 述</th></tr>
<tr><td>D7
预留</td><td colspan="4"></td></tr>
<tr><td rowspan="10">D6～D4
PCKBn</td><td colspan="4">对 B 时钟源进行预分频</td></tr>
<tr><td>PCKB2</td><td>PCKB1</td><td>PCKB0</td><td>VALUE OF CLOCK B</td></tr>
<tr><td>0</td><td>0</td><td>0</td><td>E</td></tr>
<tr><td>0</td><td>0</td><td>1</td><td>E/2</td></tr>
<tr><td>0</td><td>1</td><td>0</td><td>E/4</td></tr>
<tr><td>0</td><td>1</td><td>1</td><td>E/8</td></tr>
<tr><td>1</td><td>0</td><td>0</td><td>E/16</td></tr>
<tr><td>1</td><td>0</td><td>1</td><td>E/32</td></tr>
<tr><td>1</td><td>1</td><td>0</td><td>E/64</td></tr>
<tr><td>1</td><td>1</td><td>1</td><td>E/128</td></tr>
<tr><td>D3
预留</td><td colspan="4"></td></tr>
<tr><td rowspan="10">D2～D0
PCKAn</td><td colspan="4">对 A 时钟源进行预分频</td></tr>
<tr><td>PCKA2</td><td>PCKA1</td><td>PCKA0</td><td>VALUE OF CLOCK A</td></tr>
<tr><td>0</td><td>0</td><td>0</td><td>E</td></tr>
<tr><td>0</td><td></td><td>1</td><td>/2</td></tr>
<tr><td>0</td><td>1</td><td>0</td><td>E/4</td></tr>
<tr><td>0</td><td>1</td><td>1</td><td>E/8</td></tr>
<tr><td>1</td><td>0</td><td>0</td><td>E/16</td></tr>
<tr><td>1</td><td>0</td><td>1</td><td>E/32</td></tr>
<tr><td>1</td><td>1</td><td>0</td><td>E/6</td></tr>
<tr><td>1</td><td>1</td><td>1</td><td>E/128</td></tr>
</table>

5）PWM 通道对齐寄存器（PWMPCAE，见图 5.1.33 和表 5.1.21）

PWMCAE 寄存器包含 8 个控制位来对每个 PWM 通道设置左对齐输出或居中对齐输出。

Bit	7	6	5	4	3	2	1	0
R W	CAE7	CAE6	CAE5	CAE4	CAE3	CAE2	CAE1	CAE0
Reset	0	0	0	0	0	0	0	0

图 5.1.33 PWM 通道对齐寄存器

表 5.1.21　PWMCAE 字段说明

数据位	描　述
D7～D0 CAEn	0：*n* 通道左对齐输出； 1：*n* 通道居中对齐输出。 注意：只有输出通道被关闭后才能对其进行设置，即通道被激活后不能对其进行设置

6）PWM 控制寄存器（PWMCTL，见图 5.1.34 和表 5.1.22）

Bit	7	6	5	4	3	2	1	0
R	CON67	CON45	CON23	CON01	PSWAI	PFRZ	0	0
W								
Reset	0	0	0	0	0	0	0	0

图 5.1.34　PWM 控制寄存器

表 5.1.22　PWMCTL 字段说明

数据位	描　述
D7 CON67	通道 6、7 合并位 0：通道 6、7 分别作为独立输出通道对外输出； 1：通道 6、7 串联为同一个输出通道，此时只有 7 通道的控制字有用
D6 CON45	通道 4、5 合并位 0：通道 4、5 分别作为独立输出通道对外输出； 1：通道 4、5 串联为同一个输出通道，此时只有 5 通道的控制字有用
D5 CON23	通道 2、3 合并位 0：通道 2、3 分别作为独立输出通道对外输出； 1：通道 2、3 串联为同一个输出通道，此时只有 3 通道的控制字有用
D4 CON01	通道 0、1 合并位 0：通道 0、1 分别作为独立输出通道对外输出； 1：通道 0、1 串联为同一个输出通道，此时只有 1 通道的控制字有用
D3 PSWAI	等待模式停止位 0：当 MCU 处于等待状态时，允许时钟输入； 1：MCU 一旦处于等待状态，就会停止时钟输入。这样不会因时钟空操作而浪费电
D2 PFRZ	冻结模式计数器停止位 0：当 MCU 处于冻结状态时，允许 PWM 继续执行； 1：无论 MCU 是否处于冻结状态都禁止 PWM 向预分频器输入时钟。这有利于仿真

7）PWM 分频寄存器（PWMSCLA、PWMSCLB，见图 5.1.35）

Bit	7	6	5	4	3	2	1	0
R	7	6	5	4	3	2	1	0
W								
Reset	0	0	0	0	0	0	0	0

图 5.1.35　PWM 分频寄存器

时钟 SA 是通过对 PWMSCLA 寄存器的设置来对 A 时钟进行分频而产生的。

其计算公式为： Clock SA=Clock A /(2×PWMSCLA)

PWMSCLB 寄存器同 PWMSCLA 寄存器相似，时钟 SB 就是通过对 PWMSCLB 寄存器的设置来对 B 时钟进行分频而产生的。

其计算公式为： Clock SB=Clock B /(2×PWMSCLB)

8）PWM 计数寄存器（PWMCNTx，见图 5.1.36）

PWMCNTx 寄存器共有 8 个，每个通道都有 1 个，以 PWMCNT0 为例对 PWMCNTx 寄存器进行介绍。

Bit	7	6	5	4	3	2	1	0
R/W	PWMCNTx							
Reset	0	0	0	0	0	0	0	0

图 5.1.36 PWM 计数寄存器

计数器以所选时钟源的频率运行。计数器在任何时候都可以被读而不影响计数，也不影响对 PWM 通道的操作。

任何值写入 PWMCNT0 寄存器都会导致计数器复位置 0，且其计数方向会被设置为向上计数，并且会立刻从缓冲器载入任务和周期值，并会根据翻转极性的设置来改变输出。当计数器达到计数值后会自动清零。只有当通道使能后，计数器才开始计数。此寄存器随时都可以对其进行读、写操作。

9）PWM 通道周期寄存器（PWMPERx）

PWMPERx 寄存器共有 8 个，每个通道都有 1 个周期寄存器。这个寄存器的值决定了相关 PWM 通道的周期。每个通道的周期寄存器都是双缓冲的，因此如果通道使能后，改变它们的值将不会产生任何作用，除非下列情况之一发生：

- 有效的周期结束；
- 对计数器进行写操作（计数器复位为 0）；
- 通道被关闭（PWMEx=0）。

这样就会使 PWM 输出波形要么是新波形要么是旧波形，并不会在两者之间进行交替变换。如果通道不可用，那么对周期寄存器进行写操作将会直接导致周期寄存器同缓冲器一起闭锁。图 5.1.37 所示为 PWMPERx 寄存器。

Bit	7	6	5	4	3	2	1	0
R/W	PWMPERx							
Reset	0	0	0	0	0	0	0	0

图 5.1.37 PWM 通道周期寄存器

周期的计算方法如下。

（1）当 CAEx=0 时，即进行左线性输出时：

PWMx 周期=通道时钟周期×PWMPERx

（2）当 CAEx=1 时，即进行居中对齐输出时：

PWMx 周期=通道时钟周期×(2×PWMPERx)

10）PWM 通道占空比寄存器（PWMDTYx）

PWMDTYx 寄存器也有 8 个，每个通道都有 1 个这样的占空比常数寄存器。这个寄存器的值决定了相关 PWM 通道输出波形的占空比。每个通道的占空比寄存器都是双缓冲的，因此如果通道被激活后改变它们的值，将不会产生任何作用，除非下列情况之一发生：

⊙ 有效的周期结束；

⊙ 对计数器进行写操作（计数器复位为 0）；

⊙ 通道被关闭（PWMEx=0）。

这样就会使 PWM 输出波形要么是新波形要么是旧波形，并不会在两者之间进行交替变换。如果通道没有被激活，那么对占空比常数寄存器进行写操作将会直接导致周期寄存器同缓冲器一起闭锁。

当计数值与占空比常数 PWMDTY 相等时，则比较输出器有效，这时就会将触发器置位，然后 PWMCNT 继续计数；当计数值与周期常数 PWMPER 相等时，比较器输出有效，将触发器复位，同时也使 PWMCNT 复位，结束一个输出周期。

占空比的计算方法如下。

（1）当 PPOL=0 时：

占空比=[(PWMPERx−PWMDTYx)/ PWMPERx]×100%

（2）当 PPOL=1 时：

占空比=(PWMDTYx/ PWMPERx)×100%

3. 初始化例程

```
void PWM_Init(void)          //舵机 16 位 PWM 控制
{

PWME_PWME5  = 0;          //PWM1 被禁止
PWMCTL_CON45=1;           //0 和 1 联合成 16 位 PWM
PWMCAE_CAE5 =0;           //选择输出模式为左对齐输出模式
PWMCNT45    =0;           //计数器清零
PWMPOL_PPOL5=1;           //先输出高电平，计数到 DTY 时，反转电平
                          //PWM01 脉冲经光隔后反相，所以周期=PWMDTY/PWMPER

//PWMPRCLK |= 0X33; //预分频:clockA 8 分频,clockA=busclock/8=6MHz;
                                CLK B 8 分频:6MHz
```

```
    PWMPRCLK |= 0X33; //预分频:clockA 8 分频,clockA=busclock/8=10MHz;
                       CLK B 8 分频:10MHz
    //PWMPRCLK |= 0X44; //预分频:clockA 16 分频,clockA=busclock/16=5.5MHz;
                       CLK B 16 分频:5.5MHz
    //PWMPRCLK |= 0X53; //预分频:clockA 8 分频,clockA=busclock/8=6MHz;
                       CLK B 32 分频:1.5MHz
    //PWMSCLA=0x03;   //对 clock SA 进行分频,pwm clock SA=clockA/
                       (2*PWMSCLA)=1MHz;
    PWMSCLA= 5;       //对 clock SA 进行分频,pwm clock SA=clockA/
                       (2*PWMSCLA)= 1MHz;
    //PWMSCLA=0x02;   //对 clock SA 进行分频,pwm clock SA=clockA/
                       (2*PWMSCLA)= 1.375MHz;
    PWMCLK_PCLK5 = 1; //选择 clock SA 作时钟源

    //PWMPER01=60000; //周期 20ms;50Hz=3MHz/60000;(可使用的范围为 50～200Hz)
    //PWMDTY01= 4200; //高电平时间为 1.5ms:4500;3500 左极限, 5500 右极限,
                       4500 正中央
    //PWMPER45=10000; //周期 10ms; 100Hz=3MHz/30000;(可使用的范围为 50～200Hz)
    PWMPER45 =10000;  //周期 10ms;100Hz=1MHz/10000;(可使用的范围为 50～200Hz)
    //PWMPER45 = 13750; //周期 10ms; 100Hz=1.375MHz/13750; (可使用的范围
                       为 50～200Hz)
    PWMDTY45 = 1445;  //高电平时间为 1.5ms:4500;3500 左极限, 5500 右极限,
                       4500 正中央
    //PWMPER01= 20000; //周期 6.67ms; 150Hz=3MHz/20000; (可使用的范围为
                       50～200Hz)
    //PWMDTY01= 3800; //高电平时间为 1.5ms:4500;3500 左极限, 5500 右极限,
                       4500 正中央
    //PWMPER01=15000; //周期 5ms; 200Hz=3MHz/15000; (可使用的范围为 50～
                       200Hz)
    //PWMDTY01= 4500; //高电平时间为 1.5ms:4500;3500 左极限, 5500 右极限,
                       4500 正中央
    PWME_PWME5 =1;    //5ms;高电平时间为 1.5ms:4500;3000 左极限, 6000 右极限,
                       4500 正中央
}
```

5.1.7 周期中断定时器

1. 模块特征

1）周期中断定时器（PIT）介绍

X128 的中断定时器与 51 单片机的定时器 T0、T1 差不多，都是用来定时和计数的，区别如下。

（1）51 单片机的 T0 和 T1 定时器都是 16 位的定时器，但分别可以拆成两个 8 位的定时器使用；而 PIT 定时器是由两个 8 位的微定时器和 4 个 16 位的定时器组合构成的 24 位定时器。

（2）51 单片机的 T0、T1 定时器在设置了计数值后进行加计数直到计数器溢出为止，如果需要重复定时需要在中断里重装计数初值；而 PIT 定时器正好相反，对它赋计数初值后它由该初值做减计数，直到减为 0 时才产生溢出中断，此时计数初值会自动重装，重新开始计数，如此反复从而产生周期性的定时中断。

2）PIT 特点

4 路定时器相互独立，可以独立使用，用来产生周期性溢出中断。定时器的溢出周期可以为 1～224 个时钟周期，此处若取 8 位微计数器的计数值为 M，16 位计数器的值为 N，则 PIT 定时器的溢出周期 $T_{\text{out}}=\dfrac{(M+1)\times(N+1)}{f_{\text{bus}}}$。其中，$0\leqslant M\leqslant 255$；$0\leqslant N\leqslant 65535$；$f_{\text{bus}}$ 为总线时钟频率。例如，对于一个 40MHz 的时钟信号，则它的最大溢出周期为 $f_{\text{bus}}=\dfrac{256\times 65536}{40\times 10^6}=419.43\text{ms}$。

另外，PIT 可以用来触发外围设备。

3）PIT 结构

由图 5.1.38 可以很清晰地看到，4 路 16 位的定时器可以和两个 8 位的微定时器（时基 0 和时基 1）中的任何一个串联组合成一个 24 位的定时器。

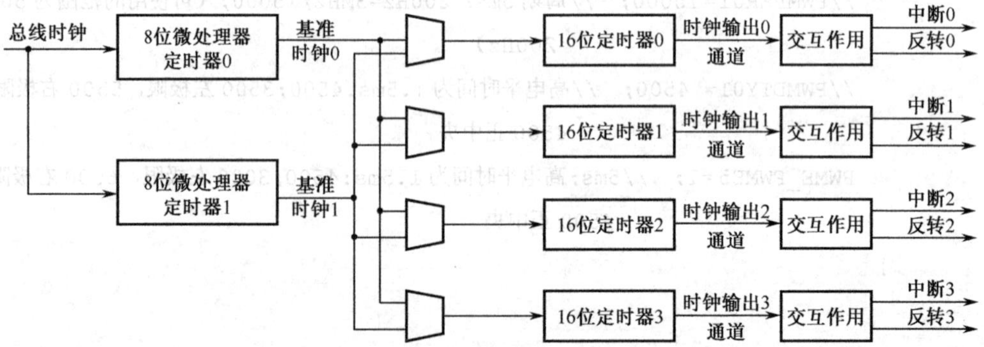

图 5.1.38 PIT 结构

2. 寄存器模块

1）控制和强制加载微定时器寄存器（PITCFLMT，见图 5.1.39 和表 5.1.23）

Bit	7	6	5	4	3	2	1	0
R	PITE	PITSWAI	PITFRZ	0	0	0	0	0
W							PFLMT1	PFLMT0
Reset	0	0	0	0	0	0	0	0

图 5.1.39 控制和强制加载微定时器寄存器

表 5.1.23 PITCFLMT 字段说明

数据位	描述
D7 PITE	PIT 模块使能位 如果该位被清零，则 PIT 模块被禁止，并且 PITTF 寄存器中的中断标志位被清除，当该位被置 1 后，使能 4 路定时器中的任何一路都会从相应加载寄存器的值开始减计数。 0：关闭 PIT 模块； 1：打开 PIT 模块
D6 PITSWAI	PIT 等待模式下停止位 该位用于等待模式下的电源保护。 0：PIT 模块在等待模式下正常工作； 1：PIT 模块时钟停止，并且冻结 PIT 模块
D5 PITFRZ	PIT 计数器冻结位 调试时冻结计数、方便计数。 0：PIT 模块在冻结模式下正常工作； 1：PIT 模块在冻结模式下计数值被冻结
D4～D2 预留	
D1 PFLMT1	微定时器 1 的强制加载位 这一位只有在 PIT 模块被启用并且微定时器正在起作用想要强行改变计数值时才有效。 0：无效； 1：将 8 位微定时器寄存器的值强制加载到相应的递减微计数器中，即重新设定计数初值
D0 PFLMT0	微定时器 0 的强制加载位 这一位只有在 PIT 模块被启用并且微定时器正在起作用想要强行改变计数值时才有效。 0：无效； 1：将 8 位微定时器寄存器的值强制加载到相应的递减微计数器中，即重新设定计数初值

2）PIT 强制加载定时寄存器（PITFLT，见图 5.1.40 和表 5.1.24）

Bit	7	6	5	4	3	2	1	0
R	0	0	0	0	0	0	0	0
W					PFLT3	PFLT2	PFLT1	PFLT0
Reset	0	0	0	0	0	0	0	0

图 5.1.40 强制加载定时寄存器

表 5.1.24　PITFLT 字段说明

数 据 位	描　述
D7～D4 预留	
D3～D0 PFLT[3:0]	定时器 0～3 的强制加载位 只有当 PIT 模块被使能（PITE 位置 1），并且这 4 路定时器的相应使能位 PCE 被置 1 后，PFLT 位置 1 才有效。该位置 1 后，相应的 16 位定时寄存器的计数初值被加载到相应的 16 位定时减计数器中。 0：无效； 1：有效

3）PIT 通道使能寄存器（PITCE，见图 5.1.41 和表 5.1.25）

Bit	7	6	5	4	3	2	1	0
R	0	0	0	0	PCE3	PCE2	PCE1	PCE0
W								
Reset	0	0	0	0	0	0	0	0

图 5.1.41　PIT 通道使能寄存器

表 5.1.25　PITCE 字段说明

数 据 位	描　述
D7～D4 预留	
D3～D0 PCE[3:0]	定时器通道 0～3 的相应使能位 如果该位清零，则相应的 PIT 通道禁用，并且相应的中断标志寄存器 PITTF 中的中断标志位也会被清零，如果 PIT 模块被使能，即 PITE 位置 1，此时如果 PCE 置 1，相应定时寄存器中的 16 位计数初值被加载到相应的 16 位定时减计数器中并开始进行减计数。 0：相应的 PIT 通道被禁用； 1：相应的 PIT 通道被使能

4）PIT 多路选择寄存器（PITMUX，见图 5.1.42 和表 5.1.26）

Bit	7	6	5	4	3	2	1	0
R	0	0	0	0	PMUX3	PMUX2	PMUX1	PMUX0
W								
Reset	0	0	0	0	0	0	0	0

图 5.1.42　PIT 多路选择寄存器

表 5.1.26 PITMUX 字段说明

数据位	描述
D7～D4 预留	
D3～D0 PMUX[3:0]	定时器通道 0～3 的多路选择位 称 2 路 8 位微定时器为 2 路时基，即时基 0 和时基 1。而 PMUX 位的设置就是为了让 4 路 16 位定时器选择和时基 1 或者时基 0 组合成 24 位定时器，一旦 PMUX 的值被改变，相应 16 位定时器马上从一个时基切换到另一个时基。 0：相应的 16 位定时器连接到时基 0 1：相应的 16 位定时器连接到时基 1

5）PIT 中断使能寄存器（PITINTE，见图 5.1.43 和表 5.1.27）

Bit	7	6	5	4	3	2	1	0
R	0	0	0	0	PINTE3	PINTE2	PINTE1	PINTE0
W								
Reset	0	0	0	0	0	0	0	0

图 5.1.43 PIT 中断使能寄存器

表 5.1.27 PITINTE 字段说明

数据位	描述
D7～D4 预留	
D3～D0 PINTE[3:0]	16 位定时器通道 0～3 相应的定时器溢出中断使能位 这些位使能后，一段相应中断标志寄存器的标志位置 1 就会产生中断服务请求。但是，在中断标志位不明确的情况下，PINTE 位有可能造成输入中断，所以在设置时最好先清除相应的中断标志位，再使能中断。 0：禁止相应通道的 PIT 中断； 1：使能相应通道的 PIT 中断

6）PIT 溢出标志寄存器（PITTF，见图 5.1.44 和表 5.1.28）

Bit	7	6	5	4	3	2	1	0
R	0	0	0	0	PTF3	PTF2	PTF1	PTF0
W								
Reset	0	0	0	0	0	0	0	0

图 5.1.44 PIT 溢出标志寄存器

表 5.1.28 PITTF 字段说明

数据位	描述
D7～D4 预留	
D3～D0 PTF [3:0]	定时器通道 0～3 的溢出标志位 由 16 位定时器和 8 位微定时器作为时基组合而成 24 位定时器，当此计数器减到 0 时会将相应的 PTF 位置 1，通过写 1 将该标志位清除（特别注意这个和 51 系列单片机有不同，在 51 单片机中此处通过写 0 来清除中断标志位，而此处是通过写 1），写 0 是无效的。但是，一旦 PIT 模块被禁用或者相应的 PIT 通道被关闭，相应的标志位也会被清除。 0：相应的 PIT 通道未发生减计数的溢出； 1：相应的 PIT 通道发生减计数的溢出置 0

7）PIT 微定时器加载寄存器（PITMTLD0-1，见图 5.1.45）

Bit	7	6	5	4	3	2	1	0
R	0	0	0	0	PMTLD3	PMTLD2	PMTLD1	PMTLD0
W								
Reset	0	0	0	0	0	0	0	0

图 5.1.45　PIT 微定时器加载寄存器

这两个寄存器分别是微定时器 0 和微定时器 1 的加载寄存器，都是 8 位寄存器，加载值可以从 0x01 到 0xFF，对应十进制数的 1～255（加载值为 0 无意义），写一个新计数值到该寄存器后不会重新启动定时器，直到微定时器的值减到 0 后该计数值才会被加载到相应的减计数器中开始计数。如果想要在程序中立即改变计数值可以借助前面提到的强制加载位，如果不是特别需要，可以不用它们的强制加载位。

8）PIT 定时器 0～3 的加载寄存器（PITLD0-3，见图 5.1.46）

Bit	15	14	13	12	11	10	9	8	7	6	5	4	3	2	1	0
R	PLD[15:0]															
W																
Reset	0	0	0	0	0	0	0	0	0	0	0	0	0	0	0	0

图 5.1.46　PIT 定时器 0～3 的加载寄存器

这 4 个寄存器分别是 16 位定时器 0～3 的加载寄存器，使用方法与微定时器 8 位的加载寄存器差不多，区别仅在于它们是 16 位的，加载值可以从 0x0001～0xFFFF，即十进制数的 1～65535。写一个新计数值到该寄存器后不会重新启动定时器，直到微定时器的值减到 0 后该计数值才会被加载到相应的减计数器中开始计数。如果想要在程序中立即改变计数值可以借助前面提到的强制加载位，如果不是特别需要，可以不用它们的强制加载位。不过为了保证数据的连续性，必须对该寄存器进行 16 位的存取，即进行以字为单位的读写。

注意：到此为止，以上介绍的关于 PIT 模块的寄存器都是可以在任意时刻读也可以在任意时刻写的，以下最后介绍的一个寄存器是只能在任意时刻读，而对它进行写操作是无意义也是无效的。

9）PIT 定时器 0～3 的计数寄存器（PITCNT0-3，见图 5.1.47）

Bit	15	14	13	12	11	10	9	8	7	6	5	4	3	2	1	0
R	PCNT[15:0]															
W																
Reset	0	0	0	0	0	0	0	0	0	0	0	0	0	0	0	0

图 5.1.47　PIT 定时器 0～3 的计数寄存器

上图是定时器 0 到定时器 1 分别对应的 16 位减计数寄存器，这个寄存器反映了当前计数器的计数值，读这个寄存器必须在一个时钟周期里完成，且必须以字（双字节）进行读取。该寄存器只可以读、不能写。

3. PWM 初始化例程

```
//==========================================================================
//函数名: PWM _Init
//功  能: 脉冲调制解调器初始化函数
//参  数: 无
//返  回: 无
//说  明: 在总线频率为 80MHz 的情况下; 定义 PWM 0-1 为 8kHz 的 PWM 波形
// PWM45 级联为 16 位输出 50Hz 的 PWM 波形
//==========================================================================
==
void PWM_Init(void) //
{
    PWME_PWME0=0;
    PWME_PWME1=0;
    PWME_PWME2=0;
    PWME_PWME3=0;           //关闭 PWM 通道 0123
    PWMPRCLK |= 0X33;       //设置时钟 A&B
    PWMSCLA=2;              //SA = Clock A/(2*PWMSCLA) 设置 SA 为 1MHz
    PWMSCLB=2;              //SB = Clock B/(2*PWMSCLB) 设置 B 为 1MHz
    PWMCAE_CAE0 =0;         //左对齐，起始低电平
    PWMPOL_PPOL0 =0;
    PWMCAE_CAE1 =0;
    PWMPOL_PPOL1 =0;        //左对齐，起始低电平
    PWMCAE_CAE2 =0;
    PWMPOL_PPOL2 =0;
    PWMCAE_CAE3 =0;
    PWMPOL_PPOL3 =0;

    PWMCNT0=0;              //清计数器
    PWMCNT1=0;
    PWMCNT2=0;              //清计数器
    PWMCNT3=0;

    PWMCLK_PCLK0 =1;        // clockSA 作为时钟源 1MHz
```

```
    PWMCLK_PCLK1 =1;     // clockSA 作为时钟源 1MHz
    PWMCLK_PCLK2 =1;     // clockSB 作为时钟源 1MHz
    PWMCLK_PCLK3 =1;     // clockSB 作为时钟源 1MHz

    PWMPER0 = 250;    //电动机频率 8kHz=2.5MHz/250, 注意电动机接线
    PWMDTY0 = 0;      //占空比=(PWMPER-PWMDTY)/PWMPER, PPOL=0, 左对齐

    PWMPER1 = 250;    //电动机频率 8kHz=2.5MHz/250, 注意电动机接线
    PWMDTY1 = 0;      //占空比=(PWMPER-PWMDTY)/PWMPER, PPOL=0, 左对齐

    PWMPER2 = 250;
    PWMDTY2 = 0;

    PWMPER3 = 250;
    PWMDTY3 = 0 ;

    PWME_PWME0 =1;         //PWM 通道 3 输出
    PWME_PWME1 =1;
    PWME_PWME2 =1;         //PWM 通道 3 输出
    PWME_PWME3 =1;
}
```

5.1.8 SCI 总线

1. 模块特征

1）SCI 介绍

SCI 是一种采用 NRZ 格式的异步串行通信接口，它内置独立的波特率产生电路和 SCI 收发器，可以选择发送 8 位或 9 位数据位（其中一位可以指定为奇偶校验位）。SCI 的主要功能是接收时把外部单线输入的数据变成一个字节的并行数据送入 MCU 内部；发送时把需要发送的一个字节的并行数据转换为单线输出。

2）SCI 模块结构

图 5.1.48 所示为一般 MCU 的 SCI 模块结构。

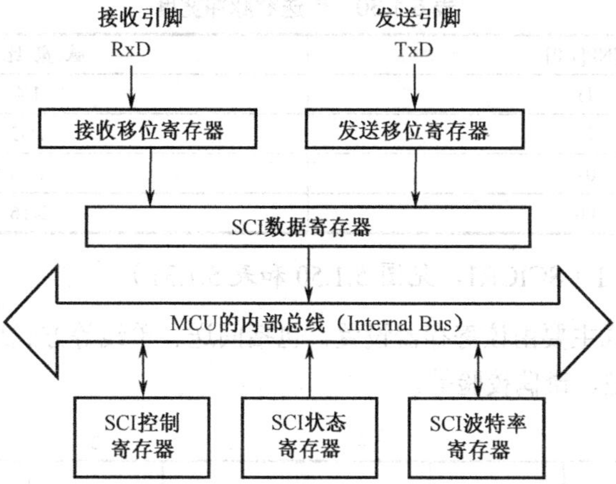

图 5.1.48　SCI 模板结构

2. 寄存器模块

1）波特率控制寄存器（SCIBDH、SCIBDL，见图 5.1.49 和表 5.1.29）

Bit	7	6	5	4	3	2	1	0
R/W	IREN	TNP1	TNP0	SBR12	SBR11	SBR10	SBR9	SBR8
Reset	0	0	0	0	0	0	0	0

Bit	7	6	5	4	3	2	1	0
R/W	SBR7	SBR6	SBR5	SBR4	SBR3	SBR2	SBR1	SBR0
Reset	0	0	0	0	0	0	0	0

图 5.1.49　波特率控制寄存器

波特率控制寄存器用于决定 SCI 的波特率，并控制红外调制/解调子模块。

表 5.1.29　SCIBDH、SCIBDL 字段说明

数 据 位	描　述
D7 IREN	红外使能位 此位控制红外调制/解调子模块。 0：IR 禁止； 1：IR 使能
D6～D5 TNP[1:0]	传送窄脉冲位 控制 SCI 传送 1/16、3/16、1/32 或 1/4 的窄脉冲，详见表 5.1.30
D4～D0 D7～D0 SBR[12:0]	SCI 波特率位 此位决定 SCI 的波特率。波特率根据 IREN 的状态有两种不同的计算方式。 当 IREN=0 时： SCI 波特率=SCI 总线时钟/(16×SBR[12:0]) 当 IREN=1 时： SCI 波特率=SCI 总线时钟/(32×SBR[12:0])

表 5.1.30 传送窄脉冲宽度

TNP[1:0]	脉 宽 比 例
11	1/4
10	1/32
01	1/16
00	3/16

2）控制寄存器 1（SCICR1，见图 5.1.50 和表 5.1.31）

SCI 的工作方式主要由该寄存器设置，包括回送、单线等方式选择，以及帧格式、唤醒、空闲检测类型、奇偶校验等。

Bit	7	6	5	4	3	2	1	0
R W	LOOPS	SCISWAI	RSRC	M	WAKE	ILT	PE	PT
Reset	0	0	0	0	0	0	0	0

图 5.1.50 控制寄存器 1

表 5.1.31 SCICR1 字段说明

数 据 位	描 述
D7 LOOPS	SCI 回送模式/单线模式允许位 接收器的输入由 RSRC 位选择确定，发送器的输出受相应的 DDRS 位（S 口 I/O 方向控制位）控制。要使用回送或者单线模式，发送、接收器必须同时允许工作。在 LOOPS=1 时，如果与 TxD 引脚对应的方向控制位被置 1，那么 TxD 引脚就输出 SCI 信号；如果方向控制位被清零，那么若 RSRC=0，TxD 引脚就变成高电平（空闲状态），反之若 RSRC=1，TxD 引脚就变成高阻态。 0：SCI 发送和接收部分正常工作； 1：SCI 接收部分与 RxD 引脚断开，空出来的 RxD 引脚可以用作通用的 I/O
D6 SCISWAI	等待模式下 SCI 停止位 0：在等待模式下允许 SCI； 1：在等待模式下禁止 SCI
D5 RSRC	接收器信号源选择位 当 LOOPS=1 时，RSRC 决定接收器的内部反馈信号路径。 0：接收器的输入内部连接到发送器输出（并非 TxD 引脚）； 1：接收器的输入连接到 TxD 引脚
D4 M	方式选择位（选择字符帧格式） 0：1 个起始位，8 个数据位，1 个停止位； 1：1 个起始位，9 个数据位，1 个停止位
D3 WAKE	唤醒选择位 0：介质空闲唤醒； 1：地址标志（最后一个数据位为 1）唤醒
D2 ILT	空闲检测方式选择位 该位在 SCI 接收器可以使用的两种空闲检测方式中选择一种。 0：快速检测，SCI 在一个帧的起始位后立即开始对“1”计数，因此停止位及停止位前面的任何“1”均被计算在内，这样可以提前检测到空闲状态； 1：保守检测，SCI 在停止位后才开始对“1”计数，因此最后一个字节的停止位及该位以前的为“1”的位，对检测时间长短无影响

续表

数据位	描述
D1 PE	奇偶校验允许位 0：禁止奇偶校验； 1：允许奇偶校验
D0 PT	奇/偶校验选择位 如果奇偶校验允许，该位决定收发器使用奇校验还是偶校验。如果选择偶校验，当数据中有偶数个“1”时，校验位置 0，否则校验位置 1。 0：选择偶校验； 1：选择奇校验

3）控制寄存器 2（SCICR2，见图 5.1.51 和表 5.1.32）

Bit	7	6	5	4	3	2	1	0
R/W	TIE	TCIE	RIE	ILIE	TE	RE	RWU	SBK
Reset	0	0	0	0	0	0	0	0

图 5.1.51 控制寄存器 2

表 5.1.32 SCICR2 字段说明

数据位	描述
D7 TIE	发送中断允许位 0：禁止 TDRE 产生中断； 1：允许 TDRE 位置 1 时产生 SCI 中断请求
D6 TCIE	发送结束中断允许位 0：禁止 TC 产生中断； 1：允许 TC 位置 1 时产生 SCI 中断请求
D5 RIE	接收中断允许位 0：禁止 RDRF 和 OR 产生中断； 1：允许 RDRF 或 OR 置 1 时产生 SCI 中断请求
D4 ILIE	空闲中断允许位 0：禁止 IDLE 产生中断； 1：允许 IDLE 位置 1 时产生 SCI 中断请求
D3 TE	发送允许位 该位由 0 置 1 时可用来发送空闲报头。 0：发送器禁止； 1：允许 SCI 发送部分工作，TxD 引脚（PS1/PS3）用于发送
D2 RE	接收允许位 0：接收器禁止； 1：允许 SCI 接收器工作
D1 RWU	接收器唤醒控制位 0：SCI 接收器正常工作； 1：允许唤醒功能，禁止接收器中断。通常，硬件通过自动清除该位来唤醒接收器

续表

数 据 位	描 述
D0 SBK	中止符发送允许位 只要该位保持为 1，发送器就不停地发出“0”；如果变为 0，当前的全“0”帧发送结束后 TxD 引脚将变成空闲状态。如果 SBK 开关一次，发送器将只发出 10（11）个“0”，然后复原，处于空闲或发送数据状态。 0：中止符产生器关闭； 1：产生中止符，至少 10 个或 11 个连续的“0”

4）状态寄存器 1（SCISR1，见图 5.1.52 和表 5.1.33）

Bit	7	6	5	4	3	2	1	0
R	TDRE	TC	RDRF	IDLE	OR	NF	FE	PF
W								
Reset	1	0	0	0	0	0	0	0

图 5.1.52　状态寄存器 1

表 5.1.33　SCISR1 字段说明

数 据 位	描 述
D7 TDRE	发送保持器空标志位 发送前必须读 SCISR1，并确认 TDRE=1，然后将新的数据写入发送保持器以开始发送过程。复位后该位为 1。 0：没有数据传送； 1：发送保持器的数据已被传送到发送移位器，这时可以向发送保持器写入新的数据
D6 TC	发送结束标志 该位在发送器空闲（无发送动作）时置位。读 SCISRl，然后写 SCIDR 将清除该位。 0：发送器忙； 1：发送器空闲
D5 RDRF	接收数据就绪标志 当接收到的字符已经在 SCIDR 中就绪时，RDRF 置 1，顺次读取 SCISRl 和 SCIDR 将会自动清除 RDRF。该位被清除后，必须等到 RxD 线变为活动，然后重新变成空闲以后，IDLE 位才会被再次置 1。 0：SCIDR 空； 1：SCIDR 中数据已就绪
D4 IDLE	空闲标志 检测到接收器 RxD 端空闲（收到 10 个或者 11 个以上连续的“1”）。当 RWU 位为 1 时，空闲状态不会使该位置 1。该位被清除后必须等到 RDRF 置位（RxD 线变为活动，然后重新变成空闲），IDLE 位才会被再次置 1。 0：RxD 线活动； 1：RxD 线空闲
D3 OR	重叠错误标志 如果接收数据寄存器中的数据尚未读取（RDRF=1），接收移位寄存器又准备向其传送新的数据，则称为重叠错误，该位被置 1，必须清除该位才能使新的数据进入接收数据寄存器。 0：无重叠； 1：出现重叠错误

续表

数据位	描述
D2 NF	噪声错误标志 噪声错误出现时，该位与 RDRF 在同一个周期内置位，但如果同时或已经出现重叠错误，则该位不置位。 0：采样结果一致； 1：在起始位、数据位或停止位接收期间检测到噪声
D1 FE	帧格式错误 如果在应该出现停止位的时刻检测到 0，则该位被置位。顺次读取寄存器 SCISR1 和 SCIDR 将清除 FE 标志。 0：检测到停止位； 1：在预期的停止位处检测到 0
D0 PF	奇偶错误标志 该位指示收到数据的奇偶性与校验位是否一致。奇偶校验允许（PE=1）时，该标志才有意义，所要求的奇偶性由 SCISR1 中的 PT 位决定。 0：奇偶校验正确； 1：奇偶校验错误

5）状态寄存器 2（SCISR2，见图 5.1.53 和表 5.1.34）

Bit	7	6	5	4	3	2	1	0
R	0	0	0	0	0	BPK13	TXDIR	RAF
W								
Reset	0	0	0	0	0	0	0	0

图 5.1.53 状态寄存器 2

表 5.1.34 SCISR2 字段说明

数据位	描述
D7～D3 预留	
D2 BPK13	中止符长度控制位 0：中止符长度为 10 位或 11 位； 1：中止符长度为 13 位或 14 位
D1 TXDIR	单线模式下发送引脚数据方向控制位 0：单线模式下 TxD 脚用于输入； 1：单线模式下 TxD 脚用于输出
D0 RAF	接收器活动标志位 反映接收器是否处于活动状态。在搜索起始位的 RT1 期间该位置 1，当接收器检测到空闲状态或者出现一个伪起始位（通常由于噪声或波特率匹配错误引起）时，该位清零。该位由接收器前端控制

6）数据寄存器（SCIDRH、SCIDRL，见图 5.1.54）

SCI 内部分别设有发送和接收两个数据寄存器，其低位都通过 SCIDRL 访问，读操作返回接收数据寄存器 RDR 的内容，写操作数据置入发送数据寄存器 TDR。当 M=1，即运行在 9 位数据模式时，SCIDRL 和 SCIDRH 形成 9 位的 SCI 数据字，这时必须先写入 SCIDRH，以便与低位字节（SCIDRL）一起进入发送移位器。如果 M=0，即 SCI 只用于 7 位或 8 位的数据传送，可以只访问 SCIDRL。当 PE=1，即奇偶校验允许时，奇偶校验位由硬件负责，无须软件干预，如表 5.1.35 所示。

Bit	7	6	5	4	3	2	1	0
R	0	T8	0	0	0	0	0	0
W								
Reset	0	0	0	0	0	0	0	0

Bit	7	6	5	4	3	2	1	0
R	R7	R6	R5	R4	R3	R2	R1	R0
W	T7	T6	T5	T4	T3	T2	T1	T0
Reset	0	0	0	0	0	0	0	0

图 5.1.54　数据寄存器

表 5.1.35　SCIDRH、SCIDRL 字段说明

数据位	描　述
R8 SCIDRH7	接收位 8
T8 SCIDRH6	发送位 8
R[7:0] T[7:0] SCIDRL	R7～R0——接收位 0～7，用于 9 位或 8 位数据格式 T7～T0——发送位 0～7，用于 9 位或 8 位数据格式

注意：如果 T8 的值与之前的发送值一致，则不需要被重写；同样的值将会在 T8 重写后发送。

当用 8 位写指令发送 9 位格式数据时，先写 SCI 的高数据寄存器 SCIDRH，再写 SCIDRL。

5.1.9　模数转换模块

1．模块特征

1）模数转换原理

模拟信号依次通过抽样和保持（S/H）电路及模数转换器后转换为数字格式。

抽样和保持电路以均匀间隔对模拟信号进行抽样，并且在每个抽样运算后在足够的时间内保持抽样值的恒定，以保证输出值可以被模数转换器精确转换。

下一步是通过模数转换器将抽样和保持电路的输出转换为数字形式。模数转换器的输出通常表示为二进制编码的形式。

转换精度由分辨率来表示，它由离散级数量决定。例如，对一个以二进制数形式编码的长度为 N 位的输出，有效的离散级数量是 2 的 N 次方，分辨率为离散数量级的倒数。

2）模数转换结构

模数转换结构如图 5.1.55 所示。

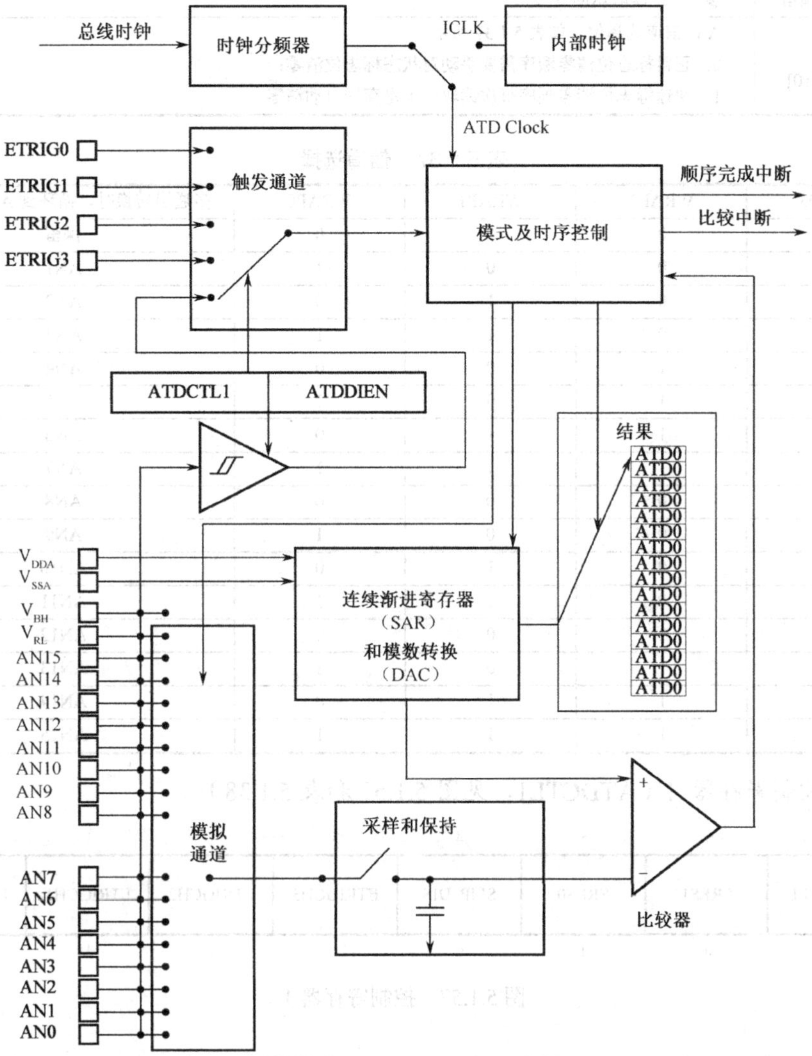

图 5.1.55　模数转换模块结构

2. 寄存器描述

1）模数转换控制寄存器 0（ATDCTL0，见图 5.1.56 和表 5.1.36）

Bit	7	6	5	4	3	2	1	0
R	0	0	0	0	WRAP3	WRAP2	WRAP1	WRAP0
W								
Reset	0	0	0	0	1	1	1	1

图 5.1.56　模数转换控制寄存器 0

表 5.1.36　ATDCTL0 字段说明

数 据 位	描　　述
D7～D4 预留	复位 0，读取返回 0
D3～D0 WRAP[3:0]	A/D 信道选择位，如表 5.1.37 所示 0：正常标志位清零顺序需要手动对状态标志位清零； 1：快速标志位清零顺序每次读取结果寄存器自动清零

表 5.1.37　信道选择

WRAP3	WRAP2	WRAP1	WRAP0	多通道转换时，循环到 AN0 的通道
0	0	0	0	保留
0	0	0	1	AN1
0	0	1	0	AN2
0	0	1	1	AN3
0	1	0	0	AN4
0	1	0	1	AN5
0	1	1	0	AN6
0	1	1	1	AN7
1	0	0	0	AN8
1	0	0	1	AN9
1	0	1	0	AN10
1	0	1	1	AN11
1	1	0	0	AN12
1	1	0	1	AN13
1	1	1	0	AN14
1	1	1	1	AN15

2）控制寄存器 1（ATDCTL1，见图 5.1.57 和表 5.1.38）

Bit	7	6	5	4	3	2	1	0
R W	ETRIGSEL	SRES1	SRES0	SMP_DIS	ETRIGCH3	ETRIGCH2	ETRIGCH1	ETRIGCH0
Reset	0	0	1	0	1	1	1	1

图 5.1.57　控制寄存器 1

表 5.1.38　ATDCTL1 字段说明

数 据 位	描　　述
D7 ETRIGSEL	外部触发源选择位 此位选择外部触发源是 A/D 转换通道中的一个或者 ETRIGCH0～ETRIGCH3 输入中的一个，默认为 0，一般情况下采用默认值，如表 5.1.39 所示
D6～D5 SRES[1:0]	A/D 结果选择位 决定 A/D 转换精度，如表 5.1.40 所示
D4 SMP_DIS	采样前放电控制位 0：采样前不放电； 1：采样前放电
D3～D0 ETRIGCH[3:0]	选择一个 A/D 通道或者 ETRIG3～ETRIG0 中的一个输入作为外部触发输入源

表 5.1.39 外部触发中断源配置

ETRIGSEL	ETRIGCH3	ETRIGCH2	ETRIGCH1	ETRIGCH0	外部触发源
0	0	0	0	0	AN0
0	0	0	0	1	AN1
0	0	0	1	0	AN2
0	0	0	1	1	AN3
0	0	1	0	0	AN4
0	0	1	0	1	AN5
0	0	1	1	0	AN6
0	0	1	1	1	AN7
0	1	0	0	0	AN8
0	1	0	0	1	AN9
0	1	0	1	0	AN10
0	1	0	1	1	AN11
0	1	1	0	0	AN12
0	1	1	0	1	AN13
0	1	1	1	0	AN14
0	1	1	1	1	AN15
1	0	0	0	0	ETRIG0
1	0	0	0	1	ETRIG1
1	0	0	1	0	ETRIG2
1	0	0	1	1	ETRIG3
1	0	1	X	X	保留
1	1	X	X	X	保留

表 5.1.40 转换精度配置

SRES1	SRES0	A/D 转换精度
0	0	8 位
0	1	10 位
1	0	12 位
1	1	保留

3）控制寄存器 2（ATDCTL2，见图 5.1.58 和表 5.1.41）

Bit	7	6	5	4	3	2	1	0
R	0	AFFC	ICLKSTP	ETRIGLE	ETRIGP	ETRIGE	ASCIE	ACMPIE
W								
Reset	0	0	0	0	0	0	0	0

图 5.1.58 控制寄存器 2

表 5.1.41 ATDCTL2 字段说明

数据位	描述
D6 AFFC	ATD 快速标志清除位 0：通过分别对 CCF[n]标志写 1 完成 ATD 标志的清除； 1：将所有 ATD 转换完成标志变成快速清晰的序列
D5 ICLKSTP	暂停模式的内部时钟位 0：当进入暂停模式时 ATD 快速清晰的序列正在执行； 1：A/D 继续转换上电
D4 ETRIGLE	外部触发电平/边沿控制位 此数据位控制外部触发信号的类型，如表 5.1.42 所示
D3 ETRIGP	外部触发极性位 此数据位控制外部触发信号的极性
D2 ETRIGE	外部触发模式使能位 0：关闭外部触发器； 1：使能外部触发器
D1 ASCIE	ATD 计数完成中断使能 0：关闭 ATD 计数完成中断请求； 1：使能 ATD 计数完成中断请求
D0 ACMPIE	ATD 比较中断使能位 0：关闭 ATD 比较中断请求； 1：在将要进行转换使能自动比较时，如果任何一个 CCF 标志置位，则 ATD 比较中断会产生请求

表 5.1.42 外部触发器配置

ETRIGLE	ETRIGP	外部触发器类型
0	0	下降沿
0	1	上升沿
1	0	低电平
1	1	高电平

4）控制寄存器 3（ATDCTL3，见图 5.1.59 和表 5.1.43）

Bit	7	6	5	4	3	2	1	0
R W	DJM	S8C	S4C	S2C	S1C	FIFO	FRZ1	FRZ0
Reset	0	0	1	0	0	0	0	0

图 5.1.59 控制寄存器 3

表 5.1.43 ATDCTL3 字段说明

数据位	描述
D7 DJM	转换结果对齐方式选择位 结果数据格式总是无符号的，该位控制转换数据寄存器中的数据。 0：转换结果左对齐； 1：转换结果右对齐
D6～D3 S8C～S1C	转换序列长度控制位（见表 5.1.44） 控制每个序列中转换的个数

续表

数 据 位	描 述
D2 FIFO	结果寄存器 FIFO 模式选择位 0：转换结果被放置在相应的结果寄存器中，并对应选择序列的长度； 1：转换结果被放置在连续的结果寄存器中
D1～D0 FRZ[1:0]	后台冻结调试使能位（见表 5.1.45）

表 5.1.44 转换序列长度配置

S8C	S4C	S2C	S1C	转换序列长度
0	0	0	0	16
0	0	0	1	1
0	0	1	0	2
0	0	1	1	3
0	1	0	0	4
0	1	0	1	5
0	1	1	0	6
0	1	1	1	7
1	0	0	0	8
1	0	0	1	7
1	0	1	0	6
1	0	1	1	5
1	1	0	0	4
1	1	0	1	3
1	1	1	0	2
1	1	1	1	1

表 5.1.45 后台冻结调试使能位

ETRIGLE	ETRIGP	外部触发器类型
0	0	下降沿
0	1	上升沿
1	0	低电平
1	1	高电平

5）控制寄存器 4（ATDCTL4，见图 5.1.60 和表 5.1.46）

Bit	7	6	5	4	3	2	1	0
R/W	SMP2	SMP1	SMP0	PRS[4:0]				
Reset	0	0	0	0	0	1	0	1

图 5.1.60 控制寄存器 4

表 5.1.46 ATDCTL4 字段说明

数 据 位	描 述
D7～D5 SMP[2:0]	采样时间选择位 控制 A/D 转换的时间，如表 5.1.47 所示
D4～D0 PRS[4:0]	ATD 时钟预分频器设置位 ATD 时钟计算公式为 $f_{\mathrm{ATDCLK}}=\dfrac{f_{\mathrm{BUS}}}{2\times(\mathrm{PRE}+1)}$

表 5.1.47 采样时间配置

SMP2	SMP1	SMP0	采样时间的时钟周期数
0	0	0	4
0	0	1	6
0	1	0	8
0	1	1	10
1	0	0	12
1	0	1	16
1	1	0	20
1	1	1	24

6）控制寄存器 5（ATDCTL5，见图 5.1.61 和表 5.1.48）

Bit	7	6	5	4	3	2	1	0
R	0	SC	SCAN	MULT	CD	CC	CB	CA
W								
Reset	0	0	0	0	0	0	0	0

图 5.1.61 控制寄存器 5

表 5.1.48 ATDCTL5 字段说明

数 据 位	描 述
D6 SC	特殊通道转换选择位 当这一位被置 1 时，ATDCTL5 中的 CD、CC、CB 和 CA 可以被选择。 0：禁止特殊通道转换； 1：使能特殊通道转换
D5 SCAN	转换序列控制位 此位选择连续转换还是单次转换。 0：单次转换； 1：连续转换（扫描模式）
D4 MULT	模拟信号单/多通道输入选择控制位 0：使用单通道； 1：使用多通道
D3～D0 CD、CC、CB、CA	模拟输入通道选择位（见表 5.1.49）

表 5.1.49 模拟输入通道配置

SC	CD	CC	CB	CA	模拟输入通道
0	0	0	0	0	AN0
	0	0	0	1	AN1
	0	0	1	0	AN2
	0	0	1	1	AN3
	0	1	0	0	AN4
	0	1	0	1	AN5
	0	1	1	0	AN6
	0	1	1	1	AN7
	1	0	0	0	AN8
	1	0	0	1	AN9
	1	0	1	0	AN10
	1	0	1	1	AN11
	1	1	0	0	AN12
	1	1	0	1	AN13
	1	1	1	0	AN14
	1	1	1	1	AN15
1	0	0	0	0	保留
	0	0	0	1	保留
	0	0	1	X	保留
	0	1	0	0	VRH
1	0	1	0	1	VRL
	0	1	1	0	(VRH+VRL)/2
	0	1	1	1	保留
	1	X	X	X	保留

7）ADC 状态寄存器 0（ATDSTAT0，见图 5.1.62 和表 5.1.50）

Bit	7	6	5	4	3	2	1	0
R	SCF	0	ETORF	FIFOR	CC3	CC2	CC1	CC0
W								
Reset	0	0	0	0	0	0	0	0

图 5.1.62 ADC 状态寄存器 0

表 5.1.50 ATDSTAT0 字段说明

数 据 位	描 述
D7 SCF	转换数据完成标志位 当 A/D 转换完成时该位置 1。这一位可被以下 3 种方式清空：向 SCF 写 1；写 ATDCTL5（启动新的转换）；当 AFFC=1 时，读结果寄存器。 0：转换未完成； 1：转换完成

续表

数据位	描述
D5 ETORF	外部触发器中断标志位 单边触发模式（ETRIGIE=1）下，当 A/D 正在进行转换并检测到触发时该位置 1。这一位可被 3 种方式清空：向 ETORF 写 1；写 ATDCTL[4:0]、ATDCMPE 或 ATDCMPHT（终止转换）；写 ATDCTL5（启动新的转换）。 0：无触发； 1：在转换过程中有外部触发（高低电平出现）
D4 FIFOR	结果寄存器溢出位 该位表示在转换完成标志（CCF）被清除之前是否有数据写入结果寄存器。这一位可被 3 种方式清空：向 FIFOR 写 1；写 ATDCTL[4:0]、ATDCMPE 或 ATDCMPHT（终止转换）；写 ATDCTL5（启动新的转换）。 0：没有溢出发生； 1：有溢出发生（如果 CCFx 标志位一直置位，则结果寄存器已被写入）
D3～D0 CC[3:0]	结果寄存器指定位 表明当前转换结果的数据存放在哪个寄存器（0000～1111 分别表示结果寄存器 0～15），只读

8）ADC 比较使能寄存器 0（ATDCMPE，见图 5.1.63 和表 5.1.51）

Bit	15	14	13	12	11	10	9	8	7	6	5	4	3	2	1	0
R W	CMPE[15:0]															
Reset	0	0	0	0	0	0	0	0	0	0	0	0	0	0	0	0

图 5.1.63 ADC 比较使能寄存器 0

表 5.1.51 ATDCMPE 字段说明

数据位	描述
D15～D0 CMPE[15:0]	通道转换比较使能位 使能自动比较功能。当 CMPE[n]=1 时，对每个转换位进行如下操作：把比较结果写入 ATDDRn 结果寄存器；写比较操作到 ATDCOMHT 寄存器中的 CMPHT[n]。 0：禁止自动比较； 1：使能自动比较转换序列结果

9）ADC 状态寄存器 2（ATDSTAT2，见图 5.1.64 和表 5.1.52）

Bit	15	14	13	12	11	10	9	8	7	6	5	4	3	2	1	0
R	CCF[15:0]															
W																

图 5.1.64 ADC 状态寄存器 2

表 5.1.52　ATDSTAT2 字段说明

数 据 位	描　述
D15～D0 CCF[15:0]	转换完成标志位 控制相应通道的数字输入缓冲器（模拟信号输入端 ANx 到数据寄存器之间的缓冲器）。 0：禁止 ANx 引脚的数字输入缓冲器； 1：使能 ANx 引脚的数字输入缓冲器

10）ADC 输入使能寄存器（ATDDIEN，见图 5.1.65 和表 5.1.53）

Bit	15	14	13	12	11	10	9	8	7	6	5	4	3	2	1	0
R W	IEN[15:0]															
Reset	0	0	0	0	0	0	0	0	0	0	0	0	0	0	0	0

图 5.1.65　ADC 输入使能寄存器

表 5.1.53　ATDDIEN 字段说明

数 据 位	描　述
D15～D0 IEN[15:0]	通道 *X* 的数字输入使能控制位 控制相应通道的数字输入缓冲器（模拟信号输入端 ANx 到数据寄存器之间的缓冲器）。 0：转换通道 *n* 未完成转换或比较； 1：如果 CMPE[n]=0，转换通道 *n* 已完成转换。 如果 CMPE[n]=1，用 ATDDRn 的比较值比较转换通道 *n* 的结果

3. 初始化例程

```
void ADC_Init(void)
{
//printf("ADC_Init\n");
//ATD0CTL0=0x07;
ATD0CTL1=0x40;//7:1-外部触发；65:10-12 位精度；4:放电；3210:ch
ATD0CTL2=0x40;   //禁止外部触发，中断禁止
ATD0CTL3=0xB0;   //右对齐无符号，每次转换 6 个序列，无 FIFO，Freeze 模式下继续转换
ATD0CTL4=0x14;   //765:采样时间为 4 个 AD 时钟周期
//ATDClock=[BusClock*0.5]/[PRS+1]
ATD0CTL5=0x30;   //6:0 特殊通道禁止；5:1 连续转换；4:1 多通道轮流采样
ATD0DIEN=0x00;   //禁止数字输入
}
 while(!ATD0STAT0_SCF);   //等待转换完成
   PS2_Y= (float)ATD0DR1;
   PS2_X  = (float)ATD0DR0;
```

5.2 MCF52259 芯片

5.2.1 芯片简介

MCF52259 是基于 ColdFire V2 内核高度集成的 32 位精简指令集计算微控制器家族的代表，可用于通用目的的工业控制领域。带有 MAC 和硬件除法器的 MCF52259 在达到其最高总线频率 80MHz 时速度为 2.1MIPS。MCF52259 集成了以下片上模块：

（1）具备增强型乘法累加单元 EMAC 的 ColdFire V2 内核；

（2）64KB 内部 SRAM 和 512KB 片上 Flash 存储器；

（3）3 个通用异步收发器 UART；

（4）2 个 I^2C 总线控制器；

（5）1 个 12 位的模数转换器（ADC）；

（6）1 个队列式串行外设接口 QSPI；

（7）1 个 4 通道 32 位直接存储器访问 DMA 控制器；

（8）4 个带有 DMA 请求能力的 32 位通用目的定时器；

（9）2 个 16 位周期中断定时器 PIT；

（10）可编程软件看门狗定时器；

（11）2 个中断控制器，具有最多 126 个中断源的处理能力；

（12）带有 8MHz 片上张弛振荡器的时钟模块和锁相环 PLL 模块；

（13）Mini-FlexBus 接口；

（14）密码加速单元。

5.2.2 时钟模块

1. 时钟模块介绍

时钟模块允许 MCF52259 使用几种时钟方法中的一种来进行配置。时钟模块包括内部锁相环（PLL）时钟，它伴随一个外部时钟或一个内部晶振放大器支持的外部时钟。这个 PLL 也可以被禁用，而直接应用外部振荡器来为设备计时。如果锁相环被禁用，该设备始终在外部晶振模式中进行复位运行（虽然这种模式也支持一个外部时钟源），它可能不会改变输入时钟源，但它可以开启 PLL 并且为系统的时钟源在 PLL 时钟和振荡器时钟间进行选择。

时钟模块包括：

⊙ 晶体放大器和振荡器（OSC）；

⊙ 锁相环（PLL）；

⊙ 降低分频器（RFD）；

⊙ 状态和控制寄存器；

⊙ 实时时钟（RTC）振荡器。

工作方式为：

⊙ 备份的看门狗工作模式；

⊙ RTC 模式；

⊙ 正常的 PLL 模式；

⊙ 外部时钟模式。

由于某些时钟设置在智能汽车编程上不需要设置，对于初学者来说也较难理解，未用到的部分本书不再进行详细介绍，仅从智能汽车的制作角度进行阐述。

2. 结构

MCF52259 时钟模块结构如图 5.2.1 所示。

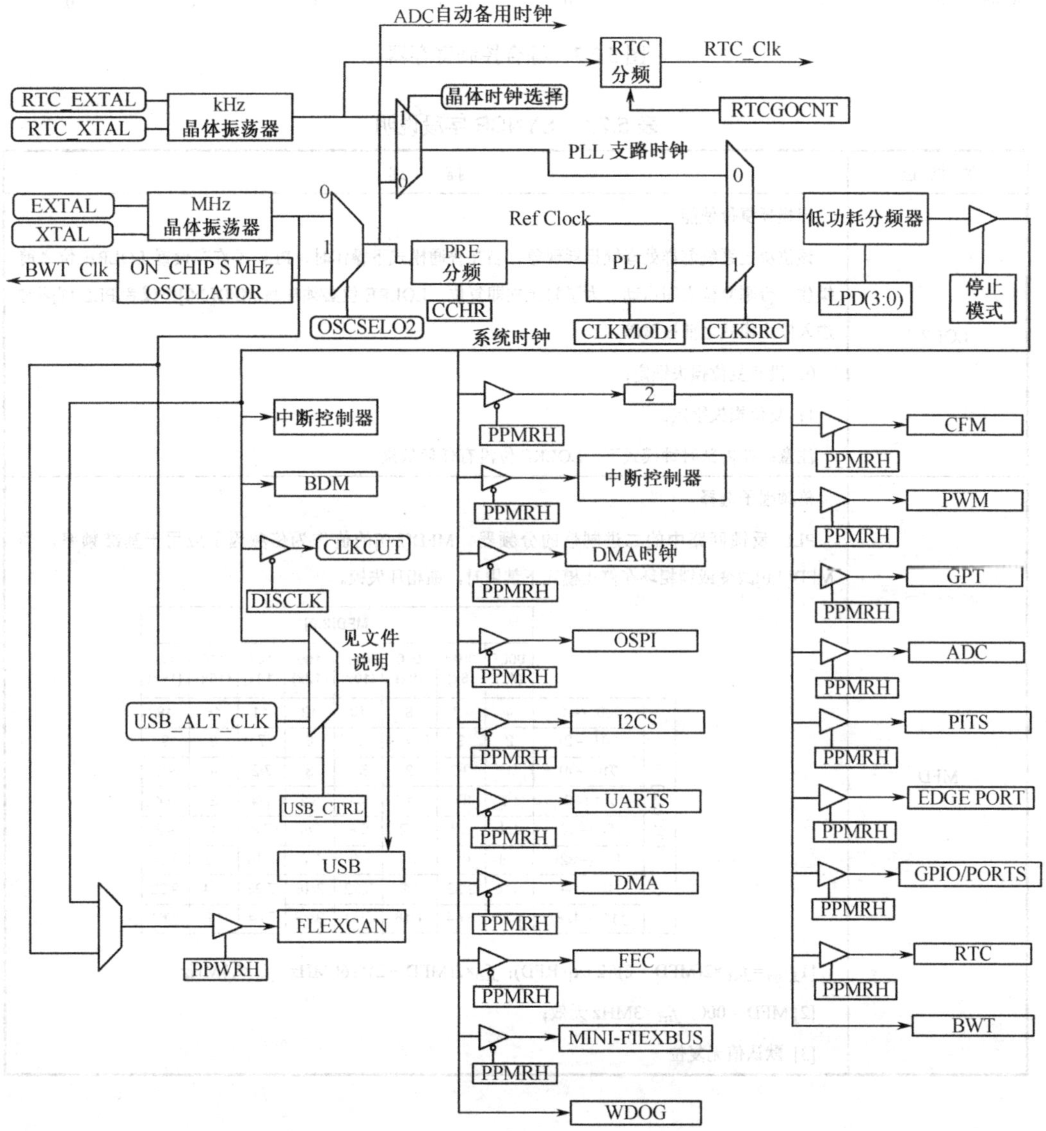

图 5.2.1 MCF52259 时钟模块结构

3. 寄存器介绍

1）综合控制寄存器（SYNCR，见图 5.2.2 和表 5.2.1）

Bit	15	14	13	12	11	10	9	8
R/W	LOLRE	MFD2	MFD1	MFD0	LOCRE	RFD2	RFD1	RFD0
Reset	0	0	0	1	0	0	0	0

Bit	7	6	5	4	3	2	1	0
R/W	LOCEN	DISCLK	FWCUP	—	—	CLKSRC	PLLMODE	PLLEN
Reset	0	0	0	0	0	0	1	0

图 5.2.2　综合控制寄存器

表 5.2.1　SYNCR 字段说明

<table>
<tr><th>数 据 位</th><th>描　述</th></tr>
<tr><td>LOLRE</td><td>锁损耗复位使能
该位决定系统怎样处理锁损耗现象。当在普通模式下操作时，PLL 不许在设置 LOLRE 位之前锁住，否则复位立即启动。为了阻止立即复位，LOLRE 位必须在写 MFD[2:0]位或者 PLL 屏蔽时进入停止模式之前被清除。
0：没有复位损失锁定；
1：复位损失锁定。
注意：在内部时钟模式下，LOLRE 位没有任何效果</td></tr>
<tr><td>MFD</td><td>倍频因子选择
PLL 反馈回路中的二进制值的分频器。MFD[2:0]的值作为倍频因子应用于基准频率。当 MFD[2:0]改变或锁相环在停止模式下禁用时，锁相环失锁。
<table>
<tr><th></th><th></th><th colspan="8">MFD[2:0]</th></tr>
<tr><th></th><th></th><th>000² (4x)</th><th>001³ (6x)</th><th>010 (8x)</th><th>011 (10x)</th><th>100 (12x)</th><th>101 (14x)</th><th>110 (16x)</th><th>111 (18x)</th></tr>
<tr><td rowspan="8">RFD[2:0]</td><td>000³ (÷1)</td><td>4</td><td>6³</td><td>8</td><td>10</td><td>12</td><td>14</td><td>16</td><td>18</td></tr>
<tr><td>001 (÷2)</td><td>2</td><td>3</td><td>4</td><td>5</td><td>6</td><td>7</td><td>8</td><td>9</td></tr>
<tr><td>010 (÷4)</td><td>1</td><td>3/2</td><td>2</td><td>5/2</td><td>3</td><td>7/2</td><td>4</td><td>9/2</td></tr>
<tr><td>011 (÷8)</td><td>1/2</td><td>3/4</td><td>1</td><td>5/4</td><td>3/2</td><td>7/4</td><td>2</td><td>9/4</td></tr>
<tr><td>100 (÷16)</td><td>1/4</td><td>3/8</td><td>1/2</td><td>5/8</td><td>3/4</td><td>7/8</td><td>1</td><td>9/8</td></tr>
<tr><td>101 (÷32)</td><td>1/8</td><td>3/16</td><td>1/4</td><td>5/16</td><td>3/8</td><td>7/16</td><td>1/2</td><td>9/16</td></tr>
<tr><td>110 (÷64)</td><td>1/16</td><td>3/32</td><td>1/8</td><td>5/32</td><td>3/16</td><td>7/32</td><td>1/4</td><td>9/32</td></tr>
<tr><td>111 (÷128)</td><td>1/32</td><td>3/64</td><td>1/16</td><td>5/64</td><td>3/32</td><td>7/64</td><td>1/8</td><td>9/64</td></tr>
</table>
[1] $f_{sys}=f_{ref}\times 2(MFD+2)/(2\ exp\ RFD)$；$f_{ref}\times 2(MFD+2)\leqslant 60MHz$，$f_{sys}\leqslant 1MHz$
[2] MFD = 000，f_{ref} <3MHz 无效；
[3] 默认值无复位</td></tr>
</table>

续表

数 据 位	描　述
LOCRE	时钟损耗复位使能 该位决定系统怎样处理时钟损耗现象。当 LOCEN 位被清空时，LOCRE 没有任何作用。如果在 SYNSR 中的 LOCS 标记指示时钟损耗现象，那么设置 LOCRE 位将引起一个立即复位。为了阻止立即复位，LOCRE 位必须在 PLL 屏蔽进入停止模式之前被清除。 0：不复位时钟损耗； 1：复位时钟损耗
RFD	分频系数位段 写入到 RFD[2:0]的二进制值是 PLL 频率的除数，见 MFD[2:0]的位描述表。改变 RFD[2:0]不影响 PLL 或造成重锁延迟。改变时钟频率使得和系统时钟下一个下降沿同步。为了避免超过系统允许的工作频率，只有当 LOCK 位被置位时，才设置 RFD[2:0]
LOCEN	允许亏损的时钟功能 LOCEN 不影响损失的锁定功能。 0：禁止时钟功能 1：允许时钟功能 注：在外部时钟模式下，LOCEN 位没有任何作用
DISCLK	屏蔽时钟输出 CLKOUT 决定是否驱动 CLKOUT。 CLKOUT 保持低电平时设置 DISCLK 位。 0：时钟输出 CLKOUT 启用； 1：时钟输出 CLKOUT 禁止
FWKUP	快速唤醒 确定系统时钟，在停止模式唤醒时启用。 0：只有当 PLL 被锁定或正常运行时，系统时钟启用； 1：无论 PLL 是否为锁定状态，系统时钟都启用。 注：当 FWCUP=0 时，如果 PLL 或者振荡器启用，并在停止模式下丢失，PLL 唤醒时钟模式或参考时钟模式取决于丢失的时钟。在外部时钟模式下，FWCUP 位在唤醒序列中没有任何效果
CLKSRC	时钟源 选择 PLL 输出时钟或 PLL 的参考时钟以驱动系统时钟。 PLL 被禁止时，该位被忽略，在这种情况下，PLL 的参考时钟为驱动器的系统时钟。这个单独的位允许 PLL 优先启用，然后 PLL 输出时钟，PLL 锁定后才可以切换到系统时钟。时钟在屏蔽 PLL 之前被切换以便确保稳定、良好传输。 0：PLL 的参考时钟（时钟输入）驱动系统时钟； 1：PLL 输出时钟驱动系统时钟（PLL 使能）
PLLMODE	确定 PLL 的操作模式 此位应该在 PLL 被屏蔽复位后改变。此设备的该位必须设置为 1。 0：预留位，请勿使用； 1：PLL 在正常模式下运行
PLLEN	启用和禁用 PLL 如果 PLL 使能复位，则芯片不保留复位状态，直到 PLL 锁定 PLL 输出时钟和系统时钟驱动为止。在 PLL 启用后使用的 CLKSRC 控制位控制 PLL 输出时钟和 PLL 旁路时钟之间切换系统时钟。 0：PLL 被屏蔽； 1：PLL 被使能

2）综合状态寄存器（SYNSR，见图 5.2.3 和表 5.2.2）

SYNSR 是一个只读寄存器，它可以在任何时间被读取。对 SYNSR 进行写操作没有任何效果，它只会正常终止循环。

IPSBAR 偏移地址：0x12_0002 (SYNSR)。

Bit	7	6	5	4	3	2	1	0
R	EXTOSC	OCOSC	CRYOSC	LOCKS	LOCK	LOCS	—	—
W								
Reset	0	0	0	0	0	0	0	0

图 5.2.3　综合状态寄存器

表 5.2.2　SYNSR 字段说明

数 据 位	描　述
EXTOSC	指示一个外部振荡器是否正在提供相关时钟源 0：参考时钟不是外部振荡器； 1：参考时钟是外部振荡器
OCOSC	指示片上振荡器提供的参考时钟源 0：参考时钟不是片上振荡器； 1：参考时钟是片上振荡器
CRYOSC	指示外部晶体提供的参考时钟源 0：参考时钟不是外部晶振； 1：参考时钟是外部晶振
LOCKS	指示 PLL 锁状态 当 PLL 失锁时，LOCKS 被清零；当 PLL 被重新锁定时，LOCKS 保持清零，直到以下事件之一发生时为止： （1）在停止模式下，如果 PLL 被有意禁用，然后锁位，反映进入停止模式前的值； （2）如果 FWKUP 置位，然后锁被清除，直到 PLL 恢复锁为止； （3）锁被收复后，锁位反映进入停止模式前的值； （4）在 PLL 失锁的同一时间阅读 LOCKS 位不会返回锁定状态的电流损耗。 在外部时钟模式下，LOCKS 复位后被清零。在正常的 PLL 模式下，锁相环是在复位后设置的。 0：一旦上次系统复位、MFD 变化或 FWKUP 置位时未锁定，PLL 失锁； 1：一旦上次系统复位或 MFD 变化，PLL 失锁不会自动发生
LOCK	设置 PLL 锁定状态 当 PLL 锁定发生时，合成频率范围内编程频率约为 0.75%。PLL 失锁时发生的频率偏差大于 1.5%。在同一时间读取 LOCK 标志时，PLL 失锁或请求锁定不会返回 PLL 的当前状况。上电复位电路使用 LOCK 位作为释放复位的条件。 如果在外部时钟模式下运行，则锁复位后保持清除状态。 0：PLL 未锁定； 1：PLL 锁定
LOCS	指示 PLL 锁状态 LOCS=0 时，系统时钟正常运行。LOCS=1 时，由于引用失败或 PLL 失效，系统时钟已经失败。 0：时钟丢失检测不到，退出复位； 1：时钟丢失检测，因为退出复位或振荡器尚未从停止模式（FWKUP= 1）中恢复。 注：LOCS 标志为 0，则总是在外部时钟模式下

4. 初始化例程

```
/*
****************************************************************/
*-    函数名 : int Set_PLL(int num_MHz)
*-    参  数 : num_MHz  : 40M 80M 144M 153_6M
*-    作  用 : 初始化时钟模块
*-    返回值 : 返回总线频率，单位为 MHz
****************************************************************/
int Set_PLL(int num_MHz){
int SYCR=0;
switch(num_MHz)
{
case 40:SYCR = MCF_CLOCK_SYNCR_MFD(3) | MCF_CLOCK_SYNCR_RFD(1);
        break ;
case 80:SYCR = MCF_CLOCK_SYNCR_MFD(3) | MCF_CLOCK_SYNCR_RFD(0);
        break ;
case 144:SYCR = MCF_CLOCK_SYNCR_MFD(7) | MCF_CLOCK_SYNCR_RFD(0);
        break ;
case 153_6:SYCR = MCF_CLOCK_SYNCR_MFD(6) | MCF_CLOCK_SYNCR_RFD(0);
        break ;
}
SYCR |= MCF_CLOCK_SYNCR_CLKSRC
        | MCF_CLOCK_SYNCR_PLLMODE
        | MCF_CLOCK_SYNCR_PLLEN;
while (!(MCF_CLOCK_SYNSR & MCF_CLOCK_SYNSR_LOCK))  //等待时钟频率稳定
{
}
return(num_MHz)
}
```

5.2.3 通用 I/O 模块

1. 通用 I/O 模块（GPIO）介绍

I/O 口即输入/输出接口，是微控制器同外界进行交互的重要通道。通用 I/O 模块记为 GPIO，即基本的输入/输出。

2. 模块特点

MCF52259 的大部分引脚具有多重功能，可以通过编程设定使用其中的一种功能。一般情况下，引脚的功能可由操作模式设置，但是同一程序下相同引脚的功能不能交替使用。

数字 GPIO 口每 8 个分成一组，但是有些通道并不是 8 位全用，每个通道有配置、监视和控制引脚的寄存器。

3. 寄存器介绍

MCF52259 共有 16 个 GPIO 口，其中 QS、NQ、AS 的寄存器设置比较特殊，如有需要请自行查找芯片手册，以下介绍 GPIO 口的通用寄存器。

1）端口输出数据寄存器（PORTn，见图 5.2.4）

Bit	7	6	5	4	3	2	1	0
R/W	PORTn7	PORTn6	PORTn5	PORTn4	PORTn3	PORTn2	PORTn1	PORTn0
Reset	1	1	1	1	1	1	1	1

图 5.2.4　端口输出数据寄存器

PORTn 每一位数据决定了对应引脚的输出电平。

2）端口输出方向寄存器（DDRn，见图 5.2.5 和表 5.2.3）

Bit	7	6	5	4	3	2	1	0
R/W	DDRn7	DDRn6	DDRn5	DDRn4	DDRn3	DDRn2	DDRn1	DDRn0
Reset	0	0	0	0	0	0	0	0

图 5.2.5　端口输出方向寄存器

表 5.2.3　DDRn 字段说明

数据位	描　述
DDRn	每一位数据决定了端口输入/输出的方向。 0：引脚为输入； 1：引脚为输出

3）引脚数据/置位寄存器（PORTnP/SETn）

PORTnP/SETn 反映当前的引脚状态，当通道被指定为通用 I/O 口时可用来控制输出引脚的置位。复位后该引脚值为当前的引脚状态。

对 PORTnP/SETn 写 1，相应位清零；写 0 无效。

引脚数据/置位寄存器的定义如图 5.2.6 所示。

Bit	7	6	5	4	3	2	1	0
R/W	PORTnP7	PORTnP6	PORTnP5	PORTnP4	PORTnP3	PORTnP2	PORTnP1	PORTnP0
Reset	1	1	1	1	1	1	1	1

图 5.2.6 引脚数据\置位寄存器

4）数据清零寄存器（CLRn）

对寄存器 CLRn 写 0 则相应位清零，写 1 无效，读寄存器的值返回为 0。

数据清零寄存器的定义如图 5.2.7 所示。

Bit	7	6	5	4	3	2	1	0
R/W	CLRn7	CLRn6	CLRn5	CLRn4	CLRn3	CLRn2	CLRn1	CLRn0
Reset	0	0	0	0	0	0	0	0

图 5.2.7 数据清零寄存器

5）引脚分配寄存器（PPAR）

很多信号可以分配到不同的引脚，但是一个信号不能同时分配好几个引脚，否则会得到不确定的值。

双功能引脚分配的寄存器定义如图 5.2.8 所示，字段说明如表 5.2.4 所示。

Bit	7	6	5	4	3	2	1	0
R/W	PnPAR7	PnPAR6	PnPAR5	PnPAR4	PnPAR3	PnPAR2	PnPAR1	PnPAR0
Reset	0	0	0	0	0	0	0	0

图 5.2.8 引脚分配寄存器

表 5.2.4 PPAR 字段说明

数 据 位	描 述
PnPAR	引脚功能分配位 0：指定为 GPIO 功能； 1：指定为第一功能

6）引脚驱动能力寄存器（PDSR，见图 5.2.9 和表 5.2.5）

引脚驱动能力寄存器包括 PDSR0 和 PDSR1，可读写。

PDSR 定义如图 5.2.9 所示。

Bit	31	30	29	28	27	26	25	24
R/W	PDSR31	PDSR30	PDSR29	PDSR28	PDSR27	PDSR26	PDSR25	PDSR24
Reset								

Bit	23	22	21	20	19	18	17	16
R/W	PDSR23	PDSR22	PDSR21	PDSR20	PDSR19	PDSR18	PDSR17	PDSR16
Reset								

Bit	15	14	13	12	11	10	9	8
R/W	PDSR15	PDSR14	PDSR13	PDSR12	PDSR11	PDSR10	PDSR9	PDSR8
Reset								

Bit	7	6	5	4	3	2	1	0
R/W	PDSR7	PDSR6	PDSR5	PDSR4	PDSR3	PDSR2	PDSR1	PDSR0
Reset								

图 5.2.9　引脚驱动能力寄存器

表 5.2.5　PDSR 字段说明

数据位	描　述
PDSRx	设置相应引脚的驱动能力 0：2mA 驱动能力； 1：10mA 驱动能力

4. GPIO 具体操作与初始化

1）端口地址及功能定义

```
/* 寄存器基地址定义 */
#define MCF_BaseAddr_GPIO_PAR    0x100060  /* PAR 寄存器(GPIO 控制) */
#define MCF_BaseAddr_GPIO_PORT   0x100000  /* PORT 寄存器(GPIO 输出) */
#define MCF_BaseAddr_GPIO_DDR    0x100018  /* DDR 寄存器(GPIO 方向) */
#define MCF_BaseAddr_GPIO_SET    0x100030  /* SET 寄存器(GPIO 置位) */
#define MCF_BaseAddr_GPIO_CLR    0x100048  /* CLR 寄存器(GPIO 清零) */

/* 定义各 GPIO 口寄存器的相对地址 */
#define PORT_TE    0
#define PORT_TF    1
#define PORT_TG    2
#define PORT_TH    3
#define PORT_TI    4
```

```
#define PORT_TJ    6
#define PORT_NQ    8
#define PORT_AN    10
#define PORT_AS    11
#define PORT_QS    12
#define PORT_TA    14
#define PORT_TC    15
#define PORT_UA    17
#define PORT_UB    18
#define PORT_UC    19
#define PORT_DD    20

/* 寄存器寻址操作定义 */
#define MCF_GPIO_PAR(port) (*(vuint8 *)(&_IPSBAR[MCF_BaseAddr_GPIO_PAR+(port)]))
#define MCF_GPIO_PORT(port) (*(vuint8 *)(&_IPSBAR[MCF_BaseAddr_GPIO_PORT+(port)]))
#define MCF_GPIO_DDR(port) (*(vuint8 *)(&_IPSBAR[MCF_BaseAddr_GPIO_DDR+(port)]))
#define MCF_GPIO_SET(port) (*(vuint8 *)(&_IPSBAR[MCF_BaseAddr_GPIO_SET+(port)]))
#define MCF_GPIO_CLR(port) (*(vuint8 *)(&_IPSBAR[MCF_BaseAddr_GPIO_CLR+(port)]))
/*注意：PH口的PAR寄存器地址比较特殊,不能用MCF_GPIO_PAR(port)来寻址*/

/* 设置某个I/O位为GPIO功能 */
#define MCF_SetPTE_GPIO(bit)  MCF_GPIO_PTEPAR &= ~((0x01)<<(bit))
#define MCF_SetPTF_GPIO(bit)  MCF_GPIO_PTFPAR &= ~((0x01)<<(bit))
#define MCF_SetPTG_GPIO(bit)  MCF_GPIO_PTGPAR &= ~((0x01)<<(bit))
#define MCF_SetPTH_GPIO(bit)
MCF_GPIO_PTHPAR &= ~((0x03)<<((bit) <<1))
#define MCF_SetPTI_GPIO(bit)  MCF_GPIO_PTIPAR &= ~((0x01)<<(bit))
#define MCF_SetPTJ_GPIO(bit)  MCF_GPIO_PTJPAR &= ~((0x01)<<(bit))
#define MCF_SetPNQ_GPIO(bit)
MCF_GPIO_PNQPAR &= ~((0x03)<<((bit) <<1))
#define MCF_SetPAN_GPIO(bit)  MCF_GPIO_PANPAR &= ~((0x01)<<(bit))
#define MCF_SetPAS_GPIO(bit)
MCF_GPIO_PASPAR &= ~((0x03)<<((bit) <<1))
#define MCF_SetPQS_GPIO(bit)
```

```
MCF_GPIO_PQSPAR &= ~((0x03)<<((bit) <<1))
#define MCF_SetPTA_GPIO(bit)
MCF_GPIO_PTAPAR &= ~((0x03)<<((bit) <<1))
#define MCF_SetPTC_GPIO(bit)
MCF_GPIO_PTCPAR &= ~((0x03)<<((bit) <<1))
#define MCF_SetPUA_GPIO(bit)
MCF_GPIO_PUAPAR &= ~((0x03)<<((bit) <<1))
#define MCF_SetPUB_GPIO(bit)
MCF_GPIO_PUBPAR &= ~((0x03)<<((bit) <<1))
#define MCF_SetPUC_GPIO(bit)  MCF_GPIO_PUCPAR &= ~((0x01)<<(bit))
#define MCF_SetPDD_GPIO(bit)  MCF_GPIO_PDDPAR &= ~((0x01)<<(bit))
```

2）端口操作

```
/* 设置某一位 I/O 口为输入/输出 */
#define MCF_DirIn_GPIO(port,bit)  MCF_GPIO_DDR(port) &= ~(1<<(bit))
/* 设为输入 */
#define MCF_DirOut_GPIO(port,bit) MCF_GPIO_DDR(port) |= (1<<(bit))
/* 设为输出 */

/* 置位/清零某一位 I/O 口 */
#define MCF_SetBit_GPIO(port,bit)  MCF_GPIO_PORT(port) |= (1<<(bit))
/* 置位 */
#define MCF_ClrBit_GPIO(port,bit)  MCF_GPIO_PORT(port) &= ~(1<<(bit))
/* 清零 */

/* 写入/读取某一位 I/O 口 */
#define MCF_WriteBit_GPIO(port,bit,dat)
MCF_GPIO_PORT(port) = (uint8)((dat != 0)
MCF_GPIO_PORT(port) | = (1 << (bit))
MCF_GPIO_PORT(port) &= ~(1 << (bit)))  /* 写入 */
#define MCF_ReadBit_GPIO(port,bit)
((MCF_GPIO_SET(port) >> (bit)) & 1)     /* 读取 */

/* 写入/读取整个 GPIO 口 */
#define MCF_WritePort_GPIO(port,dat)  MCF_GPIO_PORT(port) = (dat)
/* 写入 */
#define MCF_ReadPort_GPIO(port)     MCF_GPIO_SET(port)   /* 读取 */
```

3）端口初始化函数

```
//------------------------------------------------------------*
//函数名: GPIO_Init
//功  能: 初始化GPIO
//参  数: port:端口名;
//        pin:指定端口引脚;
//        direction:引脚方向, 0=输入, 1=输出;
//        state:初始状态, 0=低电平, 1=高电平;
//返  回: 无
//------------------------------------------------------------*
void GPIO_Init(uint8 port,uint8 pin,uint8 direction,uint8 state)
{
    //1. 配置引脚功能为GPIO
    switch(port)
    {
        case PORT_TE:
            MCF_SetPTE_GPIO(pin);
            break;
        case PORT_TF:
            MCF_SetPTF_GPIO(pin);
            break;
        case PORT_TG:
            MCF_SetPTG_GPIO(pin);
            break;
        case PORT_TH:
            MCF_SetPTH_GPIO(pin);
            break;
        case PORT_TI:
            MCF_SetPTI_GPIO(pin);
            break;
        case PORT_TJ:
            MCF_SetPTJ_GPIO(pin);
            break;
        case PORT_NQ:
            MCF_SetPNQ_GPIO(pin);
            break;
        case PORT_AN:
```

```
            MCF_SetPAN_GPIO(pin);
            break;
        case PORT_AS:
            MCF_SetPAS_GPIO(pin);
            break;
        case PORT_QS:
            MCF_SetPQS_GPIO(pin);
            break;
        case PORT_TA:
            MCF_SetPTA_GPIO(pin);
            break;
        case PORT_TC:
            MCF_SetPTC_GPIO(pin);
            break;
        case PORT_UA:
            MCF_SetPUA_GPIO(pin);
            break;
        case PORT_UB:
            MCF_SetPUB_GPIO(pin);
            break;
        case PORT_UC:
            MCF_SetPUC_GPIO(pin);
            break;
        case PORT_DD:
            MCF_SetPDD_GPIO(pin);
            break;
        default:break;
    }
    //2.设置引脚方向
    if(direction == 1)
    {
        MCF_DirOut_GPIO(port,pin);    //定义引脚为输出（相应位为 1）
    }
    else
    {
        MCF_DirIn_GPIO(port,pin);     //定义引脚为输入（相应位为 0）
    }
    //3.设置引脚状态
```

```
    if(state == 1)
    {
       MCF_SetBit_GPIO(port,pin);    //输出高电平（1）
    }
    else
    {
       MCF_ClrBit_GPIO(port,pin);    //输出低电平（0）
    }
}
```

4）端口功能函数

```
//-------------------------------------------------------------*
//函数名：GPIO_Get
//功  能：获得引脚状态
//参  数：port:端口名;
//        pin：指定端口引脚
//返  回：state:得到引脚状态
//-------------------------------------------------------------*
uint8 GPIO_Get(uint8 port)
{
    uint8 reval=0;
    reval = MCF_ReadPort_GPIO(port);    //得到引脚状态
    return reval;
}
uint32 GPIO_GetPin(uint8 port,uint8 pin)
{
    uint32 reval=0;
    reval = MCF_ReadBit_GPIO(port,pin);    //得到引脚状态
    return reval;
}
//-------------------------------------------------------------*
//函数名：GPIO_Set
//功  能：设置引脚状态
//参  数：port：端口名;
//        pin：指定端口引脚;
//        state:状态，0=低电平，1=高电平;
//返  回：无
//-------------------------------------------------------------*
```

```
void GPIO_SetPin(uint8 port,uint8 pin,uint8 state)
{
    MCF_WriteBit_GPIO(port,pin,state);
}
void GPIO_Set(uint8 port,uint8 data)
{
    MCF_WritePort_GPIO(port,data);
}
```

5.2.4 边沿中断检测模块

1. 边沿中断检测模块（EPORT）介绍

EPORT 有 8 个中断引脚，即 IRQ0～IRQ7。每个引脚分别设置为电平灵敏引脚、一个边缘检测中断引脚（上升沿，下降沿，或两者）或一个通用输入/输出引脚。

注意：不是所有 EPORT 信号都可从设备输出。

1）低功耗模式

在低功耗模式下，EPORT 的操作和退出如表 5.2.6 所示。

注：系统控制模块的低功耗控制寄存器指定将设备从低功耗模式退出所需要的中断级别。

表 5.2.6 在低功耗模式下，EPORT 的操作和退出配置

低功耗模式	EPORT	模 式 退 出
等待	正常工作	处于或高于 LPCR 级别的任何中断
休眠	正常工作	处于或高于 LPCR 级别的任何中断
关闭	只进行电平检测	处于或高于 LPCR 级别的用于等级检测的任何中断

参照说明如下。

在等待和休眠模式下，EPORT 像在运行模式下一样正常工作；可以设置为通过外部引脚的选定边沿或者低电平产生中断请求来退出低功耗模式。

在关闭模式下，没有可以用于执行边缘检测的功能时钟。只有电平检测逻辑电路处于工作状态（需要配置）来允许外部中断引脚触发低电平产生中断（需要使能），使模块退出关闭模式。

注意：在关闭模式下，由于没有时钟信号，输入引脚同步器将被等级检测逻辑电路忽略。

2）中断/GPIO 引脚描述

复位时，所有 EPORT 引脚默认为通用输入引脚。当从 EPORT 引脚数据寄存器

(EPPDR)读取数据时，引脚值在时钟上升沿同步，用于边缘/电平检测的直接逻辑值也在时钟上升沿同步。这些引脚使用史密斯触发器输入缓存，其拥有内置滞后设计来降低错误产生，边缘触发用于慢速上升和下降输入信号。当引脚被置为输出时，它被驱动为 EPORT 数据寄存器（EPDR）的相应位决定的电平。复位时 EPDR 的所有位被置位。

2．结构

EPORT 结构如图 5.2.10 所示。

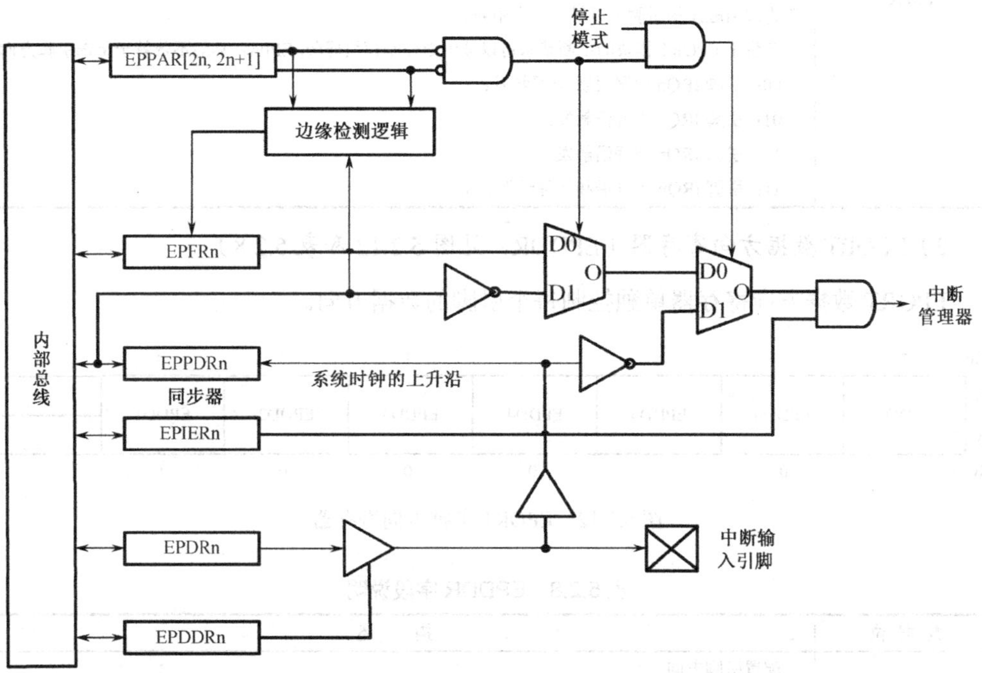

图 5.2.10 EPORT 结构

3．寄存器介绍

1）EPORT 引脚分配寄存器（EPPAR，见图 5.2.11 和表 5.2.7）

EPORT 引脚分配寄存器（EPPAR）分别控制每个引脚。

注意：在配置边缘端口模块以前，GPIO 模块必须配置为开启适当引脚的外围功能。

Bit	15	14	13	12	11	10	9	8	7	6	5	4	3	2	1	0
R/W	EPPA7		EPPA6		EPPA5		EPPA4		EPPA3		EPPA2		EPPA1			
Reset	0	1	0	1	0	0	0	0	0	0	0	0	0	0	0	0

图 5.2.11 EPORT 引脚分配寄存器

表 5.2.7 EPPAR 字段说明

数 据 位	描　述
EPPAn	分配 EPORT 引脚的选择域 读写 EPPAn 选择域用于配置 EPORT 引脚的检测方式，电平检测为上升沿或下降沿方式。 被配置为电平敏感的引脚为逻辑电平（外部引脚逻辑 0 表示有效中断请求）。灵敏级别中断输入不锁存。为保证灵敏中断请求被应答，中断源必须保持信号屏蔽直到被软件应答为止。为了以一个 IRQn 中断将设备从停止模式中恢复，必须将其配置为电平敏感。 被配置为边沿触发的引脚会锁存且不需要因中断产生而屏蔽。不管配置为输入还是输出，被配置为边沿触发的引脚可以触发一个中断。 产生于 EPORT 模块的中断请求可以被中断控制模块屏蔽。EPPAR 功能不依赖于所选引脚方向。 00：引脚 IRQn 电平灵敏/电平触发； 01：引脚 IRQn 上升沿触发； 10：引脚 IRQn 下降沿触发； 11：引脚 IRQn 上升沿和下降沿都触发

2）EPORT 数据方向寄存器（EPDDR，见图 5.2.12 和表 5.2.8）

EPORT 数据方向寄存器单独控制每个引脚的数据方向。

Bit	7	6	5	4	3	2	1	0
R	EPDD7	EPDD6	EPDD5	EPDD4	EPDD3	EPDD2	EPDD1	0
W								
Reset	0	0	0	0	0	0	0	0

图 5.2.12 EPORT 数据方向寄存器

表 5.2.8 EPDDR 字段说明

数 据 位	描　述
EPDDn	配置引脚方向 置位 EPDDR 的任意位可将相关引脚配置为输出，清除任意 EPDDR 位配置相关引脚为输入。引脚方向和电平/边 7F18 检查配置无关。复位时清空 EPDD7～EPDD1。使用一个 EPORT 引脚作为外部中断请求源，它在 EPDDR 的相关位必须被清空。当 EPDDR 选作输出时，软件可通过编写 EPORT 寄存器来产生中断请求。 0：相关 EPORT 引脚配置为输入； 1：相关 EPORT 引脚配置为输出

3）边缘端口中断使能寄存器（EPIER，见图 5.2.13 和表 5.2.9）

EPORT 中断使能寄存器（EPIER）分别为每个引脚使能中断请求。

Bit	7	6	5	4	3	2	1	0
R	EPIE7	EPIE6	EPIE5	EPIE4	EPIE3	EPIE2	EPIE1	0
W								
Reset	0	0	0	0	0	0	0	0

图 5.2.13 边缘端口中断使能寄存器

表 5.2.9　EPIER 字段说明

数据位	描　述
EPIEn	边缘端口中断使能位 如果 EPIER 位被置位，EPORT 产生一个中断请求： （1）EPORT 标志寄存器（EPFR）相关位被置位或稍后被置位； （2）相关引脚级别为低且引脚配置为敏感级别操作。 清空 EPIER 位，取消来自相关 EPORT 引脚的任何中断请求。复位清零 EPIE7～EPIE1 可消除。 0：相关 EPORT 引脚的中断请求禁用； 1：相关 EPORT 引脚的中断请求使能

4）边缘端口数据寄存器（EPDR，见图 5.2.14 和表 5.2.10）

EPORT 数据寄存器（EPDR）保存数据传送到引脚。

Bit	7	6	5	4	3	2	1	0
R	EPD7	EPD6	EPD5	EPD4	EPD3	EPD2	EPD1	0
W								
Reset	1	1	1	1	1	1	1	1

图 5.2.14　边缘端口数据寄存器

表 5.2.10　EPDR 字段说明

数据位	描　述
EPDn	边缘端口数据位 一个内部寄存器存储数据写到 EPDR。如果任何端口引脚配置为输出，则引脚存储位数据传送到相应引脚。读 PDER 返回存储在寄存器的数据，复位 EPD7～EPD1

5）边缘端口引脚数据寄存器（EPPDR，见图 5.2.15 和表 5.2.11）

EPORT 引脚数据寄存器（EPPDR）反映当前引脚状态。

Bit	7	6	5	4	3	2	1	0
R	EPPD7	EPPD6	EPPD5	EPPD4	EPPD3	EPPD2	EPPD1	0
W								
Reset	$\overline{IRQ7}$	$\overline{IRQ6}$	$\overline{IRQ5}$	$\overline{IRQ4}$	$\overline{IRQ3}$	$\overline{IRQ2}$	$\overline{IRQ1}$	0

图 5.2.15　边缘端口引脚数据寄存器

表 5.2.11　EPPDR 字段说明

数据位	描　述
EPPDn	边缘端口引脚数据位 读 EPPDR 反映当前 EPORT 引脚 IRQ7～IRQ1 的状态。写 EPPDR 无效，且写周期正常停止。复位不影响 EPPDR

6）边缘端口标志寄存器（EPFR，见图 5.2.16 和表 5.2.12）

Bit	7	6	5	4	3	2	1	0
R	EPF7	EPF6	EPF5	EPF4	EPF3	EPF2	EPF1	0
W								
Reset	0	0	0	0	0	0	0	0

图 5.2.16　边缘端口标志寄存器

表 5.2.12　EPFR 字段说明

数 据 位	描　述
EPFn	边缘端口标志位 当一个 EPORT 引脚配置为边沿触发时，它在 EPFR 的相关读/写位显示选中边沿方式正被检测。复位清空 EPF7～EPF1。当选中边沿在相关引脚触发时，寄存器位被设置。当前位在写 1 清除之前保持置位；写 0 无效。如果引脚配置为电平触发（EPPARn=00），则引脚状态转换不受此寄存器的影响。 0：选中 IRQn 引脚的边缘未触发； 1：选中 IRQn 引脚的边缘已触发

4．初始化步骤

```
void EPORT_init(void)
{
    MCF_GPIO_PNQPAR = MCF_GPIO_PNQPAR_IRQ1_IRQ1
                     |MCF_GPIO_PNQPAR_IRQ3_IRQ3
                     |MCF_GPIO_PNQPAR_IRQ5_IRQ5
                     |MCF_GPIO_PNQPAR_IRQ7_IRQ7;
//引脚分配寄存器:FALLING LEVEL RISING BOTH
    MCF_EPORT_EPPAR = MCF_EPORT_EPPAR_EPPA1_FALLING
                     |MCF_EPORT_EPPAR_EPPA3_FALLING
                     |MCF_EPORT_EPPAR_EPPA5_FALLING
                     |MCF_EPORT_EPPAR_EPPA7_FALLING;
//数据方向寄存器
    MCF_EPORT_EPDDR =(uint8)~MCF_EPORT_EPDDR_EPDD1
                     &~MCF_EPORT_EPDDR_EPDD3
                     &~MCF_EPORT_EPDDR_EPDD5
                     &~MCF_EPORT_EPDDR_EPDD7;
//中断使能寄存器
    MCF_EPORT_EPIER =// MCF_EPORT_EPIER_EPIE1    //EPORT 中断源 1
                     //|MCF_EPORT_EPIER_EPIE3    //EPORT 中断源 3
                     //|MCF_EPORT_EPIER_EPIE5    //EPORT 中断源 5
```

```
                    // MCF_EPORT_EPIER_EPIE7;  //EPORT 中断源 7
//数据寄存器:保持将要输出到引脚的数据
    MCF_EPORT_EPDR = MCF_EPORT_EPDR_EPD1
                    |MCF_EPORT_EPDR_EPD3
                    |MCF_EPORT_EPDR_EPD5
                    |MCF_EPORT_EPDR_EPD7;
//数据寄存器:反映只读引脚的当前状态
//  MCF_EPORT_EPPDR
//标志寄存器:分别打开 EPORT 边沿检测
    MCF_EPORT_EPFR = MCF_EPORT_EPFR_EPF1
                    |MCF_EPORT_EPFR_EPF2
                    |MCF_EPORT_EPFR_EPF3
                    |MCF_EPORT_EPFR_EPF4
                    |MCF_EPORT_EPFR_EPF5
                    |MCF_EPORT_EPFR_EPF6
                    |MCF_EPORT_EPFR_EPF7;
//设置开中断
    MCF_INTC0_IMRL&=~MCF_INTC_IMRL_MASKALL;
    MCF_INTC0_IMRL&=~MCF_INTC_IMRL_INT_MASK1 //EPORT 中断源 1
                    &~MCF_INTC_IMRL_INT_MASK3 //EPORT 中断源 3
                    &~MCF_INTC_IMRL_INT_MASK5 //EPORT 中断源 5
                    &~MCF_INTC_IMRL_INT_MASK7;//EPORT 中断源 7
    MCF_INTC0_ICR01=MCF_INTC_ICR_IP(1)+MCF_INTC_ICR_IL(3);
    MCF_INTC0_ICR03=MCF_INTC_ICR_IP(2)+MCF_INTC_ICR_IL(3);
    MCF_INTC0_ICR05=MCF_INTC_ICR_IP(3)+MCF_INTC_ICR_IL(3);
    MCF_INTC0_ICR07=MCF_INTC_ICR_IP(4)+MCF_INTC_ICR_IL(3);
}
```

5.2.5 中断管理模块

1. MCF52259 中断管理模块介绍

本节介绍中断控制器的功能，主要包括：

- 中断源；
- 每个中断源有独立的中断控制寄存器来定义软件控制级别；
- 每个中断源都有相应的中断向量；
- 能屏蔽单独的中断源，还能屏蔽所有中断源；
- 支持硬件中断和软件中断；

⊙ 可从低功耗模式唤醒芯片。

MCF52259 拥有 63 个中断源，分 7 级中断管理，每级中断管理支持 9 个中断请求，如表 5.2.13 所示。

表 5.2.13 中断优先级

ICR[2：0]	级　别	中 断 源
111	7（最高）	8～63
110	6	8～63
101	5	8～63
100	4	8～63
—	固定中点级别	1～7
011	3	8～63
010	2	8～63
001	1	8～63
000	0（最低）	8～63

除中断源 0～7 外，其他所有中断源的级别和优先权都是可编程的。除中断源 1～7 外，所有中断源的级别和优先级都是完全可编程的。中断源 1～7（来自边沿端口）被固定为响应级别中点优先级。固定中断源为电路赋予级别且代表优先级的中点。为了完全编程中断源，3 位级别和 3 位优先级定义在 8 位中断控制器中（ICRnx）。中断优先级如表 5.2.13 所示。

中断控制器操作大致分为以下 3 个部分：

⊙ 请求；

⊙ 优先级判断；

⊙ IACK 期间中断向量测定。

2. 中断控制器

中断控制器如图 5.2.17 所示。

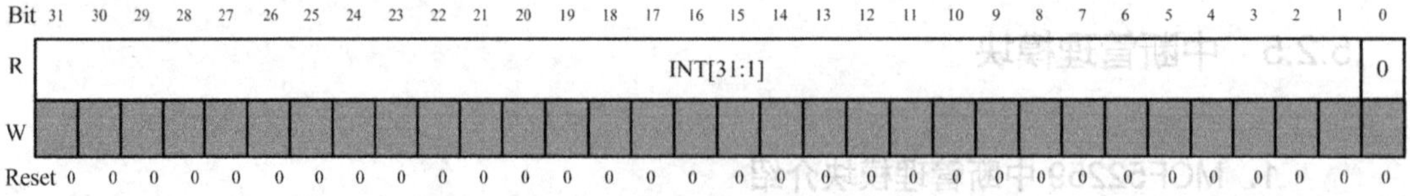

图 5.2.17 中断控制器

有关中断控制器的寄存器编程模式为 256 个字节空间的存储映射。在下列论述中，有一个程序寄存器号码大于 32 位。对于这些控制域，物理寄存器被分为两个 32 位：一个寄存高位（高位长字符，由 H 代表），另一个寄存低位（低位长字符，由 L 代表）。中断控制器地址如表 5.2.14 所示。

表 5.2.14　中断控制器地址

中断控制器号码	基本地址（ICBA）
INTC0	IPSBAR+0x0C00
INTC1	IPSBAR+0x0D00

3. 中断控制寄存器

中断控制寄存器在以下部分介绍。在寄存器名称里，n 为寄存器号码（0 或 1）的占位符。例如，IPRL0 是 INTC0 中断挂起寄存器，且 INTERCH1 为 INTC1 强制中断寄存器的高位。

1）强制中断寄存器（IPRHn、IPRLn，见图 5.2.18 和表 5.2.15）

强制中断寄存器 IPRHn 和 IPRLn 寄存器，每个为 32 位，如果特定中断源有一个主动请求（1=产生请求，0=没有请求）为每个中断请求提供一个位映射来表示。中断屏蔽寄存器的状态不会影响 IPRn，复位时清除 IPRn。IPRn 为只读寄存器，所以试图写入此寄存器将被忽略。写 0 位不被执行，且读为 0。

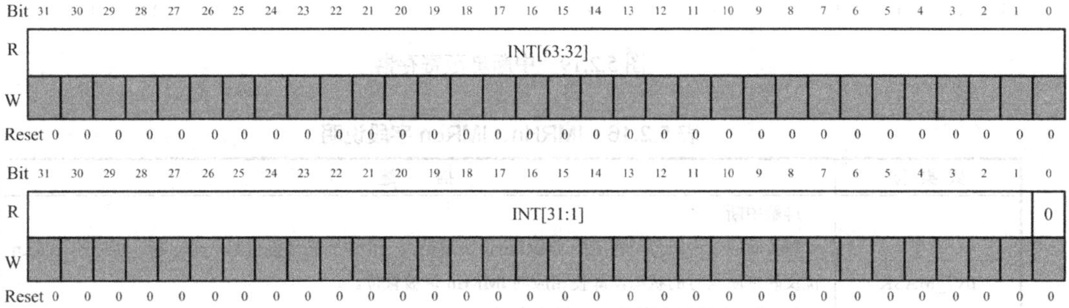

图 5.2.18　强制中断寄存器

2）中断屏蔽寄存器（IMRHn、IMRLn，见图 5.2.19 和表 5.2.16）

IMRHn 和 IMRLn 寄存器均为 32 位，为每个中断源提供位映射以允许/禁用请求（1=禁用请求，0=使能请求）。复位时所有 IMRn 位被置为 1，禁用所有中断请求。将 IMRn 第 0 位置 1 时，其余 63 位也将置 1，禁用所有中断源，提供全局屏蔽权利。

表 5.2.15　IPRHn、IPRLn 字段说明

数 据 位	描　述
INT	强制中断 每位相当于中断源。相应的 IMRLn 位决定是否一个中断条件能引起一个中断。在每个系统时钟，IPRHn 位采样中断源产生的信号；相应的 IPRLn 位反映中断信号的状态，即使相应的 IMRLn 位被置位。 0：相应中断源没有中断挂起； 1：相应中断源中断挂起

Bit	31	30	29	28	27	26	25	24	23	22	21	20	19	18	17	16
R W	INT_MASK[63:48]															
Reset	1	1	1	1	1	1	1	1	1	1	1	1	1	1	1	1
Bit	15	14	13	12	11	10	9	8	7	6	5	4	3	2	1	0
R W	INT_MASK[47:32]															
Reset	1	1	1	1	1	1	1	1	1	1	1	1	1	1	1	1

Bit	31	30	29	28	27	26	25	24	23	22	21	20	19	18	17	16
R W	INT_MASK[31:16]															
	1	1	1	1	1	1	1	1	1	1	1	1	1	1	1	1
Bit	15	14	13	12	11	10	9	8	7	6	5	4	3	2	1	0
R W	INT_MASK[15:1]															MASKALL
Reset	1	1	1	1	1	1	1	1	1	1	1	1	1	1	1	1

图 5.2.19 中断屏蔽寄存器

表 5.2.16 IMRHn、IMRLn 字段说明

数 据 位	描 述
INT_MASK	屏蔽中断 每位对应于中断源。相应的 IMRLn 位决定是否一个中断条件能引起一个中断。相应的 IPRLn 位反映中断信号的状态，即使相应的 IMRHn 位被置位。 0：相应中断源允许向 CPU 请求中断； 1：屏蔽相应中断源的中断请求
MASKALL	屏蔽所有中断

注意：如果在状态寄存器［SR(I)］中的中断屏蔽的设置级别低于中断级别，一个中断源被中断控制器屏蔽寄存器（IMR）或一个模块中断屏蔽寄存器中的相应位屏蔽，将产生一个假中断。这是因为随着时间的增长，状态寄存器应答此中断时，中断已被屏蔽。假中断的产生是由于 CPU 不能确定中断源。为防止 1～6 中断级别中断源发生这种情况，先写一个更高级别的中断屏蔽给状态寄存器，然后设置中断控制器屏蔽寄存器（IMR）或屏蔽一个模块中断屏蔽寄存器。屏蔽设置后，返回状态寄存器的中断屏蔽到它之前的值。因为 7 中断级别不能在状态寄存器屏蔽之前禁用，所以不推荐使用 IMR 或模块中断屏蔽寄存器来禁止级别为 7 的中断。

3）强制中断寄存器（INTFRCHn、INTFRCLn，见图 5.2.20 和表 5.2.17）

INTFRCHn 和 INTFRCLn 寄存器均为 32 位，提供一个结构来允许软件生成中断请求，实现某功能或调试的目的。系统设计可通过强制与 INTFRCn 寄存器相关的某些位（1=强制请求，0=取消请求）服务一个或多个源来允许软件自我调度中断。一个通过 INTFRCn 寄存器的中断响应不受中断屏蔽寄存器的影响。INTFRCn 寄存器复位时清空。

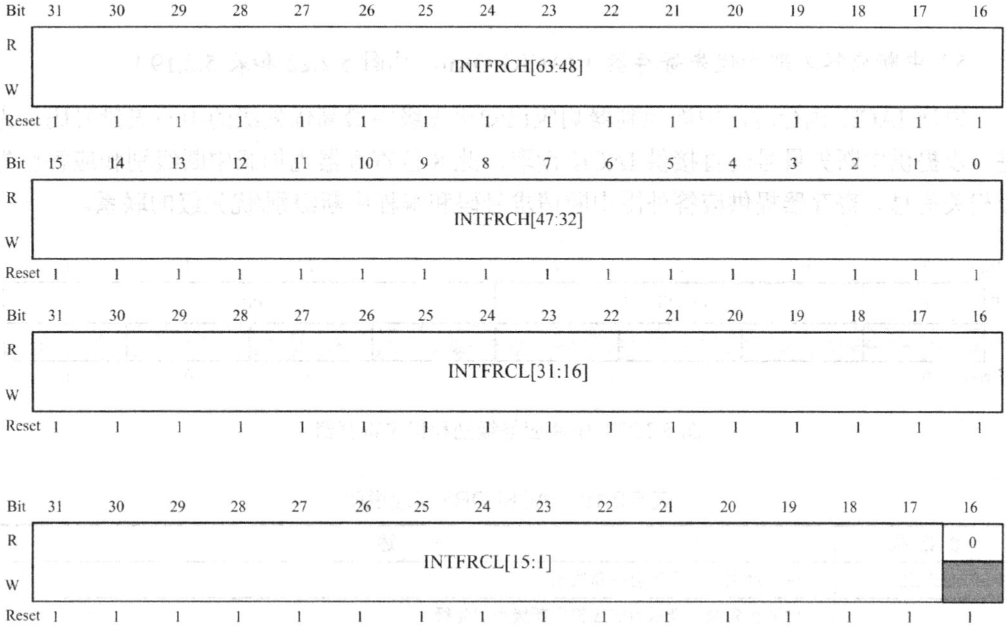

图 5.2.20 强制中断寄存器

表 5.2.17 INTFRCHn、INTFRCLn 字段说明

数 据 位	描 述
INTFRCH	强制中断 每个位相当于中断源。允许软件生成中断请求来实现某功能或调试的目的。 0：相应的中断源没有强制中断； 1：相应的中断源强制中断

4）中断请求级别寄存器（IRLRn，见图 5.2.21 和表 5.2.18）

该 7 位寄存器每个机器周期都会更新，表示当前中断请求的级别，例如，第 7 位对应级别 7；第 6 位对应级别 6 等。

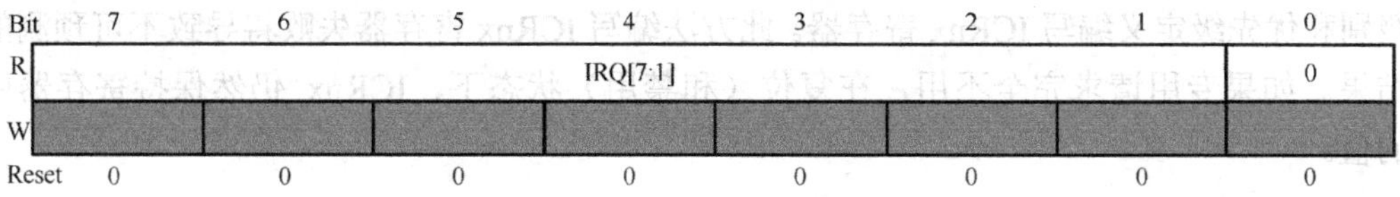

图 5.2.21 中断请求级别寄存器

表 5.2.18 IRLRn 字段说明

数 据 位	描 述
IRQ[7:1]	中断请求 表示当前中断请求的级别。 0：此级别无活动中断； 1：此级别活动中断

5）中断应答级别和优先寄存器（IACKLORn，见图 5.2.22 和表 5.2.19）

每次 IACK 执行时，中断控制器响应已知优先级中最高优先级的中断矢量号码。为进一步提供中断矢量号码直接供 IACK 读取，此 8 位寄存器也加载中断级别和应答优先级相关信息。寄存器提供应答外围中断请求号码和编程中断级别/优先级的联系。

Bit	7	6	5	4	3	2	1	0
R	0	LEVEL			PRI			
W								
Reset	0	0	0	0	0	0	0	0

图 5.2.22　中断应答级别和优先寄存器

表 5.2.19　IACKLORn 字段说明

数 据 位	描　　述
LEVEL	中断级别，表示当前中断级别
PRI	中断优先级，表示当前应答中断级别优先级 0：优先级 0； 1：优先级 1； 2：优先级 2； 3：优先级 3； 4：优先级 4； 5：优先级 5； 6：优先级 6； 7：优先级 7； 8：仅与固定级别中断有关的中点优先级

6）中断控制寄存器（ICRnx，见图 5.2.23 和表 5.2.20）

每个 ICRnx，X 等于 1,2,⋯,63，规定中断级别（1～7）和级别（0～7）内的优先级。所有 ICRnx 寄存器可读，但仅 ICRn8 到 ICRn63 可写。软件的职责是用唯一且不重叠的级别和优先级定义编写 ICRnx 寄存器。此方法编写 ICRnx 寄存器失败将导致不可预测的结果。如果专用请求完全不用，在复位（和禁用）状态下，ICRnx 仍然保持寄存器中的值。

Bit	7	6	5	4	3	2	1	0
R	0	0	IL			IP		
W								
Reset	0	0	0	0	0	0	0	0

图 5.2.23　中断控制寄存器

表 5.2.20　ICRnx 字段说明

数据位	描　述
IL	中断级别，指出中断级别分配给每个中断输入
IP	中断优先级，指示中断级别分配的内部模式中断优先级。 000b：表示低级别。 111b：表示最高级别。为固定级别中断源，优先级固定在中点级别，且 IP 字段读为 000b

7）软件和级别 mIACK 寄存器（SWIACK、LmIACKn，见图 5.2.24 和表 5.2.21）

8 个 IACK 寄存器可以明确地由 CPU 寻址，或在异常处理期间暗中由处理器生成中断应答周期。在任何一种情况下，中断控制器的行为类似。当一个级别 mIACK（m=1,2,…,7）到达中断控制器时，控制器检查所有当前活动级别 m 中断请求，确定其中的最高级别，然后以对应具体中断源的唯一矢量号码作为回应。矢量号码用于比特大小的 IACK 寄存器读周期的数据。除规定矢量号码外，中断控制器也加载级别和级别优先级号码到 ACKLPR 寄存器，随后检索。

中断控制器设计也提供软件 IACK 概念。一个软件 IACK 允许一个中断服务程序决定是否有将要发生的其他中断，这能够使与异常中断处理（包括机器状态保存/复位）有关的内务操作最小化。一般，中断服务程序快结束时软件 IACK 开始执行，且如果由新增活动中断源，当前中断服务程序（ISR）将控制权转到适当服务程序，但不获取另一个异常中断。

当中断控制器接收到一个软件 IACK 读取时，它为中断控制器返回最高级别和最高优先级非屏蔽中断源有关的矢量号码。IACKLPR 寄存器也像软件 IACK 执行一样加载。中断控制器返回全 0 矢量作为操作数。在这种情况下，IACKLPR 寄存器也被清空。

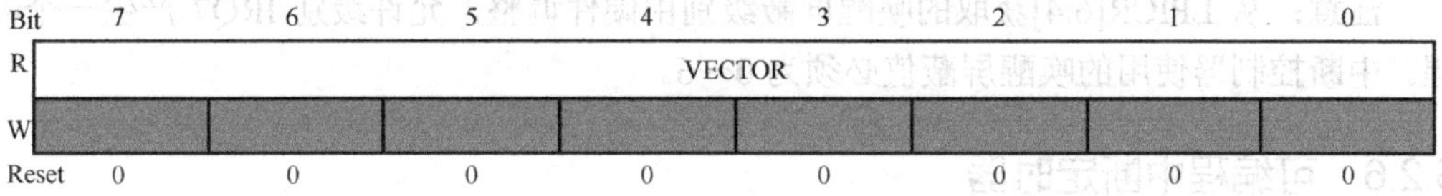

图 5.2.24　软件和级别 mIACK 寄存器

表 5.2.21　SWIACK、LmIACKn 字段说明

数据位	描　述
VECTOR	矢量号码 从 SWIACK 寄存器读取返回最高级别和最高优先级非屏蔽中断源有关的矢量号码；从 LmIACKn 寄存器读取返回最高优先级非屏蔽中断源有关的矢量号码

8）全局软件和级别寄存器（mIACK，见图 5.2.25 和表 5.2.22）

除了软件 IACK 寄存器，还有全局 IACK 寄存器 GSWIACK 和 GLmIACK。从 GSWIACK 读取返回所有中断控制器中最高级别和非屏蔽中断源最高优先级的矢量号码。从 GLmIACK 寄存器读取返回最高优先级非屏蔽中断源有关的矢量号码。

Bit	7	6	5	4	3	2	1	0
R	VECTOR							
W								
Reset	0	0	0	0	0	0	0	0

图 5.2.25　全局软件和级别寄存器

表 5.2.22　mIACK 字段说明

数 据 位	描　述
VECTOR	矢量号码 从 GSWIACK 寄存器读取返回最高级别和最高优先级非屏蔽中断源有关的矢量号码；从 GLmIACK 寄存器读取返回最高优先级非屏蔽中断源有关的矢量号码

9）低功率唤醒操作

系统控制模块（SCM）包括用于明确控制低功率停止模式使用的 8 位低功率中断控制寄存器（LPICR）。

中断控制器通过一个专用组合逻辑路径来提供一个特殊唤醒信号，可从低功率停止模式中退出。这种特殊模式下的工作模式如下。

（1）当核心处于停止级别时，LPICR[6:4]加载指定屏蔽级别。LPICR[7]必须设置使能此模式。

（2）处理机执行设置停止模式的停止指令，当处理机停止后，每个中断控制器使能一个专用逻辑路径来计算完全逻辑路径中的输入中断源。也就是说，有不计时存储元件。如果一个活动中断请求被响应且合成的中断级别高于包含于 LPICR[6:4]的屏蔽值，然后每个中断控制器响应唤醒输出信号，这是 SCM 和 PLL 模式再次使能设备时钟和继续操作的方法。

注意：从 LPICR[6:4]获取的唤醒屏蔽级别由硬件调整，允许级别 IRQ7 产生一个唤醒。中断控制器使用的唤醒屏蔽值必须为 0～6。

5.2.6　可编程中断定时器

1．可编程中断定时器（PIT）介绍

每路 PIT 是一个 16 位的定时器，可提供精确周期性中断功能。PIT 模块可以实现与定时器/计数器相关的应用。

PIT 工作方式如下。

（1）自由工作方式。计数模块从 0xFFFF 开始减 1 计数，到 0 置位 PIT 控制和状态寄存器 PCSRn 的 PIF 位。

（2）配置运行方式。以模数寄存器 PMRn 的值为基数开始减 1 计数，到 0 置位 PIF 位。

注意：通过设置 PCSRn 中的 RLD=0，可以使 PIT 在自由工作方式下工作。另外，RLD=1 可以使 PIT 在配置运行方式下工作。

2. 可编程中断定时结构

可编程中断定时器结构如图 5.2.26 所示。

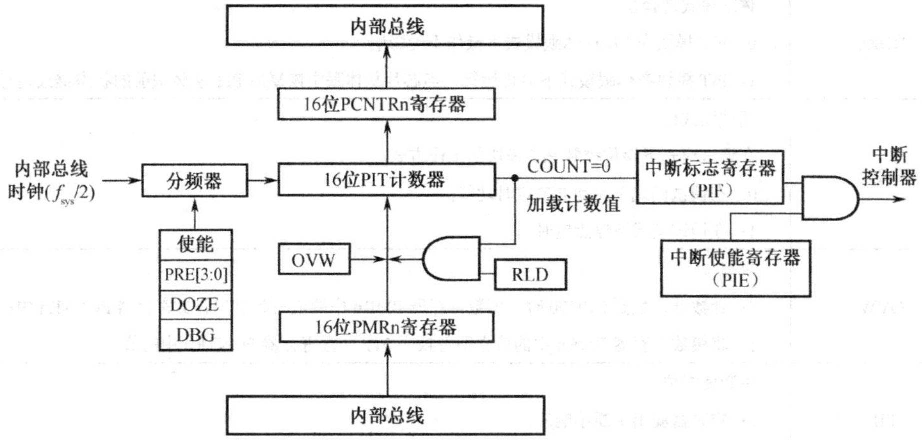

图 5.2.26 可编程中断定时器（PIT）结构

3. 寄存器介绍

PIT 模块有 3 个寄存器：PIT 控制与状态寄存器（PCSRn）、PIT 模数寄存器（PMRn）及 PIT 计数寄存器（PCNTRn）。PIT 有两个可编程的定时器/计数器模块。

1）PIT 控制与状态寄存器（PCSRn，见图 5.2.27 和表 5.2.23）

Bit	15	14	13	12	11	10	9	8	7	6	5	4	3	2	1	0
R	0	0	0	0	PRE				0	DOZE	DBG	OVW	PIE	PIF	RLD	EN
W														WIC		
Reset	0	0	0	0	0	0	0	0	0	0	0	0	0	0	0	0

图 5.2.27 PIT 控制与状态寄存器

表 5.2.23 PCSRn 字段说明

数 据 位	描 述
PRE	分频因子 用于给内部总线分频后产生 PIT 时钟。 注意：选择分频因子时必须使 EN 位清零。分频因子 PRE[3:0]如下表所示。

PRE	外部总线时钟分频	十进制位
0000	2^0	1
0001	2^1	2
0010	2^2	4
…	…	…
1101	2^{13}	8192
1110	2^{14}	16384
1111	2^{15}	32768

续表

<table>
<tr><th>数 据 位</th><th>描 述</th></tr>
<tr><td>DOZE</td><td>休眠模式选择位
0：PIT 模块在 MCU 休眠模式下操作不受影响；
1：PIT 模块在休眠模式下停止运行，当芯片从休眠中恢复后 PIT 从休眠前的状态继续运行</td></tr>
<tr><td>DBG</td><td>调试模式位
在调试模式下该位控制 PIT 模块的工作方式。
0：在调试模式下启动 PIT 定时功能；
1：在调试模式下停止定时</td></tr>
<tr><td>OVW</td><td>重写位
0：计数器计数到 0x0000 时，模数寄存器 PMRn 中的值写到 PIT 计数寄存器 PCNTRn 中；
1：将模数寄存器 PMRn 中的值立即替换为 PIT 计数寄存器 PCNTRn 中的值</td></tr>
<tr><td>PIE</td><td>中断使能位
0：定时器溢出中断不响应；
1：定时器溢出中断使能</td></tr>
<tr><td>PIF</td><td>中断标志位
当 PIT 计数器计数到 0x0000 时，该位被置 1；当 PIE=1 时允许向 MCU 申请中断，向该位写 1 或者写模数寄存器（PMRn）清零该位</td></tr>
<tr><td>RLD</td><td>重载位
0：计数器从 0xFFFF 开始减 1 直到 0x0000；
1：计数器重新载入模数寄存器（PMRn）的值，计数到 0x0000</td></tr>
<tr><td>EN</td><td>使能位
0：PIT 模块是禁止的；
1：PIT 使能，能正常运行。
<table>
<tr><th>PE</th><th>外部总线时钟分频</th><th>十进制</th></tr>
<tr><td>0000</td><td>2^0</td><td>1</td></tr>
<tr><td>0001</td><td>2^1</td><td>2</td></tr>
<tr><td>0010</td><td>2^2</td><td>4</td></tr>
<tr><td>…</td><td>…</td><td>…</td></tr>
<tr><td>1101</td><td>2^{13}</td><td>8192</td></tr>
<tr><td>1110</td><td>2^{14}</td><td>16384</td></tr>
<tr><td>1111</td><td>2^{15}</td><td>32768</td></tr>
</table></td></tr>
</table>

2）PIT 模数寄存器（PMRn，见图 5.2.28）

该寄存器为 16 位可读写寄存器，用来保存写入到计数寄存器（PCNTRn）的值。当计数到 0x0000 且 PCSRn 中 RLD 被置位时，将模数寄存器（PMRn）中的值写入计数寄存器（PCNTRn）中。

注意：当 PCSRn 中 OVW=1 时，立即将模数寄存器（PMRn）中的值写入计数寄存器（PCNTRn）中开始计数。

Bit	15	14	13	12	11	10	9	8	7	6	5	4	3	2	1	0
R W	PM															
Reset	1	1	1	1	1	1	1	1	1	1	1	1	1	1	1	1

图 5.2.28　PIT 模数寄存器

3）PIT 计数寄存器（PCNTRn，见图 5.2.29）

该寄存器为 16 位只读寄存器，用于存储定时器计数值。读取时必须同时读取 16 位，不允许分开读高 8 位和低 8 位。

Bit	7	6	5	4	3	2	1	0
R	PC							
W								
Reset	0	0	0	0	0	0	0	0

图 5.2.29　PIT 计数寄存器

4．初始化步骤

```
void PIT0_init(void)
{
    MCF_PIT_PCSR(0)=MCF_PIT_PCSR_RLD
                   |MCF_PIT_PCSR_PIF
                   |MCF_PIT_PCSR_PIE
                   |MCF_PIT_PCSR_OVW
                   |MCF_PIT_PCSR_PRE(9);//at 80MHz
                   //(15-610Hz)(14-1220Hz)(13-4882Hz)
                   //(12-9765Hz)(11-19531Hz)(10-39062Hz)(9-78125Hz)
                   //|MCF_PIT_PCSR_DBG
                   //|MCF_PIT_PCSR_DOZE

    MCF_PIT_PMR(0)=1000*(78125/1000);

    MCF_INTC0_IMRL&=~MCF_INTC_IMRL_MASKALL;
    MCF_INTC0_IMRH&=~MCF_INTC_IMRH_INT_MASK55;//PIT0
    MCF_INTC0_ICR55=MCF_INTC_ICR_IP(6)+MCF_INTC_ICR_IL(2);//PIT0

    MCF_PIT_PCSR(0)|=MCF_PIT_PCSR_EN;
}
```

5.2.7 脉冲累加器模块

1. 脉冲累加器模块介绍

MCF52259 包括一个 4 通道的通用时钟模块（GPT）。GPT 的通道 3 能够被配置成 16 位的累加器作为事件计数器或门时间计算器。脉冲累加器用 GPT 通道 3 的输入/输出脚分别对应事件模式或门时间模式。

脉冲累加器（PA）是一个 16 位的计数器，它能在以下两种模式下工作。

- ⊙ 事件计数模式：在脉冲累加器输入引脚 PAI 对所选择的极性边沿进行计数。
- ⊙ 门限时间累加模式：对 64 分频的脉冲计数。

注意：PA 模式位（PAMOD）选择操作模式；PAI 输入引脚最小脉宽为两个模块时钟周期。

2. 寄存器介绍

1）脉冲累加器控制寄存器（GPTPACTL，见图 5.2.30 和表 5.2.24）

Bit	7	6	5	4	3	2	1	0
R	0	PAE	PAMOD	PEDGE	CLK		PAOVI	PAI
W								
Reset	0	0	0	0	0	0	0	0

图 5.2.30 脉冲累加器控制寄存器

表 5.2.24 GPTPACTL 字段说明

数据位	描述
PAE	脉冲累加器使能位 注：当 GPT 禁止时脉冲累加器也能继续使用。 0：禁止脉冲累加器； 1：使能脉冲累加器
PAMOD	脉冲累加器的模式选择位 0：选择为事件模式； 1：选择为门限时间累加模式
PEDGE	脉冲累加器边沿电平选择位 0：在事件模式下降沿时增加计数器； 1：在事件模式上升沿时增加计数器
CLK	时钟选择位 选择 GPT 计数器输入时钟。 00：输入时钟为 GPT 预分频时钟（当 PAE=0 时，GPT 脉冲累加器是 GPT 的计数时钟）； 01：输入时钟为 PACLK； 10：输入时钟为 PACLK/256； 11：输入时钟为 PACLK/65536

续表

数 据 位	描　　述
PAOVI	脉冲累加器溢出中断使能位 0：不允许溢出中断； 1：当脉冲累加器计数器溢出时，允许中断标志位 PAOVF 产生中断请求
PAI	脉冲累加器输入中断使能位 0：不允许输入中断； 1：当脉冲累加器输入时，允许中断标志位 PAIF 产生中断请求

2）脉冲累加器中断标志寄存器（GPTPAFLG，见图 5.2.31 和表 5.2.25）

SYNSR 是一个只读寄存器，可随时读取。

Bit	7	6	5	4	3	2	1	0
R	0	0	0	0	0	0	PAOVF	PAIF
W								
Reset	0	0	0	0	0	0	0	0

图 5.2.31　脉冲累加器中断标志寄存器

表 5.2.25　GPTPAFLG 字段说明

数 据 位	描　　述
PAOVF	脉冲累加器溢出中断标志位 当脉冲累加计数器从 0xFFFF 跳变到 0x0000 时，如果 GPTPACTL[PAOVI]置位，则 PAOVF 产生一个中断请求。 注意：向该位写 1 清标志位
PAIF	脉冲累加器输入中断标志位 当检测到脉冲累加器设置的有效电平变化时该位置位；同时，当 GPTPACTL[PAI]置位时产生一个中断请求。 注意：向该位写 1 清标志位

3）脉冲累加计数器（GPTPACNT）

自动保存检测到的脉冲累加器设置的电平变化次数。注意：读取时一次读取 16 位。

3. 初始化步骤

```
void GPT_Init()
 {
//控制寄存器设置//
//禁止 GPT
    MCF_GPT_GPTSCR1  &= ~MCF_GPT_GPTSCR1_GPTEN;
    MCF_GPIO_PTAPAR  |= MCF_GPIO_PTAPAR_ICOC3_ICOC3;
//关闭脉冲累加器 A
    MCF_GPT_GPTPACTL &= ~MCF_GPT_GPTPACTL_PAE;
//选择事件计数模式
```

```
        MCF_GPT_GPTPACTL &= ~MCF_GPT_GPTPACTL_PAMOD;
    //上升沿增加计数器
        MCF_GPT_GPTPACTL &= ~MCF_GPT_GPTPACTL_PEDGE;
    //允许溢出中断
        MCF_GPT_GPTPACTL |= MCF_GPT_GPTPACTL_PAOVI;
    //脉冲累加器输入使能位允许
        MCF_GPT_GPTPACTL |= MCF_GPT_GPTPACTL_PAI;
    //计数器清零
        MCF_GPT_GPTPACNT = 0x0000;
    //清除累加输入标志中断位
        MCF_GPT_GPTPAFLG |= MCF_GPT_GPTPAFLG_PAIF
                         | MCF_GPT_GPTPAFLG_PAOVF;   //清除溢出标志中断位
    //打开 GPT
        MCF_GPT_GPTPACTL |= MCF_GPT_GPTPACTL_PAE;
    //MCF_GPT_GPTSCR1 |= MCF_GPT_GPTSCR1_GPTEN;
    }
```

5.2.8 舵机电动机控制模块

1. 舵机电动机控制模块（PWM）介绍

PWM 又称脉冲宽度调制模块，是嵌入式应用系统的常用功能之一。它通过对一系列脉冲的宽度进行调制来等效地获得所需要的波形（包括形状和幅值）。

2. PWM 特性

1）PWM 的周期与占空比

（1）周期。PWM 会产生一个在高电平和低电平之间重复交替的输出信号，这个信号被称为 PWM 信号，通常定义 PWM 周期为该 PWM 信号的周期。

（2）占空比。PWM 占空比为信号处于高电平的时间（或时钟周期数）占整个信号周期的百分比。

2）PWM 的脉冲极性

PWM 的脉冲极性指的是 PWM 信号初始时输出的电平极性。

3）PWM 的脉冲对齐方式

PWM 的脉冲对齐方式有两种：左对齐与中心对齐。

3. 结构

PWM 结构如图 5.2.32 所示。

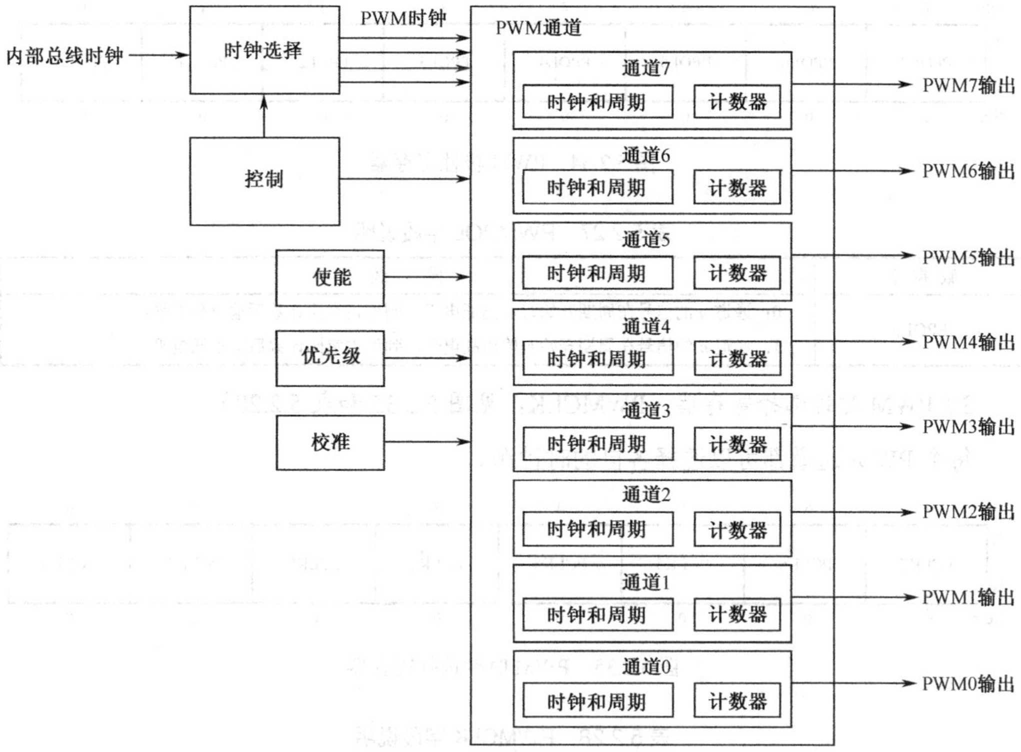

图 5.2.32 PWM 结构

4. 寄存器介绍

1）PWM 使能寄存器（PWME，见图 5.2.33 和表 5.2.26）

该寄存器中的每一位控制相应 PWM 通道的 PWM 信号是否输出。

Bit	7	6	5	4	3	2	1	0
R W	PWME7	PWME6	PWME5	PWME4	PWME3	PWME2	PWME1	PWME0
Reset	0	0	0	0	0	0	0	0

图 5.2.33 PWM 使能寄存器

表 5.2.26 PWME 字段说明

数 据 位	描 述
PWMEn	0：禁止 PWM 通道 *n* 的输出； 1：使能 PWM 通道 *n* 的输出

2）PWM 极性寄存器（PWMPOL，见图 5.2.34 和表 5.2.27）

该寄存器用来设置 PWM 的脉冲极性，当 PWM 信号已经输出时，更改 PWM 的脉冲极性将会导致在脉冲极性切换过程中 PWM 的输出信号不稳。

Bit	7	6	5	4	3	2	1	0
R/W	PPOL7	PPOL6	PPOL5	PPOL4	PPOL3	PPOL2	PPOL1	PPOL0
Reset	0	0	0	0	0	0	0	0

图 5.2.34 PWM 极性寄存器

表 5.2.27 PWMPOL 字段说明

数据位	描述
PPOLn	0：通道 n 的信号在周期开始时输出低电平，到达占空比计数后输出高电平； 1：通道 n 的信号在周期开始时输出高电平，到达占空比计数后输出低电平

3）PWM 时钟选择寄存器（PWMCLK，见图 5.2.35 和表 5.2.28）

每个 PWM 通道都可以选择各自的时钟源。

Bit	7	6	5	4	3	2	1	0
R/W	PCLK7	PCLK6	PCLK5	PCLK4	PCLK3	PCLK2	PCLK2	PCLK0
Reset	0	0	0	0	0	0	0	0

图 5.2.35 PWM 时钟选择寄存器

表 5.2.28 PWMCLK 字段说明

数据位	描述
PCLKn	0：PWM 通道 n 选择 B 为时钟源，n=2,3,6,7； 1：PWM 通道 n 选择 SB 为时钟源，n=2,3,6,7
PCLKn	0：PWM 通道 n 选择 A 为时钟源，n=0,1,4,5； 1：PWM 通道 n 选择 SA 为时钟源，n=0,1,4,5

4）PWM 预分频时钟选择寄存器（PWMPRCLK，见图 5.2.36 和表 5.2.29）

该寄存器用于设置时钟 A 和时钟 B 的时钟预分频值，当 PWM 信号已经输出时，更改预分频值将会导致在时钟切换的过程中 PWM 的输出信号不稳。

Bit	7	6	5	4	3	2	1	0
R	0	PCKB2	PCKB1	PCKB0	0	PCKA2	PCKA1	PCKA0
W								
Reset	0	0	0	0	0	0	0	0

图 5.2.36 PWM 预分频时钟选择寄存器

表 5.2.29 PWMPRCLK 字段说明

数据位	描述
PCKB	时钟 B 的分频设置为 $f_B = f_{Bus} / 2^{PCKB}$； 000～111：数值 0～7
PCKA	时钟 A 的分频设置为 $f_A = f_{Bus} / 2^{PCKA}$； 000～111：数值 0～7

5）PWM 中心对齐使能寄存器（PWMCAE，见图 5.2.37 和表 5.2.30）

该寄存器用来设置 PWM 的脉冲对齐方式为左对齐或者中心对齐。

Bit	7	6	5	4	3	2	1	0
R/W	CAE7	CAE6	CAE5	CAE4	CAE3	CAE2	CAE1	CAE0
Reset	0	0	0	0	0	0	0	0

图 5.2.37　PWM 中心对齐使能寄存器

表 5.2.30　PWMCAE 字段说明

数 据 位	描　述
CAEn	0：脉冲对齐方式为左对齐； 1：脉冲对齐方式为中心对齐

6）PWM 控制寄存器（PWMCTL，见图 5.2.38 和表 5.2.31）

该寄存器可以对 PWM 进行不同的配置，包括将两路 8 位的 PWM 通道配置为 1 路 16 位的 PWM 通道，以及设置 PWM 在低功耗模式下的特性。

Bit	7	6	5	4	3	2	1	0
R	CON67	CON45	CON23	CON01	PSWAI	PFRZ	0	0
W								
Reset	0	0	0	0	0	0	0	0

图 5.2.38　PWM 控制寄存器

表 5.2.31　PWMCTL 字段说明

数 据 位	描　述
CONxy	PWM 通道合并设置位 合并时从通道 y 输出，其极性、对齐方式、时钟选择和使能控制由 PWM 通道 y 决定，PWM 通道 x 在此模式下设置均无效。x=6,4,2,0 对应 y=7,5,3,1。 0：PWM 通道 x 与 PWM 通道 y 是独立 8 位 PWM 通道； 1：PWM 通道 x 与 PWM 通道 y 合并为 1 路 16 位 PWM 通道
PSWAI	休眠模式下 PWM 的时钟设置位 0：休眠模式下时钟继续运行； 1：休眠模式下时钟停止运行
PFRZ	调试模式下 PWM 的计数器设置位 0：调试模式下 PWM 计数器继续运行； 1：调试模式下 PWM 计数器停止运行

7）PWM 分频寄存器 A（PWMSCLA，见图 5.2.39 和表 5.2.32）

该寄存器设置时钟 SA，时钟 SA 由时钟 A 分频而来。

$$f_{SA} = f_A/(2\times \text{PWMSCLA})$$

Bit	7	6	5	4	3	2	1	0
R/W	SCALEA							
Reset	0	0	0	0	0	0	0	0

图 5.2.39　PWM 分频寄存器 A

表 5.2.32　PWMSCLA 字段说明

数 据 位	描　述
PWMSCLA	00000001～11111111：对应数值 1～255，当 PWMSCLA=00000000 时，对应的数值为 256

8）PWM 分频寄存器 B（PWMSCLB，见图 5.2.40 和表 5.2.33）

该寄存器设置时钟 SB，时钟 SB 由时钟 B 分频而来。

$$f_{SB} = f_B/(2\times \text{PWMSCLB})$$

Bit	7	6	5	4	3	2	1	0
R/W	SCALEB							
Reset	0	0	0	0	0	0	0	0

图 5.2.40　PWM 分频寄存器 B

表 5.2.33　PWMSCLB 字段说明

数 据 位	描　述
PWMSCLB	00000001～11111111：对应数值 1～255，当 PWMSCLB=00000000 时，对应的数值为 256

9）PWM 通道计数寄存器（PWMCNTn）

每个 PWM 通道都有一个各自的 8 位自增/自减计数寄存器，在不影响 PWM 通道正常工作的情况下，用户可以读取计数器的值。

10）PWM 通道周期寄存器（PWMPERn）

每个 PWM 通道都有一个各自的 8 位周期寄存器。

当 PWM 脉冲对齐方式为左对齐时：

PWM 周期=周期寄存器值/时钟频率

当 PWM 脉冲对齐方式为左对齐时：

PWM 周期=周期寄存器值/时钟频率×2

11）PWM 通道占空比寄存器（PWMDTYn）

每个 PWM 通道都有一个各自的 8 位占空比寄存器。

当 PWM 脉冲初始为高电平时：

PWM 信号占空比=占空比寄存器值/周期寄存器×100%

当 PWM 脉冲初始为低电平时：

PWM 信号占空比=(1−占空比寄存器值/周期寄存器)×100%

12）PWM 关闭寄存器（PWMSDN，见图 5.2.41 和表 5.2.34）

该寄存器提供了在紧急情况下关闭 PWM 模块的功能。

Bit	7	6	5	4	3	2	1	0
R	IF	IE	0	LVL	0	PWM7IN	PWM7IL	SDNEN
W	W1C		RESTART					
Reset	0	0	0	0	0	0	0	0

图 5.2.41　PWM 关闭寄存器

表 5.2.34　PWMSDN 字段说明

数 据 位	描　　述
IF	PWM 中断标志位 当 PWM7IN 状态变化时会置位。 0：PWM7IN 状态没有变化； 1：PWM7IN 状态有变化
IE	PWM 中断使能位 当 PWM7IN 出现有效电平时将触发 CPU 中断。 0：禁止 PWM 中断； 1：使能 PWM 中断
RESTART	PWM 重启设置位，只写位，读为 0 当通道相应计数器复位为 0 后 PWM 通道开始运行
LVL	PWM 关闭后输出电平设置位 设置 PWM 关闭后输出电平的极性。 0：PWM 强制输出逻辑 0 电平； 1：PWM 强制输出 1 电平
PWM7IN	PWM 通道 7 输入状态位，只读位
PWM7IL	PWM 通道 7 输入有效极性设置位 0：PWM 通道 7 输入低电平有效； 1：PWM 通道 7 输入高电平有效
SDNEN	PWM 紧急情况关闭使能位 0：禁止 PWM 紧急情况关闭； 1：使能 PWM 紧急情况关闭

5. 初始化例程

```
void PWM_init(void)
{
   MCF_PWM_PWME=0x00;

   //级联成16位PWM
   MCF_PWM_PWMCTL|=MCF_PWM_PWMCTL_CON01
                  |MCF_PWM_PWMCTL_CON23
                  |MCF_PWM_PWMCTL_CON45;
```

```
//通道计数器清零
 MCF_PWM_PWMCNT0=0;
 MCF_PWM_PWMCNT1=0;
 MCF_PWM_PWMCNT2=0;
 MCF_PWM_PWMCNT3=0;
 MCF_PWM_PWMCNT4=0;
 MCF_PWM_PWMCNT5=0;
//MCF_PWM_PWMCNT6=0;
//MCF_PWM_PWMCNT7=0;

// PWM 极性
MCF_PWM_PWMPOL |= MCF_PWM_PWMPOL_PPOL1
               | MCF_PWM_PWMPOL_PPOL3
               | MCF_PWM_PWMPOL_PPOL5;

//左对齐
MCF_PWM_PWMCAE=0x00;

// 时钟选择
// 01,45 switch SA
// 23,67 switch SB
MCF_PWM_PWMCLK|=MCF_PWM_PWMCLK_PCLK1
              |MCF_PWM_PWMCLK_PCLK3
              |MCF_PWM_PWMCLK_PCLK5;
MCF_PWM_PWMPRCLK|=MCF_PWM_PWMPRCLK_PCKA(2)  //40MHz/2^2=10MHz;
                |MCF_PWM_PWMPRCLK_PCKB(2);    /*a==b==10MHz*/
MCF_PWM_PWMSCLA=MCF_PWM_PWMSCLA_SCALEA(2);
//f(sa)=f(a)/(2*PWMSCLB)=5MHz
MCF_PWM_PWMSCLB=MCF_PWM_PWMSCLB_SCALEB(2);  /*f(sb)==5MHz  */
MCF_PWM_PWMPER4=(uint8)(50000>>8); //50(50000)100(45000) 120(8333)
MCF_PWM_PWMPER5= (uint8)(50000);
MCF_PWM_PWMDTY4= (uint8)(3445>>8);    //3450
MCF_PWM_PWMDTY5= (uint8)(3445);
MCF_PWM_PWMPER0=(uint8)(250>>8);      // 8(125)  10(450)  12(83)
MCF_PWM_PWMPER1=(uint8)(250);
MCF_PWM_PWMDTY0=(uint8)(0>>8);
```

```
    MCF_PWM_PWMDTY1=(uint8)(0);
    MCF_PWM_PWMPER2=(uint8)(250>>8);   // 8(125)  10(4500)  12(83)
    MCF_PWM_PWMPER3=(uint8)(250);
    MCF_PWM_PWMDTY2=(uint8)(0>>8);
    MCF_PWM_PWMDTY3=(uint8)(0);
    MCF_PWM_PWME|=MCF_PWM_PWME_PWME5
                |MCF_PWM_PWME_PWME1
                |MCF_PWM_PWME_PWME3;
}
```

5.2.9 通用异步收发机模块

1. 通用异步收发机模块介绍

本节介绍 3 种通用异步收发机的用途及其相关设计示例。出现的“n”是为了与 3 种同样的 UART 模块中的一种相关联：UART0、UART1 和 UART2。

内部总线时钟如果没有对外部 UART 时钟的需求，能够供给 3 种独立的 UART 中任意一种。每个 UART 模块接口直接面向 CPU 并且由以下 4 部分组成：

- ⊙ 串行通信通道；
- ⊙ 可编程的时钟发生；
- ⊙ 中断控制逻辑和 DMA 请求逻辑；
- ⊙ 中断通道控制逻辑。

2. 外部信号描述

外部请求信号说明如表 5.2.35 所示。一个请求信号在一个中断条件下被发送至中断控制器。输出未屏蔽的 UISRn 位进行逻辑异或后的结果。在中断控制器中，中断级别和优先级是可编程的。UART 还能利用 DMA 方式配置成可自动传递数据来取代中断的方式。当接收器的 FIFO 内有数据或者发送寄存器为空的时候发出一个 DMA 请求。

DMA 相关知识在此不做深究，详细介绍请参照芯片手册。

表 5.2.35 外部请求信号说明

信 号	描 述
UTXDn	发送器串行数据输出信号 当发送器不可用、空闲或者进行本地回环模式操作时，UTXDn 被拉高（标识条件）。数据在时钟源的下降沿时被发送出去，伴随着最先发送的一个最小有效位（lsb）
URXDn	接收器串行数据输入信号 数据在时钟源的上升沿时伴随着一个最先接收的最小有效位在 URXDn 上被接收
UCTSn	清除一发送 此输入信号在状态变化时产生一个中断
URTSn	请求一发送 此输出信号可被接收器或发送器置为 0 或 1。当与发送器的 UCTSn 连接时，URTSn 可以控制串行数据流程

通用异步收发机模型如图 5.2.42 所示。

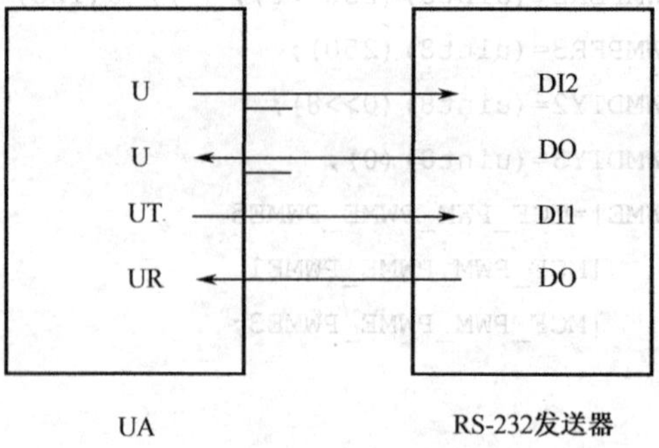

图 5.2.42　通用异步收发机模型

3. 结构

通用异步收发机串口结构如图 5.2.43 所示。

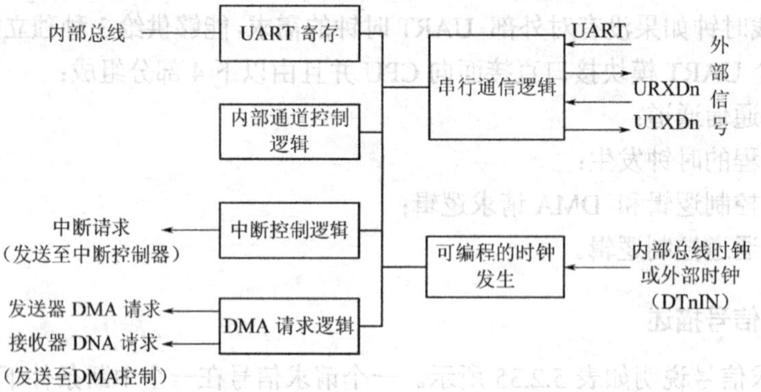

图 5.2.43　通用异步收发机串口结构

4. 寄存器介绍

1）UART 模式寄存器 1（UMR1n，见图 5.2.44 和表 5.2.36）

UMR1n 寄存器控制配置。当模式寄存器指针指向 UMR1n 时，UMR1n 可以在复位时或者复位模式寄存器指针命令后利用 UCRn[MISC]进行读写操作。在 UMR1n 读写操作完成后，指针指向 UMR2n。

Bit	7	6	5	4	3	2	1	0
R W	RXRTS	RXIRQ/FFULL	ERR	PM		PT	B/C	
Reset	0	0	0	0	0	0	0	0

图 5.2.44　UART 模式寄存器 1

表 5.2.36　UMR1n 字段说明

<table>
<tr><th>数据位</th><th>描　述</th></tr>
<tr><td>RXRTS</td><td>请求发送的接收位
允许 URTSn 的输出来控制 UCTSn 的输入不会超过接收器的范围。如果接收器和发送器对 URTSn 的控制被错误编程，URTSn 将不能控制输入和输出。发送的请求将被设置成 UMR2n（TXRTS）的形式。
0：接收器对 URTSn 没有影响；
1：当一个有效的起始位被接收时，如果 UART 的 FIFO 位已满，URTSn 将被视为无效。当 FIFO 有一个可用的空位时，URTSn 将恢复其功能</td></tr>
<tr><td>RXIRQ/FFULL</td><td>中断选择的接收位
0：RXRDY 引起中断产生或是直接进行中断请求；
1：FULLY 引起中断产生或是直接进行中断请求</td></tr>
<tr><td>ERR</td><td>错误位
设定 FIFO 的状态位，USR（RB，FE，PE）
0：字符式。USRn 反映处在 FIFO 顶部字符的状态。当有多条指令时，ERR 必须是 0 作为改正 A/D 的标志信息；
1：块状态。当最后的剩余错误状态对 UART 的要求超出范围时，对所有的处于 FIFO 顶部的字符 USRn 将执行逻辑或功能</td></tr>
<tr><td>PM</td><td>奇偶校验位
为 UART 模块选择奇偶校验或多点模式。校验位是被加进去的一种传送字符，也是接收位检验输入数据的检验平台。PM 是如何作用影响 PT 的如下表所示</td></tr>
<tr><td>PT</td><td>奇偶校验位
PM 和 PT 共同决定奇偶类型，或决定一个数据或地址是否被传送。
<table>
<tr><th>PM</th><th>校验模式</th><th>校验类型（PT=0）</th><th>校验类型（PT=1）</th></tr>
<tr><td>00</td><td>奇偶校验</td><td>偶校验</td><td>奇校验</td></tr>
<tr><td>01</td><td>强制奇偶校验</td><td>低位奇偶校验</td><td>高位奇偶校验</td></tr>
<tr><td>10</td><td>无奇偶校验</td><td colspan="2">N/A</td></tr>
<tr><td>11</td><td>多点模式</td><td>数据字符</td><td>地址字符</td></tr>
</table></td></tr>
<tr><td>B/C</td><td>每个字符位
选择每个要发送字符的数据位个数。无起始位、奇偶校验位和停止位。
00：5 位；
01：6 位；
10：7 位；
11：8 位</td></tr>
</table>

2）UART 模式寄存器 2（UMR2n，见图 5.2.45 和表 5.2.37）

UMR2n 寄存器控制 UART 模块配置。在任意对 UMR1n 的访问之后，当模式寄存器指针指向 UMR2n 时可以对 UMR2n 进行读写操作。

Bit	7	6	5	4	3	2	1	0
R/W	CM		TXRTS	TXCTS	SB			
Reset	0	0	0	0	0	0	0	0

图 5.2.45　UART 模式寄存器 2

表 5.2.37　UMR2n 字段说明

<table>
<tr><th>数 据 位</th><th>描　述</th></tr>
<tr><td>CM</td><td>通道方式
选择一个通道，以下是描述独特的通道。
00：正常；
01：自动抗干扰；
10：局部回环；
11：远部回环</td></tr>
<tr><td>TXRTS</td><td>传送器准备发送
控制无效 URTSn 的传送来自动结束信息的传送。
0：这个传送器对 URTSn 没有影响；
1：当发送器在发送完成后不可用时，在发送器的移位寄存器或保持寄存器中任意字符发送 1 位后自动设置此位和可编程的停止位来清除 UOP[RTS]</td></tr>
<tr><td>TXCTS</td><td>清除待发送的传送器
如果 TXCTS 和 TXRTS 都被置位，则 TXCTS 控制发送器的操作。
0：UCTSn 对传送器无影响。
1：清除—发送操作使能。发送器即时检查 UCTSn 的状态，看是否做好发送准备。如果 UCTSn 被检测到，那么字符被发送；如果未被检测到，UTXDn 信号保持在高位状态，并且发送器延时到 UCTSn 被检测到。UCTSn 的改变对要发送字符的发送器没有影响</td></tr>
<tr><td>SB</td><td>停止位长度控制
选择停止位的长度依附在须发送的字符上。停止位 9/16～2 位的长度可编程为 6～8 位的字符。从 1-1/16～2 位的长度可编程为 5 位的字符。接收器仅仅在最后一个数据位或者奇偶校验位（如果有奇偶校验位）的 1b 时间后检查第一个停止位位置中间的状态。如果发送器用一个外部 1x 时钟将第三位清零选择一个停止位，将第三位置位选择两个停止位
<table>
<tr><th>SB</th><th>5 位</th><th>6～8 位</th></tr>
<tr><td>0000</td><td>1.063</td><td>0.563</td></tr>
<tr><td>0001</td><td>1.125</td><td>0.625</td></tr>
<tr><td>0010</td><td>1.188</td><td>0.688</td></tr>
<tr><td>0011</td><td>1.250</td><td>0.750</td></tr>
<tr><td>0100</td><td>1.313</td><td>0.813</td></tr>
<tr><td>0101</td><td>1.375</td><td>.875</td></tr>
<tr><td>0110</td><td>1.438</td><td>0.938</td></tr>
<tr><td>1000</td><td>1.563</td><td>1.000</td></tr>
<tr><td>1001</td><td>1.625</td><td>1.563</td></tr>
<tr><td>1010</td><td>1.688</td><td>1.625</td></tr>
<tr><td>1011</td><td>1.750</td><td>1.688</td></tr>
<tr><td>1100</td><td>1.813</td><td>1.750</td></tr>
<tr><td>1101</td><td>1.875</td><td>1.813</td></tr>
<tr><td>1110</td><td>1.938</td><td>1.875</td></tr>
<tr><td>1111</td><td>1.000</td><td>1.938</td></tr>
<tr><td>1000</td><td>1.563</td><td>1.625</td></tr>
</table></td></tr>
</table>

3）UART 状态寄存器（USRn）

USRn 寄存器显示了发送器、接收器和 FIFO 的状态，如图 5.2.46 所示，字段说明如表 5.2.38 所示。

Bit	7	6	5	4	3	2	1	0
R	RB	FE	PE	OE	TXEMP	TXRDY	FFULL	RXRDY
W								
Reset	0	0	0	0	0	0	0	0

图 5.2.46 UART 状态寄存器

表 5.2.38 USRn 字段说明

数 据 位	描 述
RB	接收中断 接收的中断电路监测接收字符中的中断源。但是，字符中的跳出必须持续到所监测到的下一个字符时间的结尾。 当一个中断接收到时只占用一个 FIFO 位置，直到 URXDn 返回高位状态(最少一个半比特时间)，也就是 UART 时钟两条连续沿相等时，FIFO 的下一个入口都是禁止的。只有当 RXRDY 为 1 时 RB 才有效。 0：未接收到中断； 1：接收到一个编程长度全为 0 且无停止位的字符
FE	帧差错 停止位会检查首先发生在停止位的中断。只有当 RXRDY 被设置时，FE 才是有效的。 0：无帧差错发生； 1：当 FIFO 中相应的数据字符到达时没有监测到停止位
PE	奇偶校验错误 0：没有奇偶校验错误发生； 1：如果 UMR1n[PM]=0x（奇偶校验或强制奇偶校验），那么 FIFO 中接收的相应字符将会有一个错误的奇偶校验。如果 UMR1n[PM]=11（多点），PE 保存接收到的地址或者数据（A/D）位。仅当 RXRDY 为 1 时，PE 才有效
OE	溢出错误 无论溢出是否发生都会指示。 0：无溢出发生； 1：接收到的数据流中有一个或多个字符丢失。当 FIFO 已满并且一个字符已经在移位寄存器中等待一个空闲的 FIFO 位置时，OE 在收到一个新字符时被置位。当此情况发生时，接收器移位寄存器中的字符和字符的中断检测、帧差错状态及奇偶校验错误丢失。UCRn 的错误状态复位命令将 OE 清零
TXEMP	发送器空 0：发送器缓存不空。一个字符被溢出或者发送器不可用。发送器的使能状态由对 UCRn[TC] 的编程来控制； 1：发送器欠载（发送器的保持寄存器和移位寄存器都为空）。如果发送器的保持寄存器中没有等待发送的字符，则此位在字符最后一个停止位发送后被置位

续表

数 据 位	描　　述
TXRDY	准备传送 0：CPU 加载发送器的保持寄存器或者发送器不可用。 1：发送器的保持寄存器为空并且准备好发送一个字符。当一个字符被送到发送器的移位寄存器或发送器第一次使能时置位 TXRDY。若发送器不可用，则发送器的保持寄存器里的字符不被发送
FFULL	FIFO 是满的 0：FIFO 未满但是可能保留两个未读的字符； 1：收到一个字符并且接收 FIFO 已满。当 FIFO 已满时任何到达的字符都会丢失
RXRDY	准备接收 0：CPU 将接收缓存内的数据全部读取结束且 FIFO 中的字符全部被读取； 1：一个或多个字符到达且在接收缓存 FIFO 中等待

4）UART 时钟选择寄存器（UCSRn，见图 5.2.47 和表 5.2.39）

对 DTIN 的输入 UCSRn 选择一个外部时钟或在时钟内部预分频作为时钟传送和接收的源泉。传送和接收会使用不同的时钟资源。

Bit	7	6	5	4	3	2	1	0
R								
W	RCS				TCS			
Reset								

图 5.2.47　UART 时钟选择寄存器

表 5.2.39　UCSRn 字段说明

数 据 位	描　　述
RCS	接收器时钟选择，为接收器选择时钟源。 1101：预分频内部时钟； 1110：16 分制 DTINn； 1111：DTINn
TCS	发送器时钟选择，为发送器选择时钟源。 1101：预分频内部时钟； 1110：16 分制 DTINn； 1111：DTINn

5）UART 命令寄存器（UCRn，见图 5.2.48 和表 5.2.40）

UCRn 支持 UART 命令。只有不冲突的多个命令才能被限定写入一个 UCRn。例如，复位发送器和使能发送器不能被限定在同一个命令中。

Bit	7	6	5	4	3	2	1	0
R								
W	0	MISC			TC		RC	
Reset								

图 5.2.48　UART 命令寄存器

表 5.2.40 UCRn 字段说明

数 据 位	描 述
MISC	000：无命令。 001：复位模式。 寄存器指针使模式寄存器指针指向 UMR1n。 010：复位接收器立即使接收器失效。 将 USRn[FFULL, RXRDY] 清零并且重新初始化接收器 FIFO 指针；其余寄存器不变。因为它将接收器设置为可知的状态，当接收器重载时用此命令代替接收器失效。 011：复位发送器。 立即使发送器失效并且将 USRn[TXEMP, TXRDY]清零；其余寄存器不变。当发送器重载时用此命令代替发送器失效。 100：复位错误状态。 将 USRn[RB, FE, PE, OE]清零。还被使用在块模式中，当接收到一个时钟数据后将所有错误位清零。 101：复位中断—改变中断。 将 Delta 中断（DB）位清零，UISRn[DB]。 110：开始中断。 强制将 UTXDn 置低。如果发送器为空，中断将延时 1b 时间；如果发送器处于激活状态，中断在字符发送完成时开始，中断一直延时到发送器移位寄存器中的任意字符被发送。发送器保持寄存器中的任意字符在中断之后被发送。对此命令来说发送器必须设为使能状态。UCTSn 对此命令无影响。 111：停止中断。 在 2b 时间内将 UTXDn 置高，发送缓存里所有字符被发送
TC	发送命令区。选择一个信号发送命令。 00：无操作。 使发送器保持在当前模式：如果发送器使能，保持使能状态；如果发送器关闭，保持关闭状态。 01：发送器使能。 UART 发送器使能操作。USRn[TXEMP, TXRDY]被置位。如果发送器已处于使能状态，则此命令无效果。 10：发送器关闭，停止发送器运行并且将 USRn[TXEMP, TXRDY]清零。如果字符在发送器关闭时要被发送，则在发送器失效前完成发送。如果发送器已经失效，则该命令无效果。 11：保留，不可用
RC	00：无操作。 使接收器保持在当前模式：如果接收器使能，保持使能状态；如果接收器不可用，保持不可用状态。 01：接收器使能。 如果 UART 模块不处于多点模式（UMR1n[PM]≠11），UART 接收器使能并且强制其为查询开始位状态。如果接收器已处于使能状态，则此命令无效果。 10：接收器关闭。 立即关闭接收器，所有正被接收的字符丢失。该命令不会影响接收器状态位或其他控制寄存器。如果 UART 模块为本地回环模式或者多点模式，即使选择此命令接收器也照样运行。如果接收器已经关闭，则该命令无效果。 11：保留，不可用

5. 初始化步骤

```
void uart0_init(uint16 baudrate)
{
    uint32 div,SYS_CLOCK;
    SYS_CLOCK=80000000;  //修改主频
    MCF_GPIO_PUAPAR=MCF_GPIO_PUAPAR_UTXD0_UTXD0
                   |MCF_GPIO_PUAPAR_URXD0_URXD0;
  //重置发射机接收机模式寄存器
    MCF_UART0_UCR|=(0
                  |MCF_UART_UCR_RESET_TX
                  |MCF_UART_UCR_RESET_RX
                  |MCF_UART_UCR_RESET_MR);

  //无极性,8b数据
    MCF_UART0_UMR1=(0
                  |MCF_UART_UMR_PM_NONE
                  |MCF_UART_UMR_BC_8);

  //1bit 停止位
    MCF_UART0_UMR2|=MCF_UART_UMR_CM_NORMAL
                   |MCF_UART_UMR_SB_STOP_BITS_1;

  //通过SYSTERM CLOCK 设置Rx and Tx 波特率
    MCF_UART0_UCSR=(0
                   |MCF_UART_UCSR_RCS_SYS_CLK
                   |MCF_UART_UCSR_TCS_SYS_CLK);
  //设置UART 中断
    MCF_UART0_UIMR=0;//MCF_UART_UISR_FFULL_RXRDY;
                 //|MCF_UART_UISR_TXRDY;
                 //|MCF_UART_UISR_DB
                 //|MCF_UART_UISR_COS
    MCF_INTC0_IMRL&=~MCF_INTC_IMRL_MASKALL;
    MCF_INTC0_IMRL&=~MCF_INTC_IMRL_INT_MASK13;//UART0
    MCF_INTC0_ICR13=MCF_INTC_ICR_IP(6)+MCF_INTC_ICR_IL(2);//UART0
  //设置波特率
    div=(SYS_CLOCK/32/baudrate);
    MCF_UART0_UBG1=(unsigned char)(div>>8);
    MCF_UART0_UBG2=(unsigned char)(div&0x00ff);
```

```
//使能 Tx/Rx
    MCF_UART0_UCR=(0
                   |MCF_UART_UCR_TX_ENABLED
                   |MCF_UART_UCR_RX_ENABLED);
}

void uart0_putchar(char c)
{
//等待 FIFO 中可用空间
    while (!(MCF_UART0_USR&MCF_UART_USR_TXRDY))
    {
    ;
    }

//发送字符
    MCF_UART0_UTB = (unsigned char)c;
}

unsigned char uart0_getchar()
{
//等待字符接收
    while (!(MCF_UART0_USR & MCF_UART_USR_RXRDY))
    {
    ;
    }
    return MCF_UART0_URB;
}

void uart0_putstr(char *str)
{
     while(*str!=0)
     {
         uart0_putchar(*str++);
     }
}
```

5.2.10 模数转换模块

1. 模数转换（ADC）模块介绍

模数转换也称为模拟—数字转换，是将连续的模拟量（如电压、电流、气压等）通过取样转换成离散的数字量。模数转换包括采样、保持、量化和编码 4 个过程。

2. ADC 模块特点

- 16 位的转换精度；
- ADC 模块的最大时钟频率为 5MHz；
- 采样速率高达 1.66 百万次/秒；
- 每次每路 A/D 开始转换的时间为 8.5 个 ADC 时钟周期（约 1.7μs），后续为 6 个 ADC 时钟周期（1.2μs）；
- 在并行模式下，8 路 A/D 转换总时间要 26.5 个 ADC 时钟周期（5.3μs）；
- 有并行和顺序两种采样模式；
- 内部的多路复用器可以选择 8 路输入中的两路；
- 电源省电模式下可以选择关闭全部/部分 ADC 模块；
- 没有用到的输入口可以容纳电流的流动而不会影响 ADC 模块的性能；
- 扫描结束后可以允许超限或过零中断；
- 可以对采样进行修正，以及将最初的 ADC 值减去编程的偏移量得到最终的转换结果；
- 转换结果可以是有符号数或无符号数；
- 输入引脚可以设置成单端输入、差分输入或两种共同输入模式。

3. 结构

模数转换模块结构如图 5.2.49 所示。

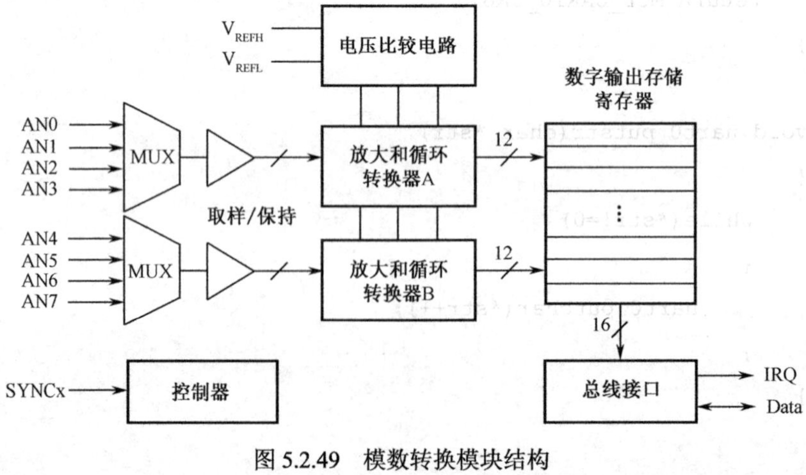

图 5.2.49　模数转换模块结构

4. 寄存器介绍

由于寄存器结构较复杂，对于初学者来说不好理解，在此只介绍与初始化相关的寄存器，其他不用设置的寄存器请自行查阅芯片手册。未设置寄存器为过零控制寄存器（ADZCC）、通道列表寄存器 1 和 2、采样禁止寄存器、上限和下限寄存器，以及偏移量寄存器等，初始化只使用这些寄存器复位时的默认值。

1）控制寄存器 1（CTRL1，见图 5.2.50 和表 5.2.41）

Bit	15	14	13	12	11	10	9	8	7	6	5	4	3	2	1	0
R	0	STOP0		SYNC0	EOSIE0	ZCIE	LLMTIE	HLMTIE	CHNCFG					SMODE		
W			START0													
Reset	0	1	0	1	0	0	0	0	0	0	0	0	0	1	0	1

图 5.2.50 控制寄存器 1

表 5.2.41 CTRL1 字段说明

数 据 位	描 述
STOP0	停止转换位 0 SYNC0 信号输入或向 START0 写 1 都不会开始新的扫描，直到 STOP0 位被清零为止。 0：正常模式运行； 1：停止模式
START0	开始转换位 0 此位为只写位，在写之前 ADC 必须有稳定的电源配置。 0：无动作； 1：启动扫描
SYNC0	同步使能位 0 设置该位后当 SYNC0 输入端有上升沿脉冲输入时，可以开始进行一次 A/D 转换，任何后续 SYNC0 输入脉冲发生在扫描过程中将被忽略。在一次顺序和并行扫描模式中，只有第一个 SYNC0 输入信号是有效的，随后的 SYNC0 信号将被忽略直到重写 SYNC0 位为止。重写可以发生在任何时间，甚至扫描执行过程中。 0：扫描动作只能通过向 START0 位写 1； 1：扫描动作可以由 START0 脉冲输入或向 START0 写 1
EOSIE0	扫描结束中断使能位 0 该位使能扫描结束 EOSIE0 产生中断请求。在循环扫描模式下，每一次迭代完成后都触发中断。 0：禁止中断； 1：使能中断
ZCIE	过零中断使能位 如果扫描结果与上次扫描结果相比符号发生改变，允许此位产生一个过零中断。 0：禁止中断； 1：使能中断
LLMTIE	超下限中断使能位 原始采样值在进行偏移量修正之前与相应的下限寄存器 ADLLMTn 中的值进行比较，如果采样值的结果小于下限寄存器中的值，则产生一个超下限中断。 0：禁止中断； 1：使能中断

续表

<table>
<tr><th>数 据 位</th><th>描　　述</th></tr>
<tr><td>HLMTIE</td><td>超上限中断使能位
原始采样值在进行偏移量修正之前与相应的上限寄存器 ADHLMTn 中的值进行比较，如果采样值的结果大于上限寄存器中的值，则产生一个超上限中断。
0：禁止中断；
1：使能中断</td></tr>
<tr><td>CHNCFG</td><td>通道配置
此字段配置输入为单端或差分输入转换。
<table>
<tr><th>CHNCFG</th><th>输 入 端</th><th>描　　述</th></tr>
<tr><td>xxx1</td><td rowspan="2">AN0-1</td><td>配置成不同对
（AN0 为+且 AN1 为−）</td></tr>
<tr><td>xxx0</td><td>都配置成单端输入</td></tr>
<tr><td>xx1x</td><td rowspan="2">AN2-3</td><td>配置成不同对
（AN2 为+且 AN3 为−）</td></tr>
<tr><td>x 0</td><td>都配置成单端输入</td></tr>
<tr><td>x1xx</td><td rowspan="2">AN4-5</td><td>配置成不同对
（AN4 为+且 AN5 为−）</td></tr>
<tr><td>x0xx</td><td>都配置成单端输入</td></tr>
<tr><td>1xxx</td><td rowspan="2">AN6-7</td><td>配置成不同对
（AN6 为+且 AN7 为−）</td></tr>
<tr><td>0xxx</td><td>都配置成单端输入</td></tr>
</table></td></tr>
<tr><td>SMODE</td><td>扫描模式控制位
这个位控制 ADC 模块的扫描模式，具体方式如下。
000：顺序扫描一次。
001：并行扫描一次。
010：顺序循环扫描。
011：并行循环扫描。
100：触发顺序扫描。
101：触发并行扫描（默认值）。
110、111：保留</td></tr>
</table>

2）控制寄存器 2（CTRL2）

CTRL2 的地址是 0x19_0002。该寄存器的位定义取决于 ADC 模块工作是顺序模式还是并行模式。

（1）当 ADC 模块工作在顺序模式下时，控制寄存器 2 如图 5.2.51 所示，字段说明如表 5.2.42 所示。

Bit	15	14	13	12	11	10	9	8	7	6	5	4	3	2	1	0
R	0	0	0	0	0	0	0	0	0	0	0	DIV				
W																
Reset	0	0	0	0	0	0	0	0	0	0	0	0	0	0	0	0

图 5.2.51　控制寄存器 2（顺序模式）

表 5.2.42　CTRL2 字段说明（顺序模式）

<table>
<tr><th>数 据 位</th><th>描　　述</th></tr>
<tr><td>D4～D0</td><td>时钟分频选择位
该位控制分频电路，使其产生的 ADC 时钟为系统时钟的 1/(2(DIV+1))。必须确保 ADC 时钟不超过 5MHz。
<table>
<tr><td rowspan="2">DIV</td><td rowspan="2">约　数</td><td>ROSC 待机
400k　z</td><td>ROSC 常态
8MHz</td><td>PLL
64MHz</td><td>外部 CLK</td></tr>
<tr><td>200kHz
系统时钟</td><td>4MHz
系统时钟</td><td>32MHz
系统时钟</td><td>CLK/2
系统时钟</td></tr>
<tr><td>00000</td><td>2</td><td>100kHz</td><td>2.00MHz</td><td>16.0MHz</td><td>CLK/4</td></tr>
<tr><td>00001</td><td>4</td><td>100kH</td><td>1.00MHz</td><td>8.00MHz</td><td>CLK/8</td></tr>
<tr><td>00010</td><td>6</td><td>100kHz</td><td>500kHz</td><td>5.33MHz</td><td>CLK/12</td></tr>
<tr><td>00011</td><td>8</td><td>100kHz</td><td>250kHz</td><td>4.00MHz</td><td>CLK/16</td></tr>
<tr><td>00100</td><td>10</td><td>100kHz</td><td>125kHz</td><td>3.20　H</td><td>CLK/20</td></tr>
<tr><td>—</td><td>—</td><td>—</td><td>—</td><td>—</td><td>—</td></tr>
</table>
</td></tr>
</table>

（2）当 ADC 模块工作在并行模式下时，CTRL2 寄存器用来控制转换器 B 的操作，如图 5.2.52 所示，字段说明如表 5.2.43 所示。由 CTRL2 寄存器的 SIMULT 位确定转换器 A 和转换器 B 之间的相互作用（及 CTRL1 和 CTRL2）。在默认情况下，CTRL2 寄存器的 SIMULT 位等于 1，转换器 B 与转换器 A 一起操作。在这种情况下，STOP1、START1、SYNC1 和 EOSIE1 寄存器的 CTRL2 位不影响转换器 B 的操作。如果 CTRL2[SIMULT]=0，则这些位和 SYNC1 输入用于控制转换器 B 的扫描。在这种情况下，EOSIE1 使能 EOSI1 中断，并作为转换器 B 扫描的结束信号。此外，ADSTAT[CIP1]用于指示处于活动状态的转换器 B 的扫描。

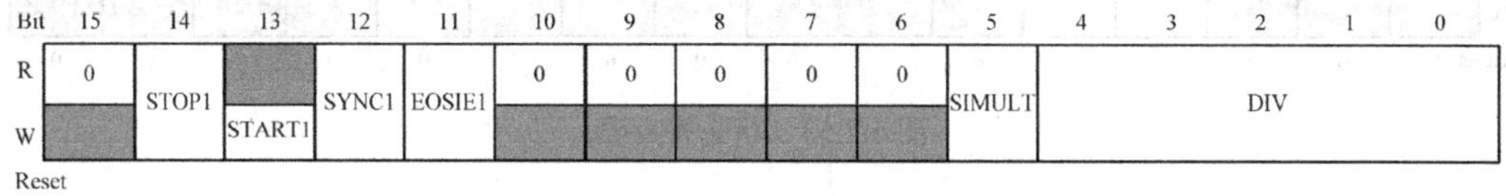

图 5.2.52　控制寄存器 2（并行模式）

表 5.2.43　CTRL2 字段说明（并行模式）

<table>
<tr><th>数 据 位</th><th>描　　述</th></tr>
<tr><td>STOP1</td><td>停止转换位 1
0：转换器 B 正常工作；
1：转换器 B 处于停止模式</td></tr>
<tr><td>START1</td><td>开始转换位 1
0：无动作；
1：执行开始命令</td></tr>
</table>

续表

数据位	描述
SYNC1	同步使能位 1 当非同步并行扫描时，该位置位后，当 SYNC 有上升沿输入时，转换器 B 开始一次转换。在扫描期间 SYNC1 信号输入无效。在一次顺序或一次并行扫描模式下，只有第一个 SYNC1 信号有效，随后的 SYNC1 信号将被忽略，直到重写 SYNC1 位为止。重写可以发生在任何时间，甚至在扫描执行过程中。 0：仅当写入 START1 位扫描才开始执行； 1：扫描可以由 SYNC1 输入和 START1 位来开始
EOSIE1	扫描结束中断使能位 1 在并行扫描模式下，扫描结束 EOSI1 产生中断请求。在循环扫描模式下，每一次迭代完成后都触发中断。 0：禁止中断； 1：使能中断
SIMULT	同步模式位 注：该位只影响并行扫描模式。 0：非同步并行扫描； 1：540C 步并行扫描
DIV	时钟选择位。详见时钟 A 模块的时钟分频

3）状态寄存器（ADSTAT，见图 5.2.53 和表 5.2.44）

状态寄存器跟踪了 ADC 模块的当前转换状态，除 CIP0 和 CIP1 之外，该寄存器中所有其他状态位都是黏性的，即它们必须在执行完指定的操作后才能被消除，而不会在下一次扫描周期开始时自动被清除。

ADSTAT 的地址为 0x19_000C，定义如图 5.2.53 所示。

Bit	15	14	13	12	11	10	9	8	7	6	5	4	3	2	1	0
R	CIP0	CIP1	0	EOSI1	EOSI0	ZCI	LLMTI	HLMTI	RDY7	RDY6	RDY5	RDY4	RDY3	RDY2	RDY1	RDY0
W																
Reset	0	0	0	0	0	0	0	0	0	0	0	0	0	0	0	0

图 5.2.53　状态寄存器

表 5.2.44　ADSTAT 字段说明

数据位	描述
CIP0	正在转换位 0 指示是否正在进行扫描。用于顺序扫描和同步并行扫描。在非同步并行扫描模式下，用于指示转换器 A 的扫描是否正在处理中。 0：空闲状态； 1：一次扫描周期正在处理中（ADC 忽略所有 SYNC 脉冲和初始命令）
CIP1	正在转换位 1 指示是否正在进行扫描。在非同步并行扫描模式下，用于指示转换器 B 的扫描是否正在处理中。 0：空闲状态； 1：一次扫描周期正在处理中（ADC 忽略所有 SYNC 脉冲和初始命令）

续表

数据位	描　　述
EOSI1	扫描结束中断请求位 1 用于非同步并行扫描的 B 转换器。在每一次循环迭代完成后都会置位。需要写 1 清零，因为无软件置位。 0：一个扫描周期还未结束（EOSI0 为 0）； 1：一个扫描周期已结束，有未处理的扫描结束中断请求
EOSI0	扫描结束中断请求位 0 用于顺序扫描、同步并行扫描和非同步并行扫描的 A 转换器。 0：一个扫描周期还未结束（EOSI1 为 0）； 1：一个扫描周期已结束，有未处理的扫描结束中断请求
ZCI	过零中断请求位 如果那些使能过零检查的采样槽转换结果和上次相比符号改变，则该位置位。一有过零事件发生，该位就会被置位。向过零状态寄存器 ADZCSTAT 中所有有效的过零状态位 ZCSn 写 1，才能清零 ZCI 位。 0：没有过零中断请求； 1：过零标志，如果 CTRL1[ZCIE]=1，则产生中断
LLMTI	超下限中断请求位 下限寄存器 ADLLMTn 中如果是非 0 值，就对相应采样槽的原始转换结果进行下限检查，检查在转换完成时发生。向限制状态寄存器 ADLSTART 中所有有效的超下限状态位 LLSn 写 1，才能清零 LLMTI。 0：没有超下限请求位； 1：有超下限请求位
HLMTI	超上限中断请求位 上限寄存器 ADHLMTn 中的值只要不是 0x7FF8，就对相应采样槽的原始转换结果进行上限检查，检查在转换完成时发生。向限制状态寄存器 ADLSTART 中所有有效的超上限状态位 HLSn 写 1，才能清零 HLMTI。 0：没有超上限请求位； 1：有超上限请求位
RDYn	转换结果准备好位 RDY0～7 与采样槽 SAMPLE0～7 及结果寄存器 ADRSLT0～7 一一对应。采样槽 SAMPLEn 转换完成并将结果存于相应的 ADRSLTn 中，对应的 RDYn 就会被置位，表明转换结果已经准备好；否则该位为 0。读结果寄存器后，相应的 RDYn 被清零。 0：转换结果未准备好或未读取； 1：转换结果准备好

4）限制状态寄存器（ADLSTAT）

ADC 限制状态寄存器记录了采样槽的原始转换结果和各自上、下限寄存器的比较结果。例如，如果采样槽 0 的原始转换结果比它的上限值大，那么 HLS0 就会被置位，如果 CTRL1[HLMTIE]=1，会发生超上限中断。这些状态是黏性的，它们不会在下一次转换周期开始时自动清零，必须向 HLSn 或 LLSn 写 1 才能清零。

ADLSTAT 的地址是 0x19_000E。该寄存器复位时为 0，定义如图 5.2.54 所示，字段说明如表 5.2.45 所示。

Bit	15	14	13	12	11	10	9	8	7	6	5	4	3	2	1	0
R W	HLS7	HLS6	HLS5	HLS4	HLS3	HLS2	HLS1	HLS0	LLS7	LLS6	LLS5	LLS4	LLS3	LLS2	LLS1	LLS0
Reset	0	0	0	0	0	0	0	0	0	0	0	0	0	0	0	0

图 5.2.54　限制状态寄存器

表 5.2.45　ADLSTAT 字段说明

数 据 位	描　述
HLS	超上限状态位 0：采样槽 *n* 的原始转换值小于等于相应上限值； 1：采样槽 *n* 的原始转换值大于相应上限值
LLS	超下限状态位 0：采样槽 *n* 的原始转换值大于等于相应下限值； 1：采样槽 *n* 的原始转换值小于相应下限值

5）过零状态寄存器（ADZCSTAT）

ADC 过零状态寄存器记录了结果寄存器 ADRSLTn 中的当前值和上一次值的符号位比较结果。例如，采样槽 0 的转换结果和上一次相比较符号位发生了改变，并且过零控制寄存器 ADZCC 的 ZCE0 位写 1，可以清零 ZCSn 位。

ADZCSTAT 的地址是 0x19_0010，该寄存器复位为 0，定义如图 5.2.55 所示，字段说明如表 5.2.46 所示。

Bit	15	14	13	12	11	10	9	8	7	6	5	4	3	2	1	0
R	0	0	0	0	0	0	0	0	ZCS7	ZCS6	ZCS5	ZCS4	ZCS3	ZCS2	ZCS1	ZCS0
W																
Reset	0	0	0	0	0	0	0	0	0	0	0	0	0	0	0	0

图 5.2.55　过零状态寄存器

表 5.2.46　ADZCSTAT 字段说明

数 据 位	描　述
ZCSn	过零状态位 0：转换结果为符号改变或过零检查被禁止； 1：转换结果为符号有变化

6）结果寄存器（ADRSLTn）

采样槽 SAMPLEn 的最终转换结果被载入对应的结果寄存器 ADRSLTn 中。例如，在同步并行扫描模式下，SAMPLE0 和 SAMPLE4 同步扫描，它们的转换结果分别放在 ADRSLT0 和 ADRSLT4 中。ADRSLTn 中只能写 RSLT 部分，SEXT 不能直接写入，它是由原始转换结果和偏移量相减后决定的。

结果寄存器中的数可以理解为有符号整数或者有符号小数（定点数）。作为定点数，结果寄存器中的值可以直接使用。作为整数，有两种处理方式：将结果连同符号位向右移 3 位；或者全盘接受寄存器中的结果格式，但要清除这个结果的第 3 位。

负数结果（SEXT=1）总以补码形式表示。如果应用程序中要求结果总为正数，那么相应的偏移量寄存器 ADRSLTn 必须设为 0。

ADRSLTn 地址为 0x19_0012～0x19_0020。这 8 个寄存器用来存放一次扫描后的转换结果。该寄存器各位复位为 0。结果寄存器定义如图 5.2.56 所示，字段说明如表 5.2.47 所示。

Bit	15	14	13	12	11	10	9	8	7	6	5	4	3	2	1	0
R	SEXT	RSLT												0	0	0
W																
Reset	0	0	0	0	0	0	0	0	0	0	0	0	0	0	0	0

图 5.2.56 结果寄存器

表 5.2.47 ADRSLTn 字段说明

数 据 位	描 述
SEXT	符号扩展位 0：结果为正数； 1：结果为负数
RSLT	转换结果位

7）电源控制寄存器（POWER）

该寄存器管理 ADC 模块的电源。每个 ADC 转换器和共享参考电压发生器都可以手动控制电源，有 5 种不同的电源模式可以进行控制。

（1）掉电模式。

每个转换器和参考电压发生器都可以独立地被配置为掉电状态。当进入掉电模式后，相应模块就不消耗电能。从一个掉电的转换器引用的扫描结果是未定义的。要使用 ADC 模块，参考电压发生器和至少一个 ADC 转换器必须上电。

（2）手动电源控制模式。

每个转换器和参考电压发生器都有一个独立的手动电源控制位用于强制相应的模块进入掉电模式，相应地也有自动上电模式和掉电模式。

（3）空闲模式。

当两个转换器都没有在处理扫描时，ADC 模块是空闲的。

（4）激活模式。

如果两个转换器中至少有一个在扫描，那么 ADC 模块处于激活状态。

（5）电流模式。

- 正常电流模式用于给工作频率在 100kHz 以上的转换器提供电能。
- 低功耗电流模式供给更少的电能，它仅为工作在 100kHz 频率以下的转换器提供电能。激活电流模式后并不会影响一次 A/D 转换所需的 ADC 时钟周期数或转换精度。当空闲模式作为省电策略的一种时，ADC 模块就会在这两种电流模式之间切换。两个转换器总是处在同样的电流模式下。

另外，一种电源模式在自动掉电和自动低功耗电源模式下需要一段启动延时时间，当 ADC 模块在空闲和激活状态切换时，需要一段启动延时时间，用于切换时钟或电源配置。延时所需的 ADC 时钟数在 PUDELAY 域定义。

POWER 的地址是 0x19_0052，定义如图 5.2.57 所示，字段说明如表 5.2.48 所示。

Bit	15	14	13	12	11	10	9	8	7	6	5	4	3	2	1	0
R	ASB	0	0	PSTS2	PSTS1	PSTS0	PUDELAY						APD	PD2	PD1	PD0
W																
	0	0	0	0	0	0	0	0	1	1	0	1	0	1	1	1

图 5.2.57 电源控制寄存器

表 5.2.48 POWER 字段说明

数 据 位	描 述
ASB	自动低功耗位 如果 APD 被置位，那么 ASB 将被忽略。自动低功耗模式选择低功耗时钟作为 ADC 时钟源，并且将转换器的电源模式设为低功耗电源模式。在扫描开始时，转换器时钟被选为 ADC 时钟，在使能转换器后到扫描开始前会强制插入 PUDELAY 个 ADC 时钟周期的延时，以稳定对 ADC 的供电。延时之后，ADC 对扫描进行初始化。当 ADC 回到空闲状态时，转换器回到低功耗电流模式且 ADC 时钟使用低功耗时钟。 0：禁止自动低功耗模式； 1：使能自动低功耗模式
PST2	参考电压电源状态位 0：当前参考电压电路使能； 1：当前参考电压电路禁止
PST1	转换器 B 电源状态位 置位 PD1 后，该位立即被置位。如果自动掉电模式未被激活（APD=0），则手动上电转换器 B（清零 PD1），在启动扫描前应等待 PUDELAY 个 ADC 时钟周期的延时。该位可以作为一个状态位来被查询以决定转换器 B 是否准备好被操作。在自动掉电模式下，该位表明转换器 B 电源的当前状态。 0：当前转换器 B 使能； 1：当前转换器 B 禁止
PST0	转换器 A 电源状态位 0：当前转换器 A 使能； 1：当前转换器 A 禁止
PUDELAY	上电延迟位 在转换器 A 和转换器 B 上电之后（清零 PD0 和 PD1 后）启动扫描之前需要一段延时时间，由 PUDELAY 位决定延时所需的 ADC 时钟周期数。在自动掉电和自动低功耗模式下，ADC 从空闲到激活和启动扫描之间的延时也是由该位决定的。该延时默认为 13 个 ADC 时钟周期，这个值能够满足任何电源模式的要求。延时设置太短会影响转换精度
APD	自动掉电模式位 在自动掉电模式下，当转换器位用于扫描时就会被禁止。该位的优先权高于 ASB 位，在 APD 模式下，转换器从空闲状态到开始扫描之间有 PUDELAY 个 ADC 时钟周期的延时扫描完成后转换器再次被禁止。如果在扫描期间，置位 ASB 或 APD，扫描不受影响，并在转换器完成转换后进入空闲模式。ADC 在循环模式下不会进入低电能状态，此时 ASB、APD 没用。 0：未激活自动掉电模式； 1：激活自动掉电模式

续表

数据位	描述
PD2	参考电压电路掉电控制位 由两个转换器共享。如果置位 PD2，那么当转换器 A 或转换器 B 上电时，参考电压电路也被激活，如果转换器 A 或转换器 B 掉电，那么参考电路也掉电。 0：手动上电电压参考电路； 1：由 PD0 和 PD1 控制电压参考电路掉电（默认）
PD1	转换器 B 的手动掉电位 清零 PD1 位后，转换器 B 持续上电（AP0=0），或在需要时自动上电（APD=1），当在除了自动掉电以外的电源模式下，清零 PD1 位给转换器 B 上电，需要有上电延时以使转换器电源稳定。 0：ADC 转换器 B 上电； 1：ADC 转换器 B 掉电
PD0	转换器 B 的手动掉电位，原理同 PD1。 0：ADC 转换器 B 上电； 1：ADC 转换器 B 掉电

8）电压参考寄存器（CAL，见图 5.2.58 和表 5.2.49）

电压参考寄存器（CAL）的地址为 0x19_0054，该寄存器复位为 0。CAL 定义如图 5.2.58 所示。

Bit	15	14	13	12	11	10	9	8	7	6	5	4	3	2	1	0
R	SEL_VREFH		SEL_VREFL		0	0	0	0	0	0	0	0	0	0	0	0
W																
Reset	0	0	0	0	0	0	0	0	0	0	0	0	0	0	0	0

图 5.2.58 电压参考寄存器

表 5.2.49 CAL 字段说明

数据位	描述
SEL_VREFH	V_{REFH} 源选择位 0：V_{REFH} 源来自内部 V_{RH}； 1：V_{REFH} 源来自外部引脚 AN2
SEL_VREFL	V_{REFL} 源选择位 0：V_{REFL} 源来自内部 V_{RL}； 1：V_{REFL} 源来自外部引脚 AN6

5. 初始化步骤

```
Void ADinit(void)
{
//循环顺序扫描模式，AN0～7 设为单端输入，禁止中断，停止转换
MCF_ADC_CTRL1 = 0b0101000000000010;
                    // |SMODE=2,循环顺序扫描
                    // |CHNCFG=0,8 路 ANn 都设为单端输入
```

```
                    // |HLMTIE=0,禁止超上限中断
                    // |LLMTIE=0,禁止超下限中断
                    // |ZCIE=0,禁止过零中断
                    // |EOSIE0=0,禁止转换完成中断
                    // |SYNC0=0,由 SYNC0 输入或写 START0 启动扫描
                    // |START0=1,未启动扫描
                    // |STOP0=1,停止转换
                    // ADC 时钟频率为 3MHz
MCF_ADC_CTRL2 = 0b0000000000001001;
                    // |DIV=20, ADC 时钟频率为 3MHz
                    //f_BUS=60MHz, f_AD=f_BUS/(2×(9+1))=3MHz
//转换器 A 和转换器 B 的参考电压电路上电，上电延时 10 个 ADC 时钟周期
MCF_ADC_POWER = 0b0000000010100100;
                    // |PD0=0，转换器 A 上电
                    // |PD1=0，转换器 B 上电
                    // |PD2=1，参考电压电路上电依赖于转换器 A/B
                    // |APD=0，禁止自动掉电
                    // |PUDELAY=10，上电延时
                    // |ASB=0，禁止自动低功耗模式
//使用内部参考电压 V_RH 和 V_RL
MCF_ADC_CAL = 0b0000000000000000;
                    // |SEL_VREFH=0, SEL_VREFL=0;
                    // 使用内部参考电压 V_RH 和 V_RL
                    // 使用 A 口的第一功能——A/D 转换
MCF_ADC_PANPAR = 0xFFFF;
                    // |SEL_VREFH=0, SEL_VREFL=0;
                    // 使用内部参考电压 V_RH 和 V_RL
//清停止位 0，STOP0=0
MCF_ADC_CTRL1 & = 0xBFFF;
    //等待转换器 A 上电完成
        while(MCF_ADC_POWER&MCF_ADC_POWER_PSTS0);
    //等待转换器 B 上电完成
        while(MCF_ADC_POWER&MCF_ADC_POWER_PSTS1);
    //向 START0 写 1，启动扫描
        MCF+ADC_CTRL1|=0x2000;
return;
}
```

5.3 Kinetis K60 芯片

5.3.1 芯片简介

Kinetis 具有使用混合信号的 ARM®Cortex™ -M4 系列 MCU 和低功耗性能，是工业上最好的可扩展组件。Kinetis 的每个系列都可提供优良的性能，提供了系列之间轻松迁移包，具有功能可扩展性。

Kinetis MCUs 使用了飞思卡尔新的 90nm 带有独特 FlexMemory 的薄膜存储器（TFS）闪存技术。Kinetis 系列 MCU 结合了最新的低功耗革新技术，具有高性能、高精密混合信号功能，外设应用广泛。Kinetis MCUs 使用了飞思卡尔和 ARM 第三方合作伙伴的市场领先的捆绑模式。

K60 系列 MCU 具有 IEEE1588 以太网、全速和高速 USB2.0 OTG、硬件解码能力和干预发现能力。芯片从带有 256KB Flash 的 100 引脚 LQFP 封装到 1MB Flash 的 256 引脚 MAPBGA 封装，具有丰富的电路、通信、定时器和外围控制电路。高容量的 K60 系列带有一个可选择的单精度浮点处理单元、NAND 控制单元和 DRAM 控制器。

5.3.2 时钟模块

1. 时钟模块介绍

MCG 模块控制器系统时钟源的选择思路如下。时钟发生逻辑器件将时钟源分开作用于不同的地方，包括主控器件总线、从器件总线和闪存；也控制着模块的时钟门控电路，用来实现模块的单独关闭。系统主要的时钟来源为 MCGOUTCLK 的输入。时钟产生逻辑器件可以产生多个独立的时钟信号以使得不同的外设工作在不同的频率。这样能够更好地在性能和功耗之间寻求平衡。不同的模块（如 USB OTG 控制器）需要一个特定的时钟，可以通过时钟逻辑发生器使用 MCGPLLCLK 或者 MCGFLLCLK 来产生。另外一些模块也可以使用其他的时钟源来产生模块所需要的时钟。大多数模块的时钟源选择由 SIM 模块的 SOPT 寄存器决定。

2. 结构图

图 5.3.1 所示为 Kinetis K60 时钟模块结构，表 5.3.1 所示为时钟信号说明。

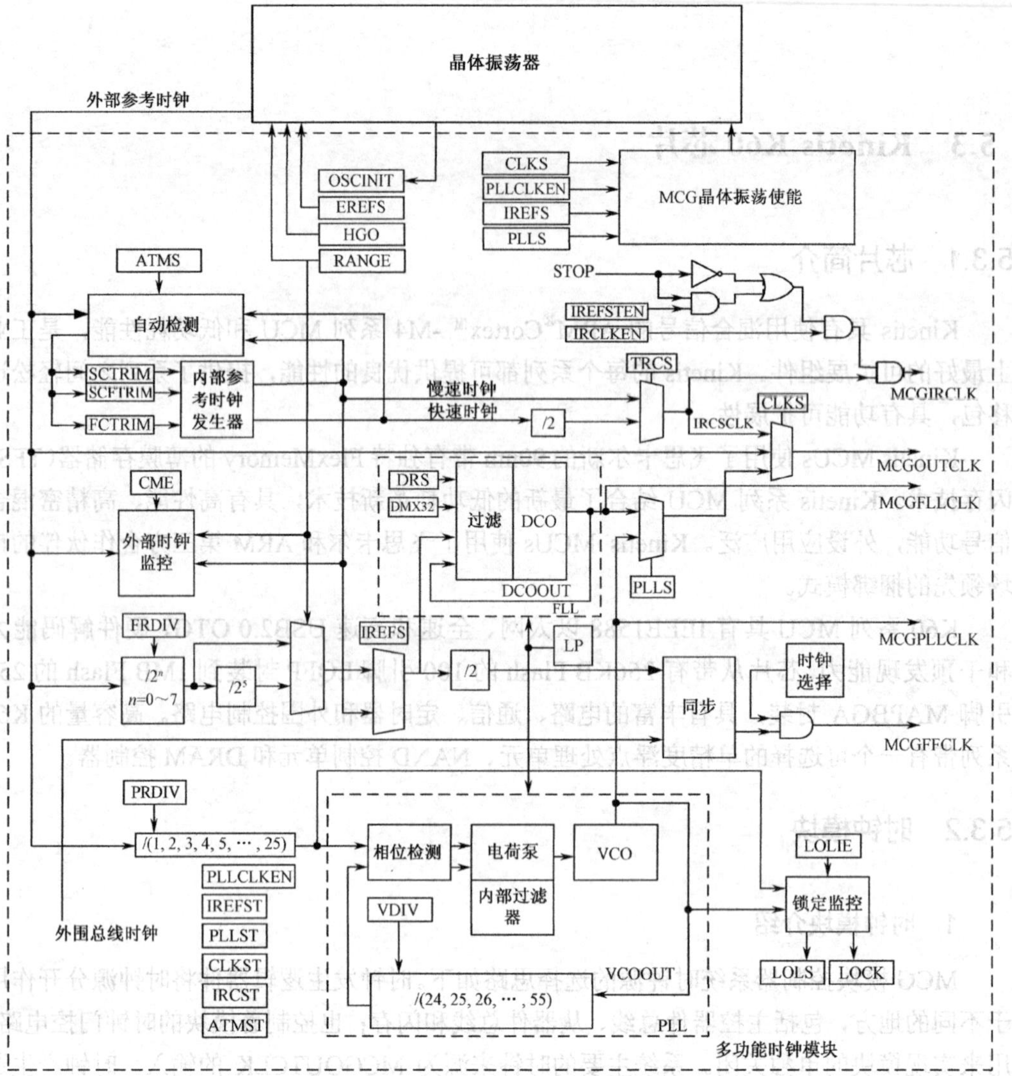

图 5.3.1 Kinetis K60 时钟模块结构

表 5.3.1 时钟信号说明

时 钟 名 称	描 述
Core Clock	OUTDIV1 分离 MCGOUTCLK 获得，提供内核时钟
System Clock	OUTDIV1 分离 MCGOUTCLK 获得，总线主控器件和交叉开关直接使用，串口 0 和串口 1 也使用此时钟
Bus Clock	OUTDIV2 分离 MCGOUTCLK 获得，总线从器件和外设（不包括存储部分）使用
FlexBus Clock	OUTDIV3 分离 MCGOUTCLK 获得，外部 FlexBus 接口使用
Flash Clock	OUTDIV4 分离 MCGOUTCLK 时钟信号，分频后供闪存使用
MCGIRCLK	MCG 模块输出的更快或者更慢的内部时钟信号
MCGFFCLK	MCG 输出一个慢速的内部参考时钟或一个分开的外部参考时钟。MCGFFCLK 预先被 2 分频之后作为 MCG 的输出提供给其他模块（见图 5.3.1）

续表

时钟名称	描述
MCGOUTCLK	MCGOUTCLK 可以使用 IRC、MCGFLLCLK、MCGPLLCLK 或者 MCG 外部参考时钟作为时钟源的核心，系统各种总线和闪存块也可以作为调试时钟
MCGFLLCLK	MCG 模块锁频环的输出，MCGFLLCLK 或者 MCGPLLCLK 可以作为某些模块的时钟源
MCGPLLCLK	MCG 模块锁相环的输出，MCGFLLCLK 或者 MCGPLLCLK 可以作为某些模块的时钟源
MCGV External Reference Clock	MCG 模块的时钟源输入系统晶振（OSCCLK）或者 RTC
OSCCLK	系统振荡器输出，时钟源可以是内部振荡器或者外部 EXTAL 时钟输入
OSCERCLK	系统振荡器输出，时钟源是 OSCCLK，可以作为片上一些模块的时钟源
OSC32KCLK	系统 32kHz 的时钟输出
ERCLK32K	某些模块的时钟源，可以选择 OSC32KCLK 或者 RTC 时钟
RTC CLOCK	RTC 模块的 RTC 时钟输出
LPO	PMC 1kHz 时钟输出

3. 内部时钟的要求

时钟分频器是通过 SIM 模块的 CLKDIV 寄存器来配置的。每个时钟分频器可以配置 1～16 分频。下列条件在配置时必须满足：

- ⊙ 核心或系统频率必须低于 100MHz；
- ⊙ 总线频率必须低于 50MHz，并且是核心时钟的整数分频；
- ⊙ Flash 频率必须低于 25MHz，并且是总线时钟的整数分频；
- ⊙ FlexBus 时钟频率必须不高于总线频率。

5.3.3 多用途时钟信号发生器

1. 模块介绍

多用途时钟信号发生器（MCG）模块为 MCU 提供多种时钟源选项。这个模块由一个频率环锁（FLL）和一个相位环锁（PLL）组成。FLL 可由一个内部或外部参考时钟控制，而 PLL 可由一个外部参考时钟控制。这个模块要么在 FLL 或 PLL 输出时钟之间选择，要么在内部参考时钟或外部参考时钟之间选择一个时钟源作为 MCU 系统时钟。MCG 操作与晶体振荡器有关，其中晶体振荡器允许一个外部晶体、陶瓷共振器或外部时钟源产生外部参考时钟。

2. 模块特性

（1）频率环锁（FLL）。

- ⊙ 数控石晶（DCO）；
- ⊙ DCO 可设置的时钟范围有 4 个；
- ⊙ 低频率外部参考时钟源的编程选项和最大 DCO 输出频率；
- ⊙ 内/外参考时钟可以作为 FLL 源；

⊙ PLL 可以作为其他片上外设的时钟源。

（2）相位环锁（PLL）。

⊙ 电压控制振荡器（VCO）；

⊙ 外部参考时钟作为 PLL 时钟源；

⊙ VCO 分频模块；

⊙ 相位/频率检测器；

⊙ 集成环过滤器；

⊙ PLL 可以作为其他片上外设的时钟源。

（3）内参考时钟生成器。

⊙ 9 个微调位的精确慢时钟；

⊙ 4 个微调位的快时钟；

⊙ 可被用作 FLL 的时钟源，在 FEI 模式下，只有较慢的内部参考时钟（IRC）可被用作 FLL 源；

⊙ 无论是快时钟还是慢时钟都不能用作 MCU 的时钟源；

⊙ 内参考时钟生成器可以作为其他片上外设的时钟源。

（4）低功耗的石晶时钟发生器为 MCG 控制信号提供外部参考。

⊙ HGO、RANGE、EREFS。

（5）从晶振获得外部时钟。

⊙ 可被用作 FLL 或 PLL 的时钟源；

⊙ 可被用作 MCU 的时钟源。

（6）从 RTC 获得外部时钟。

⊙ 只能作为 FLL 的时钟源；

⊙ 只能作为 MCU 的时钟源。

（7）带有重置请求能力的外部时钟监视器可以在 FBE、PEE、BLPE 或者 FEE 模式下对外部时钟进行监测。

（8）在 PLL 中使用的有中断请求能力的锁检测器。

（9）内部参考时钟自动裁切功能（ATM）需要用外部时钟作为参考。

（10）FLL 和 PLL 的参考分频。

（11）为其他片上设备提供时钟源的 MCG PLL 时钟（MCGPLLCLK）。

（12）为其他片上设备提供时钟源的 MCG FLL 时钟（MCGFLLCLK）。

（13）为其他片上设备提供时钟源的 MCG Fixed Frequency 时钟（MCGFFCLK）。

（14）为其他片上设备提供时钟源的 MCG 内参考时钟（MCGIRCLK）。

3. 寄存器介绍

1）MCG 控制寄存器 1（MCG_C1，见图 5.3.2 和表 5.3.2）

Bit	7	6	5	4	3	2	1	0
R W	CLKS		FRDIV			IREFS	IRCLKEN	IREFSTEN
Reset	0	0	0	0	0	0	0	0

图 5.3.2　MCG 控制寄存器 1

表 5.3.2　MCG_C1 字段说明

<table>
<tr><th>数据位</th><th>描　述</th></tr>
<tr><td>D7～D6
CLKS</td><td>时钟源选择
为 MCGOUTCLK 选择时钟源。
00：编码 0——FLL 或者 PLL 的输出选择（依据 PLLS 控制位）；
01：编码 1——内部参考时钟选择 ；
10：编码 2——外部参考时钟选择；
11：编码 3——预留，默认为 00</td></tr>
<tr><td>D5～D3
FRDIV</td><td>FLL 外部参考分频
为 FLL 选择分频数让外部参考时钟分频，分频结果必须为 31.25～39.0625kHz（当 FLL/DOC 是 MCGOUTCLK 的时钟源时，在 FBE 模式下，它不需要符合该范围，但是在试图从 FBE 进入一个 FLL 模式时，推荐使用）。
<table>
<tr><th>D5～D3</th><th>RANGE=0</th><th>RANGE=1</th></tr>
<tr><td>000</td><td>1</td><td>32</td></tr>
<tr><td>001</td><td>2</td><td>64</td></tr>
<tr><td>010</td><td>4</td><td>128</td></tr>
<tr><td>011</td><td>8</td><td>256</td></tr>
<tr><td>100</td><td>16</td><td>512</td></tr>
<tr><td>101</td><td>32</td><td>1024</td></tr>
<tr><td>110</td><td>64</td><td>预留</td></tr>
<tr><td>111</td><td>128</td><td>预留</td></tr>
</table></td></tr>
<tr><td>D2
IREFS</td><td>内部参考选择
为 FLL 选择参考时钟频率。
0：选择外部参考时钟；
1：选择内部参考时钟</td></tr>
<tr><td>D1
IRCLKEN</td><td>内部参考选择使能
0：MCGIRCLK 不激活；
1：MCGIRCLK 激活</td></tr>
<tr><td>D0
IREFSTEN</td><td>内部参考停止使能
当 MCG 进入停止模式时，控制是否保留内部参考时钟。
0：在停止模式下内部参考时钟被禁止；
1：进入停止模式前，如果 IRCLKEN 被置位，或者 MCG 在 FEI、FBI 或者 BLPI 模式下，内部参考时钟使能</td></tr>
</table>

2）MCG 控制寄存器 2（MCG_C2，见图 5.3.3 和表 5.3.3）

Bit	7	6	5	4	3	2	1	0
R	0	0	RANGE		HGO	EREFS	LP	IRCS
W								
Reset								

图 5.3.3　MCG 控制寄存器 2

表 5.3.3　MCG_C2 字段说明

数 据 位	描　述
D7～D6	预留
D5～D4 RANGE	频率范围选择 为晶振或者外部时钟源选择频率范围（参考振荡器章节）。 00：编码 0——为晶振选择 32～40kHz 的低频率范围（复位默认） 01：编码 1——为晶振选择 1～8MHz 的高频率范围 1X：编码 2——为晶振选择 8～32MHz 的非常高频率范围
D3 HGO	高增益振荡器选择控制晶振的操作模式（参考振荡器章节）。 0：配置晶振为低电源操作； 1：配置晶振为高增益操作
D2 EREFS	外部参考选择 为外部参考时钟源选择（参考振荡器章节）。 0：外部参考时钟选择； 1：振荡器请求
D1 LP	低电源模式选择 在 BLPI 和 BLPE 模式下控制 FLL（或者 PLL）是否禁止。在 FBE 或 PBE 模式下，设置该位为 1 将是 MCG 到 BLPE 模式。如果是其他 MCG 模式，LP 则没有作用
D0 IRCS	内部参考时钟选择 快或者慢内部参考时钟源选择。 0：选择慢内部参考时钟； 1：选择快内部参考时钟

3）MCG 控制寄存器 3（MCG_C3，见图 5.3.4 和表 5.3.4）

Bit	7	6	5	4	3	2	1	0
R W	SCTRIM							
Reset	X	X	X	X	X	X	X	X

图 5.3.4　MCG 控制寄存器 3

表 5.3.4　MCG_C3 字段说明

数据位	描　述
D7~D0 SCTRIM	慢内部参考时钟微调设置 SCTRIM1 通过控制慢内部参考时钟周期来控制慢内部参考时钟。SCTRIM 位是二进制加权的（也就是 1 调整是 0 的 2 倍）。增加二进制值来增加周期，减小二进制值来减小周期。 在 iC4 寄存器内，SCTRIM 位作为一个额外的精确修整位，复位此值是加载一个休整因子值。 如果一个存储在非易失性内存的 SCTRIM 值被使用，则需要从非易失性内存中把此值复制到寄存器中

4）MCG 控制寄存器 4（MCG_C4，见图 5.3.5 和表 5.3.5）

Bit	7	6	5	4	3	2	1	0
R W	DMX32	DRST_DRS		FCTRIM				SCFTRIM
Reset								

图 5.3.5　MCG 控制寄存器 4

表 5.3.5　MCG_C4 字段说明

<table>
<tr><th>数据位</th><th colspan="5">描　述</th></tr>
<tr><td rowspan="10">D7
DMX32</td><td colspan="5">带有 32.768kHz 参考的 DCO 最大频率
DMX32 位控制是否 DCO 通过一个 32.768kHz 的参考让频率范围接近它的最大值。
0：DCO 默认值的 25%；
1：DCO 通过 32.768kHz 微调最大频率。频率设置范围如下（从该源获得的系统时钟不能超过它们指定的最大值）。</td></tr>
<tr><td>DRST_DRS</td><td>DMX32</td><td>参考范围</td><td>PLL 因子</td><td>DCO 范围</td></tr>
<tr><td rowspan="2">00</td><td>0</td><td>31.25~39.0625kHz</td><td>640</td><td>20~25MHz</td></tr>
<tr><td>1</td><td>32.768kHz</td><td>732</td><td>24MHz</td></tr>
<tr><td rowspan="2">01</td><td>0</td><td>31.25~39.0625kHz</td><td>1280</td><td>40~50MHz</td></tr>
<tr><td>1</td><td>32.768kHz</td><td>1464</td><td>48MHz</td></tr>
<tr><td rowspan="2">10</td><td>0</td><td>31.25~39.0625kHz</td><td>1920</td><td>60~74MHz</td></tr>
<tr><td>1</td><td>32.768kHz</td><td>2197</td><td>72MHz</td></tr>
<tr><td rowspan="2">11</td><td>0</td><td>31.25~39.0625kHz</td><td>2560</td><td>80~100MHz</td></tr>
<tr><td>1</td><td>32.768kHz</td><td>2929</td><td>96MHz</td></tr>
<tr><td>D6~D5
DRST_DRS</td><td colspan="5">DCO 范围选择
DRS 位为 FLL、DCOOUT 输出选择频率范围。当 LP 位被置 1 时，写 DRS 位被忽略。DRST 读域指示 DCOOUT 现在的频率范围。在两个时钟范围之间由于内部同步一个写 DRS 域之后，DRST 域不会立即更新。参考 DCO 频率范围表查阅更多的信息。
00：编码 0——低范围（复位默认）；
01：编码 1——中等范围；
10：编码 0——中高范围；
11：编码 0——高范围</td></tr>
</table>

续表

数 据 位	描 述
D4～D1 FCTRIM	快内部参考时钟微调设置 FCTRCM 通过控制快内部参考时钟周期来控制快内部时钟频率。FCTRIM 位是加权二进制数（也就是说位 1 的调整是 0 的 2 倍）。增加二进制数的值以增加周期，减小二进制的值以减小周期。 如果一个存储在非易失内存中的 FCTRIM[3:0]值被使用，用户需要将该值从非易失性存储器存储到寄存器
D0 SCFTRIM	内部参考时钟 CTRCM3 通过控制慢内部参考时钟周期来控制慢内部时钟频率。如果一个存储在非易失性内存中的 FCTRIM[3:0]值被使用，用户需要将该值从非易失性存储器存储到寄存器

5）MCG 控制寄存器 5（MCG_C5，见图 5.3.6 和表 5.3.6）

Bit	7	6	5	4	3	2	1	0
R	0	PLLCLKEN	PLLSTEN	PRDIV				
W								
Reset	0	0	0	0	0	0	0	0

图 5.3.6　MCG 控制寄存器 5

表 5.3.6　MCG_C5 字段说明

数 据 位	描 述
D7	预留，只读位，恒为 0
D6 PLLCLKEN	PLL 时钟使能 使能独立于 PLLS 的 PLL，使能 PLL 时钟用作 MCGPLLCLK（在设置 PLLCLKEN 位之前，PRDIV 需要被编程去纠正分频产生一个 2～4MHz 的 PLL 参考时钟）。如果没有使能，设置 PLLCLKEN 将使能外部振荡器。在被关闭之后，检查 OSCINT 位的置位将使能外部振荡器。 0：MCGPLLCLK 没有被激活； 1：MCGPLLCLK 被激活
D5 PLLSTEN	PLL 停止使能 在正常模式下使能 PLL 时钟（在低电源停止模式下，PLL 时钟被禁止即使 PLLSTEN=1）。 0：在任何停止模式下，MCGPLLCLK 被禁止； 1：如果系统处于正常停止模式下，MCGPLLCLK 被使能
D4～D0 PRDIV	PLL 外部参考分频 选择相应的分频系数为 PLL 分频降低外部参考时钟。

PRDIV	分频因子	PRDIV	分频因子	PRDIV	分频因子	PRDIV	分频因子
00000	1	01000	9	10000	17	11000	25
00001	2	01001	10	10001	18	11001	保留
00010	3	01010	11	10010	19	11010	保留
00011	4	01011	12	10011	0	11011	保留
00100	5	01100	13	10100	21	11100	保留
00101	6	01101	14	10101	22	11101	保留
00110	7	01110	15	10110	23	11110	保留
00111	8	01111	16	10111	24	11111	保留

6）MCG 控制寄存器 6（MCG_C6，见图 5.3.7 和表 5.3.7）

Bit	7	6	5	4	3	2	1	0
R W	LOLIE	PLLS	CME	VDIV				
Reset	0	0	0	0	0	0	0	0

图 5.3.7　MCG 控制寄存器 6

表 5.3.7　MCG_C6 字段说明

数据位	描　述
D7 LOLIE	失锁中断使能（位） 当有锁亏迹象时做出一个中断请求确定，LOLIE 位只有在 LOLS 被设置时才有效。 0：锁亏时无中断请求产生； 1：锁亏时有中断请求产生
D6 PLLS	PLL 选择 当 CLKS[1:0] = 00 时，控制是否选择 PLL 或 FLL 的输出作为 MCG 场源。如果 PLLS 位被清零，PLLCLKEN 没有被设置，则 PLL 在所有模式下都被禁止。如果 PLLS 被设置了，则 FLL 在所有模式下都被禁止。 0：FLL 被选择； 1：PLL 被选择（PRDIV 需要进行编程以产生一个范围的 PLL 参考时钟来进行 PLL 位设置）
D5 CME	时钟监控使能 确定外部时钟亏损是否产生复位，当 MCG 处于使用外部时钟的运转模式（FEE、FBE、PEE、PBE 或者 BLPE）或者外部参考打开时，CME 位应该只被设为逻辑 1。当 CME 被设置为逻辑 1 时，在 C2 寄存器 RANGE 位的值不应该被改变。CME 位应在 MCG 进入停止模式之前设置为逻辑 0，否则可能会在停止模式下出现一个复位请求。 0：外部时钟监控关闭； 1：外部时钟亏损时产生复位请求
D4～D0 VDIV	VCO 分频器 选择划分 PLL 的 VCO 输出数量。VDIV 位决定了应用到参考时钟频率的乘积因子，乘积因子如下。

VDIV	乘积因子	VDIV	乘积因	VDIV	乘积因子	VDIV	乘积因子
00000	24	01000	32	10000	40	11000	48
00001	25	01001	33	10001	41	11001	49
00010	26	01010	34	10010	42	11010	50
00011	27	01011	35	10011	43	11011	51
00100	28	01100	36	10100	44	11100	52
00101	29	01101	3	10101	45	11101	53
00110	30	01110	38	10110	46	11110	54
00111	31	01111	39	10111	47	11111	55

7）MCG 状态寄存器（MCG_S，见图 5.3.8 和表 5.3.8）

Bit	7	6	5	4	3	2	1	0
R	LOLS	LOCK	PLLST	IREFST	CLKST		OSCINIT	IRCST
W								
Reset	0	0	0	1	0	0	0	0

图 5.3.8　MCG 状态寄存器

表 5.3.8　MCG_S 字段说明

数据位	描　述
D7 LOLS	失锁状态 这一位表示 PLL 的锁存状态，在锁存请求后 LOLS 被设置，PLL 输出频率下降到锁存退出频率之外。当 LOLS 被置位时，LOLIE 只有一个效果——决定中断请求时是否做出。当 LOLS 被复位清除或向 LOLS 写入逻辑 1 时，LOLS 被设置——向 LOLS 写逻辑 0 没有任何效果
D6 LOCK	锁存状态 这一位表明 PLL 是否锁存。除非 PLLCLKEN = 1，否则在 PBE 或 PEE 模式下不运作，MCG 在 BLPI 或 BLPE 模式下没有被配置时，锁定检测被禁用。当 PLL 时钟被锁存到所需频率时，MCGPLL 时钟（MCGPLLCLK）将被关闭，直到 LOCK 位被置。如果锁存状态位被置位，改变 C5 寄存器中的 PRDIV [4:0]位或改变 C6 寄存器中的 VDIV[4:0]位会导致锁存状态位被清零并保持到 PLL 重新获得锁存。进入 LLS、VLPS 或周期停止位也会使锁存状态位清零，保持清除直到退出停止模式，PLL 重新获得锁存。任何 PLL 使能和 LOCK 位被清零，MCGPLLCLK 都将关闭，直到 LOCK 位被再次置位为止。 0：PLL 当前未锁存； 1：PLL 当前锁存
D5 PLLST	PLL 选择状态 该位表示 PLLS 选择时钟源。在内部同步时钟域范围向 PLLS 写入后该 PLLST 位不立即更新。 0：PLLS 时钟源为 FLL 时钟； 1：PLLS 时钟源为 PLL 时钟
D4 IREFST	内部参考状态位 该位表示该 FLL 的当前参考时钟源，在内部同步时钟域范围向 IREFS 写入后该 IREFST 位不立即更新。 0：FLL 的参考时钟源是外部参考时钟； 1：FLL 的参考时钟源是内部参考时钟
D3～D2 CLKST	时钟模式状态 这些位表示当前时钟模式。在内部同步时钟域范围向 CLKS 写入后该 CLKST 位不立即更新。 00：选择 FLL 输出（复位默认）； 01：选择内部参考时钟； 10：选择外部参考时钟； 11：选择 PLL 输出
D1 OSCINIT	OSC 初始化 此位被设置后晶振的时钟周期完成初始化，具体请阅读 OSC 模块指南
D0 IRCST	内部参考时钟状态 该 IRCST 位表示当前内部参考时钟选择的时钟源（IRCSCLK）。在内部同步时钟域范围向 IRCS 写入后 IRCST 位不立即更新。只有内部参考时钟启用，当 MCG 使用 IRC 模式或者设置 C1[IRCLKEN]位时，该 IRCST 位才会更新。 0：内部参考时钟源是慢时钟（32kHz IRC）； 1：内部参考时钟源是快时钟（2MHz IRC）

8）MCG 自动微调控制器寄存器（MCG_ATG，见图 5.3.9 和表 5.3.9）

Bit	7	6	5	4	3	2	1	0
R	ATME	ATMS	ATMF	0				
W								
Reset	0	0	0	0	0	0	0	0

图 5.3.9　MCG 自动微调控制器寄存器

表 5.3.9　MCG_ATG 字段说明

数 据 位	描　述
D7 ATME	自动微调机使能（位） 启用了自动微调机自动启动调整选择的内部参考时钟。 向 C1、C3、C4 或者 ATC 寄存器写入或者进入停止模式终止自动调整操作，同时清空该位。 0：自动微调机关闭； 1：自动微调机使能
D6 ATMS	自动微调机选择位 为自动调整测试选择 IRCS 时钟。 0：选择 32kHz 的内部参考时钟； 1：选择 4MHz 的内部参考时钟
D5 ATMF	自动微调机故障标志位 自动微调机（ATM）的错误标志。当 ATM 使能向 C1、C3、C4 和 ATC 寄存器写入或者 MCG 进入任一停止模式时将产生标志。写入 ATMF 会清除该标志。 0：自动微调机正常完成； 1：自动微调机故障
D4～D0	保留位

9）MCG 自动调整比较值高位寄存器（MCG_ATCVH，见图 5.3.10 和表 5.3.10）

Bit	7	6	5	4	3	2	1	0
R W	ATCVH							
Reset	0	0	0	0	0	0	0	0

图 5.3.10　MCG 自动调整比较值低位寄存器

表 5.3.10　MCG_ATCVH 字段说明

数 据 位	描　述
D7～D0 ATCVH	ATM 比较值高位 此域值在 ATMSAR 转换时通过自动微调机进行比较，并且调整内部参考调整值

10）MCG 自动调整比较值低位寄存器（MCG_ATCVL，见图 5.3.11 和表 5.3.11）

Bit	7	6	5	4	3	2	1	0
R W	ATCVL							
Reset	0	0	0	0	0	0	0	0

图 5.3.11　自动调整比较值低位寄存器

表 5.3.11　MCG_ATCVL 字段说明

数 据 位	描　述
D7～D0 ATCVL	ATM 比较值低位 此域值在 ATMSAR 转换时通过自动微调机进行比较，并且调整内部参考调整值

4. 初始化步骤

因为MCG是FEI模式下的复位引起的，所以在重启后可以正确转换的MCG模式有FEE模式、FBE模式和FBI模式（见图5.3.12）。

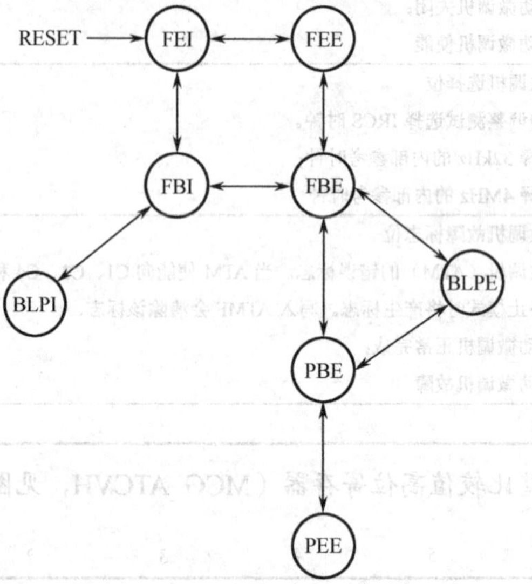

图 5.3.12 时钟信号发生器状态转换

为了到达其他模式，首先要配置MCG为这3种中间状态之一。为了从FEI模式转换到FEE模式或者FBE模式，需要注意检查MCG状态寄存器反映每个模式配置的相关状态位。状态转换过程如下。

（1）通过设置C2寄存器相关位来打开外部时钟源；

（2）通过向C1位写入来选择时钟模式。

如果进入FEE模式，则设置C1[FRDIV]相关位，清空C1[IREFS]位来转换到外部参考，保持C1[CLKS]位为2'b10，这样FLL的输出被选择为系统时钟源。

如果进入FBE模式，则清空C1[IREFS]位转换到外部参考，改变C1[CLKS]为2'b10，这样外部参考时钟选择为系统时钟源。C1[FRDIV]也应该根据外部参考频率设置合适的值以保证FLL参考时钟为31.25～39.0625kHz。尽管FLL是旁路的，但它始终处于FBE模式。

内部参考可以通过设置C1[IRCLKEN]位来保持运行。如果实例在内部模式和外部模式间进行向后或者向前转换，这是很有用的。为了达到最低功耗的目的，在外部时钟模式下内部参考被禁用。

（3）一旦适当地进行配置，就可以等待MCG状态寄存器受影响的位发生合适的改变，这表明MCG进入了适当的模式。

如果MCG处于FEE、FBE、PEE、PBE或者BLPE模式，C2[EREFS]的设置是第一步。其中，等待S[OSCINIT]位的置位表明外部时钟源已完成它的初始化周期和稳定。

如果处于FEE模式，在移动之前确保S[IREFST]位被清空。

如果处于 FBE 模式，确保 S[IREFST]位被清空，S[CLKST]变为 2'b10 表明外部参考时钟已经适当选取。尽管 FLL 是旁路的，但它处于 FBE 模式。

（4）向 C4 寄存器写入以决定 DCO 输出（MCGFLLCLK）的频率范围。

在默认情况下，清除 C4[DMX32]为 0，为 DCO 输出 FLL 的乘积因子 640。为了获得更高的灵活性，如果中低范围 FLL 的乘积因子 1280 是所需的，设置 C4[DRST_DRS]位为 2'b01 作为 40MHz 的 DCO 输出频率。如果中高范围 FLL 的乘积因子 1920 是所需的，设置 C4[DRST_DRS]位为 2'b10 作为 60MHz 的 DCO 输出频率。如果高范围 FLL 的乘积因子 2560 是理想的，则设置 C4[DRST_DRS]位为 2'b11 作为 80MHz 的 DCO 输出频率。

- ⊙ 当使用 32.768kHz 外部参考时，如果可以在 32.768kHz 参考频率时达到最大的低范围 DCO 频率，设置 C4[DRST_DRS]位为 2'b00 并设置 C4[DMX32]位为 1，由此产生的新乘积因子 732 的 DCO 输出（MCGOUTCLK）频率为 24MHz。
- ⊙ 当使用 32.768kHz 外部参考时，如果可以在 32.768kHz 参考频率时达到最大的中间范围 DCO 频率，设置 C4[DRST_DRS]位为 2'b01 并设置 C4[DMX32]位为 1，由此产生的新乘积因子 1464 的 DCO 输出（MCGOUTCLK）频率为 48MHz。
- ⊙ 当使用 32.768kHz 外部参考时，如果可以在 32.768kHz 参考频率时达到最大的高范围 DCO 频率，设置 C4[DRST_DRS]位为 2'b10 并设置 C4[DMX32]位为 1，由此产生的新乘积因子 2197 的 DCO 输出（MCGOUTCLK）频率为 72MHz。
- ⊙ 当使用 32.768kHz 外部参考时，如果可以在 32.768kHz 参考频率时达到最大的高范围 DCO 频率，设置 C4[DRST_DRS]位为 2'b00 和设置 C4 [DMX32]位为 1。由此产生的新乘积因子 2929 的 DCO 输出（MCGOUTCLK）为频率 96MHz。

（5）等待 FLL 锁存时间以保证 FLL 在 C4[DRST_DRS]和 C4[DMAX32]编程频率下运行。

为了从 FEI 时钟模式转换为 FBI 时钟模式，按照以下操作。

- ⊙ 将 C1 寄存器的 C1[CLKS]位改为 2'b01，选择系统时钟源作为内部参考时钟。
- ⊙ 等待 MCG 状态寄存器中的 S[CLKS]位变为 2'b01，表明已经选择了合适的内部参考时钟。
- ⊙ 向 C2 寄存器写入以决定 IRCS 输出（IRCSCLK）频率范围。

在默认情况下，C2[IRCS]清零，所选择的 IRCS 输出时钟为慢内部参考时钟（32kHz IRC）。如果需要的是快 IRC，将 C2[IRCS]置为 1，则 IRCS 输出频率为 2MHz。

（6）流程。

时钟信号发生器配置流程如图 5.3.13 所示。

5. 初始化例程

构建化头文件（sysinit.h）

```
//--------------------------------------------------------------------
// 文件名称：sysinit.h
// 功能概要：系统配置头文件
// 版权所有：DeepBlueStdio
```

```
// 版本更新：2013-02-23    V1.0
//-------------------------------------------------------------------
```

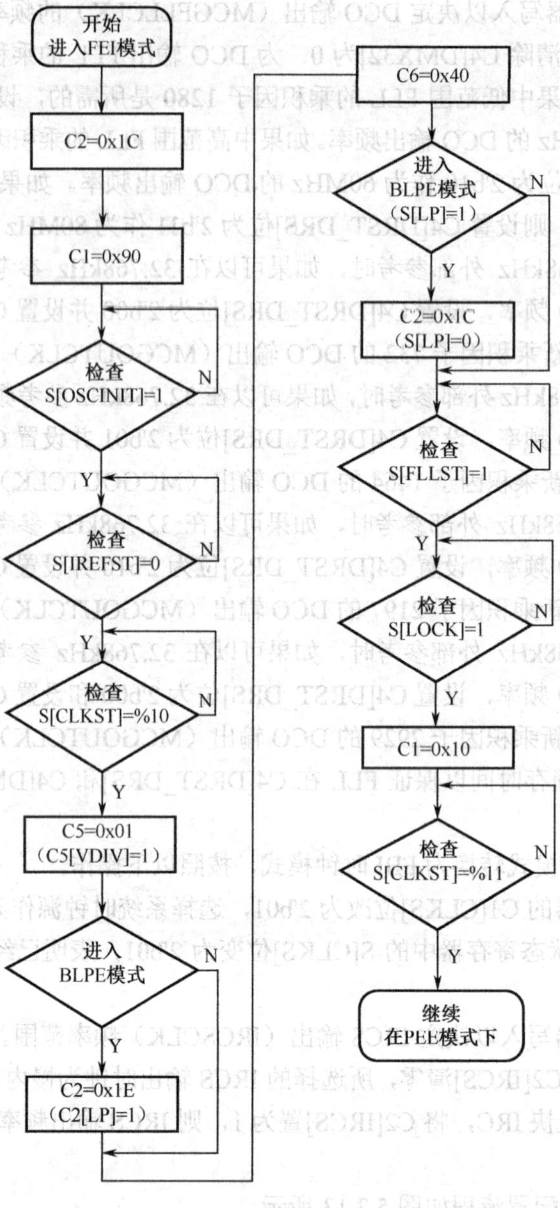

图 5.3.13　时钟信号发生器配置流程

```
#ifndef _SYSINIT_H_
#define _SYSINIT_H_
//1 头文件
#include "common.h"
```

```
//2 宏定义
#define K60_CLK          1
#define REF_CLK          XTAL2
#define CORE_CLK_MHZ     PLL100

enum clk_option
{
  PLL50,
  PLL100,
  PLL96,
  PLL48,
  PLL200
};

enum crystal_val
{
  XTAL2,
  XTAL4,
  XTAL6,
  XTAL8,
  XTAL10,
  XTAL12,
  XTAL14,
  XTAL16,
  XTAL18,
  XTAL20,
  XTAL22,
  XTAL24,
  XTAL26,
  XTAL28,
  XTAL30,
  XTAL32
};

//3 函数声明
//==================================================================
//函数名称：sysinit
//功  能：  系统设置
```

```
//参  数:  无
//返  回:  无
//说  明:  无
//==================================================================
void sysinit(void);

//==================================================================
//函数名称: trace_clk_init
//功  能: 跟踪时钟初始化
//参  数: 无
//返  回: 无
//说  明: 用于调试
//==================================================================
void trace_clk_init(void);

//==================================================================
//函数名称: fb_clk_init
//功  能: FlexBus 时钟初始化
//参  数: 无
//返  回: 无
//说  明: 无
//==================================================================
void fb_clk_init(void);

//==================================================================
//函数名称: pll_init
//功  能: PLL 初始化
//参  数: 无
//返  回: 无
//说  明: 无
//==================================================================
unsigned char pll_init(unsigned char, unsigned char);

//==================================================================
//函数名称: set_sys_dividers
//功  能: PLL 初始化
//参  数: 无
//返  回: 无
```

//说　明：

此函数必须放在RAM里执行，否则会产生错误e2448。当FLASH时钟分频改变时，必须禁止FLASH的预取功能。在时钟分频改变之后，必须延时一小段时间才可以重新使能预取功能。

```
//===================================================================
_relocate_code_
void set_sys_dividers(uint32 outdiv1, uint32 outdiv2, uint32 outdiv3,
uint32 outdiv4);

#endif
```

//构建化源文件（.c）

```
//-------------------------------------------------------------------
// 文件名称：sysinit.h
// 功能概要：系统配置头文件
// 版权所有：DeepBlueStdio
// 版本更新：2013-02-23     V1.0
//-------------------------------------------------------------------

#include "sysinit.h"     //头文件

//全局变量声明
int core_clk_khz;
int core_clk_mhz;
int periph_clk_khz;

//===================================================================
//函数名称： sysinit
//功　能： 系统设置
//参　数： 无
//返　回： 无
//说　明： 无
//===================================================================
void sysinit (void)
{
    //使能I/O端口时钟

    SIM_SCGC5 |= (SIM_SCGC5_PORTA_MASK
```

```
                    | SIM_SCGC5_PORTB_MASK
                    | SIM_SCGC5_PORTC_MASK
                    | SIM_SCGC5_PORTD_MASK
                    | SIM_SCGC5_PORTE_MASK );

    //开启系统时钟
    core_clk_mhz = pll_init(CORE_CLK_MHZ, REF_CLK);
    //通过pll_init函数的返回值来计算内核时钟和外设时钟
    core_clk_khz = core_clk_mhz * 1000;
    periph_clk_khz = core_clk_khz / (((SIM_CLKDIV1 &
    SIM_CLKDIV1_ OUTDIV2_MASK) >> 24)+ 1);
    //使能跟踪时钟，用于调试
    trace_clk_init();
    //FlexBus时钟初始化
    fb_clk_init();
}
//===================================================================
//函数名称： trace_clk_init
//功  能： 跟踪时钟初始化
//参  数： 无
//返  回： 无
//说  明： 用于调试
//===================================================================
void trace_clk_init(void)
{
    //设置跟踪时钟为内核时钟
    SIM_SOPT2 |= SIM_SOPT2_TRACECLKSEL_MASK;
    //在PTA6引脚上使能TRACE_CLKOU功能
    PORTA_PCR6 = ( PORT_PCR_MUX(0x7));
}
//===================================================================
//函数名称： fb_clk_init
//功  能： FlexBus时钟初始化
//参  数： 无
//返  回： 无
//说  明： 无
//===================================================================
void fb_clk_init(void)
```

```
{
    //使能 FlexBus 模块时钟
   SIM_SCGC7  |= SIM_SCGC7_FLEXBUS_MASK;
   //在 PTA6 引脚上使能 FB_CLKOUT 功能
    PORTC_PCR3 = ( PORT_PCR_MUX(0x5));
}
//==================================================================
//函数名称：pll_init
//功  能： PLL 初始化
//参  数： clk_option 为时钟选项
//         crystal_val 为时钟值
//返  回： 时钟频率值
//说  明： 无
//==================================================================
unsigned char pll_init(unsigned char clk_option, unsigned char
crystal_val)
{
    unsigned char pll_freq;
    if (clk_option > 3) {return 0;}  //如果没有选择可用的选项，则返回 0
    if (crystal_val > 15) {return 1;}  //如果有可用的晶体选项，则返回 1

    //这里处于默认的 FEE 模式下
    //首先移动到 FBE 模式
    #if (defined(K60_CLK) || defined(ASB817))
         MCG_C2 = 0;
    #else
         //使能外部晶振
         MCG_C2 = MCG_C2_RANGE(2) | MCG_C2_HGO_MASK | MCG_C2_EREFS_MASK;
    #endif

    //初始化晶振后释放锁定状态的振荡器和 GPIO
    SIM_SCGC4 |= SIM_SCGC4_LLWU_MASK;
    LLWU_CS |= LLWU_CS_ACKISO_MASK;

    //选择外部晶振、参考分频器，清 IREFS 来启动外部晶振
    MCG_C1 = MCG_C1_CLKS(2) | MCG_C1_FRDIV(3);

    //等待晶振稳定
```

```
    #if (!defined(K60_CLK) && !defined(ASB817))
        while (!(MCG_S & MCG_S_OSCINIT_MASK)){};
    #endif

    //等待参考时钟状态位清零
    while (MCG_S & MCG_S_IREFST_MASK){};
    //等待时钟状态位显示时钟源来自外部参考时钟
    while (((MCG_S & MCG_S_CLKST_MASK) >> MCG_S_CLKST_SHIFT) != 0x2){};

    //进入 FBE 模式
    #if (defined(K60_CLK))
        MCG_C5 = MCG_C5_PRDIV(0x18);
    #else

        //配置 PLL 分频器来匹配所用的晶振
        MCG_C5 = MCG_C5_PRDIV(crystal_val);
    #endif

/*确保 MCG_C6 处于复位状态，禁用 LOLIE、PLL 和时钟控制器，清 PLL VCO 分频器*/
    MCG_C6 = 0x0;
    //选择 PLL VCO 分频器，系统时钟分频器取决于时钟选项
    switch (clk_option) {
    case 0:
      //设置系统分频器
      //MCG=PLL, core = MCG, bus = MCG, FlexBus = MCG, Flash clock= MCG/2
      set_sys_dividers(0,0,0,1);
      //设置 VCO 分频器，使能 PLL 为 50MHz, LOLIE=0, PLLS=1, CME=0, VDIV=1
      MCG_C6 = MCG_C6_PLLS_MASK | MCG_C6_VDIV(1); //VDIV = 1 (x25)
      pll_freq = 50;
      break;
    case 1:
      //设置系统分频器
      //MCG=PLL, core = MCG, bus = MCG/2, FlexBus = MCG/2, Flash clock= MCG/4
      set_sys_dividers(0,1,1,3);
      //设置 VCO 分频器,使能 PLL 为 100MHz, LOLIE=0, PLLS=1, CME=0, VDIV=26
      MCG_C6 = MCG_C6_PLLS_MASK | MCG_C6_VDIV(26); //VDIV = 26 (x50)
      pll_freq = 100;
      break;
```

```
case 2:
  //设置系统分频器
  //MCG=PLL, core = MCG, bus = MCG/2, FlexBus = MCG/2, Flash clock= MCG/4
  set_sys_dividers(0,1,1,3);
  //设置 VCO 分频器，使能 PLL 为 96MHz, LOLIE=0, PLLS=1, CME=0, VDIV=24
  MCG_C6 = MCG_C6_PLLS_MASK | MCG_C6_VDIV(24); //VDIV = 24 (x48)
  pll_freq = 96;
  break;
case 3:
  //设置系统分频器
  //MCG=PLL,core = MCG, bus = MCG,FlexBus = MCG,Flash clock= MCG/2
  set_sys_dividers(0,0,0,1);
  //设置 VCO 分频器，使能 PLL 为 48MHz, LOLIE=0, PLLS=1, CME=0, VDIV=0
  MCG_C6 = MCG_C6_PLLS_MASK; //VDIV = 0 (x24)
  pll_freq = 48;
  break;
case 4:
  //设置系统分频器
  //MCG=PLL, core = MCG,bus = MCG,FlexBus = MCG, Flash clock= MCG/2
  set_sys_dividers(0,1,1,3);
  //设置 VCO 分频器，使能 PLL 为 48MHz, LOLIE=0, PLLS=1, CME=0, VDIV=0
  MCG_C6 = MCG_C6_PLLS_MASK | MCG_C6_VDIV(31);
  pll_freq = 200;
  break;
}
while (!(MCG_S & MCG_S_PLLST_MASK)) // wait for PLL status bit to set
{};

while (!(MCG_S & MCG_S_LOCK_MASK)){}; // Wait for LOCK bit to set
//进入 PBE 模式

//通过清零 CLKS 位进入 PEE 模式
// CLKS=0, FRDIV=3, IREFS=0, IRCLKEN=0, IREFSTEN=0
MCG_C1 &= ~MCG_C1_CLKS_MASK;

//等待时钟状态位更新
while (((MCG_S & MCG_S_CLKST_MASK) >> MCG_S_CLKST_SHIFT) != 0x3){};
```

```
    //开始进入 PEE 模式

    return pll_freq;
}
//==========================================================================
//函数名称: set_sys_dividers
//功  能: 设置系统分频器
//参  数: 预分频值
//返  回: 无
//说  明: 此函数必须放在 RAM 里执行，否则会产生错误 e2448。当 FLASH 时钟分频改
//        变时，必须禁止 FLASH 的预取功能。在时钟分频改变之后，必须延时一小段时
//        间才可以重新使能预取功能。
//==========================================================================
_relocate_code_
void set_sys_dividers(uint32 outdiv1, uint32 outdiv2, uint32 outdiv3,
uint32 outdiv4)
{
  uint32 temp_reg;
  uint8 i;
  //保存 FMC_PFAPR 当前的值
  temp_reg = FMC_PFAPR;

  //通过 M&PFD 置位 M0PFD 来禁止预取功能
  FMC_PFAPR|=FMC_PFAPR_M7PFD_MASK|FMC_PFAPR_M6PFD_MASK|
  FMC_PFAPR_M5PFD_MASK|FMC_PFAPR_M4PFD_MASK|FMC_PFAPR_M3PFD_MASK|
  FMC_PFAPR_M2PFD_MASK|FMC_PFAPR_M1PFD_MASK|FMC_PFAPR_M0PFD_MASK;

  //给时钟分频器设置期望值
  SIM_CLKDIV1=SIM_CLKDIV1_OUTDIV1(outdiv1)|SIM_CLKDIV1_OUTDIV2(outdiv2)
  |SIM_CLKDIV1_OUTDIV3(outdiv3) | SIM_CLKDIV1_OUTDIV4(outdiv4);

  //等待分频器改变
  for (i = 0 ; i < outdiv4 ; i++){};

  //重新存 FMC_PFAPR 的原始值
  FMC_PFAPR = temp_reg;
  return;
}
```

5.3.4 系统集成模块

1. 模块介绍

系统集成模块（SIM）提供系统控制和芯片配置寄存器，包括控制各模块的时钟开关选择。

2. 模块特性特性如下

- ⊙ 配置系统时钟。
- ⊙ SDHC、I2S、Ethernet 时间戳，以及 USB 和 PLL/FLL 的时钟源选择。
- ⊙ 系统时钟分频值。
- ⊙ IIS 和 USB 时钟分频值。
- ⊙ 时钟门控制架构。
- ⊙ 闪存配置。
- ⊙ USB 调压器配置。
- ⊙ RAM 大小配置。
- ⊙ 柔性定时器的外部时钟和故障源检测。
- ⊙ UART0 和 UART1 接收/发送源选择和配置。
- ⊙ 复位引脚过滤。

3. 寄存器介绍

1）系统选项寄存器 1（SIM_SOPT1，见图 5.3.14 和表 5.3.12）

2）系统选项寄存器 2（SIM_SOPT2，见图 5.3.15 和表 5.3.13）

SOPT 控制着器件中许多模块的时钟源选择，查看时钟分配章节以获得更多关于时钟框架和时钟定义的信息。

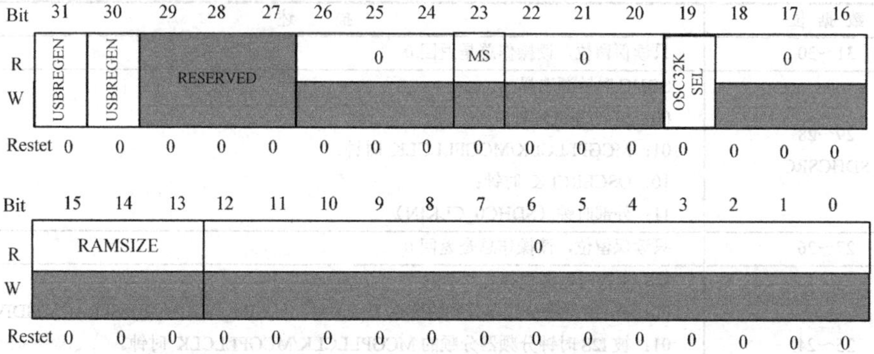

图 5.3.14 系统选项寄存器 1

表 5.3.12　SIM_SOPT1 字段说明

数 据 位	描　　述
D23 MS	EzPort 片选引脚状态 反映 EzPort 片选（EZP_CS）引脚在最后一次复位过程中的状态，只读
D19 OSC32KSEL	32kHz 振荡器时钟选择 为 TSI 和 LPTMR 选择 32kHz 时钟源（ERCLK32K），此位只在 POR/LVD 之后复位。 0：系统振荡器（OSC32KCLK）； 1：RTC 振荡器
D15～D12 RAMSIZE	RAM 大小 此字段指定设备上的可用系统内存量。 0000～0100：未定义； 0101：32KB； 0110：未定义； 0111：64KB； 1000：96KB； 1001：128KB； 1010：未定义； 1011：未定义

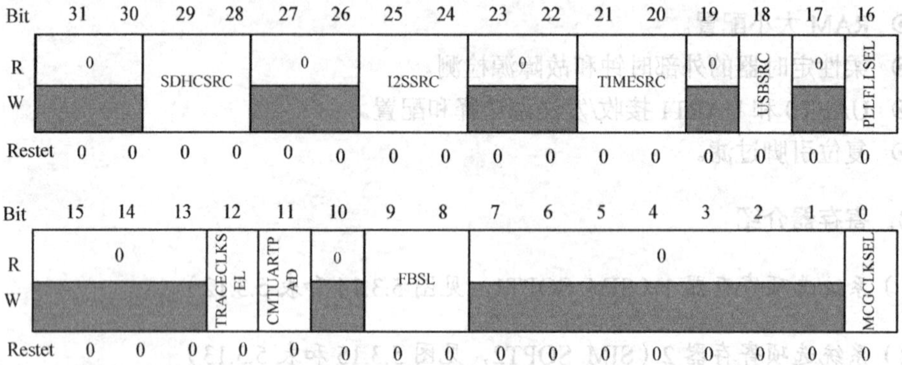

图 5.3.15　系统选项寄存器 2

表 5.3.13　SIM_SOPT2 字段说明

数 据 位	描　　述
31～30	只读保留位，读操作总是返回 0
29～28 SDHCSRC	SDHC 时钟源选择 00：核心/系统时钟； 01：MCGPLLCLK/MCGFLLCLK 时钟； 10：OSCERCLK 时钟； 11：外部时钟（SDHC0_CLKIN）
27～26	只读保留位，读操作总是返回 0
25～24 I2SSRC	I2S 主控时钟源选择 00：被 I2S 时钟分频器分频的核心/系统时钟。见 SIM_CLKDIV2[I2SFRAC, I2SDIV]描述。 01：被 I2S 时钟分频器分频的 MCGPLLCLK/MCGFLLCLK 时钟。 见 SIM_CLKDIV2 [I2SFRAC, I2SDIV] 描述。 10：OSCERCLK 时钟。 11：外部时钟（I2S0_CLKIN）

续表

数据位	描　述
23～22	只读保留位，读操作总是返回 0
21～20 TIMESRC	IEEE 1588 时间戳时钟源选择 00：核心/系统时钟。 01：MCGPLLCLK/MCGFLLCLK 时钟。 10：OSCERCLK 时钟。 11：外部时钟（ENET_1588_CLKIN）
19 预留	只读保留位，读操作总是返回 0
18 USBSRC	USB 48MHz 时钟源选择 0：外部时钟（USB_CLKIN）。 1：被 USB 时钟分频器分频的 MCGPLLCLK/MCGFLLCLK 时钟。 查看 SIM_CLKDIV2 [USBFRAC, USBDIV] 描述
17 预留	只读保留位，读操作总是返回 0
16 PLLFLLSEL	PLL/FLL 时钟源选择 为各种外设选择 MCGPLLCLK 或者 MCGFLLCLK 时钟。 0：MCGFLLCLK 时钟； 1：MCGPLLCLK 时钟
15～13 预留	只读保留位，读操作总是返回 0
12 TRACECLKSEL	调试跟踪时钟选择 选择核心/系统时钟或者 MCG 输出时钟（MCGOUTCLK）作为跟踪调试时钟源。 0：MCGOUTCLK； 1：核心/系统时钟。
11 CMTUARTPAD	CMT/UART 驱动强度 选择 PTD7 引脚上 CMT IRO 信号或 UART0_TXD 信号驱动强度是驱动一个点还是两个点。 0：CMT IRO 或者 UART0_TXD 单点驱动强度； 1：CMT IRO 或者 UART0_TXD 双点驱动强度
10 预留	只读保留位，读操作总是返回 0
9～8 FBSL	FlexBus 安全水平

3）系统选项寄存器 4（SIM_SOPT4，见图 5.3.16 和表 5.3.14）

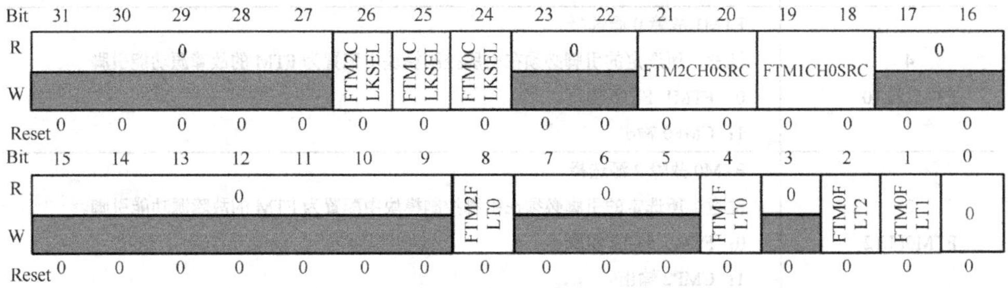

图 5.3.16　系统选项寄存器 4

表 5.3.14 SIM_SOPT4 字段说明

数据位	描述
26 FTM2CLKSEL	FlexTimer2 外部时钟引脚选择 选择 FTM2 外部时钟源的输入引脚。 注意：所选定的引脚必须在引脚控制模块中配置为 FTM 的时钟功能引脚。 0：FTM2 外部时钟引脚为 FTM_CLK0； 1：FTM2 外部时钟引脚为 FTM_CLK1
25 FTM1CLKSEL	FlexTimer1 外部时钟引脚选择 选择 FTM1 外部时钟源的输入引脚。 注意：所选定的引脚必须在引脚控制模块中配置为 FTM 的时钟功能引脚。 0：FTM1 外部时钟引脚为 FTM_CLK0； 1：FTM1 外部时钟引脚为 FTM_CLK1
24 FTM0CLKSEL	FlexTimer0 外部时钟引脚选择 选择 FTM0 外部时钟源的输入引脚。 注意：所选定的引脚必须在引脚控制模块中配置为 FTM 的时钟功能引脚。 0：FTM0 外部时钟引脚为 FTM_CLK0； 1：FTM0 外部时钟引脚为 FTM_CLK1
21～20 FTM2CH0SRC	FTM2 输入捕捉通道 0 的输入源选择 注意：当 FTM 不处于输入捕捉模式下时，该位清零。 00：FTM2_CH0 信号； 01：CMP0 输出； 10：CMP1 输出； 11：保留
19～18 FTM1CH0SRC	FTM1 输入捕捉通道 0 的输入源选择 注意：当 FTM 不在输入捕捉模式下时，该位清零。 00：FTM1_CH0 信号； 01：CMP0 输出； 10：CMP1 输出； 11：保留
8 FTM2FLT0	FTM2 故障 0 源选择 注意：所选定的引脚必须在引脚控制模块中配置为 FTM 的故障源功能引脚。 0：FTM2_FLT0 引脚； 1：CMP0 输出
4 FTM1FLT0	FTM1 故障 0 源选择 注意：所选定的引脚必须在引脚控制模块中配置为 FTM 的故障源功能引脚 0：FTM1_FLT0 引脚； 1：CMP0 输出
2 FTM0FLT2	FTM0 故障 2 源选择 注意：所选定的引脚必须在引脚控制模块中配置为 FTM 的故障源功能引脚。 0：FTM0_FLT2 引脚； 1：CMP2 输出
1 FTM0FLT1	FTM0 故障 1 源选择 注意：所选定的引脚必须在引脚控制模块中配置为 FTM 的故障源功能引脚。 0：FTM0_FLT1 引脚； 1：CMP1 输出

续表

数 据 位	描 述
0 FTM0FLT0	FTM0 故障 0 源选择 注意：所选定的引脚必须在引脚控制模块中配置为 FTM 的故障源功能引脚。 0：FTM0_FLT0 引脚； 1：CMP0 输出

4）系统选项寄存器 5（SIM_SOPT5，见图 5.3.17 和表 5.3.15）

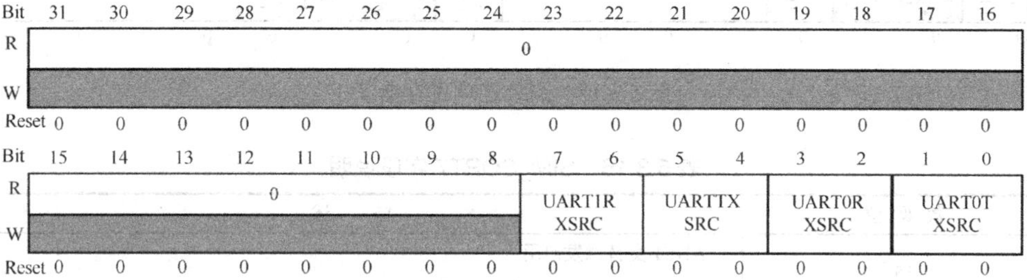

图 5.3.17 系统选项寄存器 5

表 5.3.15 SIM_SOPT5 字段说明

数 据 位	描 述
7～6 UART1RXSRC	UART1 接收数据源选择 00：UART1_RX 引脚； 01：CMP0； 10：CMP1； 11：保留
5～4 UARTTXSRC	UART1 发送数据源选择 00：UART1_TX 引脚； 01：UART1_TX 引脚连接到 FTM1 通道 0 输出； 10：UART1_TX 引脚连接到 FTM2 通道 0 输出； 11：保留
3～2 UART0RXSRC	UART0 接收数据源选择 00：UART0_RX 引脚； 11：CMP0； 10：CMP1； 11：保留
1～0 UART0TXSRC	UART0 发送数据源选择 00：UART0_TX 引脚； 01：UART0_TX 引脚连接到 FTM1 通道 0 输出； 10：UART0_TX 引脚连接到 FTM2 通道 0 输出； 11：保留

5）系统选项寄存器 6（SIM_SOPT6）

关于复位滤波有关配置详见数据手册。

6）系统选项寄存器 7（SIM_SOPT7，见图 5.3.18 和表 5.3.16）

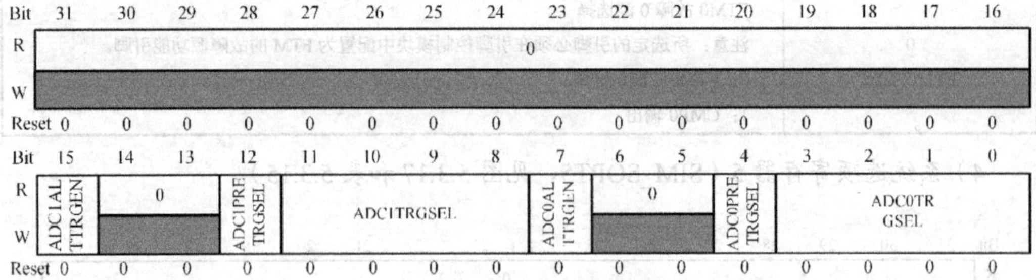

图 5.3.18 系统选项寄存器 7

表 5.3.16 SIM_SOPT7 字段说明

数据位	描述
15 ADC1ALTTRGEN	ADC1 交替触发启用 0：ADC1 选择 PDB 触发； 1：ADC1 触发被 ADC1TRGSEL 定义
12 ADC1PRETRGSEL	ADC1 预触发选择 在通过 ADC1ALTTRGEN 使能触发时选择 ADC1 的预触发源。 0：ADC1 选择预触发源 A； 1：ADC1 选择预触发源 B
11～8 ADC1TRGSEL	ADC1 触发选择 当触发功能使能时，选择 ADC1 的触发源。 注意：不是所有的触发源都可以在 Stop 和 VLPS 模式下使用。 0000：PDB 外部触发引脚输入（PDB0_EXTRG）； 0001：高速比较器 0 输出； 0010：高速比较器 1 输出； 0011：高速比较器 2 输出； 0100：PIT 触发 0； 0101：PIT 触发 1； 0110：PIT 触发 2； 0111：PIT 触发 3； 1000：FTM0 触发； 1001：FTM1 触发； 1010：FTM2 触发； 1011：未使用； 1100：RTC 警告； 1101：RTC 秒脉冲； 1110：低功耗定时器触发； 1011：未使用
7 ADC0ALTTRGEN	ADC0 启用交替触发器 使能 ADC0 交替触发。 0：ADC0 使用 PDB 触发； 1：ADC0 使用交替触发

续表

数 据 位	描　　述
4 ADC0PRETRGSEL	ADC0 预触发选择 在通过 ADC0ALTTRGEN 使能触发时选择 ADC0 的预触发源。 0：ADC0 选择预触发源 A； 1：ADC0 选择预触发源 B
3～0 ADC0TRGSEL	ADC0 触发选择 当触发功能使能时，选择 ADC0 的触发源。 注意：不是所有的触发源都可以在 Stop 和 VLPS 模式下使用。 0000：PDB 外部触发引脚输入（PDB0_EXTRG）； 0001：高速比较器 0 输出； 0010：高速比较器 1 输出； 0011：高速比较器 2 输出； 0100：PIT 触发 0； 0101：PIT 触发 1； 0110：PIT 触发 2； 0111：PIT 触发 3； 1000：FTM0 触发； 1001：FTM1 触发； 1010：FTM2 触发； 1011：未使用； 1100：RTC 警告； 1101：RTC 秒脉冲； 1110：低功耗定时器触发； 1011：未使用

7）系统时钟门控寄存器 x（SIM_SCGCx）

系统时钟门控寄存器用于选择各模块时钟的门控。当相应位为 1 时则时钟允许；当相应位为 0 时则时钟禁止，详见数据手册。

8）系统时钟分频寄存器 1（SIM_CLKDIV1，见图 5.3.19 和表 5.3.17）

Bit	31	30	29	28	27	26	25	24	23	22	21	20	19	18	17	16
R/W	OUTDIV1				OUTDIV2				OUTDIV3				OUTDIV4			
Reset	0	0	0	0	0	0	0	0	0	0	0	0	0	0	0	0
Bit	15	14	13	12	11	10	9	8	7	6	5	4	3	2	1	0
R	0															
W																
Reset	0	0	0	0	0	0	0	0	0	0	0	0	0	0	0	0

图 5.3.19　系统时钟分频寄存器 1

表 5.3.17 SIM_CLKDIV1 字段说明

<table>
<tr><th>数据位</th><th>描 述</th></tr>
<tr><td>D31～D28
OUTDIV1</td><td>时钟 1 输出分频值
此位域设置核心/系统时钟的分频值。在系统复位之后此位域的加载值是 0000 或者 0111 取决于 FTFL_FOPT[LPBOOT]
<table>
<tr><td>0000</td><td>分频 1</td><td>1000</td><td>分频 9</td></tr>
<tr><td>0001</td><td>分频 2</td><td>1001</td><td>分频 10</td></tr>
<tr><td>0010</td><td>分频 3</td><td>1010</td><td>分频 11</td></tr>
<tr><td>0011</td><td>分频 4</td><td>1011</td><td>分频 12</td></tr>
<tr><td>0100</td><td>分频 5</td><td>1100</td><td>分频 13</td></tr>
<tr><td>0101</td><td>分频 6</td><td>1101</td><td>分频 14</td></tr>
<tr><td>0110</td><td>分频 7</td><td>1110</td><td>分频 15</td></tr>
<tr><td>0111</td><td>分频 8</td><td>1111</td><td>分频 16</td></tr>
</table></td></tr>
<tr><td>D27～D24
OUTDIV2</td><td>时钟 2 输出分频值
此位域设置外围设备时钟的分频值。在系统复位之后此位域的加载值是 0000 或者 0111 取决于 FTFL_FOPT[LPBOOT]
<table>
<tr><td>0000</td><td>分频 1</td><td>1000</td><td>分频 9</td></tr>
<tr><td>0001</td><td>分频 2</td><td>1001</td><td>分频 10</td></tr>
<tr><td>0010</td><td>分频 3</td><td>1010</td><td>分频 11</td></tr>
<tr><td>0011</td><td>分频 4</td><td>1011</td><td>分频 12</td></tr>
<tr><td>0100</td><td>分频 5</td><td>1100</td><td>分频 13</td></tr>
<tr><td>0101</td><td>分频 6</td><td>1101</td><td>分频 1</td></tr>
<tr><td>0110</td><td>分频 7</td><td>1110</td><td>分频 15</td></tr>
<tr><td>0111</td><td>分频 8</td><td>1111</td><td>分频 16</td></tr>
</table></td></tr>
<tr><td>D23～D20
OUTDIV3</td><td>时钟 3 输出分频值
此位域将 FlexBus 时钟的分频值设置到外部时钟引脚（FB_CLK）。在系统复位之后此位域的加载值根据 FTFL_FOPT[LPBOOT]的值取 0000 或者 0111</td></tr>
<tr><td>D19～D16
OUTDIV4</td><td>时钟 4 输出分频值
此位域设置闪存时钟的分频值。在系统复位之后此位域的加载值是 0000 或者 0111 取决于 FTFL_FOPT[LPBOOT]</td></tr>
</table>

9）系统时钟分频寄存器 2（SIM_CLKDIV2，见图 5.3.20 和表 5.3.18）

Bit	31	30	29	28	27	26	25	24	23	22	21	20	19	18	17	16
R	I2SDIV												0			
W																
Reset	0	0	0	0	0	0	0	0	0	0	0	0	0	0	0	0

Bit	15	14	13	12	11	10	9	8	7	6	5	4	3	2	1	0
R	I2SFRAC								0				USBDIV			USBFRAC
W																
Reset	0	0	0	0	0	0	0	0	0	0	0	0	0	0	0	0

图 5.3.20 系统时钟分频寄存器 2

表 5.3.18 SIM_CLKDIV2 字段说明

数据位	描述
31～20 I2SDIV	I2S 时钟分频 当 I2S 使用分数时钟源时，此位域用于设置主控时钟的分频因子。分数时钟源的输入通过 SOPT2[I2SSRC]位设置；分频输出=输入时钟×[(I2SFRAC+1) / (I2SDIV+1)]。 注意：I2S 时钟要禁止（SCGC6[I2S]=0）之后才能改变此位域
15～8 I2SFRAC	I2S 分数分频 当 I2S 使用分数时钟源时，此位域用于设置主控时钟的分频因子。分数时钟源的输入通过 SOPT2[I2SSRC]位设置；分频输出=输入时钟×[(I2SFRAC+1) / (I2SDIV+1)]。 注意：I2S 时钟要禁止（SCGC6[I2S]=0）之后才能改变此位域

5.3.5 可编程中断定时器

1. 模块介绍

可编程周期中断定时器(PIT)是一组可以用来产生中断和触发 DMA 通道的定时器。

定时器在开启后周期性触发。首先，定时器加载开始值，如同 LDVAL 寄存器中描述过的一样，然后递减计数直到 0 为止。其次，加载各自的开始值。每次定时器计数到 0 时，将产生一个触发脉冲并且置中断标志。所有的中断可以开启或屏蔽（通过设置 TCTRL 寄存器中断 TIE 位)。只有在前者被清除后新中断才会产生。如果需要，通过 CVAL 寄存器可以读取定时器当前计数器的值。先关闭定时器，再通过 TEN 位开启定时器来重启计数周期。

2. 模块特性

该模块特性如下：

- ⊙ 计时器可以产生 DMA 触发脉冲；
- ⊙ 定时器可以产生中断；
- ⊙ 所有中断均是可屏蔽的；
- ⊙ 每个定时器都有独立的溢出周期。

3. 结构

可编程中断定时器结构如图 5.3.21 所示。

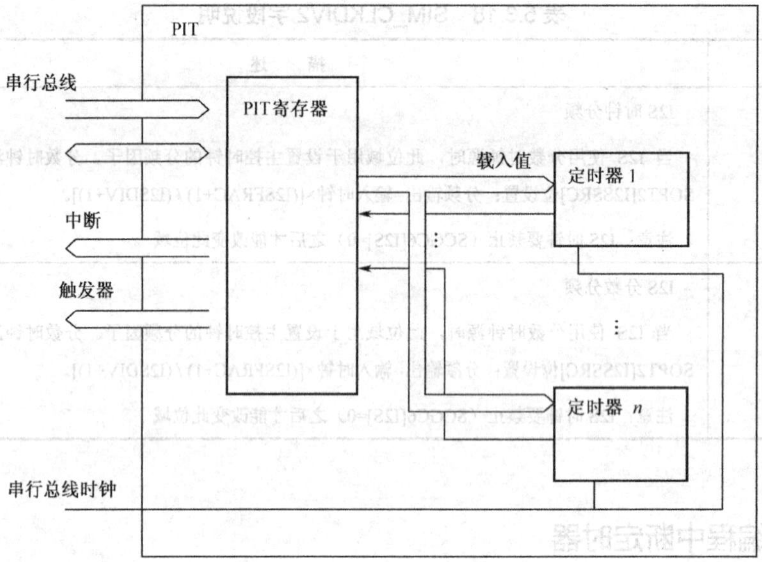

图 5.3.21　可编程中断定时器结构

4. 寄存器介绍

1）PIT 模块控制寄存器（PIT_MCR，见图 5.3.22 和表 5.3.19）

Bit	31	30	29	28	27	26	25	24	23	22	21	20	19	18	17	16
R	0															
W																
Reset	0	0	0	0	0	0	0	0	0	0	0	0	0	0	0	0

Bit	15	14	13	12	11	10	9	8	7	6	5	4	3	2	1	0
R	0														MDIS	FRZ
W																
Reset	0	0	0	0	0	0	0	0	0	0	0	0	0	0	0	0

图 5.3.22　PIT 模块控制寄存器

表 5.3.19　PIT_MCR 字段说明

数 据 位	描　述
D31～D2	预留口
D1 MDIS	模块禁止 该位用来禁止模块时钟，必须在其他设置完成之前使能。 0：PIT 定时器时钟使能； 1：PIT 定时器时钟禁止
D0 FRZ	冻结 允许设备在进入调试模式后，停止定时器。 0：在调试模式下定时器继续运行； 1：在调试模式下定时器停止

2）当前定时器值寄存器（PIT_CVALn，见图 5.3.23）

Bit	31	30	29	28	27	26	25	24	23	22	21	20	19	18	17	16	15	14	13	12	11	10	9	8	7	6	5	4	3	2	1	0
R W	TSV																															
Restet	0	0	0	0	0	0	0	0	0	0	0	0	0	0	0	0	0	0	0	0	0	0	0	0	0	0	0	0	0	0	0	0

图 5.3.23 当前定时器值寄存器

当前定时器值如果使能了定时器，这些位就代表了当前定时器的值。如果定时器被禁止，就不要再使用这些位域的值，因为这些值是不可靠的。

注意：定时器使用一个递减计数器。如果 MCF[FRZ]位被设置了，那么定时器的值在调试模式时被冻结。

3）定时器控制寄存器（PIT_TCTRLn，见图 5.3.24 和表 5.3.20）

Bit	31	30	29	28	27	26	25	24	23	22	21	20	19	18	17	16
R	0															
W																
Reset	0	0	0	0	0	0	0	0	0	0	0	0	0	0	0	0
Bit	15	14	13	12	11	10	9	8	7	6	5	4	3	2	1	0
R	0														TIE	TEN
W																
Reset	0	0	0	0	0	0	0	0	0	0	0	0	0	0	0	0

图 5.3.24 定时器控制寄存器

表 5.3.20 PIT_TCTRLn 字段说明

数 据 位	描 述
D31～D2	预留
D1 TIE	定时器中断使能位 在一个中断未决定时（TIF 已设置），开启中断将立即产生一个中断事件。为了避免该事件的发生，相关的 TIF 标志必须先清除。 0：来自定时器 *n* 的中断请求被禁止； 1：不论 TIF 是否被设置，中断都会被请求
D0 TEN	定时器使能位 这个位开启或禁止定时器。 0：定时器被禁止； 1：定时器 *n* 有效

4）定时器标志寄存器（PIT_TFLGn，见图 5.3.25 和表 5.3.21）

Bit	31	30	29	28	27	26	25	24	23	22	21	20	19	18	17	16
R	0															
W																
Reset	0	0	0	0	0	0	0	0	0	0	0	0	0	0	0	0
Bit	15	14	13	12	11	10	9	8	7	6	5	4	3	2	1	0
R	0															TIF
W																
Reset	0	0	0	0	0	0	0	0	0	0	0	0	0	0	0	0

图 5.3.25 定时器标志寄存器

表 5.3.21 PIT_TFLGn 字段说明

数据位	描述
D31～D1	预留位
D0 TIF	定时器中断标志 TIF 在定时器周期结束时置 1。只有在写入 1 时该标志才被清除，写 0 无效。如果使能（TIE），TIF 则产生一个中断请求。 0：超时并未发生； 1：超时发生

5.3.6 Flex 定时器

1. 模块介绍

Flex 定时器（FIM）是一个支持输入捕捉、输出比较、PWM 和电源管理应用的通道定时器。FTM 可选择多个时钟源，包括系统时钟、固定频率时钟、外部时钟。FTM 具有 1,2,4,8,…,128 预分频功能，包含一个可以进行计数的 16 位计数器，可以为 FTM 提供定时参考，可以用作有符号或无符号的计数器，每个通道都可以配置成输入捕捉、输出比较或者 PWM 模式。

2. 寄存器介绍

1）状态与控制寄存器（FTMx_SC，见图 5.3.26 和表 5.3.22）

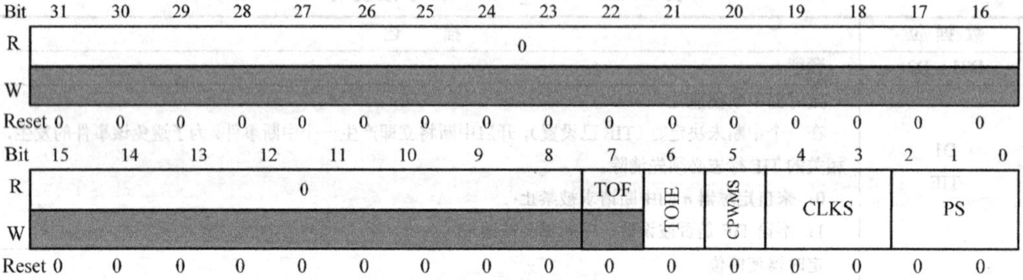

图 5.3.26 状态与控制寄存器

表 5.3.22 FTMx_SC 字段说明

数据位	描述
D31～D8	预留
D7 TOF	计数溢出中断标志位 当 FTM 计数器中的值超过 MOD 寄存器中的值时，通过硬件置位 TOF 位。当 TOF 置位时，通过读 SC 寄存器的值或向该位写 0 来清 TOF 位。向 TOF 写 1 是没有用的。 0：计数器溢出没有发生； 1：计数器溢出发生
D6 TOIE	溢出中断使能位 0：不允许 TOF 产生中断请求。 1：允许 TOF 产生中断请求

续表

数 据 位	描　述
D5 CPWMS	中心对齐 PWM 选择 选择 CPWM 模式，它的状态配置 FTM 为升—降计数模式，写被保护，当 MODE[WPDIS] = 1 时才能写入。 0：FTM 计数操作在上升计数模式下； 1：FTM 计数操作在升—降计数模式下
D4～D3 CLKS	时钟源选择模式 从 3 个 FTM 时钟源中选择 1 个作为 FTM 的时钟。 00：没有时钟源选择（其作用实际上是禁止 FTM 模块）； 01：系统时钟； 10：固定频率时钟； 11：外部时钟
D2～D0 PS	预分频因子选择 在下列 8 个分频因子中选择 1 个作为 CLKS 的预分频因子。在新值更新到寄存器后，新的预分频因子影响下一个系统时钟周期的时钟源。此位域被写保护，当 MODE[WPDIS] = 1 时才能写入。 000：CLKS/1； 001：CLKS/2； 010：CLKS/4； 011：CLKS/8； 100：CLKS/16； 101：CLKS/32； 110：CLKS/64； 111：CLKS/128

2）计数器值寄存器（FTMx_CNT，见图 5.3.27）

CNT 寄存器包含 FTM 计数器的值。复位时该寄存器被清零，写任何值到寄存器 COUNT 将更新 CNTIN 的值。

Bit	31	30	29	28	27	26	25	24	23	22	21	20	19	18	17	16
R	0															
W																
Reset	0	0	0	0	0	0	0	0	0	0	0	0	0	0	0	0
Bit	15	14	13	12	11	10	9	8	7	6	5	4	3	2	1	0
R W	COUNT															
Reset	0	0	0	0	0	0	0	0	0	0	0	0	0	0	0	0

图 5.3.27　计数器值寄存器

3）模数寄存器（FTMx_MOD，见图 5.3.28）

模数寄存器包含 FTM 计数器的模值。在 FTM 计数器达到模数寄存器的值时，溢出标志（TOF）在下一个时钟脉冲后被置位。

Bit	31	30	29	28	27	26	25	24	23	22	21	20	19	18	17	16
R	Reserved															
W																
Reset	0	0	0	0	0	0	0	0	0	0	0	0	0	0	0	0
Bit	15	14	13	12	11	10	9	8	7	6	5	4	3	2	1	0
R	MOD															
W																
Reset	0	0	0	0	0	0	0	0	0	0	0	0	0	0	0	0

图 5.3.28 模数寄存器

4）通道状态和控制寄存器（FTMx_CnSC，见表 5.3.23）

表 5.3.23 FTMx_CNT 字段说明

<table>
<tr><th>DECAPEN</th><th>COMBINE</th><th>CPWMS</th><th>MSnB:
MSnA</th><th>ELSnB:
ELSnA</th><th>模 式</th><th>配 置</th></tr>
<tr><td>x</td><td>x</td><td>x</td><td>xx</td><td>0</td><td>None</td><td>引脚没用作 FTM</td></tr>
<tr><td rowspan="10">0</td><td rowspan="10">0</td><td rowspan="3">0</td><td rowspan="3">0</td><td>1</td><td rowspan="3">输入比较</td><td>在上升沿时发生比较</td></tr>
<tr><td>10</td><td>在下降沿时发生比较</td></tr>
<tr><td>11</td><td>在上升、下降沿都发生比较</td></tr>
<tr><td rowspan="3">1</td><td rowspan="3">1</td><td>1</td><td rowspan="3">输出比较</td><td>输出比较翻转</td></tr>
<tr><td>10</td><td>输出比较清零</td></tr>
<tr><td>11</td><td>输出比较置位</td></tr>
<tr><td rowspan="2">0</td><td rowspan="2">1X</td><td>10</td><td rowspan="2">边缘对齐 PWM</td><td>先输出高脉冲 PWM</td></tr>
<tr><td>X1</td><td>先输出低脉冲 PWM</td></tr>
<tr><td rowspan="2">1</td><td rowspan="2">XX</td><td>10</td><td rowspan="2">中心对齐 PWM</td><td>先输出高脉冲 PWM</td></tr>
<tr><td>X1</td><td>先输出低脉冲 PWM</td></tr>
</table>

5）通道 N 的值（FTMx_CnV，见图 5.3.29 和表 5.3.24）

CnV 寄存器包含输入模式的 FTM 捕捉计数值或输出模式的比较值。

在输入捕捉、输入测试和边沿捕捉模式下，写入 CnV 寄存器的值无效。

在输出模式下，写入 CnV 寄存器的值会被存入缓存。一个 CnV 寄存器会根据写入缓存中的值来更新数据。

如果 FTMEN = 0，这种关联写入机制可以通过向 CnSC 寄存器写值进行复位。

Bit	31	30	29	28	27	26	25	24	23	22	21	20	19	18	17	16	15	14	13	12	11	10	9	8	7	6	5	4	3	2	1	0
R	0																VAL															
W																																
Reset	0	0	0	0	0	0	0	0	0	0	0	0	0	0	0	0	0	0	0	0	0	0	0	0	0	0	0	0	0	0	0	0

图 5.3.29 通道 N 的值

表 5.3.24 FTMx_ CnV 字段说明

数据位	描述
D15～D0 VAL	输入模式 FTM 的捕获值和输出模式的匹配值

6）计数器的初始值（FTMx_CNTIN，见图 5.3.30 和表 5.3.25）

计数器初始值寄存器包含 FTM 计数器的初始值。向 CNTIN 寄存器写值将会把这个值锁存在缓冲器中。当向缓冲区写时，CNTIN 寄存器的值从它的缓冲区进行更新。

当第一次选择 FTM 时钟时（第一次写一个非零值来改变 clks 位），FTM 计数器从 0x00000 开始计数。为了避免这种状况的发生，在刚开始选择 FTM 时钟时，写一个新值到 CNTIN 寄存器然后初始化 FTM 计数器（可写任意值到 CNT 寄存器）。

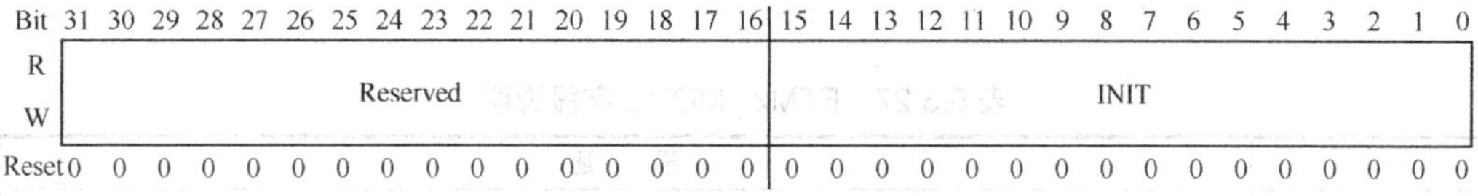

图 5.3.30 计数器的初始值

表 5.3.25 FTMx_ CNTIN 字段说明

数据位	描述
D15～D0 INIT	FTM 计数器的初始值

7）输入捕获和输出比较状态寄存器（FTMx_STATUS，见图 5.3.31 和表 5.3.26）

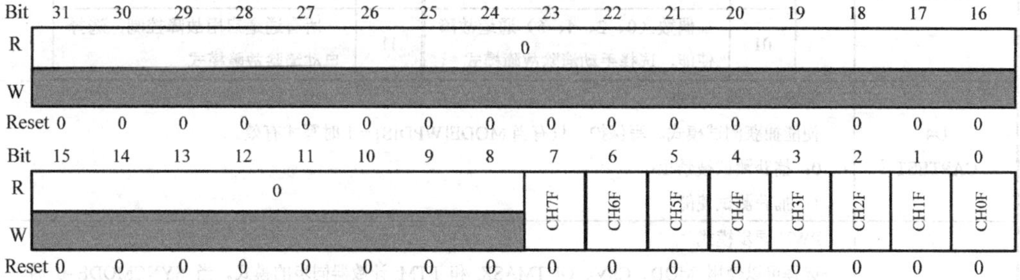

图 5.3.31 输入捕获和输出比较状态寄存器

表 5.3.26 FTMx_ STATUS 字段说明

数据位	描述
D31～D8 预留	复位 0，读返回 0
D7～D0 CHnF	通道 n 标志位 0：通道无事件发生； 1：通道有事件发生

8）特征模式选择寄存器（FTMx_MODE，见图 5.3.32 和表 5.3.27）

这些寄存器包含的控制位用来配置错误中断和错误控制、输入捕捉测试模式、同步 PWM、写保护、通道输出比较初始化和使能 FTM 的增强功能。

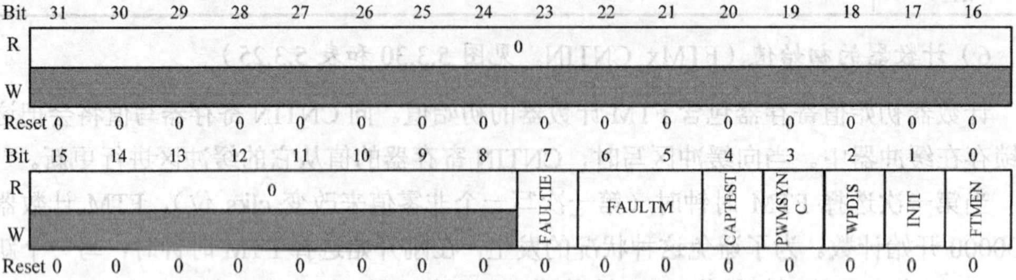

图 5.3.32　特征模式选择寄存器

表 5.3.27　FTMx_ MODE 字段说明

数据位	描　述
D31～D8 预留	复位为 0，读返回 0
D7 FAULTIE	错误中断使能 当 FTM 检测到出错中断并且错误控制开启时，可产生一个中断。 0：故障控制中断被禁止； 1：故障控制中断使能
D6～D5 FAULTM	故障控制模式 定义 FTM 故障控制模式。写保护，只有当 MODE[WPDIS] = 1 时写才有效。 00：所有通道禁用故障控制 01：偶数（0、2、4、6）通道故障使能，选择手动清除故障模式 10：所有通道启用故障控制，选择手动清除故障模式 11：所有通道启用故障控制，选择自动清除故障模式
D4 CAPTEST	捕获测试模式使能 使能捕获测试模式。写保护，只有当 MODE[WPDIS] = 1 时写才有效。 0：捕获测试被禁止； 1：捕获测试使能
D3 PWMSYNC	PWN 同步模式 选择可以使用 MOD、CnV、OUTMASK 和 FTM 计数器同步的模式。当 SYNCMODE=0 时，PWMSYNC 位配置 PWM 同步。 0：没有限制，MOD、CnV、OUTMASK 和 FTM 计数器同步可以通过软件和硬件触发。 1：MOD 和 CnV 同步只能通过软件触发，OUTMASK 和 FTM 计数器同步只能通过硬件触发
D2 WPDIS	写保护禁用位 当写保护禁用位使能时（WPDIS = 0），所有写保护的位都禁止写入。而 WPDIS 和 WPEN 相反，当向 WPEN 写 1 时 WPDIS 位被清除。 0：写保护使能； 1：写保护禁止

续表

数 据 位	描 述
D1 INIT	输出通道初始化 INIT 对所用位写入 1 时，通道输出的状态取决于 OUTINIT 寄存器相应位的初始化。INIT 写 0 没有作用
D0 FTMEN	FTM 使能位 写保护，只有当 MODE[WPDIS] = 1 时写才有效 0：只有 TMP 兼容的寄存器可以不加限制地使用，不使用 TMP 特殊功能寄存器； 1：所有 TMP 寄存器都允许使用

9）通道输出状态寄存器（FTMx_OUTINIT，见图 5.3.33 和表 5.3.28）

Bit	31	30	29	28	27	26	25	24	23	22	21	20	19	18	17	16
R	0															
W																
Reset	0	0	0	0	0	0	0	0	0	0	0	0	0	0	0	0

Bit	15	14	13	12	11	10	9	8	7	6	5	4	3	2	1	0
R	0								CH7OI	CH6OI	CH5OI	CH4OI	CH3OI	CH2OI	CH1OI	CH0OI
W																
Reset	0	0	0	0	0	0	0	0	0	0	0	0	0	0	0	0

图 5.3.33 通道输出状态寄存器

表 5.3.28 FTMx_ OUTINIT 字段说明

数 据	描 述
D31～D8 预留	预留，只读，值为 0
D7～D0 CHnOI	通道 *n* 输出初始值 用于选择初始化之后初始值是否强制输出。 0：初始值为 0； 1：初始值为 1

10）输出掩码寄存器（FTMx_OUTMASK，见图 5.3.34 和表 5.3.29）

该寄存器为每个 FTM 通道提供了掩码。通道的掩码用于决定当匹配发生时输出是否响应，这个特性可用于 BLDC 控制。使用此功能为 PWM 信号控制特定无刷直流电动机提供电子换相。任何写入 OUTMASK 寄存器的值都会被保存到写缓冲区中。这个寄存器随着写缓冲区根据 PWM 同步的值来更新。

Bit	31	30	29	28	27	26	25	24	23	22	21	20	19	18	17	16
R	0															
W																
Reset	0	0	0	0	0	0	0	0	0	0	0	0	0	0	0	0

Bit	15	14	13	12	11	10	9	8	7	6	5	4	3	2	1	0
R	0								CH7OM	CH6OM	CH5OM	CH4OM	CH3OM	CH2OM	CH1OM	CH0OM
W																
Reset	0	0	0	0	0	0	0	0	0	0	0	0	0	0	0	0

图 5.3.34 输出掩码寄存器

表 5.3.29 FTMx_ OUTMASK 字段说明

数据位	描　述
D31～D8 预留	预留，只读，值为 0
D7～D0 CHnOM	通道 *n* 输出掩码 0：通道输出不加掩码，继续运行； 1：通道输出加掩码，强制进入停止状态

11）已连接通道功能寄存器（FTMx_COMBINE，见图 5.3.35 和表 5.3.30）

该寄存器用于配置每对通道 *n* 和 *n*+1（*n*=0,2,4,6）的故障控制、同步、死区时间插入、双边沿跳变捕捉模式、互补模式、连接模式的控制位。

Bit	31	30	29	28	27	26	25	24	23	22	21	20	19	18	17	16
R/W	0	FAULTEN3	SYNCEN3	DTEN3	DECAP3	DECAPEN3	COMP3	COMBINE3	0	FAULTEN2	SYNCEN2	DTEN2	DECAP2	DECAPEN2	COMP2	COMBINE2
Reset	0	0	0	0	0	0	0	0	0	0	0	0	0	0	0	0

Bit	15	14	13	12	11	10	9	8	7	6	5	4	3	2	1	0
R/W	0	FAULTEN1	SYNCEN1	DTEN1	DECAP1	DECAPEN1	COMP1	COMBINE1	0	FAULTEN0	SYNCEN0	DTEN0	DECAP0	DECAPEN0	COMP0	COMBINE0
Reset	0	0	0	0	0	0	0	0	0	0	0	0	0	0	0	0

图 5.3.35 已连接通道功能寄存器

表 5.3.30 FTMx_COMBINE 字段说明

数据位	描　述
D30 FAULTEN3	故障控制使能（*n*=6） 使能通道 *n* 和 *n*+1 的故障控制，此位已被写保护，当 MODE[WPDIS]=1 时可写。 0：禁止； 1：使能
D29 SYNCEN3	同步使能位（*n*=6） 使能寄存器 C(*n*)V 和 C(*n*+1)V 的 PWM 同步。 0：禁止； 1：使能
D28 DTEN3	死区时间使能位（*n*=6） 使能通道 *n* 和 *n*+1 的死区时间插入此位已被写保护，当 MODE[WPDIS]=1 时可写。 0：禁止； 1：使能
D27 DECAP3	双边沿捕捉模式捕捉位（*n*=6） 通过通道 *n* 的输入事件和配置双边沿捕捉位，使能捕捉 FTM 计数器的值。仅当 FTMEN = 1 且 DECAPEN = 1 时，此位才起作用。如果选择了双边沿捕捉且是单次短模式，当通道 *n*+1 发生捕捉事件时，DECAP 位被硬件自动清零。 0：双边沿捕捉冻结； 1：双边沿捕捉激活
D26 DECAPEN3	双边沿捕捉模式使能位（*n*=6） 0：禁止； 1：使能

续表

数 据 位	描 述
D25 COMP3	通道 *n* 互补位（*n*=6） 0：通道 *n*+1 与通道 *n* 输出一致； 1：通道 *n*+1 与通道 *n* 输出互补
D24 COMBINE3	通道合并位（*n*=6） 0：通道 *n* 与通道 *n*+1 独立； 1：通道 *n* 与通道 *n*+1 合并
D22 FAULTEN2	故障控制使能（*n*=4） 使能通道 *n* 和 *n*+1 的故障控制。 此位已被写保护，当 MODE[WPDIS]=1 时可写。 0：禁止； 1：使能
D21 SYNCEN2	同步使能位（*n*=4） 设置寄存器 C(*n*)V 和 C(*n*+1)V 使能 PWM 同步 0：禁止； 1：使能
D20 DTEN2	死区时间使能位（*n*=4） 使能通道 *n* 和 *n*+1 的死区时间插入。 此位已被写保护，当 MODE[WPDIS]=1 时可写。 0：禁止； 1：使能
D19 DECAP2	双边沿捕捉模式捕捉位（*n*=4） 通过通道 *n* 的输入事件和配置双边沿捕捉位，使能捕捉 FTM 计数器的值。 仅当 FTMEN = 1 且 DECAPEN = 1 时此位才起作用。 如果选择了双边沿捕捉且是单次短模式，当通道 *n*+1 发生捕捉事件时，DECAP 位被硬件自动清零。 0：双边沿捕捉冻结； 1：双边沿捕捉激活
D18 DECAPEN2	双边沿捕捉模式使能位（*n*=4） 0：禁止； 1：使能
D17 COMP2	通道 *n* 互补位（*n*=4） 0：通道 *n*+1 与通道 *n* 输出一致； 1：通道 *n*+1 与通道 *n* 输出互补
D16 COMBINE2	通道合并位（*n*=4） 0：通道 *n* 与通道 *n*+1 独立； 1：通道 *n* 与通道 *n*+1 合并
D14 FAULTEN1	故障控制使能（*n*=2） 使能通道 *n* 和 *n*+1 的故障控制。 此位已被写保护，当 MODE[WPDIS]=1 时可写。 0：禁止； 1：使能

续表

数 据 位	描　述
D13 SYNCEN1	同步使能位（n=2） 同步寄存器 C(n)V 与寄存器 C(n+1)V 的 PWM 设定值。 0：禁止； 1：使能
D12 DTEN1	死区时间使能位（n=2） 使能通道 n 和 n+1 的死区时间插入。 此位已被写保护，当 MODE[WPDIS]=1 时可写。 0：禁止； 1：使能
D11 DECAP1	双边沿捕捉模式捕捉位（n=2） 通过通道 n 的输入事件和配置双边沿捕捉位，使能捕捉 FTM 计数器的值。 仅当 FTMEN＝1 且 DECAPEN＝1 时此位才起作用。 如果选择了双边沿捕捉且是单次短模式，当通道 n+1 发生捕捉事件时，DECAP 位被硬件自动清零。 0：双边沿捕捉冻结； 1：双边沿捕捉激活
D10 DECAPEN1	双边沿捕捉模式使能位（n=2） 0：禁止； 1：使能
D9 COMP1	通道 n 互补位（n=2） 0：通道 n+1 与通道 n 输出一致； 1：通道 n+1 与通道 n 输出互补
D8 COMBINE1	通道合并位（n=2） 0：通道 n 与通道 n+1 独立； 1：通道 n 与通道 n+1 合并
D6 FAULTEN0	故障控制使能（n=0） 使能通道 n 和 n+1 的故障控制。 此位已被写保护，当 MODE[WPDIS]=1 时可写。 0：禁止； 1：使能
D5 SYNCEN0	同步使能位（n=0） 使能寄存器 C(n)V 和 C(n+1)V 的 PWM 同步。 0：禁止； 1：使能
D4 DTEN0	死区时间使能位（n=0） 使能通道 n 和 n+1 的死区时间插入。 此位已被写保护，当 MODE[WPDIS]=1 时可写。 0：禁止； 1：使能
D3 DECAP0	双边沿捕捉模式捕捉位（n=0） 通过通道 n 的输入事件和配置双边沿捕捉位，使能捕捉 FTM 计数器的值。 仅当 FTMEN＝1 且 DECAPEN＝1 时此位才起作用。 如果选择了双边沿捕捉且是单次短模式，当通道 n+1 发生捕捉事件时，DECAP 位被硬件自动清零。 0：双边沿捕捉冻结； 1：双边沿捕捉激活

续表

数 据 位	描 述
D2 DECAPEN0	双边沿捕捉模式使能位（n=0） 0：禁止； 1：使能
D1 COMP0	通道 n 互补位（n=0） 0：通道 n+1 与通道 n 输出一致； 1：通道 n+1 与通道 n 输出互补
D0 COMBINE0	通道合并位（n=0） 0：通道 n 与通道 n+1 独立； 1：通道 n 与通道 n+1 合并

12）死区时间插入控制寄存器（FTMx_DEADTIME）

这个寄存器选择死区分频器分频系数和死区时间值。所有的 FTM 通道使用该寄存器设置的时钟预分频值及死区时间用于死区插入。该寄存器的描述详见数据手册。

13）FTM 外部触发器寄存器（FTMx_EXTTRIG，见图 5.3.36 和表 5.3.31）

该寄存器表示当产生通道触发时，在 FTM 计数器等于其初始值时使能产生触发器，并且选择通道触发器产生时使用的通道。在一个 PWM 周期可以选择几个通道来产生多触发器。在产生通道触发器时不使用通道 6 与通道 7。

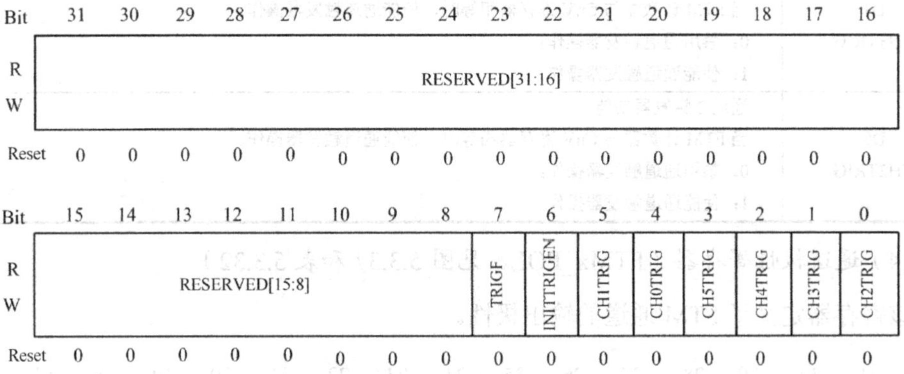

图 5.3.36 FTM 外部触发器寄存器

表 5.3.31 FTMx_ EXTTRIG 字段说明

数 据 位	描 述
D31～D8 预留	预留位，读取返回 0
D7 TRIGF	通道触发标志 当产生通道触发时通过硬件置位。在 TRIGF 置位时，通过读 EXTTRIG 清 TRIGF，然后写 0 到 TRIGF，写 1 到 TRIGF 无影响。 如果在清时序完成之前产生其他的通道触发，时序复位，所以在清时序完成后 TRIGF 仍然保持早期的 TRIGF。 0：不产生通道触发； 1：产生一个通道触发

续表

数 据 位	描 述
D6 INITTRIGEN	触发器使能初始化 当 FTM 计数器与 CNTIN 寄存器相等时，使能触发器操作。 0：禁用初始化触发器操作； 1：使能初始化触发器操作
D5 CH1TRIG	通道 1 触发器使能 当 FTM 计数器与 CnV 寄存器相等时，使能通道触发器操作。 0：禁用通道触发器操作； 1：使能通道触发器操作
D4 CH0TRIG	通道 0 触发器使能 当 FTM 计数器与 CnV 寄存器相等时，使能通道触发器操作。 0：禁用通道触发器操作； 1：使能通道触发器操作
D3 CH5TRIG	通道 5 触发器使能 当 FTM 计数器与 CnV 寄存器相等时，使能通道触发器操作。 0：禁用通道触发器操作； 1：使能通道触发器操作
D2 CH4TRIG	通道 4 触发器使能 当 FTM 计数器与 CnV 寄存器相等时，使能通道触发器操作。 0：禁用通道触发器操作； 1：使能通道触发器操作
D1 CH3TRIG	通道 3 触发器使能 当 FTM 计数器与 CnV 寄存器相等时，使能通道触发器操作。 0：禁用通道触发器操作； 1：使能通道触发器操作
D0 CH2TRIG	通道 2 触发器使能 当 FTM 计数器与 CnV 寄存器相等时，使能通道触发器操作。 0：禁用通道触发器操作； 1：使能通道触发器操作

14）通道极性寄存器（FTMx_POL，见图 5.3.37 和表 5.3.32）

该寄存器定义了 FTM 通道的输出极性。

Bit	31	30	29	28	27	26	25	24	23	22	21	20	19	18	17	16
R W	RESERVED[31:16]															
Reset	0	0	0	0	0	0	0	0	0	0	0	0	0	0	0	0

Bit	15	14	13	12	11	10	9	8	7	6	5	4	3	2	1	0
R W	RESERVED[15:8]								POL7	POL6	POL5	POL4	POL3	POL2	POL1	POL0
Reset	0	0	0	0	0	0	0	0	0	0	0	0	0	0	0	0

图 5.3.37 通道极性寄存器

表 5.3.32　FTMx_ POL 字段说明

数 据 位	描　　述
D31～D8 预留	该位保留 读取返回 0
D7～D0 POLn	通道 *n* 的输出极性 定义通道输出的极性。 该位写保护，仅当 MODE[WPDIS] = 1 时可以写。 0：该通道输出极性为高； 1：该通道输出极性为低

15）FTM PWM 加载寄存器（FTMx_PWMLOAD，见图 5.3.38 和表 5.3.33）

使能 MOD、CNTIN、C(*n*)V 和 C(*n*+1)V 寄存器的加载。当 FTM 计数器从 MOD 寄存器值到它的下一个值改变或者当一个通道 *j* 匹配发生时把它们写缓冲的值加载。当 FTM 计数器=C(*j*)V 时，一个通道 *j* 的匹配发生。

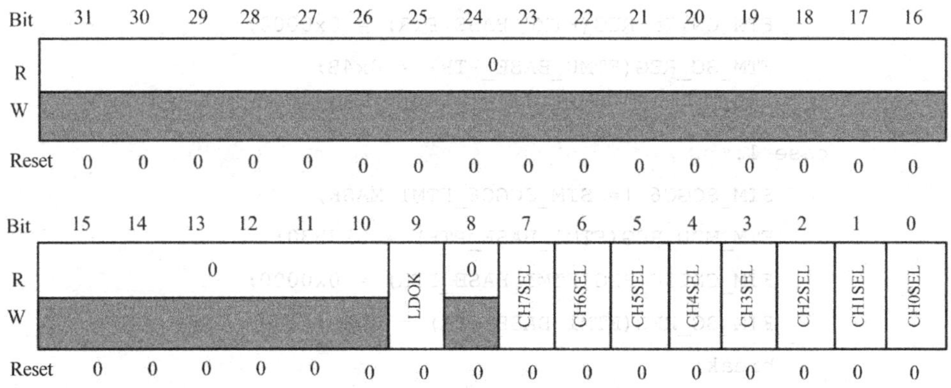

图 5.3.38　FTM PWM 加载寄存器

表 5.3.33　FTMx_ PWMLOAD 字段说明

D31～D10 预留	只读预留 值永远为 0
D9 LDOK	加载使能 使能 MOD、CNTIN 和 CV 寄存器的加载，加载它们写缓冲的值。 0：加载更新值禁止； 1：加载更新值使能
D7～D0 CHnSEL	通道 *n* 的选择 0：在匹配过程中不包含通道； 1：在匹配过程中包含通道

3．初始化例程

```
#include "ftm.h"

//===================================================================
```

```
//函数名: hw_ftm_int
//功  能: 无
//参  数: 无
//返  回: 无
//说  明: 无
//================================================================
void hw_ftm_init(uint8 FTMChannel)
{
    switch(FTMChannel)
    {
    case 0:
        SIM_SCGC6 |= SIM_SCGC6_FTM0_MASK;
        FTM_MOD_REG(FTM0_BASE_PTR) = 0x7530;
        FTM_CNTIN_REG(FTM0_BASE_PTR) = 0x0000;
        FTM_SC_REG(FTM0_BASE_PTR) = 0x4B;
        break;
    case 1:
        SIM_SCGC6 |= SIM_SCGC6_FTM1_MASK;
        FTM_MOD_REG(FTM1_BASE_PTR) = 0x7530;
        FTM_CNTIN_REG(FTM1_BASE_PTR) = 0x0000;
        FTM_SC_REG(FTM1_BASE_PTR) = 0x4B;
        break;
    case 2:
        SIM_SCGC6 |= SIM_SCGC3_FTM2_MASK;
        FTM_MOD_REG(FTM2_BASE_PTR) = 0x7530;
        FTM_CNTIN_REG(FTM2_BASE_PTR) = 0x0000;
        FTM_SC_REG(FTM2_BASE_PTR) = 0x4B;
        break;
    }
}
//================================================================
//函数名: hw_ftm_stop
//功  能: 无
//参  数: 无
//返  回: 无
//说  明: 无
//================================================================
void hw_ftm_stop(uint8 FTMChannel)
```

```
{
    switch(FTMChannel)
    {
    case 0:
        FTM_SC_REG(FTM0_BASE_PTR) &= ~FTM_SC_CLKS_MASK;
        break;
    case 1:
        FTM_SC_REG(FTM1_BASE_PTR) &= ~FTM_SC_CLKS_MASK;
        break;
    case 2:
        FTM_SC_REG(FTM2_BASE_PTR) &= ~FTM_SC_CLKS_MASK;
        break;
    }
}
//==================================================================
//函数名: hw_enable_ftm_stop
//功  能: 无
//参  数: 无
//返  回: 无
//说  明: 无
//==================================================================
void hw_enable_ftm_int(uint8 FTMChannel)
{
    enable_irq(62+FTMChannel);
}
//==================================================================
//函数名: hw_disable_ftm_stop
//功  能: 无
//参  数: 无
//返  回: 无
//说  明: 无
//==================================================================
void hw_disable_ftm_int(uint8 FTMChannel)
{
    disable_irq(62+FTMChannel);
}
```

//构建 PWM 头文件（driver.h）//

```
//=========================================================================
//文件名称：driver.h
//功能概要：K60 中断向量驱动程序头文件
//版权所有：DeepBlueStdio
//版本更新：2013-02-23   V1.0  （规范文件、函数、参数等命名方式）
//=========================================================================
#ifndef DRIVER_H_
#define DRIVER_H_
#include "../../define.h"
//=========================================================================
//函数名：port_init
//功  能：初始化引脚功能
//参  数：无
//返  回：无
//说  明：无
//=========================================================================
void port_init();

//=========================================================================
//函数名：DCMotor_init
//功  能：
//参  数：无
//返  回：无
//说  明：无
//=========================================================================
void DCMotor_Init(void);

//=========================================================================
//函数名：Servo_init
//功  能：无
//参  数：无
//返  回：无
//说  明：无
//=========================================================================
void Servo_Init(void);
```

```
//===================================================================
//函数名: Set_DCMotor
//功  能: 无
//参  数: 无
//返  回: 无
//说  明: 无
//===================================================================
void Set_DCMotor(int pwm,char side);

//===================================================================
//函数名: Set_Servo
//功  能: 无
//参  数: 无
//返  回: 无
//说  明: 无
//===================================================================
void Set_Servo(int pwm);

//===================================================================
//函数名: Cam_Init
//功  能: 无
//参  数: 无
//返  回: 无
//说  明: 无
//===================================================================
void Cam_Init(void);

//===================================================================
//函数名: SetCamAng
//功  能: 无
//参  数: 无
//返  回: 无
//说  明: 无
//===================================================================
void SetCamAng(int pwm);

//===================================================================
//函数名: PIT_init
//功  能: 无
```

```
//参  数：无
//返  回：无
//说  明：无
//===================================================================
void PIT_init();

//===================================================================
//函数名：LPTM_init
//功  能：计数器模块 通道：C5 初始化

//参  数：无
//返  回：无
//说  明：无
//===================================================================
void LPTM_init();

//===================================================================
//函数名：delay_us
//功  能：延时函数
//参  数：us——延时大小
//返  回：无
//说  明：无
//===================================================================
void delay_us(uint32 us);

#endif  /* DRIVER_H_ */
```

//构建化 PWM 源文件（driver.c）//

```
//===================================================================
//文件名称：driver.c
//功能概要：K60 中断向量驱动程序头文件
//版权所有：DeepBlueStdio
//版本更新：2013-02-23   V1.0  （规范文件、函数、参数等命名方式）
//===================================================================

#include "../../MCUabout/common.h"    / *外设声明 */
#include "driver.h"                  /*智能汽车驱动*/
```

```
#define GPIO_PIN(x)  (((1)<<(x & 0x1Fu)))    //引脚编号
#define EnableInterrupts asm(" CPSIE i");
#define DisableInterrupts asm(" CPSID i");

extern int periph_clk_khz;

//=================================================================
//函数名：port_init
//功  能：无
//参  数：无
//返  回：无
//说  明：无
//=================================================================
void port_init()
{
}
//=================================================================
//函数名：DCMotor_Init
//功  能：无
//参  数：无
//返  回：无
//说  明：无
//=================================================================
void DCMotor_Init(void)
{
  SIM_SCGC5 |= SIM_SCGC5_PORTD_MASK;  //打开引脚时钟
  SIM_SCGC6|=SIM_SCGC6_FTM0_MASK;      //打开 FTM0 时钟
  //设置输出引脚功能
  PORTD_PCR5 = PORT_PCR_MUX(0x4) | PORT_PCR_DSE_MASK;
  //设置输出引脚功能
  PORTD_PCR6 = PORT_PCR_MUX(0x4)| PORT_PCR_DSE_MASK;
  FTM0_C5SC |= FTM_CnSC_ELSB_MASK;
  FTM0_C5SC &= ~FTM_CnSC_ELSA_MASK;
  FTM0_C5SC |= FTM_CnSC_MSB_MASK;
  FTM0_C6SC |= FTM_CnSC_ELSB_MASK;
  FTM0_C6SC &= ~FTM_CnSC_ELSA_MASK;
  FTM0_C6SC |= FTM_CnSC_MSB_MASK;
  //选择总线时钟并分频
```

```
  FTM0_SC=FTM_SC_CLKS(1)|FTM_SC_PS(0);
  FTM0_MODE |= FTM_MODE_WPDIS_MASK;
  FTM0_MODE &= ~1;
  FTM0_OUTMASK=0;          //全部正常操作
  FTM0_COMBINE=0;
  FTM0_OUTINIT=0;
  FTM0_EXTTRIG=0;
  FTM0_POL=0;              //极性设置
  FTM0_QDCTRL &=~FTM_QDCTRL_QUADEN_MASK;
  FTM0_INVCTRL=0;
  FTM0_SWOCTRL=0;
  FTM0_PWMLOAD=0;
  FTM0_CNTIN=0;            //初始值
  FTM0_MOD=6250;           //计数总值
  FTM0_C5V=0;              //设置调节占空比 duty=CxV/MOD
  FTM0_C6V=0;              //设置调节占空比
  FTM0_CNT=0;              //计数值
  FTM_SC_CLKS(1)|FTM_SC_PS(0)/FTM0_MOD=6250; //分频规则
}
//=====================================================================
//函数名: Servo_Init
//功  能: 无
//参  数: 无
//返  回: 无
//说  明: 无
//=====================================================================
 void Servo_Init(void)
{
 SIM_SCGC5 |= SIM_SCGC5_PORTB_MASK;
 PORTB_PCR18 = PORT_PCR_MUX(0x3)| PORT_PCR_DSE_MASK;
 SIM_SCGC3 |=SIM_SCGC3_FTM2_MASK;
 FTM2_C0SC |= FTM_CnSC_ELSB_MASK;
 FTM2_C0SC &= ~FTM_CnSC_ELSA_MASK;
 FTM2_C0SC |= FTM_CnSC_MSB_MASK;
 FTM2_SC=FTM_SC_CLKS(1)|FTM_SC_PS(6);
 FTM2_MODE |= FTM_MODE_WPDIS_MASK;
 FTM2_MODE &= ~1;
 FTM2_OUTMASK=0;
```

```
    FTM2_COMBINE=0;
    FTM2_OUTINIT=0;
    FTM2_EXTTRIG=0;
    FTM2_POL=0;
    FTM2_QDCTRL &=~FTM_QDCTRL_QUADEN_MASK;
    FTM2_INVCTRL=0;
    FTM2_SWOCTRL=0;
    FTM2_PWMLOAD=0;
    FTM2_CNTIN=0;
    FTM2_MOD=15625;
    FTM2_C0V=MiddleAngle;
    FTM2_CNT=0;
}
//=================================================================
//函数名: Cam_Init
//功  能: 无
//参  数: 无
//返  回: 无
//说  明: 无
//=================================================================
void Cam_Init(void)
{
     SIM_SCGC6 |= SIM_SCGC6_FTM1_MASK;
     FTM_MOD_REG(FTM1_BASE_PTR) = 0x7530;
     FTM_CNTIN_REG(FTM1_BASE_PTR) = 0x0000;
     FTM_SC_REG(FTM1_BASE_PTR) = 0x4B;
     PORTB_PCR0 = PORT_PCR_MUX(0x3)| PORT_PCR_DSE_MASK;
     FTM1_C0SC |= FTM_CnSC_ELSB_MASK;
     FTM1_C0SC &= ~FTM_CnSC_ELSA_MASK;
     FTM1_C0SC |= FTM_CnSC_MSB_MASK;
     FTM1_SC=FTM_SC_CLKS(1)|FTM_SC_PS(6);
     FTM1_MODE |= FTM_MODE_WPDIS_MASK;
     FTM1_MODE &= ~1;
     FTM1_OUTMASK=0;
     FTM1_COMBINE=0;
     FTM1_OUTINIT=0;
     FTM1_EXTTRIG=0;
     FTM1_POL=0;
```

```
    FTM1_QDCTRL &=~FTM_QDCTRL_QUADEN_MASK;
    FTM1_INVCTRL=0;
    FTM1_SWOCTRL=0;
    FTM1_PWMLOAD=0;
    FTM1_CNTIN=0;
    FTM1_MOD=15625;
    FTM1_C0V=MiddleAngle;
    FTM1_CNT=0;
}
//==================================================================
//函数名：SetCamAng
//功  能：无
//参  数：无
//返  回：无
//说  明：无
//==================================================================
void SetCamAng(int pwm){
    if(pwm<400)
    {
        pwm=400;
    }else if(pwm>1700){
        pwm=1700;
    }
    FTM1_C0V=pwm;
}
//==================================================================
//函数名：Set_DCMotor
//功  能：无
//参  数：无
//返  回：无
//说  明：无
//==================================================================
void Set_DCMotor(int pwm,char side)
{//side 传入值为 0 或 1：  1 后退；  0 前进
    if(pwm<0)
    {
        pwm=0;
    }else if(pwm>6250){
```

```
        pwm=6250;
    }
    if(side==0)
    {
        FTM0_C5V=pwm;  //设置调节占空比=CxV/MOD
        FTM0_C6V=0;
    }else if(side==1){
        FTM0_C5V=0;
        FTM0_C6V=pwm;  //设置调节占空比
    }
}
//=================================================================
//函数名：Set_Servo
//功  能：无
//参  数：无
//返  回：无
//说  明：无
//=================================================================
void Set_Servo(int pwm)
{
    //左：1174     中：965      右：790
    if(pwm<MaxAngleR)
    {
        pwm=MaxAngleR;
    }else if(pwm>MaxAngleL){
        pwm=MaxAngleL;
    }
    FTM2_C0V=pwm;
}
//=================================================================
//函数名：PIT0_init
//功  能：无
//参  数：无
//返  回：无
//说  明：无
//=================================================================
void PIT0_init(){
   SIM_SCGC6|=SIM_SCGC6_PIT_MASK;
```

```
    PIT_MCR&=~PIT_MCR_MDIS_MASK;          //定时器时钟使能
    PIT_MCR|=PIT_MCR_FRZ_MASK;             //在调试模式下停止
    //PIT_MCR=0x00;
    PIT_LDVAL(0)=periph_clk_khz/100;     //周期设置为 2ms
    PIT_TCTRL(0)|=PIT_TCTRL_TIE_MASK;   //关中断
    PIT_TCTRL(0)|=PIT_TCTRL_TEN_MASK;    //开中断
    enable_irq(68);
}
//==================================================================
//函数名：PIT1_init
//功  能：无
//参  数：无
//返  回：无
//说  明：无
//==================================================================
void PIT1_init(){
     SIM_SCGC6|=SIM_SCGC6_PIT_MASK;
     PIT_MCR&=~PIT_MCR_MDIS_MASK;          //定时器时钟使能
     PIT_MCR|=PIT_MCR_FRZ_MASK;            //在调试模式下停止
     //PIT_MCR=0x00;
     PIT_LDVAL(1)=periph_clk_khz*20;    //周期设置，设置周期为 10ms
     PIT_TCTRL(1)|=PIT_TCTRL_TIE_MASK;   //关中断
     PIT_TCTRL(1)|=PIT_TCTRL_TEN_MASK;    //开中断
     enable_irq(69);
}
/*
//==================================================================
//函数名：LPTM_init
//功  能：无
//参  数：无
//返  回：无
//说  明：无
//==================================================================
void LPTM_init(){
unsigned int cmp_value=65535;
     SIM_SCGC5 |= SIM_SCGC5_PORTA_MASK | SIM_SCGC5_PORTB_MASK
                |SIM_SCGC5_PORTC_MASK | SIM_SCGC5_PORTD_MASK
                |SIM_SCGC5_PORTE_MASK;
```

```
    SIM_SCGC5 |= SIM_SCGC5_LPTIMER_MASK;//开启 LPTM 模块时钟
    LPTMR0_CSR=0x00;                     //清空寄存器
    LPTMR0_PSR=0x00;
    LPTMR0_CMR=0x00;
    SIM_SCGC5 |= SIM_SCGC5_PORTC_MASK;  //设置 PTC5 为脉冲累加
    PORTC_PCR5 = PORT_PCR_MUX(0x4);     // PTC5
    PORTC_PCR5 |= PORT_PCR_PE_MASK;
    PORTC_PCR5 |= (PORT_PCR_PS_MASK);  //下拉电阻配置
    LPTMR0_PSR=LPTMR_PSR_PRESCALE(0x01);
    LPTMR0_PSR|=LPTMR_PSR_PBYP_MASK; //LPO clock1kHz 的时钟，预分频绕道
    LPTMR0_CMR=LPTMR_CMR_COMPARE(cmp_value);
    LPTMR0_CSR&=~LPTMR_CSR_TPP_MASK; //设置下降沿触发计数
    LPTMR0_CSR = LPTMR_CSR_TPS(0x2);    //选择输入通道 2C5
    LPTMR0_CSR |=LPTMR_CSR_TMS_MASK;    //设置为脉冲计数模式
    LPTMR0_CSR&=~LPTMR_CSR_TFC_MASK;    //自由计数模式
    LPTMR0_CSR&=~LPTMR_CSR_TIE_MASK;    //不使能中断
    LPTMR0_CSR|=LPTMR_CSR_TEN_MASK;     //开启模块
  }
*/
//=====================================================================
//函数名：delay_us
//功  能：无
//参  数：无
//返  回：无
//说  明：无
//=====================================================================
void delay_us(uint32 us){
  int ii;
  for(ii=0;ii<us;ii++){
      asm("NOP");
      asm("NOP");
      asm("NOP");
      asm("NOP");
      asm("NOP");
      asm("NOP");
```

```
            asm("NOP");
            asm("NOP");
        }
    }
```

5.3.7 通用 I/O 模块

1. 模块介绍

处理器使用零等待方式，以最高性能访问通用 I/O（General Purpose Input and Output，GPIO）模块接口。GPIO 寄存器支持任意长度的数据访问。当引脚被配置为 GPIO 功能时，GPIO 数据方向寄存器与输出数据寄存器控制每个引脚的方向及输出数据。当 GPIO 引脚被配置为任意数字功能时，GPIO 输入数据寄存器在每个引脚上显示逻辑值，提供相应的端口控制及对有效引脚的中断模块。

2. 模块特性

该模块具有如下特性。

- ⊙ 快速的通用输入/输出。
- ⊙ 在所有数字引脚重用模式中，输入数据寄存器引脚可见。
- ⊙ 数据方向寄存器引脚。
- ⊙ 以零等待状态访问 GPIO 寄存器。

3. 寄存器介绍

1）端口数据输出寄存器（GPIOx_PDOR，见图 5.3.39 和表 5.3.34）

Bit	31	30	29	28	27	26	25	24	23	22	21	20	19	18	17	16	15	14	13	12	11	10	9	8	7	6	5	4	3	2	1	0
R W	PDO																															
Reset	0	0	0	0	0	0	0	0	0	0	0	0	0	0	0	0	0	0	0	0	0	0	0	0	0	0	0	0	0	0	0	0

图 5.3.39　端口数据输出寄存器

表 5.3.34　GPIOx_PDOR 字段说明

数据位	描　述
D31～D0 PDO	端口数据输出 对于特定设备未使用的引脚，读出为 0。 0：当配置引脚为通用输出时，引脚驱动输出为逻辑电平 0； 1：当配置引脚为通用输出时，引脚驱动输出为逻辑电平 1

2）端口设置输出寄存器（GPIOx_PSOR，见图 5.3.40 和表 5.3.35）

Bit	31	30	29	28	27	26	25	24	23	22	21	20	19	18	17	16	15	14	13	12	11	10	9	8	7	6	5	4	3	2	1	0
R																																
W	PTSO																															
Reset	0	0	0	0	0	0	0	0	0	0	0	0	0	0	0	0	0	0	0	0	0	0	0	0	0	0	0	0	0	0	0	0

图 5.3.40 端口设置输出寄存器

表 5.3.35 GPIOx_ PSOR 字段说明

数 据 位	描 述
D31～D0 PTSO	端口设置输出 向该寄存器写将更新端口数据输出寄存器（PDOR）相应位的内容。 0：PDORn 的相应位不变； 1：PDORn 的相应位被设置为逻辑 1

3）端口清除输出寄存器（GPIOx_PCOR，见图 5.3.41 和表 5.3.36）

Bit	31	30	29	28	27	26	25	24	23	22	21	20	19	18	17	16	15	14	13	12	11	10	9	8	7	6	5	4	3	2	1	0
R																																
W	PTCO																															
Reset	0	0	0	0	0	0	0	0	0	0	0	0	0	0	0	0	0	0	0	0	0	0	0	0	0	0	0	0	0	0	0	0

图 5.3.41 端口清除输出寄存器

表 5.3.36 GPIOx_ PCOR 字段说明

数 据 位	描 述
D31～D 0 PTCO	端口清除输出 向该寄存器写将更新端口数据输出寄存器（PDOR）相应位的内容。 0：PDORn 的相应位不变； 1：PDORn 的相应位被设置为逻辑 0

4）端口触发输出寄存器（GPIOx_PTOR，见图 5.3.42 和表 5.3.37）

Bit	31	30	29	28	27	26	25	24	23	22	21	20	19	18	17	16	15	14	13	12	11	10	9	8	7	6	5	4	3	2	1	0
R																																
W	PTTO																															
Reset	0	0	0	0	0	0	0	0	0	0	0	0	0	0	0	0	0	0	0	0	0	0	0	0	0	0	0	0	0	0	0	0

图 5.3.42 端口触发输出寄存器

表 5.3.37 GPIOx_ PTOR 字段说明

数 据 位	描 述
D31～D0 PTTO	端口触发输出 向该寄存器写将更新端口数据输出寄存器（PDOR）相应位的内容。 0：PDORn 的相应位不变； 1：PDORn 的相应位取反

5）端口数据输入寄存器（GPIOx_PDIR，见图 5.3.43 和表 5.3.38）

Bit	31	30	29	28	27	26	25	24	23	22	21	20	19	18	17	16	15	14	13	12	11	10	9	8	7	6	5	4	3	2	1	0
R	PDI																															
W																																
Reset	0	0	0	0	0	0	0	0	0	0	0	0	0	0	0	0	0	0	0	0	0	0	0	0	0	0	0	0	0	0	0	0

图 5.3.43 端口数据输入寄存器

表 5.3.38 GPIOx_PDIR 字段说明

数 据 位	描 述
D31～D0 PDI	端口数据输入 对于特定设备未使用的引脚，读出为 0。对于未配置为数字功能的引脚，读出为 0。如果相应的端口控制和中断模块被禁止，则该端口数据输入寄存器不更新。 0：引脚的逻辑电平为逻辑 0 或者被配置为数字功能； 1：引脚的逻辑电平为逻辑 1

6）端口数据方向寄存器（GPIOx_PDDR，见图 5.3.44 和表 5.3.39）

Bit	31	30	29	28	27	26	25	24	23	22	21	20	19	18	17	16	15	14	13	12	11	10	9	8	7	6	5	4	3	2	1	0
R W	PDD																															
Reset	0	0	0	0	0	0	0	0	0	0	0	0	0	0	0	0	0	0	0	0	0	0	0	0	0	0	0	0	0	0	0	0

图 5.3.44 端口数据方向寄存器

表 5.3.39 GPIOx_PDDR 字段说明

数 据 位	描 述
D31～D0 PDD	端口数据方向 0：如果被配置为 GPIO 功能，则引脚被配置为通用输入； 1：如果被配置为 GPIO 功能，则引脚被配置为通用输出

5.3.8 引脚控制和中断寄存器

1. 模块介绍

引脚控制和中断模块（PORT）支持外部中断、数字滤波和端口控制功能。32 位的端口每个引脚都可以独立地配置功能，不会影响引脚的复用状态。PORT 模块每个引脚的具体实例在特定器件中不一定能实现。

（1）基本输入/输出。

具有以下功能：

⊙ 上/下拉使能；

⊙ 开漏使能；

⊙ 无源输入滤波器；

⊙ 引脚复用模式。

这些功能在所有的数字复用功能中都是有效的，而且相应的专用外设的设置不会覆盖其中的值（如引脚启用 I^2C 功能的同时，此引脚的上/下拉或开漏功能配置不会受到影响）。

如果引脚被配置为模拟功能或者被禁用，那么所有的数字功能都会失效，包括上/下拉、数字输出/输入缓冲或者滤波器功能。

如果引脚被锁定，那么引脚会保持锁定状态直到下次系统复位为止。一旦引脚被锁定，向引脚控制器的低半字节写入数据是无效的，尽管这时也不会产生总线错误。

当端口被禁用时，配置引脚控制寄存器的值会被保留。

（2）外部中断。

在相应的端口使能的情况下，外部中断功能在所有的数字复用功能中都是可用的。每个引脚都可以单独配置外部中断方式。

⊙ 中断禁止（复位后的默认模式）。

⊙ 高电平触发中断。

⊙ 低电平触发中断。

⊙ 上升沿触发中断。

⊙ 下降沿触发中断。

⊙ 跳变沿触发中断。

⊙ 上升沿 DMA 请求。

⊙ 下降沿 DMA 请求。

⊙ 跳变沿 DMA 请求。

当输出引脚上检测到设置的电平或者跳变沿时，中断标志位会被置位，无论数字滤波器是否使用。当没有处于停止状态时，输入总要先同步总线时钟来检测所配置的电平或者跳变沿。

2. 模块功能

（1）引脚中断。

每个引脚都具有中断标志和相应的使能寄存器。

每个引脚都可以配置为边缘触发（上升、下降或二者）或者电平触发（高电平、低电平）。

每个引脚都可以配置为中断或者 DMA 请求模式，支持低功耗下异步唤醒功能，数字引脚在所有的复用模式中都支持中断功能。

（2）数字输入滤波器。

每个引脚上的数字输入滤波器均可以被任何数字外设使用。每个引脚都具有独立的数字滤波器使能或者屏蔽位。可选择分辨率为 5 位的数字滤波器，在所有复用功能中时钟源均可用。

（3）端口控制。

独立的上/下拉控制寄存器可以配置为上拉、下拉或者是禁止；

独立的驱动强度控制寄存器可以配置为强驱动或者弱驱动；

独立的斜率控制寄存器可以配置为慢速或者快速上升/下降沿；

独立的无源滤波器控制寄存器可以配置为使能或者禁止；

独立的开漏寄存器可以配置为使能或者禁止；

独立的功能复用控制寄存器支持模拟功能（或者禁止）、GPIO 功能，以及多达 6 个具体的数字功能引脚配置寄存器在所有的复用功能中都可以使用。

3．寄存器介绍

1）引脚控制寄存器 *n*（PORTx_PCRn，见图 5.3.45 和表 5.3.40）

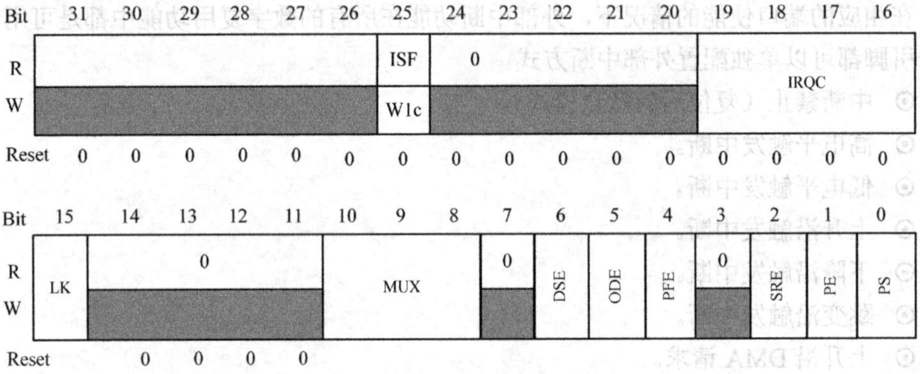

图 5.3.45　引脚控制寄存器 *n*

表 5.3.40　PORTx_PCRn 字段说明

<table>
<tr><th>数 据 位</th><th>描　　述</th></tr>
<tr><td>D25
ISF</td><td>中断状态标志位
中断配置在所有的复用模式下都是有效的。
0：没有检测到中断。
1：检测到中断。如果引脚被配置为 DMA 请求，那么在 DMA 传输完成之后此位会被清零，否则此位一直会被保持，直到向里写 1 为止。如果被配置为电平触发，且外部电平保持，此位在清零后仍然会被置位</td></tr>
<tr><td>D19～D16
IRQC</td><td>中断配置
中断配置在所有的数字复用功能中都是有效的。这些位按照如下方式被配置为中断/DMA 请求。
<table>
<tr><td>0000</td><td>中断/DMA 请求禁止</td><td>1000</td><td>逻辑 0 时产生中断</td></tr>
<tr><td>0001</td><td>上升沿产生 DMA 请求</td><td>1001</td><td>上升沿产生中断</td></tr>
<tr><td>0010</td><td>下降沿产生 DMA 请求</td><td>1010</td><td>下降沿产生中断</td></tr>
<tr><td>0011</td><td>上升沿和下降沿产生 DMA 请求</td><td>1011</td><td>上升沿和下降沿产生中断</td></tr>
<tr><td>0100</td><td>保留</td><td>1100</td><td>逻辑 1 时产生中断</td></tr>
<tr><td colspan="4">其他保留</td></tr>
</table></td></tr>
<tr><td>D15
LK</td><td>锁定寄存器
0：引脚控制寄存器位[15:0] 没有锁定；
1：引脚控制寄存器位[15:0] 被锁定在下一次系统复位之前不能改变</td></tr>
</table>

续表

<table>
<tr><th>数 据 位</th><th colspan="4">描 述</th></tr>
<tr><td rowspan="6">D10～D8
MUX</td><td colspan="4">引脚复用控制
相应的配置如下：</td></tr>
<tr><td>000</td><td>引脚禁止（模拟）</td><td>100</td><td>选择 4 功能</td></tr>
<tr><td>001</td><td>选择 1（GPIO）功能</td><td>101</td><td>选择 5 功能</td></tr>
<tr><td>010</td><td>选择 2 功能</td><td>110</td><td>选择 6 功能</td></tr>
<tr><td>011</td><td>选择 3 功能</td><td>111</td><td>选择 7 功能</td></tr>
<tr><td colspan="4"></td></tr>
<tr><td>D6
DSE</td><td colspan="4">驱动强度选择
驱动强度选择在所有的数字复用功能中都是可用的。
0：如果引脚被设置为数字输出，则为低驱动强度；
1：如果引脚被设置为数字输出，则为高驱动强度</td></tr>
<tr><td>D5
ODE</td><td colspan="4">开漏选择
开漏选择在所有的数字复用功能中都是可用的。
0：相应引脚上开漏输出功能被禁用；
1：当引脚被配置为数字输出功能时，开漏输出有效</td></tr>
<tr><td>D4
PFE</td><td colspan="4">无源滤波器启用
无源滤波器在所有的数字复用功能中都是可用的。
0：相应引脚上的无源滤波器被禁用；
1：当对应的引脚作为输入时，无源滤波器被使能</td></tr>
<tr><td>D2
SRE</td><td colspan="4">斜坡速率启用
斜坡速率功能在所有数字复用功能中都是可用的。
0：对应引脚为输出时，快速模式启用；
1：对应引脚为输出时，慢速模式启用</td></tr>
<tr><td>D1
PE</td><td colspan="4">上/下拉使能
上/下拉功能在所有数字复用功能中都是有效的。
0：对应引脚的上/下拉电阻没有使用；
1：对应的引脚被配置为数字输入时，上/下拉启用</td></tr>
<tr><td>D0
PS</td><td colspan="4">上/下拉选择
上/下拉选择功能在所有数字复用功能中都是有效的。
0：如果对应端口启用上/下拉功能，对应的端口为下拉；
1：如果对应端口启用上/下拉功能，对应的端口为上拉</td></tr>
</table>

2）全局控制寄存器低位（PORTx_GPCLR，见图 5.3.46 和表 5.3.41）

Bit	31	30	29	28	27	26	25	24	23	22	21	20	19	18	17	16
R																
W	GPWE															
Reset	0	0	0	0	0	0	0	0	0	0	0	0	0	0	0	0

Bit	15	14	13	12	11	10	9	8	7	6	5	4	3	2	1	0
R																
W	GPWD															
Reset	0	0	0	0	0	0	0	0	0	0	0	0	0	0	0	0

图 5.3.46 全局控制寄存器低位

表 5.3.41 PORTx_ GPCLR 字段说明

数据位	描 述
D31～D16 GPWE	全局写入启用 当置位时对应引脚控制寄存器的位[36:16]会被更新为全局写入寄存器的值
D15～D0 GPWD	全局写入数据 对应引脚寄存器位[15:0]被更新的值，要保证对应的寄存器没有被锁定

3）全局控制寄存器高位（PORTx_GPCHR，见图 5.3.47 和表 5.3.42）

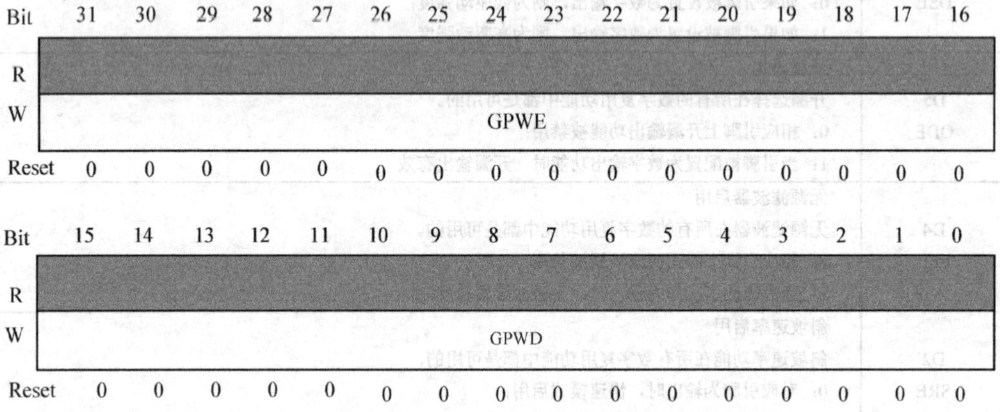

图 5.3.47 全局控制寄存器高位

表 5.3.42 PORTx_ GPCHR 字段说明

数据位	描 述
D31～D16 GPWE	全局写入启用 当置位时对应引脚控制寄存器的位[31:16] 会被更新为全局写入寄存器的值
D15～D0 GPWD	全局写入数据 当更新引脚寄存器对应的数据位时，要保证对应的寄存器未被锁定

4）中断状态寄存器（PORTx_ISFR，见图 5.3.48 和表 5.3.43）

中断配置功能在引脚所有的数字复用功能中都是有效的。中断标志在对应引脚的引脚控制寄存器中也是可见的，对这两个寄存器任意一个清零都可以。

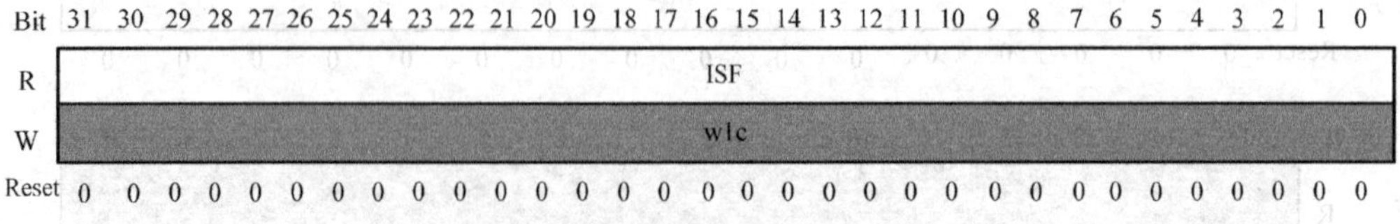

图 5.3.48 中断状态寄存器

表 5.3.43 PORTx_ISFR 字段说明

数据位	描述
D31～D0 ISF	中断标志位 每个位对应着相应编号引脚的中断状态。 0：中断没有发生。 1：检测到中断。如果引脚被配置为 DMA 请求，那么在 DMA 传输完成之后此位会被清零，否则此位一直会被保持，直到向里写 1 为止。如果被配置为电平触发，且外部电平保持，此位在清零后仍然会被置位

5）数字滤波器启用寄存器（PORTx_DFER，见图 5.3.49 和表 5.3.44）

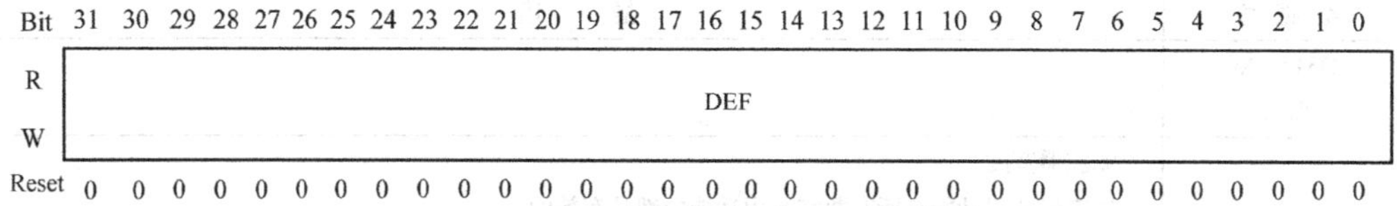

图 5.3.49 数字滤波器启用寄存器

表 5.3.44 PORTx_ DFER 字段说明

数据位	描述
D31～D0 DFE	数字滤波器使能 数字滤波器功能在所有数字复用功能中都是有效的。系统复位时这些位都是 0，数字滤波器被禁用。 0：对应引脚上的数字滤波器被禁用，每个位对应相应编号的引脚。 1：如果对应的引脚被设置为输入，则数字滤波器启用

6）数字滤波器时钟寄存器（PORTx_DFCR，见图 5.3.50 和表 5.3.45）

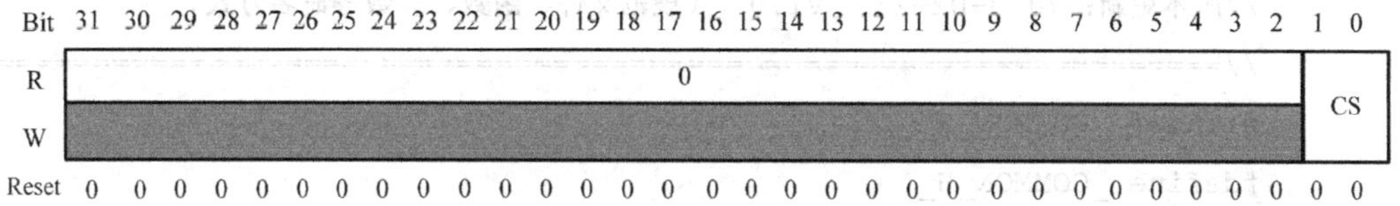

图 5.3.50 数字滤波器时钟寄存器

表 5.3.45 PORTx_ DFCR 字段说明

数据位	描述
D31～D1 保留	
D0 CS	时钟源 数字滤波器功能在所有的数字复用功能中都是有效的。只有在数字滤波器停用之后才能配置数字滤波器的时钟源。 0：数字滤波器使用总线时钟； 1：数字滤波器使用 1kHz-LPO 时钟

7）数字滤波器宽度寄存器（PORTx_DFWR，见图 5.3.51 和表 5.3.46）

Bit	31	30	29	28	27	26	25	24	23	22	21	20	19	18	17	16	15	14	13	12	11	10	9	8	7	6	5	4	3	2	1	0
R	0																										FILT					
W																																
Reset	0	0	0	0	0	0	0	0	0	0	0	0	0	0	0	0	0	0	0	0	0	0	0	0	0	0	0	0	0	0	0	0

图 5.3.51　数字滤波器宽度寄存器

表 5.3.46　PORTx_ DFWR 字段说明

数 据 位	描　述
D31～D6 保留	
D5～D0 FILT	滤波器宽度 数字滤波器功能在所有数字复用功能中都是有效的。 配置滤波器能吸收的最大规模（时钟周期）毛刺，大于此规模（时钟周期）的毛刺会通过数字滤波器，小于此规模（时钟周期）的毛刺会被数字滤波器过滤，只有在对应的滤波器停用之后才能改变其中的值

4. 初始化例程

//构建化中断通用源文件（common.h）//

```
//==============================================================
//文件名称：common.h
//功能概要：K60 中断向量驱动程序头文件
//版权所有：DeepBlueStdio
//版本更新：2013-02-23  V1.0  （规范文件、函数、参数等命名方式）
//==============================================================
#ifndef _COMMON_H_
#define _COMMON_H_
#include "MK60N512VMD100.h"   //寄存器映像头文件

//2 宏定义
//2.1 存储器段的宏定义
#pragma define_section relocate_code ".relocate_code"
".relocate_code" ".relocate_code" far_abs RX
#pragma define_section relocate_data ".relocate_data"
".relocate_data" ".relocate_data" RW
#pragma define_section relocate_const ".relocate_const"
".relocate_const" ".relocate_const" far_abs R
#define __relocate_code__   __declspec(relocate_code)
```

```
#define __relocate_data__   __declspec(relocate_data)
#define __relocate_const__  __declspec(relocate_const)

//2.2 用于中断的宏定义
#define ARM_INTERRUPT_LEVEL_BITS    4   //中断优先级宏定义
#define BSET(bit,Register)  ((Register) |= (1 << (bit)))
#define BCLR(bit,Register)  ((Register) &=~ (1 << (bit)))
#define BGET(bit,Register)  (((Register) >> (bit)) & 1)
#define EnableInterrupts asm(" CPSIE i");          //开总中断
#define DisableInterrupts asm(" CPSID i");         //关总中断

//2.3 类型别名宏定义
#define TRUE (1)
#define FALSE (0)
typedef unsigned char           bool;  /* 8 bits */
typedef unsigned char           BOOL;  /* 8 bits */
typedef unsigned char           uint8;  /* 8 bits */
typedef unsigned short int      uint16; /* 16 bits */
typedef unsigned long int       uint32; /* 32 bits */

typedef char                int8;   /* 8 bits */
typedef short int           int16;  /* 16 bits */
typedef int                 int32;  /* 32 bits */

typedef volatile int8           vint8;  /* 8 bits */
typedef volatile int16          vint16; /* 16 bits */
typedef volatile int32          vint32; /* 32 bits */

typedef volatile uint8          vuint8;  /* 8 bits */
typedef volatile uint16         vuint16; /* 16 bits */
typedef volatile uint32         vuint32; /* 32 bits */

/*****************************函数声明 ***************************/
//=================================================================
//函数名：stop
//功  能：设置 CPU 为 STOP 模式
//参  数：无
//返  回：无
```

```
//说  明: 无
//===========================================================================
void stop (void);

//===========================================================================
//函数名: wait
//功  能: 设置 CPU 为 WAIT 模式
//参  数: 无
//返  回: 无
//说  明: 无
//===========================================================================
void wait (void);

//===========================================================================
//函数名: write_vtor
//功  能: 更改中断向量表偏移寄存器的值
//参  数: 要更改的值
//返  回: 无
//说  明: 无
//===========================================================================
void write_vtor (int);

//===========================================================================
//函数名: enable_irq
//功  能: 使能 irq 中断
//参  数: irq——irq 号
//返  回: 无
//说  明: irq 号不是中断向量号
//===========================================================================
void enable_irq (int);

//===========================================================================
//函数名: disable_irq
//功  能: 禁止 irq 中断
//参  数: irq——irq 号
//返  回: 无
//说  明: irq 号不是中断向量号
//===========================================================================
```

```
void disable_irq (int);

//=================================================================
//函数名：set_irq_priority
//功  能：设置 irq 中断和优先级
//参  数：irq——irq 号
//        prio——优先级
//返  回：无
//说  明：irq 号不是中断向量号，值越小优先级越高
//=================================================================
    void set_irq_priority (int, int);
```

//构建化中断通用头文件（common.c）//

```
//=================================================================
//文件名称：common.c
//功能概要：K60 中断向量驱动程序头文件
//版权所有：DeepBlueStdio
//版本更新：2013-02-23   V1.0  （规范文件、函数、参数等命名方式）
//=================================================================
#include "common.h"

//=================================================================
//函数名：stop
//功  能：设置 CPU 为 STOP 模式
//参  数：无
//返  回：无
//说  明：无
//=================================================================
void stop (void)
{
    //置位 SLEEPDEEP 来使能 STOP 模式
    SCB_SCR |= SCB_SCR_SLEEPDEEP_MASK;
    //进入 STOP 模式
    asm("WFI");
}

//=================================================================
//函数名：wait
```

```
//功  能：设置CPU为WAIT模式
//参  数：无
//返  回：无
//说  明：无
//==========================================================================
void wait (void)
{
    //清SLEEPDEEP位来确定进入WAIT模式
    SCB_SCR &= ~SCB_SCR_SLEEPDEEP_MASK;
    //进入WAIT模式
    asm("WFI");
}

//==========================================================================
//函数名：write_vtor
//功  能：更改中断向量表偏移寄存器的值
//参  数：要更改的值
//返  回：无
//说  明：无
//==========================================================================
void write_vtor (int vtor)
{
      //写新值
      SCB_VTOR = vtor;
}

//==========================================================================
//函数名：enable_irq
//功  能：使能irq中断
//参  数：irq——irq号
//返  回：无
//说  明：irq号不是中断向量号
//==========================================================================
void enable_irq (int irq)
{
    int div;
    //确定irq号为有效的irq号
    if (irq > 91)    irq=91;
```

```
    //确定对应的NVICISER
    div = irq/32;
    switch (div)
    {
     case 0x0:
              NVICICPR0 = 1 << (irq%32);
              NVICISER0 = 1 << (irq%32);
              break;
     case 0x1:
              NVICICPR1 = 1 << (irq%32);
              NVICISER1 = 1 << (irq%32);
              break;
     case 0x2:
              NVICICPR2 = 1 << (irq%32);
              NVICISER2 = 1 << (irq%32);
              break;
    }
}
//==================================================================
//函数名: disable_irq
//功  能: 禁止irq中断
//参  数: irq——irq号
//返  回: 无
//说  明: irq号不是中断向量号
//==================================================================
void disable_irq (int irq)
{
    int div;

    //确定irq号为有效的irq号
    if (irq > 91)   irq=91;
    //确定对应的NVICICER
    div = irq/32;

    switch (div)
    {
     case 0x0:
              NVICICER0 = 1 << (irq%32);
```

```
            break;
        case 0x1:
            NVICICER1 = 1 << (irq%32);
            break;
        case 0x2:
            NVICICER2 = 1<< (irq%32);
            break;
    }
}
//===========================================================================
//函数名: set_irq_priority
//功  能: 设置irq中断和优先级
//参  数: irq——irq号
//        prio——优先级
//返  回: 无
//说  明: irq号不是中断向量号
//===========================================================================
void set_irq_priority (int irq, int prio)
{
   uint8 *prio_reg;
   //确定irq号和优先级有效
   if (irq > 91)  irq=91;
   if (prio > 15)  prio=15;
   //确定对应的NVICISER
   prio_reg = (uint8 *)(((uint32)&NVICIP0) + irq);
   //设置优先级
   *prio_reg = ( (prio&0xF) << (8 - ARM_INTERRUPT_LEVEL_BITS) );
}
```

//构件化端口分配头文件（hw_gpio.h）//

```
//===========================================================================
//文件名称: hw_gpio.h
//功能概要: K60 GPIO底层驱动程序头文件
//版权所有: DeepBlueStdio
//版本更新: 2013-02-23   V1.0  （规范文件、函数、参数等命名方式）
//===========================================================================
```

```
#ifndef _GPIO_H
#define _GPIO_H
#ifdef __cplusplus
extern "C" {
#endif
#include "../.. /MK60N512VMD100.h"
/******************************宏定义***********************/
#define PORT_MAX_NUM 5  //端口数量
#define PORT_A 0
#define PORT_B 1
#define PORT_C 2
#define PORT_D 3
#define PORT_E 4
#define GPIO_PDIR_REG(base)  ((base)->PDIR)

/************************函数接口声明***********************/
//=================================================================
//函数名称：hw_gpio_enable_port
//函数返回：无
//参数说明：无
//功能概要：加载所有 GPIO 端口的时钟。 供高层驱动调用
//=================================================================
uint8 hw_gpio_enable_port (
   void
);

//=================================================================
//函数名称：hw_gpio_get_port_addr
//         hw_gpio_get_pt_addr
//函数返回：端口号对应的端口寄存器组指针
//函数功能：将端口号转换成端口寄存器组指针。供底层驱动内部调用
//=================================================================
GPIO_MemMapPtr hw_gpio_get_pt_addr (
   uint8 port
);
PORT_MemMapPtr hw_gpio_get_port_addr (
   uint8 port
);
```

```
//=======================================================================
//函数名称：hw_gpio_get_pt_addr
//函数返回：端口号对应的GPIO端口寄存器组指针
//参数说明：无
//功能概要：将端口号转换成端口寄存器组指针，用于内部调用
//=======================================================================
GPIO_MemMapPtr hw_gpio_get_pt_addr1(uint8 port);

//=======================================================================
//函数名称：hw_gpio_init
//函数返回：函数执行状态。0=成功，其他为异常
//函数功能：初始化端口作为GPIO引脚的功能
//=======================================================================
uint8 hw_gpio_init (
   uint8 port,  //端口号，由宏定义
   uint8 pin,   //引脚号，0～31
   uint8 dir,   //引脚方向：1=输出，0=输入
   uint8 state  //引脚初始状态：1=高电平，0=低电平
);

//=======================================================================
//函数名称：hw_gpio_get
//函数返回：指定引脚状态。0=低电平，1=高电平
//函数功能：获取指定引脚状态
//=======================================================================
uint8 hw_gpio_get (
   uint8 port,  //端口号，由宏定义
   uint8 pin    //引脚号，0～31
);

//=======================================================================
//函数名称：hw_gpio_get_value
//函数返回：函数执行状态：0=低电平，1=高电平
//函数功能：获取指定引脚状态
//=======================================================================
uint8 hw_gpio_set(
   uint8 port,  //端口号，由宏定义
   uint8 pin,   //引脚号，0～31
```

```
    uint8 state  //引脚初始状态：1=高电平，0=低电平
);

//==================================================================
//函数名称：hw_gpio_reverse
//函数返回：无
//函数功能：反转指定引脚状态
//==================================================================
void hw_gpio_reverse (
    uint8 port,  //端口号，由宏定义
    uint8 pin   //引脚号，0～31
);

//==================================================================
/ * LPLD_GPIO_Init
 * GPIO 通用初始化函数
 * 参数：
 *    Port——端口基地址
 *      |__PORTA_BASE_PTR——Port A
 *      |__PORTB_BASE_PTR——Port B
 *      |__PORTC_BASE_PTR——Port C
 *      |__PORTD_BASE_PTR——Port D
 *      |__PORTE_BASE_PTR——Port E
 *    port_bit——端口位数
 *      |__0～31
 *    dir——端口数据方向
 *      |__1——输出
 *      |__0——输入
 *    data——输出初始电平/输入上拉或下拉
 *      |__2——如果 dir=0,输入内部下拉
 *      |__1——如果 dir=0,输入内部上拉；如果 dir=1,输出高电平
 *      |__0——如果 dir=0,输入不使能上/下拉；如果 dir=1,输出低电平
 *    irqc——输入中断
 *      |__0——不使能中断
 *      |__其他——见技术文档 PORTx_PCRn 寄存器 IRQC 位的描述
 *
 * 输出：
 *    0——配置错误
```

```
 *    1——配置成功
 */
//=================================================================
uint8 GPIO_Init(PORT_MemMapPtr port, uint8 port_bit, uint8 dir, uint8
data, uint8 irqc);

#ifdef __cplusplus{
}
#endif
```

//构建化端口分配源文件（hw_gpio.c）//

```
//=================================================================
//文件名称：hw_gpio.c
//功能概要：K60 GPIO底层驱动程序实现代码文件
//版权所有：sumcu.suda.edu.cn
//版本更新：2011-11-13 初始版本
//=================================================================

#include "hw_gpio.h"

//=================================================================
//函数名称：_hw_gpio_enable_port
//函数返回：函数执行状态
//函数功能：加载所有GPIO端口的时钟。供高层驱动调用
//=================================================================
uint8 hw_gpio_enable_port (void)
{
     SIM_SCGC5 | =SIM_SCGC5_PORTA_MASK
             | SIM_SCGC5_PORTB_MASK
             | SIM_SCGC5_PORTC_MASK
             | SIM_SCGC5_PORTD_MASK
             | SIM_SCGC5_PORTE_MASK;
     return 0;
}
//=================================================================
//函数名称：hw_gpio_get_port_addr
//          hw_gpio_get_pt_addr
```

```
//函数返回：端口号对应的端口寄存器组指针
//函数功能：将端口号转换成端口寄存器组指针。供底层驱动内部调用
//==========================================================================
PORT_MemMapPtr hw_gpio_get_port_addr (uint8 port)    //端口号，由宏定义
{
    PORT_MemMapPtr p;

   switch(port)
   {
   case PORT_A:
      p = PORTA_BASE_PTR;
      break;
   case PORT_B:
      p = PORTB_BASE_PTR;
      break;
   case PORT_C:
      p = PORTC_BASE_PTR;
      break;
   case PORT_D:
      p = PORTD_BASE_PTR;
      break;
   case PORT_E:
      p = PORTE_BASE_PTR;
      break;
   default:
      return 0; //输入参数无效，返回
   }

   return p;
}

GPIO_MemMapPtr hw_gpio_get_pt_addr(uint8 port)  //端口号，由宏定义
{
    GPIO_MemMapPtr p;

   switch(port)
   {
   case PORT_A:
```

```
        p = PTA_BASE_PTR;
        break;
    case PORT_B:
        p = PTB_BASE_PTR;
        break;
    case PORT_C:
        p = PTC_BASE_PTR;
        break;
    case PORT_D:
        p = PTD_BASE_PTR;
        break;
    case PORT_E:
        p = PTE_BASE_PTR;
        break;
    default:
        return 0; //输入参数无效，返回
    }

    return p;
}
//==========================================================================
//函数名称：hw_gpio_get_pt_addr
//函数返回：端口号对应的GPIO端口寄存器组指针
//参数说明：无
//功能概要：将端口号转换成端口寄存器组指针，用于内部调用
//==========================================================================
GPIO_MemMapPtr hw_gpio_get_pt_addr1(uint8 port)
{
     GPIO_MemMapPtr p;

    switch(port)
    {
    case PORT_A:
        p = PTA_BASE_PTR;
        break;
    case PORT_B:
        p = PTB_BASE_PTR;
        break;
```

```
    case PORT_C:
        p = PTC_BASE_PTR;
        break;
    case PORT_D:
        p = PTD_BASE_PTR;
        break;
    case PORT_E:
        p = PTE_BASE_PTR;
        break;
    default:
        return 0; //输入参数无效，返回
    }

    return p;
}

//===========================================================
//函数名称：hw_gpio_init
//函数返回：函数执行状态。0=成功，其他为异常
//函数功能：初始化端口作为GPIO引脚的功能
//===========================================================
uint8 hw_gpio_init (
    uint8 port,  //端口号，由宏定义
    uint8 pin,   //引脚号，0～31
    uint8 dir,   //引脚方向：1=输出，0=输入
    uint8 state  //引脚初始状态：1=高电平，0=低电平
)
{
    //将GPIO端口号转换成端口寄存器组指针
    GPIO_MemMapPtr pt = hw_gpio_get_pt_addr(port);
    PORT_MemMapPtr p = hw_gpio_get_port_addr(port);
    if (!p) return 1;  //参数错误

    //设定通用端口引脚，控制寄存器的值设定为GPIO功能
    PORT_PCR_REG(p, pin) = (0|PORT_PCR_MUX(1));

    if(dir == 1) //若引脚被定义为输出
    {
```

```
        GPIO_PDDR_REG(pt) |= (1<<pin);

        //设定引脚初始化状态
        if(state == 1)
            GPIO_PDOR_REG(pt) |= (1<<pin);
        else
            GPIO_PDOR_REG(pt) &= ~(1<<pin);
    }
    else //若引脚被定义为输入
    {
        GPIO_PDDR_REG(pt) &= ~(1<<pin);
    }
    return 0;  //成功返回
}
//===========================================================================
//函数名称：hw_gpio_get
//函数返回：指定引脚状态，0=低电平，1=高电平
//参数说明：port——端口号，由宏定义
//          pin——引脚号，0~31
//功能概要：获取指定引脚状态
//===========================================================================
uint8 hw_gpio_get(uint8 port, uint8 pin)
{
    //将GPIO端口号转换成端口寄存器组指针
    GPIO_MemMapPtr pt = hw_gpio_get_pt_addr1(port);

    //查看引脚状态
    if (BGET(pin, GPIO_PDIR_REG(pt)) == 0)
    {
        return 0; //高电平
    }
    else
    {
        return 1;  //低电平
    }
}
```

```
//==================================================================
//函数名称：hw_gpio_get_value
//函数返回：函数执行状态。0=低电平，1=高电平
//函数功能：获取指定引脚状态
//==================================================================
uint8 hw_gpio_set(
    uint8 port,  //端口号。由宏定义
    uint8 pin,   //引脚号。0～31
    uint8 state  //引脚初始状态。1=高电平，0=低电平
)
{
    //将 GPIO 端口号转换成端口寄存器组指针
    GPIO_MemMapPtr pt = hw_gpio_get_pt_addr(port);

     if (state == 0) //控制为低电平
         GPIO_PDOR_REG(pt) &= ~(1<<pin);
     else        //控制为高电平
         GPIO_PDOR_REG(pt) |= (1<<pin);

    return 0;
}

//==================================================================
//函数名称：hw_gpio_reverse
//函数返回：无
//函数功能：反转指定引脚状态
//==================================================================
void hw_gpio_reverse (
    uint8 port,  //端口号，由宏定义
    uint8 pin   //引脚号，0～31
)
{
    //将 GPIO 端口号转换成端口寄存器组指针
    GPIO_MemMapPtr pt = hw_gpio_get_pt_addr(port);
    GPIO_PDOR_REG(pt) ^= (1<<pin);
}
//==================================================================
```

```
/*
* LPLD_GPIO_Init
* GPIO 通用初始化函数
* 参数：
*    port——端口基地址
*      |__PORTA_BASE_PTR——Port A
*      |__PORTB_BASE_PTR——Port B
*      |__PORTC_BASE_PTR——Port C
*      |__PORTD_BASE_PTR——Port D
*      |__PORTE_BASE_PTR——Port E
*    port_bit——端口位数
*      |__0～31
*    dir——端口数据方向
*      |__1——输出
*      |__0——输入
*    data——输出初始电平/输入上拉或下拉
*      |__2——如果 dir=0,输入内部下拉
*      |__1——如果 dir=0,输入内部上拉；如果 dir=1,输出高电平
*      |__0——如果 dir=0,输入不使能上/下拉；如果 dir=1,输出低电平
*    irqc——输入中断
*      |__0——不使能中断
*      |__其他——见技术文档 PORTx_PCRn 寄存器 IRQC 位的描述
* 输出：
*    0——配置错误
*    1——配置成功
*/
//=====================================================================
uint8 GPIO_Init(PORT_MemMapPtr port, uint8 port_bit, uint8 dir, uint8
      data, uint8 irqc)
{
  GPIO_MemMapPtr p;
  //判断端口位数的合理性
  if(port_bit>31)
    return 0;

  //选择 I/O 口的时钟控制掩码
  if(port == PORTA_BASE_PTR)
  {
    p = PTA_BASE_PTR;
```

```
    SIM_SCGC5  |= SIM_SCGC5_PORTA_MASK;
  }
  else if(port == PORTB_BASE_PTR)
  {
    p = PTB_BASE_PTR;
    SIM_SCGC5  |= SIM_SCGC5_PORTB_MASK;
  }
  else if(port == PORTC_BASE_PTR)
  {
    p = PTC_BASE_PTR;
    SIM_SCGC5  |= SIM_SCGC5_PORTC_MASK;
  }
  else if(port == PORTD_BASE_PTR)
  {
    p = PTD_BASE_PTR;
    SIM_SCGC5  |= SIM_SCGC5_PORTD_MASK;
  }
  else if(port == PORTE_BASE_PTR)
  {
    p = PTE_BASE_PTR;
    SIM_SCGC5  |= SIM_SCGC5_PORTE_MASK;
  }
  else
  {
    return 0;
  }
  //配置为 GPIO 功能
  PORT_PCR_REG(port, port_bit) = PORT_PCR_MUX(1);
  //输入或输出设置
  if(dir==1)
  {
    GPIO_PDDR_REG(p)  |= 0x1u<<port_bit;
    //设置初始输出
    if(data==1)
    {
      GPIO_PSOR_REG(p)  = 0x1u<<port_bit;
    }
    else
```

```
        {
          GPIO_PCOR_REG(p) = 0x1u<<port_bit;
        }
      }
      else
      {
        GPIO_PDDR_REG(p) &= ~(0x1u<<port_bit);
        //配置中断方式
        if(irqc>0xC) return 0;
        PORT_PCR_REG(port, port_bit) |= PORT_PCR_IRQC(irqc);
        //配置内部上拉或下拉或不使能
        if(data==1)
        {
        //上拉
        PORT_PCR_REG(port,port_bit)|= PORT_PCR_PE_MASK | PORT_PCR_PS_ MASK;
        }
        else if(data==2)
        {
        //下拉
        PORT_PCR_REG(port, port_bit) |= PORT_PCR_PE_MASK ;
        }
        else
        {
        //不使能上/下拉
        PORT_PCR_REG(port, port_bit) &= ~PORT_PCR_PE_MASK ;
        }
      }

      return 1;
    }
```

5.3.9 UART 异步串行通信

1. 模块介绍

异步串行通信传输格式如图 5.3.52 所示。

串行通信是指计算机主机与外设之间，以及主机系统与主机系统之间数据的串行传送。使用一条数据线将数据一位一位地依次传输，每一位数据占据一个固定的时间长度。由于只需要少数几条数据线就可以在系统间交换信息，特别适用于计算机与计算机、计算机与外设之间的远距离通信。

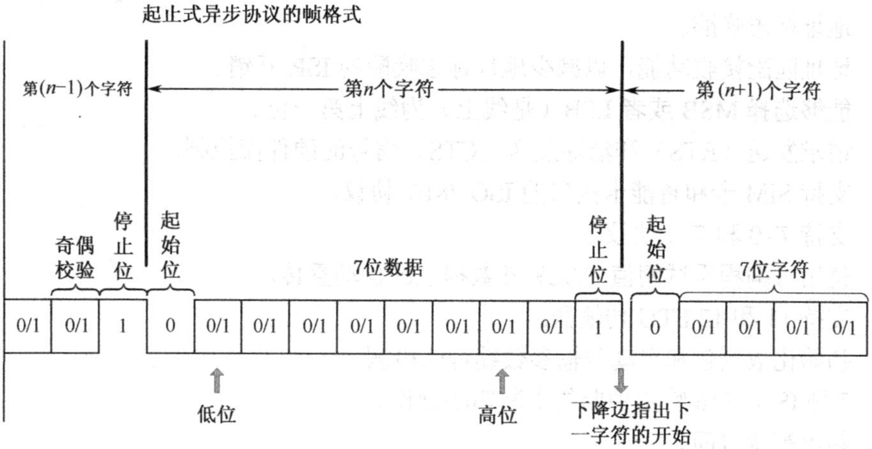

图 5.3.52　异步串行通信传输格式

串口通信时，发送和接收到的每个字符实际上都是一次一位传送的，每一位为 1 或者为 0。

在异步串行通信中有两个比较重要的指标：字符帧格式和波特率。数据通常以字符或者字节为单位组成字符帧传送。字符帧由发送端逐帧发送，通过传输线被接收设备逐帧接收。发送端和接收端可以由各自的时钟来控制数据的发送和接收，这两个时钟源彼此独立，互不同步。

接收端检测到传输线上发送过来的低电平逻辑“0”（字符帧起始位）时，确定发送端已开始发送数据，每当接收端收到字符帧中的停止位时就知道一帧字符已经发送完毕。

2. UART 特征

UART 特征如下。

- 全双工操作。
- 标准不归零传号/空号（NRZ）格式。
- 可选择的 IrDA 1.4 归零逆转（RZI）格式通过配置波特率使用可编程脉冲宽度。
- 根据模块时钟频率，如经 32 分频选择 13 位波特率。
- 可编程的 8 位或 9 位数据格式。
- 独立启用发送器和接收器。
- 可编程的发送器输出极性。
- 可编程的接收器输入极性。
- 13 位分隔符选项。
- 11 位分隔符检测选项。
- 参数化的缓冲为每个发送和接收支持 1,4,8,16,32,64,128 数据字。
- 用于发送和接收的独立 FIFO 结构。

- 两种接收器唤醒方式。
- 空闲线唤醒。
- 地址标志唤醒。
- 地址匹配接收功能，以减少地址标志唤醒的 ISR 开销。
- 能够选择 MSB 或者 LSB（是线上）为线上第一位。
- 请求发送（RTS）和清除发送（CTS）信号的硬件流控制。
- 支持 SIM 卡和智能卡接口的 ISO 7816 协议。
- 支持 *T*=0 和 *T*=1 协议。
- 使用可编程重试阈值 NACK'd 数据包的自动重传。
- 支持 11 和 12 ETU 传输器。
- 初始化数据包和自动传输参数编程的检测。
- 7 种 ISO 7816 特定中断的中断驱动操作。
- 超出等待时间。
- 超出字符等待时间。
- 超出块等待时间。
- 初始检测到的帧。
- 发送错误阈值超出。
- 接收错误阈值超出。
- 超出保护时间。
- 带有 12 个标志符的中断驱动操作（不是特定 ISO 7816 所支持的）。
- 发送器数据缓冲等于或者低于水位标。
- 发送完成。
- 接收器数据缓冲等于或者高于水位标。
- 空闲状态的接收器输入。
- 接收器数据缓冲溢出。
- 接收器数据缓冲下溢。
- 发送器数据缓冲溢出。
- 噪声误差。
- 帧误差。
- 奇偶误差。
- 接收引脚上的活性边。
- LIN 间隔检测。
- 接收器帧错误检测。
- 硬件奇偶产生及校验。
- 1/16 位时间噪声检测。
- DMA 接口。

3. 寄存器介绍

1）控制寄存器 1（UARTx_C1，见图 5.3.53 和表 5.3.47）

Bit	7	6	5	4	3	2	1	0
R W	LOOPS	UARTSWAI	RSRC	M	WAKE	ILT	PE	PT
Reset	0	0	0	0	0	0	0	0

图 5.3.53 控制寄存器 1

表 5.3.47 UARTx_C1 字段说明

数 据 位	描 述
D7 LOOPS	循环模式选择位 当 LOOPS=1 时，RxD 引脚从 UART 分离，发送器输出内部连接到接收器输入，发送器和接收器必须使能来使用循环功能。 0：UART 正常工作； 1：发送器输出器内部连接到接收器输入的循环模式，接收器输入由 RSRC 位决定
D6 UARTSWAI	UART 在等待模式下停止 0：在等待模式下，UART 时钟继续运行； 1：在等待模式下，UART 时钟关闭
D5 RSRC	接收器信号源选择位 此位在 LOOPS=1 时才起作用。当 LOOPS=1 时 RSRC 位决定接收器移位寄存器输入信号源。 0：选择内部回环模式，接收器输入内部连接到发送器输出端； 1：选择单线 UART 模式，接收器输入连接到发送器引脚输入信号
D4 M	9 位或 8 位模式选择位。 当 7916E 被置位（使能）时，该位必须置位。 0：正常模式为起始位+8 位数据位（MSBF 决定 MSB/LEB 优先）+停止位； 1：使用模式为起始位+9 位数据位（MSBF 决定 MSB/LEB 优先）+停止位
D3 WAKE	接收器唤醒方法选择位 WAKE 决定哪种条件来唤醒 UART：接收数据字符最高位的地址标记或者接收引脚输入信号上的空闲情况。 0：空闲线唤醒； 1：地址标记唤醒
D2 ILT	空闲线或类型选择 ILT 决定接收器从何时开始计数空闲字符的逻辑 1。在一个有效的起始位或者停止位之后计数开始。如果起始位之后计数开始，那停止位前逻辑 1 的字符串可能导致空闲字符的错误识别。停止位开始之后计数可以避免错误空闲字符的识别，但需要合适的同步传输。 0：起始位之后开始计数空闲字符位； 1：停止位之后开始计数空闲字符位
D1 PE	奇偶校验使能位 当奇偶校验使能时，停止位前会被插入一个奇偶校验位。7816E 被置位时，必须清除 PE。 0：偶校验； 1：奇校验
D0 PT	校验类型 PT 决定 UART 是否产生并检查奇校验位或者偶校验位。偶校验中，偶数个 1 会被清校验位，奇数个 1 会被置位校验位。奇校验中，奇数个 1 会被清校验位，偶数个 1 会被置位校验位。当 7816E 被置位时，此位必须清零。 0：偶校验； 1：奇校验

2）控制寄存器 2（UARTx_C2，见图 5.3.54 和图 5.3.48）

Bit	7	6	5	4	3	2	1	0
R/W	TIE	TCIE	RIE	ILIE	TE	RE	RWU	SBK
Reset	0	0	0	0	0	0	0	0

图 5.3.54　控制寄存器 2

表 5.3.48　UARTx_C2 字段说明

数 据 位	描　　述
TIE	发送中断或 DMA 传送中断使能位 0：TDRE 中断和 DMA 中断传送请求不允许； 1：TDRE 中断和 DMA 传送中断使能
TCIE	发送完成中断使能 TIE 根据 C5[TDMAS]位允许 s1[TDRE]标志位产生中断请求或者 DMA 传送请求。传送结束中断使能允许位。 0：TC 中断禁止； 1：TC 中断请求使能
RIE	根据 C5[RDMAS]使能 S1[RSRF]标志产生中断请求或 DMA 传送请求
ILIE	空闲线中断使能 ILIE 根据 C5[ILDMAS]的状态使能 S1[IDELE]空闲线标志产生中断请求。 0：IDLE 中断请求禁止； 1：IDLE 中断请求使能
TE	发送器使能位 TE 使能 UART 发送器。TE 可以通过清零然后置位 TE 位排列一个空闲前置。当 7816E 被置位（使能）并且 C7816[TTYPE]=1 时，TE 位在请求的块发送后自动清除。当 TL7816[TLEN] = 0 并且 4 个附加字符被发送时，TE 位自动清零的条件会一直被检测是否达到。 0：发送器关闭； 1：发送器开启
RE	接收器使能位 RE 使能 UART 接收器。 0：接收器关闭； 1：接收器开启
RWU	接收器唤醒控制位 RWU 可以被置位，使得 UART 接收器处于备用状态。当 RWU 事件（C1[WAKE]被清零的 IDLE 事件或者 C1[WAKE]被置位时的地址匹配）发生时，RWU 自动清零。 0：正常操作模式； 1：RWU 使能唤醒并禁止接收器中断请求。一般而言硬件自动清零 RWU 来唤醒接收器
SBK	发送中止位 锁住的 SBK 发送一个中止字符（S2[BRK13]清零时，10、11、12 个逻辑 0；S2[BRK13]置位时，13 或 14 个逻辑 0），锁住意味着在中止字符发送结束之前清除 SBK 位。只要 SBK 被置位，发送器就会发送完整的终止符。当 7816E 被置位时，该位必须清零。 0：正常发送操作字符； 1：发送排列好的中止字符

3）波特率高字节寄存器（UARTx_BDH，见图 5.3.55 和表 5.3.49）

UARTx_BDH 寄存器与 UARTx_BDL 寄存器共同控制 UART 波特率发生器的预分频因子。当更新 13 位波特率设置（SBR[12:0]）时，首先写 BDH 缓冲新值的高值部分，然后写 BDL，直到 BDL 被写入后 BDH 中的值才会变。

Bit	7	6	5	4	3	2	1	0
R	LBKDIE	RXEDGIE	0	SBR				
W								
Reset	0	0	0	0	0	0	0	0

图 5.3.55 波特率高字节寄存器

表 5.3.49 UARTx_ BDH 字段说明

数 据 位	描 述
D7 LBKDIE	LIN 中止检测中断使能位 LBKDIE 根据 LBKDDMAS 的状态使能 LIN 中止检测标识 LBKDIF 产生中断请求。 0：LBKDIF 中断请求禁止； 1：LBKDIF 中断请求使能
D6 RXEDGIE	RxD 输入优先边沿中断使能 RXEDGIE 使能接收输入有效边沿，RXEDGIF 产生中断请求。 0：RXEDGIF 硬件中断禁止； 1：RXEDGIF 中断请求使能
D4～D0 SBR	UART 波特率位 UART 的波特率由这 5 位和 UARTx_BDL 共 13 位决定

4）控制寄存器 4（UARTx_C4，见图 5.3.56 和表 5.3.50）

Bit	7	6	5	4	3	2	1	0
R	MAEN1	MAEN2	M10	BRFA				
W								
Reset	0	0	0	0	0	0	0	0

图 5.3.56 控制寄存器 4

表 5.3.50 UARTx_C4 字段说明

数 据 位	描 述
D7 MAEN1	地址匹配模式使能 1 0：如果 MAEN2 被清零，所有接收到的数据被传送到数据缓存器中。 1：所有最高有效位被清零，接收数据被丢弃。所有最高有效位被置位的接收数据与 MAI 寄存器中的内容比较，如果没有匹配成功，则数据被丢弃；如果匹配成功，数据则被传送到数据缓存器区。当 C7816[ISO7816E]被置位时，此位必须清零
D6 MAEN2	地址匹配模式使能 2 0：如果 MAEN1 被清零，所有接收到的数据被传送到数据缓存器中。 1：所有最高有效位被清零，接收数据被丢弃。所有最高有效位被置位的接收数据与 MA2 寄存器中的内容比较，如果没有匹配成功，则数据被丢弃；如果匹配成功，数据则被传送到数据缓存器区。当 C7816[ISO7816E]被置位时，此位必须清零

续表

数 据 位	描　述
D5 M10	10 位模式选择位 M10 位使得 10 位非存储器映射到串行传输中。第 10 位为奇偶校验位。M10 位并不影响 LIN 发送或者检测中止。如果 M10 被置位，则 C1[M]和 C1[PE]必须被置位。当 C7816[ISO7816E]被置位时，此位必须清零。 0：奇偶校验位是串行传输中的第 9 位； 1：奇偶校验位是串行传输中的第 10 位
D4～D0 BRFA	波特率微调位 该位用来对平均波特率以 1/3 的增量增加时间精度

5）状态寄存器 1（UARTx_S1，见图 5.3.57 和表 5.3.51）

Bit	7	6	5	4	3	2	1	0
R	TDRE	TC	RDRF	IDLE	OR	NF	FE	PF
W								
Reset	0	0	0	0	0	0	0	0

图 5.3.57　状态寄存器 1

表 5.3.51　UARTx_S1 字段说明

数 据 位	描　述
D7 TDRE	发送数据寄存器口标志位 当发送缓存器中数据字将的数目等于或少于 TWFIFO[TXWATER]中的数目时，TDRE 会被置位。正在传输过程中的字符不包含在此计数器中，TDRE 置位时读 S1，然后写 UART 数据寄存器（D）会清 TDRE。为了能够获得更加有效的中断服务，除了写到缓存区的最终值之外，所有数据都应该写到 D/C3[T8]。写最终数据前读 S1 可以清 TDRE 标志位。 0：发送缓存区中的数据比 TWFIFO[TXWATER]中的数目多； 1：自从标志位被清零后，发送缓冲区中的数据数目等于或少于 TWFIFO[TXWATER]中的数目
D6 TC	发送完成标志 当有一个传输在进程中或者当有一个序列或间隔字符被加载时，TC 被清零。当传送缓冲区为空并且没有数据、序列或者间隔字符正在被传送时，TC 为 1。当 TC 为 1 时，传送数据输出信号变为空闲（逻辑 1）。当 7816E 被设置或者启用时，这个位在任何一个 NACK 信号接收之后但在任何一个防范期满之前设置。当 TC 为 1 时，读 S1 且有以下操作之一，TC 会被清零。 写入 UART 数据寄存器（D）传送新数据；通过清零然后置位 C2[TE]位来排列首字符；通过写 1 到 C2 中的 SBK 排列间隔字符。 0：传送进行中（发送数据、序列或者间隔字符）； 1：传送空闲中（传送完成）
D5 RDRF	接收数据寄存器满标志 当接收缓冲区中数据字符的数目等于或多于 TWFIFO[TXWATER]指示的数目时，RDRF 为 1。正在接收进程中的字符不包含在计数中。当 S2[LBKDE]设为 1 时，RDRF 只能为 0。另外，当 S2[LBKDE]为 1 时，接收到的数据字会被存储在接收缓冲区中，但是会各自写入。为了清除 RDRF，当 RDRF 为 1 时读 S1，然后读 UART 数据寄存器（D）。为了更有效地中断和 DMA 操作，所有数据除了最终值以外都通过 D/C3[T8]/ED 从缓冲区中读出。然后必须读 S1 并读最终数据结果，最终清除 RDRF 标志。即使 RDRF 标志为 1，数据也会继续被接收直到达到溢出条件为止。 0：接收缓冲区中数据字的数目少于 TWFIFO[TXWATER]指示的数目； 1：这个标志最终被清零，在某点、某时接收缓冲区中数据字的数目等于或多于 TWFIFO[TXWATER]指示的数目

续表

数据位	描述
D4 IDLE	空闲线标志 当 10 个连续的逻辑 1（如果 C1[M]=0）、11 个连续的逻辑 1（如果 C1[M]=1,C4[M10]=0）或者 12 个连续的逻辑 1（如果 C1[M]=1，C4[M10]=1，C1[PE]=1）出现在接收器输入中时，IDLE 为 1。IDLE 标志被清零后，一个帧必须接收（虽然没有必要存储在数据缓冲区中，如当 C2[RWU]为 1 时）或者在设置 IDLE 标志之前，必须设置 S2[LBKDIF]标志。为了清除 IDLE，在 IDLE 为 1 时读 UART 状态 S1，然后读 D。当 7816E 设为 1 或者启用时空闲检测不被支持，因此这个标志被忽略。 注意：当接收器唤醒位（RWU）被设为 1 且 WAKE 被清零时，如果 RWUID 被设为 1，空闲线状态设置 IDLE 标志 1，否则 IDLE 不会标志 1。 0：接收器输入已激活或者在 RDRF 标志清除后未被激活； 1：接收器输入变成空闲或者在上一次产生后标志未被清除
D3 OR	接收器溢出标志 当软件没有成功防止接收数据寄存器数据溢出时，OR 为 1。因为缓冲区的数据溢出且所有其他的错误标志（FE、NF 和 PF）都被阻止设置，所以在停止位完成接收之后 OR 位直接设为 1。移位寄存器中的数据丢失，但是 UART 数据寄存器中的数据没有受到影响。如果 OR 标志设为 1，即使有足够的空间也没有数据会被存储在数据缓冲区中。另外，当 OR 标志设为 1 时，RDRF 标志、IDLE 标志将被判断为无效。为了让 OR 清零，当 OR 为 1 时，读完 S1 后须读 UART 数据寄存器（D）。如果 S2[LBKDIF]标志在下一个数据字符被接收前没被清零，OR 位将会声明。OR 位的操作详见 OR 标志位。在 7816 模式中，通过编程 C7816[ONACK]位有可能被配置可以返回的 NACK 位。 0：从上次的标志未被清除后没有溢出发生； 1：溢出发生或者从上次溢出发生后溢出标志没被清除
D2 NF	噪声标志 当 UART 检测出噪声在接收器输入时，NF 为 1。在溢出或 LIN 间隔检测功能是否启用（S2[LBKDE]=1）的例子中 NF 不为 1。当 NF 为 1 时，它只表明自从上次它被清零后一个数据字将已经带噪声被接收。为了 NF 清零，读 S1 后读 UART 数据寄存器（D）可以清 NF。 0：从上次这个标志清零后没有检测到噪声。如果接收缓冲区深度大于 1，那么可能存在带噪声的接收器缓冲区的数据； 1：从上次标志被清零后最少一个数据字符接收带检测的噪声
D1 FE	帧错误标志 当逻辑 0 被接收当作停止位时，FE 设为 1。在溢出或 LIN 间隔检测功能是否启用（S2[LBKDE]=1）的例子中，FE 不为 1。FE 禁止进一步的数据接收，直到它被清零。为了 FE 清零，在 FE 为 1 时，读 S1 后读 UART 数据寄存器（D）。数据缓冲区中最后的数据代表了帧错误启用接收的数据。然而，当 7816E 为 1 或者启用时帧错误不被支持，但是在 7816 模式中，如果这个标志为 1，数据仍然不被接收。 0：没有检测到帧错误； 1：检测到帧错误
D0 PF	奇偶校验错误标志 PE 为 1，S2[LBKDE]禁用，并且接收数据的奇偶校验不符合它的奇偶校验位时，PF 为 1。在溢出条件的情况下 PF 不会被置 1。当 PF 为 1 时，它仅仅表示上次标志位被清零后一个带奇偶校验错误的数字被接收。为了清零 PF 位，读 S1 后读 UART 数据寄存器（D）。 0：从上次这个标志被清零后，没有奇偶检验错误被检测出来。如果接收缓冲区的深度高于 1，那么接收的奇偶校验错误有可能保存在接收缓冲区中； 1：从上次这个标志被清零后，至少一个带有奇偶校验错误的数据字将被接收

6）数据寄存器（UARTx_D，见图 5.3.58）

Bit	7	6	5	4	3	2	1	0
R W	PT							
Reset	0	0	0	0	0	0	0	0

图 5.3.58　数据寄存器

该寄存器其实是两个单独的寄存器。读操作返回只读接收数据寄存器中的内容，写操作只可写传送数据寄存器。

4. 初始化例程

```
//构建化头文件（hw_uart.h）//
//-----------------------------------------------------------------------------
// 文件名称：hw_uart.h
// 功能概要：uart 构件头文件
// 版权所有：DeepBlueStdio
// 版本更新：2013-02-23    V1.0
//-----------------------------------------------------------------------------
#ifndef_UART_H_
#define _UART_H_

//1 头文件
#include "../../MCUabout/common.h"

//2 宏定义
//2.1 串口号宏定义
    #define UART0 0
    #define UART1 1
    #define UART2 2
    #define UART3 3
    #define UART4 4
    #define UART5 5

//2.2 接收引脚 irq 号宏定义
#define UART0irq 45
#define UART1irq 47
#define UART2irq 49
#define UART3irq 51
```

```
#define UART4irq 53
#define UART5irq 55

//串行通信寄存器及标志位定义
#define ReSendStatusR(base) ((base)->S1)    //状态寄存器
#define ReSendDataR(base) ((base)->D)  //数据寄存器

#define ReTestBit 5                  //接收缓冲区满标志位
#define SendTestBit 7                //发送缓冲区空标志位

//3 函数声明
//============================================================
//函数名称：hw_uart_init
//功能概要：初始化 uartx 模块
//参数说明：uartNo——串口号
//         sysClk——系统总线时钟，以 MHz 为单位
//         baud——波特率，如 9600、38400 等，一般来说，速度越慢，通信越稳
//函数返回：无
//============================================================
void hw_uart_init (uint8 uartNo, uint32 sysClk, uint32 baud);

//============================================================
//函数名称：hw_uart_re1
//功能概要：串行接收 1 个字节
//参数说明：uartNo——串口号
//         ch——接收到的字节
//函数返回：成功=1；失败=0
//============================================================
uint8 hw_uart_re1 (uint8 uartNo,uint8 *ch);

//============================================================
//函数名称：hw_uart_send1
//功能概要：串行发送 1 个字节
//参数说明：uartNo——串口号
//         ch——要发送的字节
//函数返回：无
//============================================================
void hw_uart_send1 (uint8 uartNo, uint8 ch);
```

```
//===============================================================
//函数名称：uart_reN
//功能概要：串行接收 n 个字节
//参数说明：uartNo——串口号
//         buff——接收缓冲区
//         len——接收长度
//函数返回：1=成功；0=失败
//===============================================================
uint8 hw_uart_reN (uint8 uartNo ,uint16 len ,uint8* buff);
//===============================================================
    //函数名称：uart_sendN
    //功能概要：串行接收 n 个字节
    //参数说明：uartNo——串口号
    //         buff——发送缓冲区
    //         len——发送长度
    //函数返回：无
//===============================================================
void hw_uart_sendN (uint8 uartNo ,uint16 len ,uint8* buff);

//===============================================================
    //函数名称：enable_uart_re_int
    //功能概要：开串口接收中断
    //参数说明：uartNo——串口号
    //         irqno——对应的 irq 号
    //函数返回：无
//===============================================================
void enable_uart_re_int(uint8 uartNo,uint8 irqno);

//===============================================================
    //函数名称：disable_uart_re_int
    //功能概要：关串口接收中断
    //参数说明：uartNo——串口号
    //         irqno——对应 irq 号
    //函数返回：无
//===============================================================
    void disable_uart_re_int(uint8 uartNo,uint8 irqno);
```

```
//============================================================================
    //函数名称：hw_uart_send_string
    //功能概要：从指定 UART 端口发送一个以'\0'结束的字符串
    //参数说明：uartNo——UART 模块号
    //          buff——要发送的字符串首地址
    //函数返回：无
    //函数说明：字符串的长度为 0～65535，内部调用了 hw_uart_send1 函数
//============================================================================
    void hw_uart_send_string(uint8 uartNo, uint8 *buff);

//============================================================================
    //函数名称：hw_uart_send_number
    //功能概要：将数字转换成字符串发送出去，如 123 转换成"123"发送出去
    //参数说明：uartNo——第 uartNo 个 UART 模块
    //          number——要传输的数组
    //函数返回：是否发生成功（1=成功，0=失败）
    //函数说明：字符串的长度为 0～65535，内部调用了 hw_uart_sendN 函数
//============================================================================
    uint8 hw_uart_send_number(uint8 uartNo, uint32 number);

//============================================================================
    //函数名称：hw_uart_send_number
    //功能概要：将数字转换成十六进制字符串发送出去，如 16 转换成"F"发送出去
    //参数说明：uartNo——第 uartNo 个 UART 模块
    //          number——要传输的数组
    //函数返回：是否发生成功（1=成功，0=失败）
    //函数说明：字符串的长度为 0～65535，内部调用了 hw_uart_sendN 函数
//============================================================================
    uint8 hw_uart_send_hex_number(uint8 uartNo, uint32 number);

//============================================================================
    //函数名称：hw_uart_get_base_address
    //功能概要：获取串口的基址
    //参数说明：uartNO——串口号
    //函数返回：串口的基址值
//============================================================================
    UART_MemMapPtr hw_uart_get_base_address(uint8 uartNO);
```

```
//==============================================================
    //函数名称：GetByteArrayFromNumber
    //功能概要：将数组 number 转换成 ASCII 码的形式放到数组中
    //参数说明：array——存放转换后值的数组。
    //           注意：该数组长度至少要比 number 的最大值的位数大 1
    //           length——返回转换数值的长度
    //           number——需要转换的数据
    //函数返回：是否发生成功（1=成功，0=失败）
//==============================================================
uint8 GetByteArrayFromNumber(uint8 array[], uint8 * length,
    uint32 number);

//==============================================================
    //函数名称：GetHexByteArrayFromNumber
    //功能概要：将数字 number 转换成十六进制的 ASCII 码形式放到数组中
    //参数说明：array——存放转换后值的数组。
    //           注意：该数组长度至少要比 number 的最大值的位数大 1
    //           length——返回转换数值的长度
    //           number——需要转换的数据
    //函数返回：是否发生成功（1=成功，0=失败）
//==============================================================
    uint8 GetHexByteArrayFromNumber(uint8 array [], uint8 * length,
        uint32 number);

#endif
```

//构件化源文件（hw_uart.c）//

```
//==============================================================
// 文件名称：hw_uart.c
// 功能概要：uart 源文件
// 版权所有：DeepBlueStdio
// 版本更新：2013-02-23     V1.0
//==============================================================
#include "hw_uart.h"
#include <string.h>
//==============================================================
//函数名称：hw_uart_get_base_address
//功能概要：获取串口的基址
//参数说明：uartNO——串口号
```

```
//函数返回：串口的基址值
//===========================================================================
UART_MemMapPtr hw_uart_get_base_address(uint8 uartNO)
{
    switch(uartNO)
    {
    case 0:
        return UART0_BASE_PTR;
        break;
    case 1:
        return UART1_BASE_PTR;
        break;
    case 2:
        return UART2_BASE_PTR;
        break;
    case 3:
        return UART3_BASE_PTR;
        break;
    case 4:
        return UART4_BASE_PTR;
        break;
    case 5:
        return UART5_BASE_PTR;
        break;
    default :
        return 0;
    }
}

//===========================================================================
//函数名称：hw_uart_init
//功能概要：初始化 uartx 模块
//参数说明：uartNo——串口号
//          sysClk——系统总线时钟，以 MHz 为单位
//          baud——波特率，如 9600、38400 等，一般来说，速度越慢，通信越稳
//函数返回：无
//===========================================================================
void hw_uart_init (uint8 uartNo, uint32 sysClk, uint32 baud)
```

```
{
    register uint16 sbr, brfa;
    uint8 temp;
    UART_MemMapPtr uartch = hw_uart_get_base_address(uartNo);

    //使能引脚
    if (uartch == UART0_BASE_PTR)
    {
        //在 PTA1 上使能 UART0_TXD 功能
        PORTA_PCR1 = PORT_PCR_MUX(0x2);
        //在 PTA2 上使能 UART0_RXD 功能
        PORTA_PCR2 = PORT_PCR_MUX(0x2);
    }else if (uartch == UART1_BASE_PTR)
    {
        //在 PTC4 上使能 UART1_TXD 功能
        PORTC_PCR4 = PORT_PCR_MUX(0x3);
        //在 PTC3 上使能 UART1_RXD 功能
        PORTC_PCR3 = PORT_PCR_MUX(0x3);
    }else if (uartch == UART2_BASE_PTR)
    {
        //在 PTD3 上使能 UART2_TXD 功能
        PORTD_PCR3 = PORT_PCR_MUX(0x3);
        //在 PTD2 上使能 UART2_RXD 功能
        PORTD_PCR2 = PORT_PCR_MUX(0x3);
    }else if (uartch == UART3_BASE_PTR)
    {
        //在 PTC10 上使能 UART3_TXD 功能
        PORTC_PCR10 = PORT_PCR_MUX(0x3);
        //在 PTC11 上使能 UART3_RXD 功能
        PORTC_PCR11 = PORT_PCR_MUX(0x3);
    }else if (uartch == UART4_BASE_PTR)
    {
        //在 PTE24 上使能 UART4_TXD 功能
        PORTE_PCR24 = PORT_PCR_MUX(0x3);
        //在 PTE25 上使能 UART4_RXD 功能
        PORTE_PCR25 = PORT_PCR_MUX(0x3);
    }else if (uartch == UART5_BASE_PTR)
    {
```

```
        //在 PTD9 上使能 UART5_TXD 功能
        PORTD_PCR9 = PORT_PCR_MUX(0x3);
        //在 PTD8 上使能 UART5_RXD 功能
        PORTD_PCR8 = PORT_PCR_MUX(0x3);
    }

    //使能串口时钟
    if(uartch == UART0_BASE_PTR)
        SIM_SCGC4 |= SIM_SCGC4_UART0_MASK;
    else
        if (uartch == UART1_BASE_PTR)
            SIM_SCGC4 |= SIM_SCGC4_UART1_MASK;
        else
            if (uartch == UART2_BASE_PTR)
                SIM_SCGC4 |= SIM_SCGC4_UART2_MASK;
            else
                if(uartch == UART3_BASE_PTR)
                    SIM_SCGC4 |= SIM_SCGC4_UART3_MASK;
                else
                    if(uartch == UART4_BASE_PTR)
                        SIM_SCGC1 |= SIM_SCGC1_UART4_MASK;
                    else
                        SIM_SCGC1 |= SIM_SCGC1_UART5_MASK;

    //禁止发送接收
    UART_C2_REG(uartch) &= ~(UART_C2_TE_MASK | UART_C2_RE_MASK );

    //配置成 8 位无校验模式
    UART_C1_REG(uartch) = 0;

    //计算波特率，串口 0、串口 1 使用内核时钟，其他串口使用外设时钟，系统时钟为
    //外设时钟的两倍
    if ((uartch == UART0_BASE_PTR) | (uartch == UART1_BASE_PTR))
    //sysClk+=sysClk;

    sbr = (uint16)((sysClk*1000)/(baud * 16));
    temp = UART_BDH_REG(uartch) & ~(UART_BDH_SBR(0x1F));
    UART_BDH_REG(uartch) = temp | UART_BDH_SBR(((sbr & 0x1F00) >> 8));
```

```
    UART_BDL_REG(uartch)= (uint8)(sbr & UART_BDL_SBR_MASK);
    brfa = (((sysClk*32000)/(baud * 16)) - (sbr * 32));
    temp = UART_C4_REG(uartch) & ~(UART_C4_BRFA(0x1F));
    UART_C4_REG(uartch) = temp | UART_C4_BRFA(brfa);

    //使能发送接收
    UART_C2_REG(uartch) |= (UART_C2_TE_MASK | UART_C2_RE_MASK );
}

//==================================================================
//函数名称：hw_uart_re1
//功能概要：串行接收1个字节
//参数说明：uartNo——串口号
//          p——接收成功标志的指针（0表示成功，1表示不成功）
//函数返回：参数*p带回接收标志，*p = 0，收到数据；*p = 1，未收到数据
//==================================================================
uint8 hw_uart_re1 (uint8 uartNo,uint8 *p)
{
   uint32 k;
   uint8  i;
   UART_MemMapPtr uartch = hw_uart_get_base_address(uartNo);

   for (k = 0; k < 0xfbbb; k++)    //有时间限制
   {
        //判断接收缓冲区是否满
        if ((ReSendStatusR(uartch) & (1<<ReTestBit)) != 0)
        {
            i = ReSendDataR(uartch);
            *p = 0x00;
            break;
        }

   }
   if(k>=0xfbbb)
   {
      i=0xff;
       *p=0x01;
   }
```

```
    return i;                              //返回接收到的数据
}

//===================================================================
//函数名称：hw_uart_send1
//功能概要：串行发送 1 个字节
//参数说明：uartNo——串口号
//          ch——要发送的字节
//函数返回： 无
//===================================================================
void hw_uart_send1 (uint8 uartNo, uint8 ch)
{
    uint32 k = 0;
    UART_MemMapPtr uartch = hw_uart_get_base_address(uartNo);

    for (k = 0; k < 0xfbbb; k++)           //有时间限制
    {
      //判断发送缓冲区是否为空
      if ((ReSendStatusR(uartch) & (1<<SendTestBit)) != 0)
      {
          ReSendDataR(uartch) = ch;
          break;
      }
    }
 }

//===================================================================
//函数名称：uart_reN
//功能概要：串行接收 n 个字节
//参数说明：uartNo——串口号
//          buff——接收缓冲区
//          len——接收长度
//函数返回：1=成功；0=失败
//===================================================================
uint8 hw_uart_reN (uint8 uartNo ,uint16 len ,uint8* buff)
{
    uint8 m;
    uint8 fp;
```

```
    m = 0;
    //接收 n 个数据
    while (m<len)
    {
     buff[m] = hw_uart_re1(uartNo,&fp);
     if (fp == 1) return 1;        //只要有 1 个字节数据没接收到就返回报错
     m++;
    }
    return 0;
}

//=======================================================================
//函数名称：uart_sendN
//功能概要：串行接收 n 个字节
//参数说明：uartNo——串口号
//         buff——发送缓冲区
//         len——发送长度
//函数返回：无
//=======================================================================
void hw_uart_sendN (uint8 uartNo ,uint16 len ,uint8* buff)
{
    int i;
     for(i=0;i<len;i++)
    {
        hw_uart_send1(uartNo,buff[i]);
    }
}

//=======================================================================
//函数名称：enable_uart_re_int
//功能概要：开串口接收中断
//参数说明：uartNo——串口号
//         irqno——对应的 irq 号
//函数返回：无
//=======================================================================
void enable_uart_re_int(uint8 uartNo,uint8 irqno)
{
```

```
    UART_MemMapPtr uartch = hw_uart_get_base_address(uartNo);
    UART_C2_REG(uartch)|=UART_C2_RIE_MASK;   //打开 UART 接收中断
    enable_irq(irqno);                        //打开接收引脚的 IRQ 中断
}

//=================================================================
//函数名称：disable_uart_re_int
//功能概要：关串口接收中断
//参数说明：uartNo——串口号
//          irqno——对应的 irq 号
//函数返回：无
//=================================================================
void disable_uart_re_int(uint8 uartNo,uint8 irqno)
{
    UART_MemMapPtr uartch = hw_uart_get_base_address(uartNo);
    UART_C2_REG(uartch)&=~UART_C2_RIE_MASK;   //禁止 UART 接收中断
    disable_irq(irqno);                //关闭接收引脚的 IRQ 中断
}
//=================================================================
//函数名称：hw_uart_send_string
//功能概要：从指定 UART 端口发送一个以‘\0’结束的字符串
//参数说明：uartNo——UART 模块号
//          buff——要发送的字符串首地址
//函数返回：无
//函数说明：字符串的长度为 0～65535，内部调用了 hw_uart_send1 函数
//=================================================================
void hw_uart_send_string(uint8 uartNo, uint8 *buff)
{
   uint16 i = 0;

   for(i = 0;buff[i] != '\0';i++)
   {
   //从指定 UART 端口发送字符串数据
   hw_uart_send1(uartNo,buff[i]);
   }
}
```

```
//============================================================
//函数名称：hw_uart_send_number
//功能概要：将数字转换成字符串发送出去，如 123 转换成“123”发送出去
//参数说明：uartNo——第 uartNo 个 UART 模块
//          number——要传输的数组
//函数返回：是否发生成功（1=成功，0=失败）
//函数说明：字符串的长度为 0～65535，内部调用了 hw_uart_sendN 函数
//============================================================
uint8 hw_uart_send_number(uint8 uartNo, uint32 number)
{
    uint8 array[10];
    uint8 len = 0;
    if(GetByteArrayFromNumber(array, &len, number) == 1)
    {
    hw_uart_sendN(uartNo, len, (uint8*)array);
    }
    else
    {
        return 0;
    }
    return 1;
}

//============================================================
//函数名称：hw_uart_send_number
//功能概要：将数字转换成十六进制字符串发送出去，如 16 转换成“F”发送出去
//参数说明：uartNo——第 uartNo 个 UART 模块
//          number——要传输的数组
//函数返回：是否发生成功（1=成功，0=失败）
//函数说明：字符串的长度为 0～65535，内部调用了 hw_uart_sendN 函数
//============================================================
uint8 hw_uart_send_hex_number(uint8 uartNo, uint32 number)
{
    uint8 array[10];
    uint8 len = 0;
    if(GetHexByteArrayFromNumber(array, &len, number) == 1)
    {
```

```
        hw_uart_sendN(uartNo, len, (uint8*)array);
    }
    else
    {
        return 0;
    }
    return 1;
}

//将字符串放置到数组中
void SetArrayByString(uint8 array[], uint8 pString[], unsigned int length)
{
    unsigned int i = 0;
    uint8 * pBuff = pString;
    for(i = 0; i < length; i++)
    {
        array[i] = pBuff[i];
    }
}

//===========================================================================
//函数名称：GetByteArrayFromNumber
//功能概要：将数组 number 转换成 ASCII 码的形式放到数组中
//参数说明：array——存放转换后值的数组。
//          注意：该数组的长度至少要比 number 最大值的位数大 1
//          length——返回转换数值的长度
//          number——需要转换的数据
//函数返回：是否发生成功（1=成功，0=失败）
//===========================================================================
uint8 GetByteArrayFromNumber(uint8 array[], uint8 * length, uint32 number)
{
    unsigned int i = 0;
    unsigned int j = 0;
    uint8 pBuff [10];
    if(number < 0)
    {
        return 0;
    }
```

```
    i = 0;
    if(number == 0) //如果数字是 0
    {
        i = 1;
        *length = i;
        array[0] = '0';
        return 1;
    }
    while(number > 0)
    {
        pBuff[i++] = number % 10;
        number = number/10;
    }
    *length = i;
    //将解析的 ASCII 码数据存放在 array 中
    for(j = 0; j < i; j++)
    {
        array[j] = pBuff[i - j - 1] + '0';
    }
    //array[j] = '\0';
    return 1;
}

//==============================================================================
//函数名称：GetHexByteArrayFromNumber
//功能概要：将数字 number 转换成十六进制 ASCII 码的形式放到数组中
//参数说明：array——存放转换后值的数组。
//          注意：该数组的长度至少要比 number 最大值的位数大 1
//          length——返回转换数值的长度
//          number——需要转换的数据
//函数返回：是否发生成功（1=成功，0=失败）
//==============================================================================
uint8 GetHexByteArrayFromNumber(uint8 array[], uint8 * length, uint32
number)
{
    unsigned int i = 0;
    unsigned int j = 0;
    uint8 pBuff [10];
```

```
        if(number < 0)
        {
            return 0;
        }
        i = 0;
        if(number == 0)  //如果数字是 0
        {
            i = 1;
            *length = i;
            array[0] = '0';
            return 1;
        }
        while(number > 0)
        {
            pBuff[i++] = number % 16;
            number = number/16;
        }
        *length = i;
        //将解析的 ASCII 码数据存放在 array 中
        for(j = 0; j < i; j++)
        {
            if(pBuff[i - j - 1] < 10)
            {
                array[j] = pBuff[i - j - 1] + '0';
            }
            else
            {
                array[j] = pBuff[i - j - 1] + 'A' - 10;
            }
        }
        //array[j] = '\0';
        return 1;
    }
```

5.3.10 模数转换器

1. 模块介绍

6 位模数转换器（ADC）是一个逐次逼近的 ADC，它是集成于微控制器上的系统。

对有特定操作模式的芯片的管理涉及设备能量信息的管理。ADC 模块支持 4 对差分输入和 24 个单端输入，每对差分输入要求有两个输入信号——DADPx 和 DADMx。ADC 还需要与模拟电源、模拟地及参考电压连接。

2．模块特性

ADC 模块包括以下特征。

- ⊙ 线性逐次逼近算法可以达到 16 位采样精度。
- ⊙ 有 4 个差分输入和 24 个单端外部模拟输入通道。
- ⊙ 输出模式有 15 位、13 位、11 位、9 位的差分模式，或者 16 位、12 位、10 位、8 位的单端模式。
- ⊙ 差分模式以 16 位扩展的有符号补码形式输出。
- ⊙ 单端模式以右对齐无符号的形式输出。
- ⊙ 单端或者持续转换模式（单次转换之后自动转换成空闲模式）。
- ⊙ 采样时间和转换速率/电压可配置。
- ⊙ 转换完成/硬件计算采样平均值完成标志及中断。
- ⊙ 输入时钟可从 4 个时钟源选择。
- ⊙ 在低功耗模式下进行低噪声操作。
- ⊙ 在低噪声操作模式下使用异步时钟源作为输出时钟。
- ⊙ 可进行通道选择，选择的硬件转换触发器。
- ⊙ 自动比较中断可以大于、等于、小于可编程值，或者在可编程值区间之内。
- ⊙ 温度传感器。
- ⊙ 硬件平均性能检测。
- ⊙ 可选择的电压：外部电压或可选电压。
- ⊙ 自校对模式。
- ⊙ 可编程的增益放大器（PGA）可达 64 倍增益。

3．结构

模数转换器结构如图 5.3.59 所示。

1）模拟电源

DC 模拟部分使用 V_{DDA} 作为电源。在一些封装中，V_{DDA} 连接到内部的 V_{DD} 上。如果外部电压有效，则 V_{DDA} 引脚连接至外部有效电压并将其作为 V_{DD}。外部滤波必须保证清除 V_{DDA} 的毛刺，使得到的结果有效。

2）模拟地

ADC 模拟部分使用 V_{SSA} 作为地。在一些封装中，V_{SSA} 连接到内部的 V_{SS} 上。如果外部电压有效，则将 V_{SSA} 引脚接到外部有效电压作为 V_{SS}。

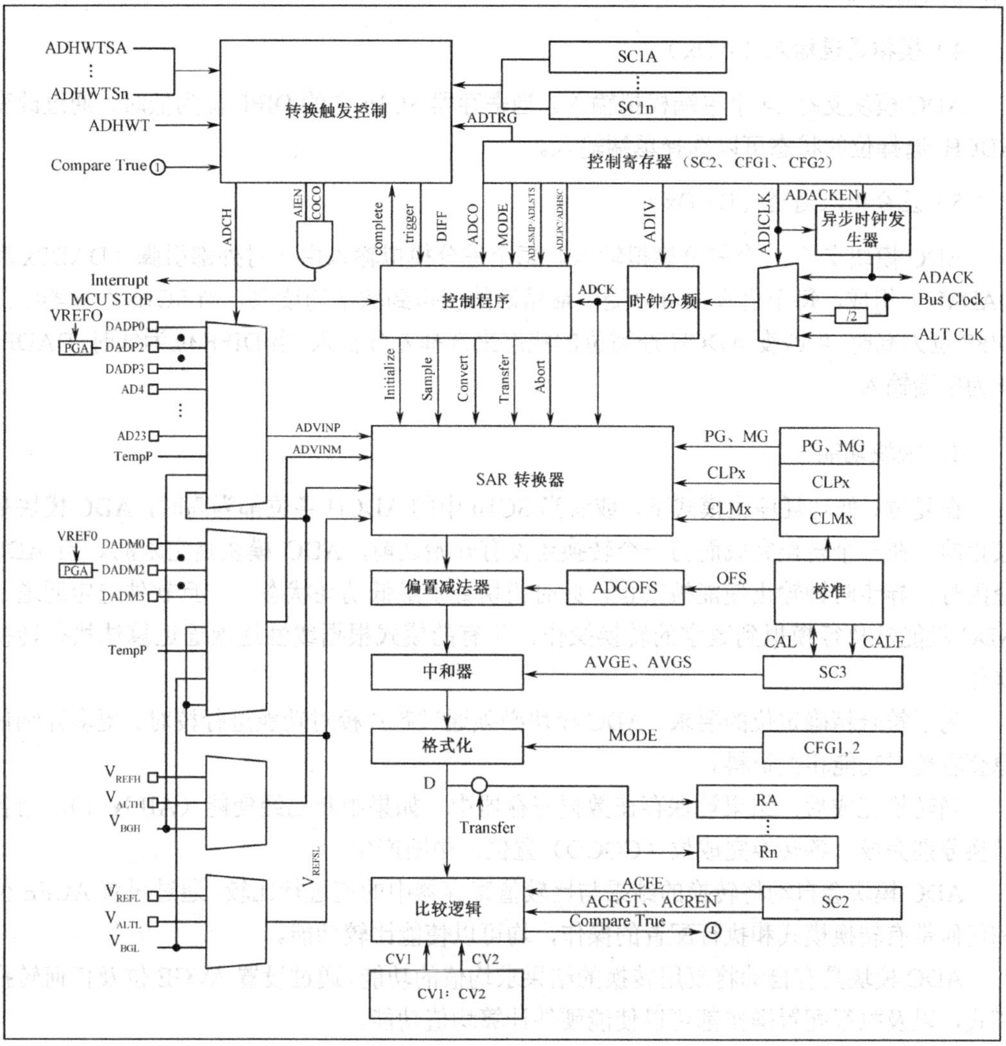

图 5.3.59　模数转换器结构

3）参考电压选择

对于模数转换来说，V_{REFSH} 和 V_{REFSL} 分别对应参考高电压和参考低电压。ADC 能够配置可接收电压中的一对。每对电压都包含：一个有效的参考电压，并且该参考电压一定在最小的参考高电压和 V_{DDA} 之间；一个参考地，其一定和 V_{SSA} 电压大小相同。两对电压分别是外部的 V_{REFH}、V_{REFL} 及可选择的 V_{ALTH}、V_{ALTL}。通过设置寄存器 SC2 中的 R_{EFSEL} 位可以对参考电压进行选择。根据 MCU 配置，可选参考电压对（V_{ALTH} 和 V_{ALTL}）也许要选择额外的外部引脚或内部资源，请查阅这款 MCU 的参考电压芯片配置信息。在一些封装中，VREFH 是连接到 V_{DDA} 上的，而 V_{REFL} 是连接到 V_{SSA} 上的。如果外部电压有效，则有效参考电压就可以连接到与 V_{DDA} 相同的电压上，或者在最小参考高电压和有效 V_{DDA} 之间的一个电平之间（V_{REFH} 永远不会超过 V_{DDA}）。将参考地连接到与 V_{SSA}

相同的电压上。

4）模拟通道输入（ADx）

ADC 模块支持 24 个单端模拟输入。当寄存器 SC1n 中的 DIFF 位为低时，通过改变 ADCH 选择位的状态可以选择单端输入。

5）差分输入通道（DADx）

ADC 模块支持 4 个差分模拟输入。每个差分模拟输入由一对外部引脚（DADPx 和 DADMx）组成，每个引脚都可以提供最精确的模拟到数字的读取。当 SC1n 寄存器中的 DIFF 位为高时，可改变 ADCH 通道位的状态来选择差分输入。当 DIFF 位为低时，DADPx 作为单端输入。

4. 模块功能

在复位、低功耗停止模式下，或者当 SC1n 中的 ADCH 各位都为高时，ADC 模块是禁止的。在一个转换完成而另一个转换还没有开始之前，ADC 模块是空闲的。当 ADC 空闲时，异步时钟输出使能被禁止，此时模块处于最低功耗状态。一旦软件选定通道，ADC 就能够执行模拟到数字的转换操作，所有的模式根据线性逐次逼近算法执行转换操作。

为了符合精确定位的要求，ADC 模块必须通过芯片校对功能进行校对。更多详细信息查看校对功能相关资料。

当转换完成后，结果被保存在数据寄存器中。如果中断已经使能（AIEN=1），则各转换分别完成，各转换完成位（COCO）置位，中断产生。

ADC 模块会自动将转换的结果与比较值寄存器中的值进行比较。通过设置 ACFE 位和任何带有转换模式和执行配置的操作，均可以使能比较功能。

ADC 模块具有自动将复用转换的结果求均值的功能。通过设置 AVGE 位及任何转换模式，以及执行配置操作都可以使能硬件计算均值功能。

注意：利用芯片确定操作模式涉及 MCU 的电压管理信息。

1）时钟选择和分配控制

4 个时钟源中的任意一个时钟源都可以作为 ADC 模块的时钟源。选择时钟源之后根据配置值产生转换器（ADCK）的输入时钟。通过 ADICLK 位可以选择以下时钟源。

- ⊙ 总线时钟。这是默认选择。
- ⊙ 总线时钟二分频。通过设置 ADVI 位，得到更高的总线时钟频率。
- ⊙ 最大可以使总线时钟 16 分频。
- ⊙ ALTCLK 是根据 MCU 定义的。这涉及芯片配置信息。
- ⊙ 异步时钟（ADACK）。该时钟是产生于 ADC 模块中的一个时钟源。注意，当选择异步时钟源时，不要求时钟先于转换开始使能。当上述情况发生时（ADACKEN=0），异步时钟在转换开始时使能，在转换结束时关闭。在这种情况下，有一个相关的时钟源会启动延迟，在每个时钟源之后重新开始。为了防止转换时间的差异性，ADACK 时钟启动延迟，可以设置 ADACKEN=1，在使用 ADACK 时钟进行任何初始化转换之前，最坏情况为等待 5μs 启动时间。当 MCU 处于正常停止模式下，且 ADACK 作为输入时钟源时，转换也是有可能的。

不管选择哪种时钟，时钟的频率必须下降到 ADCK 要求的频率区域内（如果有效时钟太慢，ADC 可能不按照规定的条件运行；如果有效时钟太快，时钟必须分频到合适的频率）。分频是由 ADIV 确定的，如 1 分频、2 分频、4 分频或 8 分频。

2）启动转化

在以下情况下转换可以开始。

- 如果选择了软件触发操作（ADTRG=0），就可以对 SC1A 寄存器进行写操作（ADCH 中的各位不全为 1）。
- 如果选择了硬件触发操作，当硬件触发事件到来时，通道和状态位的选择依赖于有效触发信号。

注意事项如下。

（1）在转换完成之前，选择一个以上硬件触发信号会导致不可预知的结果。为了避免这种现象的发生，在转换完成之前只允许选择一个硬件触发信号。

（2）当持续转换操作使能时（ADCO=1），将结果传输到数据寄存器中。

（3）如果持续转换使能，当前的转换完成之后一个新的转换会自动执行。在软件触发操作模式下（ADTRG=0），当对 SC1 寄存器的写操作完成之后，持续转换就会一直执行直到无效为止。在硬件触发模式下（ADTRG=1，同时有一个 ADHWTSn 事件发生），硬件触发事件发生之后持续转换就会一直执行直到无效为止。

（4）当硬件计算均值功能使能时，当前转换完成之后就会自动开始一个新的转换，直到正确的转换完成为止。在软件触发模式下，当对寄存器 SC1A 写操作完成之后转换就会开始；在硬件触发模式下，当一个硬件触发事件发生后转换就会开始。如果此时持续转换有效，当最后一个转换完成之后就会对所有的转换数求均值。

5. 寄存器介绍

1）ADC 状态控制寄存器 1（ADCx_SC1n，见图 5.3.60 和表 5.3.52）

ADC 状态控制寄存器有软件触发和硬件触发两种操作模式。为了使由外设激发的 ADC 转换有序进行，ADC 包含了不止一个状态和控制寄存器，每个转换只能使用其中一个。SC1B—SC1n 显示了只在硬件触发模式下使用的多个 SC1 寄存器。查阅设备 SC1 寄存器数量的相关配置信息可知，SC1n 寄存器有相同的位，用“ping-pong”方法控制 ADC 操作。这时，只有一个 SC1n 寄存器能有效控制 ADC 转换。当 SC1n 有效控制 ADC 转换时，可以更新 SC1A（对于芯片的任何 SC1n 寄存器也同样如此）；当 SC1A 有效控制一个转换并且取消当前转换时，可以对 SC1A 进行写操作。在软件触发模式下（ADTRG=0），对寄存器 SC1A 进行写操作时，会开始一个新的转换；另外，当 SC1n 寄存器有效控制一个转换并且取消当前状态时，可以对任何一个 SC1n 寄存器进行写操作。在软件触发模式下不能用 SC1B—SC1n 寄存器，因此对 SC1B—SC1n 进行写操作不会引起一个新的转换。

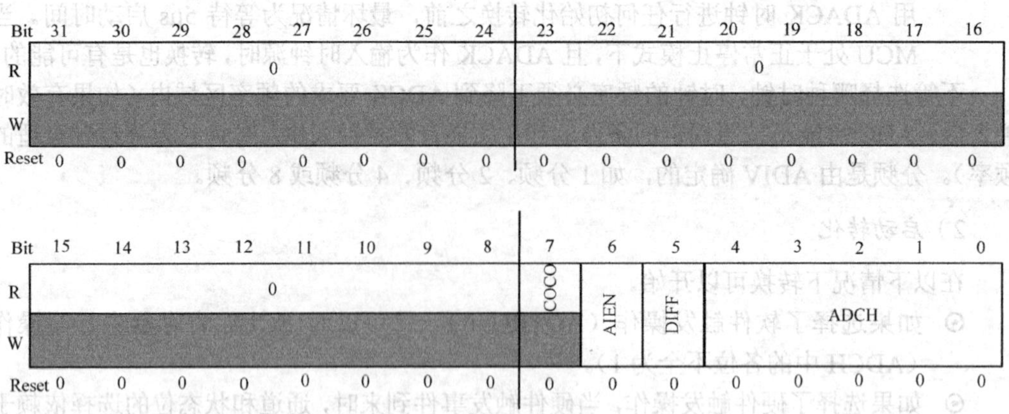

图 5.3.60 ADC 状态控制寄存器 1

表 5.3.52 ADCx_SC1n 字段说明

数 据 位	描 述
D31～D8 保留	只读保留位，位值均为 0
D7 COCO	转化完成标志 COCO 标志位是只读的，当比较功能取消时（ACFE=0），硬件均值功能也取消时（AVGE=0），转换完成后就会置位该位。当比较功能被允许时（ACFE=1），只有当比较结果是正确的，转换完成后才会置位 COCO 标志位。当硬件均值有效时（AVGE=1），只有当转换完成时才会置位 COCO 标志位。当校准次序完成时，也会置位寄存器 SC1A 中的 COCO 标志位。当对寄存器 SC1A 进行写操作或者对寄存器 Rn 进行读操作时，都会清除 COCO 标志位。 0：转换没有完成； 1：转换完成
D6 AIEN	中断使能 AIEN 使能转换完成中断。当 AIEN 位为 1 时，置位 COCO 标志位就会引发一个中断。 0：转换完成时中断禁止； 1：转换完成时中断使能
D5 DIFF	差分模式使能 DIFF 配置 ADC 在差分模式下进行操作。当配置有效时，该模式会自动选择。 一个差分通道，通过改变转换算法和周期来完成转换。 0：选择单端转换和输入通道； 1：选择差分转换和输入通道
D4～D0 ADCH	输入通道选择 ADCH 由 5 位组成，可以用于选择输入通道。输入通道解码依赖于 DIFF 位的值。DAD0～DAD3 与输入引脚对 DADPX 和 DADMX 有关。当选择位全部设置为 1111 时，连续近似值转换器子系统会关闭。该特征可以明确地结束 ADC，同时可以将输入通道与其他所有资源隔离开。当通道选择位全部设置为 1 时，将 ADC 置于低功耗状态，结束正在执行的转换可以防止新的转换发生。 00000：当 DIFF=0 时，DADP0 选择为输入；当 DIFF=1 时，DAD0 选择为输入。 00001：当 DIFF=0 时，DADP1 选择为输入；当 DIFF=1 时，DAD1 选择为输入。 00010：当 DIFF=0 时，DADP2 选择为输入；当 DIFF=1 时，DAD2 选择为输入。 00011：当 DIFF=0 时，DADP3 选择为输入；当 DIFF=1 时，DAD3 选择为输入。 00100：当 DIFF=0 时，AD4 选择为输入；当 DIFF=1 时，该位保留。

续表

数据位	描　述
D4～D0 ADCH	00101：当 DIFF=0 时，AD5 选择为输入；当 DIFF=1 时，该位保留。
	00110：当 DIFF=0 时，AD6 选择为输入；当 DIFF=1 时，该位保留。
	00111：当 DIFF=0 时，AD7 选择为输入；当 DIFF=1 时，该位保留。
	01000：当 DIFF=0 时，AD8 选择为输入；当 DIFF=1 时，该位保留。
	01001：当 DIFF=0 时，AD9 选择为输入；当 DIFF=1 时，该位保留。
	01010：当 DIFF=0 时，AD10 选择为输入；当 DIFF=1 时，该位保留。
	01011：当 DIFF=0 时，AD11 选择为输入；当 DIFF=1 时，该位保留。
	01100：当 DIFF=0 时，AD12 选择为输入；当 DIFF=1 时，该位保留。
	01101：当 DIFF=0 时，AD13 选择为输入；当 DIFF=1 时，该位保留。
	01110：当 DIFF=0 时，AD14 选择为输入；当 DIFF=1 时，该位保留。
	01111：当 DIFF=0 时，AD15 选择为输入；当 DIFF=1 时，该位保留。
	10000：当 DIFF=0 时，AD16 选择为输入；当 DIFF=1 时，该位保留。
	10001：当 DIFF=0 时，AD17 选择为输入；当 DIFF=1 时，该位保留。
	10010：当 DIFF=0 时，AD18 选择为输入；当 DIFF=1 时，该位保留。
	10011：当 DIFF=0 时，AD19 选择为输入；当 DIFF=1 时，该位保留。
	10100：当 DIFF=0 时，AD20 选择为输入；当 DIFF=1 时，该位保留。
	10101：当 DIFF=0 时，AD21 选择为输入；当 DIFF=1 时，该位保留。
	10110：当 DIFF=0 时，AD22 选择为输入；当 DIFF=1 时，该位保留。
	10111：当 DIFF=0 时，AD23 选择为输入；当 DIFF=1 时，该位保留。
	11000：保留。
	11001：保留。
	11010：当 DIFF=0 时，温度传感器选择为输入；当 DIFF=1 时，温度传感器选择为输入。
	11011：当 DIFF=0 时，单通道选择为输入；当 DIFF=1 时，双通道选择为输入。
	11100：保留。
	11101：当 DIFF=0 时，V_{EREFSH} 选择为输入；当 DIFF=1 时，$-V_{EREFSH}$ 选择为输入。在 SC2 寄存器中，参考电压由 R_{EFSL} 位决定。
	11110：当 DIFF=0 时，V_{REFSL} 选择作为输入；当 DIFF=1，该位保留。在寄存器 SC2 中参考电压选择由 R_{EFSL} 决定

2）ADC 配置寄存器 1（ADCx_CFG1，见图 5.3.61 和表 5.3.53）

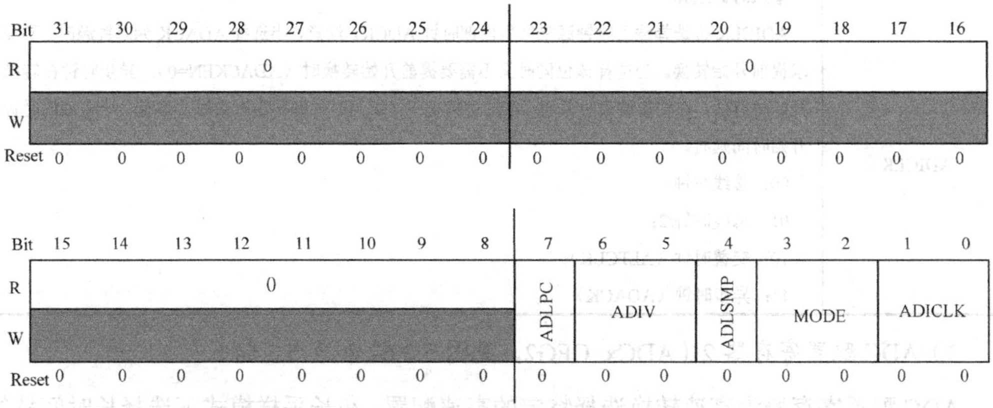

图 5.3.61　ADC 配置寄存器 1

ADC 配置寄存器可以选择操作模式，设置时钟源、时钟分频，为低功耗或者长时间采样进行配置。

表 5.3.53 ADCx_CFG1 字段说明

数据位	描述
31~8 保留	这些位为只读保留位，各位值保持为 0
7 ADLPC	低功耗配置 ADLPC 控制连续近似值转换器的电压配置。当不要求高采样率的时候供电可以不充足。 0：正常供电配置； 1：低功耗配置，以最大时钟速率的代价降低功耗
6~5 ADIV	时钟分频选择 ADIV 选择 ADC 使用的分频系数产生内部时钟 ADCK。 00：分频系数为 1，时钟频率为输入时钟； 01：分频系数为 2，时钟频率为输入时钟/2； 10：分频系数为 4，时钟频率为输入时钟/4； 11：分频系数为 8，时钟频率为输入时钟/8
4 ADLSMP	采样时间配置 ADLSMP 会根据转换模式选择不同的采样次数。该位能够根据采样期进行调整，高阻抗输入以达到精确采样或者低阻抗输入以达到最高的转换速率。如果持续转换使能，同时不要求高转换率，则长时间采样也可以在更低的功耗状态下进行。当 ADLSMP=1 时，即长时间采样选择位置位，可以选择长时间采样的范围。 0：短时间采样； 1：长时间采样
3~2 MODE	转换模式选择 MODE 用于选择 ADC 需要的模式。 00：DIFF=0 为单端 8 位转换；DIFF=1 为带有二进制补码输出的 9 位差分转换。 01：DIFF=0 为单端 12 位转换；DIFF=1 为带有二进制补码输出的 13 位差分转换。 10：DIFF=0 为单端 12 位转换；DIFF=1 为带有二进制补码输出的 13 位差分转换。 11：DIFF=0 为单端 16 位转换；DIFF=1 为带有二进制补码输出的 16 位差分转换
1~0 ADICLK	输入时钟选择 ADICLK 位选择输入时钟源来产生内部时钟 ADCK。注意，当选择 ADACK 为时钟源时，不要求提前开始转换。当选择该位同时又不需要提前开始转换时（ADACKEN=0），异步时钟在转换开始时有效，在转换结束时关闭。在这种情况下，每当时钟源再次有效时，都有一个相关的时钟开始时间延时。 00：总线时钟； 01：总线时钟/2； 10：交替时钟（ALTCLK）； 11：异步时钟（ADACK）

3）ADC 配置寄存器 2（ADCx_CFG2，见图 5.3.62 和表 5.3.54）

ADC 配置寄存器为高速转换选择特定的高速配置，在长采样模式下选择长时间持续采样。

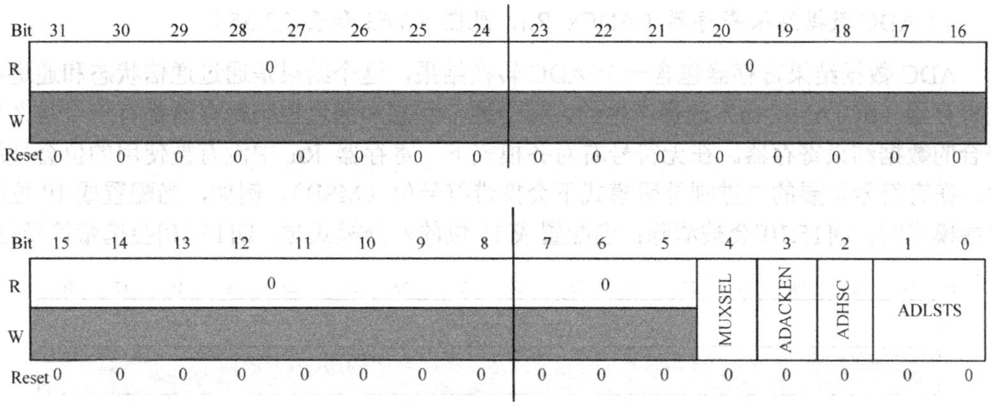

图 5.3.62　ADC 配置寄存器 2

表 5.3.54　ADCx_CFG2 字段说明

数 据 位	描　　述
31～8 保留	这些位为只读保留位，各位保持值为 0
7～5 保留	这些位为只读保留位，各位保持值为 0
4 MUXSEL	ADC 复用选择 ADC 复用选择位用于改变 ADC 复用设置在可选的 ADC 通道设置之间进行选择。 0：选择 ADxxa 通道； 1：选择 ADxxb 通道
3 ADACKEN	异步时钟输出使能 ADACKEN 可以使能异步时钟源，时钟源的时钟输出与 ADC 转换和输入时钟选择的状态无关。根据 MCU 的配置，其他模块可以使用异步时钟。即使 ADC 处于空闲或者来自不同时钟源的操作正在执行，都可设置该位为允许时钟使能。同样，如果 ADACK 时钟已经在运行，选择带有异步时钟的简单转换或者第一个连续转换操作的延时就会减短。 0：异步时钟输出禁止；只有 ADICLK 被选择且转换有效时，异步时钟才能使能； 1：不管 ADC 的状态如何，异步时钟和时钟输出都有效
2 ADHSC	高速配置 ADHSC 配置 ADC 高速操作。通过改变转换时序来允许更高速率的转换时钟（两个 ADCK 被加进转换时间）。 0：选择正常转换时序； 1：选择高速转换时序
1～0 ADLSTS	选择长采样时间 当选择了长采样时间时（ADLSMP=1），ADLSTS 选择扩展采样时间中的一个。特点为：允许高阻抗输入，可以达到精确采样；在低阻抗输入时可以将转换速率最大化。如果不要求高转换率，当持续转换使能时，更长的采样时间可以降低功耗。 00：默认最长采样时间。 01：额外附加 12 个 ADCK 周期，总共 16 个 ADCK 周期的采样时间； 10：额外附加 6 个 ADCK 周期，总共 10 个 ADCK 周期的采样时间

4）ADC 数据结果寄存器（ADCx_Rn，见图 5.3.63 和表 5.3.55）

ADC 数据结果寄存器包含一个 ADC 转换结果，这个结果是通过通信状态和通道控制寄存器（SC1A:SC1n）选择产生的。每个通信状态和通道控制寄存器都有一个与之相符合的数据结果寄存器。在无符号右对齐模式下，寄存器 Rn 中没有被使用的位会被清除，在有符号扩展的二进制补码模式下会携带符号位（MSB）。例如，当配置成 10 位的单端模式时，D[15:10]会被清除；当配置成 11 位的差分模式时，D[15:10]会携带符号位。

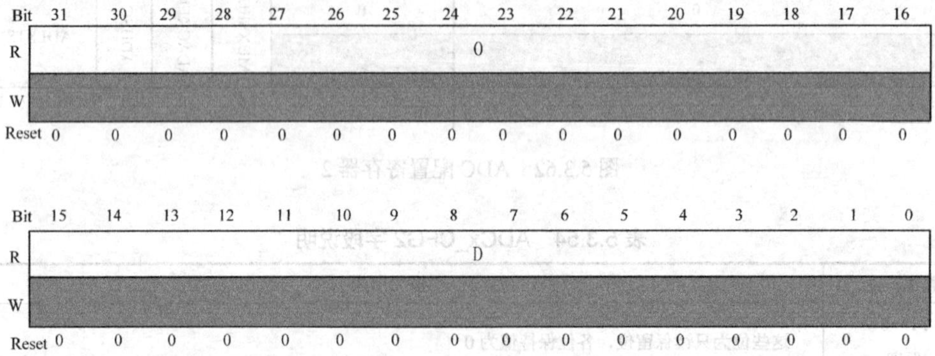

图 5.3.63　ADC 数据结果寄存器

表 5.3.55　ADCx_Rn 字段说明

数 据 位	描　述
D31～D16 保留	只读保留位，值保持为 0
D15～D0	数据结果

5）ADC 比较值寄存器（ADCx_CVn，见表 5.3.56）

ADC 比较值寄存器（CV1 和 CV2）包含一个比较值，当比较功能使能时（ACFE=1），可以与转换结果的值进行比较。在不同的操作模式下，比较值寄存器与数据结果寄存器一样由位的位置定义和值的格式组成（扩展的无符号或者有符号二进制补码）。因此，比较功能只须改变与 ADC 操作模式相关的比较值寄存器的相应位。比较值寄存器（CV2）只有在比较区域功能使能时才有用。

表 5.3.56　ADCx_CVn 字段说明

数 据 位	描　述
D31～D16 保留	这些位为只读保留位，各位值保持为 0
D15～D0	比较值

6）ADC 状态控制寄存器 2（ADCx_SC2，见图 5.3.64 和表 5.3.57）

ADC 状态控制寄存器有转换执行、硬件/软件触发选择、比较功能和 ADC 模块参考电压选择等功能。

Bit	31	30	29	28	27	26	25	24	23	22	21	20	19	18	17	16
R	0								0							
W																
Reset	0	0	0	0	0	0	0	0	0	0	0	0	0	0	0	0

Bit	15	14	13	12	11	10	9	8	7	6	5	4	3	2	1	0
R	0								ADACT	ADTRG	ACFE	ACFGT	ACREN	DNAEN	REFSEL	
W										ADTRG	ACFE	ACFGT	ACREN	DNAEN	REFSEL	
Reset	0	0	0	0	0	0	0	0	0	0	0	0	0	0	0	0

图 5.3.64 ADC 状态控制寄存器 2

表 5.3.57 ADCx_SC2 字段说明

数 据 位	描 述
D31～D8 保留	这些位为只读保留位，保持值为 0
D7 ADACT	转换执行 ADACT 提示一个转换或者硬件计算均值命令是否正在执行。当转换开始时，ADACT 被置为 1；当转换完成或者取消时，ADACT 就会被置为 0。 0：转换没有在执行； 1：转换正在执行
D6 ADTRG	转换触发选择 ADTRG 选择触发类型用于开始一个转换操作。有两种触发类型可供选择：软件触发和硬件触发。当选择软件触发时，转换会根据对 SC1A 的写操作开始执行；当选择硬件触发时，一个 ADHWTSn 输入脉冲结束后，根据有效的 ADHWT 输入转换就会开始执行。 0：选择软件触发； 1：选择硬件触发
D5 ACFE	比较功能使能 ACFE 使能比较功能。 0：比较功能禁止； 1：比较功能使能
D4 ACFGT	比较功能比使能功能更多 基于 ACREN 的值，ACFGT 配置比较功能来检查转换的结果及其与比较值寄存器之间的关系。为了使 ACFGT 使能，ACFE 位必须置位。 0：根据 CV1 和 CV2 寄存器中的值，配置为检测到小于阈值时，在范围之外不包含边界，在范围之内也不包含边界； 1：根据 CV1 和 CV2 寄存器中的值，配置为检测到大于等于阈值时，在范围之外包含边界，在范围之内也包含边界
D3 ACREN	比较功能区域使能 ACREN 配置比较功能用于检查被监测的输入转换结果是在区间内还是间内外，这个区间是由 ACFGT 的值通过比较 CV1 和 CV2 寄存器中的值来决定的。ACFE 位必须置位以保证 ACFGT 有效。 0：区域功能禁止，只对比较值 CV1 寄存器进行比较； 1：区域功能使能。对比较值寄存器 CV1 与 CV2 都进行比较

续表

数 据 位	描 述
D2 DNAEN	DMA 使能 0：DMA 禁止； 1：DMA 使能，同时在 ADC 转换完成期间会维持 ADC DMA 的请求
D1～D0 REFSEL	参考电压的选择 REFSEL 位选择用于转换的参考电压源。 00：默认的电压引脚对（外部引脚 V_{REFH} 和 V_{REFL}）； 01：可选的参考电压对。这个电压对可能是附加的外部引脚或者基于 MCU 配置的内部电压源； 10：保留； 11：保留

7）ADC 状态控制寄存器 3（ADCx_SC3，见图 5.3.65 和表 5.3.58）

ADC 状态控制寄存器控制 ADC 模块的校对、持续转换和硬件计算均值功能。

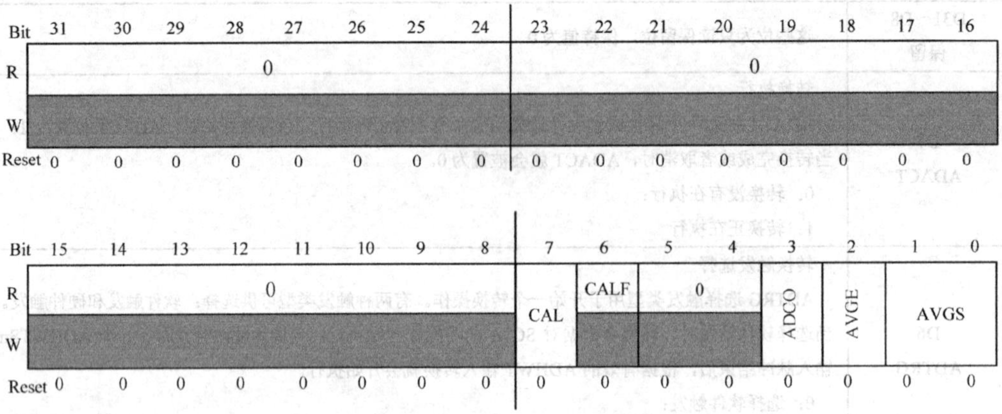

图 5.3.65 ADC 状态控制寄存器 3

表 5.3.58 ADCx_SC3 字段说明

数 据 位	描 述
31～8 保留	这些位为只读保留位，值保持为 0
7 CAL	校对 置位后 CAL 开始校对过程。校对在进行的时候该位保持为 1，当校对持续完成之后该位被清零。必须检查 CALF 位来确定校对过程的结果是否正确。一旦开始，校对的操作不能被写操作中断，结果必须有效并且 CALF 位置位。设置 CAL 位可以取消当前的任何转换
6 CALF	校对失败标记 CALF 位会显示校对过程的结果。如果 ADTRG=1，表示校对过程失败，说明有 ADC 寄存器在进行写操作，或者在校对过程完成之前有停止模式进入。对该位写 1 可以清除该位。 0：校对正常完成； 1：校对失败，不要求 ADC 的精确说明
5～4 保留	为只读保留位，各位保持值为 0

续表

数据位	描述
3 ADCO	硬件计算均值使能 AVGE 使能 ADC 的硬件计算均值功能。 0：硬件计算均值功能禁止； 1：硬件计算均值功能使能
2 AVGE	
1～0 AVGS	硬件计算均值选择 AVGS 决定多少个 ADC 转换的值求平均得到 ADC 的均值。 00 ：4 个采样均值； 01 ：8 个采样均值； 10 ：16 个采样均值； 11 ：32 个采样均值

8）ADC 偏移量修正寄存器（ADCx_OFS，见图 5.3.66）

ADC 偏移量修正寄存器（OFS）带有处理校对偏移量错误的修正值。该寄存器有二进制补码、左对齐、16 位的值。在偏移量修正寄存器中的值是由转换值和传输给结果寄存器的值相减得到的。如果结果在最大值之上或在最小值之下，就会被强制转换成适合当前模式操作的值。

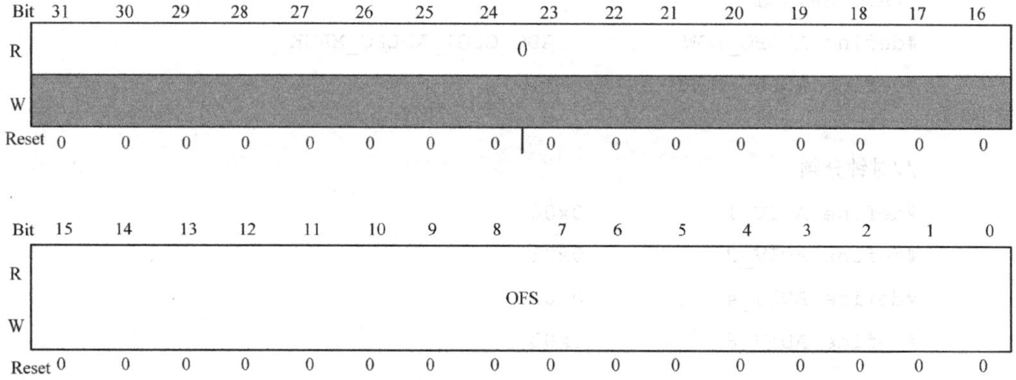

图 5.3.66 ADC 偏移量修正寄存器

6. 初始化例程

```
//ADC 初始化头文件（.h）//
//-----------------------------------------------------------------------
// 文件名称：hw_adc.h
// 功能概要：adc 构件头文件
// 版权所有：DeepBlueStdio
// 版本更新：2013-02-24    V1.0
```

```
//----------------------------------------------------------------------
#ifndef __ADC_H__
#define __ADC_H__
#define ADC0_irq_no 57   //中断向量表编号
#define ADC1_irq_no 58
#include "../../MCUabout/common.h"
#define A                    0x0
#define B                    0x1
#define COCO_COMPLETE        ADC_SC1_COCO_MASK
#define COCO_NOT             0x00
// ADC 中断：使能或者禁止
#define AIEN_ON               ADC_SC1_AIEN_MASK
#define AIEN_OFF              0x00
//差分或者单端 ADC 输入
#define DIFF_SINGLE            0x00
#define DIFF_DIFFERENTIAL ADC_SC1_DIFF_MASK
// ADCCFG1

//ADC 电源设置
#define ADLPC_LOW            ADC_CFG1_ADLPC_MASK
#define ADLPC_NORMAL         0x00

//时钟分频
#define ADIV_1             0x00
#define ADIV_2             0x01
#define ADIV_4             0x02
#define ADIV_8             0x03

//长采样时间或者短采样时间
#define ADLSMP_LONG        ADC_CFG1_ADLSMP_MASK
#define ADLSMP_SHORT        0x00

//转换精度 8, 12, 10, 或者 16（单端）
#define MODE_8             0x00
#define MODE_12             0x01
#define MODE_10             0x02
#define MODE_16             0x03
```

```
//ADC 输入时钟源选择总线或总线/2，“altclk”或者 ADC 自身异步时钟以减少噪声
#define ADICLK_BUS        0x00
#define ADICLK_BUS_2      0x01
#define ADICLK_ALTCLK     0x02
#define ADICLK_ADACK      0x03

// ADCCFG2
//选择通道 A 或通道 B
#define MUXSEL_ADCB       ADC_CFG2_MUXSEL_MASK
#define MUXSEL_ADCA       0x00

//异步时钟输出使能：使能或者禁止输出
#define ADACKEN_ENABLED   ADC_CFG2_ADACKEN_MASK
#define ADACKEN_DISABLED  0x00

//高速低速转换时间
#define ADHSC_HISPEED     ADC_CFG2_ADHSC_MASK
#define ADHSC_NORMAL      0x00

//长采样时间选择：20, 12, 6 或者两个用于采样时间的额外时钟
#define ADLSTS_20         0x00
#define ADLSTS_12         0x01
#define ADLSTS_6          0x02
#define ADLSTS_2          0x03

//ADCSC2
//只读状态位只是转换状态
#define ADACT_ACTIVE      ADC_SC2_ADACT_MASK
#define ADACT_INACTIVE    0x00

//触发开始转换：硬件触发、软件触发
#define ADTRG_HW          ADC_SC2_ADTRG_MASK
#define ADTRG_SW          0x00

//ADC 比较功能使能：禁止或者使能
#define ACFE_DISABLED     0x00
#define ACFE_ENABLED      ADC_SC2_ACFE_MASK
```

```
//比较功能大于比较使能：大于或者小于
#define ACFGT_GREATER          ADC_SC2_ACFGT_MASK
#define ACFGT_LESS             0x00

//比较功能范围使能：使能或者禁止
#define ACREN_ENABLED          ADC_SC2_ACREN_MASK
#define ACREN_DISABLED         0x00

//DMA 使能：使能或者禁止
#define DMAEN_ENABLED          ADC_SC2_DMAEN_MASK
#define DMAEN_DISABLED         0x00

//ADC 转换的电压参考选择
#define REFSEL_EXT             0x00
#define REFSEL_ALT             0x01
#define REFSEL_RES             0x02       //预留
#define REFSEL_RES_EXT         0x03       //预留默认指向 Vref

//ADCSC3
//校准开始或者关闭
#define CAL_BEGIN              ADC_SC3_CAL_MASK
#define CAL_OFF                0x00

//指示校准失败成功的状态
#define CALF_FAIL              ADC_SC3_CALF_MASK
#define CALF_NORMAL            0x00

//ADC 连续转换或者一次转换
#define ADCO_CONTINUOUS        ADC_SC3_ADCO_MASK
#define ADCO_SINGLE            0x00

//平均采样使能或者禁止
#define AVGE_ENABLED           ADC_SC3_AVGE_MASK
#define AVGE_DISABLED          0x00

//MCU 产生中断前的平均次数：4、8、16 或者 32
#define AVGS_4                 0x00
#define AVGS_8                 0x01
#define AVGS_16                0x02
```

```
#define AVGS_32           0x03

typedef struct adc_cfg {
  uint8_t  CONFIG1;
  uint8_t  CONFIG2;
  uint16_t COMPARE1;
  uint16_t COMPARE2;
  uint8_t  STATUS2;
  uint8_t  STATUS3;
  uint8_t  STATUS1A;
  uint8_t  STATUS1B;
  uint32_t PGA;
  } *tADC_ConfigPtr, tADC_Config ;


#define CAL_BLK_NUMREC 18

typedef struct adc_cal {
  uint16_t  OFS;
  uint16_t  PG;
  uint16_t  MG;
  uint8_t   CLPD;
  uint8_t   CLPS;
  uint16_t  CLP4;
  uint16_t  CLP3;
  uint8_t  CLP2;
  uint8_t   CLP1;
  uint8_t   CLP0;
  uint8_t   dummy;
  uint8_t   CLMD;
  uint8_t   CLMS;
  uint16_t  CLM4;
  uint16_t  CLM3;
  uint8_t   CLM2;
  uint8_t   CLM1;
  uint8_t   CLM0;
} tADC_Cal_Blk ;

#define ADC1_CHANA    26
```

```
#define ADC0_DLYA        0x2000               // ADC0 触发 A 延迟
#define ADC0_DLYB        0x4000               // ADC0 触发 B 延迟
#define ADC1_DLYA        0x6000               // ADC1 触发 A 延迟
#define ADC1_DLYB        0x7fff               // ADC1 触发 B 延迟
#define ADC0A_DONE       0x01
#define ADC0B_DONE       0x02
#define ADC1A_DONE       0x04
#define ADC1B_DONE       0x08

//函数接口声明

//==================================================================
//函数名称：hw_adc_init
//函数返回：0 表示成功，1 表示失败
//参数说明：MoudelNumber——模块号
//功能概要：AD 初始化
//==================================================================
uint8 hw_adc_init(int MoudelNumber);
//==================================================================
//函数名称：hw_adc_convertstop
//函数返回：0 表示成功，1 表示失败
//参数说明：MoudelNumber：模块号
//          Channel——通道号
//功能概要：停止 ADC 转换
//==================================================================
uint8 hw_adc_convertstop(int MoudelNumbe,int Channel);

//==================================================================
//函数名称：hw_adc_convertstart
//函数返回：0 表示成功，1 表示失败
//参数说明：MoudelNumber——模块号
//          Channel——通道号
//          accuracy——精度
//功能概要：开始 ADC 转换
//==================================================================
uint8 hw_adc_convertstart(int MoudelNumber,int Channel,uint8 accuracy);

//==================================================================
//函数名称：hw_ad_once
```

```
//函数返回：无符号结果值（范围为 0～4095）
//参数说明：MoudelNumber——模块号
//          Channel——通道号
//          Accuracy——精度
//功能概要：采集一次一路模拟量的 AD 值
//=================================================================
//采集某路模拟量的 AD 值
uint16 hw_ad_once(int MoudelNumber,int Channel,uint8 Accuracy);

//=================================================================
//函数名称：hw_ad_mid
//函数返回：无符号结果值（范围为 0～4095）
//参数说明：MoudelNumber——模块号
//          Channel——通道号
//          accuracy——精度
//功能概要：中值滤波后的结果（范围为 0～4095）
//=================================================================
//中值滤波
uint16 hw_ad_mid(int MoudelNumber,int Channel,uint8 accuracy);

//=================================================================
//函数名称：hw_ad_ave
//函数返回：无符号结果值（范围为 0～4095）
//参数说明：MoudelNumber——模块号
//          Channel——通道号
//          accuracy——精度
//          N——均值滤波次数（范围为 0～255）
//功能概要：均值滤波后的结果（范围为 0～4095）
//=================================================================
uint16 hw_ad_ave(int MoudelNumber,int Channel,uint8 accuracy,uint8 N);

//=================================================================
//函数名称：hw_adc_config_alt
//函数返回：无符号结果值（范围为 0～4095）
//参数说明：adcmap——adc 基址寄存器地址
//          ADC_CfgPtr——存放寄存器值的结构体
//功能概要：将 Adc 寄存器结构体配置进 Adc 寄存器中
//=================================================================
void hw_adc_config_alt(ADC_MemMapPtr adcmap, tADC_ConfigPtr ADC_CfgPtr);
```

```
#endif /* __ADC_H__ */
//ADC初始化源文件（.c）//
//-----------------------------------------------------------------------
// 文件名称：hw_adc.c
// 功能概要：ADC 构件源文件
// 版权所有：DeepBlueSdio
// 版本更新：2013-02-24   V1.0
//-----------------------------------------------------------------------

#include "hw_adc.h"
//该结构体包含了需要的 ADC/PGA 配置
tADC_Config Master_Adc_Config;

//=======================================================================
//函数名称：hw_adc_init
//函数返回：0 表示成功，1 表示失败
//参数说明：MoudelNumber——模块号
//功能概要：AD 初始化
//=======================================================================
uint8 hw_adc_init(int MoudelNumber)
{
    if(MoudelNumber == 0) //模块 0
    {
        SIM_SCGC6 |= (SIM_SCGC6_ADC0_MASK );
        SIM_SOPT7 &= ~(SIM_SOPT7_ADC0ALTTRGEN_MASK
                   | SIM_SOPT7_ADC0PRETRGSEL_MASK);
        SIM_SOPT7 = SIM_SOPT7_ADC0TRGSEL(0);
    }
    else if(MoudelNumber == 1) //模块 1
    {
        SIM_SCGC3 |= (SIM_SCGC3_ADC1_MASK );
        SIM_SOPT7 &= ~(SIM_SOPT7_ADC1ALTTRGEN_MASK
                   | SIM_SOPT7_ADC1PRETRGSEL_MASK) ;
        SIM_SOPT7 = SIM_SOPT7_ADC1TRGSEL(0);
    }
    else
    {
        return 0;
    }
```

```
    PORTB_PCR(0)|=PORT_PCR_MUX(0); //引脚复用模块选为ADC0_SEL8 /ADC1_ SEL8
    PORTB_PCR(1)|=PORT_PCR_MUX(0); //引脚复用模块选为ADC0_SEL9 /ADC1_SEL9
    PORTB_PCR(2)|=PORT_PCR_MUX(0);     //引脚复用模块选为ADC0_SEL12
    PORTB_PCR(3)|=PORT_PCR_MUX(0);     //引脚复用模块选为ADC0_SEL13
    /* PORTB_PCR(4)|=PORT_PCR_MUX(0);      //引脚复用模块选为ADC1_SEL10
    PORTB_PCR(5)|=PORT_PCR_MUX(0);     //引脚复用模块选为ADC1_SEL11
    PORTB_PCR(6)|=PORT_PCR_MUX(0);     //引脚复用模块选为ADC1_SEL12
    PORTB_PCR(7)|=PORT_PCR_MUX(0);     //引脚复用模块选为ADC1_SEL13
    PORTB_PCR(11)|=PORT_PCR_MUX(0);    //引脚复用模块选为ADC1_SEL15
    PORTC_PCR(0)|=PORT_PCR_MUX(0);     //引脚复用模块选为ADC0_SEL14
    PORTC_PCR(8)|=PORT_PCR_MUX(0);     //引脚复用模块选为ADC1_SEL4B
    PORTC_PCR(9)|=PORT_PCR_MUX(0);     //引脚复用模块选为ADC1_SEL5B
    PORTC_PCR(10)|=PORT_PCR_MUX(0);    //引脚复用模块选为ADC1_SEL6B
    PORTC_PCR(11)|=PORT_PCR_MUX(0);    //引脚复用模块选为ADC1_SEL7B
    */
    return 1;
}

//======================================================================
//函数名称：hw_ad_once
//函数返回：无符号结果值（范围为0～4095）
//参数说明：MoudelNumber——模块号
//        Channel——通道号
//        accuracy——精度
//功能概要：采集一次一路模拟量的AD值
//======================================================================
//采集某路模拟量的AD值
uint16 hw_ad_once(int MoudelNumber,int Channel,uint8 accuracy)
{
    uint16 result = 0;
    //开始ADC转换
    hw_adc_convertstart(MoudelNumber, Channel, accuracy);
    if(MoudelNumber == 0)
    {
        while (( ADC0_SC1A & ADC_SC1_COCO_MASK ) != ADC_SC1_COCO_MASK)
        {
        }
```

```
        result = ADC0_RA;
        ADC0_SC1A &= ~ADC_SC1_COCO_MASK;
    }
    else
    {
        while (( ADC1_SC1A & ADC_SC1_COCO_MASK ) != ADC_SC1_COCO_MASK)
        {
        }
        result = ADC1_RA;
        ADC1_SC1A &= ~ADC_SC1_COCO_MASK;
    }
    return result;
}
//==================================================================
//函数名称：hw_ad_mid
//函数返回：无符号结果值（范围为0～4095）
//参数说明：MoudelNumber——模块号
//          Channel——通道号
//          accuracy——精度
//功能概要：中值滤波后的结果（范围为0～4095）
//==================================================================
//中值滤波
uint16 hw_ad_mid(int MoudelNumber,int Channel,uint8 accuracy)
{
    uint16 i,j,k,tmp;
    //1.取3次A/D转换结果
    i = hw_ad_once(MoudelNumber,Channel,accuracy);
    j = hw_ad_once(MoudelNumber,Channel,accuracy);
    k = hw_ad_once(MoudelNumber,Channel,accuracy);
    //2.取中值
    if (i > j)
    {
    tmp = i; i = j; j = tmp;
    }
    if (k > j)
      tmp = j;
    else if(k > i)
      tmp = k;
```

```
    else
     tmp = i;
    return tmp;
}

//===========================================================================
//函数名称：hw_ad_ave
//函数返回：无符号结果值（范围为 0～4095）
//参数说明：MoudelNumber——模块号
//          Channel——通道号
//          accuracy——精度
//          N——均值滤波次数（范围为 0～255）
//功能概要：均值滤波后的结果（范围为 0～4095）
//===========================================================================
//均值滤波
uint16 hw_ad_ave(int MoudelNumber,int Channel,uint8 accuracy,uint8 N)
{
uint32 tmp = 0;
uint8  i;
for(i = 0; i < N; i++)
tmp += hw_ad_mid(MoudelNumber,Channel,accuracy);
tmp = tmp / N;
return (uint16)tmp;
}

//===========================================================================
//函数名称：hw_adc_convertstart
//函数返回：0 表示成功，1 表示失败
//参数说明：MoudelNumber——模块号
//          Channel——通道号
//          accuracy——精度
//功能概要：开始 ADC 转换
//===========================================================================
uint8 hw_adc_convertstart(int MoudelNumber,int Channel,uint8 accuracy)
{
    uint8 ADCCfg1Mode = 0;
    switch(accuracy)
    {
     case 8:
```

```
        ADCCfg1Mode = 0x00;
        break;
      case 12:
        ADCCfg1Mode = 0x01;
        break;
      case 10:
        ADCCfg1Mode = 0x02;
        break;
      case 16:
        ADCCfg1Mode = 0x03;
        break;
      default:
        ADCCfg1Mode = 0x00;
    }
    //初始化 ADC 默认配置
    Master_Adc_Config.CONFIG1 = ADLPC_NORMAL
                              | ADC_CFG1_ADIV(ADIV_4)
                              | ADLSMP_LONG
                              | ADC_CFG1_MODE(ADCCfg1Mode)
                              | ADC_CFG1_ADICLK(ADICLK_BUS);
    Master_Adc_Config.CONFIG2 = MUXSEL_ADCA
                              | ADACKEN_DISABLED
                              | ADHSC_HISPEED
                              | ADC_CFG2_ADLSTS(ADLSTS_20) ;
    Master_Adc_Config.COMPARE1 = 0x1234u ;                //任意值
    Master_Adc_Config.COMPARE2 = 0x5678u ;                //任意值


    if(MoudelNumber == 0)
    {
       if(Channel>3&&Channel<24)                       //4~23 使用 ADC0
       {
         Master_Adc_Config.STATUS1A = AIEN_ON | DIFF_SINGLE
                        | ADC_SC1_ADCH(Channel);
         //配置 ADC0
         hw_adc_config_alt(ADC0_BASE_PTR, &Master_Adc_Config);
       }
       else if(Channel == 26)
       {
         Master_Adc_Config.STATUS1A = AIEN_ON | DIFF_SINGLE
                        | ADC_SC1_ADCH(Channel);
         // 配置 ADC0
```

```
            hw_adc_config_alt(ADC0_BASE_PTR, &Master_Adc_Config);
        }
        else
        {
            return 0;
        }
    }
    else
    {
        if(Channel>3&&Channel<24)                          //4～23 使用 ADC1
        {
            Master_Adc_Config.STATUS1A = AIEN_ON | DIFF_SINGLE
                                | ADC_SC1_ ADCH(Channel);
            //配置 ADC1
            hw_adc_config_alt(ADC1_BASE_PTR, &Master_Adc_Config);
        }
        else if(Channel == 26)
        {
            Master_Adc_Config.STATUS1A = AIEN_ON | DIFF_SINGLE
                                | ADC_SC1_ADCH(Channel);
            //配置 ADC1
            hw_adc_config_alt(ADC1_BASE_PTR, &Master_Adc_Config);
        }
        else
        {
            return 0;
        }
    }
    return 1;
}

//==================================================================
//函数名称：hw_adc_convertstop
//函数返回：0 表示成功，1 表示失败
//参数说明：MoudelNumber——模块号
//          Channel——通道号
//功能概要：停止 ADC 转换
//==================================================================
uint8 hw_adc_convertstop(int MoudelNumber, int Channel)
{
    if(MoudelNumber == 0)
```

```
{
    if(Channel>0&&Channel<24)                    //4～23 使用 ADC0
    {
        Master_Adc_Config.STATUS1A = AIEN_ON | DIFF_SINGLE
                    | ADC_SC1_ADCH(0x1F);
        //配置 ADC0
       ADC_Config_Alt(ADC0_BASE_PTR, &Master_Adc_Config);
    }
    else if(Channel == 26)
    {
        Master_Adc_Config.STATUS1A = AIEN_ON | DIFF_SINGLE
                | ADC_SC1_ADCH(0x1F);
       //配置 ADC0
       ADC_Config_Alt(ADC0_BASE_PTR, &Master_Adc_Config);
    }
    else
    {
        return 0;
    }
}
else if(MoudelNumber == 1)
{
    if(Channel>0&&Channel<24)                          //4～23 使用 ADC1
    {
        Master_Adc_Config.STATUS1A = AIEN_ON | DIFF_SINGLE
              | ADC_ SC1_ADCH(0x1F);
        //配置 ADC1
        ADC_Config_Alt(ADC1_BASE_PTR, &Master_Adc_Config);
    }
    else if(Channel == 26)
    {
        Master_Adc_Config.STATUS1A = AIEN_ON | DIFF_SINGLE
              | ADC_ SC1_ADCH(0x1F);
        //配置 ADC1
        ADC_Config_Alt(ADC1_BASE_PTR, &Master_Adc_Config);
    }
    else
    {
        return 0;
    }
```

```
    }
    else
    {
        return 0;
    }
    return 1;
}

//===========================================================================
//函数名称：hw_adc_config_alt
//函数返回：无符号结果值（范围为0～4095）
//参数说明：adcmap——ADC基址寄存器的地址
//          ADC_CfgPtr——存放寄存器值的结构体
//功能概要：将ADC寄存器结构体配置进ADC寄存器中
//===========================================================================
void hw_adc_config_alt(ADC_MemMapPtr adcmap, tADC_ConfigPtr ADC_CfgPtr)
{
    ADC_CFG1_REG(adcmap)  = ADC_CfgPtr->CONFIG1;
    ADC_CFG2_REG(adcmap)  = ADC_CfgPtr->CONFIG2;
    ADC_CV1_REG(adcmap)   = ADC_CfgPtr->COMPARE1;
    ADC_CV2_REG(adcmap)   = ADC_CfgPtr->COMPARE2;
    ADC_SC2_REG(adcmap)   = ADC_CfgPtr->STATUS2;
    ADC_SC3_REG(adcmap)   = ADC_CfgPtr->STATUS3;
    ADC_PGA_REG(adcmap)   = ADC_CfgPtr->PGA;
    ADC_SC1_REG(adcmap,A)= ADC_CfgPtr->STATUS1A;
    ADC_SC1_REG(adcmap,B)= ADC_CfgPtr->STATUS1B;
}
```

5.4 MPC5604 芯片

5.4.1 芯片简介

MPC5604B是飞思卡尔公司基于PowerPC架构针对车身控制领域而设计的新型处理器。该处理器采用e200z0核，时钟频率可达64MHz，内核集成了中断向量控制器和存储保护模块。存储模块包括512KB的程序Flash、64KB的数据Flash、48KB的SRAM，并且都具有错误检查和纠正（ECC）功能。通信接口包括3路FlexCAN、4路LINFlex、3路SPI、1路IIC。时钟模块包括两路eMIOS。此外，还有36通道的ADC模块及启动辅助模块（BAM）等。

5.4.2 时钟模块

1. 单元介绍

1）时钟结构

系统时钟从以下 3 个时钟源产生。

- ⊙ 快速外部晶体振荡时钟 4～16MHz。
- ⊙ 快速内部 RC 振荡时钟 16MHz。
- ⊙ 频率调制的相位锁定回路（FMPLL）。

此外还有以下两个低频率时钟。

- ⊙ 低速内部 RC 振荡时钟 128kHz。
- ⊙ 低速外部晶体振荡时钟 32kHz。

2）结构

MPC5604B 时钟模块结构如图 5.4.1 所示。

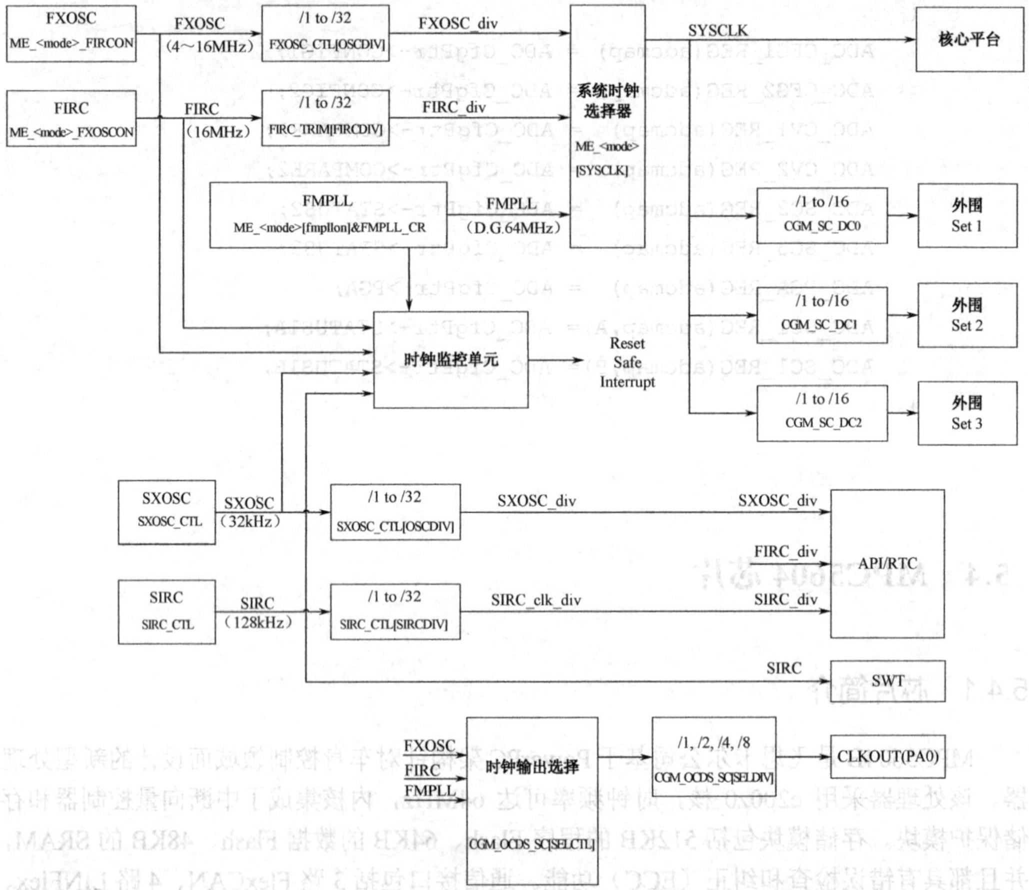

图 5.4.1　MPC5604B 时钟模块结构

3）时钟门控

MPC5604B 为用户提供外设时钟的选通功能。表 5.4.1 描述了外设对应的门控寄存器地址。详情见技术手册 ME_PCTLn 部分。

表 5.4.1 门控寄存器地址

外围器件	寄存器门控偏移地址（base=0xC3FDC0C00）	外围器件置位
RPP_Z0H Platform	没有（通过 ME 模块管理）	—
DSPI_n	4+n（n=0,…,2）	2
FlexCAN_n	16+n （n=0,…,5）	2
ADC	32	3
I^2C	44	1
LINFLEX_n	48+n（n=0,…,3）	1
CTU	57	3
CANS	60	—
SIUL	68	—
WKUP	69	—
eMIOS_n	72+n（n=0,…,1）	3
RTC/API	91	—
PIT	92	—
CMU	104	—

2．作用描述

FXOSC 电路包含一个内部振荡驱动电路和一个外部晶振电路。它提供了一个输出时钟，可作为 FMPLL 或者用作系统需要的特定模块参考时钟。

FXOSC 能被 MC_ME 模块控制。在当前设备模式下，若 ME_GS[S_XOSC]寄存器提供振荡器时钟状态，ME_xxx_MC[FXOSCON]则可控制振荡器的开关。

系统时钟复位后，晶体振荡器进入低功率状态并且在请求时软件必须开启。当晶体振荡器从关闭状态被切换时，OSCCNT 计数器开始计数；当它计数到 EOCV[7:0]×512 后，晶体振荡时钟开始对系统起作用；同时在 FXOSC_CTL[I_OSC]位时一个中断等待触发；而中断屏蔽位 M_OSC 置位将产生一个系统中断。晶体振荡回路能够被 FXOSC_CTL[OSCBYP]置位导通，该位只能由软件设置；系统复位后需要重新设置该位。在旁路模式下，输出时钟与用于 EXTAL 引脚的外部时钟具有相同的极性，振荡器状态位被强制置“1”。旁路的配置与振荡器的低功率模式相互独立。

3．部分寄存器描述

1）外部快速晶体振荡控制寄存器（FXOSC_CTL，见图 5.4.2 和表 5.4.2）

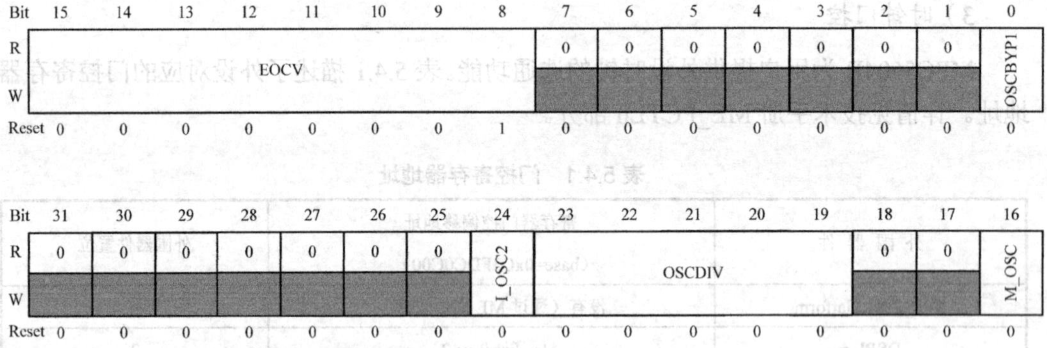

图 5.4.2 外部快速晶体振荡控制寄存器

表 5.4.2 FXOSC_CTL 字段说明

数 据 位	描 述
OSCBYP	晶体振荡器旁路模式位 该位指定振荡器为旁路或内置。 0：晶体振荡时钟作为系统根时钟； 1：外部时钟作为系统根时钟
EOCV	停止计数值 这些位用于指定比较复位后计数的结束值
I_OSC	晶体振荡时钟中断标志位 当 OSCCNT 计数值达到 EOCV×512 的值时，该位被硬件置位 1。 0：没有晶体振荡时钟，中断产生； 1：有晶体振荡时钟，中断产生
OSCDIV	晶体振荡时钟分频因子 这些位用于指定晶体振荡时钟输出的分频因子。输出时钟被 OSCDIV+1 分频
M_OSC	晶体振荡时钟中断屏蔽位 0：晶体振荡时钟中断屏蔽； 1：晶体振荡时钟中断使能

2）FMPLL 控制寄存器（CR，见图 5.4.3 和表 5.4.3）

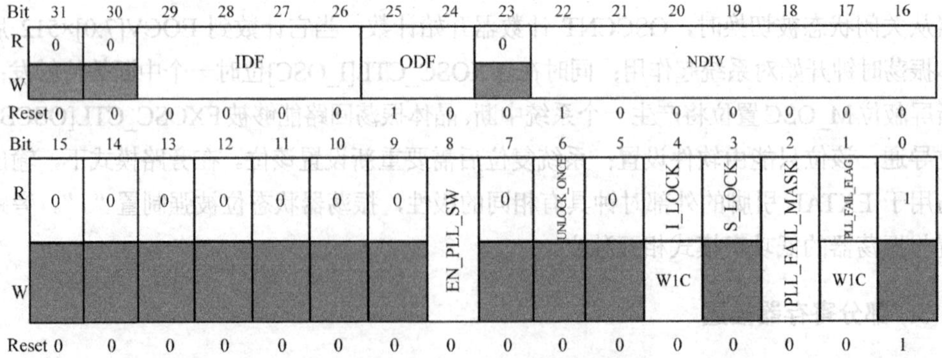

图 5.4.3 FMPLL 控制寄存器

表 5.4.3　CR 字段说明

数 据 位	描　述
IDF	该位段的值控制 FMPLL 输入分频因子，详见表 5.4.4
ODF	该位段的值控制 FMPLL 输出分频因子，详见表 5.4.5
NDIV	该位段的值控制 FMPLL 锁相环驱动因子，详见表 5.4.6
EN_PLL_SW	该位用来启用渐进式时钟切换 当 PLL 锁定时，PLL 输出时钟立即被 8 分频，渐进式时钟逐渐减小，直到它被 1 分频。 0：步进时钟开关关闭； 1：步进时钟开关打开
UNLOCK_ONCE	该位指示 FMPLL 锁定失锁状态
I_LOCK	当解锁/锁定事件发生时该位被置位
S_LOCK	该位指示 FMPLL 是否已经锁定 0：FMPLL 没有锁定； 1：FMPLL 锁定
PLL_FAIL_MASK	该位用于屏蔽 PLL_FAIL 输出 0：PLL_FAIL 没有被屏蔽； 1：PLL_FAIL 被屏蔽
PLL_FAIL_FLAG	在 FMPLL 开启时一旦锁相环丢失锁，该位硬件异步置位

表 5.4.4　输入分频

IDF[3:0]	输入分频因子
0000	DRIVED/1
0001	DRIVED/2
0010	DRIVED/3
0011	DRIVED/4
0100	DRIVED/5
0101	DRIVED/6
0110	DRIVED/7
0111	DRIVED/8
1000	DRIVED/9
1001	DRIVED/10
1010	DRIVED/11
1011	DRIVED/12
1100	DRIVED/13
1101	DRIVED/14
1110	DRIVED/15
1111	时钟禁止

表 5.4.5　输出分频

ODF[1:0]	输出分频因子
00	DRIVED/2
01	DRIVED/4
10	DRIVED/8
11	DRIVED/16

表 5.4.6 驱动分频

NDIV[6:0]	驱动比率
0000000～0011111	—
0100000	DRIVED/32
0100001	DRIVED/33
0100010	DRIVED/34
……	
1011111	DRIVED/95
1100000	DRIVED/96
1100001～1111111	—

3）FMPLL 调制寄存器（MR，见图 5.4.4 和表 5.4.7）

Bit	31	30	29	28	27	26	25	24	23	22	21	20	19	18	17	16
R	STRB_BYPASS	0	SPRD_SEL	MOD_PERIOD												
W																
Reset	0	0	0	0	0	0	0	0	0	0	0	0	0	0	0	0

Bit	15	14	13	12	11	10	9	8	7	6	5	4	3	2	1	0
R	FM_EN	INC_STEP														
W																
Reset	0	0	0	0	0	0	0	0	0	0	0	0	0	0	0	0

图 5.4.4 FMPLL 调制寄存器

表 5.4.7 MR 字段说明

数 据 位	描 述
STRB_BYPASS	旁路选通位 STRB_BYPASS 位用来绕过 FMPLL 内部的选通信号并将正确的值写入控制位（INC_STEP、MOD_PERIOD 和 SPRD_SEL）。 0：选通信号用来关闭 FMPLL 调制控制位； 1：绕过选通信号。在这种情况下控制位必须是静态的，当且仅当 FMPLL 在省电模式下时控制位才被强制改变
SPRD_SEL	导通类型选择 SPRD_SEL 在频率调制模式中控制导通类型。 0：中心导通； 1：下降沿导通
MOD_PERIOD	调制周期位 MOD_PERIOD 位来自下式 modperiod 的等效二进制数： $\text{modperiod}=\frac{f_{\text{ref}}}{4f_{\text{mod}}}$ f_{ref}：反馈分频器的频率； f_{mod}：调频频率
FM_EN	调频调制模块使能位 0：调频调制模块禁止。 1：调频调制模块使能

续表

数据位	描 述
INC_STEP	增频步长 $$incstep = round\left(\frac{(2^{15}-1)\times md\times MDF}{100\times 5\times modperiod}\right)$$ md：峰值的调制深度； MDF：锁相环驱动的值

4）控制状态寄存器（CMU_CSR，见图5.4.5和表5.4.8）

Bit	31	30	29	28	27	26	25	24	23	22	21	20	19	18	17	16
R	0	0	0	0	0	0	0	0	SFM[1]	0	0	0	0	0	0	0
W																
Reset	0	0	0	0	0	0	0	0	0	0	0	0	0	0	0	0

Bit	15	14	13	12	11	10	9	8	7	6	5	4	3	2	1	0
R	0	0	0	0	0	0	CKSELL		0	0	0	0	0	RCDIV		CME_A
W																
Reset	0	0	0	0	0	0	0	0	0	0	0	0	0	1	1	0

图5.4.5 控制状态寄存器

表5.4.8 CMU_CSR字段说明

数据位	描 述
SFM[1]	开始频率测量位 该位只能被软件置位启动一次时钟频率测量。当在CMU_FDR寄存器里读取测量值时，该位被硬件重新置位。 0：频率测量完整或没有开始； 1：频率测量不完整
CKSEL1	时钟振荡源选择位 该位段选择时钟源被频率测量器测量。 00：FIRC_clk选择； 01：SIRC_clk选择； 10：SXOSC_clk选择； 11：FIRC_clk 选择
RCDIV	RC时钟分频因子 00：时钟/1； 01：时钟/2； 10：时钟/4； 11：时钟/8
CME_A	FMPLL_0时钟监测使能 0：FMPLL_0监测禁止； 1：FMPLL_0监测使能

5）输出时钟使能寄存器（CGM_OC_EN，见图 5.4.6 和表 5.4.9）

Bit	31	30	29	28	27	26	25	24	23	22	21	20	19	18	17	16
R	0	0	0	0	0	0	0	0	0	0	0	0	0	0	0	0
W																
Reset	0	0	0	0	0	0	0	0	0	0	0	0	0	0	0	0

Bit	15	14	13	12	11	10	9	8	7	6	5	4	3	2	1	0
R	0	0	0	0	0	0	0	0	0	0	0	0	0	0	0	EN
W																
Reset	0	0	0	0	0	0	0	0	0	0	0	0	0	0	0	0

图 5.4.6 输出时钟使能寄存器

表 5.4.9 CGM_OC_EN 字段说明

数 据 位	描 述
EN	输出时钟使能控制

6）输出时钟分频选择寄存器（CGM_OCDS_SC，见图 5.4.7 和表 5.4.10）

Bit	31	30	29	28	27	26	25	24	23	22	21	20	19	18	17	16
R	0	0	SELDIV		SELCTL				0	0	0	0	0	0	0	0
W																
Reset	0	0	0	0	0	0	0	0	0	0	0	0	0	0	0	0

Bit	15	14	13	12	11	10	9	8	7	6	5	4	3	2	1	0
R	0	0	0	0	0	0	0	0	0	0	0	0	0	0	0	0
W																
Reset	0	0	0	0	0	0	0	0	0	0	0	0	0	0	0	0

图 5.4.7 输出时钟分频选择寄存器

该寄存器用于选择当前输出时钟源及在输出时钟前用何分频因子进行分频输出。

表 5.4.10 CGM_OCDS_SC 字段说明

数 据 位	描 述
SELDIV	输出时钟分频选择 00：输出选择没有经过分频的输出时钟； 01：输出选择经 2 分频后的输出时钟； 10：输出选择经 4 分频后的输出时钟； 11：输出选择经 8 分频后的输出时钟
SELCTL	输出时钟源控制——该位段值选择当前的输出时钟源 0000：4～16MHz 的外部晶振； 0001：16MHz 内部晶振； 0010：锁相环； 0011：预留； …… 1111：预留

7）系统时钟选择状态寄存器（CGM_SC_SS，见图 5.4.8 和表 5.4.11）

Bit	31	30	29	28	27	26	25	24	23	22	21	20	19	18	17	16
R	0	0	0	0	SELSTAT				0	0	0	0	0	0	0	0
W																
Reset	0	0	0	0	0	0	0	0	0	0	0	0	0	0	0	0

Bit	15	14	13	12	11	10	9	8	7	6	5	4	3	2	1	0
R	0	0	0	0	0	0	0	0	0	0	0	0	0	0	0	0
W																
Reset	0	0	0	0	0	0	0	0	0	0	0	0	0	0	0	0

图 5.4.8 系统时钟选择状态寄存器

该寄存器提供当前时钟源，有如下选择。

- 未分频：系统时钟。
- 系统时钟 0 分频：外围时钟 1。
- 系统时钟 1 分频：外围时钟 2。
- 系统时钟 2 分频：外围时钟 3。

表 5.4.11 CGM_SC_SS 字段说明

数 据 位	描 述
SELSTAT	系统时钟源选择状态——这个值指示当前时钟源的类型 0000：16MHz 内部晶振； 0001：16MHz 内部晶振分频； 0010：16MHz 内部晶振； 0011：外部晶振分频； 0100：锁相环； 0101：预留； …… 1110：预留； 1111：系统时钟禁止

8）系统时钟分频配置寄存器（CGM_SC_DC0…2，见图 5.4.9 和表 5.4.12）

Bit	31	30	29	28	27	26	25	24	23	22	21	20	19	18	17	16
R	DE0	0	0	0	DIV0				DE1	0	0	0	DIV1			
W																
Reset	1	0	0	0	0	0	0	0	1	0	0	0	0	0	0	0

Bit	15	14	13	12	11	10	9	8	7	6	5	4	3	2	1	0
R	DE2	0	0	0	DIV2				0	0	0	0	0	0	0	0
W																
Reset	1	0	0	0	0	0	0	0	0	0	0	0	0	0	0	0

图 5.4.9 系统时钟分频配置寄存器

该寄存器控制系统时钟分频。

表 5.4.12　CGM_SC_DC0…2 字段说明

数 据 位	描　述
DE0	0 次分频使能位 0：禁止系统时钟 0 次分频； 1：使能系统时钟 0 次分频
DIV0	0 分频分频因子值——当 DE0=1 时系统时钟值分频为 DIV0+1
DE1	1 次分频使能位 0：禁止系统时钟 1 次分频； 1：使能系统时钟 1 次分频
DIV1	1 次分频分频因子值——当 DE1=1 时系统时钟值分频为 DIV1+1
DE2	2 次分频使能位 0：禁止系统时钟 2 次分频； 1：使能系统时钟 2 次分频
DIV2	2 次分频分频因子值——当 DE2=1 时系统时钟值分频为 DIV2+1

9）全局状态寄存器（ME_GS，见图 5.4.10 和表 5.4.13）

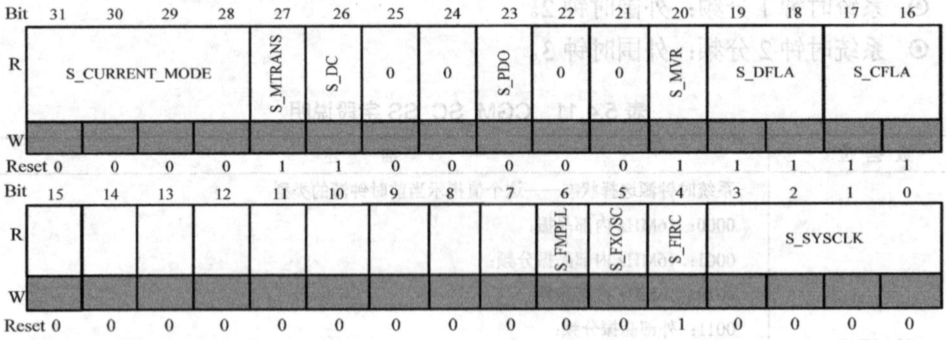

图 5.4.10　全局状态寄存器

表 5.4.13　ME_GS 字段说明

数 据 位	描　述
S_CURRENT_MODE	当前的设备模式状态 0000：RESET 复位； 0001：TEST 测试； 0010：SAFE 安全； 0011：DRUN； 0100：RUN0 起始 0； 0101：RUN1 起始 1 0110：RUN2 起始 2； 0111：RUN3 起始 3； 1000：HALT 暂停； 1001：RESERVED 保留； 1010：STOP 停止； 1011：RESERVED 保留； 1100：RESERVED 保留； 1101：STANDBY 备用； 1110：RESERVED 保留； 1111：RESERVED 保留

续表

数据位	描　述
S_MTRANS	模式过渡状态 0：模式过渡过程是不活跃的； 1：模式过渡正在进行
S_DC	器件的电流消耗状态 0：设备的消耗低，允许关掉电源作为主调压器； 1：设备消耗高，需要供电的主电源保持电压调节器模式
S_PDO	输出功率休眠状态 该位指定 I/O 输出功率的状态。当输出设为高阻态或引脚驱动关闭时，该位置位
S_MVR	主电压调节器状态 0：主电压调节器没有准备好； 1：主电压调节器已经为用户准备好
S_DFLA	数据 flash 的可用性状态 00：数据 flash 不可用； 01：数据 flash 在掉电保护模式下； 10：数据 flash 在低功耗模式下； 11：数据 flash 在正常模式下，对用户可用
S_CFLA	程序 flash 的可用性状态 00：程序 flash 不可用； 01：程序 flash 在掉电保护模式下； 10：程序 flash 在低功耗模式下； 11：程序 flash 在正常模式下，对用户可用
S_FMPLL	频率调制的相位锁定回路状态 0：频率调制锁相环不稳定； 1：频率调制锁相环能提供一个稳定的时钟
S_FXOSC	快速外部晶体振荡（4～16MHz）状态位 0：快速外部晶体振荡（4～16MHz）时钟不稳定； 1：快速外部晶体振荡（4～16MHz）时钟可提供一个稳定的时钟
S_FIRC	快速内部 RC 振荡时钟状态位 0：内部 RC 振荡时钟不稳定； 1：内部 RC 振荡时钟可提供稳定的时钟
S_SYSCLK	系统时钟选择状态位 0000：16MHz 内部晶振； 0001：16MHz 内部晶振分频； 0010：4～16MHz 内部晶振； 0011：外部晶振分频； 0100：锁相环； 0101：预留； …… 1110：预留； 1111：系统时钟禁止

10）模式控制寄存器（ME_MCTL，见图 5.4.11 和表 5.4.14）

Bit	31	30	29	28	27	26	25	24	23	22	21	20	19	18	17	16
R	TARGET_MODE				0	0	0	0	0	0	0	0	0	0	0	0
W																
Reset	0	0	1	1	0	0	0	0	0	0	0	0	0	0	0	0

Bit	15	14	13	12	11	10	9	8	7	6	5	4	3	2	1	0
R	1	0	1	0	1	0	1	0	0	0	0	0	1	1	1	1
W	KEY															
Reset	1	0	1	0	1	0	1	0	0	0	0	0	1	1	1	1

图 5.4.11 模式控制寄存器

表 5.4.14 ME_MCTL 字段说明

数据位	描述
TARGET_MODE	目标设备模式 这些位提供通过软件编程可以输入目标设备的模式。在任何模式下由软件进入其他模式需要写两次操作：第一次需要关键字；第二次用互异的关键字。这些字节根据硬件的要求由硬件自动更新进入安全模式。另外，在硬件退出 HALT 和 STOP 模式时自动更新 RUN0～3 模式的赋值。 0000：RESET 复位 0001：TEST 测试 0010：SAFE 安全 0011：DRUN 0100：RUN0 起始 0 0101：RUN1 起始 1 0110：RUN2 起始 2 0111：RUN3 起始 3 1000：HALT 暂停 1001：RESERVED 保留 1010：STOP 停止 1011：RESERVED 保留 1100：RESERVED 保留 1101：STANDBY 备用 1110：RESERVED 保留 1111：RESERVED 保留
KEY	控制字 这些位使能该寄存器的写访问权限。任何写访问寄存器不同于 KEY 的值都将被忽略。访问该数据段将返回倒转的 KEY。 KEY：0101101011110000（0x5AF0）； INVERTED KEY：1010010100001111（0xA50F）

11）模式使能寄存器（ME_MCTL，见图 5.4.12 和表 5.4.15）

Bit	31	30	29	28	27	26	25	24	23	22	21	20	19	18	17	16
R	0	0	0	0	0	0	0	0	0	0	0	0	0	0	0	0
W																
Reset	0	0	1	1	0	0	0	0	0	0	0	0	0	0	0	0

Bit	15	14	13	12	11	10	9	8	7	6	5	4	3	2	1	0
R	0	0	STANDBY	0	0	STOP	0	HALT	RUN3	RUN2	RUN1	RUN0	DRUN	SAFE	TEST	RESET
W																
Reset	0	0	0	0	0	0	0	0	0	0	0	0	0	0	0	0

图 5.4.12　模式使能寄存器

表 5.4.15　ME_MCTL 字段说明

数据位	描　述
STANDBY	STANDBY 模式使能位 0：STANDBY 模式禁用； 1：STANDBY 模式使能
STOP	STOP 模式使能位 0：STOP 模式禁用； 1：STOP 模式使能
HALT	HALT 模式使能位 0：HALT 模式禁用； 1：HALT 模式使能
RUN3	RUN3 模式使能位 0：RUN3 模式禁用； 1：RUN3 模式使能
RUN2	RUN2 模式使能位 0：RUN2 模式禁用； 1：RUN2 模式使能
RUN1	RUN1 模式使能位 0：RUN1 模式禁用； 1：RUN1 模式使能
RUN0	RUN0 模式使能位 0：RUN0 模式禁用； 1：RUN0 模式使能
DRUN	DRUN 模式使能位 0：DRUN 模式禁用； 1：DRUN 模式使能
SAFE	SAFE 模式使能位 0：SAFE 模式禁用； 1：SAFE 模式使能
TEST	TEST 模式使能位 0：TEST 模式禁用； 1：TEST 模式使能
RESET	RESET 模式使能位 0：RESET 模式禁用； 1：RESET 模式使能

4. 程序初始化

（1）clock 头文件。

```
#ifndef _DEEPB_CARTIMEINIT_H_
#define _DEEPB_CARTIMEINIT_H_

/*****************************************************
-*File name: DeepB_CarTime_Init.h
-*function:  系统时钟初始化函数包含文件
-*auther:    DeepBlueStdio
-*Version:   V3.10.1   2013.3.14
*****************************************************/

#include  "MPC5604B_0M27V_0102.h"
// #define OutClock_En 1

/*======================================================
-*function name:    initModesAndClock
-*Parameter（参数）：无
-*input:            无
-*ouput:            无
-*Effective:        初始化时钟定义为 64MHz
-*=====================================================*/
void initModesAndClock(void);

/*======================================================
-*function name :  initOutputClock
-*Parameter（参数）：无
-*input:            无
-*ouput:            无
-*Effective:        定义时钟输出，有需要时可以输出
-*=====================================================*/
void initOutputClock(void);

/*======================================================
-*function name:disableWatchdog
-*Parameter（参数）：无
-*input:             无
```

```
-*ouput:       无
-*Effective:       禁止看门狗
-*=======================================================*/
void disableWatchdog(void);


#endif
```

（2）clock 源文件。

```
#include "DeepB_CarTimeInit.h"
/*****************************************************************
-*File name: DeepB_CarTime_Init.c
-*function:  系统时钟初始化处理函数
-*auther:    DeepBlueStdio
-*Version:   V3.10.1    2013.3.14
/*=======================================================
-*function name:   initModesAndClock
-*Parameter（参数）: 无
-*input:           无
-*ouput:           无
-*Effective:       初始化时钟定义为 64MHz
-*=======================================================*/
void initModesAndClock(void){

  ME.MER.R = 0x0000001D;      /* 使能 DRUN, RUN0, SAFE, RESET 模式*/
  /* 打开 PLL 前进行初始化 */
  /* 根据时钟频率选择以下两行进行配置 */
  CGM.FMPLL_CR.R = 0x02400100;  /* 8MHz xtal: 设置 PLL0 为 64MHz */
  /*CGM.FMPLL_CR.R = 0x12400100;*/ /* 40MHz xtal: 设置 PLL0 为 64MHz */
  ME.RUN[0].R = 0x001F0074;
  /* RUN0 cfg: 16MHzIRCON,OSC0ON,PLL0ON,syclk=PLL0 */
  ME.RUNPC[1].R = 0x00000010;/* Peri. Cfg. 1 设置: 仅运行在 RUN0 模式 */
  ME.PCTL[68].R = 0x01;      /* MPC56xxB/S: 选择 ME.RUNPC[1] */
  /* 变换模式进入 RUN0 */
  ME.PCTL[72].R = 0x01;      /* MPC56xxB/S EMIOS 0: 选择 ME.RUNPC[0] */

  ME.PCTL[57].R = 0x01;
  ME.PCTL[92].R = 0x01;          /* PIT 变换模式进入 RUN0*/
  ME.MCTL.R = 0x40005AF0;        /* 进入 RUN0 Mode & Key */
  ME.MCTL.R = 0x4000A50F;        /* 进入 RUN0 Mode & Inverted Key */
  while (ME.GS.B.S_MTRANS) {}   /* 等待模式转换完成*/
```

```
  /* 注意：/* 1. I_TC IRQ 方式可用来替换轮循，允许软件完成其他初始化*/
  /* 2. 一个定时器可被用于阻止中断等待*/
  while(ME.GS.B.S_CURRENTMODE != 4) {} /* 验证 RUN0 是当前模式*/
  /* 注意：这些配置允许在安全模式下运行；转换未出现时，可用 SW 代替 */
  /* 允许安全模式转换中断*/
}

/*=====================================================
-*function name:   initOutputClock
-*Parameter（参数）：无
-*input:            无
-*ouput:            无
-*Effective:        定义时钟输出，有需要时可以输出
-*=====================================================*/
#ifdef OutClockEn
void initOutputClock(void){
  CGM.OC_EN.B.EN = 1;         /* 输出时钟使能 (to go to pin) */
  CGM.OCDS_SC.B.SELDIV = 2;/* 输出时钟选择分频因子*/
  CGM.OCDS_SC.B.SELCTL = 1; /* MPC56xxB: 输出时钟选择16 MHz int RC osc */
  SIU.PCR[0].R = 0x0800;     /* MPC56xxB: 分配引脚 PA[0] 到 Alt Func 2 */
                             /* CLKOUT = 16MHz, IRC/4 = 4MHz */

  CGM.OCDS_SC.B.SELCTL = 0;  /* MPC56xxB: 分配输出时钟到 XTAL */
  /* CLKOUT = Fxtal/4 = 2 or 10 MHz for 8 or 40 MHx XTAL */

  CGM.OCDS_SC.B.SELCTL = 2;    /* 分配输出时钟到 FMPLL[0] */
  /* CLKOUT = 64MHz/4 = 4MHz */
}
#else
#endif
/*=====================================================
-*function name:    disableWatchdog
-*Parameter（参数）：无
-*input:            无
-*ouput:            无
-*Effective:        禁止看门狗
-*=====================================================*/
void disableWatchdog(void){
  SWT.SR.R = 0x0000c520;      /* 清软件锁定位 */
```

```
    SWT.SR.R = 0x0000d928;
    SWT.CR.R = 0x8000010A;      /* 清除看门狗使能(WEN) */
}
```

（3）主函数。

主函数的具体配置在各模块中都有详细代码，请查看相关模块的配置。

5.4.3 简化系统接口单元

1. 单元模块介绍

本节介绍的是简化系统接口单元（SIUL），用于管理端口及相关配置。它控制的多路复用备用功能用于所有端口并负责管理设备的外部中断。

简化系统接口单元（SIUL）控制 MCU 的端口配置、引脚、通用输入/输出（GPIO）信号和外部中断的触发事件配置。图 5.4.13 所示为 SIUL 和其他系统组件的接口框架。

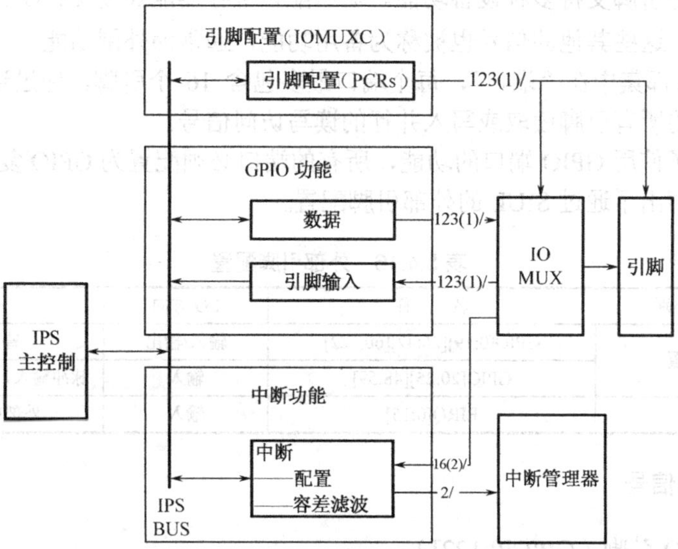

图 5.4.13　简化系统接口单元框架

该模块能够对可以配置为输入或输出的设备通用 I/O 引脚进行配置、读取和写入操作。

- ⊙ 当一个引脚被配置为输入时，引脚的状态（逻辑高或低）通过读取相关的输入数据寄存器获取。
- ⊙ 当引脚被配置为输出时，引脚上的值由一个相关联的输出数据寄存器的值驱动。引脚被配置为输出时启用相应的输入缓存，以便读取引脚的实际状态。
- ⊙ 为检测一个输出引脚值，引脚被配置为输出和输入均可，所以实际的引脚值可被读取，并可与预期值进行比较。

2. 特性

简化系统接口单元具有以下特点。

（1）GPIO。

① 多达 123 个 I/O 引脚具有 GPIO 功能。

② 大多数 GPIO 引脚具有专用输入和输出寄存器。

（2）外部中断。

① 系统中断向量最多有 16 个中断源。

② 16 个可编程的数字尖峰滤波器。

③ 独立的中断屏蔽。

④ 边缘检测。

（3）系统配置：引脚配置控制。

3. 外部信号描述

大多数器件引脚支持多种设备功能。端口配置寄存器能够使 GPIO 信号和其他信号进行任意切换。这些其他的信号也被称为备用功能，通常为外围功能。

GPIO 引脚都集中在“端口”，每个端口最多包含 16 个引脚。通过适当的配置，可以在一个端口的所有引脚读取或写入并行的读写访问信号。

注意：为了使用 GPIO 端口的功能，所有的端口必须配置为 GPIO 复用功能。

表 5.4.16 列出了通过 SIUL 的外部引脚配置。

表 5.4.16　外部引脚配置

GPIO[0:122]类别	名　称	I/O 方向	作　用
系统默认配置	GPIO[0:19][26:47][60:122]	输入/输出	普通 I/O 端口
	GPIO[20:25][48:59]	输入	脉冲输入，低频振荡输入端口
外部中断	EIRQ[0:15]	输入	外部中断输入引脚

4. 详细的信号

1）通用 I/O 引脚（GPIO[0:122]）

GPIO 引脚提供通用的输入和输出功能。GPIO 引脚复用 I/O 引脚的功能。每个 GPIO 输入和输出都被单独控制，由一个输入（GPDI n_n）或输出（GPDO n_n）寄存器控制。

2）外部中断引脚（EIRQ[0:15]）

EIRQ[0:15]引脚连接 SIUL 输入。通过设置在 SIUL_IREER 或 SIUL_IFEER 寄存器的相应位允许上升沿或下降沿事件。

5. 寄存器介绍

1）MCU ID 寄存器 1（MID1，见图 5.4.14 和表 5.4.17）

该寄存器保存识别设备的有关信息。

Bit	31	30	29	28	27	26	25	24	23	22	21	20	19	18	17	16
R	PARTNUM[15：0]															
W																
Reset	0	1	0	1	0	1	1	0	0	0	0	0	0	1	0	0

Bit	15	14	13	12	11	10	9	8	7	6	5	4	3	2	1	0
R	CSP	PKG					0	0	MAJOR_MASK				MINOR_MASK			
W																
Reset	0	0	1	1	0	1	0	0	0	0	0	0	0	0	0	0

图 5.4.14 MCU ID 寄存器 1

表 5.4.17 ME_MCTL 字段说明

数据位	描述
PARTNUM[15：0]	MCU 部分，低 16 位数据（MCU 器件型号） 0101_0110_0000_0001：128KB 0101_0110_0000_0010：256KB 0101_0110_0000_0011：320/384KB 0101_0110_0000_0100：512KB
CSP	读返回 0
PKG	封装指示 0b00001：64-pin LQFP 0b01001：100-pin LQFP 0b01101：144-pin LQFP
MAJOR_MASK	主要的校正屏蔽
MINOR_MASK	较小的校正屏蔽

2）MCU ID 寄存器 2（MID2，见图 5.4.15 和表 5.4.18）

Bit	31	30	29	28	27	26	25	24	23	22	21	20	19	18	17	16
R	SF	FLASH_SIZE_1				FLASH_SIZE_2				0	0	0	0	0	0	0
W																
Reset	0	0	1	0	1	0	0	0	0	0	0	0	0	0	0	0

Bit	15	14	13	12	11	10	9	8	7	6	5	4	3	2	1	0
R	PARTNUM[23:16]								0	0	0	EE	0	0	0	0
W																
Reset	0	1	0	0	0	0	1	0/1	0	0	0	1	0	0	0	0

图 5.4.15 MCU ID 寄存器 2

表 5.4.18 MID2 字段说明

数据位	描述
SF	制造商 0：飞思卡尔； 1：保留
FLASH_SIZE_1	Flash 的大小 总体大小等于 FLASH_SIZE1+ FLASH_SIZE2 0011：128KB 0100：256KB 0101：512KB

续表

数 据 位	描 述
FLASH_SIZE_2	较细的 Flash 分类 0000：0 x（FLASH_SIZE_1/8） 0010：2 x（FLASH_SIZE_1/8） 0100：4 x（FLASH_SIZE_1/8）
PARTNUM[23:16]	MCU 型号
EE	当前 Flash 数据 0：当前 Flash 没有数据 1：当前 Flash 有数据

3）中断状态标志寄存器（ISR，见图 5.4.16 和表 5.4.19）

该寄存器包含了中断标志。

Bit	31	30	29	28	27	26	25	24	23	22	21	20	19	18	17	16
R	0	0	0	0	0	0	0	0	0	0	0	0	0	0	0	0
W																
Reset	0	0	0	0	0	0	0	0	0	0	0	0	0	0	0	0

Bit	15	14	13	12	11	10	9	8	7	6	5	4	3	2	1	0
R	EIF[15:0]															
W	w1c															
Reset	0	0	0	0	0	0	0	0	0	0	0	0	0	0	0	0

图 5.4.16 中断状态标志寄存器

表 5.4.19 ISR 字段说明

数 据 位	描 述
EIF[x]	外部中断状态标志 x 该标志位只能通过写 1 来清标志，写 0 没有任何效果。如果中断允许使能（IRER[x]），EIF[x] 将向 CPU 产生一个中断请求。 0：在相应引脚上没有中断事件发生； 1：被 IREER[x]和 IFEER[x]指定的中断事件已经发生

4）中断请求使能寄存器（IRER，见图 5.4.17 和表 5.4.20）

该寄存器用于使能中断消息传递到中断控制器。

Bit	31	30	29	28	27	26	25	24	23	22	21	20	19	18	17	16
R	0	0	0	0	0	0	0	0	0	0	0	0	0	0	0	0
W																
Reset	0	0	0	0	0	0	0	0	0	0	0	0	0	0	0	0

Bit	15	14	13	12	11	10	9	8	7	6	5	4	3	2	1	0
R/W	IRE[15:0]															
Reset	0	0	0	0	0	0	0	0	0	0	0	0	0	0	0	0

图 5.4.17 中断请求使能寄存器

表 5.4.20 IRER 字段说明

数 据 位	描 述
IRE[x]	外部中断 x 请求使能位 0：通道 ISR（EIF[x]）位的中断请求禁止； 1：通道 ISR（EIF[x]）位的中断请求允许

5）上升沿中断事件使能寄存器（IREER，见图 5.4.18 和表 5.4.21）

该寄存器用于对相应的中断引脚使能上升沿触发事件。

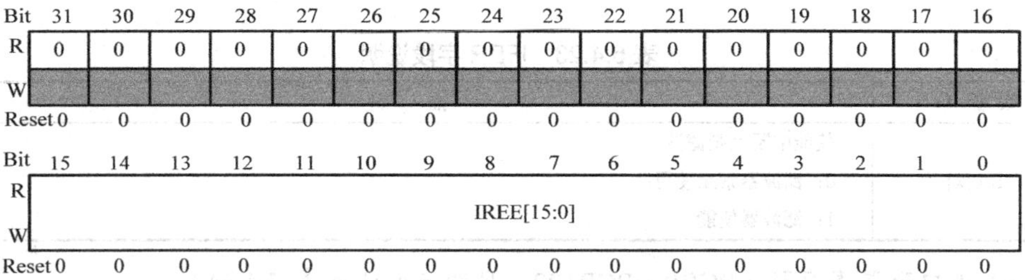

图 5.4.18 上升沿中断事件使能寄存器

表 5.4.21 IREER 字段说明

数 据 位	描 述
IREE[x]	允许引脚上升沿置位中断标志位 ISR（EIF[x]） 0：上升沿事件禁止； 1：上升沿事件允许

6）下降沿中断事件使能寄存器（IFEER，见图 5.4.19 和表 5.4.22）

该寄存器用于使能下降沿触发事件相对应的中断引脚。

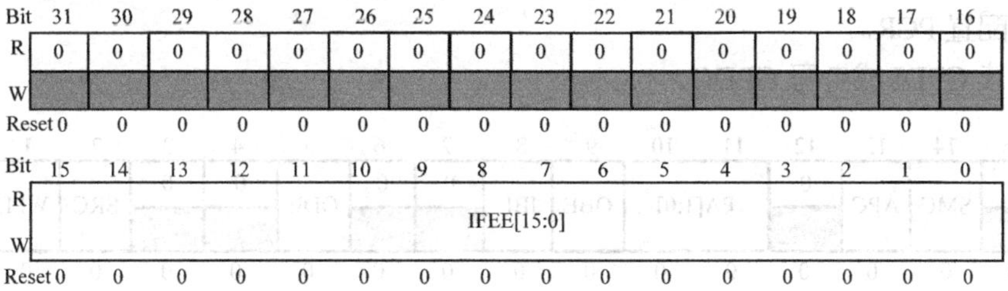

图 5.4.19 下降沿中断事件使能寄存器

表 5.4.22 IFEER 字段说明

数 据 位	描 述
IFEE[x]	允许引脚下降沿置位中断标志位 ISR（EIF[x]） 0：下降沿事件禁止； 1：下降沿事件允许

7）中断输入滤波允许寄存器（IFER，见图 5.4.20 和表 5.4.23）

该寄存器用于使能相应的中断引脚数字滤波计数器，用于筛选有干扰信号的输入量。

Bit	31	30	29	28	27	26	25	24	23	22	21	20	19	18	17	16
R	0	0	0	0	0	0	0	0	0	0	0	0	0	0	0	0
W																
Reset	0	0	0	0	0	0	0	0	0	0	0	0	0	0	0	0

Bit	15	14	13	12	11	10	9	8	7	6	5	4	3	2	1	0
R/W	IFE[15:0]															
Reset	0	0	0	0	0	0	0	0	0	0	0	0	0	0	0	0

图 5.4.20　中断输入滤波允许寄存器

表 5.4.23　IFER 字段说明

数 据 位	描　　述
IFE[x]	使能中断毛刺滤波 0：滤波器禁止使用； 1：滤波器使能

8）端口配置寄存器（PCR0～PCR122，见图 5.4.21 和表 5.4.24）

端口配置寄存器允许 I/O 端口的静态电气与功能特性配置。每个 PCR 控制一个特性端口。请注意，输入和输出外设多路复用是分开的。

（1）输出端口。

① 选择适当的替代功能在端口配置寄存器上。

② OBE 上还没有 GPIO 所需的其他功能。

（2）输入端口。

① 选择 PSMI 寄存器的功能位置。

② 设置适当的 PCR IBE 位。

（3）对于正常的 GPIO（不可选功能）。

① 配置 PCR。

② 读 GPDI 或者写 GPDO。

Bit	15	14	13	12	11	10	9	8	7	6	5	4	3	2	1	0
R	0	SMC	APC	0	PA[1:0]		OBE	IBE	0	0	ODE	0	0	SRC	WPE	WPS
W		SMC	APC		PA[1:0]		OBE	IBE			ODE			SRC	WPE	WPS
Reset	0	0	0	0	0	0	0	0	0	0	0	0	0	0	0	0

图 5.4.21　端口配置寄存器

表 5.4.24　PCR0～PCR122 字段说明

数 据 位	描　　述
SMC	安全模式控制位 0：在安全模式下，端口输出缓冲禁用； 1：在安全模式下，端口输出缓冲使能
APC	模拟端口（PAD）控制 该位使能相应端口位的模拟输入。 0：模拟输入路径从端口被关断，不能被使用； 1：模拟输入路径被选择，能够被 ADC 模块使用

续表

数据位	描述
PA[1:0]	输出端口分配 该位段用于选择输出端口的复用功能。 00：可选择模式 0——GPIO； 01：可选择模式 1——见信号描述引脚部分； 10：可选择模式 2——见信号描述引脚部分； 11：可选择模式 3——见信号描述引脚部分； 注意：数位的实际量取决于引脚实际的复用功能，详见数据手册
OBE	输出缓冲使能 当端口处于 GPIO 模式时，该位使能端口的输出缓冲功能。 0：当 PA[1:0]=00 时，端口输出缓冲禁用； 1：当 PA[1:0]=00 时，端口输出缓冲使能
IBE	输入缓冲使能 该位用于使能端口的输入缓冲功能。 0：端口输入缓冲功能禁止； 1：端口输入缓冲功能使能
ODE	漏极输出使能 该位控制输出驱动器配置的端口连接到该位。漏极开路或推/拉驱动程序配置可以选择。此功能只适用于端口配置为输出状态下使用。 0：输出端口配置为上拉/下拉； 1：输出端口配置成漏极开路
SRC	转换速率选择 该位控制选择联合通道的速率。 0：端口配置为低速率（默认模式）； 1：端口配置为中等或高速率（决定于端口属性）
WPE	弱上拉/下拉使能 该位控制是否弱上拉/下拉的端口连接到该信号来使能/禁止。 0：端口弱上拉/下拉禁止； 1：端口弱上拉/下拉使能
WPS	弱上拉/下拉选择 该位控制允许上拉/下拉的端口选择工作方式。 0：弱下拉选择； 1：弱上拉选择

9）端口复用输入选择寄存器（PSMI0-3～PSMI28-31，见图 5.4.22 和表 5.4.25）

在某些情况下，外围设备的输入信号本身可以采自多个引脚。例如，CAN1_RXD 的信号可以选择 3 个不同的标签：PC[3]、PC[11]和 PF[15]，但同一时间只能有一个标签处于活动状态。选择端口输入到外围设备：

- 选择 PCR 端口寄存器使 PA 现场信号通过；
- 通过设置相应的 PSMI 字段指定路径。

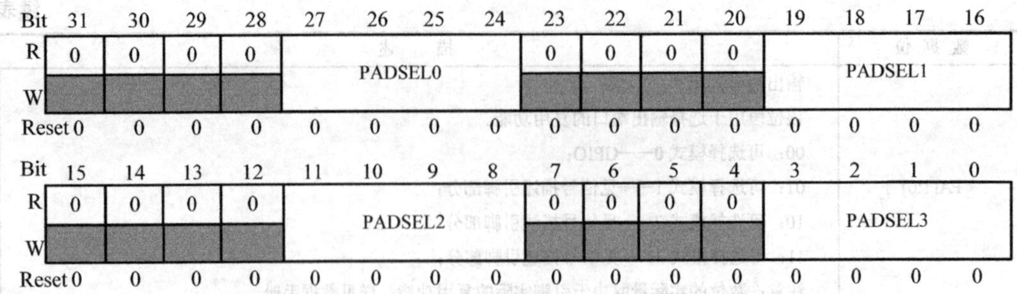

图 5.4.22 端口复用输入选择寄存器

表 5.4.25 PSMI0–3～PSMI28–31 字段说明

数 据 位	描 述
PADSEL0–3 PADSEL4–7 …… PADSEL28–31	端口选择位，详见数据手册

10）输出端口数据寄存器（GPDO0–3～GPDO120–123，见图 5.4.23 和表 5.4.26）

这些寄存器用来设置或清除 GPIO 端口。每位控制一个端口输出相应的比特数据。

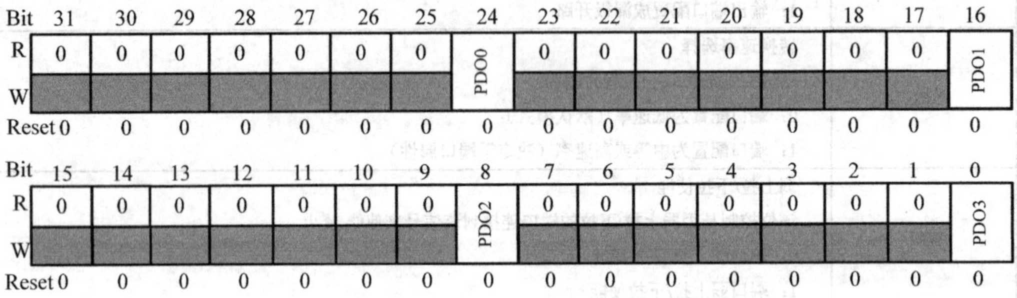

图 5.4.23 输出端口数据寄存器

表 5.4.26 GPDO0–3～GPDO120–123 字段说明

数 据 位	描 述
PDO[x]	端口数据输出 该位用于存储外设 GPIO 端口的输出数据。 0：该位为逻辑低数据时，相应的 GPIO 端口输出逻辑低电平； 1：该位为逻辑高数据时，相应的 GPIO 端口输出逻辑高电平

11）输入端口数据寄存器（GPDI0–3～GPDI120–123，见图 5.4.24 和表 5.4.27）

该寄存器用于使用位操作来读取相应 GPIO 输入端口的数据值。

Bit	31	30	29	28	27	26	25	24	23	22	21	20	19	18	17	16
R	0	0	0	0	0	0	0	PDI0	0	0	0	0	0	0	0	PDI1
W																
Reset	0	0	0	0	0	0	0	0	0	0	0	0	0	0	0	0

Bit	15	14	13	12	11	10	9	8	7	6	5	4	3	2	1	0
R	0	0	0	0	0	0	0	PDI2	0	0	0	0	0	0	0	PDI3
W																
Reset	0	0	0	0	0	0	0	0	0	0	0	0	0	0	0	0

图 5.4.24 输入端口数据寄存器

表 5.4.27 GPDI0–3～GPDI120–123 字段说明

数 据 位	描 述
PDI[x]	端口数据输入 该位存储的值为与外设 GPIO 相关联寄存器的值。 0：数据的值对应 GPIO 端口的信号是逻辑低电平； 1：数据的值对应 GPIO 端口的信号是逻辑高电平

12）并行 GPIO 端口数据输出寄存器（PGPDO0–3～PGPDO120–123）

MPC5604B 设备端口包含 16 个 GPIO 引脚，如端口 A[0…15]。根据引脚的配置，输入并行端口寄存器（PGPDI）和输出并行端口寄存器（PGPDO）用于在一次操作中读或写整个端口。

直接编写一个并行的 PGPDO 寄存器以设置相关 GPDO 的寄存器位，也有一个屏蔽的并行端口输出寄存器允许用户以确定被写入一个端口的引脚。虽然非常方便、快捷，但就 GPIO 端口的电流来说，这种做法确实会影响设备的电源消耗；另外，切换多个 GPIO 引脚可以显著增加电流消耗。

注意事项如下。

（1）一定要小心，以避免同时切换多个 GPIO 引脚超过最大电流阈值，具体请参阅数据表。

（2）重要的是要注意并行端口寄存器的顺序。并行端口寄存器最重要的位对应于显著的端口引脚。例如，端口 A 和端口 B 的 PGPDO0 寄存器包含的字段如下：第 0 位被映射到端口 A[0]，第 1 位被映射到端口 A[1]，依次类推，第 15 位被映射到端口 A[15]；第 16 位被映射到端口 B[0]，第 17 位被映射到端口 B[1]，依次类推，第 31 位被映射到端口 B[15]。

13）并行 GPIO 端口数据输入寄存器（PGPDO0–3～PGPDO120–123）

MPGPDOx 寄存器是并行 GPIO 端口数据输出的寄存器（PGPDO0～PGPDO3），在操作上类似于 PGPDOx 端口，但有两个重要区别。

（1）MPGPDOx 寄存器支持端口屏蔽范围内的数据变化，有效地屏蔽允许选择位写入完整的 16 位端口。

（2）每个 32 位的 MPGPDOx 关联一个端口寄存器。

6. 程序初始化

（1）SIUL 头文件。

```
#ifndef _DEEPB_SIUL_INIT_H_
#define _DEEPB_SIUL_INIT_H_
/****************************************************
-*File name: DeepB_SIUL_Init.h
-*Function:  GPIO 初始化
-*Auther:    DeepBlueStdio
-*Version:   V3.10.1   2013.3.17
****************************************************/
#include"MPC5604B_0M27V_0102.h"
#include"DeepB_PoartDrive.h"
#include "DeepB_Interrupt.h"
/*1==================================================
-*Function name:     DeepB_GPIO_Init
-*Parameter（参数）： 无
-*Input: u8Channel: PX(x)    X——A;B;C;D
                             X——0～15
          Direction: IN      定义引脚为输入
                     OUT     定义引脚为输出
          PullDrive: ENABLE  允许上拉/下拉驱动
                     DISABLE 不允许上拉/下拉选择，引脚位于三态情况下
          u8Pol:     HIGH    上拉选择
                     LOW     下拉选择
          OutData:   HIGH    输出为高电平
                     LOW     输出为低电平
-*Ouput:
-*Effective:         普通输入/输出设定
-*=================================================*/
void DeepB_GPIO_Init(uint8_t u8Channel,uint8_t Direction,
uint8_t PullDrive,uint8_t u8Pol,uint8_t OutData );
/*2==================================================
-*Function name: DeepB_GPIO_OutData
-*Parameter（参数）： 无
-*Input: u8Channel: PX(x)   X——A;B;C;D
                            x——0～15
```

```
            OutData:    HIGH  输出为高电平
                        LOW   输出为低电平
-*Ouput:
-*Effective: 输出数据设定
-*======================================================*/
void DeepB_GPIO_OutData(uint8_t u8Channel,uint8_t OutData);

/*3=======================================================
-*Function name:   DeepB_GPIO_OutDataU16
-*Parameter（参数）: 无
-*Input:           u8Channel——PAD  PBD  PCD  PDD  PED  PHD
                   OutData——小于 16 位的数（<=65536）
-*Ouput:
-*Effective:  输出数据设定
-*======================================================*/
void DeepB_GPIO_OutDataU16(uint8_t u8Channel,uint16_t OutData);

/*4=======================================================
-*Function name:    DeepB_Get_InputDataU16
-*Parameter（参数）: 无
-*Input:           u8Channel——PAD  PBD  PCD  PDD  PED  PHD
-*Output:          返回引脚电平值
-*Effective: 调用该函数可以返回 PX0—15 连续 16 个输入数据
           x=A;B;C;D;E;F:H;
-*======================================================*/
uint32_t DeepB_Get_InputDataU16(uint8_t u8Channel);

/*5=======================================================
-*Function name:    DeepB_Get_InputData
-*Parameter（参数）: 无
-*Input:            u8Channel: PX(x) X——A;B;C;D
                                      x——0～15
-*Output:           返回引脚电平值
-*Effective:
-*======================================================*/
uint8_t DeepB_Get_InputData(uint8_t u8Channel);
```

```
/*6=====================================================
-*Function name:
-*Parameter（参数）：无
-*Input：u8Channel：PX(x)  X——A;B;C;D
                           x——0～15
        ALx：0
             1
             2
             3
-*Ouput:
-*Effective：复用功能选择，确定 I/O 工作在第几功能区
-*=====================================================*/
void DeepB_SIUL_Function(uint8_t u8Channel,uint8_t ALx);

#endif
```

（2）SIUL 源文件。

```
/*****************************************************
-*File name：DeepB_eMIOS0_Init.c
-*Function： 增强的 IO 系统初始化
-*Auther：    DeepBlueStdio
-*Version：   V3.1.0.1   2013.3.17
*****************************************************/
#include "DeepB_SIUL_Init.h"
/*1=====================================================
-*Function name：   DeepB_GPIO_Init
-*Parameter（参数）：无
-*Input：u8Channel：PX(x)   X——A;B;C;D
                            x——0～15
          Direction：IN        定义引脚为输入
                     OUT       定义引脚为输出
          PullDrive：ENABLE   允许上拉/下拉驱动
                     DISABLE  不允许上拉/下拉选择，引脚位于三态情况下
          u8Pol：    HIGH      上拉选择
                     LOW       下拉选择
          OutData：  HIGH      输出为高电平
                     LOW       输出为低电平
-*Ouput:
-*Effective：普通输入/输出设定
-*=====================================================*/
```

```
void DeepB_GPIO_Init(uint8_t u8Channel,uint8_t Direction,
     uint8_t PullDrive,uint8_t u8Pol,uint8_t OutData )
{
    SIU.PCR[u8Channel].B.SMC=1;                /*在安全模式下缓冲允许*/
    SIU.PCR[u8Channel].B.PA =0;                /*通道配置在GPIO模式下*/
    if(Direction==OUT)
    {
        SIU.PCR[u8Channel].B.OBE=1;            /*通道输出缓冲使能*/
    }
    else
    {
       SIU.PCR[u8Channel].B.IBE=1;             /*通道输入缓冲使能*/
    }
    SIU.PCR[u8Channel].B.SRC=1;                /*配置在中速和高速模式下*/
    if(Direction==OUT)
    {
        if(OutData==HIGH)
        {
            SIU.GPDO[u8Channel].B.PDO = 1;       /*配置输出为高电平*/
        }
        else
        {
           SIU.GPDO[u8Channel].B.PDO = 1;        /*配置输出为低电平*/
        }
    }
    SIU.PCR[u8Channel].B.WPE=1;
    SIU.PCR[u8Channel].B.WPS=1;
}
/*2========================================================
-*Function name:   DeepB_GPIO_OutData
-*Parameter（参数）：无
-*Input：u8Channel：PX(x)  X——A;B;C;D
                            x——0～15
          OutData：  HIGH  输出为高电平
                     LOW  输出为低电平
-*Ouput：
-*Effective： 输出数据设定
-*======================================================*/
```

```
void DeepB_GPIO_OutData(uint8_t u8Channel,uint8_t OutData)
{
    SIU.GPDO[u8Channel].B.PDO = OutData;        /*配置输出为高电平*/
}

/*3=======================================================
-*Function name:    DeepB_GPIO_OutDataU16
-*Parameter(参数): 无
-*Input:   u8Channel——PAD  PBD  PCD  PDD  PED  PHD
           OutData——小于16位的数(<=65536)
-*Ouput:
-*Effective: 输出数据设定
-*======================================================*/
void DeepB_GPIO_OutDataU16(uint8_t u8Channel,uint16_t OutData)
{
   uint8_t x;
   uint32_t data_x=0;
   switch(u8Channel)
   {
    case  PAD :  x=0;data_x=OutData;data_x=data_x<<16;break;
    case  PBD :  x=0;data_x=(uint16_t)OutData;break;
    case  PCD :  x=1;data_x=OutData;data_x=data_x<<16;break;
    case  PDD :  x=1;data_x=(uint16_t)OutData;break;
    case  PED :  x=2;data_x=OutData;data_x=data_x<<16;break;
    case  PHD :  x=3;data_x=(uint16_t)OutData;break;
   }
    SIU.PGPDO[x].B.PPD0=data_x=OutData;
}

/*4=======================================================
-*Function name:    DeepB_Get_InputDataU16
-*Parameter(参数): 无
-*Input:  u8Channel——PAD  PBD  PCD  PDD  PED  PHD
-*Output: 返回引脚电平值
-*Effective: 调用该函数可以返回 PX015 连续 16 个输入数据
            X——A;B;C;D;E;F:H;
-*======================================================*/
uint32_t DeepB_Get_InputDataU16(uint8_t u8Channel)
{
```

```
    uint8_t x;
    uint32_t data_x=0;
    switch(u8Channel)
    {
     case  PAD: x=0;data_x=SIU.PGPDI[x].R;
                data_x=(data_x & 0xFFFF0000)>>16;break;
     case  PBD: x=0;data_x=SIU.PGPDI[x].R;
                data_x=(data_x & 0x0000FFFF);break;
     case  PCD: x=1;data_x=SIU.PGPDI[x].R;
                data_x=(data_x & 0xFFFF0000)>>16;break;
     case  PDD: x=1;data_x=SIU.PGPDI[x].R;
                data_x=(data_x & 0x0000FFFF);break;
     case  PED: x=2;data_x=SIU.PGPDI[x].R;
                data_x=(data_x & 0xFFFF0000)>>16;break;
     case  PHD: x=3;data_x=SIU.PGPDI[x].R;
                data_x=(data_x & 0x0000FFFF);break;
    }
     return data_x;
}

/*5=====================================================
-*Function name:   DeepB_Get_InputData
-*Parameter (参数): 无
-*Input: u8Channel: PX(x)  X——A;B;C;D
                           x——0~15
-*Output: 返回引脚电平值
-*Effective:
-*====================================================*/
uint8_t DeepB_Get_InputData(uint8_t u8Channel)
{
     uint8_t read_UNM=0;
     read_UNM = SIU.GPDI[u8Channel].B.PDI;
     return read_UNM;
}
/*6=====================================================
-*Function name:
-*Parameter (参数): 无
-*Input: u8Channel: PX(x)  X——A;B;C;D
```

```
                    x——0~15
        ALx: 0
             1
             2
             3
-*Ouput:
-*Effective: 复用功能选择，确定 I/O 工作在第几功能区
-*=======================================================*/
void DeepB_SIUL_Function(uint8_t u8Channel,uint8_t ALx)
{
}
```

（3）EIRQ 头文件。

```
#ifndef _DEEPB_EIRQ_INIT_H_
#define _DEEPB_EIRQ_INIT_H_

/*******************************************************
-*File name: DeepB_EIRQ_Init.h
-*Function:  引脚输入捕捉中断初始化程序头文件
-*Auther:    DeepBlueStdio
-*Version:   V3.10.1   2013.3.16
*******************************************************/
#include "MPC5604B_0M27V_0102.h"        // 包含系统文件
#include "DeepB_PoartDrive.h"
#include "DeepB_SIUL_Init.h"
#include "DeepB_Interrupt.h"

/*1=====================================================
-*Function name:   DeepB_InitSpeed
-*Parameter（参数）：无
-*Input: v_Poart:    中断输入引脚，1~15
-*      u8Pol:  Falling_edge   上升沿触发中断
-*              Rising_edge    下降沿触发中断
-*              F_and_R_edge   上升、下降都触发中断
-*       priority: 中断优先级    0~15
-*                               低—高
-*Ouput:
-*Effective: 初始化速度控制 PWM  频率为 10kHz
-*=======================================================*/
```

```
uint8_t DeepB_EIRQInit(uint8_t v_Chancle,uint8_t v_Poart,
        uint8_t u8Pol,uint8_t priority);

/*2========================================================
-*Function name: External_IRQ_0
-*Parameter（参数）: 无
-*Input:
-*Ouput:
-*Effective: 中断服务子程序
-*======================================================*/
void External_IRQ_0();

/*3========================================================
-*Function name: External_IRQ_0
-*Parameter（参数）: 无
-*Input:
-*Ouput:
-*Effective: 中断服务子程序
-*======================================================*/
void External_IRQ_1();

#endif
```

（4）EIRQ 源文件。

```
/*****************************************************
-*File name: DeepB_EIRQ_Init.c
-*Function:  引脚输入捕捉中断初始化程序头文件
-*Auther:    DeepBlueStdio
-*Version:   V3.10.1   2013.3.16
*****************************************************/

#include "DeepB_EIRQ_Init.h"
extern uint32_t Pit1Ctr;
/*1========================================================
-*Function name:   DeepB_InitSpeed
-*Parameter（参数）: 无
-*Input:  v_Poart:  中断输入引脚     1～15
-*        u8Pol:    Falling_edge 上升沿触发中断
-*                  Rising_edge  下降沿触发中断
```

```
-*              F_and_R_edge     上升、下降都触发中断
-*       priority: 中断优先级     0—15
-*                                低—高
-*Ouput:
-*Effective: 初始化速度控制 PWM  频率为 10kHz
-*=======================================================*/
uint8_t DeepB_EIRQInit(uint8_t v_Chancle,uint8_t v_Poart,
      uint8_t u8Pol,uint8_t priority)
{
//   DeepB_GPIO_Init(v_Chancle,IN,DISABLE,0,0);
//    if(u8Pol==Rising_edge)
//    {
//       SIU.IREER.R |= (0x00000001<<v_Chancle);      /*下降沿使能*/
//    }
//    else if(u8Pol==Falling_edge)
//    {
//       SIU.IFEER.R |= (0x00000001<<v_Chancle);    /* 下降沿中断使能*/
//    }
//    else
//    {
//       SIU.IREER.R |= (0x00000001<<v_Chancle);
//       SIU.IFEER.R |= (0x00000001<<v_Chancle);
//    }
//    if(v_Chancle<8)                          /* IRQ_0  中断向量号为 41 */
//    {
//       INTC.PSR[42].R = priority;
//       INTC.PSR[41].R = priority;
//    }
//    else if(v_Chancle<16)
//    {
//       INTC.PSR[41].R = priority;
//       INTC.PSR[42].R = priority;
//  }
//   SIU.ISR.R =0xFFFFFFFF;                  /* 清除中断标志位  */
//   SIU.IFER.R |= (0x00000001<<v_Chancle);/* 使能 v_Chancle 为输入滤波 */
//   SIU.IFCPR.B.IFCP=1;
//   SIU.IFMC[v_Chancle].B.MAXCNT=1;
//   SIU.IRER.R |= (0x00000001<<v_Chancle);/* 使能 v_Chancle 为输入中断 */
```

```
    SIU.IRER.B.EIRE2=1;                    /* 允许中断*/
    SIU.IREER.B.IREE2=1;
    SIU.IFER.B.IFE2=1;
    SIU.PCR[7].B.IBE=1;
    SIU.PCR[7].B.SRC=1;
    INTC.PSR[42].R=4;
    INTC.PSR[41].R=3;
return 1;
}

/*2=======================================================
-*Function name:   External_IRQ_0
-*Parameter（参数）：无
-*Input：
-*Ouput：
-*Effective：中断服务子程序
-*=====================================================*/
void External_IRQ_0()
{
    Pit1Ctr++;
    INTC.SSCIR[4].R = 2;                         /*  调用软件中断 4 */
    SIU.ISR.R=0xFFFFFFFF;
}
/*3=======================================================
-*Function name: External_IRQ_0
-*Parameter（参数）：无
-*Input：
-*Ouput：
-*Effective：中断服务子程序
-*=====================================================*/
void External_IRQ_1()
{
    Pit1Ctr++;
    INTC.SSCIR[4].R = 2;       /*  调用软件中断 4 */
    SIU.ISR.R=0xFFFFFFFF;
}
```

（5）主函数。

5.4.4 中断管理模块

1. MPC5604 中断模块介绍

中断模块提供了中断请求源（IRQs）的优先级抢占调度，这种调度方案很适合静态的实时硬件系统。中断模块支持 142 个中断请求。中断请求的多级嵌套用于 Power Architecture 技术的处理器和自动动力系统的应用。

2. 特性

中断模块有如下特性：

- ⊙ 支持 134 个外部中断请求源和 8 个软件配置中断请求源；
- ⊙ 每个中断源有 9 位的中断向量；
- ⊙ 每个中断源可以被编程为 16 个优先级之一；
- ⊙ 抢占调度；
- ⊙ 低延迟——从外部中断请求开始到芯片接收到请求只需要 3 个时钟周期。

中断源如表 5.4.28 所示。

表 5.4.28 中断源

中断源（142 个）	可 用 号
Software	8
ECSM	1
Software Watchdog（SWT）	1
STM	4
Flash/SRAM ECC（SEC-DED）	2
Real Time Counter（RTC/API）	2
System Integration Unit Lite（SIUL）	2
WKPU	3
MC_ME	4
MC_RGM	1
FXOSC	1
PIT	6
ADC_0	3
FlexCAN_0	8
FlexCAN_1	8
FlexCAN_2	8
FlexCAN_3	8
FlexCAN_4	8
FlexCAN_5	8
LINFlex_0	3
LINFlex_1	3
LINFlex_2	3
LINFlex_3	3

续表

中断源（142 个）	可 用 号
DSPI_0	5
DSPI_1	5
DSPI_2	5
I2C_0	1
Enhanced Modular I/O Subsystem 0（eMIOS_0）	14

3. 结构

中断管理模块结构如图 5.4.25 所示。

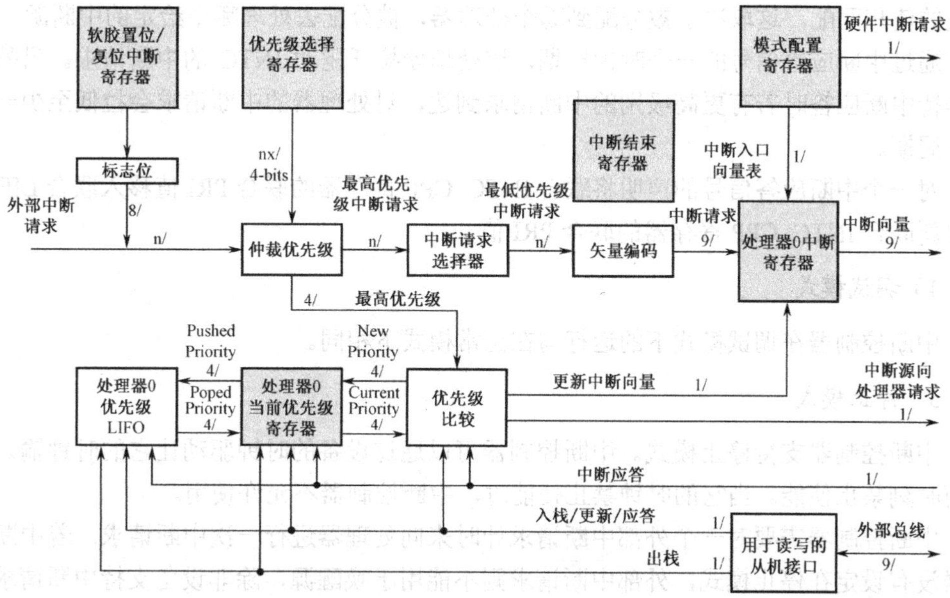

图 5.4.25 中断管理模块结构

4. 运行模式

1）正常模式

在正常模式下，中断源与处理器有两个握手模式：软件向量模式和硬件向量模式。

2）软件向量模式

在软件向量模式下，软件即中断异常处理，必须读取中断模块的寄存器来获得联系处理器和中断请求的向量。当中断模块 INTC_MCR 寄存器中的 HVEN 位是低电平时，它会向处理器调用软件向量模式。进入处理器 0 与处理器 1 的硬件向量使能信号，当与其连接的 HVEN 位为低电平时被拉低。向量是从 INTC_IACKR 读入的，读 INTC_IACKR 时中断请求无效；甚至在等待这个中断应答时，有更高级别的中断请求，这个对处理器的中断请求会拉低至少一个时钟周期。读取 INTC_IACKR 的时候也会把 PRI 的值推入与 LIFO 连接的 INTC_CPR，并更新新的优先级到连接 INTC_CPR 的 PRI。

另外，处理器的中断向量全被置 0。连接处理器的中断应答信号会被忽视。

3）硬件向量模式

在硬件向量模式下，硬件是与能够使用向量的处理器相协调的中断源产生的中断向量信号。在此模式下，这个硬件会导致在处理中断请求时处理器要执行的第一条指令是特定于该矢量的。因此，异常中断处理程序应具体到一个外设或软件配置中断请求，而不是他们共同承担。当 INTC_MCR 中与中断源相关联的 HVEN 位置位时，对一个给定的处理器使用硬件向量模式。硬件向量启用信号相关联的处理器当作声明被驱动。当相关联的处理器的中断请求被声明时，中断向量信号则被更新。中断向量的值是唯一与抢占外设或软件配置中断请求关联的向量。向量值是否与 INTC_IACKR 中的 INTC_IACKR 字段的值相匹配，这取决于被分配到哪个处理器，被分配去处理哪个给定的中断源。

通过中断应答信号的一个时钟周期，该处理器拉低驱动 INTC 的中断请求。另外，当等待中断应答时若有更高级别的中断请求到达，对处理器的中断请求会拉低至少一个时钟周期。

对一个中断应答信号的声明将联合 INTC_CPP 寄存器的联合 PRI 值移入联合 LIFO，并更新联合 INTC_CPP 寄存器的联合 PRI 值。

4）调试模式

中断控制器在调试模式下的运行与在正常模式下相同。

5）停止模式

中断控制器支持停止模式。中断控制器可以通过设备的时钟驱动让它的时钟输入在任何时刻禁止使能。当它的时钟禁止使能时，中断控制器不允许使用。

中断控制器需要对一个外部中断请求计时来向处理器进行一次中断请求。若中断控制器没有设定在停止模式，外部中断请求则不能用于唤醒源，除非设备支持中断请求作为一个唤醒源。

5．寄存器

1）中断控制器模式设置寄存器（INTC_MCR，见图 5.4.26 和表 5.4.29）

模式设置寄存器用于中断控制器的配置选项。

Bit	31	30	29	28	27	26	25	24	23	22	21	20	19	18	17	16
R	0	0	0	0	0	0	0	0	0	0	0	0	0	0	0	0
W																
Reset	0	0	0	0	0	0	0	0	0	0	0	0	0	0	0	0

Bit	15	14	13	12	11	10	9	8	7	6	5	4	3	2	1	0
R	0	0	0	0	0	0	0	0	0	0	VTES	0	0	0	0	HVEN
W																
Reset	0	0	0	0	0	0	0	0	0	0	0	0	0	0	0	0

图 5.4.26　中断控制器模式设置寄存器

表 5.4.29 INTC_MCR 字段说明

数 据 位	描 述
VTES	向量表入口长度 0：4 位； 1：8 位
HVEN	硬件向量使能 0：软件向量模式； 1：硬件向量模式

2）中断当前优先级寄存器（INTC_CPR，见图 5.4.27 和表 5.4.30）

Bit	31	30	29	28	27	26	25	24	23	22	21	20	19	18	17	16
R	0	0	0	0	0	0	0	0	0	0	0	0	0	0	0	0
W																
Reset	0	0	0	0	0	0	0	0	0	0	0	0	0	0	0	0
Bit	15	14	13	12	11	10	9	8	7	6	5	4	3	2	1	0
R	0	0	0	0	0	0	0	0	0	0	0	0	PRI			
W																
Reset	0	0	0	0	0	0	0	0	0	0	0	0	1	1	1	1

图 5.4.27 中断当前优先级寄存器

表 5.4.30 INTC_CPR 字段说明

数 据 位	描 述
IINTC_CPR	掩膜位 任何外设或软件配置的中断请求从产生中断请求到所述处理器 INTC_CPR[PRI]字段的当前值设定为相同的或较低的优先级。当读 INTC 中断应答寄存器（INTC_IACKR）时，软件矢量模式或者中断应答信号来自硬件中断处理单元，PRI 的值压入先进先出队列，当先占优先中断应答时，PRI 的值被更新。当 INTC 结束的中断寄存器（INTC EOIR）被写入时，后进先出队列被弹出 INTC CPR 的优先级字段。优先级设置如表 5.4.31 所示

表 5.4.31 优先级设置

PRI	意 义
1111	优先级 15——最高
1110	优先级 14
1101	优先级 13
1100	优先级 12
1011	优先级 11
1010	优先级 10
1001	优先级 9
1000	优先级 8
0111	优先级 7
0110	优先级 6
0101	优先级 5
0100	优先级 4
0011	优先级 3
0010	优先级 2
0001	优先级 1
0000	优先级 0——最低

3）INTC 中断应答寄存器（INTC_IACKR，见图 5.4.28 和表 5.4.32）

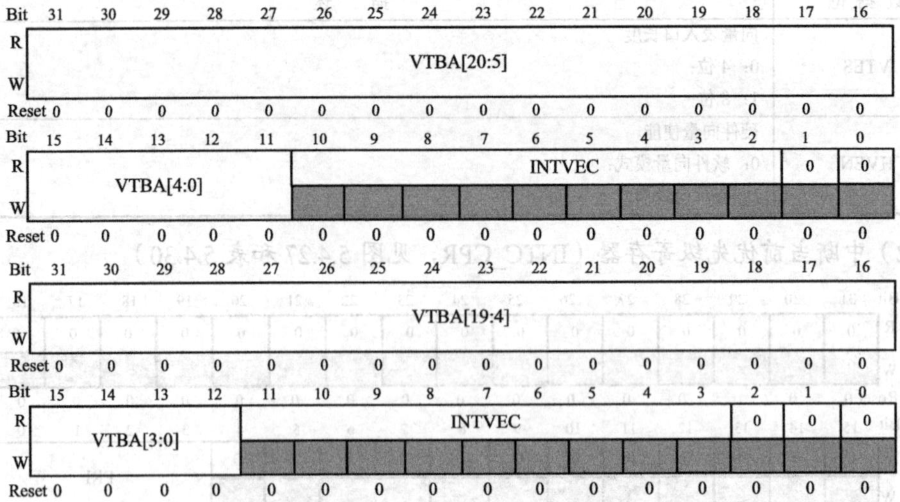

图 5.4.28　INTC 中断应答寄存器

表 5.4.32　INTC_IACKR 字段说明

数 据 位	描　述
VTBA	中断向量表基地址寄存器 可以作为 ISRs 地址的一个向量表中的基地址
INTVEC	中断向量 它是外设或软件配置的中断请求向量，向处理器产生中断请求。当对处理器的中断请求产生时，不管 INTC 在软件向量模式还是在硬件向量模式，INTVEC 的值都会被更新

4）INTC 软件置位/清零中断标志位寄存器（INTC_SSCIR0–3 和 INTC_SSCIR4–7，见图 5.4.29 和表 5.4.33）

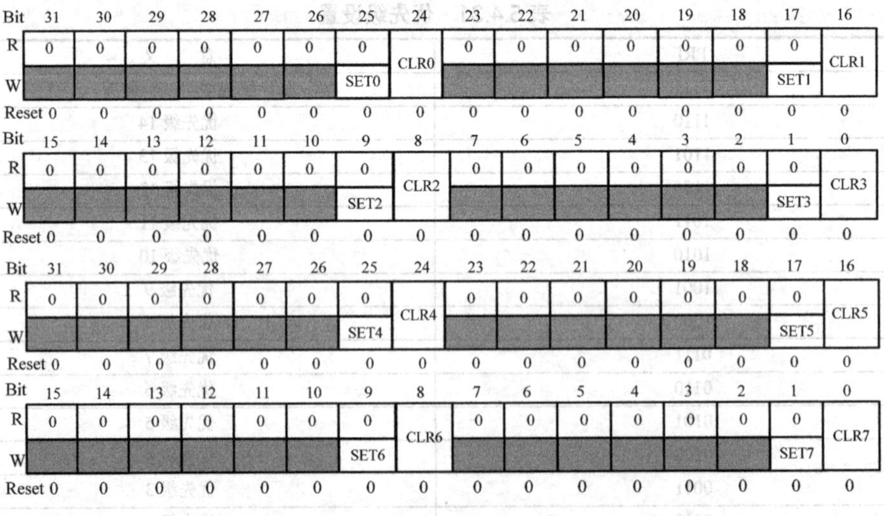

图 5.4.29　INTC 软件置位/清零中断标志位寄存器

表 5.4.33 INTC_SSCIR0–3 和 INTC_SSCIR4–7 字段说明

数据位	描述
SETx	置位标志 写 1 置位相应的 CLRx 位；写 0 没有作用；读 CLRx 返回 0
CLRx	清零标志位 CLRx 是中断标志位，写 1 到 CLRx 可清除相应位，并实现没有 1 同时写入其相应的 SETx 位。写 0 没有作用。 0：中断请求没有发生； 1：中断请求发生

5）中断优先权选择寄存器（INTC_PSR0–3 和 INTC_PSR208–210，见图 5.4.30 和表 5.4.34）

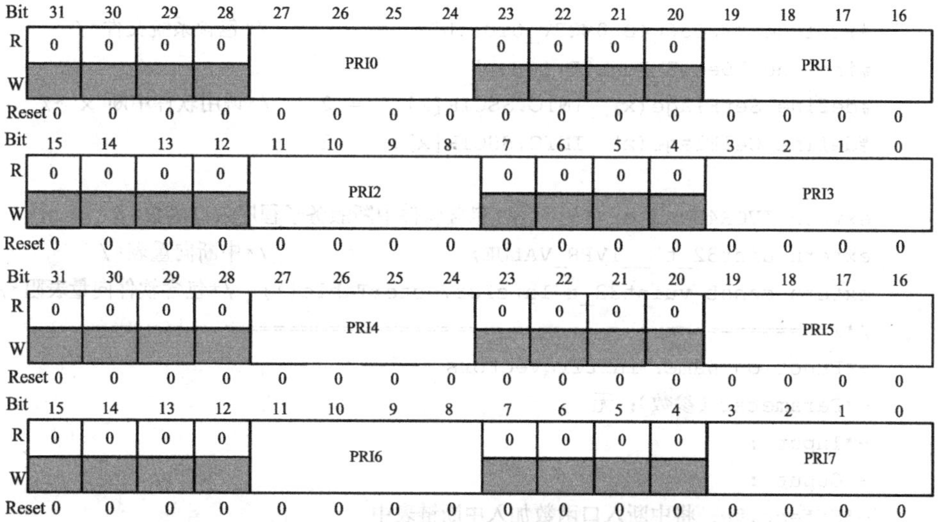

图 5.4.30 中断优先权选择寄存器

表 5.4.34 INTC_PSR0–3 和 INTC_PSR208–210 字段说明

数据位	描述
PRI	中断优先级选择位 PRIx 为中断请求选择优先级

6）中断向量表（INTC_PSR0–3 和 INTC_PSR208–210，见表 5.4.35）

表 5.4.35 中断向量表说明

IRQ#	偏移地址	中断源	模块
INTC_PSR0–3	0x0040	INTC_PSR108–111	0x00AC
INTC_PSR4–7	0x0044	INTC_PSR112–115	0x00B0
INTC_PSR8–11	0x0048	INTC_PSR116–119	0x00B4
INTC_PSR12–15	0x004C	INTC_PSR120–123	0x00B8
…	…	…	…

6. 初始化

（1）头文件。

```
#ifndef _DEEPB_INTERRUPT_H_
#define _DEEPB_INTERRUPT_H_

/*****************************************************
-*File name: DeepB_PIT_Init.h
-*Function:  可编程中断定时器的初始化头文件
-*Auther:    DeepBlueStdio
-*Version:   V3.10.1   2013.3.16
*****************************************************/
#include "MPC5604B_0M27V_0102.h"                /*包含系统文件*/
#include "DeepB_PoartDrive.h"
#define SetFlage(x)  INTC.SSCIR[x].R = 2    /*调用软件中断 x */
#define CelFlage(x)  INTC.SSCIR[x].R = 1

extern IVOR4Handler();      /*包含软件中断服务子程序入口函数*/
extern uint32_t __IVPR_VALUE;              /*中断向量表*/
extern const vuint32_t IntcIsrVectorTable[];  /*包含软件向量表阻*/
/*1=====================================================
-*Function name: initIrqVectors
-*Parameter（参数）：无
-*Input :
-*Ouput :
-*Effective：将中断入口函数加入中断链表中
-*====================================================*/
asm void initIrqVectors(void);

/*2=====================================================
-*Function name: initINTC
-*Parameter（参数）：无
-*Input:
-*Ouput:
-*Effective：配置中断软件启动，并将基地址加入系统中
-*====================================================*/
void initINTC(void);

/*3=====================================================
-*Function name: EnableIrq
-*Parameter（参数）：无
-*Input:
-*Ouput:
```

```
-*Effective: 中断开启
-*=====================================================*/
void EnableIrq(void);

#endif
```

（2）源文件。

```
/*****************************************************
-*File name: DeepB_PIT_Init.h
-*Function:  可编程中断定时器的初始化头文件
-*Auther:    DeepBlueStdio
-*Version:   V3.10.1   2013.3.16
*****************************************************/

#include"DeepB_Interrupt.h"

/*1=====================================================
-*Function name: initIrqVectors
-*Parameter（参数）: 无
-*Input:
-*Ouput:
-*Effective: 将中断入口函数加入中断链表中
-*=====================================================*/
asm void initIrqVectors(void) {
 lis r3, __IVPR_VALUE@h        /* IVPR的值被链接文件传递 */
 ori r3, r3, __IVPR_VALUE@l
 mtivpr r3
}

/*2=====================================================
-*Function name: initINTC
-*Parameter（参数）: 无
-*Input:
-*Ouput:
-*Effective: 配置中断软件启动，并将基地址加入系统中
-*=====================================================*/
void initINTC(void) {
 initIrqVectors();
 INTC.MCR.B.HVEN = 0;          /* 单独内核: SW向量模式初始化*/
 INTC.MCR.B.VTES = 0;          /* 单独内核: 使用默认4B偏移地址的向量表*/
/*将中断基地址加入到系统中*/
/* MPC555x: 中断向量表基地址*/
 INTC.IACKR.R = (uint32_t) &IntcIsrVectorTable[0];
}
```

```
/*3================================================================
-*Function name: EnableIrq
-*Parameter（参数）：无
-*Input:
-*Ouput:
-*Effective：中断开启
-*==============================================================*/
void EnableIrq(void) {
  INTC.CPR.B.PRI = 0;          /*单独内核：当前优先级为低优先级*/
  asm(" wrteei 1");            /*开启外部中断 */
}
```

（3）软中断表文件。

```
/*IntcIsrVectors.c——SW 中断模式下的中断向量表*/
/*描述：包含 310 个中断向量的地址*/
/*通过 INTC_IACKR 加载向量表*/

#include "typedefs.h"
void dummy (void);
extern void SwIrq4ISR(void);
extern void Pit0ISR(void);
extern void Pit1ISR(void);
extern void Pit2ISR(void);
extern void Pit3ISR(void);
extern void Pit4ISR(void);
extern void Pit5ISR(void);
extern void External_IRQ_0(void);
extern void External_IRQ_1(void);
/* Use next two lines with Diab compile */
/*#pragma section CONST ".intc_sw_isr_vector_table" */
/*const uint32_t IntcIsrVectorTable[] = {   */

/* 指示使用 CodeWarrior 编译下两行*/
#pragma section data_type ".intc_sw_isr_vector_table"
".intc_sw_isr_vector_table" data_mode=far_abs
uint32_t IntcIsrVectorTable[] = {(uint32_t)&dummy, (uint32_t)&dummy,
  (uint32_t)&dummy, (uint32_t)& dummy, (uint32_t)&SwIrq4ISR,
/* ISRs 00 - 04 */
  (uint32_t)&dummy, (uint32_t)&dummy, (uint32_t)&dummy,
  (uint32_t)&dummy, (uint32_t)&dummy,
/* ISRs 05 - 09 */
  (uint32_t)&dummy, (uint32_t)&dummy, (uint32_t)&dummy,
  (uint32_t)&dummy, (uint32_t)&dummy,
```

```
/* ISRs 10 - 14 */
  (uint32_t)&dummy, (uint32_t)&dummy, (uint32_t)&dummy,
  (uint32_t)&dummy, (uint32_t)&dummy,
/* ISRs 15 - 19 */
  (uint32_t)&dummy, (uint32_t)&dummy, (uint32_t)&dummy,
  (uint32_t)&dummy, (uint32_t)&dummy,
/* ISRs 20 - 24 */
  (uint32_t)&dummy, (uint32_t)&dummy, (uint32_t)&dummy,
  (uint32_t)&dummy, (uint32_t)&dummy,
/* ISRs 25 - 29 */
  (uint32_t)&dummy, (uint32_t)&dummy, (uint32_t)&dummy,
  (uint32_t)&dummy, (uint32_t)&dummy,
/* ISRs 30 - 34 */
  (uint32_t)&dummy, (uint32_t)&dummy, (uint32_t)&dummy,
  (uint32_t)&dummy, (uint32_t)&dummy,
/* ISRs 35 - 39 */
  (uint32_t)&dummy, (uint32_t)&External_IRQ_0,
  (uint32_t)&External_IRQ_1, (uint32_t)&dummy, (uint32_t)&dummy,
/* ISRs 40 - 44 */
  (uint32_t)&dummy, (uint32_t)&dummy, (uint32_t)&dummy,
  (uint32_t)&dummy, (uint32_t)&dummy,
/* ISRs 45 - 49 */
  (uint32_t)&dummy, (uint32_t)&dummy, (uint32_t)&dummy,
  (uint32_t)&dummy, (uint32_t)&dummy,
/* ISRs 50 - 54 */
  (uint32_t)&dummy, (uint32_t)&dummy, (uint32_t)&dummy,
  (uint32_t)&dummy, (uint32_t)&Pit0ISR,
/* ISRs 55 - 59 */
/* 下一行用于 MPC551x 或 MPC563x: */
/* (uint32_t)&dummy, (uint32_t)&dummy, (uint32_t)&dummy,
   (uint32_t)&dummy, (uint32_t)&dummy,*/
/* ISRs 60 - 64 */
/* 下一行用于 MPC56xB, MPC56xxP, MPC56xS, PIT1 中断向量为 60: */
  (uint32_t)&Pit1ISR, (uint32_t)&Pit2ISR, (uint32_t)&dummy,
  (uint32_t)&dummy, (uint32_t)&dummy,
/* ISRs 60 - 64 */
  (uint32_t)&dummy, (uint32_t)&dummy, (uint32_t)&dummy,
  (uint32_t)&dummy, (uint32_t)&dummy,
/* ISRs 65 - 69 */
  (uint32_t)&dummy, (uint32_t)&dummy, (uint32_t)&dummy,
  (uint32_t)&dummy, (uint32_t)&dummy,
/* ISRs 70 - 74 */
  (uint32_t)&dummy, (uint32_t)&dummy, (uint32_t)&dummy,
```

```
    (uint32_t)&dummy, (uint32_t)&dummy,
  /* ISRs 75 - 79 */
    (uint32_t)&dummy, (uint32_t)&dummy, (uint32_t)&dummy,
    (uint32_t)&dummy, (uint32_t)&dummy,
  /* ISRs 80 - 84 */
    (uint32_t)&dummy, (uint32_t)&dummy, (uint32_t)&dummy,
    (uint32_t)&dummy, (uint32_t)&dummy,
  /* ISRs 85 - 89 */
    (uint32_t)&dummy, (uint32_t)&dummy, (uint32_t)&dummy,
    (uint32_t)&dummy, (uint32_t)&dummy,
  /* ISRs 90 - 94 */
    (uint32_t)&dummy, (uint32_t)&dummy, (uint32_t)&dummy,
    (uint32_t)&dummy, (uint32_t)&dummy,
  /* ISRs 95 - 99 */
    (uint32_t)&dummy, (uint32_t)&dummy, (uint32_t)&dummy,
    (uint32_t)&dummy, (uint32_t)&dummy,
  /* ISRs 100 - 104 */
    (uint32_t)&dummy, (uint32_t)&dummy, (uint32_t)&dummy,
    (uint32_t)&dummy, (uint32_t)&dummy,
  /* ISRs 105 - 109 */
    (uint32_t)&dummy, (uint32_t)&dummy, (uint32_t)&dummy,
    (uint32_t)&dummy, (uint32_t)&dummy,
  /* ISRs 110 - 114 */
    (uint32_t)&dummy, (uint32_t)&dummy, (uint32_t)&dummy,
    (uint32_t)&dummy, (uint32_t)&dummy,
  /* ISRs 115 - 119 */
    (uint32_t)&dummy, (uint32_t)&dummy, (uint32_t)&dummy,
    (uint32_t)&dummy, (uint32_t)&dummy,
  /* ISRs 120 - 124 */
    (uint32_t)&dummy, (uint32_t)&dummy, (uint32_t)&Pit3ISR,
    (uint32_t)&Pit4ISR, (uint32_t)&Pit5ISR,
  /* ISRs 125 - 129 */
    (uint32_t)&dummy, (uint32_t)&dummy, (uint32_t)&dummy,
    (uint32_t)&dummy, (uint32_t)&dummy,
  /* ISRs 130 - 134 */
    (uint32_t)&dummy, (uint32_t)&dummy, (uint32_t)&dummy,
    (uint32_t)&dummy, (uint32_t)&dummy,
  /* ISRs 135 - 139 */
    (uint32_t)&dummy, (uint32_t)&dummy, (uint32_t)&dummy,
    (uint32_t)&dummy, (uint32_t)&dummy,
  /* ISRs 140 - 144 */
  /* 下一行用于 MPC563x or MPC56xxB, MPC56xxP, MPC56xxS: */
  /* (uint32_t)&dummy, (uint32_t)&dummy, (uint32_t)&dummy,
```

```
    (uint32_t)&dummy, (uint32_t)&Pit1ISR,*/
  /* ISRs 145 - 149 */
  /*下一行用于MPC551x, PIT1中断向量为 149: */
    (uint32_t)&dummy, (uint32_t)&dummy, (uint32_t)&dummy,
    (uint32_t)&dummy, (uint32_t)&dummy,
  /* ISRs 145 - 149 */
    (uint32_t)&dummy, (uint32_t)&dummy, (uint32_t)&dummy,
    (uint32_t)&dummy, (uint32_t)&dummy,
  /* ISRs 150 - 154 */
    (uint32_t)&dummy, (uint32_t)&dummy, (uint32_t)&dummy,
    (uint32_t)&dummy, (uint32_t)&dummy,
  /* ISRs 155 - 159 */
    (uint32_t)&dummy, (uint32_t)&dummy, (uint32_t)&dummy,
    (uint32_t)&dummy, (uint32_t)&dummy,
  /* ISRs 160 - 164 */
    (uint32_t)&dummy, (uint32_t)&dummy, (uint32_t)&dummy,
    (uint32_t)&dummy, (uint32_t)&dummy,
  /* ISRs 155 - 169 */
    (uint32_t)&dummy, (uint32_t)&dummy, (uint32_t)&dummy,
    (uint32_t)&dummy, (uint32_t)&dummy,
  /* ISRs 170 - 174 */
    (uint32_t)&dummy, (uint32_t)&dummy, (uint32_t)&dummy,
    (uint32_t)&dummy, (uint32_t)&dummy,
  /* ISRs 175 - 179 */
    (uint32_t)&dummy, (uint32_t)&dummy, (uint32_t)&dummy,
    (uint32_t)&dummy, (uint32_t)&dummy,
  /* ISRs 180 - 184 */
    (uint32_t)&dummy, (uint32_t)&dummy, (uint32_t)&dummy,
    (uint32_t)&dummy, (uint32_t)&dummy,
  /* ISRs 185 - 189 */
    (uint32_t)&dummy, (uint32_t)&dummy, (uint32_t)&dummy,
    (uint32_t)&dummy, (uint32_t)&dummy,
  /* ISRs 190 - 194 */
    (uint32_t)&dummy, (uint32_t)&dummy, (uint32_t)&dummy,
    (uint32_t)&dummy, (uint32_t)&dummy,
  /* ISRs 195 - 199 */
    (uint32_t)&dummy, (uint32_t)&dummy, (uint32_t)&dummy,
    (uint32_t)&dummy, (uint32_t)&dummy,
  /* ISRs 200 - 204 */
    (uint32_t)&dummy, (uint32_t)&dummy, (uint32_t)&dummy,
    (uint32_t)&dummy, (uint32_t)&dummy,
  /* ISRs 205 - 209 */
    (uint32_t)&dummy, (uint32_t)&dummy, (uint32_t)&dummy,
```

```
    (uint32_t)&dummy, (uint32_t)&dummy,
  /* ISRs 210 - 214 */
    (uint32_t)&dummy, (uint32_t)&dummy, (uint32_t)&dummy,
    (uint32_t)&dummy, (uint32_t)&dummy,
  /* ISRs 215 - 219 */
    (uint32_t)&dummy, (uint32_t)&dummy, (uint32_t)&dummy,
    (uint32_t)&dummy, (uint32_t)&dummy,
  /* ISRs 220 - 224 */
    (uint32_t)&dummy, (uint32_t)&dummy, (uint32_t)&dummy,
    (uint32_t)&dummy, (uint32_t)&dummy,
  /* ISRs 225 - 229 */
    (uint32_t)&dummy, (uint32_t)&dummy, (uint32_t)&dummy,
    (uint32_t)&dummy, (uint32_t)&dummy,
  /* ISRs 230 - 234 */
    (uint32_t)&dummy, (uint32_t)&dummy, (uint32_t)&dummy,
    (uint32_t)&dummy, (uint32_t)&dummy,
  /* ISRs 235 - 239 */
    (uint32_t)&dummy, (uint32_t)&dummy, (uint32_t)&dummy,
    (uint32_t)&dummy, (uint32_t)&dummy
  /* ISRs 240 - 244 */

  };

  void dummy (void) {
    while (1) {};                    /* 等待看门狗溢出*/
  }
```

5.4.5 增强模块化 I/O 子程序

1. 简介

1）增强模块化 I/O 子程序（eMIOS）模块综述

eMIOS 模块可提供生成或测量时间项目的函数。eMIOS 使用的通道是用于 MPC555x 设备上统一频道（UC）模型的精简版本的定时通道。每个通道提供一个函数可用的子集用于统一通道，分辨率为 16 位，并且提供一个符合 eMIOS 安装启用的用户接口。

2）eMIOS 模块特性

（1）两个 eMIOS 时钟，每个时钟有 28 个通道。

① 50 个 OPWMT 通道，可以连接到 CTU。

② 6 个通道，拥有单一动作 IC/OC。

③ 每个 eMIOS 时钟可以同步化。

（2）一个全局预定标器。

（3）16位数据寄存器。

（4）10×16位宽计数总线。

（5）合成在一个寄存器中的控制盒状态位。

（6）阴影标记寄存器。

（7）UC状态用于调试冻结。

（8）电动控制能力。

3）操作模式

统一通道可以被配置为以下运行模式。

- 通用输入/输出。
- 单一动作输入捕捉。
- 单一动作输出捕捉。
- 输入宽度测量。
- 输入周期测量。
- 双作用输出比较。
- 模数计数器。
- 模数计数缓冲。
- 输出脉冲宽度和频域调制缓冲。
- 输出脉冲宽度调制缓冲。
- 拥有触发器的输出脉冲宽度调制。
- 中心对齐的输出脉冲宽度调制缓冲。

4）通道调制（见图5.4.31）

通道调制包括如下内容。

Key	
DAOC	双作用输出比较
GPIO	通用输入/输出
IPM	输入周期测量
IPWM	输入脉冲宽度测量
MC	模数计数器
MCB	缓冲模数计数器
OPWMB	缓冲输出的脉冲宽度调制
OPWMT	触发器缓冲输出的脉冲宽度调制
OPWFMB	缓冲输出的脉冲频率调制
OPWMCB	中心对齐缓冲输出的脉冲宽度调制
SAIC Single	开启输入捕捉
SAOC Single	开启输出比较

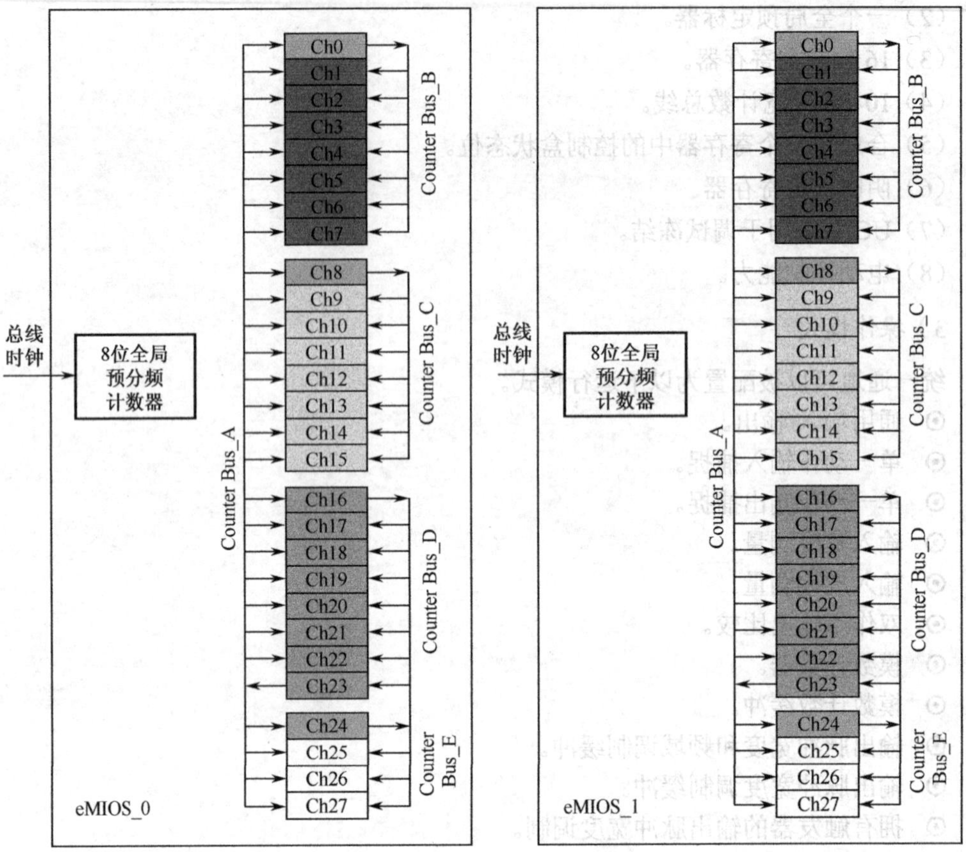

图 5.4.31　增强模块化 I/O 通道调制

2．外部信号描述

关于在该设备上的 eMIOS 外部信号，请参照参考手册的信号描述章节。

3．寄存器

1）eMIOS 模式配置寄存器（EMIOSMCR，见图 5.4.32 和表 5.4.36）

EMIOSMCR 包括 eMIOS 时钟的全局控制位。

Bit	31	30	29	28	27	26	25	24	23	22	21	20	19	18	17	16
R	0	MDIS	FRZ	GTBE	0	GPREN	0	0	0	0	0	0	0	0	0	0
W																
Reset	0	0	0	0	0	0	0	0	0	0	0	0	0	0	0	0

Bit	15	14	13	12	11	10	9	8	7	6	5	4	3	2	1	0
R	GPRE							0	0	0	0	0	0	0	0	0
W																
Reset	0	0	0	0	0	0	0	0	0	0	0	0	0	0	0	0

图 5.4.32　eMIOS 模式配置寄存器

表 5.4.36 EMIOSMCR 字段说明

数 据 位	描 述
MDIS	模式使能 1：进入低功耗模式； 0：时钟运行
FRZ	冻结 当调试模式在 MCU 等级被请求时，eMIOS 冻结统一通道寄存器使能。 1：当在调试模式并且 EMIOSC[n]寄存器中的 FREN 位被置位时，停止通道运行； 0：退出冻结状态
GTBE	全局时基使能 GTBE 位被用来输出一个全局时基使能并提供一个同时启动几个时基的方法。 1：全局时基使能输出信号被激活； 0：全局时基使能输出信号被屏蔽。 注意：全局时基使能输入信号控制内部计数器。当激活时，内部计数器使能；当屏蔽时，内部计数器不使能
GPREN	全局预分频器使能 GPREN 位使能预分频计数器。 1：预定标器使能； 0：预定标器屏蔽（无时钟），预标度计数器清零
GPRE	全局预定标器 GPRE 位为全局预定标器选择时钟分频值，如表 5.4.37 所示

表 5.4.37 时钟分频

GPRE	分 频 比
00000000	1
00000001	2
00000010	3
00000011	4
……	……
11111110	255
11111111	256

2）eMIOS UC A 寄存器（EMIOSA[n]，见图 5.4.33）

根据运行模式，全局寄存器 A1 或 A2 用于匹配和捕捉，可被分配到 EMIOSA[n]地址。A1 和 A2 都通过复位被清零。

Bit	31	30	29	28	27	26	25	24	23	22	21	20	19	18	17	16
R	0	0	0	0	0	0	0	0	0	0	0	0	0	0	0	0
W																
Reset	0	0	0	0	0	0	0	0	0	0	0	0	0	0	0	0
Bit	15	14	13	12	11	10	9	8	7	6	5	4	3	2	1	0
R W	A															
Reset	0	0	0	0	0	0	0	0	0	0	0	0	0	0	0	0

图 5.4.33 eMIOS UC A 寄存器

3）eMIOS UC B 寄存器（EMIOSB[n]，见图 5.4.34 和表 5.4.38）

该寄存器用于匹配和捕捉，可被分配到 EMIOSB[n]地址。B1 和 B2 都通过复位被清零。

根据通道配置，可能会有 EMIOSB 寄存器。这意味着，如果至少一个需要此寄存器的模式被执行，EMIOSB 寄存器就会存在；否则此寄存器不存在。

Bit	31	30	29	28	27	26	25	24	23	22	21	20	19	18	17	16
R	0	0	0	0	0	0	0	0	0	0	0	0	0	0	0	0
W																
Reset	0	0	0	0	0	0	0	0	0	0	0	0	0	0	0	0

Bit	15	14	13	12	11	10	9	8	7	6	5	4	3	2	1	0
R/W	B															
Reset	0	0	0	0	0	0	0	0	0	0	0	0	0	0	0	0

图 5.4.34 eMIOS UC B 寄存器

表 5.4.38 EMIOSB[n]运行模式配置

运行模式	寄存器可用					
	写	读	写	读	写切换	读切换
GPIO	A1、A2	A1	B1、B2	B1	A2	A2
SAIC1	—	A2	B2	B2	—	—
SAOC1	A2	A1	B2	B2	—	—
IPWM	—	A2	—	B1	—	—
IPM	—	A2	—	B1	—	—
DAOC	A2	A1	B2	B1	—	—
MC1	A2	A1	B2	B2	—	—
OPWMT	A1	A1	B2	B1	A2	A2
MCB1	A2	A1	B2	B2	—	—
OPWFMB	A2	A1	B2	B1	—	—
OPWMCB	A2	A1	B2	B1	—	—
OPWMB	A2	A1	B2	B1	—	—

4）eMIOS 通道禁止寄存器（EMIOSUCDIS，见图 5.4.35 和表 5.4.39）

Bit	31	30	29	28	27	26	25	24	23	22	21	20	19	18	17	16
R	0	0	0	0	CHDIS27	CHDIS26	CHDIS25	CHDIS24	CHDIS23	CHDIS22	CHDIS21	CHDIS20	CHDIS19	CHDIS18	CHDIS17	CHDIS16
W																
Reset	0	0	0	0	0	0	0	0	0	0	0	0	0	0	0	0

Bit	15	14	13	12	11	10	9	8	7	6	5	4	3	2	1	0
R/W	CHDIS15	CHDIS14	CHDIS13	CHDIS12	CHDIS11	CHDIS10	CHDIS9	CHDIS8	CHDIS7	CHDIS6	CHDIS5	CHDIS4	CHDIS3	CHDIS2	CHDIS1	CHDIS0

图 5.4.35 eMIOS 通道禁止寄存器

表 5.4.39 EMIOSUCDIS 字段说明

数据位	描 述
CHDISn	通道 *n* 使能位 CHDIS[n]通过关闭通道的时钟来关闭该通道。 0：*n* 通道被激活； 1：*n* 通道被禁止

5）eMIOS 全局标志寄存器（EMIOSGFLAG，见图 5.4.36）

EMIOSGFLAG 是一个只读寄存器，包含所有通道的全局标志位 F[27:0]。这个寄存器组织简单的设备提高了中断处理能力。寄存器中每一位关联着一个通道。

Bit	31	30	29	28	27	26	25	24	23	22	21	20	19	18	17	16
R	0	0	0	0	F27	F26	F25	F24	F23	F22	F21	F20	F19	F18	F17	F16
W																
Reset	0	0	0	0	0	0	0	0	0	0	0	0	0	0	0	0
Bit	15	14	13	12	11	10	9	8	7	6	5	4	3	2	1	0
R	F15	F14	F13	F12	F11	F10	F9	F8	F7	F6	F5	F4	F3	F2	F1	F0
W																
Reset	0	0	0	0	0	0	0	0	0	0	0	0	0	0	0	0

图 5.4.36 eMIOS 全局标志寄存器

6）eMIOS 输出更新禁止寄存器（EMIOSOUDIS，见图 5.4.37 和表 5.4.40）

Bit	31	30	29	28	27	26	25	24	23	22	21	20	19	18	17	16
R	0	0	0	0	OU27	OU26	OU25	OU24	OU23	OU22	OU21	OU20	OU19	OU18	OU17	OU16
W																
Reset	0	0	0	0	0	0	0	0	0	0	0	0	0	0	0	0
Bit	15	14	13	12	11	10	9	8	7	6	5	4	3	2	1	0
R/W	OU15	OU14	OU13	OU12	OU11	OU10	OU9	OU8	OU7	OU6	OU5	OU4	OU3	OU2	OU1	OU0
Reset	0	0	0	0	0	0	0	0	0	0	0	0	0	0	0	0

图 5.4.37 eMIOS 输出更新禁止寄存器

表 5.4.40 EMIOSOUDIS 字段说明

数据位	描 述
OUn	通道 *n* 输出更新屏蔽位 当运行 MC、MCB 或输出模式时，会将值写入 A2、B2 寄存器。OU[n]位用于屏蔽 A2 到 A1 及 B2 到 B1 的传送，每一位控制一个通道。 0：传送屏蔽； 1：传送使能

7）eMIOS UC 计数寄存器（EMIOSCNT[n]，见图 5.4.38）

EMIOSCNT[n]计数器包含内部时钟的计数值，当普通 I/O 口或通道在冻结状态下时，EMIOSCNT[n]寄存器是可读/写的。在其他模式下，EMIOSCNT[n]是一个只读寄存器，当加入一些操作时，这个寄存器将自动清零。

可根据通道配置选择内部时钟计数或者其他时钟计数。

Bit	31	30	29	28	27	26	25	24	23	22	21	20	19	18	17	16
R	0	0	0	0	0	0	0	0	0	0	0	0	0	0	0	0
W																
Reset	0	0	0	0	0	0	0	0	0	0	0	0	0	0	0	0
Bit	15	14	13	12	11	10	9	8	7	6	5	4	3	2	1	0
R	C															
W																
Reset	0	0	0	0	0	0	0	0	0	0	0	0	0	0	0	0

图 5.4.38　eMIOS UC 计数寄存器

8）eMIOS UC 控制寄存器（EMIOSC[n]，见图 5.4.39 和表 5.4.41）

控制寄存器反映 UC 的输入/输出信号状态、内部计数器的溢出状态，以及若干读/写比特控制位。

Bit	31	30	29	28	27	26	25	24	23	22	21	20	19	18	17	16
R	FREN	0	0	0	UCPRE		UCPREN	DMA	0	IF				FCK	FEN	0
W																
Reset	0	0	0	0	0	0	0	0	0	0	0	0	0	0	0	0
Bit	15	14	13	12	11	10	9	8	7	6	5	4	3	2	1	0
R	C	0	0	0	0	0	BSL		EDSEL	EDPOL	MODE					
W			FORCMA	FORCMB												
Reset																

图 5.4.39　eMIOS UC 控制寄存器

表 5.4.41　EMIOSC[n]字段说明

数 据 位	描　　述
FREN	冻结允许位 如果在 EMIOSMCR 寄存器设置 FRZ 位允许通道进入冻结模式，FREN 位将在调试模式下冻结所有寄存器的值，允许 MCU 进入调试模式。 0：在正常模式下工作； 1：冻结 UC 寄存器的值
UCPRE	预分频位 UCPRE 位选择时钟统一通道的内部预分频器分频值，如表 5.4.42 所示
UCPREN	分频允许位 UCPREN 位允许预分频内部计数值。 0：分频禁止（没有时钟）； 1：分频允许
DMA	直接存储器存取位 DMA 选择 FLAG 状态改变是否用于一个中断或作为 CTU 触发信号。 0：标志位置位/溢出分配给中断请求； 1：标志位置位/溢出分配给 CTU 触发请求
IF	输入滤波 输入滤波位（IF）控制可编程的软件滤波，可以选择通过滤波器的最小输入脉冲宽度，如表 5.4.43 所示。对于输出功能来说，此位没有意义
FCK	滤波时钟选择位 FCK 位为输入滤波选择时钟源。 0：总线时钟； 1：主时钟

续表

数据位	描　述
FEN	中断标志置位允许位 FEN 位允许联合通道 FLAG 位产生一个普通中断请求或 CTU 触发信号（生成信号的类型见 DMA 定义的位）。 0：禁止（FLAG 不形成一个中断请求或 CTU 触发）； 1：允许（FLAG 产生一个中断请求或 CTU 触发）
FORCMA	强制匹配比较器 A 位 在输出模式下，FORCMA 位相当于和比较器 A 成功进行比较（除了标志位没有被置位以外）。复位时该位被清零，读取总是返回 0。在输出比较模式下，使用比较器 A 操作时该位是有效的，否则该位不起作用。 0：不起作用； 1：强制和比较器 A 进行比较
FORCMB	强制匹配比较器 B 位 在输出模式下，FORCMB 位相当于和比较器 B 成功进行比较（除了标志位没有被置位以外）。复位时该位被清零，读取总是返回 0。在输出比较模式下，使用比较器 B 操作时该位是有效的，否则该位不起作用。 0：不起作用； 1：强制和比较器 B 进行比较
BSL	总线选择 BSL 字段用于在计数总线或内部计数器之间选择任意一个作为统一通道，如表 5.4.44 所示
EDSEL	边沿选择位 在输入模式下，EDSEL 位选择是所有边缘都触发计数还是仅由 EDPOL 定义的边缘触发计数。当在未示出的模式操作时，该位没有任何效果。 0：由 EDPOL 决定信号触发边缘； 1：两个边缘都触发。 在普通输入/输出模式下，该位选择决定是否有 FLAG 标志产生。 0：产生由 EDPOL 位定义的标志位； 1：没有 FLAG 标志产生。 在 SAOC 模式下，该位决定每次输出比较的后输出触发器值。 0：EDPOL 位的值作为输出触发器值； 1：输出触发器翻转
EDPOL	边沿极性位 在输入模式下，EDPOL 位确定内部计数或输入比较的触发沿。在其他操作模式下该位不起作用。 0：下降沿触发； 1：上升沿触发。 在输出模式下，EDPOL 位用于输出引脚逻辑电平的选择。 0：当匹配比较器 A 时清除输出翻转位，当匹配比较器 B 时将其置位； 1：当匹配比较器 A 时置位输出翻转位，当匹配比较器 B 时将其清除
MODE	模式选择 MODE 位选择联合通道的操作模式，如表 5.4.45 所示

表 5.4.42　时钟分频

UCPRE	分频率
00	1
01	2
10	3
11	4

表 5.4.43 脉宽调制

IF	输入脉冲宽度
0000	Bypassed
0001	02
0010	04
0100	08
1000	16
All others	保留

表 5.4.44 总线选择

BSL	选 择 总 线
00	所用通道：计数 BUS[A]
01	通道 0～7：计数 BUS[B] 通道 8～15：计数 BUS[C] 通道 16～23：计数 BUS[D] 通道 24～27：计数 BUS[D]
10	预留
11	所用通道：内部计数时钟

表 5.4.45 操作模式选择

MODE	操 作 模 式
0000000	普通输入口
0000001	普通输出口
0000010	单极性输入比较
0000011	单方向输出比较
0000100	脉冲宽度测控
0000101	输入周期测量
0000110	双动作输出比较
0000111	双动作输入比较
0001000～0001111	预留
001000b	模数计数器（比较后开始向上计数）
001001b	预留
00101bb	模式计数器（向上/向下计数）
0011000～0100101	预留
0100110	触发开始输出脉冲宽度调整
0100111～1001111	预留
101000b	带缓冲的模式计数器（向上计数）
101001b	预留
10101bb	带缓冲的模式计数器（向上/向下计数）
10110b0	带缓冲的输出宽度和频率调整
……	……

9）eMIOS UC 状态寄存器（EMIOSS[n]，见图 5.4.40 和表 5.4.46）

Bit	31	30	29	28	27	26	25	24	23	22	21	20	19	18	17	16
R	OVR	0	0	0	0	0	0	0	0	0	0	0	0	0	0	0
W	W1C															
Reset	0	0	0	0	0	0	0	0	0	0	0	0	0	0	0	0

Bit	15	14	13	12	11	10	9	8	7	6	5	4	3	2	1	0
R	OVFL	0	0	0	0	0	0	0	0	0	0	0	0	UCIN	UCOUT	FLAG
W	W1C															W1C
Reset	0	0	0	0	0	0	0	0	0	0	0	0	0	0	0	0

图 5.4.40　eMIOS UC 状态寄存器

表 5.4.46　EMIOSS[n]字段说明

数据位	描　述
OVR	溢出返回位 OVR 表示 FLAG 标志事件发生时标志位 FLAG 已置位。 0：溢出返回已经发生； 1：溢出返回没有发生
OVFL	溢出位 OVFL 位表明内部计数器发生了溢出。必须通过软件向 OVFL 写 1 来清零。 0：没有溢出发生； 1：溢出发生
UCIN	统一通道的输入位 UCIN 位反映当引脚允许滤波和同步时的状态
UCOUT	统一通道的输出位 UCOUT 位反映引脚的输出状态
FLAG	FLAG 位 当输入比较和输出比较事件发生时，FLAG 位被置位。 0：规定的事件发生时 FLAG 被置位； 1：FLAG 清除。 注意：当 DMA 允许时，FLAG 能被 CTU 清除

10）eMIOS UC 交替寄存器 A（EMIOSALTA[n]，见图 5.4.41）

Bit	31	30	29	28	27	26	25	24	23	22	21	20	19	18	17	16
R	0	0	0	0	0	0	0	0	0	0	0	0	0	0	0	0
W																
Reset	0	0	0	0	0	0	0	0	0	0	0	0	0	0	0	0

Bit	15	14	13	12	11	10	9	8	7	6	5	4	3	2	1	0
R/W	ALYA															
Reset	0	0	0	0	0	0	0	0	0	0	0	0	0	0	0	0

图 5.4.41　eMIOS UC 交替寄存器 A

EMIOSALTA[n]寄存器提供了一个交替地址，可用来访问 A2 寄存器通道，仅供在有限模式下使用（GPIO、OPWMT）。如果 EMIOSA[n]寄存器和 EMIOSALTA[n]寄存器一起使用，在这些模式下，A1 寄存器和 A2 寄存器都可以被访问。

4. 部分功能介绍

1）模数计数器模式（MC）

模数计数器模式提供一个计数器总线时间，也可以被用作通用定时器。

当 MODE[6]选择内部或外部时钟源时，要对其分别进行清除或置位。当外部时钟被选择时，输入信号引脚被用作信号源，EMIOSC[n]寄存器中的 EDPOL 和 EDSEL 位选择边沿触发。

内部计数器从当前值开始计数，直到它与 A1 寄存器中的值相匹配才结束。

寄存器 B 被清零并且无法访问 MCU。当 MODE[4]被清零或置位时，它会选择向上/向下的模式。

当处于累加计数模式时，内部计数器和寄存器 A1 之间进行比较后设置 FLAG 位，并且清除内部计数器，这些事件的时序根据不同的 MC 模式设置如下。

（1）在比较开始时内部计数器清零（MODE[0:6] = 001000b）。

如果 MODE[6]被置位，则选择外部时钟模式。在这种情况下，内部计数器会尽快清除匹配信号。发生匹配的同时通道 FLAG 将被置位。需要注意的是，一旦匹配内部计数器要保持为 0，并且在下一个较短的低电平输入事件发生时产生更短的 0 计数。

如果 MODE[6]被清零，则选择内部时钟模式。在这种情况下，计数器清零会立即产生匹配信号。通道 FLAG 被设定在同一时间发生匹配。在下一个预分频器比较之后，内部计数器保持为 0 并在下次重新启动时开始计数。

（2）比较结束时内部计数器清零（MODE[0:6] = 001001b）。

如果 MODE[6]被置位，则选择外部时钟模式。在这种情况下，当匹配信号显示并且输入事件发生时，内部计数器会被清零。计数器一旦被清零，通道 FLAG 将置位。

如果 MODE[6]被清零，则选择内部时钟模式。在这种情况下，当匹配信号显示并且分频器启动时，内部计数器会被清零。通道 FLAG 置位的同时计数器被清零。

注意：如果内部时钟源的选择和预分频器的内部计数器被设置为“1”，那么即使清除匹配开始或清除匹配结束子模式，在 MC 模式下也会以同样的方式运行。

当在向上/向下计数模式（MODE[0:6] =00101bb）时，内部计数器和寄存器 A1 之间的匹配设置 FLAG 位，并且改变计数器的计数方向，从递增变为递减。

不同于 0X0 的值必须写入寄存器 A，载入 0X0 将导致不可预知的结果。

在 MC 模式下更新寄存器 A 或计数器，可能在当前周期丢失匹配信号，如果在匹配附近发生转移，计数器可在下一个周期翻转并恢复运行。

寄存器 B2 在 MC 模式下没有影响，然而寄存器 B2 可以读取和访问写入的地址 EMIOSB。

图 5.4.42 和图 5.4.43 显示了统一的通道是如何作为模拟计数器分别在高电平和高/低电平模式下工作的。

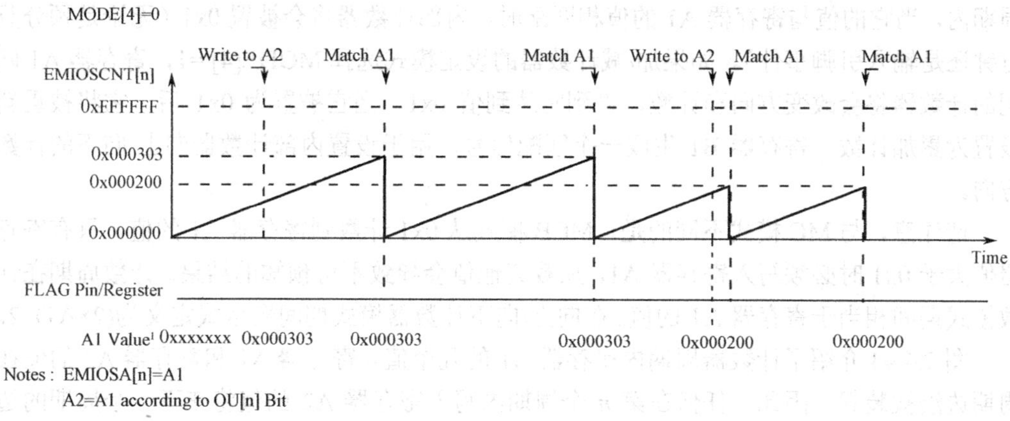

图 5.4.42 MC 向上计数模式示例

2）模数计数器缓冲模式（MCB）

MCB 模式提供了一个时间基准，可以通过内部计数器总线与其他通道共用。寄存器 A1 为双缓冲寄存器，当在高频改变寄存器 A2 的值时允许在各周期之间进行平滑过渡，当内部计数器转换为 0x1 时，寄存器 A1 被更新。

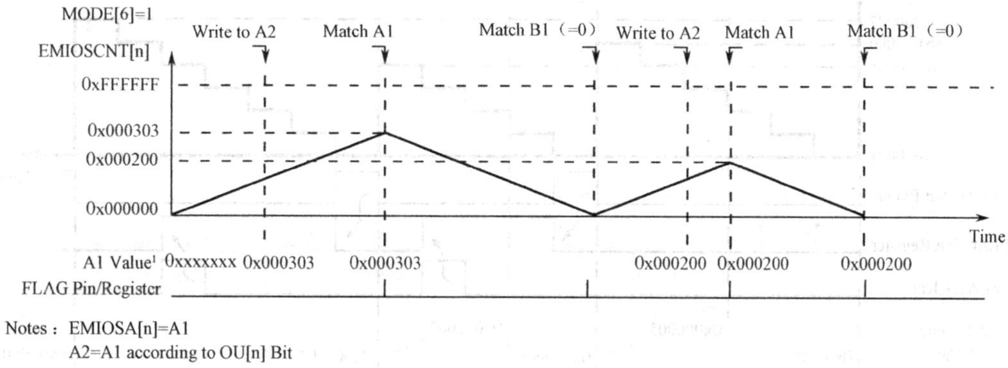

图 5.4.43 MC 向下/向上计数模式示例

内部计数器值的操作范围为从 0x1 到寄存器 A1 的值。当退出 GPIO 模式进入 MCB 模式后，且内部计数器不在这个范围内时，寄存器 A 匹配不会引起通道内部计数器停止在 16 位计数器的最大计数值内（0xFFF）。当计数器停止计数之后，它将会返回到 0x1 并且 MCB 恢复正常模式运行。因此为了避免计数器停止、确保 MCB 模式为输入，它的值应在 0x1 到寄存器 A1 的值之间。

MODE[6]如果被清零或外部置位时将选择内部时钟源。当选择外部时钟时，输入通道的引脚用作通道时钟源。这个时钟的有效边沿被定义为 EMIOSC[N]通道寄存器的 EDPOL 位和 EDSEL 位。

在 MCB 模式下输入时，如果通过 MODE[4] =0（MODE[0:6] =101000b）选择上升计数器，则内部计数器开始计数，从当前值一直到与寄存器 A1 发生匹配。在一个时钟周期内，当它的值与寄存器 A1 的值相匹配时，内部计数器将会被置 0x1（无论是预分频时钟还是输入引脚事件）。如果加/减计数器的设定模式选择 MODE[4] =1，寄存器 A1 匹配的计数器将会改变方向和计数，直到它达到值 0x1，当它被置为 0x1 后，它将被重新设置为累加计数。寄存器 B1 生成一个匹配信号，用于设置内部计数器向上/向下的计数方向。

请注意，与 MC 模式不同的是，MCB 模式从 0x1 计数到寄存器 A1 的值。只有寄存器值大于 0x1 时必须写入寄存器 A1。加载其他值会导致不可预知的结果。计数周期在计数模式期间相当于寄存器 A1 的值。在向上/向下计数器模式期间表达式定义为(2×A1)−2。

图 5.4.44 介绍了计数器周期内寄存器 A1 的几个值。寄存器 A1 和寄存器 A2 的值在周期边沿被装载。因此，任何在第 *n* 个周期内写入寄存器 A2 的值将在下一个周期的边沿被更新为寄存器 A1 的值，并用于第 *n*+1 个周期内。循环周期 *n* 和周期 *n*+1 之间的边界被定义为当内部计数器的值由第 *n* 个周期寄存器 A1 的值转换到第 *n*+1 个周期的 0x1。请注意，FLAG 是在周期边界被触发的，并且有一个同步操作，这意味着它在 FLAG 置位后被一个系统时钟激活。

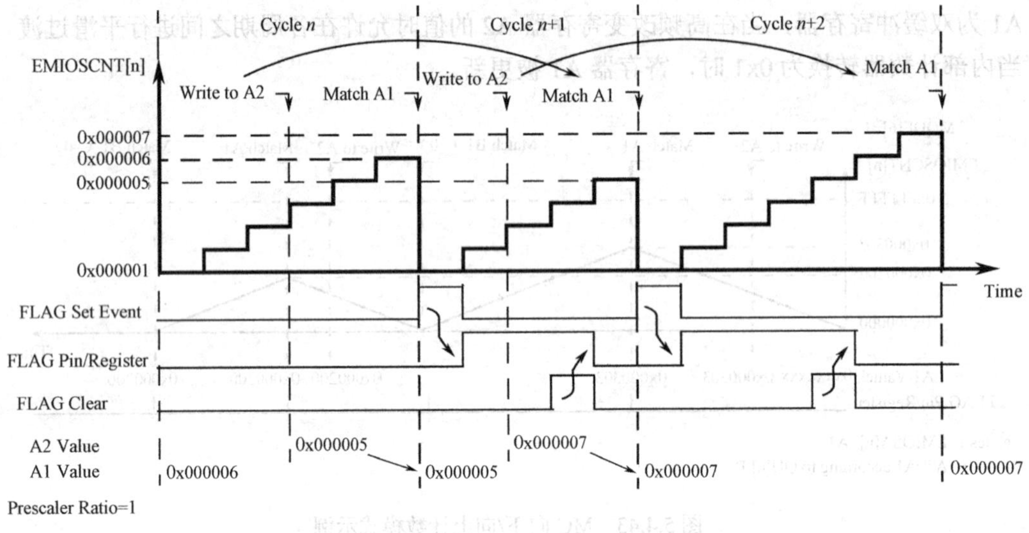

图 5.4.44　MCB 向上计数模式示例

图 5.4.45 描述了 MCB 的加/减计数器（MODE [0:6]=10101bb）在周期的边沿寄存器 A1 被更新时，如果寄存器 A2 被写入周期 *n* 中，这个新的值将会在周期 *n*+1 中被用来和寄存器 A1 匹配。如果 MODE[5]为 0，标志只在寄存器 A1 匹配开始时产生；如果 MODE[5]被置位，标志在周期的边沿仍会产生。

图 5.4.46 详细地描述了在递增计数器模式下寄存器 A1 更新的过程。当最后一个系统时钟周期的计数器循环时，寄存器 A1 的负载信号被触发，因此，寄存器 A1 与寄存器 A2 的值在同一时间进行更新，计数器（EMIOSCNT[n]）装入 0x1。负载信号脉冲具有一个系统时钟周期的持续时间。如果寄存器 A2 在第 *n* 个周期被写入，它的值将被用来和

寄存器 A1 的第一个时钟的 n+1 个周期进行匹配。更新 EMIOSOUDIS 寄存器的禁止位 OU[n]可用于控制该寄存器的更新，从而允许延迟寄存器 A1 用于同步更新。

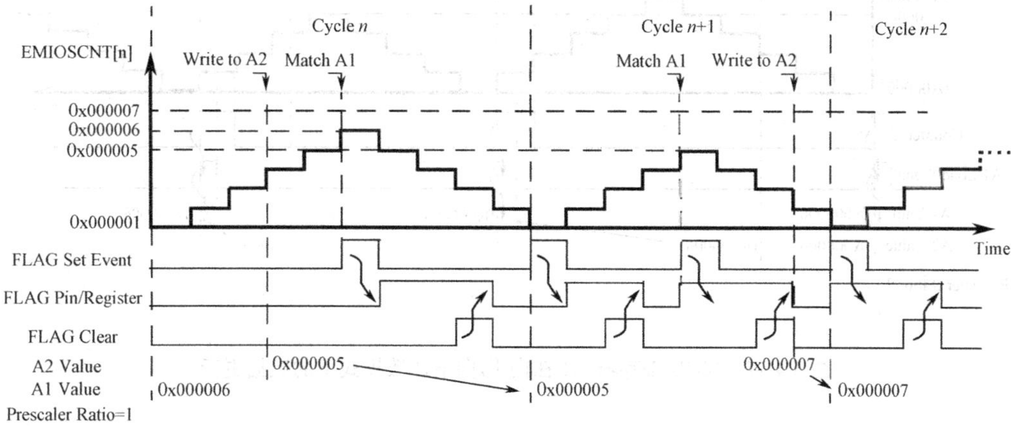

图 5.4.45 MCB 向上/向下计数模式示例

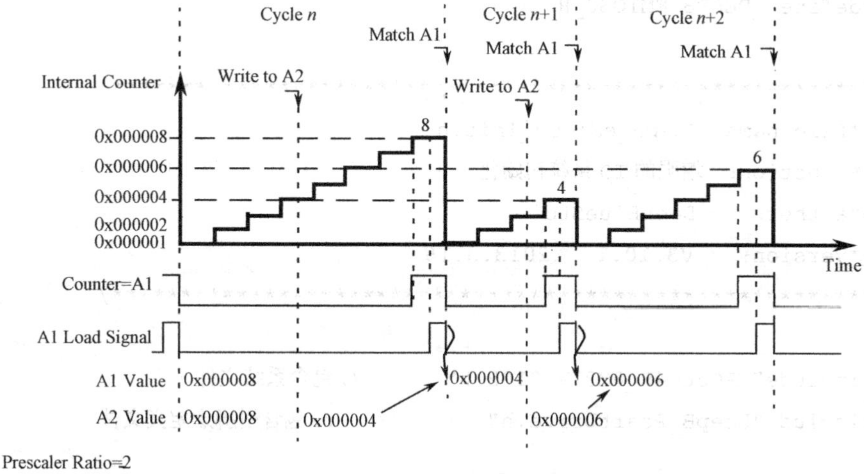

图 5.4.46 MCB 寄存器 A1 在向上计数模式下的数据更新

图 5.4.47 介绍了寄存器 A1 在向上/向下计数器模式寄存器的更新情况。请注意，A2 可以在任何时间被写入第 n 个周期中，以便用于第 n+1 个周期。因此，A1 将在下一个周期的边沿接收这个新值。请注意，EMIOSOUDIS 寄存器的更新禁止位 OU[n]可用于禁用 A1 寄存器的更新。

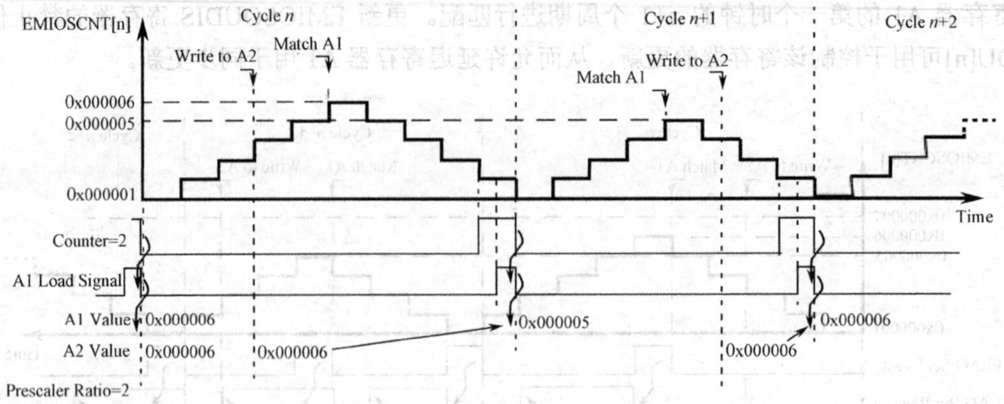

图 5.4.47 MCB 寄存器 A1 在向上/向下计数模式下的数据更新

5. 初始化

(1) 头文件。

```
#ifndef _DEEPB_EMIOS0_H_
#define _DEEPB_EMIOS0_H_

/*******************************************************
-*File name: DeepB_eMIOS0_Init.h
-*function:  增强的 IO 系统初始化
-*auther:    DeepBlueStdio
-*Version:   V3.10.1   2013.3.16
*******************************************************/

#include"MPC5604B_0M27V_0102.h"        //包含系统文件
#include"DeepB_PoartDrive.h"            //包含引脚宏定义文件

/*1=====================================================
-*Function name:   vfnInit_Emios_0
-*Parameter (参数): 无
-*Input:          Perior:       预分频数为 1~256
                  GlobeEnable: 1  ENABLE
                               0  DISABLE
-*Ouput:          返回全局时钟频率值 (MHz)
-*Effective:      初始化 eMIOS0, 定义输入频率为 PLL 输出频率
-*                64 分频后为 EMIOS0 的频率 1MHz
-*=====================================================*/
```

```
uint8_t vfnInit_Emios_0(uint8_t Perior,uint8_t GlobeEnable);

/*2=====================================================
-*Function name:  vfnInit_Emios_0_Mcb
-*Parameter（参数）: 无
-*Input：u8Channel——通道数
-*      u16Period——分频计数值（计数到u16Period 电平转换）
-*      ChannelPeriod——通道分频值（从全局频率向下分频）
-*Ouput：无
-*Effective：设置通道为缓冲计数装置
-*====================================================*/
void vfnInit_Emios_0_Mcb(uint8_t u8Channel, uint16_t u16Period,
                          uint8_t ChannelPeriod);

/*3=====================================================
-*Function name：vfnInit_Emios_0_Opwm
-*Parameter（参数）：无
-*Input：8Channel——通道选择有 EMIOS_0_x（x=0～23）
-*      u8PcrVal——通道占用 I/O 口的数值，PA（0～11）、PC（12～15）、PE（0～7）
-*      u16A——输出 PWM 的预定值
-*      u16B——输出 PWM 电平跳变的预定值
-*      BUS_Select：BUS_A——通道选择默认时钟 A
-*                  BUS_B——0～7 通道可以选择，选择后时钟源 BUS_B
-*                  BUS_C——8～15 通道可以选择，选择后时钟源 BUS_C
-*                  BUS_D——16～23 通道可以选择，选择后时钟源 BUS_D
-*                  BUS_E——24～35 通道可以选择，选择后时钟源 BUS_E
-*                  BUS_internal——选择时钟为内部时钟格式
-*      u8Pol：电平选位
-*                  HIGH——PWM 先输出高电平
-*                  LOW——PWM 先输出低电平
-*Ouput：无
-*Effective：设置通道为脉冲调制输出模式
-*====================================================*/
void vfnInit_Emios_0_Opwm(uint8_t u8Channel, uint8_t u8PcrVal,
uint16_t u16A, uint16_t u16B,uint8_t BUS_Select,uint8_t u8Pol);
```

```
/*4=========================================================
-*Function name: initModesAndClock
-*Parameter（参数）：无
-*Input: 8Channel——通道选择有 EMIOS_0_x（x=0~23）
-*       u8PcrVal——通道占用 I/O 口的数值，PA（0~11）、PC（12~15）、PE（0~7）
-*       BUS_Select: BUS_A——通道选择默认时钟 A
-*                   BUS_B——0~7 通道可以选择，选择后时钟源 BUS_B
-*                   BUS_C——8~15 通道可以选择，选择后时钟源 BUS_C
-*                   BUS_D——16~23 通道可以选择，选择后时钟源 BUS_D
-*                   BUS_E——24~35 通道可以选择，选择后时钟源 BUS_E
-*                   BUS_internal——选择时钟为内部时钟格式
-*       u8Pol：电平选位
-*                   HIGH——要测试的电平为高电平
-*                   LOW——要测试的电平为低电平
-*Ouput：无
-*Effective：设置频道作为输入脉冲宽度测量
-*========================================================*/
void vfnInit_Emios_0_Ipwm(uint8_t u8Channel, uint8_t u8PcrVal,
uint8_t BUS_Select, uint8_t u8Pol);

/*5=========================================================
-*Function name: vfnInit_Emios_0_Saic
-*Parameter（参数）：无
-*Input: 8Channel——通道选择有 EMIOS_0_x（x=0~23）
-*       u8PcrVal——通道占用 I/O 口的数值，PA（0~11）、PC（12~15）、PE（0~7）
-*BUS_Select: BUS_A——通道选择默认时钟 A
-*                   BUS_B——0~7 通道可以选择，选择后时钟源 BUS_B
-*                   BUS_C——8~15 通道可以选择，选择后时钟源 BUS_C
-*                   BUS_D——16~23 通道可以选择，选择后时钟源 BUS_D
-*                   BUS_E——24~35 通道可以选择，选择后时钟源 BUS_E
-*                   BUS_internal——选择时钟为内部时钟格式
-*       u8Pol：电平选位
-*                   HIGH——PWM 先输出高电平
-*                   LOW——PWM 先输出低电平
-*Ouput：无
-*Effective：设置脉冲累加器模式
-*========================================================*/
```

```
void vfnInit_Emios_0_Saic(uint8_t u8Channel, uint8_t u8PcrVal,
uint8_t BUS_Select, uint8_t u8Pol);

/*6======================================================
-*Function name: vfnSet_Duty_Opwm
-*Parameter（参数）：无
-*Input：8Channel——输出通道
-*        u16Duty——电平改变时的阈值
-*Ouput：无
-*Effective：设置 u8Channel 通道寄存器 B 的值
-*====================================================*/
void vfnSet_Duty_Opwm(uint8_t u8Channel, uint16_t u16Duty);

/*7======================================================
-*Function name: vfnSet_Duty_Perc_Opwm
-*Parameter（参数）：无
-*Input：8Channel
-*        u16DutyPerc
-*        u16McbChannel
-*ouput：无
-*Effective：设置 PWM 占空比
-*====================================================*/
void vfnSet_Duty_Perc_Opwm(uint8_t u8Channel, uint16_t u16DutyPerc,
                           uint16_t u16McbChannel);

/*8======================================================
-*Function name: i32Get_Pulse_Width
-*Parameter（参数）：无
-*Input：8Channel——通道
-*Ouput：返回计算值
-*Effective：计算返回输入脉冲的宽度
-*====================================================*/
int32_t i32Get_Pulse_Width(uint8_t u8Channel);

/*9======================================================
-*Function name:    u16Read_Saic
-*Parameter（参数）：无
-*Input：u8Channel
```

```
-*    u16MinVal
-*        u16MaxVal
-*        u8Pol
-*Ouput
-*Effective
-*==================================================*/
uint16_t u16Read_Saic(uint8_t u8Channel,uint16_t u16MinVal,
uint16_t u16MaxVal,uint8_t u8Pol);

/*10================================================
-*Function name: vfnInit_Emios_0_MC
-*Parameter（参数）：无
-*Input：8Channel
-*        u8PcrVal
-*Ouput：无
-*Effective：设置函数在模式计数器缓冲输入模式
-*==================================================*/
void vfnInit_Emios_0_MC();

#endif
```

（2）源文件。

```
/*****************************************************
-*File name: DeepB_eMIOS0_Init.c
-*Function:  增强的 I/O 系统初始化
-*Auther:    DeepBlueStdio
-*Version:   V3.10.1   2013.3.16
*****************************************************/
#include"MPC5604B_0M27V_0102.h"          // 包含系统文件
#include"DeepB_eMIOS0_Init.h"
#include"typedefs.h"
//_TYPEDEFS_H_
/*1=================================================
-*Function name: vfnInit_Emios_0
-*Parameter（参数）：无
-*Input：Perior——预分频数 1～256
        GlobeEnable：1 表示 ENABLE
                     0 表示 DISABLE
-*Ouput：返回全局时钟频率值，单位为 MHz
-*Effective：初始化 eMIOS 0
```

```
          输入频率为 PLL，输出频率为 64 分频的值，即 eMIOS_0 的频率为 1MHz
-*
-*============================================================*/
uint8_t vfnInit_Emios_0(uint8_t Perior,uint8_t GlobeEnable)
{
    uint8_t GlobeClockOut;
    if(Perior<=1)
    {
      Perior=0;
    }
    else if(Perior>=256)
    {
      Perior=255;
    }
    else Perior -= 1;

   EMIOS_0.MCR.B.GPRE= Perior;
  /* 全局预分频系数=Perior, eMIOS_0clk= sysclk/(Perior)*/
   GlobeClockOut=64/Perior;
   EMIOS_0.MCR.B.GPREN = 1;              /* 使能全局预分频器 */
   EMIOS_0.MCR.B.GTBE = 1;               /* 使能全局时基 */
   EMIOS_0.MCR.B.FRZ = 1;                /* 当进入调试模式使能停止通道 */
   return  GlobeClockOut;
}

/*2============================================================
-*Function name: vfnInit_Emios_0_Mcb
-*Parameter（参数）：无
-*Input: u8Channel——通道数
-*      u16Period——分频计数值（计数到 u16Period 电平转换）
-*      ChannelPeriod——通道分频值（从全局频率向下分频）
-*Ouput：无
-*Effective：设置通道为缓冲计数装置
-*============================================================*/
void vfnInit_Emios_0_Mcb(uint8_t u8Channel, uint16_t u16Period,
uint8_t ChannelPeriod)
/*用来设置某个通道运行在 MCB 模式*/
{
```

```
  EMIOS_0.CH[u8Channel].CADR.R = u16Period;  /* 设置A1的值 */
  /* 使用MCB模式的向上计数，使用内部时钟*/
  EMIOS_0.CH[u8Channel].CCR.B.MODE = 0x50;
  EMIOS_0.CH[u8Channel].CCR.B.BSL = 0x3; /* 使用计数总线B、C、D、E */
  if(ChannelPeriod<=1)
  {
   ChannelPeriod=0;
  }
  else if(ChannelPeriod>=256)
  {
   ChannelPeriod=0xFF;
  }
  else  ChannelPeriod = ChannelPeriod-1;
  EMIOS_0.CH[u8Channel].CCR.B.UCPRE = ChannelPeriod;
/* 设置通道预分频系数=ChannelPeriod，则通道频率=4MHz/ChannelPeriod=1MHz */
  EMIOS_0.CH[u8Channel].CCR.B.UCPEN = 1;/* 使能通道预分频*/
  EMIOS_0.CH[u8Channel].CCR.B.FREN = 1; /* 当进入冻结模式时，冻结通道计数*/
}

/*3=====================================================
-*Function name: vfnInit_Emios_0_Opwm
-*Parameter（参数）：无
-*Input   8Channel——通道选择有EMIOS_0_x（x=0～23）
-*   u8PcrVal——通道占用I/O口的数值，有PA（0～11）、PC（12～15）、PE（0～7）
-*       u16A——输出PWM的预定值
-*       u16B——输出PWM电平跳变的预定值
-*       BUS_Select：BUS_A——通道选择默认时钟A
-*                   BUS_B——0～7通道可以选择，选择后时钟源BUS_B
-*                   BUS_C——8～15通道可以选择，选择后时钟源BUS_C
-*                   BUS_D——16～23通道可以选择，选择后时钟源BUS_D
-*                   BUS_E——24～35通道可以选择，选择后时钟源BUS_E
-*                   BUS_internal——选择时钟为内部时钟格式
-*       u8Pol：电平选位
-*                   HIGH——PWM先输出高电平
-*                   LOW——PWM先输出低电平
-*Ouput：无
-*Effective：设置通道为脉冲调制输出模式
```

```
-*========================================================*/
void vfnInit_Emios_0_Opwm(uint8_t u8Channel, uint8_t u8PcrVal,
uint16_t u16A, uint16_t u16B,uint8_t BUS_Select,uint8_t u8Pol)
{
EMIOS_0.CH[u8Channel].CADR.R = u16A;/* 当 counter bus=u16A 时，开始输出 PWM */
/*当 counter bus=u16B 时，输出的 PWM 电平跳变 */
EMIOS_0.CH[u8Channel].CBDR.R = u16B;
EMIOS_0.CH[u8Channel].CCR.B.BSL =BUS_Select; /* 使用 counter bus B,C,D, E */
EMIOS_0.CH[u8Channel].CCR.B.EDPOL = u8Pol;/* PWM 波先输出高电平 */
EMIOS_0.CH[u8Channel].CCR.B.MODE = 0x60; /* u8Channel 工作在 OPWM 模式 */
SIU.PCR[u8PcrVal].R = 0x0600;            /* 引脚被 eMIOS 使用 */
}
/*4=========================================================
-*Function name: initModesAndClock
-*Parameter（参数）：无

-*Input: 8Channel——通道选择有 EMIOS_0_x（x=0～23）
-*       u8PcrVal——通道占用 I/O 口的数值，PA（0～11）、PC（12～15）、PE（0～7）
-*       BUS_Select: BUS_A——通道选择默认时钟 A
-*                   BUS_B——0～7 通道可以选择，选择后时钟源 BUS_B
-*                   BUS_C——8～15 通道可以选择，选择后时钟源 BUS_C
-*                   BUS_D——16～23 通道可以选择，选择后时钟源 BUS_D
-*                   BUS_E——24～35 通道可以选择，选择后时钟源 BUS_E
-*                   BUS_internal——选择时钟为内部时钟格式
-*       u8Pol: 电平选位
-*                   HIGH——要测试的电平为高电平
-*                   LOW——要测试的电平为低电平
-*Ouput: 无
-*Effective: 设置频道作为输入脉冲宽度测量
-*========================================================*/
void vfnInit_Emios_0_Ipwm(uint8_t u8Channel, uint8_t u8PcrVal,
uint8_t BUS_Select, uint8_t u8Pol)
{
/* 选择 counter bus A B,C,D,E or inter*/
EMIOS_0.CH[u8Channel].CCR.B.BSL = BUS_Select;
EMIOS_0.CH[u8Channel].CCR.B.EDPOL = u8Pol;      /* 要测量的电平极性*/
```

```
EMIOS_0.CH[u8Channel].CCR.B.EDSEL = 1;        /* 上升沿和下降沿都捕捉*/
EMIOS_0.CH[u8Channel].CCR.B.FCK = 1;          /* 输入滤波器选择 mainclk*/
/* 最少 2×FCK 个系统时钟周期的脉冲宽度可以通过滤波器*/
EMIOS_0.CH[u8Channel].CCR.B.IF = 1;
/* u8Channel 通道工作在 IPWM 模式 */
EMIOS_0.CH[u8Channel].CCR.B.MODE = 0b0000100;
EMIOS_0.CH[u8Channel].CCR.B.FREN = 1;  /* 当进入冻结模式时冻结通道计数*/
EMIOS_0.CH[u8Channel].CCR.B.DMA = 0;     /* Flag/overrun 分配给中断请求*/
EMIOS_0.CH[u8Channel].CCR.B.FEN = 0;/* 使能 UC 通道的 FLAG 标志位产生中断信号*/
SIU.PCR[u8PcrVal].B.PA = 3;                  /* 仅工作在输入模式 */
SIU.PCR[u8PcrVal].B.IBE = 1;                 /* 使能输入缓存 */
}

/*5==================================================
-*Function name: vfnInit_Emios_0_Saic
-*Parameter（参数）：无
-*Input：8Channel：通道选择有 EMIOS_0_x（x=0～23）
-*    u8PcrVal：通道占用 I/O 口的数值，有 PA（0～11）、PC（12～15）、PE（0～7）
-*      BUS_Select：BUS_A——通道选择默认时钟 A
-*                  BUS_B——0～7 通道可以选择，选择后时钟源 BUS_B
-*                  BUS_C——8～15 通道可以选择，选择后时钟源 BUS_C
-*                  BUS_D——16～23 通道可以选择，选择后时钟源 BUS_D
-*                  BUS_E——24～35 通道可以选择，选择后时钟源 BUS_E
-*                  BUS_internal——选择时钟为内部时钟格式
-*      u8Pol：电平选位
-*             RISING_EDGE——上升沿计数
-*             FALLING_EDGE——下降沿计数
-*Ouput：无
-*Effective：设置脉冲累加器模式
-*=================================================*/
void vfnInit_Emios_0_Saic(uint8_t u8Channel, uint8_t u8PcrVal,
uint8_t BUS_Select, uint8_t u8Pol)
{
/* 通道 u8Channel 使用 counter_Bus B,C,D 驱动 */
EMIOS_0.CH[u8Channel].CCR.B.BSL = BUS_Select;
EMIOS_0.CH[u8Channel].CCR.B.EDPOL = u8Pol;      /* 上升沿捕捉 */
EMIOS_0.CH[u8Channel].CCR.B.EDSEL = 0;            /* 单跳变沿捕捉 */
```

```
//EMIOS_0.CH[u8Channel].CCR.B.FCK = 1;          /* 输入捕捉将使用主时钟 */
//EMIOS_0.CH[u8Channel].CCR.B.IF = 1;    /* 输入捕捉将使用两个时钟周期*/
EMIOS_0.CH[u8Channel].CCR.B.MODE = 2;            /* 工作在 SAIC 模式 */
EMIOS_0.CH[3].CBDR.R = 650;
EMIOS_0.CH[3].CADR.R = 250;
//EMIOS_0.CH[3].CCR.R=0x000C000A;
/* 注意：在 MODE 置位后写入 CADR */
SIU.PCR[3].B.PA = 2;                            /* 工作在输入模式 */
SIU.PCR[3].B.IBE = 1;                           /* 使能输入缓存 */
}

/*6=========================================================
-*Function name: vfnSet_Duty_Opwm
-*Parameter（参数）：无
-*Input: 8Channel——输出通道
-*        u16Duty——电平改变时的阈值
-*Ouput: 无
-*Effective: 设置 u8Channel 通道寄存器 B 的值
-*=======================================================*/
void vfnSet_Duty_Opwm(uint8_t u8Channel, uint16_t u16Duty)
{
/* 当通道计数器为 u16Duty 时，输出电平按设置的极性相反输出 */
   EMIOS_0.CH[u8Channel].CBDR.R = u16Duty;
}

/*7=========================================================
-*Function name: vfnSet_Duty_Perc_Opwm
-*Parameter（参数）：无
-*Input: 8Channel
-*        u16DutyPerc
-*        u16McbChannel
-*Ouput: 无
-*Effective: 设置 PWM 占空比
-*=======================================================*/
void vfnSet_Duty_Perc_Opwm(uint8_t u8Channel, uint16_t u16DutyPerc,
uint16_t u16McbChannel)
{
uint16_t u16Period;
```

```
/*通道周期用作 MCB 模式*/
u16Period = (uint16_t)(EMIOS_0.CH[u16McbChannel].CADR.R + 1);
vfnSet_Duty_Opwm(u8Channel, (uint16_t)(u16DutyPerc * u16Period / 100));
}

/*8==================================================
-*Function name: i32Get_Pulse_Width
-*Parameter（参数）：无
-*Input：8Channel——通道
-*Ouput：返回计算值
-*Effective：计算返回输入脉冲的宽度
-*==================================================*/
int32_t i32Get_Pulse_Width(uint8_t u8Channel)
{
   int32_t i32PulseWidth;
   if(EMIOS_0.CH[u8Channel].CSR.B.FLAG==1)
   {

   i32PulseWidth = EMIOS_0.CH[u8Channel].CADR.R -
   EMIOS_0.CH[u8Channel].CBDR.R;                /*脉冲宽度=CADR-CBDR*/
   EMIOS_0.CH[u8Channel].CSR.B.FLAG = 1;       /*清除标志位*/
   return i32PulseWidth;
   }
   else
   return 0;
}

/*9==================================================
-*Function name: u16Read_Saic
-*Parameter（参数）：无
-*Input：u8Channel——通道选择有 EMIOS_0_x（x=0～23）
-*        u16MinVal
-*        u16MaxVal
-*        u8Pol：电平选位
-*        RISING_EDGE——上升沿计数
-*        FALLING_EDGE——下降沿计数
-*Ouput：
-*Effective：
-*==================================================*/
```

```
uint16_t u16Read_Saic(uint8_t u8Channel,uint16_t u16MinVal,
uint16_t u16MaxVal,uint8_t u8Pol)
{
    uint16_t u16Saic;
    if (EMIOS_0.CH[u8Channel].CSR.B.FLAG == u8Pol)     /* 捕捉到上升沿*/
    {
        u16Saic = EMIOS_0.CH[u8Channel].CADR.R;      /* 读取捕捉到的计数值*/
        //EMIOS_0.CH[u8Channel].CADR.R=0;
        EMIOS_0.CH[u8Channel].CSR.B.FLAG = 1;       /* 清除捕捉标志位*/
        if((u16Saic<u16MaxVal) & (u16Saic>u16MinVal))
        {
            return u16Saic;
        }
        else
        {
            return 0;
        }
    }
    else
    {
        return 0;
    }
}
/*10==========================================================
-*Function name: vfnInit_Emios_0_MC
-*Parameter (参数): 无
-*Input: 8Channel——通道选择有EMIOS_0_x (x=0~23)
-*       u8PcrVal——通道占用I/O口的数值，PA (0~11)、PC (12~15)、PE (0~7)
-*       u8Pol: 电平选位
-*       RISING_EDGE——上升沿计数
-*       FALLING_EDGE——下降沿计数
-*Ouput: 无
-*Effective: 设置函数在模式计数器模式缓冲输入
-*==========================================================*/
void vfnInit_Emios_0_MC()
{
  EMIOS_0.CH[8Channel].CCR.B.EDPOL=u8Pol;  //上升沿计数
```

```
    EMIOS_0.CH[8Channel].CCR.B.MODE=81;        //模数缓冲模式/向上计数模式
    EMIOS_0.CH[8Channel].CCR.B.FREN= 1;       /* 进入调试模式时冻结通道计数*/
    SIU.PCR[u8PcrVal].B.PA = 2;               /* 工作在输入模式 */
    SIU.PCR[u8PcrVal].B.IBE = 1;              /* 使能输入缓存 */
}
```

（3）主函数。

5.4.6 可编程中断定时器

1. 简介

可编程中断定时器（PIT）是一个可以产生中断的定时器数组。

2. 特性

此模块的主要特性为：

- 定时器可以产生中断；
- 所用中断可标记；
- 每个定时器有独立的计数周期。

3. 结构

可编程中断定时器结构如图 5.4.48 所示。

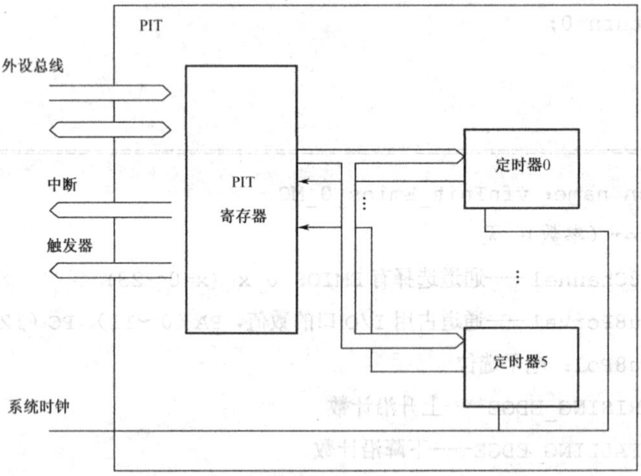

图 5.4.48 可编程中断定时器结构

4. 寄存器描述

1）PIT 模式控制寄存器（PITMCR，见图 5.4.49 和表 5.4.47）

无论定时器时钟是否需要使能或运行在调试模式下，此定时器都能进行控制。

Bit	31	30	29	28	27	26	25	24	23	22	21	20	19	18	17	16
R	0	0	0	0	0	0	0	0	0	0	0	0	0	0	0	0
W																
Reset	0	0	0	0	0	0	0	0	0	0	0	0	0	0	0	0
Bit	15	14	13	12	11	10	9	8	7	6	5	4	3	2	1	0
R	0	0	0	0	0	0	0	0	0	0	0	0	0	0	MDIS	FRZ
W																
Reset	0	0	0	0	0	0	0	0	0	0	0	0	0	0	1	0

图 5.4.49 PIT 模式控制寄存器

表 5.4.47 PITMCR 字段说明

数 据 位	描 述
MDIS	模式使能 0：PIT 定时器的时钟使能； 1：PIT 定时器的时钟屏蔽（默认）
FRZ	冻结 当设备进入调试模式时允许定时器停止。 0：定时器在调试模式下继续运行； 1：定时器在调试模式下停止

2）定时器负载值寄存器（LDVAL，见图 5.4.50 和表 5.4.48）

Bit	31	30	29	28	27	26	25	24	23	22	21	20	19	18	17	16
R/W	TSV[31:16]															
Reset	0	0	0	0	0	0	0	0	0	0	0	0	0	0	0	0
Bit	15	14	13	12	11	10	9	8	7	6	5	4	3	2	1	0
R/W	TSV[15:0]															
Reset	0	0	0	0	0	0	0	0	0	0	0	0	0	0	0	0

图 5.4.50 定时器负载值寄存器

表 5.4.48 LDVAL 字段说明

数 据 位	描 述
TSV	时间开始值 这个字段设置定时器的起始值。定时器倒计时直到 0 为止，它会产生一个中断并重新载入这个寄存器的值。向这个寄存器写一个新的值不会重启定时器，而会等到定时器满值时载入此值。取消当前的周期并用新的值启动一个定时器周期，定时器必须屏蔽并重新使能

3）当前定时值寄存器（CVAL，见图 5.4.51 和表 5.4.49）

当前定时值寄存器显示当前定时器的位置。

Bit	31	30	29	28	27	26	25	24	23	22	21	20	19	18	17	16
R	TVL[31:16]															
W																
Reset	0	0	0	0	0	0	0	0	0	0	0	0	0	0	0	0
Bit	15	14	13	12	11	10	9	8	7	6	5	4	3	2	1	0
R	TVL[15:0]															
W																
Reset	0	0	0	0	0	0	0	0	0	0	0	0	0	0	0	0

图 5.4.51　当前定时值寄存器

表 5.4.49　CVAL 字段说明

数据位	描　述
TVL	当前定时器的值 这个字段显示当前定时器的值。另外，定时器使用向下的计数器。 注意：如果 FRZ 位在 PIT 模块控制寄存器被置位，定时器的值则会在调试模式下冻结

4）定时器控制寄存器（TCTRL，见图 5.4.52 和表 5.4.50）

此寄存器包含每个定时器的控制位。

Bit	31	30	29	28	27	26	25	24	23	22	21	20	19	18	17	16
R	0	0	0	0	0	0	0	0	0	0	0	0	0	0	0	0
W																
Reset	0	0	0	0	0	0	0	0	0	0	0	0	0	0	0	0
Bit	15	14	13	12	11	10	9	8	7	6	5	4	3	2	1	0
R	0	0	0	0	0	0	0	0	0	0	0	0	0	0	TIE	TEN
W																
Reset	0	0	0	0	0	0	0	0	0	0	0	0	0	0	0	0

图 5.4.52　定时器控制寄存器

表 5.4.50　TCTRL 字段说明

数据位	描　述
TIE	定时器中断使能位 0：定时器 x 屏蔽时产生中断请求； 1：无论 TIF 是否置位，都会产生中断请求。 当一个中断进行时（TIF 置位），使能中断会立刻引起一个中断事件。为了避免这种现象的产生，必须先清零相关的 TIF 标志
TEN	定时器使能位 0：定时器将被屏蔽； 1：定时器将被激活

5）定时器标志寄存器（TFLG，见图 5.4.53 和表 5.4.51）

该寄存器保持 PIT 中断标志。

Bit	31	30	29	28	27	26	25	24	23	22	21	20	19	18	17	16
R	0	0	0	0	0	0	0	0	0	0	0	0	0	0	0	0
W																
Reset	0	0	0	0	0	0	0	0	0	0	0	0	0	0	0	0

Bit	15	14	13	12	11	10	9	8	7	6	5	4	3	2	1	0
R	0	0	0	0	0	0	0	0	0	0	0	0	0	0	0	TIF
W																W1C
Reset	0	0	0	0	0	0	0	0	0	0	0	0	0	0	0	0

图 5.4.53 定时器标志寄存器

表 5.4.51 TFLG 字段说明

数 据 位	描 述
TIF	定时器中断标志 TIF 在定时器周期的末尾会置 1。这个标志只有在被写 1 时才会清零，写 0 无效。如果中断使能（TIE=1），TIF 将引起所有中断请求。 0：超时未发生； 1：超时发生

5. 初始化

（1）头文件。

```
#ifndef _DEEPB_PIT_INIT_H_
#define _DEEPB_PIT_INIT_H_

/*******************************************************
-*File name: DeepB_PIT_Init.h
-*Function:  可编程中断定时器的初始化头文件
-*Author:    DeepBlueStdio
-*Version:   V3.10.1  2013.3.16
*******************************************************/
#include "MPC5604B_0M27V_0102.h"          // 包含系统文件
#include "DeepB_PoartDrive.h"
#include "DeepB_Interrupt.h"

/*1=======================================================
-*Function name: DeepB_PIT
-*Parameter（参数）：无
-*Input: v_Poart——定时器通道数；0～5 个通道
-*        Divide——计数初值设置
-*        priority——中断优先级
-*Ouput:
```

```
-*Effective: 初始化速度控制 PWM，频率为 10kHz
-*=====================================================*/
void DeepB_PIT(uint8_t v_Poart,uint32_t Divide,uint8_t priority);

/*2=====================================================
-*Function name: Pit0ISR
-*Parameter（参数）:
-*Ouput:
-*Effective: PIT0 中断处理函数
-*=====================================================*/
void Pit0ISR(void);

/*3=====================================================
-*Function name: Pit1ISR
-*Parameter（参数）:
-*Ouput:
-*Effective: PIT1 中断处理函数
-*=====================================================*/
void Pit1ISR(void);

/*4=====================================================
-*Function name: Pit2ISR
-*Parameter（参数）:
-*Ouput:
-*Effective: PIT2 中断处理函数
-*=====================================================*/
void Pit2ISR(void);

/*5=====================================================
-*Function name: Pit3ISR
-*Parameter（参数）:
-*Ouput:
-*Effective: PIT3 中断处理函数
-*=====================================================*/
void Pit3ISR(void);

/*6=====================================================
-*Function name: Pit4ISR
```

```
-*Parameter（参数）：
-*Ouput：
-*Effective：PIT4 中断处理函数
-*=====================================================*/
void Pit4ISR(void);

/*7=====================================================
-*Function name：Pit5ISR
-*Parameter（参数）：
-*Ouput：
-*Effective：PIT5 中断处理函数
-*=====================================================*/
void Pit5ISR(void);

#endif
```

（2）源文件。

```
/*****************************************************
-*File name：DeepB_PIT_Init.h
-*Function：  可编程中断定时器的初始化头文件
-*Author：    DeepBlueStdio
-*Version：   V3.10.1   2013.3.16
*****************************************************/
#include"DeepB_PIT_Init.h"
extern uint32_t Pit1Ctr;
/*1=====================================================
-*Function name：DeepB_PIT
-*Parameter（参数）：每个计数脉冲值为 1/64MHz
-*Input：v_Poart——定时器通道数；0～5 个通道
-*        Divide——计数初值设置
-*        priority——中断优先级  0～15 对应低→高
-*Ouput：
-*Effective：初始化速度控制 PWM，频率为 10kHz
-*=====================================================*/
void DeepB_PIT(uint8_t v_Poart,uint32_t Divide,uint8_t priority)
{
    uint8_t x;
   //ME.PCTL[92].R = 0x01;
   PIT.PITMCR.R = 0x00000001;              /*使能 PIT，配置定时器在调试模式停止*/
```

```
    PIT.CH[v_Poart].LDVAL.R = Divide;       /*PIT 定时 1ms*/
    PIT.CH[v_Poart].TCTRL.R=0x000000003;  /*使能 PIT1 中断，PIT 开始计数 */
    switch(v_Poart)
    {
      case 0 : x=59;break;
      case 1 : x=60;break;
      case 2 : x=61;break;
      case 3 : x=127;break;
      case 4 : x=128;break;
      case 5 : x=129;break;
      default : break;
    }
    if(priority<0) priority=0;
    else if(priority>15) priority=15;
    INTC.PSR[x].R = priority;                /* PIT1 中断向量优先级为 1 */
}

/*2=====================================================
-*Function name: Pit0ISR
-*Parameter（参数）:
-*Ouput:
-*Effective: PIT0 中断处理函数
-*=====================================================*/
void Pit0ISR(void) {
//  Pit1Ctr++;                         /* 增加中断计数值*/
//  if ((Pit1Ctr & 1)==0) {           /* If PIT1Ctr is even*/
//     INTC.SSCIR[4].R = 2;           /* 调用软件中断 4 */
//  }

  PIT.CH[0].TFLG.B.TIF = 1;   /* MPC56xxB/P/S: 清除 PIT0 标志*/
}

/*3=====================================================
-*Function name: Pit1ISR
-*Parameter（参数）:
-*Ouput:
-*Effective: PIT1 中断处理函数
-*=====================================================*/
```

```
void Pit1ISR(void) {
  Pit1Ctr++;                              /* 增加中断计数值*/
  if ((Pit1Ctr & 1)==0) {                 /* 如果 PIT1Ctr 是偶数*/
    INTC.SSCIR[4].R = 2;                  /* 调用软件中断  4 */
  }
  PIT.CH[1].TFLG.B.TIF = 1;       /* MPC56xxB/P/S: 清除 PIT1 标志*/
}

/*4====================================================
-*Function name: Pit2ISR
-*Parameter（参数）:
-*Ouput:
-*Effective: PIT2 中断处理函数
-*===================================================*/
void Pit2ISR(void) {
//  Pit1Ctr++;                            /* 增加中断计数值*/
//  if ((Pit1Ctr & 1)==0) {               /* 如果 PIT1Ctr 是偶数*/
//    INTC.SSCIR[4].R = 2;                /* 调用软件中断 4 */
//  }
  PIT.CH[2].TFLG.B.TIF = 1;       /* MPC56xxB/P/S: 清除 PIT2 标志*/
}

/*5====================================================
-*Function name: Pit3ISR
-*Parameter（参数）:
-*Ouput:
-*Effective: PIT3 中断处理函数
-*===================================================*/
void Pit3ISR(void) {
//  Pit1Ctr++;                             /* 增加中断计数值 */
//  if ((Pit1Ctr & 1)==0) {                /* 如果 PIT1Ctr 是偶数*/
//    INTC.SSCIR[4].R = 2;             /* 调用软件中断 4 */
//  }

  PIT.CH[3].TFLG.B.TIF = 1;       /* MPC56xxB/P/S: 清除 PIT3 标志 */
}
```

```
/*6==========================================================
-*Function name: Pit4ISR
-*Parameter (参数):
-*Ouput:
-*Effective: PIT4 中断处理函数
-*=========================================================*/
void Pit4ISR(void) {
//  Pit1Ctr++;                              /* 增加中断计数值 */
//  if ((Pit1Ctr & 1)==0) {                 /* 如果 PIT1Ctr 是偶数*/
//    INTC.SSCIR[4].R = 2;                  /* 调用软件中断 4 */
//  }
  PIT.CH[4].TFLG.B.TIF = 1;    /* MPC56xxB/P/S: 清除 PIT4 标志 */}

/*7==========================================================
-*Function name: Pit5ISR
-*Parameter (参数):
-*Ouput:
-*Effective: PIT5 中断处理函数
-*=========================================================*/
void Pit5ISR(void) {
//  Pit1Ctr++;                                /* 增加中断计数值 */
//  if ((Pit1Ctr & 1)==0) {                   /* 如果 PIT1Ctr 是偶数*/
//    INTC.SSCIR[4].R = 2;                    /* 调用软件中断 4 */
//  }
  PIT.CH[5].TFLG.B.TIF = 1;    /* MPC56xxB/P/S: 清除 PIT5 标志 */
}
```

5.4.7 模数转换模块

1. 简介

模数转换模块（ADC）为其广泛的应用提供了精确快速的转换。ADC 拥有相对普通转换器和内嵌转换器更先进的性能，转换可由硬件或软件触发，有以下 3 种类型的输入通道：

- 内部精确，ADC0_P[n]（内部多路复用的精密通道）；
- 内部标准，ADC0_S[n]（内部多路复用的标准通道）；
- 外部 ADC0_X[n]（外部多路复用的标准通道）。

ADC 中的屏蔽寄存器可编程配置哪路通道被转换。3 个外部译码信号 MA[2:0]（多路转换器地址）给外部通道提供选择，并在 GPIO 上有复用功能。MA[2:0]被 ADC 控制并被硬件自动置位。

一个用来配置不同取样和转换时间的时间转换寄存器关联到每种类型的通道。

模拟看门狗允许继续监视硬件。

2．特性（特定设备）

（1）10 位分辨率。

（2）36 通道（取决于封装类型），可通过外部复用扩展到 64 通道。

① 多达 16 位精度的通道。

② 多达 20 个标准通道，其中 4 个可扩展到多达 32 个外部通道。地址译码器信号产生（复用功能 MA[2:0]），用于控制外部多路复用器。

（3）每个信道都有独立的转换寄存器（内部和外部）。

（4）3 种不同的采样和转换时间寄存器 CTR[0:2]（内部精密通道、内部标准通道、外部通道）。

（5）多达 64 个数据寄存器，用于存储转换的数据。转换信息，如操作模式（正常、嵌入或 CTU）与数据值相关联。

（6）转换触发源。

① 软件。

② CTU。

③ 两个 PIT 通道（For Injected Conversion）。

（7）4 个模拟看门狗。

① 中断能力。

② 允许连续 4 个模拟输入通道的硬件监控。

（8）预采样（VSS 和 VDD）。

（9）外部通道的管理与内部通道的管理方式相同。

（10）单步/扫描模式。

（11）内部链模式。

（12）掉电模式。

（13）两个不同的终止功能允许中止单通道转换和链转换。

（14）自动关闭时钟。

3．结构（特定设备）

模数转换器结构如图 5.4.54 所示。

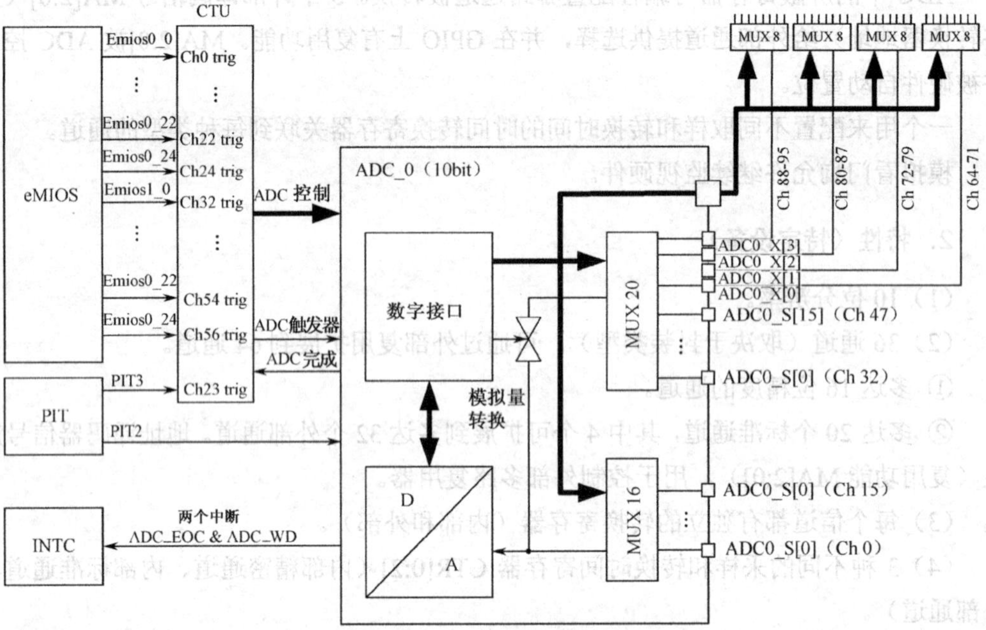

图 5.4.54 模数转换器结构

4．寄存器介绍

1）主配置寄存器（MCR）

主配置寄存器（MCR，见图 5.4.55 和表 5.4.52）为 ADC 提供配置设定。

Bit	31	30	29	28	27	26	25	24	23	22	21	20	19	18	17	16
R	OWREN	WLSIDE	MODE	0	0	0	0	NSTART	0	JTRGEN	JEDGE	JSTART	0	0	CTUEN	0
W																
Reset	0	0	0	0	0	0	0	0	0	0	0	0	0	0	0	0

Bit	15	14	13	12	11	10	9	8	7	6	5	4	3	2	1	0
R	0	0	0	0	0	0	0	ADCLKSEL	ABORTCHAIN	ABORT	ACKO	0	0	0	0	PWDN
W																
Reset	0	0	0	0	0	0	0	0	0	0	0	0	0	0	0	1

图 5.4.55 主配置寄存器

表 5.4.52 MCR 字段说明

数据位	描述
OWREN	重写使能 此位使能或屏蔽重写未读转换数据的功能。 0：防止覆盖未读转换数据；新的结果将被丢弃； 1：使能转换数据被一个新的转换器重写
WLSIDE	写为左/右对齐 0：转换数据被写为右对齐； 1：数据左对齐

续表

数 据 位	描　述
MODE	单次/扫描模式 0：单次模式——配置每个链为普通转换器； 1：扫描模式——配置连续链转换器模式；当可编程链转换器完成时，它将立即重启
NSTART	正常启动转换 设置此位为启动链转换或扫描转换。在扫描模式下重置此位，使得当前转换链完成，然后停止运行。 当转换在进行中时此位保持高电平。 0：引起当前转换链完成并停止其运行； 1：开启链转换或扫描转换
JTRGEN	进样外触发器使能 0：外触发器对通道进样屏蔽； 1：外触发器对通道进样使能
JEDGE	外触发器边沿选择 如果 JTRGEN=1，为外部触发器选择边沿。 0：为触发器选择下降沿； 1：为触发器选择上升沿
JSTART	进样启动 设置此位通过软件对配置的进样模拟通道进行转换。重置此位没有任何效果，进样链转换不能被打断
CTUEN	交叉触发单元转换 0：CTU 触发转换屏蔽； 1：CTU 触发转换使能
ADCLKSEL	模拟时钟选择 此位只有当 ADC 在低掉电模式下时被写。 0：ADC 时钟分频是外围设置时钟频率的一半； 1：ADC 时钟分频与外围设置的时钟频率一样
ABORTCHAIN	终止链 当此位置位时，正在运行的转换链被终止。一旦需要一个新的转换，此位就会被硬件复位。 0：转换无影响； 1：终止正在运行的转换链
ABORT	终止转换 当此位置位时，正在运行的转换链被终止。一旦新的转换被请求，此位将被硬件复位。 0：转换不被影响； 1：终止正在进行的转换
ACKO	自动关闭时钟使能 该位置位使能自动时钟关闭功能。 0：自动时钟关闭禁止； 1：自动时钟关闭使能
PWDN	掉电启用 当该位被置位时，模数转换模块进入掉电模式。当 ADC 状态为 PWDN 时，复位该位将启动 ADC 模块转换为空闲模式。 0：ADC 模块处于正常模式下； 1：ADC 模块被要求进入掉电模式

2）主状态寄存器（MSR，见图 5.4.56 和表 5.4.53）

主状态寄存器为 ADC 提供状态标志位。

Bit	31	30	29	28	27	26	25	24	23	22	21	20	19	18	17	16
R	0	0	0	0	0	0	0	CTUSTART	JSTART	0	0	JABORT	0	0	0	NSTART
W																
Reset	0	0	0	0	0	0	0	0	0	0	0	0	0	0	0	0

Bit	15	14	13	12	11	10	9	8	7	6	5	4	3	2	1	0
R	CHADDR							0	0	0	ACKO	0	0	ADCSTATUS		
W																
Reset	0	0	0	0	0	0	0	0	0	0	0	0	0	0	0	1

图 5.4.56　主状态寄存器

表 5.4.53　MSR 字段说明

数 据 位	描　述
CTUSTART	这个标志位用来指示一个 CTU 转换正在进行中
JSTART	这个标志位用来指示一个注入转换正在进行中
JABORT	这个状态位用来指示注入转换已经中止 当一个新的注入转换开始时，该位被重置
NSTART	这个状态位用来指示一个正常的转换正在进行中
CHADDR	当前转换通道地址 这些位指示当前转换的通道地址
ACKO	时钟自动关闭使能 这个状态位用来指示时钟自动关闭功能是否使能
ADCSTATUS	参数的值取决于 ADC 的状态 000：IDLE 模式； 001：掉电模式； 010：等待模式； 011：保留模式； 100：取样模式； 101：保留模式； 110：转换模式； 111：保留模式

3）通道保持状态寄存器（CEOCFR[0…2]，见图 5.4.57 和表 5.4.54）

Bit	31	30	29	28	27	26	25	24	23	22	21	20	19	18	17	16
R	0	0	0	0	0	0	0	0	0	0	0	0	0	0	0	0
W																
Reset	0	0	0	0	0	0	0	0	0	0	0	0	0	0	0	0

Bit	15	14	13	12	11	10	9	8	7	6	5	4	3	2	1	0
R	EOC_CH15	EOC_CH14	EOC_CH13	EOC_CH12	EOC_CH11	EOC_CH10	EOC_CH9	EOC_CH8	EOC_CH7	EOC_CH6	EOC_CH5	EOC_CH4	EOC_CH3	EOC_CH2	EOC_CH1	EOC_CH0
W	W1C	W1C	W1C	W1C	W1C	W1C	W1C	W1C	W1C	W1C	W1C	W1C	W1C	W1C	W1C	W1C
Reset	0	0	0	0	0	0	0	0	0	0	0	0	0	0	0	0

图 5.4.57　通道保持状态寄存器

表 5.4.54 CEOCFR[0...2]字段说明

数据位	描述
EOC_CHn	置位时，测量通道 *n* 完成

CEOCFR0：结束待处理的中断，通道 0～15 的转换（内部精密通道）

CEOCFR1：结束转换挂起中断，通道 32～47（内部标准通道）

CEOCFR2：转换结束挂起的中断，通道 64～95（外部多路复用信道）

4）中断屏蔽寄存器（ISR，见图 5.5.58）

中断状态寄存器包含 ADC 的中断使能位。

Bit	31	30	29	28	27	26	25	24	23	22	21	20	19	18	17	16
R	0	0	0	0	0	0	0	0	0	0	0	0	0	0	0	0
W																
Reset	0	0	0	0	0	0	0	0	0	0	0	0	0	0	0	0

Bit	15	14	13	12	11	10	9	8	7	6	5	4	3	2	1	0
R	0	0	0	0	0	0	0	0	0	0	0	MSKEOCTU	MSKJEOC	MSKJECH	MSKEOC	MSKECH
W																
Reset	0	0	0	0	0	0	0	0	0	0	0	0	0	0	0	0

图 5.4.58 中断屏蔽寄存器

相应位置位则表示允许该位中断产生。

5）正常转换屏蔽寄存器（NCMR[0…2]，见图 5.4.59 和表 5.4.55）

NCMR0

Bit	31	30	29	28	27	26	25	24	23	22	21	20	19	18	17	16
R	0	0	0	0	0	0	0	0	0	0	0	0	0	0	0	0
W																
Reset	0	0	0	0	0	0	0	0	0	0	0	0	0	0	0	0

Bit	15	14	13	12	11	10	9	8	7	6	5	4	3	2	1	0
R/W	CH15	CH14	CH13	CH12	CH11	CH10	CH9	CH8	CH7	CH6	CH5	CH4	CH3	CH2	CH1	CH0
Reset	0	0	0	0	0	0	0	0	0	0	0	0	0	0	0	0

NCMR1

Bit	31	30	29	28	27	26	25	24	23	22	21	20	19	18	17	16
R	0	0	0	0	0	0	0	0	0	0	0	0	0	0	0	0
W																
Reset	0	0	0	0	0	0	0	0	0	0	0	0	0	0	0	0

Bit	15	14	13	12	11	10	9	8	7	6	5	4	3	2	1	0
R/W	CH47	CH46	CH45	CH44	CH43	CH42	CH41	CH40	CH39	CH38	CH37	CH36	CH35	CH34	CH33	CH32
Reset	0	0	0	0	0	0	0	0	0	0	0	0	0	0	0	0

NCMR2

Bit	31	30	29	28	27	26	25	24	23	22	21	20	19	18	17	16
R/W	CH95	CH94	CH93	CH92	CH91	CH90	CH89	CH88	CH87	CH86	CH85	CH84	CH83	CH82	CH81	CH80
Reset	0	0	0	0	0	0	0	0	0	0	0	0	0	0	0	0

Bit	15	14	13	12	11	10	9	8	7	6	5	4	3	2	1	0
R/W	CH79	CH78	CH77	CH76	CH75	CH74	CH73	CH72	CH71	CH70	CH69	CH68	CH67	CH66	CH65	CH64
Reset	0	0	0	0	0	0	0	0	0	0	0	0	0	0	0	0

图 5.4.59 正常转换屏蔽寄存器

NCMR0：通道 0～15 正常采样使能位（内部精密通道）。

NCMR1：通道 32～47 正常采样使能位（内部标准通道）。

NCMR2：通道 64～95 正常采样使能位（外部多路复用通道）。

表 5.4.55　NCMR[0…2]字段说明

数 据 位	描　述
CHn	采样使能 当置位该位为 1 时，使能相应通道 *n*

6）转换定时寄存器（CTR[0…2]，见图 5.4.60 和表 5.4.56）

CTR0：与内部转换精密通道相连（通道 0～15）。

CTR1：与内部转换标准通道相连（通道 32～47）。

CTR2：与内部转换外部复用通道相连（通道 64～95）。

Bit	31	30	29	28	27	26	25	24	23	22	21	20	19	18	17	16
R	0	0	0	0	0	0	0	0	0	0	0	0	0	0	0	0
W																
Reset	0	0	0	0	0	0	0	0	0	0	0	0	0	0	0	0

Bit	15	14	13	12	11	10	9	8	7	6	5	4	3	2	1	0
R	INPLATCH	0	OFFSHIFT		0	INPCMP		0	INPSAMP							
W	INPLATCH		OFFSHIFT			INPCMP			INPSAMP							
Reset	0	0	0	0	0	0	1	0	0	0	0	0	0	1	0	1

图 5.4.60　转换定时寄存器

表 5.4.56　CTR[0…2]字段说明

数 据 位	描　述
INPLATCH	转换延续时间锁定配置位
OFFSHIFT	配置偏移特性 00：当 AVIN 等于 1 最小分辨率时，没有获得偏移（编码在 000H 和 001H 之间）； 01：当 AVIN 等于 1/2 LSB 时，代码 000H 和 001H 之间的偏移到达； 10：当 AVIN 等于 0 时，代码 000H 和 001H 之间的偏移到达； 11：未使用。 注意：仅适用于 CTR0
INPCMP	配置位的比较阶段持续时间
INPSAMP	配置位的采样阶段持续时间

7）通道转换数据寄存器（CDR[0…2]，见图 5.4.61 和表 5.4.57）

CDR[0…15]：内部精密通道。

CDR[32…47]：内部标准通道。

CDR[64…95]：外部复用通道。

每个数据寄存器中还给出了有关响应的结果信息，如下所述。

Bit	31	30	29	28	27	26	25	24	23	22	21	20	19	18	17	16
R	0	0	0	0	0	0	0	0	0	0	0	0	VALID	OVERW	RESULT	
W																
Reset	0	0	0	0	0	0	0	0	0	0	0	0	0	0	0	0

Bit	15	14	13	12	11	10	9	8	7	6	5	4	3	2	1	0
R	0	0	0	0	0	0	CDATA[0:9]（MCR[WLSIDE]=0）									
W																
Reset	0	0	0	0	0	0	0	0	0	0	0	0	0	0	0	0

Bit	15	14	13	12	11	10	9	8	7	6	5	4	3	2	1	0
R	CDATA[0:9]（MCR[WLSIDE]=1）										0	0	0	0	0	0
W																
Reset	0	0	0	0	0	0	0	0	0	0	0	0	0	0	0	0

图 5.4.61 通道转换数据寄存器

表 5.4.57 CDR[0...2]字段说明

数据位	描述
VALID	用于通知数据是有效的（一个新的数据已经写入），读取数据时自动清除该位
OVERW	数据覆盖位 该位表示先前的数据已经被一个新的数据覆盖。该作用由 MCR[OWREN]位的值决定。 当 OWREN = 0 时，OVERW 被冻结为 0，CDATA 数据域受保护以防止被覆盖，直到数据被读取后保护才失效。 当 OWREN=1 时，OVERW 标记 CDATA 数据域的覆盖状态。 0：转换后的数据没有被覆盖； 1：上次转换后的数据在覆盖之前已经读取
RESULT	该位用于反映相应通道的转换模式。 00：数据为正常转换模式的结果； 01：数据结果为精密模式转换值； 10：数据结果为 CTU 变换模式转换值； 11：预留
CDATA	通道 0～95 的转换值取决于 MCR[WLSIDE]位的值，该位域的位置可以改变，详见芯片手册

5. 初始化

（1）头文件。

```
/*函数原形 */
/** 初始化选择的通道*/
void vfnSelect_Analog_Pin(uint8_t u8Channel);

/** 选择 ADC 使用的通道 */
void vfnSelect_Adc_Channel(uint8_t u8Channel);

/** 初始化 ADC 模型 */
void vfnInit_Adc(void);

/** 获得 ADC 扫描数据 */
uint16_t u16Read_Adc(uint8_t u8Channel, uint16_t u16MaximumValue);
```

（2）源文件。

```
#include "MPC5604B_0M27V_0102.h"
#include "LQ_Driver_MPC5604B.h"

void vfnSelect_Analog_Pin(uint8_t u8Channel)
{
SIU.PCR[u8Channel].R = 0x2000;  /* MPC56xxB：初始化引脚 X 作为通道 */
}

void vfnSelect_Adc_Channel(uint8_t u8Channel) {
    ADC.NCMR[1].R |= u8Channel;
}

void vfnInit_Adc(void)
{
    ADC.MCR.R = 0x20020000;        /* 初始化 ADC0 为扫描模式 */
    //ADC.MCR.B.PWDN = 0;
    //ADC.MCR.B.ADCLKSEL = 1;
    //ADC.MCR.B.PWDN = 0;
    ADC.CTR[1].R = 0x00008606;
    //ADC.CTR[1].B.INPLATCH=1;
    //ADC.CTR[1].B.INPCMP=3;
    //ADC.CTR[1].B.INPSAMP=9;

    //ADC.CTR[1].R = 0x00008606; /* 32MHz AD 时钟进行转换*/
    ADC.MCR.B.NSTART=1;        /* 触发 ADC0 的通用转换 */
}

uint16_t u16Read_Adc(uint8_t u8Channel, uint16_t u16MaximumValue)
{
    /*ADC 扫描结果 */
    uint16_t u16Result;
    /* 等待最后扫描完成 */
    while (ADC.CDR[u8Channel+32].B.VALID != 1) {}
    /* 读取 ADC 扫描值 */
    u16Result = (uint16_t)ADC.CDR[u8Channel+32].B.CDATA;
    /* 从 0 到最大值进行转换 */
    u16Result = (uint16_t)(u16MaximumValue * u16Result / 1023);
    return u16Result;
}
```

第 6 章

6 电磁车实例

6.1 智能汽车竞赛电磁组背景

与光电组和摄像头组不同，电磁组是第五届全国大学生“恩智浦”杯智能汽车竞赛中新增加的比赛项目。根据电磁组的竞赛细则，电磁组竞赛车模要能够自行检测赛道中心线下漆包线中 100mA、20kHz 的交变电流产生的磁场来引导车模沿着赛道行驶，通过检测放置永磁铁的起跑线来准确停车。同时，参赛选手需要自行设计合适的电磁传感器和布局算法来检测赛道信息完成智能循迹功能。另外，第七届竞赛中电磁组的竞赛规则要求车模采用两轮直立循迹，其他几届竞赛规则均要求采用四轮循迹。

6.2 电磁组传感器及路径检测设计参考方案

6.2.1 磁场检测方法

根据智能汽车竞赛规则，竞赛赛道中心线下有 100mA、20kHz 交变电流的漆包线，因此需要通过检测导线周围所产生的电磁场来确定道路与车模的相对位置。测量磁场大小的方法，按物质与磁场之间的各种物理效应可分为磁电效应（电磁感应、霍尔效应、磁致电阻效应）、磁机械效应、磁光效应、核磁共振、超导体与电子自旋量子力学效应等。在现代检测磁场的传感器中，常见的有磁通门磁场传感器、磁阻抗磁场传感器、半导体霍尔传感器、磁敏二极管、磁敏三极管。因为各种传感器测量磁场所依据的原理不同，所以测量的磁场精度和范围相差也很大，为$10^{-11}\sim10^{7}$。各类磁场传感器的测量范围如图 6.2.1 所示。

根据磁场原理推导的公式 $B=\dfrac{\mu_0 I}{2\pi r}$，可以计算赛道的磁场强度。把赛道看作无限长直导线，在距离导线 10cm 处的磁场强度为

$$B=\frac{\mu_0 I}{2\pi r}=\frac{4\pi\times0.1}{2\pi\times0.1}\times10^{-7}=2\times10^{-7}\,\mathrm{T}=2\times10^{-3}\,\mathrm{G}$$

除了保证检测磁场的精度之外，还需要选择适合车模比赛所用的检测方法。此外，对于检测磁场传感器的频率响应、尺寸、价格、功耗及实现的难易程度也要进行综合考虑。

对于霍尔传感器，其器件灵敏度低，应用到车模上需要紧贴地面，精度大大降低，且器件不好选择。对于磁阻传感器，其外围电路往往比较复杂，需要仪表放大器和置位复位电路，且价格不菲。对于电磁感应线圈传感器，其测量范围广、抗干扰能力强，理论上只要加上合适的谐振电路和放大电路就能筛选出特定频段的信号并进行放大。

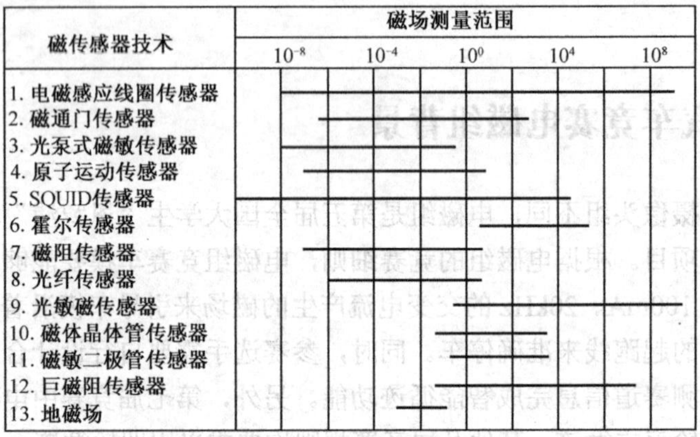

图 6.2.1　各类磁场传感器的测量范围示意

综合以上考虑，采用电磁感应线圈传感器的方案较为适宜。它具有原理简单、价格便宜、体积小（相对小）、频率响应快、电路实现简单等特点。电磁感应线圈可以自行绕制，也可以采用市面上的工字电感。

6.2.2　传感器模块设计

1. 传感器选择

电磁感应线圈传感器应用于竞赛最合适。常用的感应线圈有色环电感、工字电感，并且可以按照需求定做。以工字电感作为检测线圈为例，选用 10mH 电感作为检测传感器。这类电感体积小、Q 值高，具有开放的磁芯，可以感应周围交变的磁场，图 6.2.2 所示为工字电感结构示意。

图 6.2.2　工字电感结构示意

10mH 电感有多种规格，常见的规格有 6×8、8×10、10×12，表示电感直径和高度。直径越大、高度越高，在直导线同一位置获得的电磁能量就越大，传感器获得的信号就越强，但是太强的电感会增加传感器重量，使重心偏前，导致机械结构不稳定，要视实验效果决定使用哪种电感。图 6.2.3 所示为 10mH 电感样品。

2. 谐振电路设计

使用感应线圈可以感应其周围的交变磁场，生成感应电动势，该感应电动势信号比较弱，感应电压只能达到百毫伏级，同时，由于周围空间存在很多强弱各异、频率不同的磁场，噪声较大。所以，针对竞赛选择 20kHz 交变磁场作为路径导航信号，采用 LC 选频网络对信号进行选频放大，这样既去除了噪声的干扰，同时还将微小的有效信号进行了选频放大。图 6.2.4 所示为 LC 谐振电路。

图 6.2.3　10mH 电感样品

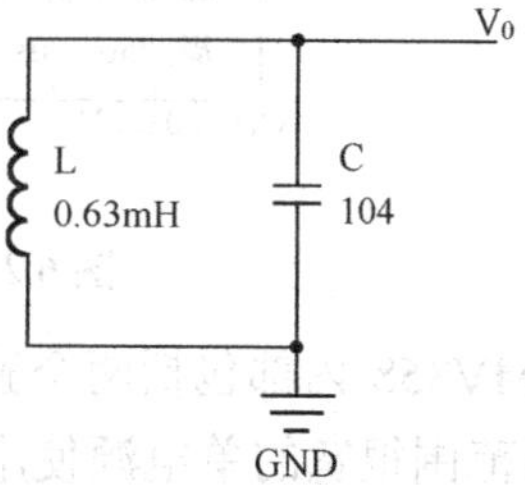

图 6.2.4　LC 谐振电路

对于上述电路，L 为感应线圈的电感量，C 为并联谐振电路的电容。利用电路谐振频率公式：$f=\dfrac{1}{2\pi\sqrt{LC}}$。已知感应电动势的频率 f=20kHz，感应线圈的电感 L=10mH，可以计算谐振电容的容量为

$$C=\frac{1}{(2\pi f)^2 L}=\frac{1}{(2\pi\times 20\times 10^3)\times 10\times 10^{-3}}=6.33\times 10^{-9}\text{（F）}$$

与计算值最为接近的电容为 6.8nF，所以在实际电路中选用 6.8nF 的电容作为谐振电容。电容的类型决定了谐振电路选频能力的高低，不同的电容将会对电路造成很大的影响。选用瓷片电容得到的信号不稳定，感应的信号随外界环境的改变而发生变化，且相同的两块电路对称性很差，信号之间有很大的差值。云母电容则改变了这种情况，得到的信号稳定且电路之间的对称性较高。图 6.2.5 所示为通过 LC 谐振电路后得到的原始信号。

3. LMV358 放大检波电路设计

从 LC 谐振电路得到的信号是交变的电压信号，电压幅值太小，只能达到百毫伏级别，经 A/D 转换后差异不明显，还须进一步放大。赛道中心线下有直径为 0.1～0.3mm 的漆包线，其中通有 20kHz、100mA 的交变电流，频率范围 20±2kHz，电流范围为 50±150mA。由于电流范围较大，为了适应强弱不同的信号，需要采用放大倍数较高且可调的放大器进行信号放大。三极管体积小、价格低、型号众多易于选择，其基本原理是

基本共射放大器原理，往往为了提高检波的灵敏度而再增加一级三极管放大电路，但三极管两级放大电路的静态工作点调整比较复杂，所以采用放大倍数较高的运算放大器 LMV358 对信号进行放大。

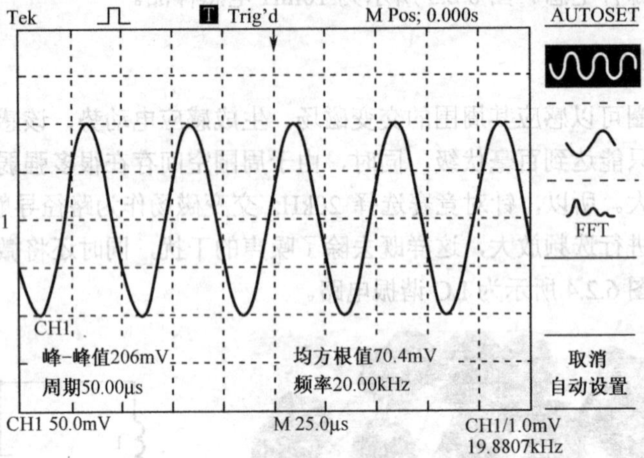

图 6.2.5　通过 LC 谐振电路后得到的原始信号

LMV358 内部包括两个独立的、高增益的、内部频率补偿的双运算放大器，适合电源电压范围很宽的单电源使用，也适合双电源工作模式，在推荐的工作条件下，电源电流与电源电压无关。它的使用范围包括传感放大器、直流增益模组、音频放大器、工业控制、DC 增益部件和其他所有可用单电源供电的使用运算放大器的场合。在单电源供电下，其工作电压为 2.7～5.5V；共模电压输入范围为-0.2～1.9V，可以低于 0；单位增益带宽为 1MHz。LMV358 结构如图 6.2.6 所示。

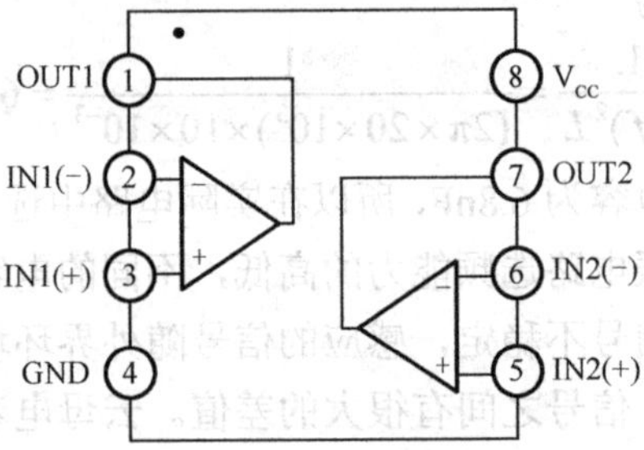

图 6.2.6　LMV358 引脚排列分布

若要信号直接由 A/D 采集，还必须把负电压升高为正电压且保证信号不失真，故须将电路中运放的中点设置为 0，因此运放只对输入信号的正半周信号进行放大，负半周信号则无法放大。运放对信号进行放大的同时，也完成了检波（半周检波）。检波后的信号经过 RC 滤波后得到信号的直流分量，送到单片机 A/D 进行检测。图 6.2.7 所示为 LMV358 放大检波电路。

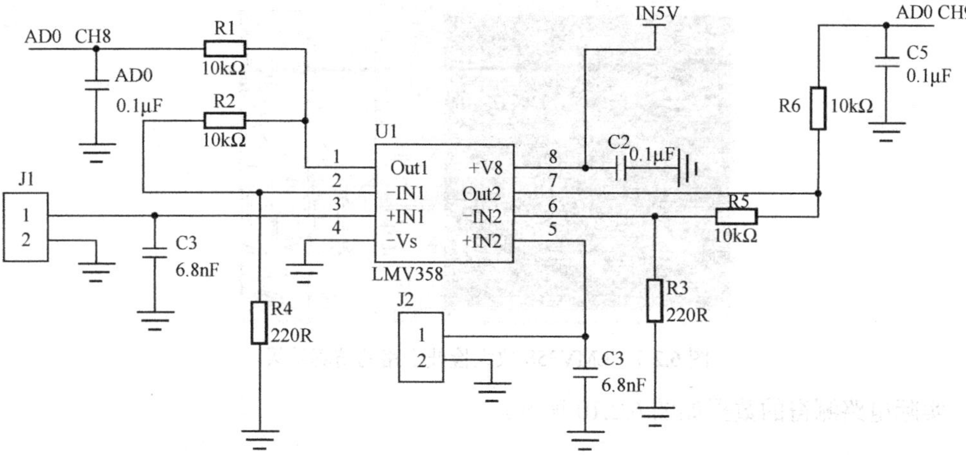

图 6.2.7　LMV358 放大检波电路

为了得到不同的放大倍数，可以调节电位器阻值的大小来实现，通过仿真观察放大倍数确定合适的阻值。常见的仿真软件很多，以 Proteus 7 Professional 为例。Proteus 软件是英国 Lab Center Electronics 公司发布的 EDA 工具软件，它不仅具有其他 EDA 工具软件的仿真功能，还能仿真单片机及外围器件，是目前最好的仿真单片机及外围器件的工具。Proteus 从原理图布局、代码调试到单片机与外围电路的协同仿真，一键切换到 PCB 设计，真正实现了从概念到产品的完整设计。Proteus 是目前世界上唯一将电路仿真软件、PCB 设计软件和虚拟模型仿真软件三合一的设计平台，其处理器模型支持 8051、HC11、PIC10/12/16/18/24/30/ DsPIC33、AVR、ARM、8086 和 MSP430 等，2010 年增加 Cortex 和 DSP 系列处理器，并持续增加其他系列处理器模型。在编译方面，Proteus 也支持 IAR、KEIL 和 MATLAB 等多种编译软件。

通过 Proteus 仿真软件按图 6.2.8 所示的电路进行仿真。

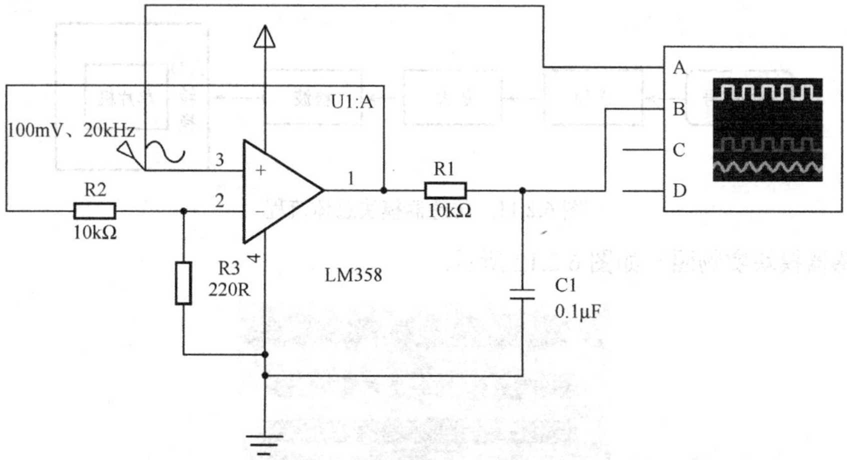

图 6.2.8　LMV358 放大检波仿真电路

图中假设 LC 谐振后输入电压信号为 100mV、20kHz，仿真结果如图 6.2.9 所示。

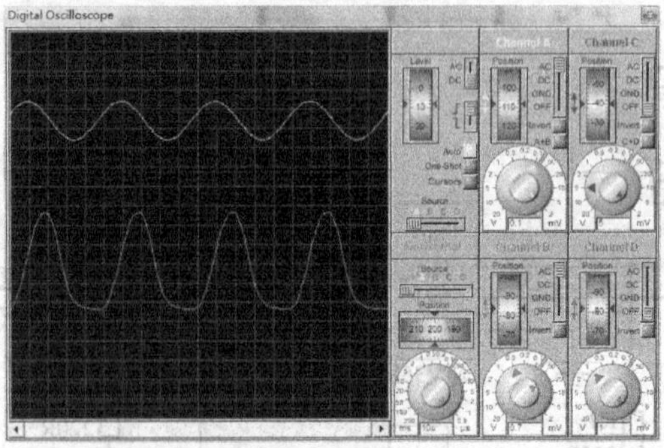

图 6.2.9 LMV358 放大检波电路的仿真结果

实际电路测得的数据如图 6.2.10 所示。

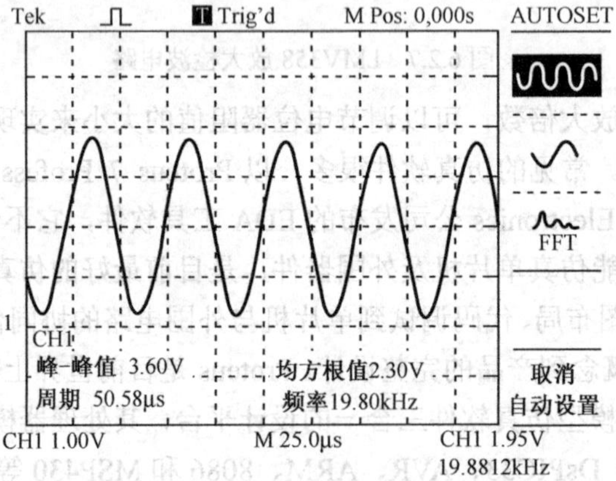

图 6.2.10 电路放大检波后的波形

通过传感器模块对信号进行选频、放大和检波，信号最终被送入单片机进行下一步处理，图 6.2.11 所示为传感器模块总体流程。

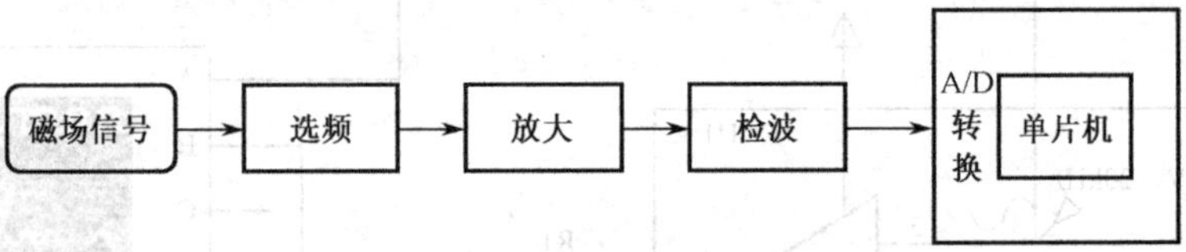

图 6.2.11 传感器模块总体流程

传感器模块实物照片如图 6.2.12 所示。

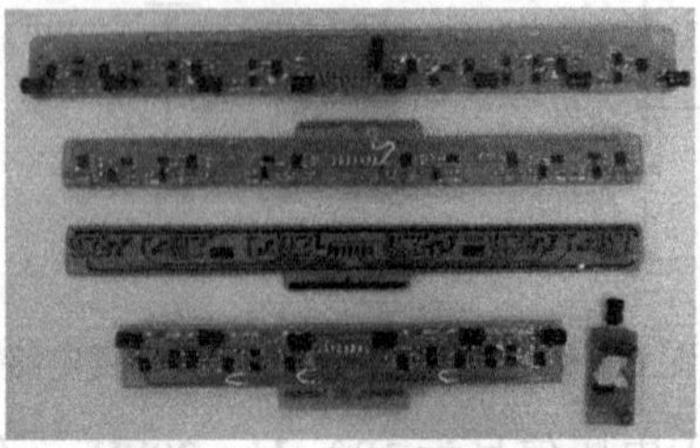

图 6.2.12 传感器模块实物照片

6.2.3 信号滤波

为了使采样得到的数据更准确，必须对采样数据进行筛选、滤波，以去掉误差较大的数据。一般常用的方法有中值滤波和均值滤波。所谓中值滤波就是将 *M* 次连续采样值按大小进行排序，取中间值作为中值滤波的结果；而均值滤波是把 *N* 次采样结果值相加，然后除以采样次数 *N*，得到的平均值即为均值滤波的结果。中值滤波例程如下。

```
/***************************中值滤波****************************/
/* 注释：MoudelNumber：模块号  Channel：通道号  accuracy：精度    */
/**************************************************************/
uint16 hw_ad_mid(int MoudelNumber,int Channel,uint8 accuracy)
{
uint16 i,j,k,tmp;
//1.取 3 次 A/D 转换结果
i = hw_ad_once(MoudelNumber,Channel,accuracy);
j = hw_ad_once(MoudelNumber,Channel,accuracy);
k = hw_ad_once(MoudelNumber,Channel,accuracy);
//2.取中值
if (i > j)
{
    tmp = i; i = j; j = tmp;
}
if (k > j)
    tmp = j;
else if(k > i)
    tmp = k;
else
    tmp = i;
return tmp;
}
```

在实际比赛中，可以采用中值滤波与均值滤波结合的复合滤波方式，即先进行 *n* 次中值滤波，再将这 *n* 次中值滤波的结果相加，然后除以采集次数 *n* 得到均值滤波的结果。均值滤波例程如下。

```
/****************************均值滤波***************************/
/* 注释：MoudelNumber：模块号   Channel：通道号                 */
/*          accuracy：精度    N：均值滤波次数                    */
/**************************************************************/
uint16 hw_ad_ave(int MoudelNumber,int Channel,uint8 accuracy,uint8 N)
{
uint32 tmp = 0;
uint8  i;
```

```
    for(i = 0; i < N; i++)
        tmp += hw_ad_mid(MoudelNumber,Channel,accuracy);
    tmp = tmp / N;
    return (uint16)tmp;
}
```

6.2.4 传感器的布局设计与调试

1. 传感器安装材料的选择

大量事实证明，车模重心的位置对智能汽车的稳定性有很大影响。对于传感器的安装，要考虑传感器支架的牢固程度、车模的惯性、转向灵敏度、过弯稳定性等因素。综合考虑上述因素，须采用质量轻、强度大的材料作为传感器支架的材料。常用的支架材料有铝合金、碳素杆和钓鱼竿等，可根据设计要求的尺寸和形状自行加工、打孔、组装。

2. 传感器安装高度的选择

传感器的安装位置对感应信号的变化情况有着显著的影响，传感器安装位置的优劣直接影响数据采集的质量。传感器安装得越高，采集到的磁场信号变化越缓慢，即在边缘的电压信号也较强，比较有利于 A/D 采集。但是，考虑重心和信号强弱的问题，传感器安装的高度也不能太高。另外，由于高度带来的 A/D 数据值减小的情况，可以通过调节放大电路上的电位器调整放大倍数的方法来解决，在调节电位器时要注意放大失真问题。

3. 双水平线圈检测方案

线圈轴线摆放的方向不同，线圈感应到的磁场强弱也就不同。以竞赛组委会官方提供的最简方案为例：双水平线圈检测方案。在车模前上方水平方向固定两个相距 L 的线圈，两个线圈的轴线为水平，高度为 h，如图 6.2.13 和图 6.2.14 所示。

为了讨论方便，在跑道上建立如下坐标系，假设沿着跑道前进的方向为 z 轴，垂直跑道往上为 y 轴，在跑道平面内垂直跑道中心线为 x 轴，x-y-z 轴满足右手方向。假设在车模前方安装两个水平线圈，这两个线圈的间隔为 L，线圈的高度为 h，如图 6.2.15 所示。左边线圈的坐标为(x, h, z)，右边线圈的位置为$(x-L, h, z)$。由于磁场分布是以 z 轴为中心的同心圆，所以在计算磁场强度的时候仅仅考虑坐标 (x, y)。

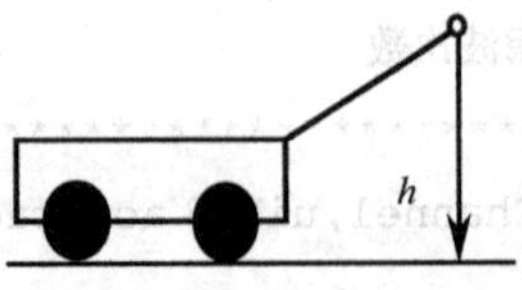

图 6.2.13 双水平线圈检测方案侧视示意

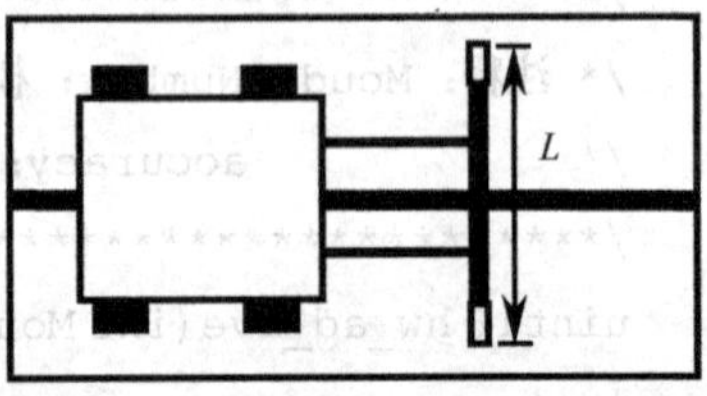

图 6.2.14 双水平线圈检测方案俯视示意

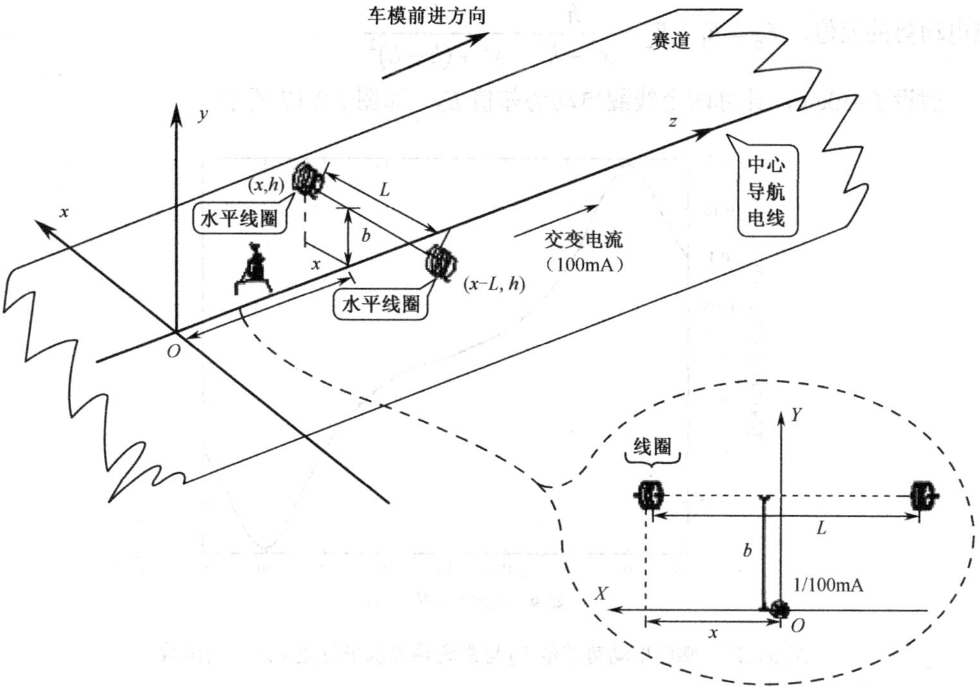

图 6.2.15　感应线圈的布置方案

由于线圈的轴线是水平的，所以感应电动势反映了磁场的水平分量。感应电动势的大小与$\dfrac{h}{x^2+h^2}$成正比。

假设 h=5cm, $x\in(-15, +15)$cm，感应电动势$E=\dfrac{h}{x^2+h^2}$，即 E 随着线圈水平位置 x 的变化取值，如图 6.2.16 所示。

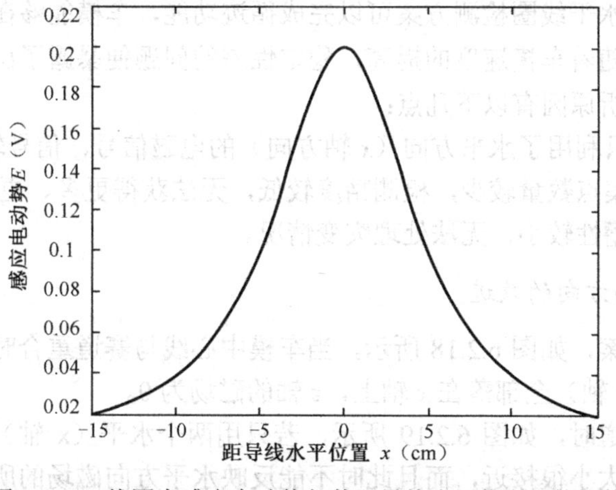

图 6.2.16　线圈中感应电动势与其距导线水平位置 x 的函数

如果只使用一个线圈，感应电动势 E 是位置 x 的偶函数，只能反映水平位置的绝对值 x 的大小，无法分辨左右。为此，可以使用相距 L 的两个感应线圈，计算两个线圈感应电动势的差值：$E_d = E_1 - E_2 = \dfrac{h}{x^2 + h^2} - \dfrac{h}{x^2 + (h-L)^2}$

假设 L=30cm，计算两个线圈电动势差值 E_d，如图 6.2.17 所示。

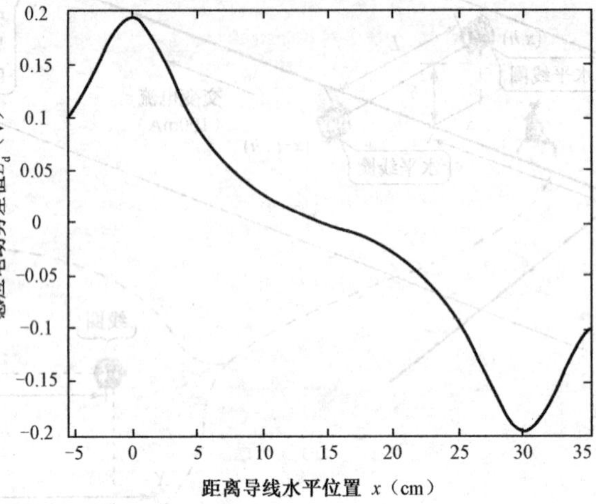

图 6.2.17 感应电动势差值 E_d 与距离导线水平位置 x 之间的函数

从图 6.2.17 可以看出，当左边线圈的位置 x=15cm 时，两个线圈的中心恰好处于跑道中央，感应电动势差值 E_d 为 0。当线圈向左偏移时，$x\in(15,30)$，感应电动势差值小于零；当线圈向右偏移时，$x\in(0,15)$，感应电动势差值大于零，故位移为 0～30cm 时，感应电动势差值 E_d 与位移 x 的关系可看作一个单调函数。可以使用位移这个量对车模转向进行负反馈控制，从而保证两个线圈的中心位置跟踪赛道的中心线。通过改变线圈高度 h、线圈之间的距离 L 可以调整检测范围及感应电动势的大小。

4．传感器布局的改进

实验证明，双水平线圈检测方案可以完成循迹功能，车模能够在一定速度下稳定行驶并完成比赛。但随着车模速度的提高，稳定性差的问题便暴露了出来，尤其在弯道时容易偏离赛道。分析原因有以下几点：

- 竞赛车模只利用了水平方向（x 轴方向）的电磁信号，信号较为单一；
- 电感和采集点数量较少，检测精度较低，无法获得更多、更稳定的赛道信息；
- 传感器前瞻性较小，无法处理突变情况。

1）传感器布局方向的改进

根据现有的方案，如图 6.2.18 所示，当车模中心线与赛道重合时，磁场在水平方向上的分量（x 轴和 z 轴）全部落在 x 轴上，z 轴的磁场为 0。

当车模经过弯道时，如图 6.2.19 所示，若只用两个水平（x 轴）线圈，两个线圈检测到的感应电动势大小很接近，而且此时不能反映水平方向磁场的所有信息，因为水平方向（z 轴）的磁场不为 0。

因此，可以利用 z 轴线圈来避免由于传感器提取赛道信息不完整而造成的舵机误动作或转向延迟，如图 6.2.20 所示。

当车模过弯时，两个水平线圈采集的磁场信号分布如图 6.2.21 所示，两侧分别用两个电感且两个电感相互垂直，通过计算 x 轴和 z 轴方向上线圈信号的平方和得出其和矢量水平分量方向的磁场。

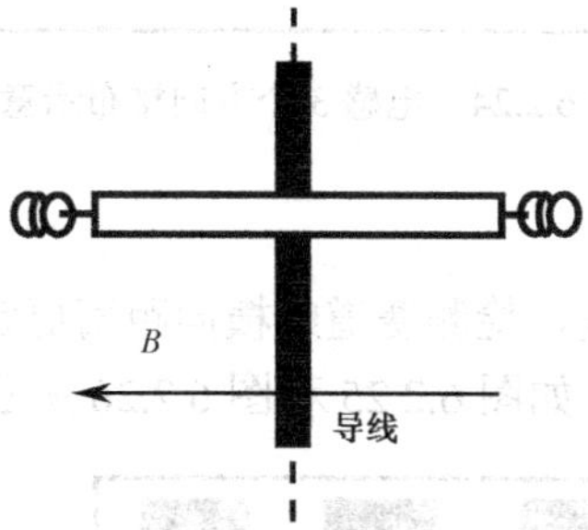

图 6.2.18　车模中心线与赛道重合时的情况

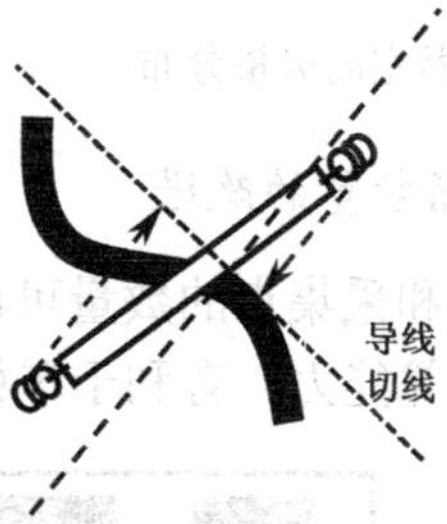

图 6.2.19　车模过弯时磁场示意

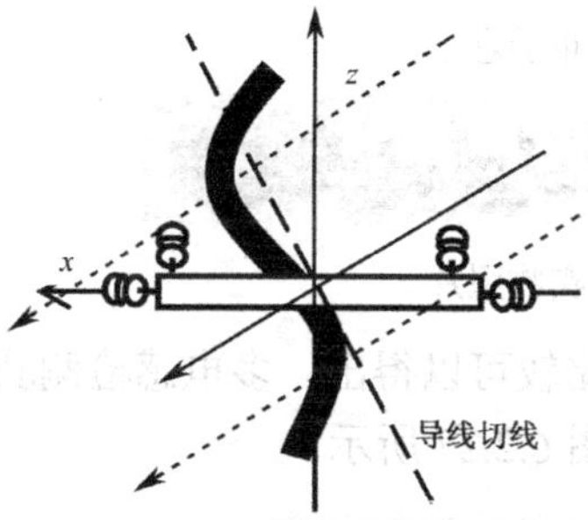

图 6.2.20　有 z 轴线圈时车模过弯磁场示意

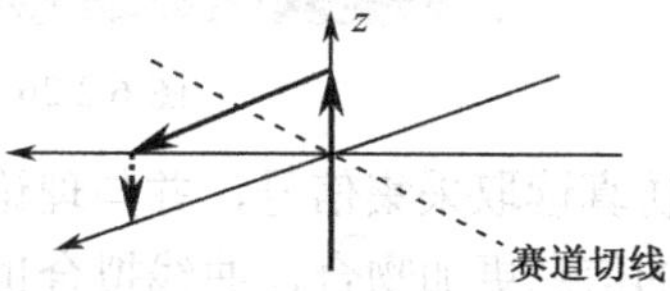

图 6.2.21　两个水平线圈过弯时的磁场分布

事实上，将其中一个电感倾斜一定角度也可以达到上述效果，电感倾斜角度不同，对两个方向的检测范围不同，竞赛车模所能感应到的赛道信息也不同。电感布局如图 6.2.22 所示。

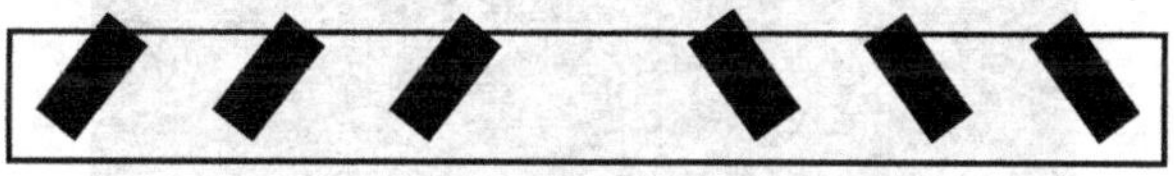

图 6.2.22　倾斜电感排布示意

当车模走内道时，这种排布的效果明显。利用传感器对角度变化的反应使得传感器在直道上变化较小，减小直道抖动；而进入弯道时角度和位置同时起作用，有利于转弯。

另外，由于磁场在空间上满足矢量分布，故可以把二维平面检测提升为三维立体空间检测，在左、右两面的同一位置分别加装两个电感，每侧 3 个电感且电感两两垂直。通过这样的放置，可以准确地检测到传感器所在空间位置的磁场，测量信号更加全面，而对空间信号进行矢量合成，可获得磁场的大小和方向，如图 6.2.23 所示。

图 6.2.24 所示为电感横、纵、竖 3 个方向排布示意，倾斜的传感器利用其对弯道敏感的优势作为主要转向传感器，但在十字道时因为 y 轴分量的影响，会有信号干扰甚至偏离赛道的可能，于是采用横向探头来辅助转向，采用竖直探头用来进行少量前瞻和十字的辅助判断。

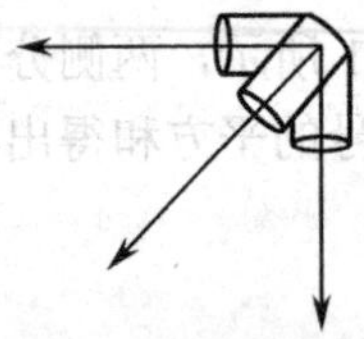

图 6.2.23　传感器空间矢量分布

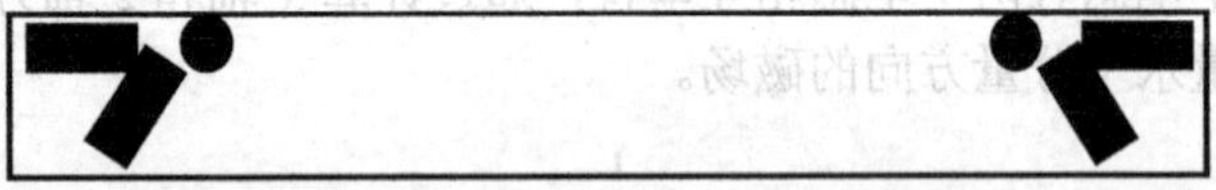

图 6.2.24　电感 3 个方向排布示意

2）传感器数量的改进

增加电感和采集点的数量可以提高检测精度，检测赛道的横向距离更宽，具有更加精密的位置计算能力，有利于车模的精密控制，如图 6.2.25 和图 6.2.26 所示。

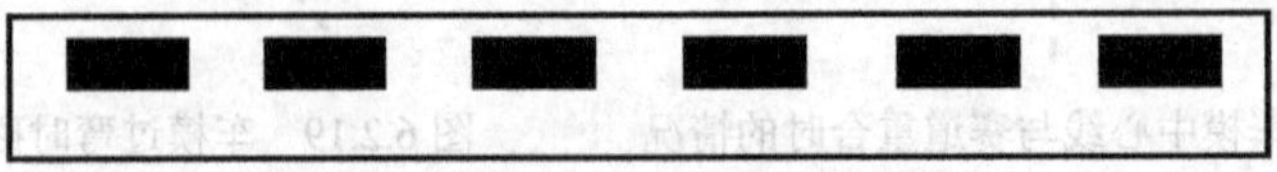

图 6.2.25　多电感分布示意

图 6.2.26　多电感分布实物照片

通过仿真读取采集信号，并与理论图像进行比较可以得出，多电感检测获得信息与实际赛道的信息更加吻合，曲线拟合也更好，如图 6.2.27 所示。

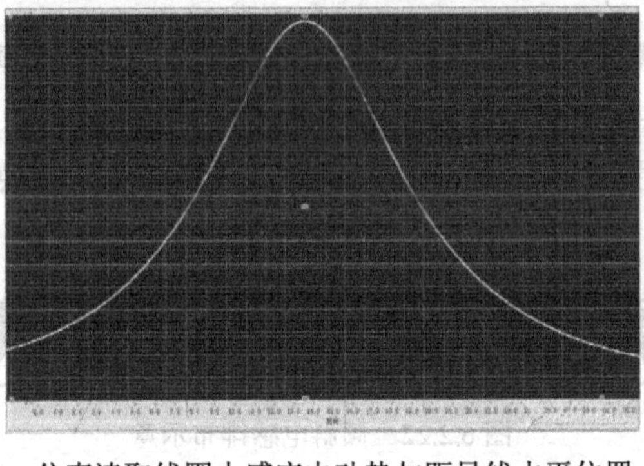

图 6.2.27　仿真读取线圈中感应电动势与距导线水平位置 x 的函数

3）传感器前瞻的改进

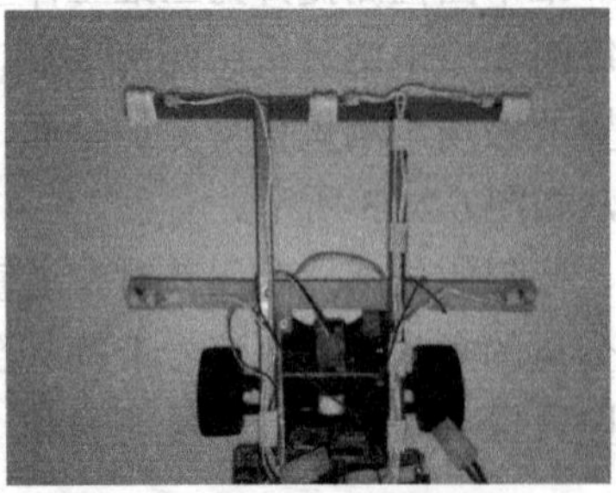

图 6.2.28　双排传感器布局

电磁组车模的前瞻较小，这使速度的提升受到很大限制，不能满足智能汽车高速运行的要求，因此需要用必要的手段增加车模的前瞻性能。事实上，可以利用双排传感器来解决这个问题。单排传感器检测信息单一，而双排传感器可以通过判断导线斜率来弥补前瞻不足。由于双排传感器检测的信息较为丰富，可以合理利用其信息进行转角及速度的控制，有利于坡道及弯道的检测和判断，双排传感器布局如图 6.2.28 所示。

6.2.5 电路板的静电保护

车模行驶过程中会与赛道产生摩擦，产生大量静电，特别是在弯道时，车模各轮的滚动摩擦变为滑动摩擦，静电的积累量会大大增加。一些参赛选手为了降低车模重心，将电路板直接安装在车模的底盘上，电路板与赛道十分接近，赛道的静电干扰影响单片机，使单片机无限复位重启。

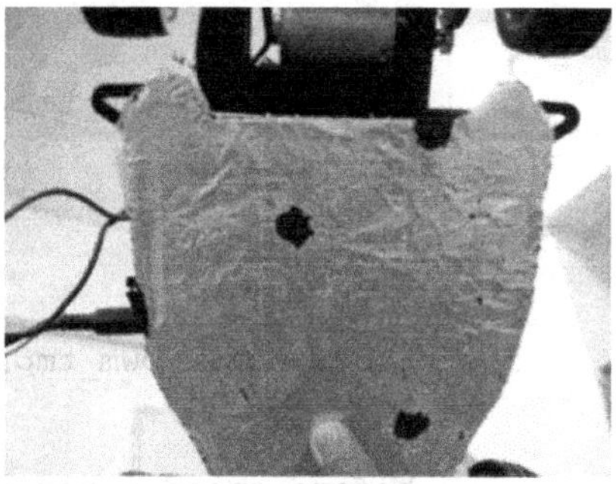

图 6.2.29 防静电铝箔实物照片

对此，应加以防静电保护：在电路板下，铺一层铝箔组成的静电屏蔽层；在铝箔与电路板之间还应添加一层绝缘胶带，防止电路板短路。实物照片如图 6.2.29 所示。

6.3 车模整体控制策略

6.3.1 速度控制策略

速度控制的好坏直接影响车模运行的整体性能，对于解决直道及时加速、弯道合理把握速度大小、提升弯道速度起着决定性的作用。本实例采用增量型 PID 算法进行编程。

为了实现电动机的连续闭环控制，单片机需要实时对测速传感器输出的信号进行采样，通过对电动机最大转速、编码器分辨率、单片机指令执行速度等参数的分析，结合以往电动机控制经验，每次采样的周期定为 2ms，即电动机控制周期为 2ms。以下是增量型 PID 应用的程序编程。

```
/****************************增量型 PID 算法************************/
/* 注释：speed_ept： 理想速度；now_speed：当前速度                    */
/*      error：当前速度差；    d_error：当前速度差与上次速度差的差值；  */
/*       dd_error：上次速度与上上次速度差的差值；                     */
/*****************************************************************/
void SpeedAdjust(){
    int d_error,dd_error,error;
    error=(int)(speed_ept-now_speed);     //理想速度与当前速度的差值
    d_error=error-pre_error;              //当前速度差与上次速度差的差值
    dd_error=pre_error-pre_pre_error;
    pre_error=error;
    pre_pre_error=d_error;
```

```
        pwm_tmp=pwm_tmp+PID_P*d_error+error*PID_I+dd_error*PID_D;
        if(pwm_tmp>=0)
        {
        Set_DCMotor(pwm_tmp,1);
        }
        else
        {
        Set_DCMotor(pwm_tmp,0);
        }
        before_speed = now_speed;
    }
```

6.3.2 转向控制策略

舵机转向控制采用 PD 控制，其中 P 为变化的量，有

$$\text{Servo} = P_{\text{k}} \times a + P_{\text{d}} \times d$$

式中，Servo 为舵机输出量；a 为偏离量；P_{k} 为比例系数；P_{d} 为微分系数；d 为微分项。比例系数是变化的。当发现偏离量在增大时，即上次的动作没有很好地补偿偏差，此时应增大比例系数 P_{k}；反之，若发现偏离量在减小，且偏离量小于一定的值，此时应减小比例系数 P_{k}，此时车模趋于直道或者在直道上。同时，若发现偏离量在 0 附近微小变化时，应减小比例系数 P_{k}，减小振荡，而加入微分变化量可以很好地解决由直道进入弯道及由弯道切弯道时舵机反应滞后的问题，加入微分系数启动了一定的超前控制。

第 7 章

7 电磁节能车实例

7.1 智能汽车竞赛电磁节能组背景

全国大学生“恩智浦”杯智能汽车竞赛是以“立足培养、重在参与、鼓励 探索、追求卓越”为宗旨、鼓励创新的一项科技竞赛活动。竞赛要求在规定的汽车模型平台上，以恩智浦公司的微控制器为核心控制模块，通过增加道路传感器、电机驱动模块，以及编写相应控制程序，制作完成一个能够自主识别道路的模型汽车。第十一届全国大学生“恩智浦”杯智能汽车竞赛在沿用原来组别的基础上，增加了全新的比赛组别：创意节能组。智能汽车通过铺设在赛道上的两条铝膜识别赛道，同时获得电能并完成比赛。这新颖的创意题目给全国大学生智能汽车竞赛注入了创新的血液。

7.2 硬件电路设计及车模的制作

第十二届全国大学生“恩智浦”杯智能汽车竞赛规则规定，节能组车模允许全车 DIY，因此电磁节能组的竞赛要点从简单的电路修改扩大到了整车的硬件电路设计。节能组的核心思想是“节能”，竞赛考量的是单位移动距离与车模能量消耗的比值。这个比值越大，意味着完成一定任务消耗的能量越少，即更加节能。

在节能组首次出现在竞赛中时，竞赛规则指定了具体车模，节能的关键是单纯地通过优化电路设计和算法达到降低功耗的目的。这不仅对电机驱动芯片和单片机提出了一定的要求，传感器的选择也是影响功耗大小的因素之一；但是，允许车模 DIY 的规定使车模节能的方式变得更加多样化。

对于设计经验较少的团队，笔者推荐先以传统车模进行练习，在对节能组的设计与调试积累了充足经验后，再进阶 DIY！

7.2.1 节能组车模的制作

由于车模 DIY 的开放，车模的设计不再局限于原版的车模。需要再次强调的是，车模的 DIY 是指车模是可以完全自制的，这意味着不限材料、不限动力机构、不限轮数，甚至可以制作直立车。本节将介绍各种可行的优秀硬件方案。

首先，车模的总体设计思路是越轻越好。由于节能组对于比赛速度没有要求，因此车模在高速情况下保持车身不抖动及车模结构强度方面的要求便不复存在；而节能组车模功耗降低的需求仅要求车模越轻越好。其次，减小动力元件的功耗也是降低车模功耗的一大重点，通过减小电机的功耗可以有效提高车模的能耗比。

以下为几种提升车模工作效率（降低能耗）的 DIY 设计方案。

1. DIY 底盘

传统的竞赛指定车模的体积较大，质量也较高。以 B 型车模为例，其平面面积约为 28cm×16cm，厚度约为 4mm，采用玻纤板作为主要材料，整体质量约 1.2kg（附加了所有配件后的质量）。实际上，车模的质量除电池与电机之外，主要集中在轮胎和底盘上。因此，减小车模底盘和轮胎的体积、材料密度是降低车模质量的主要方法。

本书推荐读者采用环氧板作为车体材料。环氧板是现代 PCB 板的主要型材，具有绝缘、耐高温、强度较高且轻便的优点。在实际设计车模的过程中，可以选择厚度为 2mm 以上的环氧板（FR-4）作为车体材料（见图 7.2.1），以 AutoCAD 或 AltiumDesigner 为设计软件，绘制出图之后联系工厂代工。有加工设备的同学，也可以尝试自行制作车体。

除环氧板之外，碳纤维也是可选的车体材料之一，如图 7.2.2 所示。碳纤维是一种更加坚固、更加轻便的材料，但相对价格也更高，很多航模大量采用碳纤维材料。由于节能组车模对材料强度的要求并不严苛，因此，从性价比的角度考虑，环氧板更适合车模的制作。

图 7.2.1 黑色 FR-4 环氧板

图 7.2.2 碳纤维

上述两种材料在淘宝平台上均有加工服务，是车模制作材料的可选方案。

2. 电机的选择

电机作为整车的动力元件，也是电力消耗最大的元件，电机的效率直接决定了车模的效率。选择一款低速、性能好、效率高的电机是提升车模效率的关键。

众所周知，无刷电机具备更高的工作效率与更好的速度控制特性，因此采用无刷电机替换原有的直流电机至关重要。

市面上销售的小型无刷电机大部分是航模用无刷电机（见图 7.2.3）。这类无刷电机体积较大、具备较高的功率（动辄上百瓦）、以高速运转为主（大部分时间转速在数千转到数万转每分钟），它的价格从数十元到数百元不等。这类无刷电机由于具备较高的功率，因而需要通过电调控制。但是，第十二届竞赛规则规定，禁止使用成品电调（见图 7.2.4），因此不推荐采用此类无刷电机。

图 7.2.3　2430 型无刷电机

图 7.2.4　市面上常见的电调

市面上还有一类无刷电机，即小型工业设备采用的无刷电机，如通风机。这类无刷电机通常集成了内部驱动，功率较低，效率较高，转速在一千转到数千转每分钟不等（见图 7.2.5）。由于这类电机用于常见的工业环境，因此工作电压为标准的 12V 或 24V，也有 6V 以上的工作电压就能运转的型号。在电商平台可以购买到的此类电机多为拆机品，由于这类电机通常具备极长的使用寿命，因此无须担心质量问题，可以采用此类电机用于车模的 DIY。

除典型的无刷电机之外，还有一种较为特殊的选择方案：空心杯电机，如图 7.2.6 所示。

图 7.2.5　带有驱动电路的小型无刷电机

图 7.2.6　各种空心杯电机

空心杯电机在结构上突破了传统电机的转子结构形式，采用无铁芯转子，也叫空心杯型转子。这种新颖的转子结构彻底消除了由于铁芯形成涡流造成的电能损耗。另外，转子的质量大幅减小、转动惯量大幅降低，减少了转子自身的机械能损耗。由于转子的结构变化而使电机的运转特性得到了极大改善，不但具有突出的节能特点，更为重要的是具备了铁芯电机无法达到的控制和拖动特性。

由于空心杯电机没有传统电机的转子铁芯，因此质量更轻，在降低功耗的同时也降低了自重，是提升车模效率的重要手段。但是，由于空心杯电机的设计直径很小，因此转矩很小，大部分空心杯电机为高转速、低转矩的小电机，转速一般为 40000 转/分钟以上。市面上能够买到的空心杯电机多用于小型飞行玩具的制作，因此功率很低，这也就要求车模的质量更小。另外，由于空心杯电机体积较小，没有固定螺孔或小直径螺孔，因而机械设计变得更加复杂，要求团队有较强的 DIY 水平。

3. 减速机构

限于电机的工作特性，无论采用哪种电机，减速机构都是必须的。传统的车模，以 A 型车模、B 型车模为例，均采用了一级定齿轮组传动，通过一定的减速比增加车轮的转矩。在 DIY 车模时，减速机构是由电机的一般工作转矩决定的。

由于节能组不要求车模的速度，因此较高的齿轮组减速比可以减小电机工作在高负载状态下的转子电流，从而减小发热电流，提升工作效率。实际上，稍有机械常识的读者都了解，多级齿轮组传动的摩擦带来的能量损耗也是使电机效率降低的原因之一。因此，选择具备合理转矩的电机并配合适宜减速比的齿轮组，也是提高效率的重要举措。

选择合适的电机和齿轮组之后，实现设计的最大困难便是齿轮组及齿轮组固定机构的制作。虽然电商平台上有制作齿轮的厂家，但这些厂家大部分面向工业企业，即使能提供制作指定规格齿轮的服务，也无法制作相应的齿轮组固定机构。

对于没有制作齿轮组能力的同学，可以使用传统车模上的减速机构。但是，由于传统车模的减速机构只有固定的减速比，因此只能进行初步的 DIY。另外，还可以选择自带减速齿轮组的电机。很多电机附带的减速机构均采用行星齿轮组，这类齿轮组运行可靠、保护措施良好，可靠性要高于自制的齿轮组。但是，这类齿轮组的缺点也很明显，其减速比是固定的且通常较高，减速后的转速约数百转每分钟，过高的减速比往往用于需要大转矩的场合，而减速过大会将能量更多地消耗在齿轮组的摩擦上，不利于提升电机功率。

综上所述，对于有齿轮组 DIY 能力的参赛车队，仍然推荐自行 DIY 齿轮减速机构。

需要注意的是，不推荐采用 3D 打印制作减速机构。3D 打印制作的减速机构的结构强度和精度都较低，带来的系统震荡和元件摩擦相对极大，因此 3D 打印制作元件并不是一种可行的方案。

4. 转向方式

传统的车模转向机构可分为两类：舵机转向、双轮差速转向。由于节能组车模几乎完全没有限制，因此双轮差速转向也是一种可行的转向方案。舵机转向用于所有的四轮车模，在此不再赘述，这里主要介绍双轮差速转向方案。

双轮差速转向需要两个独立的电机同时驱动两个车轮，这种控制方案在 C 型车模中已有应用，但 C 型车模仍以舵机转向为主要转向方式。若将舵机去掉，再在车前或车尾安装一个万向轮或牛眼，便可实现双轮差速转向。简单来看，去掉一个舵机后再安装一个电机会增加功耗；但实际上，因为两个电机均用于车模的推进，且去除了前轮转向时的寄生阻力，当选择的电机合适时，整体效率是要高于舵机转向的。

对于双轮差速转向，由于需要在车模上并行安装两个电机，因此可以选择功率较小的电机作为推进电机，以弥补功率的不足。速度控制特性更优的无刷电机更具备这种优势，而功率较低的空心杯电机也可以在双电机的情况下弥补功率不足的劣势。

对于不同的转向机构，车模底盘的设计也要有所不同。舵机转向机构可完全移植传统车模的设计方案，即在底盘上加设定位孔，将传统车模的转向机构安装到车模上即可；而双轮差速转向机构则需要在车体上预留电机和减速齿轮固定机构的固定孔位。当然，也可以选择移植 C 型车模或 E 型车模的动力包，以牺牲电机 DIY 空间来降低制作难度。

7.2.2　节能组硬件电路设计

1. 超级电容

节能组与传统竞速组除在速度要求上的区别外，最大的不同在于供电方式。节能组车模的供电方式由传统的电池供电变为超级电容供电。

超级电容，又名电化学电容、双电层电容器、黄金电容、法拉电容，是 20 世纪 70—80 年代发展起来的、通过极化电解质来储能的一种电化学元件。

超级电容不同于传统的化学电源，是一种介于传统电容器与电池之间、具有特殊性能的电源，主要依靠双电层和氧化还原电容电荷储存电能。但是，其储存电能的过程并不发生化学反应，这种储能过程是可逆的，也正因为此超级电容器可以反复充放电数 10 万次以上。

超级电容器结构上的具体细节依赖于超级电容的应用领域。根据制造商或特定的应用需求，这些材料可能略有不同。所有超级电容的共性是，它们都包含一个正极、一个负极及这两个电极之间的隔膜，电解液填补由这两个电极和隔膜分离出来的两个孔隙。

超级电容的结构如图 7.2.7 所示，超级电容由高比表面积的多孔电极材料、集流体、多孔电池隔膜及电解液组成。电极材料与集流体之间要紧密相连，以减小接触电阻；隔膜应满足具有尽可能高的离子电导和尽可能低的电子电导的条件，一般为纤维结构的电子绝缘材料，如聚丙烯膜；电解液的类型应根据电极材料的性质进行选择。

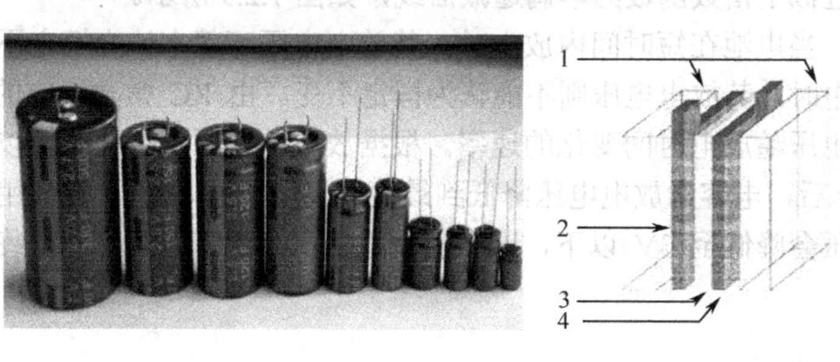

图 7.2.7　超级电容结构

另外，图 7.2.7 中各部分为：①聚四氟乙烯载体；②和④活性物质压在泡沫镍集电极上；③聚丙烯电池隔膜。

超级电容的部件各产品可以有所不同，这是由超级电容包装的几何结构决定的。对于棱形或正方形封装产品来说，其内部结构基于对内部部件的设置确定，即内部集电极从每个电极的堆叠中挤出。这些集电极焊盘将被焊接到终端，从而扩展超级电容外的电流路径。

超级电容的优点如下：

（1）很小的体积下达到法拉级的电容量；

（2）无须特别的充电电路、控制放电电路；

（3）和电池相比，过充、过放都不对其寿命构成负面影响；

（4）从环保的角度考虑，超级电容是一种绿色能源；

（5）超级电容器可焊接，因而不存在像电池接触不牢固等问题。

超级电容的缺点如下：

（1）如果使用不当会造成电解质泄漏等现象；

（2）和铝电解电容器相比，内阻较大，因而不可用于交流电路。

目前，节能组可使用通过电商购买的超级电容组（见图 7.2.8），同样也可以自行 DIY 超级电容组。

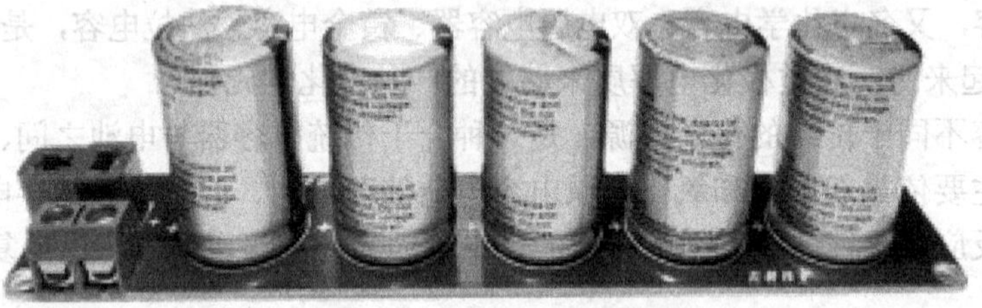

图 7.2.8　超级电容组结构

2. 硬件供电电路

尽管在硬件设计上，节能组与传统竞速组的电路差别只在于供电方式，但电容与电池输出特性的巨大差异使得电路不能采用同样的设计。理想电池放电的电压特性曲线是一条水平直线，实际电池放电的电压特性曲线是非线性的单调递减曲线；而电容放电的电压特性曲线近似于指数函数的单调递减曲线，如图 7.2.9 所示。

不难看出，当电池在短时间内放电时，其放电电压可基本认为恒定不变；但当电容在短时间内放电时，其放电电压则不能认为恒定不变。由 RC 常数决定的放电时间 τ 决定了电容放电电压随放电时间变化的速率。根据放电的电压特性曲线可以看出，经过第一个放电时间 τ 后，电容的放电电压降低到最大放电电压的 37%，在运用到电路中时，主板的供电电压会降低至 3V 以下，无法满足稳压电源的工作条件，最终导致单片机无法正常工作。

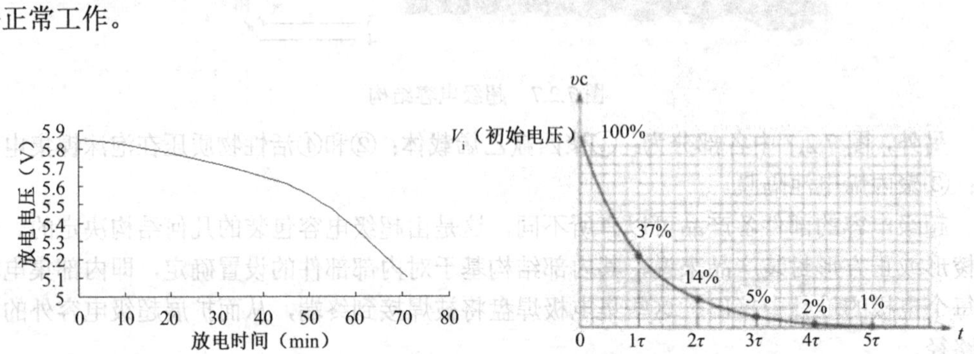

图 7.2.9　电池与电容放电的电压特性曲线

为了保证电路的正常工作，在实际应用中通常采用的电路设计方案是由德州仪器研发的 TPS63070 高输入电压降压—升压转换器，如图 7.2.10 所示。

TPS63070 可以将 2～16V 的输入电压转换为 2.5～9V 可选的、稳定的固定电压，即在输入电压低于指定电压时进行升压，而在输入电压高于指定电压时进行降压，从而保证电路稳定工作（见图 7.2.11）。

图 7.2.10　TPS63070

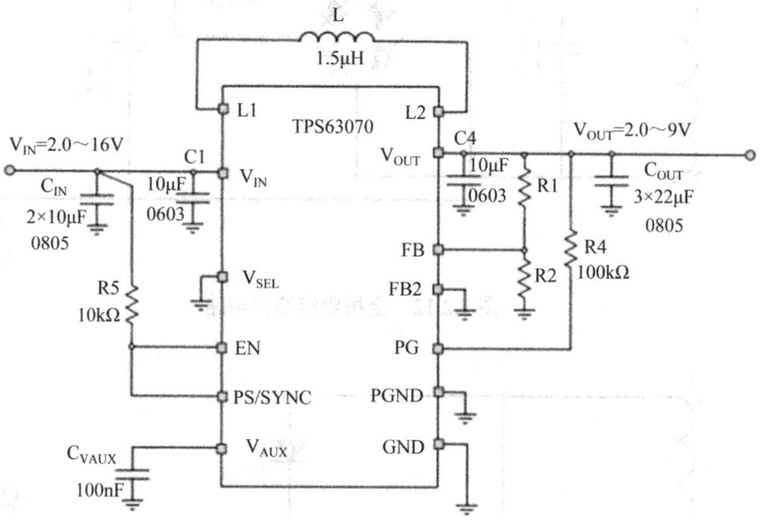

图 7.2.11　TPS63070 实际应用电路

在电源部分接入 TPS60370 电路即可将电容快速衰减的放电电压转换为稳定的供电电压。图 7.2.11 中 R1 与 R2 决定了输出电压 V_{out}。

V_{out} 与 R1、R2 间的关系可表示为

$$V_{out} = (R1/R2 + 1)\times V_{REF}$$

此式由 TPS63070 使用手册获得，其中 V_{REF} 为 0.8。

3. 无线充电

在第十三届竞赛中，节能组的取电方式变为赛前通过无线线圈充电，即通过一组接收线圈从发射线圈中接收功率，进而为电容充电。充电线圈的电路为一组高频逆变器，而接收电路则为一组整流滤波电路，通过两组电路与线圈的配合可以实现无线充电。

由于充电模块和接收模块涉及高频电路，并且存在高压、高功率电路，因此模块设计、优化难度较大。目前市面上有很多成品模块可供购买，但竞赛官方提供充电模块，要求参赛车队自制无线接收模块，不允许使用购买的成品模块。因此，针对没有设计经验的参赛车队，本书提供两种经典的无线接收模块方案，而有设计经验的参赛车队可以

采用专用的无线充电 IC 设计 PCB 电路。

由于无线充电的原理与变压器完全一致，因此接收电路可由经典的整流滤波电路代替。图 7.2.12 所示为全桥整流滤波电路，图 7.2.13 所示为全波整流滤波电路。需要注意的是，由于线圈的感应电压较高，因此电容建议选择耐压值 50V 以上的品种，而二极管建议选择专用的整流二极管或肖特基二极管。

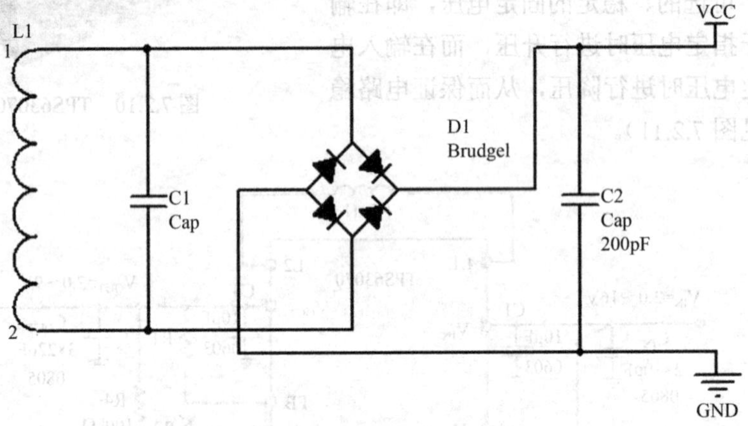

图 7.2.12 全桥整流滤波电路

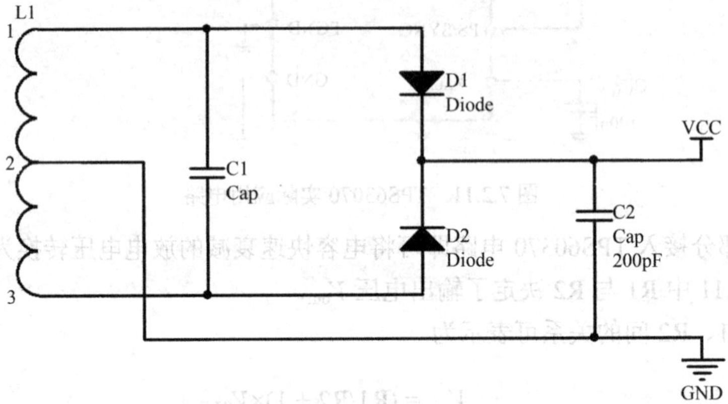

图 7.2.13 全波整流滤波电路

由于竞赛允许购买成品线圈，因此可购买市面上售卖的成品线圈；当然，也可以自制线圈。在图 7.2.12 和图 7.2.13 所示的两种整流滤波电路中，由于全波整流滤波电路的线圈需要中心抽头，因此需要自制线圈或对买到的线圈进行改进，且线圈的利用率只有全桥整流滤波电路的一半，因此建议参赛车队使用全桥整流滤波电路。

需要特别注意的是，图 7.2.12 和图 7.2.13 中 C1 为线圈 L1 的谐振电容。由于发射线圈的频率较高，官方使用的发射线圈的频率为 640kHz，需要对 L1 匹配一个谐振电容以降低电路的无功功率、提高效率，因此 C1 需要针对 L1 特别计算。

计算公式为

$$f_0 = \frac{1}{2\pi\sqrt{LC}}$$

根据上式，在确定发射线圈的工作频率 f_0 与接收线圈的电感 L 后，即可推算出需要匹配的电容大小 C。

7.2.3 实车实例

此处以一辆电轨节能组实车为例，介绍节能组车模设计（此车为电轨取点式充电）。在车模的基础上，做如下处理：

（1）车前安装取电装置和线圈传感器；

（2）采用后轮驱动、前轮转向的方案；

（3）主板与蓄电模块放于车身后面，以平衡重心；

（4）驱动板紧靠电机，尽可能减少走线；

（5）编码器固定于车模后面，与轴承齿轮连接。

车模实物照片如图 7.2.14 所示。

图 7.2.14 车模实物照片

7.2.4 系统整体概述

为了满足比赛要求，须采用比赛规定范围内的芯片，利用电轨取电、供电，实现车辆循迹行驶，本组采用了图 7.2.15 所示的车模系统结构。一字排列的电感线圈采集赛道信息，可以将传感器的振荡频率转化为脉冲数，编码器用于测量车模行驶距离，并根据行进的时间转化为车模当前速度。MPU6050 可采集车模转向时的角速度并运用于转向 PID 算法中，这些数据通过 DMA、FTM 正交解码，并由 I^2C 传输到 K60 微控制器中进行处理，微控制器将速度控制量加在电机上、将方向控制量加在舵机上控制车模完成相应操作。

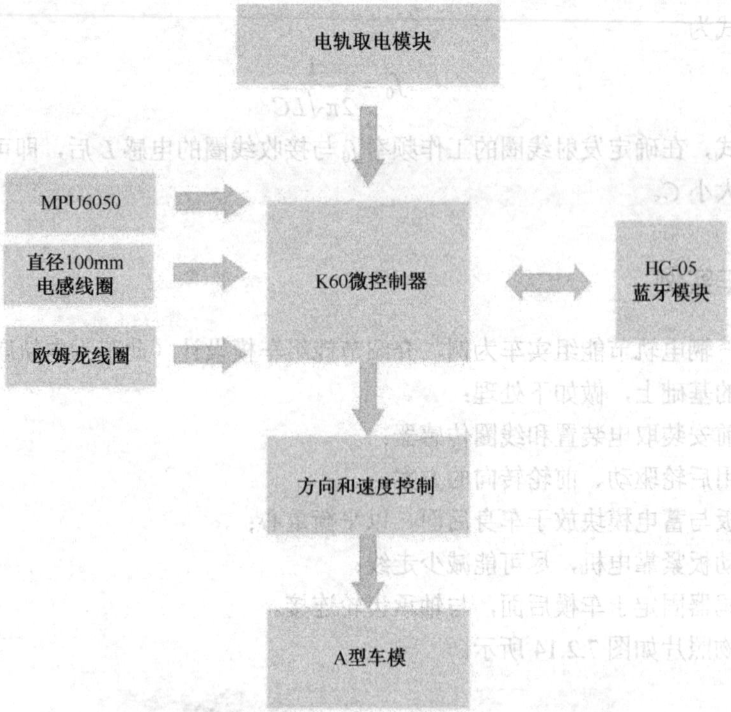

图 7.2.15　车模系统结构

7.3　车模整体控制策略

7.3.1　方向控制策略

电磁节能组别对于传感器的方向识别性能要求极高，非常容易被干扰，所以传感器方案及线圈形状、大小配置方面需要精心挑选。大量测试结果表明，LDC1000 在精确性和抗干扰方面更胜一筹。对于线圈而言，小到 30mm 的矩形线圈，大到自制的 200mm 的椭圆形线圈，参赛队伍最终选择了直径 100mm 的圆盘线圈（见图 7.3.1）。根据第十三届智能汽车竞赛规则要求，参赛队伍允许使用摄像头，但这种方案并不一定是最省电的方案。因为电磁节能组是这两届比赛刚提出的，规则尚在完善中。

这种检测利用了金属在交变磁场感应涡流的特性，这种检测方式应用比较广泛。从安检所使用的手持金属探测仪，到工业中使用的涡流距离传感器，都利用类似的原理。当通有交变电流（频率小于一定数值）的线圈靠近金属物体时，线圈周围的交变磁场会在金属物体中感应产生涡流。涡流产生的二次磁场叠加在原来磁场中则会改变原有线圈的感应电动势，进而可以等效改变原线圈的电抗。线圈电抗改变的大小与线圈的形状、振荡频率、线圈与金属的相对位置，以及金属的电导率、磁导率有关。在线圈形状、振荡频率及金属种类都确定的情况下，线圈电抗的变化就能够反映线圈与金属之间的相对位置。检测线圈电抗改变的简单方法是采用谐振电路，即将线圈放在正弦波振荡电路的谐振回路中，当线圈的电抗改变时，则谐振电路的频率会随之改变。通过振荡信号的频率变化反映线圈电抗的变化，进而可以检测线圈与金属之间的相对位置。反映线圈与金属之间相对位置的参数主要包括距离和重合面积。假如一个矩形线圈与金属平板之间相对位置为 *d*，如果维持距离 *d* 不变，则相对位置主要由线圈与金属平板之间的重合距离 *l* 决定。本文所给出的参考方案就是利用这个特点来测量线圈与金属之间的相对重合距离，进而反映车模与赛道的偏移量。

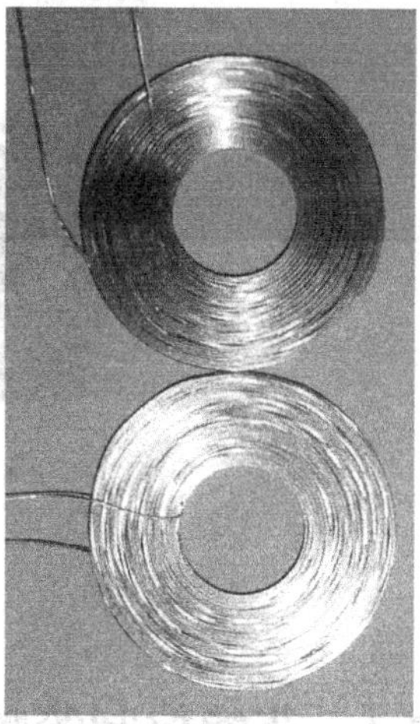

图 7.3.1　直径 100mm 线圈

7.3.2　速度控制策略

为了使智能汽车能够平稳地沿赛道导引线运行，需要比较精确地控制车速，使智能汽车在急转弯时不会由于速度过快而冲出赛道。根据自动控制原理可知，闭环的系统一般比较稳定，通过一定的方法实时测量智能汽车的速度，从而形成闭环控制，使得智能汽车更加准确地运行。一般可以采用以下几种测速方法。

方案一：霍尔传感器测速。在智能汽车后轮的轴附近安装一个霍尔传感器，相对应地，再在轴上安装多个小型永磁铁，根据霍尔传感器的特点，用一个上拉电阻将其接至 5V 电压，随着后轮的转动就会形成多个脉冲信号。根据单位时间内的脉冲数量就可以测得当前车速。

方案二：反射式光电管测速。在智能汽车后轮的轴上安装一个黑白相间的光码盘，然后通过一侧安装的反射式光电管读取光码盘转动的脉冲，就可以测得当前车速。

方案三：投射式光电管测速。采用具有齿槽结构的圆盘固定在智能汽车的后轴上，采用直射式红外光传感器读取齿槽圆盘的转动脉冲，根据脉冲数量就可以得到当前速度。

方案四：光电编码器测速。光电编码器可以分为增量式光电编码器和绝对式光电编码器。增量式光电编码器可以输出正比于转速的脉冲，记录单位时间内的脉冲数量就可以间接测取实时速度。鉴于光电编码器安装简单、输出信号比较规整，本次设计采用方案四。

速度传感器用于感知车模本身的行驶速度，是速度闭环控制的一个必须环节。电磁车使用光电编码器（见图 7.3.2）作为速度传感器，安装在车尾与传动齿轮啮合，使用与电机相同齿数的齿轮，相当于直接测得电机的转速。光电编码器测量精度为 512P/R，有 A、B 两相输出，相位差为 90° ± 45°，信号波形为方波。驱动电机采用 PID 控制，通过 PWM 控制驱动电路调整电机的功率。

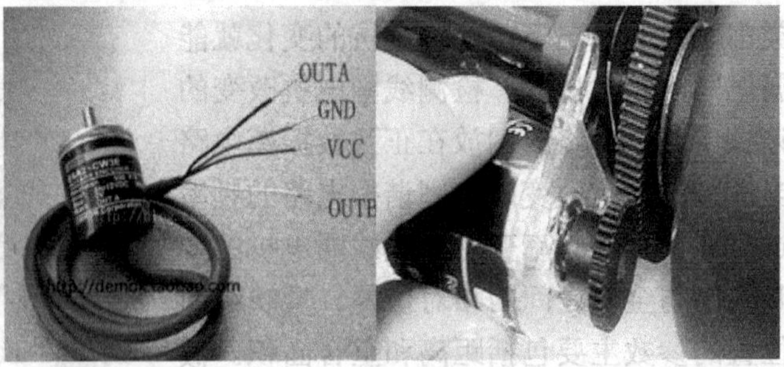

图 7.3.2 欧姆龙编码器

7.4 节能控制策略

1. 弹簧取电的优势

取电也是智能汽车竞赛的关键之一，也是实现车模运行的首要难题。经过大胆的猜想和大量的测试，笔者认为软弹簧是个不错的选择，它既符合柔韧性好的要求，又可以适应多变的地形，同时它紧紧与铝膜接触，导电效果极佳（见图 7.4.1）。而大量实验证明软弹簧确实可行。

图 7.4.1 软弹簧

弹簧会给接触点压力，但不会破坏铝膜，应尽量减小取电压降、精选二极管；接触点用导电效果好的自制铜刷，不让电流经过弹簧，而是经过铜线，尽量减小电阻的耗能，达到最理想的节能效果。

图 7.4.2 金属薄片取电示意

2. 节能方面

（1）在弹簧端点，本设计嵌入形似毛笔头的铜材料。一方面，铜的导电性强于弹簧本身；另一方面，由于铜材料良好的导电性，大大减少了其与铝膜摩擦引起的电火花。

（2）为避免弹簧本身在导电过程将大量能量转化成热能散发掉，本次设计将铜线与弹簧端点处的铜材料直接连接，将采集的电能直接用于车模运行（见图 7.4.2）。实验效果显示，在 12V 供电铝膜上采集的电能高达 11.4V；在车模运行过程中，平均采集电压达到 9V，可靠度高达 75%。

3. 能耗监控

既然是节能车，必然离不开功耗检测。本次设计运用 ACS712 电流检测模块（见图 7.4.3），制作了功耗检测模块，从而实现对车模运行过程的实时能耗监控（见图 7.4.4）。

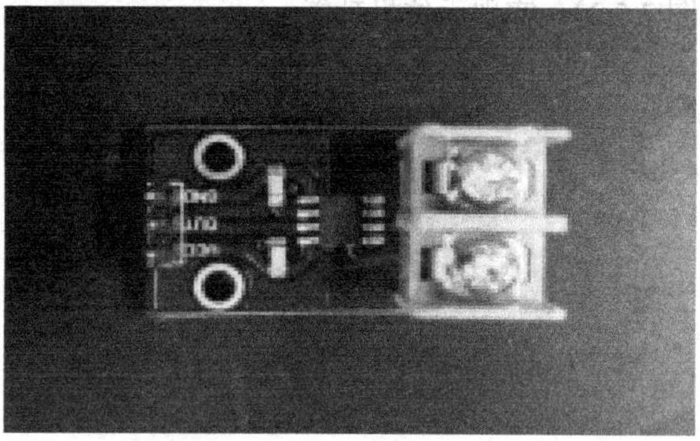

图 7.4.3 电流检测模块

图 7.4.4 能耗监控

7.5 软件系统设计

7.5.1 开发工具

程序的开发是在 IAR 下进行的，包括源程序的编写、编译和链接，并最终生成可执行文件。IAR Embedded Workbench（简称 EW）的 C/C++交叉编译器和调试器是当前最完整的、最容易使用的专业嵌入式应用开发工具。EW 对不同的微处理器提供同样直观的用户界面。EW 可支持 35 种以上的 8 位、16 位、32 位 ARM 的微处理器结构。EW 包括嵌入式 C/C++优化编译器、汇编器、连接定位器、库管理员、编辑器、项目管理器和 C-SPY 调试器。使用 IAR 的编译器可得到最优化、最紧凑的代码，节省硬件资源，最大限度地降低产品成本，提高产品竞争力。

1. 上位机调试

通过组委会提供的 IAR 编译软件的在线调试功能，可以得到大量的信息，为智能汽车的调试提供了很大的帮助。在智能汽车调试过程中，有针对性地开发一个便于人机交互的上位机系统，通过简单明了的可视化界面直观地显示智能汽车的状态，这对调试有很大的帮助。笔者开发了用于监测智能汽车实时状态的实时监测系统（见图 7.5.1），大大提高了调试效率。

2. 蓝牙模块

为了便于调试，当车模在赛道上运行时，各数据都要在计算机上显示和保存。为实现这一目的，可充分利用单片机上的资源，利用外接蓝牙使 MCU 与 PC 之间保持信息通信；并利用计算机存储空间较大这一特点，在计算机上记录车模运行时的各参数；将车模运行的各参数传输至各蓝牙模块（见图 7.5.2），实现下位机功能。

图 7.5.1 HC-05

图 7.5.2 蓝牙适配器 USB

3. 串口调试助手和上位机

用串口调试助手（见图 7.5.3）接受 MCU 发送的数据，并用计算机进行退数据处理，方便快捷。

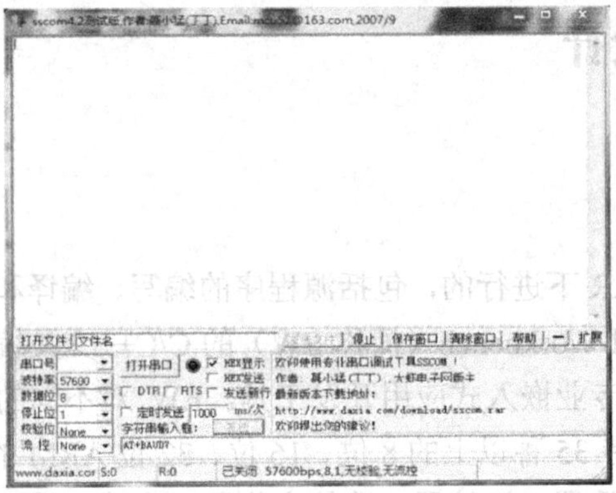

图 7.5.3 串口调试助手

7.5.2 PID 控制算法

本次设计利用上位机对速度和方向通过 PID 控制算法进行优化。速度控制采用了增量式 PID 控制算法，其优点如下。①由于微机输出增量，所以误动作时影响较小，必要时可用逻辑判断的方法关掉。②手动/自动切换时冲击较小，便于实现无扰动切换；此外，当计算机发生故障时，由于输出通道或执行装置具有信号的锁存作用，能保持原值。③不产生积分失控，所以容易获得较好的调节结果。但是，增量式 PID 控制算法也有其不足之处：积分截断效应大，有静态误差；溢出的影响大。因此，在使用时，常选择带死区、积分分离等改进 PID 控制算法。

PID 控制算法程序参照第 3 章。

第 8 章

8

摄像头车实例

全国大学生“恩智浦”杯智能汽车竞赛包括光电组、摄像头组、电磁组和创意节能组，其中摄像头组的智能汽车速度最快，备受关注。

本实例主要讲述了摄像头车的制作全过程，包括机械系统、硬件系统、软件系统等的设计和改进，以及制作过程中的难点攻破，详尽地阐述了设计方案。在硬件上主要改进了驱动电路，软件上对控制算法进行了优化。智能汽车的制作需要团队每位成员的共同努力，凝聚着所有人的智慧。

8.1 摄像头传感器简述

8.1.1 摄像头的选型

选取的摄像头类型主要有 CMOS 型和 CCD 型，通常使用数字摄像头，也有参赛队伍选用模拟摄像头。

摄像头的选型主要包括以下几个参考指标：分辨率、视野大小、成像清晰度、色彩对比度、功耗、质量和体积。

1. CMOS 摄像头

CMOS 图像传感器功耗小，一般在 5V 电压即可工作，甚至有 3.3V 型号的，与 TTL 动辄 12V 的输入电压需求相比，CMOS 传感器的电源系统与大多数芯片和控制电路相兼容，无须额外的升压电路，无形中简化了电路，提高了可靠性。

CMOS 图像传感器由于体积小，所以可以将感光阵列与信号处理电路集成在一起，如 A/D 电路、时序分离电路等。集成在一起的优点是 CMOS 摄像头一般可以直接输出并行数字信号与时序信号，无须额外 A/D 转换电路和专门的时序分离电路，而且得到的信号相对稳定。由于集成了信号处理电路，CMOS 摄像头还可以通过 I^2C/SCCB 总线进行参数设置，如调整亮度、对比度等。

2. CCD 摄像头

CCD 摄像头主要由镜头、图像传感芯片和外围电路组成。图像传感芯片是其最重要的部分，摄像头的指标（如黑白或彩色、分辨率）就取决于图像传感芯片的指标，该芯片要配以合适的外围电路才能工作，将它们制作在一块电路板上，该电路板称为“单板”。若给单板配上镜头、外壳、引线和接头，就构成了通常所见的摄像头。单板摄像头通常引出 3 个端子，即电源端、地端和视频信号端。

3. CCD 与 CMOS 的对比

CCD 的特色在于充分保持信号在传输时不失真，将每个像素集合至单一放大器上再做统一处理，可以保持图像的完整性；CMOS 的制程较简单，没有专属通道的设计，因此必须先放大再整合各像素的资料。由此可见，CMOS 的成像过程更容易出现噪点，使图像失真，但随着工艺的可兼容性和功耗的降低，使得它更加适合嵌入式的需要；同时，产生的图像失真可以通过相应的算法进行补偿。但需要注意的是，CMOS 的成像特点决定了它非常容易受到外界环境光的影响，在使用过程中一定要设计出符合要求的光源。实际上，CCD 和 CMOS 不具有深挖其内涵的必要，对使用者而言，感光度、解析度、噪点、RGB 分割、CMYK 分割和 RGBE 分割等这些指标体现不出使用差异，在工作过程中，没有明显区别，尤其最近几年，随着 CMOS 工艺的不断完善，也有部分高端的摄像头开始采用 CMOS。

1）分辨率

摄像头分辨率越高，单行视频信号持续的时间越短，A/D 对单行视频信号所能采样的点数就越少。例如，在 S12 不超频的情况下，若采用 20ms 的控制周期，分辨率为 320 线的摄像头，其单行采样的点数最多为 9 个，而 640 线的摄像头则为 5 个。

为了保证赛车的定位准确，应该选择分辨率较低的摄像头以增加单行采集的点数，虽然分辨率低会降低摄像头的纵向分辨能力，但对于摄像头组智能汽车系统而言，纵向的分辨要求相较于横向很容易达到。

2）视野大小、成像清晰度、色彩对比度

一般情况下，当智能汽车在矩阵式的图像数据中提取黑线时，为了提高搜索效率、排除外界干扰，常采用局部搜索法，也就是搜索行的起始搜索点往往和上一行提取的中心有关。搜索中心时，一般从近端开始向远端逐行搜索，故总希望最近一行有引导线的存在，这样一方面能提高搜索效率，另一方面也能减小出错的概率。

因为车模在运动过程中不可能严格循线行驶，所以如果视野太小会出现这样的情况：车模稍微偏离中心线一点，就会出现近端的几行数据丢失黑线的情况，这样引导线就失去了连续性，很容易造成判断失误，从而出现智能汽车行驶路线出错的情况，图 8.1.1 所示为造成的起跑线误判。

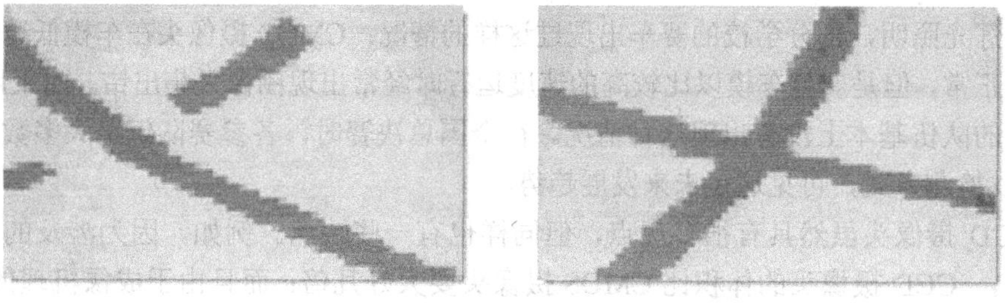

图 8.1.1 大偏差时的起跑线和十字交叉线

根据以上分析，应该尽量选择视野大的摄像头。视野的大小，既和镜头有关，也和摄像头成像的机理有关。对不同焦距的镜头进行成像观测实验，发现利用镜头增大视野的代价是：图像发生了严重的球形成像畸变，这样会使信息提取变得极其烦琐，故镜头最终还是选择 25mm 的焦距。针对摄像头的两种不同成像机理，对 CCD 和 CMOS 的成像进行比较，发现在同样的安装方式下，CCD 的视野范围远大于 CMOS。例如，在某种安装方式下，当 CMOS 在近端视野范围不到 30cm 时，CCD 的视野范围可达到 46cm，这样采用 CCD 摄像头就能保证即使智能汽车在行驶时发生一些偏移，但近端仍然能采集到黑线。通过 CRT 显示器对摄像头成像进行观察，发现 CCD 成像的清晰度和色彩对比度明显高于 CMOS，这对于提取色彩对比明显的赛道环境信息是极其有利的。

3）功耗

CCD 摄像头需要 12V 供电电压，对智能汽车竞赛而言，这就意味着需要额外给 CCD 设置一个升压电路。不可否认，CCD 确实是耗电大户，工作时散发的热量足以烫手。随着技术的发展，目前 CCD 单板机需要的电流已经从开始的 150mA 降到了现在的 50mA，但是别忘记，CCD 的供电电压是 12V，这么看来，功耗依然很大。

4）质量和体积

由于 CCD 检测方式的原因，需要将摄像头架高安装，这样才能获得较大的视野。架高就意味着将车模的整体重心上移，这对于车模高速平稳行使是很不利的，故在满足视野要求的情况下，要求摄像头的安装应该尽量避免车模重心的抬高：一方面，摄像头位置尽量放低；另一方面，选型时应使摄像头质量尽量轻、体积尽量小。有不少实力强大的队伍因为车模重心过高，在车模高速过弯时，出现侧翻事故，最终遗憾收场。摄像头的电气特性固然重要，但因为智能汽车是一个运动的系统，故机械特性同样不容忽视。图 8.1.2 所示为北京科技大学摄像头车。

图 8.1.2 北京科技大学摄像头车

8.1.2 CCD 摄像头的优势与缺陷

比赛场地光线的适应性问题一直以来是一个难题。例如，在华南区初赛中，由于完全采用灯光照明，部分学校的赛车出现过这样的情况：CMOS 摄像头在车模低速时采集的图像正常，但是一旦车模以比较高的速度运行时经常出现图像采集出错。而采用 CCD 摄像头的队伍基本上没有出现这种情况。在全国总决赛时，各参赛队伍绝大多数采用的是 CCD 检测方式，可见这是未来发展趋势。

CCD 摄像头虽然具有很多优点，但同样也有一些缺点。例如，因为涉及的电路比较复杂， CCD 摄像头的体积比 CMOS 摄像头要大好几倍；而且由于成像机理的不同，CCD 摄像头的工作电压是 12V，CMOS 摄像头的工作电压是 5V，在功耗方面，显然 CMOS 摄像头略胜一筹。但是，不同型号的 CCD 摄像头功耗大不相同，有的型号的 CCD 摄像头的功耗也是比较小的，连续通电工作十几分钟后只有轻微的发热现象。

8.1.3 OV5116 动态集成摄像头

综合比较各种型号摄像头的性能及规格，最终选用 OV5116 数字摄像头。下面介绍 OV5116 数字摄像头的总体性能及相应的参考程序。

1）OV5116 动态集成摄像头的特点和优势

（1）单芯片 1/4 尺寸，摄像头电路板的尺寸为 33.5mm×37mm。

（2）5V 操作电压。

（3）输出 5 条信号线，分别是行中断信号、场中断信号、图像模拟信号、图像二值化数字信号 SU 和 SU0、图像动态阈值镜像信号。

（4）集成了 LM1881 视频分离芯片及模拟转化为数字式的电平信号 AD8032（LM 系列比较器）。

2）图像获取参考程序

```
//===============图像采集中断函数，可采集完整图像===============
#pragma CODE_SEG NON_BANKED
void interrupt 10 IC2ISR(void) {           //场中断
TFLG1_C2F=1;                               //清行中断
if(lie_count==get_n[c_lie]) {              //定距采集图像的判断条件
  delay(1);                                //黑线中心矫正，确保不采集到消隐信号
for(hang_count=0;hang_count<=hang_end;hang_count++){ //读取一行的数据
   ta[c_lie][hang_count]=PORTA_PA0; //采集数据的接口
}
c_lie++;                                   //二维数组行自加
}
lie_count++;                               //摄像头行自加
}
void interrupt 9 IC1ISR(void){
  TFLG1_C1F=1;                             //清除场中断标志位
```

```
  hang_count=0;                    //场中断，各数据清零
  
  lie_count=0;
  c_lie=0;
}
```

8.2　整体方案设计

智能汽车系统的总体工作模式为：CCD 图像传感器采集赛道图像，输出 PAL 制式信号，经过信号处理模块进行硬件二值化，采用 LM1881 进行视频同步分离，二值化图像信号、奇偶场信号、行同步信号输入 MK60N512VMD100 微控制器，通过二维数组存取赛道信息并进行处理；通过编码器检测赛车的运行速度，并采用 MK60N512VMD100 的输入捕捉功能进行脉冲计算获得速度和路程；转向舵机采用 PD 控制；驱动电动机采用 PID 控制，通过 PWM 控制驱动电路调整电动机的转速；而车速的期望值由系统默认值、图像处理的优化算法及不同赛道的控制策略决定。

图 8.2.1 为根据智能汽车系统的基本要求设计的一般系统结构，图 8.2.2 为智能汽车总体效果，系统应简单、高效，在设计过程中要尽量简化硬件结构，避免因硬件而出现问题。智能汽车主要参数如表 8.2.1 所示。

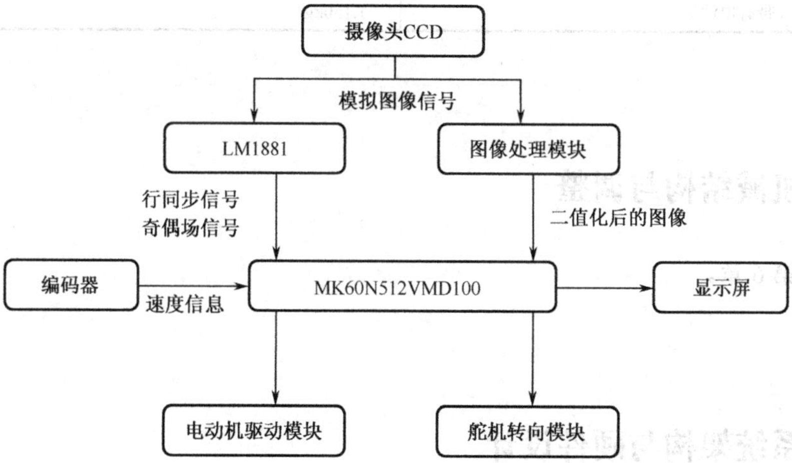

图 8.2.1　智能汽车总体结构

图 8.2.2　智能汽车总体效果

表 8.2.1　智能汽车主要技术参数

项　目	参　数
路径检测方法（竞赛组）	摄像头组
车模几何尺寸（长、宽、高）	275mm×165mm×320mm
车模轴距/轮距	轴距：200mm；前轮距：136mm；后轮距：138mm
车模平均电流（匀速行驶）	345mA
电路电容总量	1014μF
传感器种类及个数	OV5116 摄像头 1 个、编码器 1 个
新增加伺服电动机个数	0 个
赛道信息检测空间精度	1500mm×500mm
赛道信息检测频率	50 次/s
主要集成电路种类/数量	5 个
车模质量（带有电池）	1.150kg

8.3　机械结构与调整

详见第 6 章。

8.4　系统架构与硬件设计

8.4.1　模块划分及母板电路

整体电路由单片机最小系统、电源稳压电路、传感器模块、图像处理电路、驱动电路及辅助电路构成，由于部分电路在第 4 章已经介绍过，本节不再赘述，只对 CCD 摄像头电路模块及硬件二值化电路进行讲解。图 8.4.1 和图 8.4.2 为 PCB 整体电路的布局。

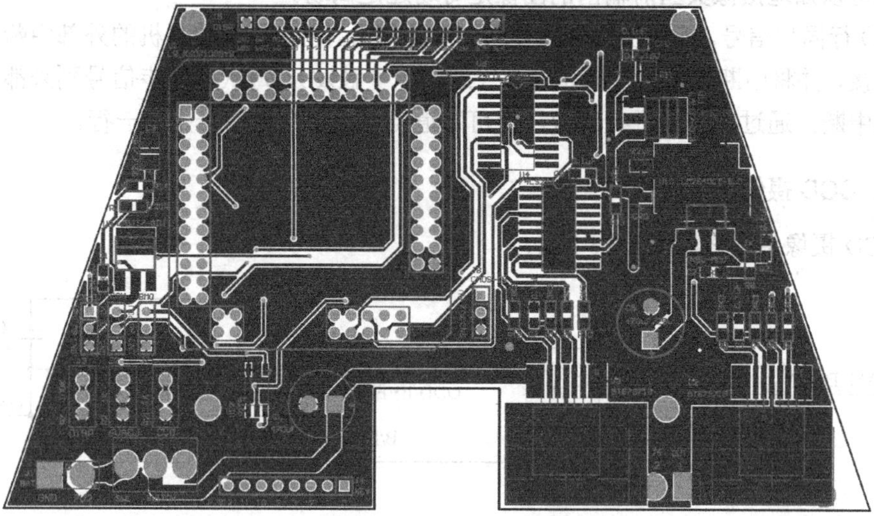

图 8.4.1　母板电路 PCB 图纸（正面）

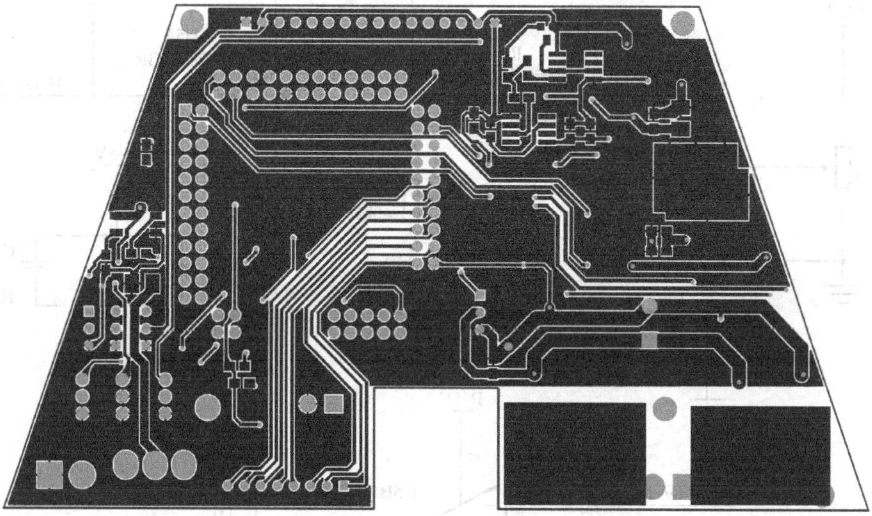

图 8.4.2　母板电路 PCB 图纸（背面）

8.4.2　CCD 摄像头模块电路

1．LM1881

LM1881 是一款视频同步分离芯片，采用 LM1881 可以从摄像头信号 VIDEO 中分离出奇偶场同步信号 O/E 和行同步信号 HS。

（1）奇偶场同步信号。奇偶场同步信号的输出为高/低电平，奇场输出高电平，偶场输出低电平，它可以直接与单片机普通 I/O 端口连接，用时只须读取该 I/O 端口的高/低电平就可以知道摄像头当前输出的图像是奇场还是偶场。

（2）行同步信号。行同步信号为一系列脉冲信号，它直接与单片机的外部中断口 IRQ 引脚连接，并将中断设置为下降沿触发（或低电平触发），每次行同步信号到来都引发一次外部中断，通过对中断进行计数，便可知道当前黑白图像信号是哪一行。

2. CCD 摄像头电路模块

CCD 摄像头电路如图 8.4.3 所示。

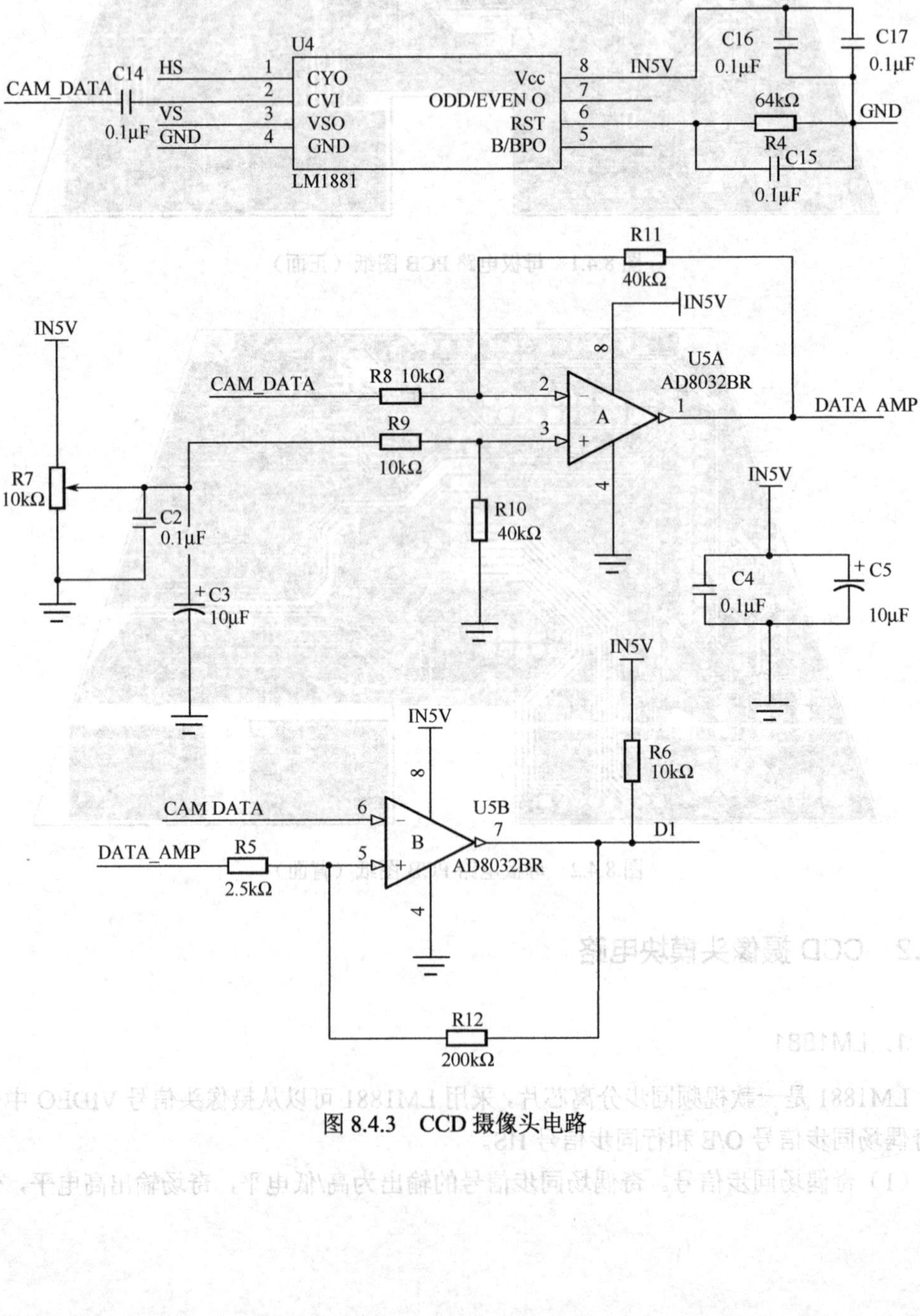

图 8.4.3 CCD 摄像头电路

8.4.3 硬件二值化电路

1. 二值化方案选取

摄像头采集的图像为灰度图像，为加快芯片的处理速度需要将图像信息处理为黑白图像，即二值化。图像二值化是用灰度变换来研究灰度图像的一种常用方法，即设定某一阈值，将灰度图像的像素分成大于阈值的像素群和小于阈值的像素群两部分。二值化的方法分为软件二值化和硬件二值化。两种方法各有利弊，硬件二值化与软件二值化相比，稳定性和精度相对较高，因此本实例选用了硬件二值化的方法。

2. 硬件二值化简述

硬件二值化的特点是采用边沿检测电路，通过对两个电位器大小的调整便能适应不同比赛场地的光线，而且能适应 CCD 的不同视野，具有较强的图片分割能力，具有更强的场地适应性。而对比片外 A/D，此方案具有以下优点。

（1）电路设计更简单。

（2）占用芯片 I/O 口只有一位，为片外 A/D 的 1/8。

（3）不用考虑时钟同步的问题。

（4）横向精度可以视为无限（因为直接以模拟电平信号输入，由 MCU 的一位端口对电平进行读取），在满足要求的情况下，MCU 不用超频甚至还需要分频，8MHz 频率读端口便能每行采集 120 多个像素，所以不会存在当视野比较远时出现黑线断开的现象。

（5）采用硬件二值化直接对图片进行了正确有效的分割，减少了 CPU 的运算量，增加了分割的可靠性。

显然，由于以上优点使得硬件二值化的检测方案对于色彩简单的赛道环境拥有极大的优势。但是此方案的检测方式也存在局限性，对纵向的黑线检测具有比较高的准确性，但是在智能汽车运动时对于横向黑线检测会出现不稳定现象（既有检测方式问题，也有 CCD 本身的问题，还和采样行的选择有关），最明显的是对十字交叉线和起跑线的区分，在检测十字交叉线时，CCD 摄像头由于安装方式和球面镜头本身的缘故，使得图像会存在一定的失真，使十字线横向线呈弓形。

3. 硬件二值化电路原理

硬件二值化电路如图 8.4.4 所示。

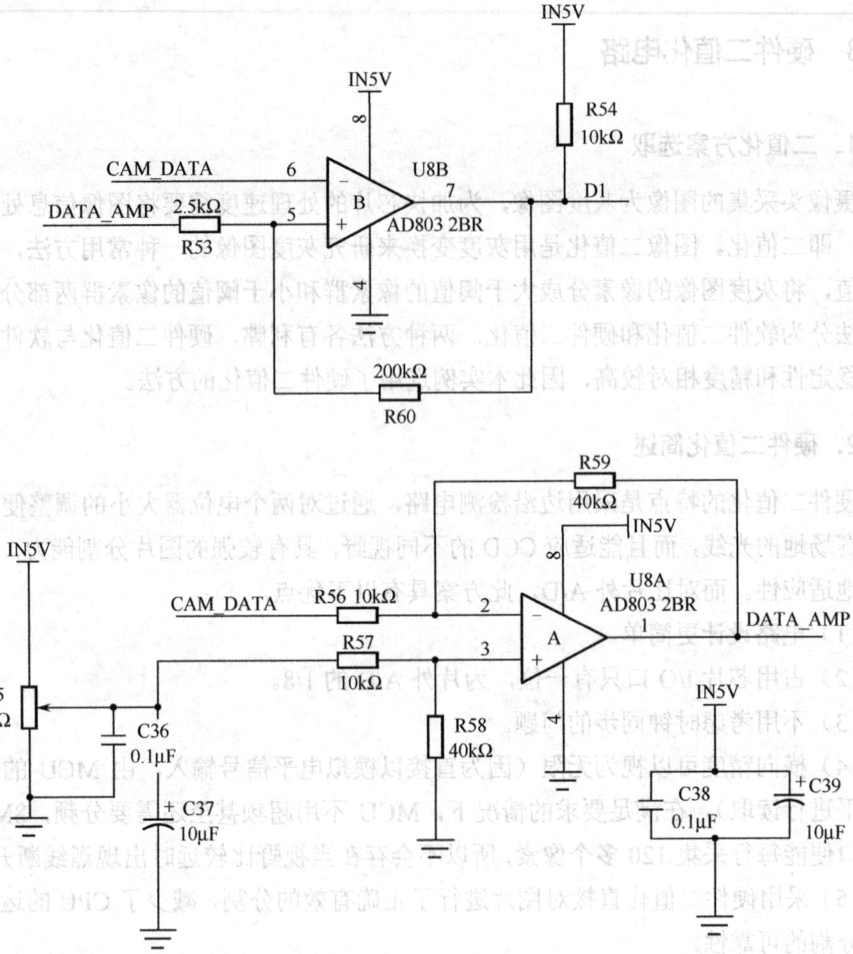

图 8.4.4　硬件二值化电路

8.5 图像采集处理

8.5.1 图像采集

由于本实例采用的是 OV5116 模拟摄像头，其场速率最高为 20fps，因此主程序的运行周期设置为 20ms，然后通过场中断与行中断将数据存储在芯片中。

（1）图像采集的主要代码。

```
/*********************** 场中断服务子程序 **********************/
void HREF_isr(void){
    PORTE_PCR0|=PORT_PCR_ISF_MASK;        //清除中断标志
```

```
        row=0;                              //计数变量清零
        rownum=0;
        disable_irq(91);                    //禁止场中断
        enable_irq(87);                     //使能行中断
    }

/**************************行中断服务子程序 **************************/
void HSYNC_isr(){                           //行中断
    PORTA_PCR16|=PORT_PCR_ISF_MASK;         //清除中断标志
    if(rownum++>15){                        //15 行的场消隐区
        if((rownum%4)==0){                  //隔 3 行采集一次
            delay_us(36);                   //延时确保不会采集到行消隐区
            for(k=0;k<MAXCOLUM;k++){        //循环采集
                Image[i][k]=GPIOC_PDIR;//数据地址 GPIOC_PDIR
            }
            row++;
            if(row==MAXLINE) {              //当采集到的行数足够时
                disable_irq(87);            //禁止行中断
                enable_irq(91);             //使能场中断
                chang_signal=1;             //标识变量
            }
        }
    }
}
```

（2）DMA 采集。

DMA 是一种高速且不经过 CPU 的数据传输方式，它可以将数据直接从一个地址空间复制到另一个地址空间，这个动作由 DMA 控制器完成，而不需要 CPU 来搬运数据。在智能汽车系统中，相比第一种采集方式，这种采集方式的主要优点在于能够采集更多的有效数据。

在本竞赛组委会指定的核心控制器中，只有 Kinetis 系列才具有 DMA 模块。以下程序以 K60 为例，介绍其采集过程。

```
/********************* DMA 初始化 ***************************/
void DMA1_Init(void)
{
    SIM_SCGC6|=SIM_SCGC6_DMAMUX_MASK;    //打开 DMA 多路复用器时钟
    SIM_SCGC7|=SIM_SCGC7_DMA_MASK;       //打开 DMA 模块时钟
    DMAMUX_CHCFG0=DMAMUX_CHCFG_SOURCE(51);
```

```
//DMA 通道 0 对应 51 号 DMA 请求，即 PORTC
    DMA_TCD0_CITER_ELINKNO=DMA_CITER_ELINKNO_CITER(MAXCOLUM);
//当前主循环次数，采集点数，自减
    DMA_TCD0_BITER_ELINKNO=DMA_BITER_ELINKNO_BITER(MAXCOLUM);
//用来重装载 CITER
    DMA_TCD0_SADDR=(uint32)&GPIOC_PDIR;      //设置源地址 GPIO 口，PORTD
    DMA_TCD0_SOFF=0;                         //每次传送源地址不变
    DMA_TCD0_NBYTES_MLNO=DMA_NBYTES_MLNO_NBYTES(1);//每次读取一个字节
    DMA_TCD0_SLAST=0;                   //主循环结束后源地址 0 回写 tcd
    DMA_TCD0_DLASTSGA=0;                //主循环结束后目的地址 0 回写 tcd
    DMA_TCD0_DADDR=(uint32)pix[0];  //设置目的地址，video 数组第一个元素
    DMA_TCD0_DOFF=1;                         //每次写目的地址加 1
    DMA_TCD0_ATTR=DMA_ATTR_SSIZE(0)+DMA_ATTR_DSIZE(0);
//源数据宽度为 8 位，目的数据宽度为 8 位
    DMA_TCD0_CSR=DMA_CSR_DREQ_MASK; //DMA 通道 0 主循环结束后停止硬件请求
    //DMA_TCD0_CSR|=DMA_CSR_INTMAJOR_MASK;  //使能 DMA0 中断
    DMAMUX_CHCFG0|=DMAMUX_CHCFG_ENBL_MASK;  //DMA 通道 0 使能
}
/****************** 场中断服务子程序 ***************************/
void HREF_isr(void){
    PORTE_PCR0|=PORT_PCR_ISF_MASK;          //清除中断标志
    row=0;                                  //计数变量清零
    rownum=0;
    disable_irq(91);                        //禁止场中断
    enable_irq(87);                         //使能行中断
}

/*******************行中断服务子程序**************************/
void HSYNC_isr(){                                    //行中断
PORTA_PCR16|=PORT_PCR_ISF_MASK;                      //清除中断标志
if(rownum++>15){                                     //15 行的场消隐区
    if((rownum%4)==0){                               //隔 3 行采集一次
        DMA_TCD0_CSR|=DMA_CSR_INTMAJOR_MASK;//使能通道 1 的硬件 DMA 请求
        DMA_ERQ|=DMA_ERQ_ERQ0_MASK; //允许 DMA 请求
        row++;
```

```
            if(row==MAXLINE) {                    //当采集到的行数足够时
                disable_irq(87);                  //禁止行中断
                enable_irq(91);                   //使能场中断
                chang_signal=1;                   //标识变量
            }
        }
    }
}
```

8.5.2 图像处理

对摄像头采集到的图像进行的处理主要包括图像二值化与图像滤波。在第 5 章已经详细介绍了图像处理的各种方法，在此只针对智能汽车的需要进行讲解。

图像处理是摄像头组程序中不可缺少的一步，其目的主要在于为图像降噪、分离白底与黑线，以及为下一步的图像识别提供更简单、准确的图像数据。通常用到的图像处理方法有 3×3 孤立点去噪、二值化和边缘检测等。

1. 原始图像信号

在单片机采集图像信号后需要对其进行处理以提取主要的赛道信息，同时由于交叉道、起点线的存在，以及光线、杂点、赛道远处图像的干扰，图像效果会大打折扣。因此，在软件上必须排除干扰因素，对赛道进行有效识别，并提供尽可能多的赛道信息供控制决策使用。

在图像信号处理中提取的赛道信息主要包括赛道两侧边沿点位置、通过校正计算的赛道中心位置、中心点规划面积、赛道变化幅度和赛道类型判别。几种典型的赛道类型有直道、普通弯道、十字路、大 S 弯、小 S 弯。

在外界干扰的作用下，摄像头采集的图像可能会失真或者出现噪声，这些错误点会产生一定的静态误差，使得在图像提取过程中产生非程序性的错误，对其处理效果的好坏将直接影响后续图像处理和分析的有效性和可靠性。在尽量保留图像细节特征的条件下对目标图像的噪声进行抑制是图像预处理中不可缺少的操作，即图像滤波。

2. 实例程序

本实例采用了标准中值滤波加孤立点去噪的算法对图像进行处理，赛道边界提取过程为比较数组中每一行的黑白跳变点（跳变点按从右到左的顺序）记录下来，保存到两个二维数组里（分别表示上升沿和下降沿）。通过遍历上升沿和下降沿可以完成赛道边沿的提取。

```
/**************************孤立点去噪**************************/
    for(i=1;i<MAXLINE-1;i++){
        for(k=1;k<MAXCOLUM-1;k++){
```

```
            if(Image[i][k] && !Image[i][k-1] && !Image[i][k+1]
         && !Image[i-1][k]
         && !Image[i+1][k]){
                 Image[i][k]=0;
            }
      }
   }
/************************超出范围的图像过滤************************/
      if(left[i]>=MAXCOLUM-20){
         start_area[i+1]=MAXCOLUM-1;
      }else if(right[i]<=20){
         start_area[i+1]=0;
      }else{
         start_area[i+1]=center[i];
      }
      if(left[i]>(MAXCOLUM-10) || right[i]<10||pix[i+1][center[i]]==1){
          for(;i<MAXLINE;i++)
          {
             while(i>=row);
             center[i]=0xff;
          }
          break;
      }
```

8.6 控制策略

8.6.1 控制方案

根据图像两侧黑线的位置判断当前车体的位置，将每场图像的黑线中心加权平均求得中线偏差，用最小二乘法求得赛道边界的斜率。通过测试不同赛道类型下中线偏差与斜率的数值分析其动态特性，两种偏差值通过比例增益动态控制舵机的输出量，从而达到对车模的控制。

在低速测试过程中发现，在偏离中线很小的范围内将中线偏差值的增益减到很小，取得的实际效果是在弯道较多、直道较短的赛道上车子转弯流畅，直道也能基本保持直线加速，车身左、右偏离较小。

在高速测试时发现，在长直道上车身左、右摇荡比较严重，究其原因，硬件方面是轮轴本身的松动及转向机械结构左、右转向性能可能存在不对称性，设计有待改进；软件方面则是动态适应能力不够。

分别通过二次曲线和三次曲线来控制偏差及斜率的增益系数，经过反复测试修改相应的参量，达到 S 弯、长直道及大弯的优化路线，控制效果比较理想（其他控制方案详见第 5 章软件部分）。

以下为相应程序。

```
/**********************计算中线参数 ************************/
void GetParam(void){
int i,k,
counter_center,
center_sum;
/*******利用最小二乘法计算中线的斜率********/
count_center=0;
slo_center_add1=0;
slo_center_add2=0;
for(i=0;i<MAXLINE;i++){
    cur_center[i]=0;
    if(center[i]!=0xff){
        slo_center_add1+=(center[i]-center[4])*(i-4);
        slo_center_add2+=(i-4)*(i-4);
        count_center++;
    }
}
slo_center_ave=getFAbs((float)slo_center_add1/(float)slo_center_
add2);

/*******求偏差平均值********/
center_sum=0;
counter_center=0;
for(i=5;i<MAXLINE;i++){
    if(center[i]!=0xff) {
        center_sum+=center[i];
        counter_center++;
    }else{
        break;
    }
}
```

```
        center_ave=center_sum/counter_center;
        cha=center_ave-CENTERCOLUM;
    }
```

8.6.2 驱动电动机 PID 控制

本例采用了增量式 PID 算法，算法如下。

PIDOUT = basicValue + Kp×d_error + Ki×error + Kd×dd_error

式中，

PIDOUTD——PID 输出控制参数，体现为 PWM 宽度调整；

Kp——P 调节参数；

Ki——I 调节参数；

Kd——D 调节参数；

error——误差量，为期望速度与实际速度之差，误差量可以是正数，也可以是负数；

d_error——本次误差量与上次误差量之差；

dd_error——d_error 的误差量。

相应的控制程序如下。

```
/****************************PID 调速*************************/
void SpeedAdjust(){
    long d_error,dd_error,error;
    error=(int)(speed_ept-now_speed);   //理想速度与当前速度的差值
    d_error=error-pre_error;             //当前速度差与上次速度差的差值
    dd_error=pre_error-pre_pre_error;
    pre_error=error;
    pre_pre_error=d_error;
    pwm_tmp=pwm_tmp + PID_P*d_error + error*PID_I + dd_error*PID_D;
    if(now_speed>22){
        Set_DCMotor(0,0);
    }else {
        if(pwm_tmp>=0)
        {
          Set_DCMotor(pwm_tmp,0);
        }
        else
        {
          Set_DCMotor(pwm_tmp,1);
        }
    }
```

```
        before_speed = now_speed;
    }
```

8.6.3 转向舵机控制

根据图像处理与控制方案的选取，相应地对舵机进行控制，控制程序如下。

```
/*********************改变舵机方向**********************/
void ChangeDirection(){
    int i=0;
    if(slo_center_ave>10) slo_center_ave=10;    //限制范围
    /****二次曲线计算舵机角度****/
    EachAngle=10*slo_center_ave*slo_center_ave+8*slo_center_ave;
    if(EachAngle<5) EachAngle=5;
    if(EachAngle>40) EachAngle=40;
    angle=MiddleAngle+(int)(cha*EachAngle);
    Set_Servo(angle);                    //舵机赋值
}
```

8.7 难点突破与系统改进

在不断调试与提速过程中会出现一系列问题，每个难关都是极大的挑战，因此需要保持心态平稳，把每个细节做到极致才能得到提高与突破。下面将介绍本实例调试过程中发现的问题及解决方案。

8.7.1 机械改进

在后期调试过程中，车模速度已经提升到 2m/s 以上，此时机械结构的微小调整会对整个系统有很大的影响，想进一步提升性能，须对机械结构进行改进，详细介绍见第 4 章 4.5 节。

8.7.2 转向控制的优化

实际试验中发现，由于摄像头的特性，车模的有效前瞻是动态变化的，尤其是在高速状态下前瞻变化特别敏感，无论选择怎样的 PD 参数，在有效前瞻和车速变化比较明显的情况下总是无法调试出一个满意的参数，因此对 PID 调节进行相应的改进，对不同有效前瞻分别进行不同的 PD 控制，并加入车速参数进行预判，达到分段控制 PID 参数的目的。部分程序如下。

```
for(i=fist;i<first+1;i++)    //first为起始行
e_diff+=center[i]-CENTER_CORRECT;        //center[]存放中心位置
for(i=first;i<first+1/2+1;i++)
diff_tmp1 += center[i] -  CENTER_CORRECT;
for(i=head+1/2+1;i<head+1;i++)
diff_tmp2 += path[i] -  CENTER_CORRECT;
diff = diff_tmp1 - diff_tmp2;
if(valid>30)                //分段控制
{
kp =k+(CENTER_CORRECT-valid)+speed/80;  //P系数设置，k为可调参数
f = kp * e_diff/25 + 5 * diff/valid;
}
```

改进之后的PID算法，其参数的选取更加灵活，更能实时反映赛道情况，参数经过多次调试后可使小S弯直线通过、连续弯道找到最优路径、长直弯道也不容易冲出跑道，智能汽车行驶得更加平稳。

8.7.3 车体的防护

竞赛前一定要做好智能汽车的防护，尤其是对舵机加强防护措施。由于舵机的力臂比较长，在高速状态下，前轮的撞击很容易导致舵机内部的齿轮损坏，从而使控制精度瞬间下降，智能汽车会在行驶过程中突然失控。这种问题的原因十分隐蔽，很容易产生误导。调试过程中出现的很多问题都是因为细节导致的，需要敏锐的观察力去发现问题，然后对系统不断完善，才能得到最终稳定的系统。

8.8 摄像头单车参考代码

1. 主程序部分代码

```
void main(void)
{
    //函数声明
    void GetBlackLine();
    void ChangeSpeed();
    void ChangeDirection();
    void SendToUart();
```

```
    extern int_char(int l,unsigned char s[]);

    //主程序使用的变量定义
    uint32 runcount;
    int i=0,k=0,j=0;
    uint8 data[3];
    uint8 word[]="angle:";
    uint8 key_value=0;
    DisableInterrupts;
    hw_gpio_init(PORT_C,0,0,0); //数据口
    PORT_PCR_REG(PORTC_BASE_PTR, 0) |= PORT_PCR_IRQC(0x0);
    GPIO_Init(PORTA_BASE_PTR, 16, 0, 0, 9);
    GPIO_Init(PORTE_BASE_PTR, 0, 0, 0, 9);
    GPIO_Init(PORTA_BASE_PTR, 12, 1, 0, 0);
    hw_gpio_init(PORT_A,14,1,0);//LED4
    hw_gpio_init(PORT_A,15,1,0);//LED3
    hw_gpio_init(PORT_C,2,1,0);
    hw_gpio_init(PORT_C,8,1,0);
    hw_uart_init (UART1,periph_clk_khz,115200); //串口初始化
    DCMotor_Init();//电动机初始化
    Servo_Init(); //舵机初始化
    LCDInit();
    LPTM_init();
    PIT0_init();
    //PIT1_init();
#ifdef ENABLE_KEY
KBInit();
#endif

    //开中断
    hw_gpio_init(PORT_A,12,1,0); //DIR=0
    enable_irq(91);
    enable_uart_re_int(UART1,UART1irq);              //开串口 1 接收中断
    set_irq_priority (68, 10);
    set_irq_priority (87, 2);
    set_irq_priority (91, 1);
    //set_irq_priority (91, 10);
```

```
    hw_uart_send_string(UART1,(uint8*)"\r\nAll  setting  done,  the
    program is running!\r\n");

    //赋值
    for(i=0;i<MAXCOLUM;i++)
       center[i]=CENTERCOLUM;

    LCDShow(LCD);
    Set_Servo(MiddleAngle);
    //主循环*/
    //EnableInterrupts;
    #ifdef ENABLE_KEY
    while(1){
     i=0;
     key_value=GetKeyN();
     if(key_value=='A') {
        angle+=2;
     }
     else if(key_value=='B'){
        angle-=2;
     }
     else if(key_value=='C'){
        break;
     }
     FTM2_C0V=angle;
     i=0;
     k=0;
     int_char(angle,data);
     while(angle_char[k]) LCD[i++]=angle_char[k++];
     k=0;
     while(k<4) LCD[i++]=data[k++];
     while(i<33) LCD[i++]=' ';
     LCDShow(LCD);
}
```

2. 系统设置

```
void sysinit (void)
{
```

```
//使能 I/O 端口时钟
SIM_SCGC5 |= (SIM_SCGC5_PORTA_MASK
            | SIM_SCGC5_PORTB_MASK
            | SIM_SCGC5_PORTC_MASK
            | SIM_SCGC5_PORTD_MASK
            | SIM_SCGC5_PORTE_MASK );

//开启系统时钟
core_clk_mhz = pll_init(CORE_CLK_MHZ, REF_CLK);
//通过 pll_init 函数的返回值来计算内核时钟和外设时钟
core_clk_khz = core_clk_mhz * 1000;
periph_clk_khz=core_clk_khz/(((SIM_CLKDIV1&SIM_CLKDIV1_OUTDIV2_MASK)
>> 24)+ 1);
//使能跟踪时钟，用于调试
trace_clk_init();
//FlexBus 时钟初始化
fb_clk_init();
}
```

第9章

摄像头双车实例

本实例主要详解摄像头双车的制作过程，包括硬件系统、软件系统等的设计改进，以及制作过程中的难点攻破。与摄像头单车类似，摄像头双车追逐是双车追逐组中的一种。双车组由单车组发展而来，同样以完成赛道环绕为目的，以完成时间作为竞赛标准。双车组顾名思义，比赛过程中由两辆摄像头车共同参与，比赛选手队伍需要制作两辆摄像头车。比赛任务除完成赛道环绕外，以“超车”为主，即一号车超过二号车，通过超车次数减少比赛完成的总时间。双车组考验的不仅是赛车的赛道适应与速度性能，同样考验两车辆之间的配合与协调控制。

9.1 摄像头双车设计思路

摄像头双车追逐组的设计思路与摄像头单车组非常类似：采用摄像头采集赛道图像，图像处理过程与摄像头单车基本相同，并且需要具备识别障碍物的识别算法；通过编码器检测赛车行驶速度与行进路程，与摄像头单车不同，赛车行进的距离可以用于双车间距离的测定，作为超车信息获取的一种方法，或用于优化超车过程；摄像头双车有着与摄像头单车同样的控制思路，电机与舵机同样采用 PD 与 PID 控制。

摄像头双车组的竞赛命题与单车组有一定的不同，竞赛规则如下。

选手制作两辆车模完成赛道运行一周。车辆运行时间 t_1 从第一辆车模冲过起跑线开始计时，到最后一辆车重新回到起跑线为止。两辆车模相继通过起跑线的时间间隔为 t_2。在比赛过程中，车模成功完成超越次数为 n。最终比赛时间由如下公式计算，即

$$t=t_1+t_2\times5-n\times5\ (\text{s})$$

如果两辆车模没有停止在起跑线后3米的赛道停车区内，比赛时间加罚1s。如果比赛过程中，有一辆车模没有跑完全程，另外一辆车模跑完全程，则比赛时间最终为 t_1+60s。

举例：一组中两辆车模均完成运行一周，一号车运行时间为45s，期间超车3次，

二号车在一号车过线 2s 后过线，则最终比赛时间为 45s−3×5+2×5=40s。

综上，摄像头双车的设计建立在单车基础上，摄像头双车可以采用与单车完全相同的硬件与控制方案，但在控制策略上，摄像头双车组比单车组更为复杂。为了满足双车协调的目的，双车间可采用无线通信模块实现双车间的信息联通。双车系统的设计如图 9.9.1 所示

根据摄像头双车组的规则，两车模发车时间间隔可长达 5s，同时不要求必须完成超车；两辆车模可保持一定距离完成比赛，互不超车亦可完成比赛。进一步理解，理论上，两辆单车组的车模即使不做任何改动也可以完成双车组的比赛，但根据比赛时间的计算规则，这样的跑法是无法获得优秀的成绩的。

若想获得优秀的成绩，就让两辆车模尽可能多次超车，因而两辆车模一定会在某个时刻非常接近，即会造成赛道扫描上的相互干扰。因此摄像头双车组在赛道识别算法、通信与控制策略上都要复杂于单车组，这也是双车组的特点之一。

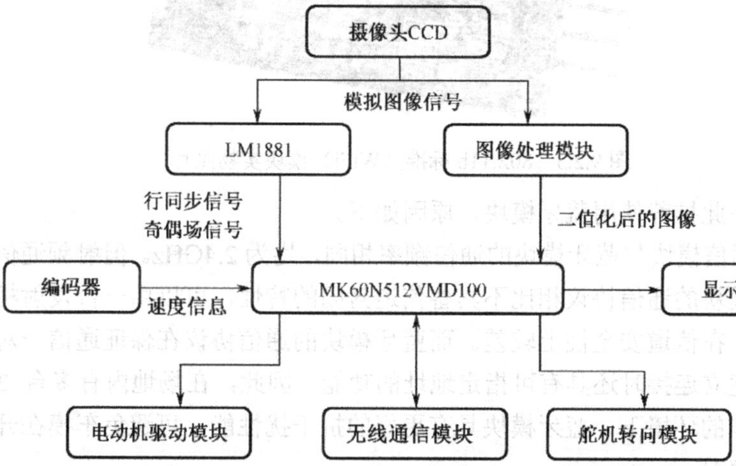

图 9.1.1　摄像头双车系统设计

9.2　摄像头双车硬件设计

由于摄像头双车的机械结构与单车几乎相同，一辆设计良好的摄像头单车完全可以作为双车组车模使用，因而此处不再赘述，设计方案可参考本章前部分内容。

为了方便双车间的超车与速度协调，双车组的车模可在原有基础上增加无线通信模块。可以选择的无线通信模块大致包括射频通信模块（见图 9.2.1）、蓝牙模块（见图 9.2.2）、WiFi 模块（见图 9.2.3）。上述任何一种无线通信模块都可以实现 10m×10m 场地内的通信，其中大功率的射频通信模块的通信距离可长达数千米。

图 9.2.1 nrf24l01 射频通信模块实物照片

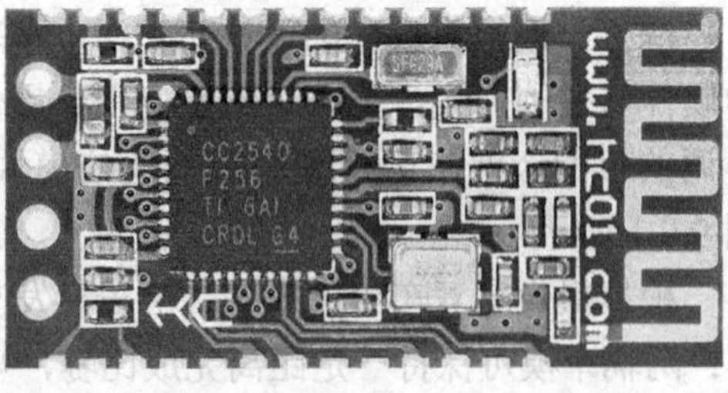

图 9.2.2 HC-08 模块（蓝牙 4.0）实物照片

图 9.2.3 802.11b 标准（WiFi）模块实物照片

本书作者在此推荐使用蓝牙模块，原因如下。

（1）射频通信模块与蓝牙模块的通信频率相同，均为 2.4GHz。但射频通信模块的通信协议与蓝牙模块的通信协议相比不具备信道封闭的特性，可以由一台发射机向多台发射机发送信息，在信道安全性上较差。而蓝牙模块的通信协议在保证通信一对一的封闭性的同时，在建立连接时还具有可指定地址的功能。因此，在场地内有多台 2.4GHz 频段通信设备工作的环境下，蓝牙模块具有更好的抗干扰性能，可避免车模在开机时因干扰连接失败的情况。

（2）对比 WiFi 模块，蓝牙模块在实际使用方面与其较为相似。由于市面上大量集成模块的存在，模块与主控芯片间可以直接使用串口通信，故实际使用中性能差距很小。但是，WiFi 模块的通信模式为网状模式，而蓝牙模块则为一对一模式，故在此推荐蓝牙模块。

蓝牙模块的通信体系可选择蓝牙 2.0 或蓝牙 4.0，具体型号可选用第 3 章中介绍的 HC-05 蓝牙模块。随着近年技术的提升，现有 HC-08 模块（蓝牙 4.0）可选。在提供双车通信的同时，蓝牙模块也可在单车调试时为调试带来便利。

9.3 摄像头双车组的赛道识别

双车组的比赛目的决定了车模的设计不仅包括超车策略的实现，同时应考虑赛道识别的准确性。由于赛道上同时行驶两辆车模，故对车体前方赛道的识别处理，不仅需要识别赛道，还需要识别可能出现在前方的车模。避免在车模行驶时，被前方的车模干扰。由于经过二值化处理，在图像中显示的车模的成像与摄像头单车组中赛道上的障碍物非常相似（见图 9.3.1)，可以认为摄像头双车组的赛道识别算法就是增加了障碍物识别算法的摄像头单车识别算法。

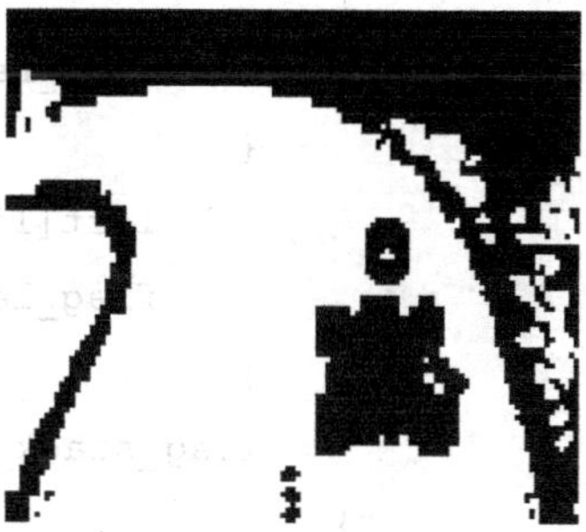

图 9.3.1 图像上的车模

摄像头双车组的赛道识别算法设计思想建立在赛道识别算法基础之上。

（1）从最近的第一行开始，由中间向两边查找，记录左边第一次扫描到的黑点位置，存入左边界数组 left；同理，记录右边第一次扫描到的黑点位置，存入右边界数组 right。

（2）对第一行左、右边界的列位置求均值，得到中线位置存入 center 数组。

（3）从第二行开始，将前一行求得的中线位置作为本行的起始位置，仿照第一步向左、右两边查找黑点，记录左、右边界位置，并且求出中线位置。若 center 数组中的某行在扫描至赛道边沿前出现多次黑值，则将首次扫描到的黑点作为赛道边界，同时将障碍物标志位变量自增。每 3 次扫描后判断 Flag 数组是否超过 1，以判断前方是否存在障碍物。

实例程序如下。

```
for (i=0;i<80;i++)              //首次扫描赛道
{
    if(image[59][i]==1&&!flag_left)
    {
        left[li]=i;
        flag_left=1;
    }
    if(image[59][i]==1&&!flag_left)
    {
        right[li]=i;
        break;
    }
}
center[li]=(right-left)/2;
li++;
for(i=0;i<60;i++)                       //60 行
{
    for (j=center[li-1];j<80;j++)                    //右 40 列
    {
        if(image[i][j])
```

```
            {
                if(!flag_left)
                {
                    left[li]=i;
                    flag_left=1;
                }
                flag_stack_left++;
            }
        }
        if(flag_stack_left>5)
        flag_stack_left_con++;

        for (j=center[li-1];j> 0;j--)          //左 40 列
        {
            if(!flag_ right)
            {
                right[li]=i;
                flag_ right =1;
            }
            flag_stack_ right ++;
        }

        if(flag_stack_left>5)
        flag_stack_right_con ++;
         if(fs>3)                              //障碍物判断
         {
             if(flag_stack_right_con t>2)
             enmer(1);                         //调用障碍物处理函数（紧急转向）
             if(flag_stack_left_con t>2)
             enmer(0);
             fs=0;
         }
         fs++;
    }
```

通过具有扫描检查的赛道识别算法，可以有效识别赛道上出现的障碍物或车模。但在车模实际行驶过程中，还是应尽量避免双车距离过近，造成扫描干扰。

9.4 控制策略

双车组的比赛规则决定了双车组要想获得更佳的成绩就必须做到以下几点：

（1）让两辆车模在尽可能短的时间内完成赛道的环绕；

（2）在规则限制的范围内尽可能完成多次超车过程；

（3）在结束赛道环绕的节点尽量缩短两车抵达终点的时间差。

首先，在尽可能短的时间内完成赛道的环绕，是摄像头双车组的基本任务。车模正常行驶时的控制方案与本章前部分一致，故不再赘述。

其次，超车过程是双车组的重点所在。第十二届全国大学生“恩智浦”杯智能汽车竞赛规定，摄像头双车组可在比赛过程中无限次超车，但计入比赛时间的超车仅限 5 次。因此，在比赛行进过程中超车 5 次，可在最大程度上缩短比赛完成时间。但实际上，完成超车过程需要有一辆车模减缓车速，这意味着超车过程会在一定程度上增加车模完成赛道环绕的时间。因此，缩短超车过程所需的时间，是超车过程必须要注意的。以尽可能快的速度完成 5 次超车，是优化比赛成绩的最佳方案。

最后，赛车抵达终点的时间差，由于两辆车模抵达终点的时间差会以 5 倍的权重算入比赛时间，故缩短这个终点时差也是非常重要的。如果因为超车 5 次而导致双车到达终点相差 5s 以上，那么超车过程带来的优势也会被拉平。

9.4.1 超车策略

对于超车过程，大赛规则未做过多约束，即字面意义的超车。但智能汽车大赛的超车过程不同于现实中车辆的超车，由一号车先减速，再由二号车超车。比赛中由一号车停车，再由二号车超过；待二号车完成超车后，一号车再次启动，继续行进。

在往届的大赛中，摄像头组双车组的赛道有固定的超车区。但在近年的大赛中，双车组赛道取消了超车区，超车过程可以在赛道的任意位置完成。根据经验，在赛道的十字弯、较宽的直道区，完成超车过程的难度较低；而在第十二届竞赛中新添加的环状路线，也可轻松实现超车过程。

超车位置的选择，以停车后保留可通行赛道空间大小、扫描干扰及停车后恢复行进状态为标准。首先，一号车停车后，留给二号车行驶的空间较大为优，不妨碍二号车扫描赛道的位置更好。超车位置推荐十字弯、环形弯、长直道。

1. 十字弯超车

令一号车在出弯时拐入左侧或右侧的直角弯内，待二号车通过后，一号车倒车回到赛道继续行进。十字弯超车是历届比赛中最常用的超车方案，其优点在于一号车不会妨碍二号车的赛道扫描，稳定性好，但一号车在拐入弯道后，需要倒车回到原赛道，会延误一定的时间。

2. 环形弯超车

根据赛道路径分析，环形弯可以理解为一个三叉路口，但最终都会回到同一条路径。因此可令两辆车模向不同的方向行驶，在一号车停车后，二号车先行驶离环形弯，再令一号车继续行进。在第12届大赛中，此方法得到广泛应用。环形弯超车在实现超车的同时，避免了十字弯超车需要倒车的缺陷。

3. 长直道超车

目前大赛的长直道宽度足够两辆车模通过，因此在直道超车是一种可行的方案。但由于赛道的宽度限制，赛道的横向长度在容下两辆车模后，几乎没有多余空间。因此，对车模的行进带来极大的不利，其稳定性比前两种方案差。但是，由于大赛不限制超车过程中两辆车模的间隔，故在长直道上完成多次超车，也是一种可选的方案。

无论使用哪种超车方法，都需要注意：在双车建立通信的基础上，车模的内设程序必须能够实时记录超车次数，从而确定两辆车模车位的前后，用于确定超车过程的具体流程。首先，位置在前的车模确认赛道路况符合超车条件后，需要向二号车发送超车信号，在后方的二号车接到超车信号后，反馈给前方一号车应答信号。其次，前方一号车在接到应答信号后，执行靠边停车程序，并向二号车发送自身行驶路程。再次，二号车继续前进，通过编码器记录的脉冲数量确认行驶路程；在自身行驶路程超过前方一号车一定距离后，向一号车发送超车完成信号。最后，一号车接收到超车完成信号后，继续行驶。另外，完成一个超车过程后，两辆车模的超车次数变量自增一次，并调换超车操作功能，为下次超车做准备。在完成5次超车前，反复执行上述步骤。对于信号的接收，由于需要快速反应，故应采用中断的方式处理。

超车过程一号车算法流程和二号车算法流程如图9.4.1和图9.4.2所示。

中断处理程序如下。

```
void UART_1_isr(void)
{
UART_re1 (1,Message);
if(Pistion)
switch(Message)
{
        case Overtake_confirm:stop();break;
        case Overtake_Done:resume();break;
        default:keep();
 }
else
switch(Message)
{
        case 10: Overtake_Begin();overtake();
}
}
```

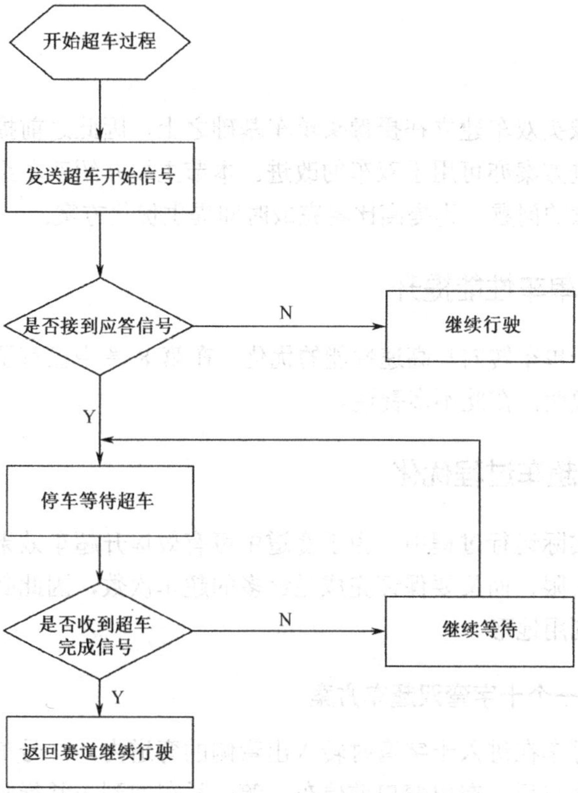

图 9.4.1 超车过程一号车算法流程

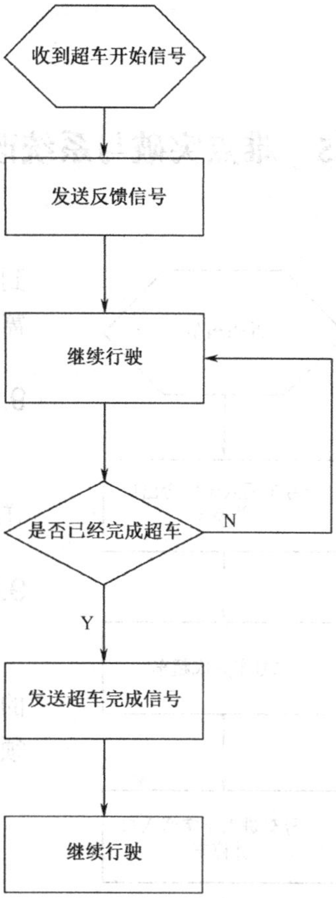

图 9.4.2 超车过程二号车算法流程

9.4.2 冲点处理

除了尽可能地完成超车，在车模冲刺环节尽量节省时间也是双车组必须考虑的一点。因此，在即将完成比赛时缩短两车车距是缩短冲点时间差的关键。但是，如何判断是否接近终点，是一个无法解决的问题：在扫描到终点线时，已来不及减速；而在未测试过的赛道上，也不可能事先得知赛道长度。因此，想要在终点附近拉近两车车距不是一个可行方案。

在整个比赛过程中两车保持较近的车距是解决这个问题的可行办法。通过摄像头或编码器，可以有效地判断两车车距，但摄像头在处理动态障碍上较为困难。因此，我们可以通过编码器测距的方法有效记录车辆距离。用一号车行驶距离减去二号车行驶距离，即可得出两车的相对距离。

由于车辆的速度取决于之前提到的 PID 算法，故无法再建立一个函数用于控制速度。但是，可以在原始算法中将两车的相对距离作为一个输入量，达到控制两车车距的目的。

9.5 难点突破与系统改进

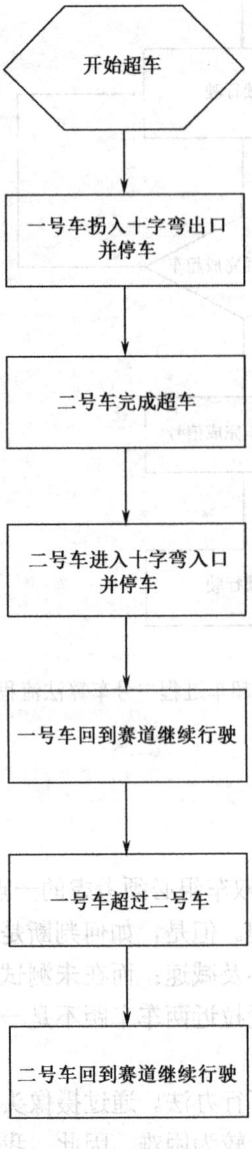

图 9.5.1 十字弯双超车流程

摄像头双车建立在摄像头单车基础之上，因此之前提到的改进方案亦可用于双车的改进。本节主要介绍双车组需要注意的问题，为提高比赛完成时间提供优化方案。

9.5.1 单车性能提升

对于单车转向与高速性能的优化，在第 8 章中已有了详细的说明，在此不多赘述。

9.5.2 超车过程优化

在实际运行过程中，由于赛道中可有效提升超车效果的地形有限，而又要保证完成足够多的超车次数，因此必须有效利用地形。

1. 一个十字弯双超车方案

一号车在进入十字弯时转入出弯侧的弯道内，二号车超过一号车后，在出弯口前停车，等一号车回到正常行驶道后，再将二号车转入进弯口，令一号车超过二号车，一号车完成超车后，再令二号车回到赛道上。完成两次超车后，两车正常运行（见图 9.5.1）。

按照上述方案可在一个十字弯完成两次超车，但过程较为复杂，且在不易判断赛道方向的前提下，会影响超车过程，甚至导致比赛无法正常完成。但是，由于前方车辆不会影响后方车辆的赛道扫描算法，是一种较为可靠的方案。

2. 长直道反复超车方案

利用起跑点前方一定为长直道的特性，在直道上完成多次超车，令一号车靠左行驶，二号车靠右行驶，在超车期间采用特定的赛道识别算法，使车模靠赛道边沿行驶，在脱离直道前尽可能完成多次超车。

此方案基于“特殊情况，特殊对待”的思路，在车模出发一段时间内，使用特定的赛道扫描与控制算法，达到在直道上超车的目的。此方案可避免由倒车引起的赛道偏差和时间消耗，属于较为冒险的方案。

9.6 摄像头双车组参考代码

由于摄像头双车是基于单车改进而来的，故代码基本相似，只是增加了超车部分的代码。

一号车程序主函数部分如下。

```
Define Overtake_Begin 1                  //超车信号定义
Deifne Overtake_Confirm 2
Define Overtake_Done 3

void main(void)
{
    //函数声明
    void GetBlackLine();
    void ChangeSpeed();
    void ChangeDirection();
    void SendToUart();
    extern int_char(int l,unsigned char s[]);
    void Stop();                         //停车函数
    void Resume();                       //继续行进函数
    void Overtake_Ready();
   //主程序使用的变量定义
   uint32 runcount;
   int i=0,k=0,j=0;
   uint8 data[3];
   uint8 word[]="angle:";
   uint8 key_value=0;
   uint8 Positison=0;                    //车辆位置标记变量
   uint8 Overtake_Busy=0;                //超车忙标志位
   uint8 Overtake_count=0;               //超车次数记录变量
   DisableInterrupts;
   hw_gpio_init(PORT_C,0,0,0);             //数据口
   PORT_PCR_REG(PORTC_BASE_PTR, 0) |= PORT_PCR_IRQC(0x0);
   GPIO_Init(PORTA_BASE_PTR, 16, 0, 0, 9);
   GPIO_Init(PORTE_BASE_PTR, 0, 0, 0, 9);
   GPIO_Init(PORTA_BASE_PTR, 12, 1, 0, 0);
```

```
    hw_gpio_init(PORT_A,14,1,0);//LED4
    hw_gpio_init(PORT_A,15,1,0);//LED3
    hw_gpio_init(PORT_C,2,1,0);
    hw_gpio_init(PORT_C,8,1,0);
    hw_uart_init (UART1,periph_clk_khz,115200); //串口初始化
    DCMotor_Init();                               //电动机初始化
    Servo_Init();                                //舵机初始化
    LCDInit();
    LPTM_init();
    PIT0_init();
    //PIT1_init();
#ifdef ENABLE_KEY
KBInit();
#endif

    //开中断
    hw_gpio_init(PORT_A,12,1,0); //DIR=0
    enable_irq(91);
    enable_uart_re_int(UART1,UART1irq);          //开串口 1 接收中断
    set_irq_priority (68, 10);
    set_irq_priority (87, 2);
    set_irq_priority (91, 1);
    //set_irq_priority (91, 10);

    //赋值
    for(i=0;i<MAXCOLUM;i++)
     center[i]=CENTERCOLUM;

    LCDShow(LCD);
    Set_Servo(MiddleAngle);
    //主循环*/
    //EnableInterrupts;
    #ifdef ENABLE_KEY
    while(1){
     i=0;
     key_value=GetKeyN();
     if(key_value=='A') {
         angle+=2;
```

```
        }
        else if(key_value=='B'){
            angle-=2;
        }
        else if(key_value=='C'){
            break;
        }
        if(Overtake_count<5)
        if(Overtake_ready()&&Position){
            Enable_uart_re_int((UART1,1);          //开启 UART 接收中断
            UART_send1(UART1,Overtake_begin);      //发送超车开始信号
            Overtake_Busy=1;
        }
        else
        {
            Enable_uart_re_int(UART1,1);           //开启 UART 接收中断
        }

        FTM2_C0V=angle;
        i=0;
        k=0;
        int_char(angle,data);
        while(angle_char[k]) LCD[i++]=angle_char[k++];
        k=0;
        while(k<4) LCD[i++]=data[k++];
        while(i<33) LCD[i++]=' ';
        LCDShow(LCD);
    }
```

由于一号车与二号车的程序内容一致，故二号车程序代码不再列出。

第10章

10 自平衡车实例（光电组）

10.1 自平衡组简介

全国大学生“恩智浦”杯智能汽车竞赛从第七届开始推出新的竞赛组别——自平衡组，相信关注过第七届竞赛的同学不会陌生。第七届竞赛中使用电磁传感器制导，而在第八届竞赛中，自平衡组的传感器规定为光电传感器。由于在第七届的技术交流会上广大参赛队伍反映光电组的激光传感器造价过高，参赛成本难以负担，于是在第八届竞赛中，组委会禁止了激光传感器的使用，并且推出了全新的线性 CCD 传感器。线性 CCD 传感器的工作原理类似于单行图像数据的 CCD 摄像头，传感器输出模拟信号，经过 A/D 转换后得到赛道信息。由于直立车的调整过程相对其他组别来说更加烦琐，为了让广大参赛队伍从理论到实践全面了解光电直立组的制作流程，本章内容基于第七届竞赛官方给出的直立电磁组的调整方案编写。在引用第七届直立控制方案的基础上，将电磁传感器方向控制改为线性 CCD 方向控制，并且基于使用更加广泛的 XS128 控制核心编写，制作难度更低，可用的参考资料更广泛。本章的控制方案以线性 CCD 为例，若需要自平衡车搭配其他组别的传感器，可以到相关章节查阅传感器资料。

10.2 直立行走控制原理

10.2.1 直立行走任务分解

光电组比赛要求车模在直立的状态下以两轮着地沿着赛道行驶，相比四轮着地状态，车模控制任务更为复杂。为了能够方便地找到解决问题的办法，可以将复杂的问题分解成简单的问题进行讨论。为了分析方便，根据竞赛规则，假设维持车模直立、运行的动力都来自车模的两个后轮，后轮转动由两个直流电动机驱动，则从控制角度来看，车模运动控制任务可以分解成以下 3 个基本任务。

（1）控制车模直立。通过控制两个电动机正/反向运动保持车模直立状态。

（2）控制车模速度。通过控制两个电动机转速实现车模的行进控制。

（3）控制车模转向。通过控制两个电动机之间的转动差速实现车模的转向控制。

以上 3 个任务都是通过控制车模两个后轮驱动电动机完成的。假设车模的电动机可以虚拟地被拆解成 3 个不同功能的驱动电动机，它们同轴相连，分别控制车模的直立平衡、前进行走、左/右转向，如图 10.2.1 所示。

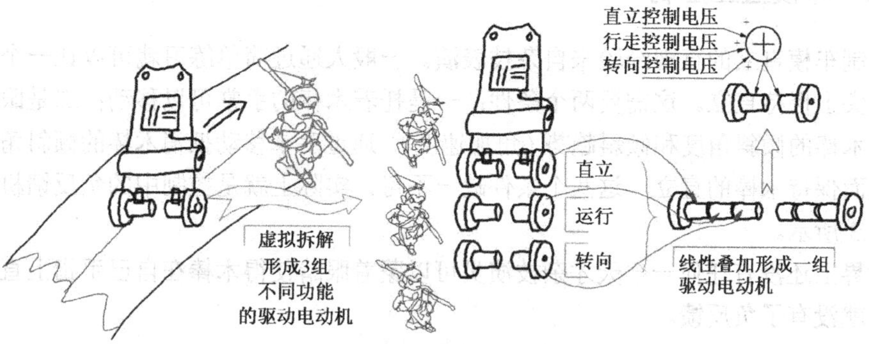

图 10.2.1　直立车控制原理 1

直流电动机的力矩最终来自电动机驱动电压产生的电流，因此只要电动机处于线性状态，上述拆解可以等效成 3 种不同控制目标的电压叠加之后施加在电动机上。在上述 3 个任务中保持车模直立是关键。由于车模同时受到 3 种控制的影响，从车模直立控制的角度来看，其他两个控制就成为它的干扰。因此在速度控制、方向控制时，应该尽量平滑，以减小对直立控制的干扰。三者之间的配合如图 10.2.2 所示。

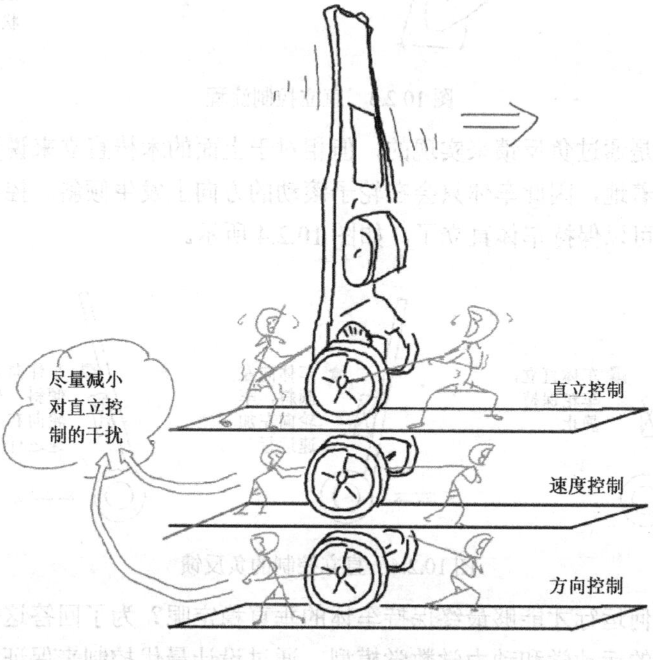

图 10.2.2　直立车控制原理 2

上述 3 个控制独立进行，控制过程中各自假设其他两个控制都已经达到稳定，例如，在进行速度控制时，假设车模已经在直立控制下保持了直立稳定，通过改变电动机的电压控制车模加速和减速。当车模在加速和减速时，直立控制一直在起作用，它会自动改变车模的倾角，移动车模的重心，使车模实现加速和减速。

下面分别讨论 3 个任务的实现原理。

10.2.2 车模直立控制

控制车模直立的直观经验来自杂技表演。一般人通过简单练习就可以让一个直木棒在手指尖上保持直立。这需要两个条件：一是托着木棒的手掌可以移动；二是眼睛可以观察到木棒的倾斜角度和倾斜趋势（角加速度）。通过手掌移动抵消木棒的倾斜角度和趋势，从而保持木棒的直立。这两个条件缺一不可，实际上就是控制中的负反馈机制，如图 10.2.3 所示。

世界上还没有任何一个天才杂技演员可以蒙着眼睛使得木棒在自己手指上直立，因为这样就没有了负反馈。

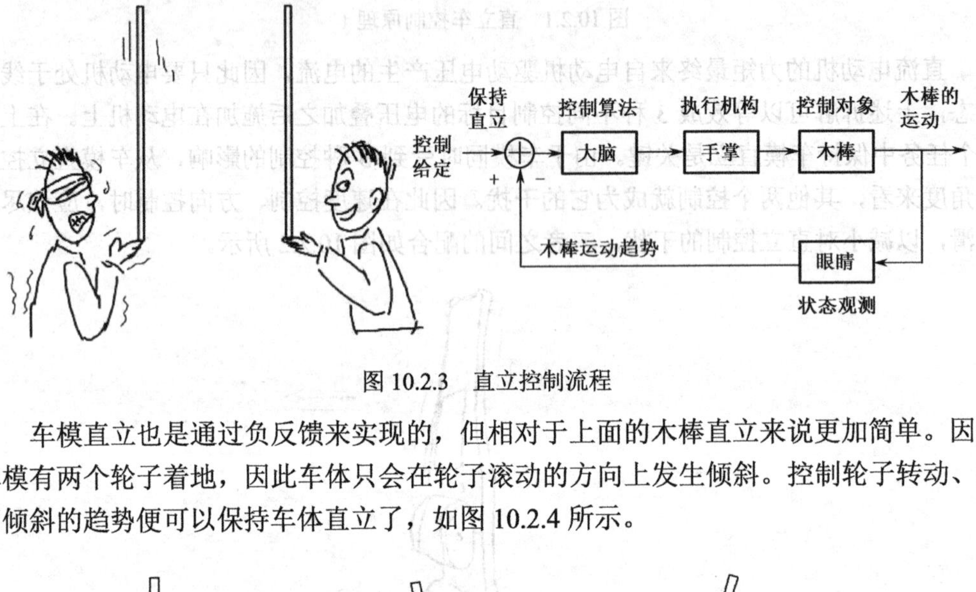

图 10.2.3 直立控制流程

车模直立也是通过负反馈来实现的，但相对于上面的木棒直立来说更加简单。因为车模有两个轮子着地，因此车体只会在轮子滚动的方向上发生倾斜。控制轮子转动、抵消倾斜的趋势便可以保持车体直立了，如图 10.2.4 所示。

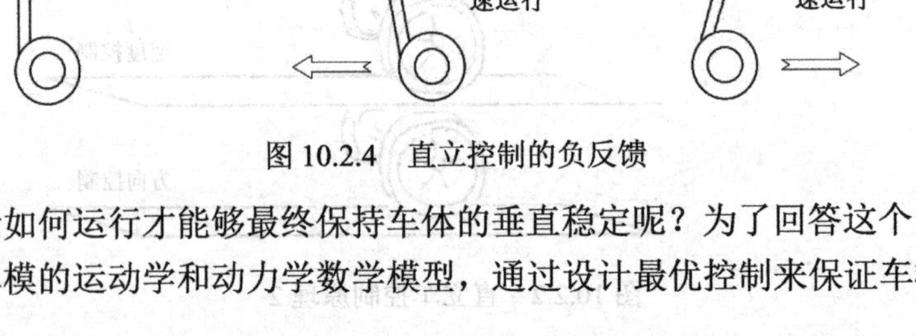

图 10.2.4 直立控制的负反馈

那么车轮如何运行才能够最终保持车体的垂直稳定呢？为了回答这个问题，一般的做法是建立车模的运动学和动力学数学模型，通过设计最优控制来保证车模的稳定。为了能够比较清楚地理解其中的物理过程，下面通过对比单摆模型来说明保持车模稳定的控制规律。重力场中使用细线悬挂着重物经过简化便形成理想化的单摆模型。直立着的车模可以看成放置在可以左、右移动平台上的倒立的单摆，如图 10.2.5 所示。

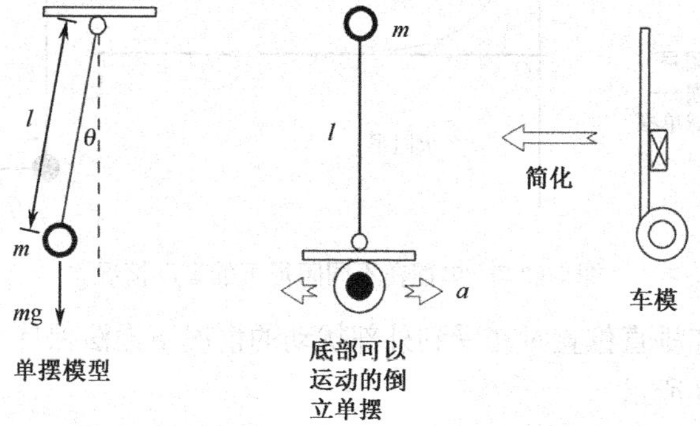

图 10.2.5　车模运动数学模型

普通的单摆受力分析如图 10.2.6 所示。

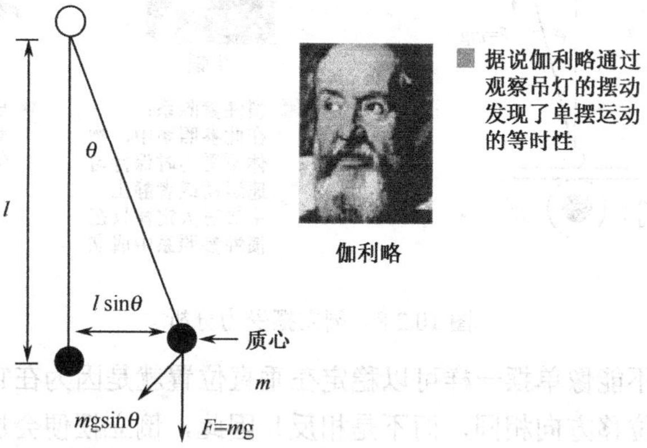

图 10.2.6　普通的单摆受力分析

当物体离开垂直的平衡位置之后便会受到重力与悬线的作用合力，驱动重物回复平衡位置。这个力称为回复力，其大小为 $F=-mg\sin\theta\approx-mg\theta$ 。

在此回复力的作用下，单摆便进行周期运动。在空气中运动的单摆由于受到空气的阻尼力，单摆最终会停止在垂直平衡位置。空气的阻尼力与单摆的运行速度成正比，方向相反。阻尼力越大，单摆越会尽快在垂直位置稳定下来。图 10.2.7 所示为不同阻尼系数下单摆的运动曲线。

由此可知，单摆能够稳定在垂直位置的条件有两个：

（1）受到与位移（角度）相反的回复力；

（2）受到与运动速度相反的阻尼力。

如果没有阻尼力，单摆会在垂直位置左右摆动。阻尼力会使单摆最终停止在垂直位置。阻尼力过小（欠阻尼）会使单摆产生振荡，阻尼力过大（过阻尼）会使单摆到达平衡位置时间拉长。存在一个临界阻尼系数，使得单摆能最快地稳定在平衡位置。

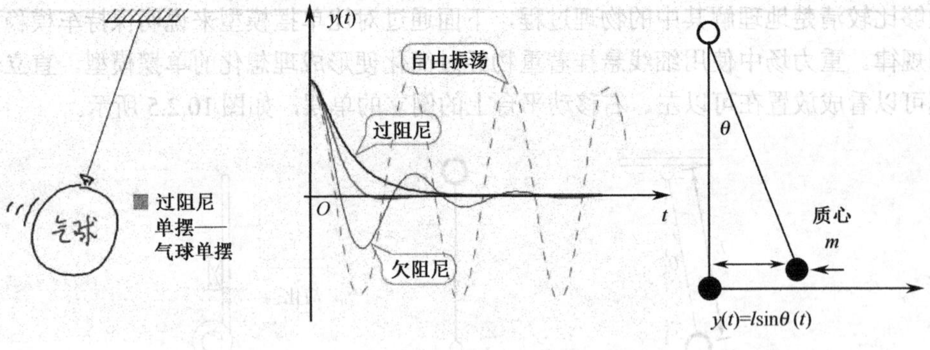

图 10.2.7　单摆在不同阻尼下的运动情况

为什么倒立摆在垂直位置时在受到外部扰动的情况下无法保持稳定呢？分析倒立摆的受力，如图 10.2.8 所示。

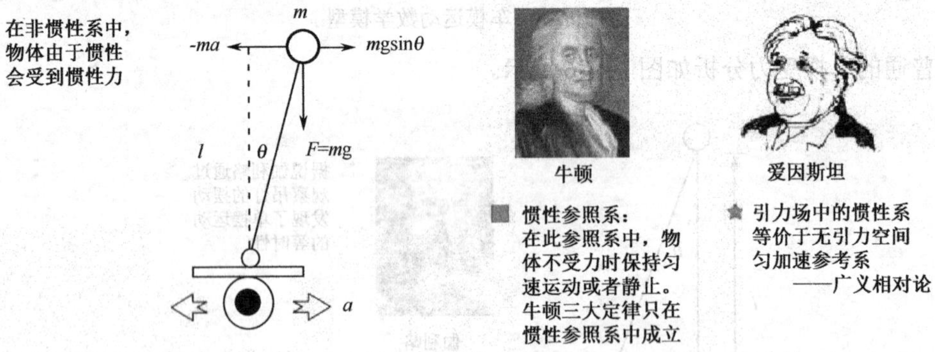

图 10.2.8　倒立摆受力分析

倒立摆之所以不能像单摆一样可以稳定在垂直位置就是因为在它偏离平衡位置时，所受到的回复力与位移方向相同，而不是相反！因此，倒立摆便会加速偏离垂直位置，直到倒下为止。

如何通过控制使得倒立摆能够像单摆一样稳定在垂直位置呢？要达到这一目的有两个办法：一个是改变重力的方向；另一个是增加额外的受力，使得回复力与位移方向相反。因此，能够做的显然只有第二个办法。

控制倒立摆底部车轮使得它进行加速运动。这样站在车模上（非惯性系）看倒立摆，它就会受到额外的力（惯性力），该力与车轮的加速度方向相反、大小成正比。这样倒立摆所受到的回复力为

$$F = mg\sin\theta - ma \approx mg\theta - mk_1\theta$$

式中，假设控制车轮加速度与偏角 θ 成正比，比例为 k_1。显然，如果 $k_1 > g$（g 是重力加速度），那么回复力的方向便与位移方向相反。此外，为了使得倒立摆能够尽快在垂直位置稳定下来，还需要增加阻尼力，与偏角的速度成正比、方向相反。因此上式可变为

$$F = mg\theta - mk_1\theta - mk_2\theta'$$

按照上面的控制方法可把倒立摆模型变为单摆模型，能够稳定在垂直位置，因此可

得控制车轮加速度的控制算法为

$$a = k_1\theta + k_2\theta'$$

式中，θ 为车模倾角；θ' 为角速度；k_1、k_2 均为比例系数。两项相加后可作为车轮加速度的控制量，只要保证在 $k_1 > g$、$k_2 > 0$ 的条件下维持车模直立状态即可。其中，k_1 决定了车模是否能够稳定在垂直位置，它必须大于重力加速度；k_2 决定了车模回到垂直位置的阻尼系数，选取合适的阻尼系数可以保证车模尽快稳定在垂直位置。因此控制车模稳定，需要下列两个条件：

（1）能够精确测量车模倾角 θ 的大小和角速度 θ' 的大小；

（2）可以控制车轮的加速度。

如何测量车模倾角 θ 和角速度 θ'，参见 10.2.5 节“车模倾角测量”；如何确定参数 k_1、k_2，参见 10.4 节中的参数调节；如何控制车模车轮的加速度，参见 10.2.3 节“车模速度控制”。

10.2.3 车模速度控制

车模运行速度是通过控制车轮速度来实现的，车轮通过车模两个后轮电动机经由减速齿轮箱驱动，因此通过控制电动机转速可以实现对车轮的运动控制。电动机的运动控制有以下 3 个作用。

（1）通过电动机加速度控制实现车模直立稳定。其中，控制规律由 10.2.2 节给出。

（2）通过电动机速度控制实现车模恒速运行和静止。虽然本届比赛规则中没有要求车模速度恒定，也没有要求车模在比赛之前和冲过终点之后保持静止状态，但是通过速度控制可以提高车模的稳定性。在将来的比赛中，如果规则增加了静止要求，或者需要通过路桥等障碍，速度控制将会发挥作用。

（3）通过电动机差速控制可以实现车模的方向控制。差速的控制方法参见 10.2.4 节“车模方向控制”。电动机运动控制是通过改变施加在其上的驱动电压实现的。对电动机的电磁模型、动力学模型及车模的动力学模型进行分析和简化，可以将电动机运动模型简化成如下的一阶惯性环节模型。施加在电动机上一个阶跃电压 $Eu(t)$，电动机的速度变化曲线为

$$\omega(t) = Ek_{\mathrm{m}}(1 - \mathrm{e}^{-\frac{t}{T_1}})u(t)$$

式中，E 为电压；$u(t)$ 为单位阶跃函数；T_1 为惯性环节时间常数；k_{m} 为电动机转速常数。对应不同的电压，电动机的速度变化曲线如图 10.2.9 所示。

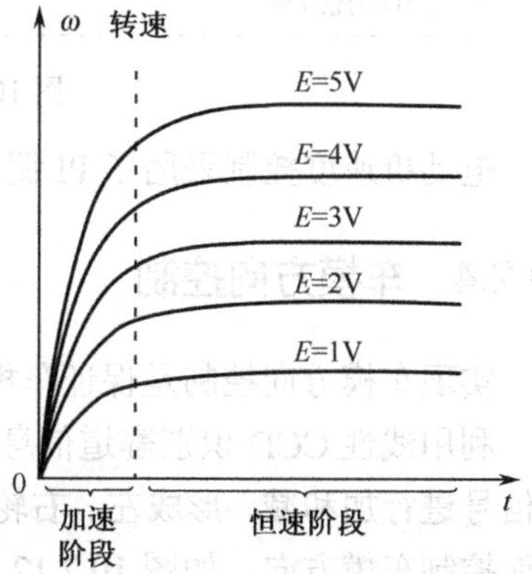

图 10.2.9 电动机的速度变化曲线

由图 10.2.9 可以看出，电动机运动明显分为两个阶段：第一个阶段是加速阶段；第二个阶段为恒速阶段。其中，在加速阶段，电动机带动车模后轮进行加速运动，加速度近似和施加在电动机上的电压成正比，加速阶段的时间长度取决于时间常数 T_1，该常数由电动机转动惯量、减速齿轮箱、车模转动

惯量决定；在恒速阶段，电动机带动车模后轮进行恒速运动，运动速度与施加在电动机上的电压成正比。

可用来调整车模直立的时间常数很小，此时电动机基本上运行在加速阶段。由上一节分析计算所得到的加速度控制量 a 再乘以一个比例系数即为施加在电动机上的控制电压，这样便可以控制车模保持直立状态。

车模运行速度调整时间相对很长，此时电动机速度与施加在其上的电压成正比。通过传统的 PID 反馈控制便可以精确控制电动机的运行速度，从而控制车模的运行速度。

电动机速度控制需要测量电动机的转速，电动机旋转速度可以通过安装在电动机输出轴上的光电编码盘获得，如图 10.2.10 所示。

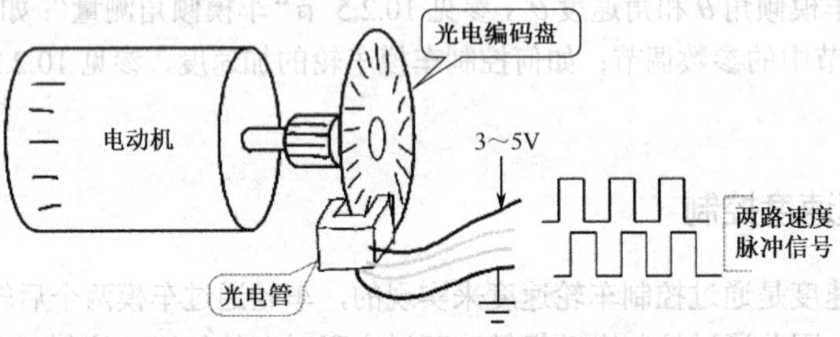

图 10.2.10　光电编码盘

利用控制单片机的计数器测量固定时间间隔内速度脉冲信号的个数，即可以测量电动机的转速。电动机 PID 控制方法如图 10.2.11 所示。

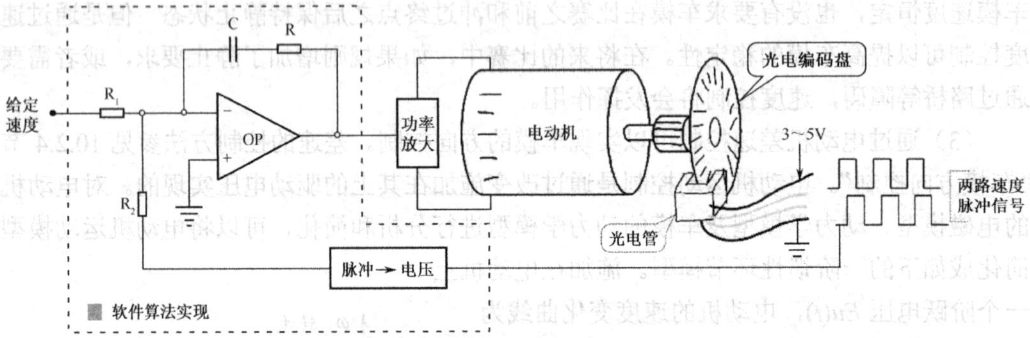

图 10.2.11　电动机 PID 控制方法

电动机速度控制采用了 PI 调节器，具体实现可以通过单片机软件编程实现。

10.2.4　车模方向控制

实现车模方向控制是保证车模沿着赛道竞赛的关键。

利用线性 CCD 识别赛道信息，取得车模位置与赛道中心的偏差，分别与车模速度控制信号进行加和减，形成左、右轮差动控制电压，使得车模左、右轮运行角速度不一致，进而控制车模方向，如图 10.2.12 所示。

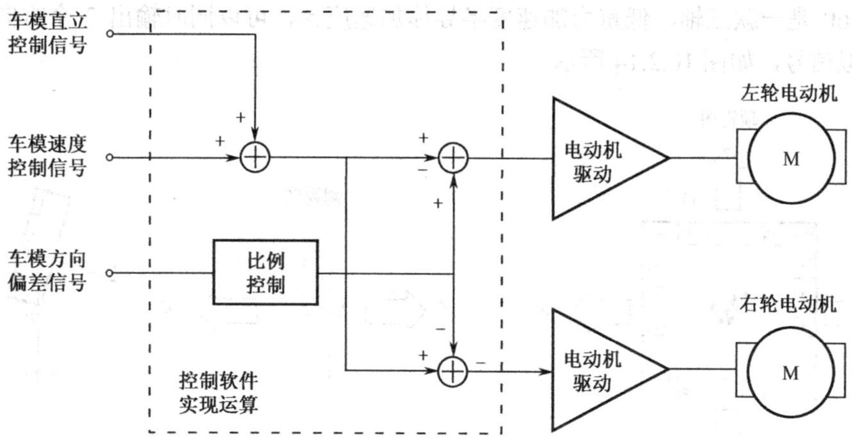

图 10.2.12 电动机差动控制

通过左、右轮电动机速度差驱动车模转向消除车模偏差，这个过程是一个积分过程。因此车模差动控制一般只需要进行简单的比例控制就可以完成对车模方向的控制。

10.2.5 车模倾角测量

在 10.2.2 节车模直立控制中介绍了控制车模直立的算法，通过测量车模的倾角和倾角加速度控制车模车轮的加速度来消除车模的倾角，因此车模倾角及倾角加速度的测量成为控制车模直立的关键。测量车模倾角和倾角加速度可以通过加速度传感器和陀螺仪来实现。

1. 加速度传感器

加速度传感器可以测量由地球引力作用或者物体运动所产生的加速度。竞赛规则规定，如果车模使用加速度传感器则必须要使用恩智浦公司生产的加速度传感器。该系列的传感器采用了半导体表面微机械加工和集成电路技术，传感器体积小、质量轻。它的基本原理如图 10.2.13 所示。

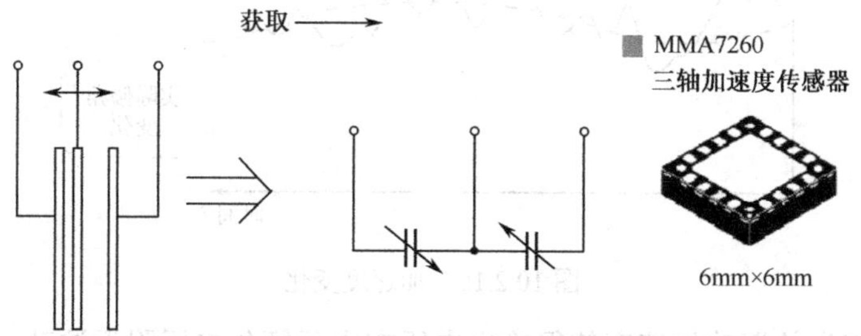

图 10.2.13 加速度传感器基本原理

通过微机械加工技术在硅片上形成一个机械悬臂，它与相邻的电极形成两个电容。由于加速度使得机械悬臂与两个电极之间的距离发生变化，从而改变了两个电容的参数。通过集成的开关电容放大电路测量电容参数的变化，形成与加速度成正比的电压输出。

MMA7260 是一款三轴、低重力加速度半导体加速度计，可以同时输出 3 个方向上的加速度模拟信号，如图 10.2.14 所示。

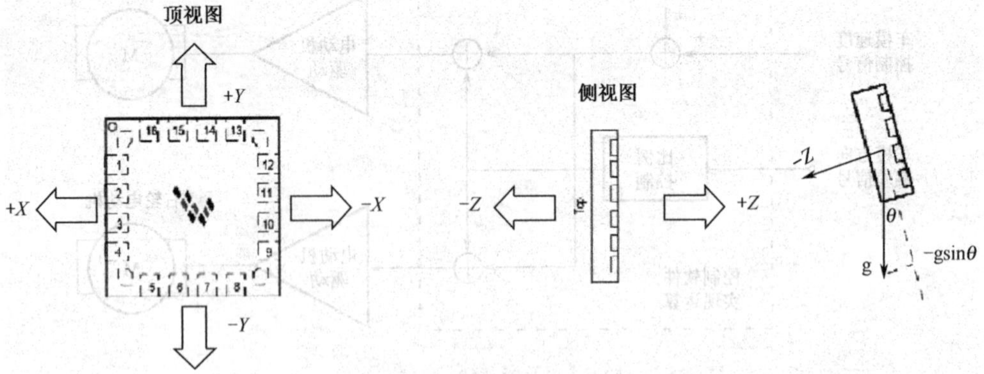

图 10.2.14　加速度计

通过设置可以使得 MMA7260 的最大输出灵敏度为 800mV/g。只需要测量其中一个方向上的加速度就可以计算车模倾角，如使用 Z 轴方向上的加速度信号。当车模直立时，固定加速度计在 Z 轴水平方向，此时输出信号为零偏压信号。当车模发生倾斜时，重力加速度 g 便会在 Z 轴方向上形成加速度分量，从而引起该轴输出电压变化。电压变化的规律为

$$\Delta u = kg\sin\theta$$

式中，g 为重力加速度；θ 为车模倾角；k 为比例系数。当倾角 θ 比较小时，输出电压的变化近似与倾角成正比。似乎只需要加速度就可以获得车模的倾角，再对此信号进行微分便可以获得倾角加速度。但在车模实际运行过程中，由于车模本身的运动所产生的加速度会产生很大的干扰信号叠加在上述测量信号上，使得输出信号无法准确地反映车模的倾角，如图 10.2.15 所示。

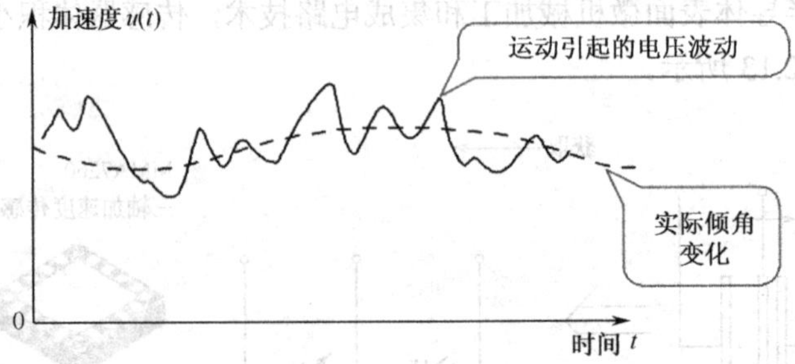

图 10.2.15　加速度变化

车模运动产生的振动加速度使得输出电压在实际倾角电压附近波动，可以通过数据平滑滤波将其滤除。但平滑滤波也会使得信号无法实时反映车模倾角的变化，从而减缓对车模车轮的控制，使得车模无法保持平衡。因此，对于车模直立控制所需要的倾角信号需要通过另外一种器件获得，那就是角速度传感器——陀螺仪，如图 10.2.16 所示。

2．角速度传感器——陀螺仪

陀螺仪可以用来测量物体的旋转角速度。智能汽车竞赛允许选用村田公司出品的ENC-03 系列角速度传感器。它利用了旋转坐标系中的物体会受到科里奥利力的原理，在器件中利用压电陶瓷做成振动单元。当旋转器件时会改变振动频率从而反映出物体旋转的角速度。

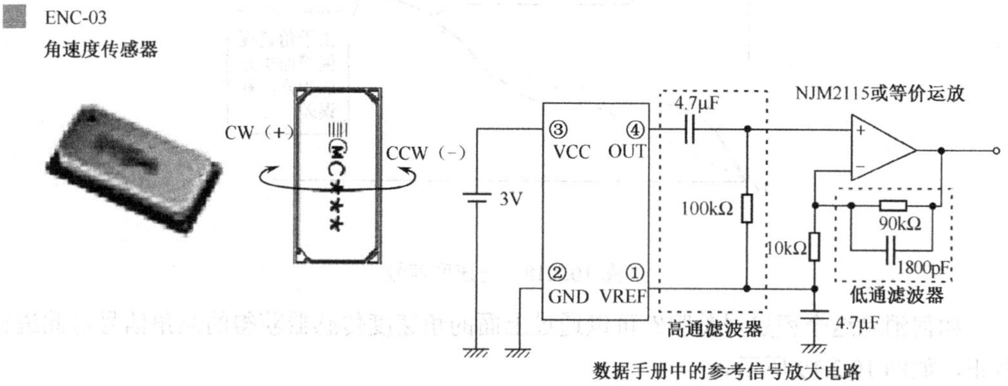

图 10.2.16　陀螺仪

在车模上安装陀螺仪可以测量车模倾斜的角速度，将角速度进行积分便可以得到车模的倾角，如图 10.2.17 所示。

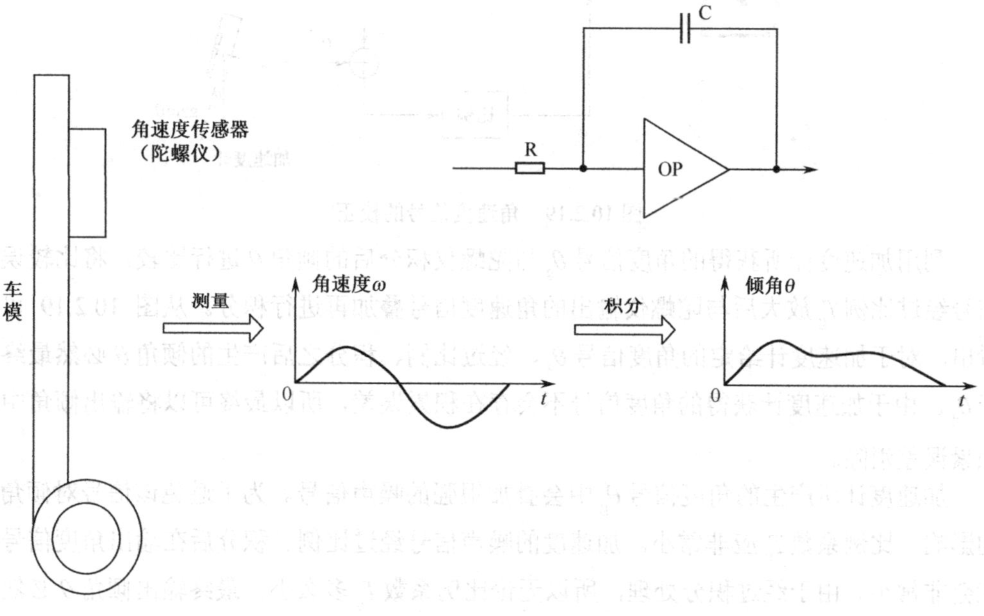

图 10.2.17　陀螺仪原理

由于陀螺仪输出的是车模的角速度，不会受到车体振动的影响，因此该信号中的噪声很小。车模的倾角又是通过对角速度积分而得到的，积分过程可进一步平滑信号，使得倾角信号更加稳定。因此，车模控制所需要的倾角和角速度可以使用陀螺仪所得到的信号。

由于从陀螺仪的角速度获得倾角信号需要经过积分运算。如果角速度信号存在微小的偏差，经过积分运算之后，变化形成积累误差。这个误差会随着时间的延长而逐步增加，最终导致电路饱和，无法形成正确的倾角信号，如图 10.2.18 所示。

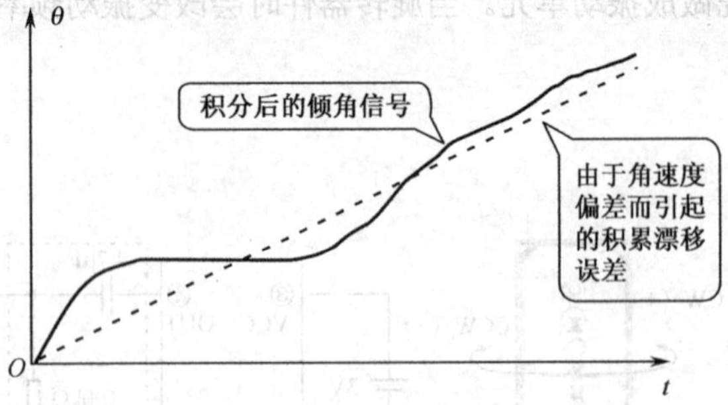

图 10.2.18　角速度信号

如何消除这个积累误差呢？可以通过上面的角速度传感器获得的倾角信号对此进行校正，如图 10.2.19 所示。

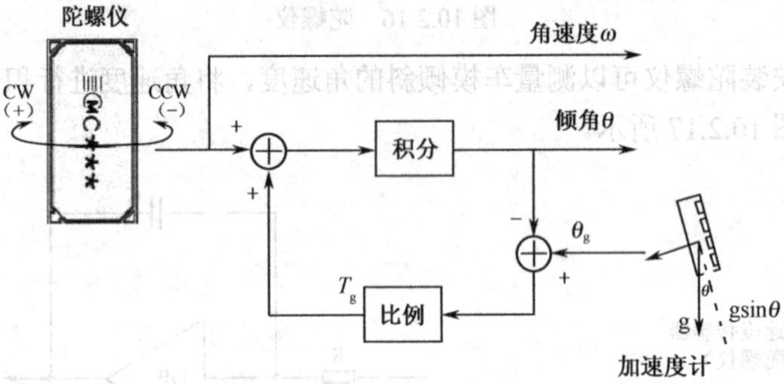

图 10.2.19　角速度信号的校正

利用加速度计所获得的角度信号 θ_g 与陀螺仪积分后的倾角 θ 进行比较，将比较误差信号经过比例 T_g 放大后与陀螺仪输出的角速度信号叠加再进行积分。从图 10.2.19 可以看出，对于加速度计给定的角度信号 θ_g，经过比例、积分之后产生的倾角 θ 必然最终等于 θ_g。由于加速度计获得的角度信号不会存在积累误差，所以最终可以将输出倾角中的积累误差消除。

加速度计所产生的角度信号 θ_g 中会叠加很强的噪声信号。为了避免该信号对倾角 θ 的影响，比例系数 T_g 应非常小。加速度的噪声信号经过比例、积分后在输出角度信号中就会非常小。由于经过积分处理，所以无论比例系数 T_g 多么小，最终输出倾角 θ 必然与加速度计测量得到的角度信号 θ_g 相等，只是这个调节过程会随着比例系数 T_g 的减小而延长。为了避免输出倾角 θ 随着角度信号 θ_g 过长，可以采取以下两方面的措施。

（1）仔细调整陀螺仪的放大电路，使得它的零点偏置尽量接近于设定值，并且稳定。

（2）当控制电路和程序开始运行时，尽量保持车模处于直立状态，这样一开始就使

得输出倾角 θ 与角度信号 θ_g 相等。此后，加速度计的输出只是消除积分的偏移，输出倾角不会出现很大的偏差。使用加速度计来矫正陀螺仪的积分漂移只是其中的一种方法，还可以通过测量车模的运行速度和加速度来矫正陀螺仪的积分漂移，这样就可以省略加速度器件，这种控制方法请读者在掌握了整个控制方案之后自行设计实现。

10.2.6 车模直立行走控制算法总框架

通过上面的介绍，将车模直立行走主要的控制算法集中起来，形成控制算法总框架，如图 10.2.20 所示。

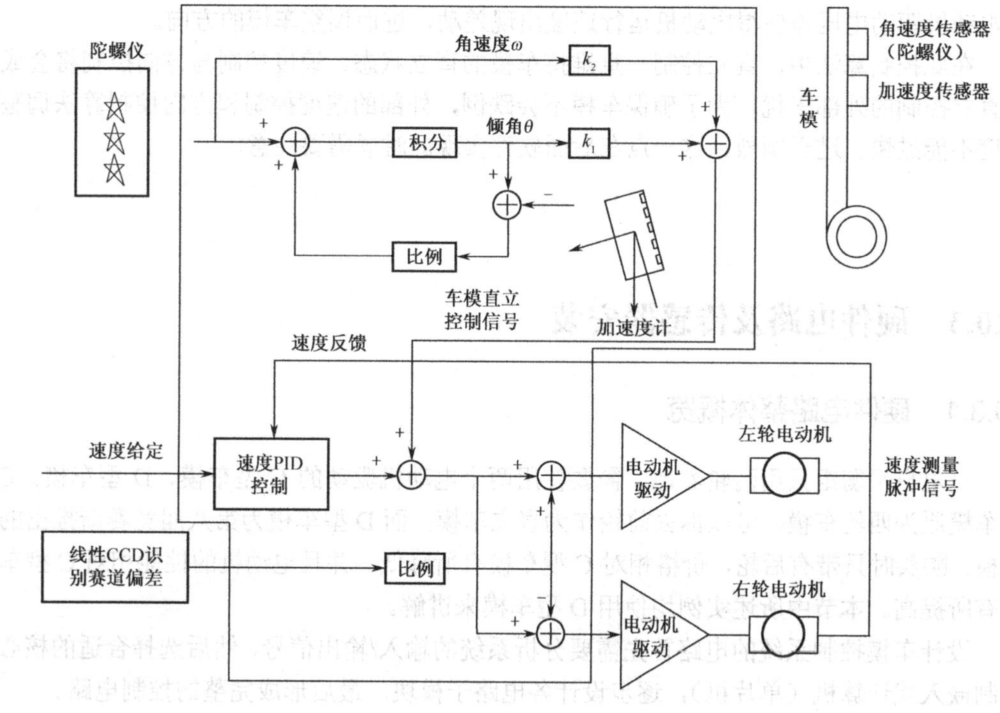

图 10.2.20 直立行走控制算法总框架

车模主要控制信号包括：

（1）车模陀螺仪信号；

（2）车模加速度计信号（Z 轴信号）；

（3）车模电动机转速脉冲信号；

（4）车模线性 CCD 信号。

需要进行如下控制环节来控制车模电动机转动：

（1）车模直立控制。使用车模倾角的 PD（比例、微分）控制；

（2）车模速度控制。使用 PI（比例、积分）控制；

（3）车模方向控制。使用 P（比例）控制。

可通过单片机软件实现上述控制算法。

车模的 3 种控制（直立、速度、方向）最终将控制量叠加在一起作为电动机输出电压控制量。直立控制是基础，它的调整速度非常快，速度和方向控制相对来说调整速度慢。速度和方向控制的输出量直接叠加在电动机控制电压上。它们假定直立控制会始终保持车模不跌倒，直立控制会自动调节车模的倾角以适应车模加速、减速和转弯的需要。具体分析如下。

当车模加速前进时，由速度控制算法给出电动机增加的正向电压，电动机开始逐步加速旋转。与此同时，车模直立控制会迅速进行调整，使得车模向前倾斜，车模开始加速。当车模速度达到设定值时，车模速度控制算法使得电动机进入恒速运动。此时车模直立控制算法也会相应调整车模使其处于直立状态，车模做恒速运动。车模减速过程与此类似，由速度控制算法减小电动机的电压，电动机开始减速运行。直立控制算法会自动调整车模向后倾斜，使得车模减速。车模转向控制是在车速控制的基础之上，调节两个电动机驱动电压差使得电动机运行速度出现差动，进而调整车模的方向。

在此控制算法中，直立控制一直维持车模的直立状态，速度控制与方向控制将会成为直立控制的外部干扰。为了确保车模不会跌倒，外部的速度控制和方向控制算法调整速度不能过快、过于剧烈。这一点在后面软件实现的时候需要注意。

10.3 硬件电路及传感器安装

10.3.1 硬件电路整体概览

光电自平衡组只用两轮着地，需要使用两个电动机驱动的 C 型车模、D 型车模。C 型车模原为四轮车模，可以拆去前轮作为直立车模，而 D 型车模为第八届竞赛新推出的车模，购买时只带有后轮，价格相对 C 型车模有所降低，并且电动机的性能相对 C 型车模有所提高。本节中所述实例均使用 D 型车模来讲解。

设计车模控制系统的电路首先需要分析系统的输入/输出信号，然后选择合适的核心控制嵌入式计算机（单片机），逐步设计各电路子模块，最后形成完整的控制电路。

系统的输入/输出包括以下方面。

1. A/D 转换接口（至少 5 路）

（1）线性 CCD：单路模拟信号输入。

（2）陀螺仪：两路，测量角速度和角加速度。

（3）加速度计：两路，测量加速度 X 轴、Z 轴输出电压。

（4）辅助调试：1～3 路，用于车模调试、传感器拓展（备用）。

2. PWM 接口（4 路）

控制左、右两个电极双方向运行，需要 4 路 PWM 接口。

3. 定时器接口（1 路）

测量电动机转速。由于 XS128 芯片是单脉冲累加器，因此通过与非门实现双路测速。

4. 通信接口

（1）SCI（UART）：1 路，用于程序串口调试接口。

（2）I^2C：如果选择恩智浦公司的数字加速度计，可以通过 I^2C 接口直接读取加速度值（备用）。

5. I/O 端口

（1）线性 CCD：2 路，控制及时钟信号。

（2）双路测速切换：2 路，控制与非门逻辑关系，实现双路测速。

（3）AD 采集：2 路，测量加速度 X 轴、Z 轴输出电压。

（4）辅助调试：4～8 路，应用车模运行状态显示、功能设置等（备用）。

竞赛允许使用恩智浦公司处理器系列，绝大部分都能够满足上面的控制要求。本章选择 MC9S12XS128 作为核心控制处理器加以说明，车模控制电路整体框架如图 10.3.1 所示。

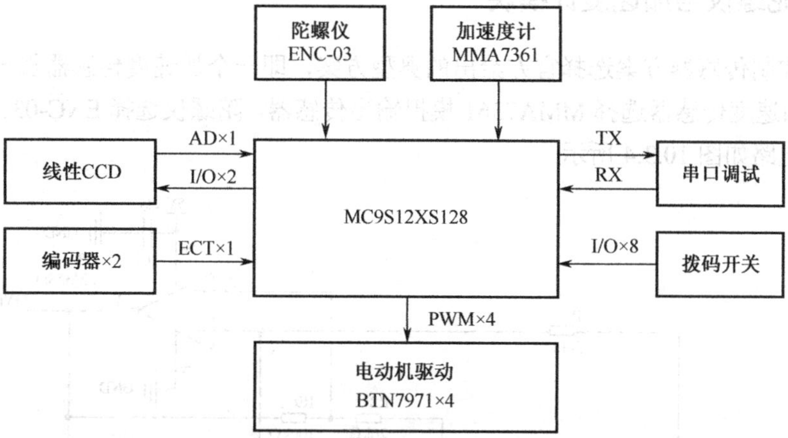

图 10.3.1 直立光电整体硬件结构

根据上图所示的结构，将直立车光电组的电路模块分为下列子模块：

（1）MC9S12XS128MAL 单片机最小系统；

（2）陀螺仪&加速度计模块；

（3）电动机驱动模块；

（4）测速模块；

（5）辅助调试；

（6）线性 CCD 模块（第八届竞赛）。

下面分别对上述模块给出参考设计方案及车模的整体安装方案。

10.3.2 单片机最小系统 MC9S12XS128MAL

由于广大参赛队伍的最小系统制作经验较少，因而建议使用网上出售的现成最小系统板。

图 10.3.2 所示为网上出售的 MC9S12XS128MAL 最小系统板，最小系统板集成了最简单的、可用的外围电路，通过 2.54mm 间距的双排母座可以安装在自制的主板上。

在图 10.3.3 给出的主板安装示例中，将网络中购买的现成核心板安装于自制的主板上使用。其中，实物最上方的 4 个 IC 为 BTN7971，实物左下角红色部分为拨码开关。

图 10.3.2 MC9S12XS128MAL 最小系统板

图 10.3.3 MC9S12XS128MAL 主板安装

10.3.3 陀螺仪与加速度计模块

平衡控制传感器方案选择官方给出的典型方案，即一个加速度传感器加一个陀螺仪的方案。加速度传感器选择 MMA7361 模拟输出传感器，陀螺仪选择 ENC-03。两个传感器的外围电路如图 10.3.4 所示。

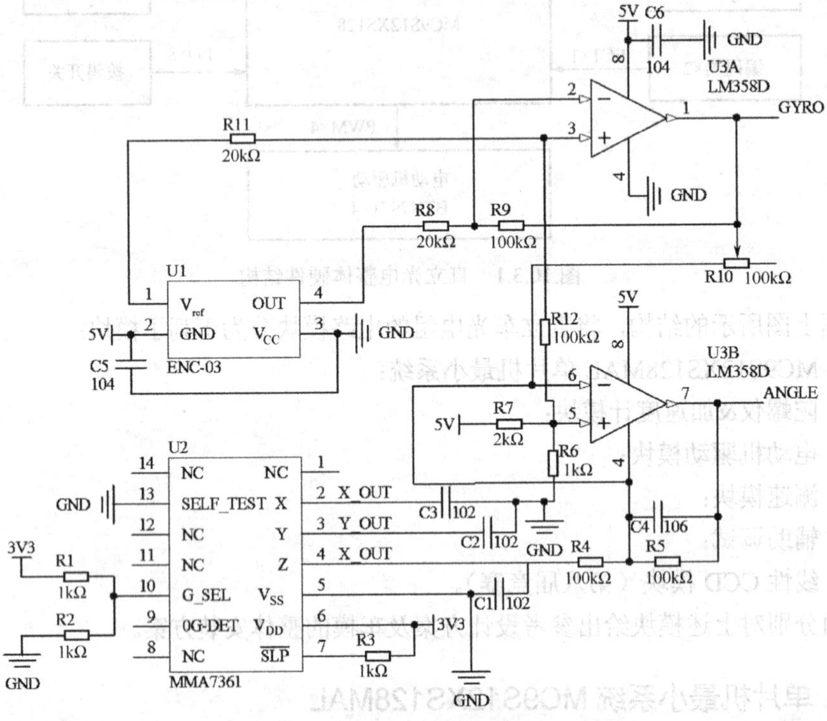

图 10.3.4 MMA7361 + ENC-03 外围电路

使用图 10.3.4 所示原理可以采集 *X*、*Y*、*Z* 轴的重力加速度分量及智能汽车的角速度和角加速度。使用这些数据可以实现智能汽车的自平衡调整。由于上述模块体型较小，不方便焊接，可以购买网上出售的现成模块实现该功能。

图 10.3.5　MMA7361 + ENC-03 模块

如图 10.3.5 所示为网上出售的成品模块，使用此模块可以直接读取 *X*、*Y*、*Z* 轴方向的重力加速度分量及智能汽车角速度和角加速度的模拟量，通过 A/D 转换后得到数据。当竖直安装模块时，倾角的运算需要两路重力加速度分量，即 *X* 轴和 *Z* 轴，再加上角速度和角加速度，一共需要为该模块预留 4 路 AD。

10.3.4　电动机驱动模块

由于直立车使用的 D 型车模电动机功率较小，则 BTN7971 完全可以正常驱动。两个电动机都需要正/反转，需要两个 H 全桥电路、4 片 BTN7971。具体的驱动电路设计可以参考第 2 章硬件电路设计部分，这里给出一个 H 全桥的原理图示，如图 10.3.6 所示。

从图中可知，两个电动机的驱动完全相同，需要 4 路 PWM 来驱动。在设计驱动电路时一定记得给控制信号做好隔离，以免影响单片机工作。关于控制信号的隔离请参考第 3 章。新手可以购买成品驱动模块来搭建，更容易上手。

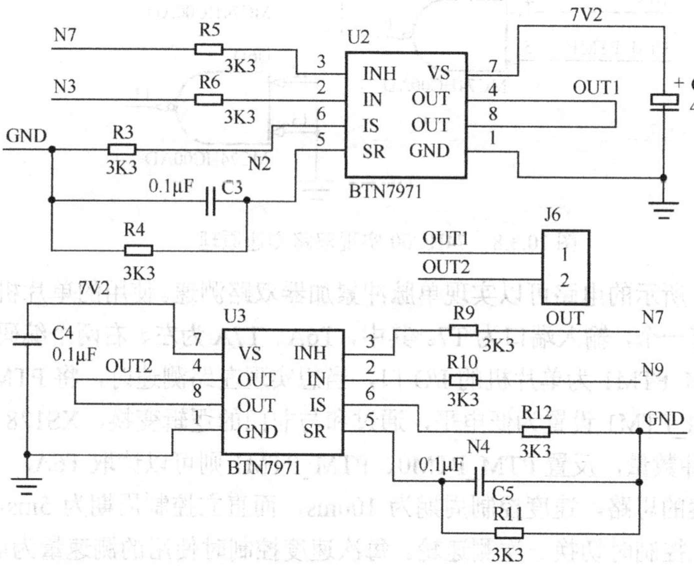

图 10.3.6　BTN7971 H 全桥原理图示

10.3.5　编码器及测速电路

测速传感器的相关知识可以参考第 4 章的相关内容，本章实例给出用编码器作为测速传感器的方案。由于 D 型车模有齿轮组结构，所以在不破坏车模的情况下安装编码器的方式只有一种，如图 10.3.7 所示。

图 10.3.7　D 型车模编码器安装示意

在图 10.3.7 所示的方案中，使用半径合适的齿轮可以在不破坏后轮架的情况下安装两个测速编码器，尺寸合适的齿轮可以通过网络购买。

下面解决两路测速问题。在官方规定的芯片中，部分芯片仅有一路脉冲累加器，因此想实现双轮测速就需要用其他方式解决。针对此问题推荐使用与非门与 I/O 配合解决，测速原理如图 10.3.8 所示。

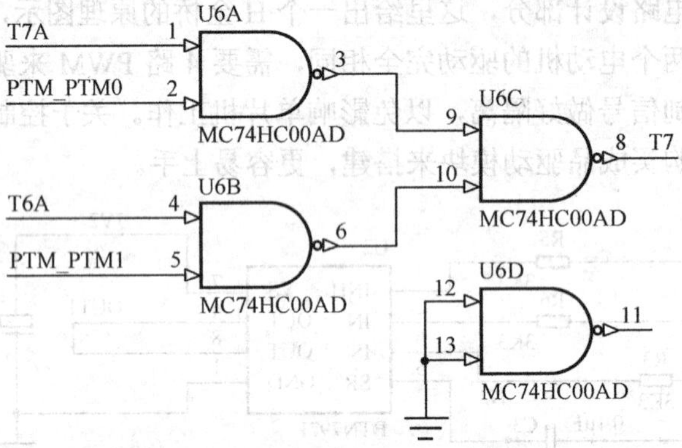

图 10.3.8　74HC00 实现双路测速原理

使用图 10.3.8 所示的电路可以实现单脉冲累加器双路测速。使用的单片机为 XS128，其脉冲累加器只有一个，输入端口为 T7。其中，T6A、T7A 为左、右两个编码器的输出，PTM_PTM0、PTM_PTM1 为单片机的 I/O 口，当想实现左路测速时，将 PTM_PTM0 设置为高电平，PTM_PTM1 设置为低电平，通过和与非门的逻辑变换，XS128 的 T7 口可以读取 T7A 的脉冲数量，反置 PTM_PTM0、PTM_PTM1 则可以读取 T6A。

按照官方方案的思路，速度控制周期为 100ms，而直立控制周期为 5ms，因此可以在每完成一次直立控制时切换一次测速轮。每次速度控制时使用的测速量为前 100ms 的累加量，100ms 内左轮测速 10 次、右轮测速 10 次，每 5ms 切换一次，从而实现单脉冲累加器双轮测速。

有关旋转方向的判断方法，官方方案使用的是软件判断，即读取脉冲时对应电动机的控制 PWM 输出若为控制正转，则计正值，若为控制反转则计负值。如果通过外部硬件电路来判断正/反转向，则需要使用 D 触发器来实现。编码器的输出需要接入 A、B 相，当正/反转切换时，D 触发器的输出电平也会改变。

使用与非门实现单脉冲累加器双路测速存在一定的误差，测量不够精确。因此在单片机自带的脉冲累加器只有一个的情况下，也可以使用外部脉冲累加器实现脉冲计数。这里推荐使用 74HC4040 来实现外部计数，如图 10.3.9 所示。74HC4040 为 12 位计数器，计数值并行输出。结合 D 触发器和 74HC74 就可以实现外部计数与正反判断。若需要实现外部的加减计数，可以使用 74HC393。

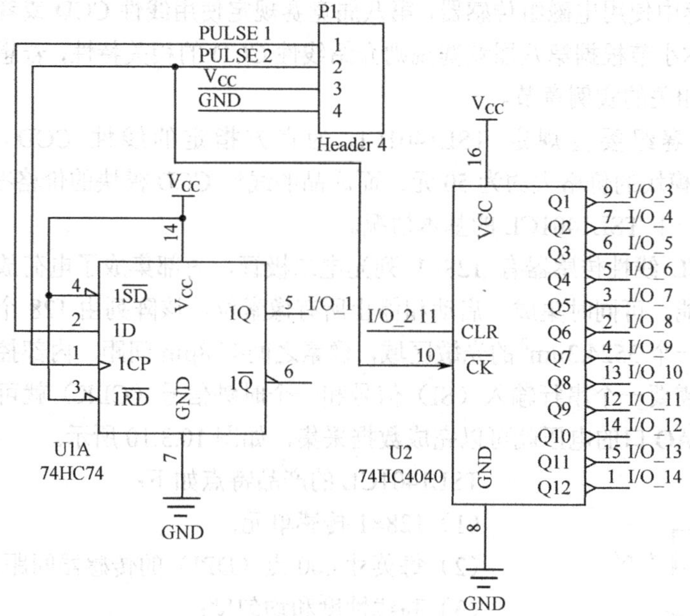

图 10.3.9　74HC74 与 74HC4040 实现外部计数

如果使用 K60 芯片，其 FTM 模块自带正交解码功能，可以直接测出转速和方向。使用双向编码器的 A、B 两相脉冲式输入编码器即可在 FTM2_CNT 寄存器中测得转速。模块初始化代码如下。

```
void FTM2_QUAD_Iint(void)
{
PORTB_PCR18= PORT_PCR_MUX(6);                //设置引脚 B18 为 FTM2_PHA 功能
PORTB_PCR19= PORT_PCR_MUX(6);                //设置引脚 B19 为 FTM2_PHB 功能
SIM_SCGC3|=SIM_SCGC3_FTM2_MASK;              //使能 FTM2 时钟
FTM2_MODE |= FTM_MODE_WPDIS_MASK;            //写保护禁止
FTM2_QDCTRL |= FTM_QDCTRL_QUADMODE_MASK;     //AB 相同时确定方向和计数值
FTM2_CNTIN=0;                                //FTM0 计数器初始值为 0
FTM2_MOD|=0xffff;                            //结束值
FTM2_QDCTRL|=FTM_QDCTRL_QUADEN_MASK;         //启用 FTM2 正交解码模式
FTM2_MODE |= FTM_MODE_FTMEN_MASK;            //FTM2EN=1
```

```
        FTM2_CNT=0;
    }
    FTM2_CNT=0;
```

10.3.6 线性 CCD 模块

自平衡组是第七届竞赛新加入的赛题组，到目前为止该赛题组使用过两种传感器制导。第七届竞赛中使用电磁组传感器，第八届竞赛规定使用线性 CCD 或者非激光类光电传感器制导。本小节根据第八届竞赛规则介绍线性 CCD 的相关特性，若想了解其他组别传感器可查阅相关的实例章节。

第八届竞赛组委会规定 TSL1401CL 为官方指定的线性 CCD。网上出售的 TSL1401CL 裸模块的价格大约为 50 元，而成品的线性 CCD 模块的价格在 100 元以上。下面简单介绍一下 TSL1401CL 的基本情况。

TSL1401CL 线性传感器有 128×1 列光电二极管，内部集成了电荷放大器电路及像素数据保持功能，可同时集成、启动和停止所有像素位。该阵列由 128 个像素构成，每个像素点都有一个 3524.3μm^2 的光敏区域，像素之间有 8μm 间距。内部控制逻辑简化了芯片操作，只需要一个串行输入（SI）信号和一个时钟信号（CLK）就可以完成全部逻辑控制，读取 AO 口的电压就可以完成数据采集，如图 10.3.10 所示。

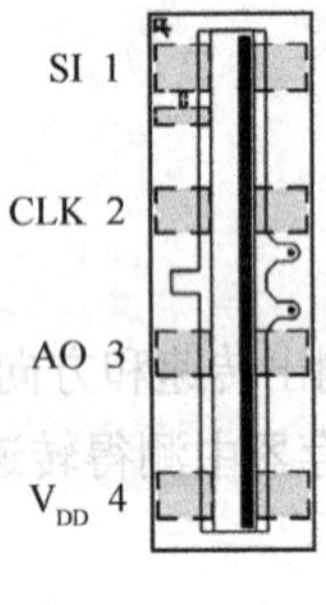

图 10.3.10 TSL1401CL

TSL1401CL 的产品特点如下：

（1）128×1 传感单元；

（2）每英寸 400 点（DPI）的传感器间距；

（3）高线性度和均匀度；

（4）宽动态范围 4000∶1（72 dB）；

（5）输出参考地；

（6）图片低滞，典型值 0.5%；

（7）操作频率最高支持 8MHz；

（8）单电源供电 DC 3～5V；

（9）轨到轨模拟输出（AO）；

（10）无外部负载电阻；

（11）取代 TSL1401R-LF；

（12）符合 RoHS。

由于自行设计线性 CCD 较为烦琐，又由于第一年使用该模块缺乏参考资料，所以建议使用网上出售的成品线性 CCD 模块。

图 10.3.11 所示为线性 CCD 模块及其安装方式，该线性 CCD 模块有 5 个引脚，其功能定义如下：

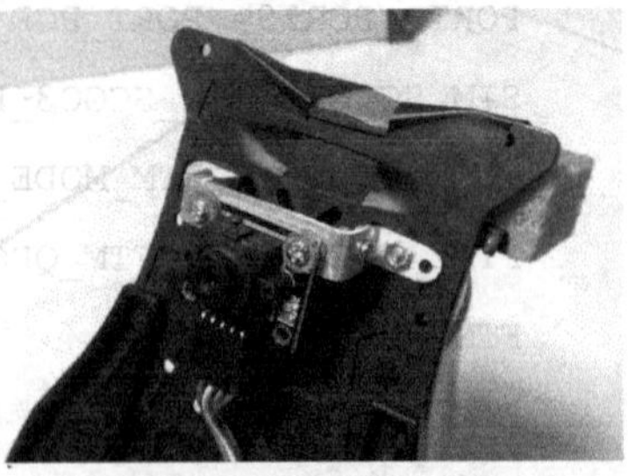

图 10.3.11 线性 CCD 模块及其安装方式

SI——串行输入口，决定数据序列的起始，用单片机 I/O 口控制即可；

CLK——时钟引脚，控制电荷转换、像素输出和芯片复位，可用单片机 I/O 口或者 PWM 控制；

AO——模拟输出，接单片机的 ADC 口进行采集；

V_{DD}——电源+，电压 DC 为 3.3～5.2V；

GND——电源-（地）。

从引脚定义中可以看出，控制线性 CCD 模块需要两个 I/O 口及一个 AD 口，并且需要在主板上预留合适的接口给线性 CCD。有关接口的设置将在所有电路模块介绍完后给出。

10.3.7 辅助调试电路及电源设计

辅助调试电路使用串口调试和拨码开关，电源模块主要使用 5V 降压稳压供电。具体设计方案可以参照第 4 章的相关叙述。

综合上述电路模块给出整体装配方案。

10.3.8 车模整体装配方案

D 型车模的光电直立车装配方案如图 10.3.12 所示。D 型车模在购买时已经去掉前轮，因此在安装过程中要注意质量的分配，调整安装后车辆的几何重心。

图 10.3.12 直立车整体装配方案

从图 10.3.12 中可以看出，为了使车辆运行更加稳定，需要将车辆重心下降得更加合理。将电池后置安装在车辆底部，从而降低整体重心。将陀螺仪和加速度计置于车辆上部增加角度传感器的灵敏度。车辆正面的编码器和线性 CCD 安装方式已经在前面提到。

值得一提的是，图 10.3.12 中所示的 PCB 设计并不够优化，其部分设计在制作前未经过验证，在制作完成后经过实际考查发现并不合理而废弃。读者在设计主板时可以充分考虑各方面因素后优化设计整体方案再印制 PCB。

10.4 软件算法设计参考

10.4.1 整体控制流程

光电直立组智能汽车的整体软件方案基于官方方案修改设计，使用 9S12XS128MAL 单片机实现。图 10.4.1 所示为整体控制流程示意。

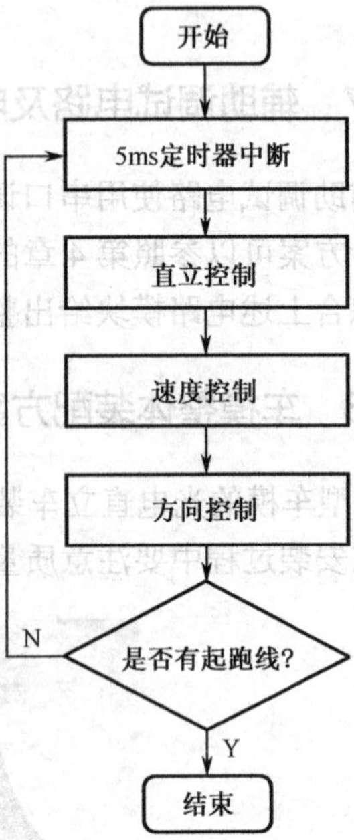

图 10.4.1 光电车算法整体控制流程

如图 10.4.1 所示的控制环节，本节所介绍的软件控制策略使用 5ms 定时器中断（而非官方的 1ms 定时器中断）通过计数来执行不同的任务。在实践中发现，直接使用 5ms 定时器中断完全可以实现正常的直立控制。使用上述方式精简了程序结构，便于初学者理解。所有的控制环节都在中断服务子程序中进行。下面给出主函数及中断服务子程序。

1. 宏定义及全局变量的说明

```
#define TSL_SI  PORTA_PA1
//定义线性传感器的端口 SI
#define TSL_CLK PORTA_PA0
//定义线性传感器的端口 CLK

#define Motor_Dead 15
//电动机死区补偿
#define Motor_MAX 250
#define Motor_MIN -250

unsigned char celve = 0;
float  Gyro_Data,
        angle_P=0.61,                    //直立 PD 控制参数 P
        angle_D=0.25,                    //直立 PD 控制参数 D
        speed_P=0.58,                   //速度 PI 控制参数 P
        speed_I=0.065,                  //速度 PI 控制参数 I
        dirc_P=1.25;
```

```
int QingJiao,                              //车辆倾角
    angle,
    count_flag=0,                          //测速计数标志
    temp_left=0,                           //左测速 5ms 累加
    temp_right=0,                          //右测速 5ms 累加
    now_speed_L=0,                         //测速左
    now_speed_R=0,                         //测速右
    Left_Speed=0,                          //左速度赋值
    Right_Speed=0,                         //右速度赋值
    Cal_Left_Speed=0,                      //PI 控制结果 左
    Cal_Right_Speed=0,                     //PI 控制结果 右
    Speed_New=0,
    Speed_Old=0,
    Speed_Keep=0,
    Speed_EPT=0,                           //速度预期
    Motor_Start=0,
    Left_Side=0,
    Right_Side=0,
    Dismid=0,
    Dirc_Adj,
    Dly=50,
    Dly_MS=1;

unsigned int ADV[128]={0,0},
             ADV1[128]={0,0};              //声明数组，用于存放采集到的线性数值
```

2. 主函数

```
void main(void)
{
  DisableInterrupts;
  DeviceInit();                            //初始化总函数
  EnableInterrupts;
  PTM_PTM0=0;
  PTM_PTM1=1;
  PORTB_PB7=0;
  PORTB_PB6=0;
  Dly_ms(5000);
  Speed_EPT=PTH;
```

```
while(1)
{
    RD_TSL();                       //读取线性传感器的数值
    DEAL_TSL8();                    //液晶显示读取到的数值
    Dly_ms(Dly_MS);                 //根据需要延时
 }
}
```

3. 中断服务子程序

```
#pragma CODE_SEG __NEAR_SEG NON_BANKED /void interrupt 66 PIT0(void)
{
    kalman_update();
    CarAngleAdjust();
    CarSpeedGet(void)
    if(count_flag==20)
    {
        now_speed_L=temp_left;
        now_speed_R=temp_right;
        temp_left=0;
        temp_right=0;
        CarMotorSpeedAdjust();
        count_flag=0;
    }

    CarMotorSpeedOutCal();
    CarDircAdjust();
    SetMotor();
    PORTB_PB6=~PORTB_PB6;
    PITTF_PTF0=1;//清中断标志位
}
```

10.4.2 MC9S12XS128MAL 单片机资源分配

明确了控制流程后需要对单片机的各模块资源进行控制任务的分配，完善硬件底层设计，为单片机更好地驱动硬件打下基础。表 10.4.1 所示为单片机资源分配参考。

上述资源分配仅供参考，连接方式并不是唯一的。以下给出对应资源分配情况的单片机各模块的初始化函数。

表 10.4.1 单片机资源分配参考

电动机控制	P0	左电动机正转输出 10kHz
	P1	左电动机反转输出 10kHz
	P2	右电动机正转输出 10kHz
	P3	右电动机反转输出 10kHz
陀 螺 仪	AD0	角速度采集
	AD1	角加速度采集
加 速 度 计	AD2	*X* 轴重力加速度分量采集
	AD3	*Z* 轴重力加速度分量采集
线性 CCD	AD4	线性 CCD 数据采集
	A0	线性 CCD 控制端口 CLK
	A1	线性 CCD 控制端口 SI
测 速 模 块	T7	脉冲累加器记录速度
	M0	实现左、右轮测速切换
	M1	
拨 码 开 关	H0~H7	读入预置参数
串 口 通 信	S0	TXD 发送端
	S1	RXD 接收端

1. 初始化总函数

```
void DeviceInit()
{
  SetBusCLK_80M();
  COPCTL &= 0xF8;                    // 禁止看门狗
  ADC_Init();
  UART_Init();
  PIT_Init();
  PWM_Init();
  ECT_Init();
  IO_Init();
}
```

2. 单片机频率设置

```
void SetBusCLK_80M(void)
{
      CLKSEL=0X00;                   //系统禁止 PLL
      PLLCTL_PLLON=1;                //打开 PLL
      SYNR =0xc0 | 0x09;
      REFDV=0x80 | 0x01;
      POSTDIV=0x00;           //PLL 时钟=2*osc*(1+SYNR)/(1+REFDV)=160MHz
```

```
    _asm(nop);            //总线时钟=80MHz
    _asm(nop);
    while(!(CRGFLG_LOCK==1));     //等待 PLL 稳定
    CLKSEL_PLLSEL =1;             //系统使能 PLL
}
```

3. PWM 初始化设置

```
void PWM_Init(void)
{
    PWME_PWME0=0;
    PWME_PWME1=0;
    PWME_PWME2=0;
    PWME_PWME3=0;           //关闭 PWM 通道 0123
    PWMPRCLK |= 0X33;       //设置时钟 A & B
    PWMSCLA=2;//3;    //Clock SA = Clock A/(2*PWMSCLA)     设置 SA 为 1MHz
    PWMSCLB=2;        //Clock SB = Clock B/(2*PWMSCLB)     设置 SB 为 1MHz
    PWMCAE_CAE0=0;    //左对齐，初始低电平
    PWMPOL_PPOL0=0;
    PWMCAE_CAE1=0;
    PWMPOL_PPOL1=0;         //左对齐，初始低电平
    PWMCAE_CAE2=0;
    PWMPOL_PPOL2=0;
    PWMCAE_CAE3=0;
    PWMPOL_PPOL3=0;

    PWMCNT0=0;        //清计数器
    PWMCNT1=0;
    PWMCNT2=0;        //清计数器
    PWMCNT3=0;

    PWMCLK_PCLK0=1;   // clockSA 作时钟源 1MHz
    PWMCLK_PCLK1=1;   // clockSA 作时钟源 1MHz
    PWMCLK_PCLK2=1;   // clockSB 作时钟源 1MHz
    PWMCLK_PCLK3=1;   // clockSB 作时钟源 1MHz

    PWMPER0=250;      //电动机频率 8kHz=2.5MHz/250，注意电动机接线
    PWMDTY0=0;        //占空比=(PWMPER-PWMDTY)/PWMPER,PPOL=0,left align

    PWMPER1=250;      //电动机频率 8kHz=2.5MHz/250，注意电动机接线
    PWMDTY1=0;     //占空比=(PWMPER-PWMDTY)/PWMPER,PPOL=0,left align
```

```
  PWMPER2=250;
  PWMDTY2=0;

  PWMPER3=250;
  PWMDTY3=0;

  PWME_PWME0=1;      //PWM 通道 3 输出
  PWME_PWME1=1;
  PWME_PWME2=1;      //PWM 通道 3 输出
  PWME_PWME3=1;
}
```

4. A/D 初始化设置

```
void ADC_Init(void)
{
  ATD0CTL1=0x40;     //7:1-外部触发；65:10-12 位精度；4:放电；3210:ch
  ATD0CTL2=0x40;     //禁止外部触发，中断禁止
  ATD0CTL3=0xB0;     //右对齐无符号,每次转换 6 个序列，No FIFO，Freeze 模式
                     //下继续转换
  ATD0CTL4=0x14;     //765:采样时间为 4 个 AD 时钟周期,ATDClock=[BusClock*
                     //0.5]/[PRS+1]
  ATD0CTL5=0x30;     //6:0 特殊通道禁止；5:1 连续转换；4:1 多通道轮流采样
  ATD0DIEN=0x00;     //禁止数字输入
}
```

5. PIT 初始化设置

```
void PIT_Init(void)//定时中断初始化函数 5ms 定时中断设置
{
  PITCFLMT_PITE=0;      //定时中断通道 0 关
  PITCE_PCE0=1;         //定时器中断通道 0 使能
  PITMUX_PMUX0=0;       //设置基数为 0
  PITMTLD0=80-1;  //8 位定时器初值设定,80 分频，在 80MHz BusClock 下为 1MHz，即 1μs
  PITLD0=5000-1;        //16 位定时器初值设定。PITTIME*1μs，即 5ms 中断一次

  PITCFLMT_PFLMT = 1;   //使能定时器
  PITFLT_PFLT0 = 1;     //读取计数器初值
  PITINTE_PINTE0=1;     //定时器中断通道 0 中断使能
  PITTF_PTF0 = 1;       //clear 中断标志位
```

```
    PITCFLMT_PITE=1;   //定时器通道 0 使能
  }
```

6. ECT 初始化设置

```
void ECT_Init(void)          //TIM 模块，ECT 初始化，使用输入捕捉功能
{
  TIOS_IOS7 = 0;             //设置 IOS7 输入
  OC7M_OC7M7 = 0;            //输出比较用（输入时无用）
  TCTL1 = 0;                 //关闭输出
  PACTL_PAEN = 1;            //使能输入捕捉的计数功能
  PACTL_PAMOD = 0;           //PACTL_PAMOD = 0 与 PACTL_PEDGE = 0
  PACTL_PEDGE = 0;           //共同确定下降沿捕捉
  PACTL_PAOVI = 0;           //关闭溢出中断
  PACTL_PAI = 0;             //关闭输入捕捉中断
  TSCR1_TFFCA = 1;           //clear 输入捕捉标志位
  PACNT = 0;                 //计数器清零
}
```

7. UART 初始化设置

```
void UART_Init (void)
{
   SCI0CR2=0x2c; //使能接收全部中断，RX 使能，TX 使能
   SCI0BDH=0x01; //80M 19200
   SCI0BDL=0x04;
}
```

8. I/O 口初始化设置

```
void IO_Init (void)
{
  DDRA = 0xff;
  PORTA= 0xff;
  DDRB = 0xff;
  PORTB= 0xff;
  DDRM = 0xff;
  DDRH = 0x00;
}
```

参考上述代码将硬件底层初始化完毕，并且参考 10.3 节的硬件安装方案完成智能汽车的安装。注意，根据单片机资源的分配将硬件与主板连接好才能使硬件正常工作。

10.4.3　直立控制

直立控制为进入中端服务子程序的第一部分，参与直立控制的传感器有陀螺仪、加速度计两部分。通过陀螺仪得到智能汽车的角速度与角加速度，通过加速度计获得 *X* 轴、*Z* 轴的重力加速度分量，从而算出倾角。通过 PD 算法实现直立车的直立控制。直立控制的相关原理已经在 10.1 节中介绍过，在此给出参考控制方案。直立控制过程由两个函数完成，即 kalman_update()、CarAngleAdjust()。其中，第一个函数为卡尔曼滤波函数，其作用是克服传感器在车辆运行过程中由于抖动所造成的信号不稳定，通过卡尔曼滤波可以得到相对稳定的信号；第二个函数为直立 PD 控制函数，其算法参考官方给出的方案改写而成。

1．卡尔曼滤波函数

```
void kalman_update(void)
{

  float Q =1,R = 300;
  static float RealData = 0,RealData_P = 0;
  float NowData = 0,NowData_P = 0,qingjiao_temp;
  float Kg = 0,gyroscope_rate = 0,accelerometer_angle=0;
  float Acc_x = 0,Acc_y = 0,Acc_z = 0, Gyro = 0;
  static float his_acc = 0.0,his_accx = 0.0,his_accz = 0.0;
  int Gyro_array[10];


  while(!ATD0STAT0_SCF);  //等待转换完成
  Acc_x = (float)ATD0DR1;
  Acc_z = (float)ATD0DR2;
  Acc_y = (float)ATD0DR4;
  Gyro  = (float)ATD0DR0;
  angle=ATD0DR3;
  Acc_x = Acc_x - 2342.0;
  Acc_z = Acc_z - 2076.0;
  Gyro  = Gyro  - 20410.0;
  Gyro_Data = -Gyro-110;
  accelerometer_angle = atan2f(-Acc_x,Acc_z);
  gyroscope_rate = Gyro*0.0023;   //参考电压 3.3V，12 位 ADC，放大 9.1 倍
                                  //(3300/4096)/(0.67*9.1)*(3.14/180) =0.0023
```

```
    NowData = RealData + gyroscope_rate*0.01;
  //1.预估计 X(k|k-1) = A(k,k-1)*X(k-1|k-1) + B(k)*u(k)
    NowData_P = sqrt(Q*Q+RealData_P*RealData_P);
  //2.计算预估计协方差矩阵 P(k|k-1)=A(k,k-1)*P(k-1|k-1)*A(k,k-1)'+Q(k)
    Kg = sqrt(NowData_P*NowData_P/(NowData_P*NowData_P+R*R));
  //3.计算卡尔曼增益矩阵 K(k)=P(k|k-1)*H(k)'/(H(k)*P(k|k-1)*H(k)'+R(k))
    RealData = NowData + Kg*(accelerometer_angle - NowData);
  //4.更新估计 X(k|k) = X(k|k-1)+K(k)*(Z(k)-H(k)*X(k|k-1))
    RealData_P = sqrt((1-Kg)*NowData_P*NowData_P);
  //5.计算更新后估计协方差矩阵 P(k|k) =（I-K(k)*H(k)）*P(k|k-1)
    qingjiao_temp =  RealData;
    QingJiao = (-qingjiao_temp-1.55)*1000;
}
```

2. 直立 PD 控制函数

```
void CarAngleAdjust(void)
{
    int nLeft=0,
    nRight=0,
    nSpeed=0,
    nP=0,
    nD=0;
    nP=(-QingJiao)*angle_P;
    nD=(-Gyro_Data)*angle_D;
    nSpeed = nP+nD;
    nLeft = nSpeed + Cal_Left_Speed - Dirc_Adj;
    nRight = nSpeed + Cal_Right_Speed + Dirc_Adj ;
    Left_Speed = nLeft;
    Right_Speed = nRight;
}
```

10.4.4 速度控制

速度控制使用经典的 PI 算法，改编自官方方案。速度控制的周期为 100ms，将速度控制量分为 20 份平均到每个直立控制周期里更新，从而减小速度控制对直立控制的影响。

1. 测速函数

```
void CarSpeedGet(void)
```

```
{
    PTM_PTM0=~PTM_PTM0;
    PTM_PTM1=~PTM_PTM1;

    if(PTM_PTM0==1)
    {
      if(Left_Speed>0)
        temp_left += PACNT;
      else
        temp_left -= PACNT;
    }
    else
    {
      if(Right_Speed>0)
        temp_right += PACNT;
      else
        temp_right -= PACNT;
    }
    PACNT=0;
    count_flag++;
}
```

2. 速度 PI 控制函数

```
void CarMotorSpeedAdjust(void) //测速并进行 PI 运算，T=100ms
{
    int nLeftSpeed=0,
      nRightSpeed=0,
      nP=0,
      nI=0,
      nSpeed=0,
      nSpeedChange=0;

      nLeftSpeed = (int)now_speed_L;
      nRightSpeed = (int)now_speed_R;
      nSpeed=(nLeftSpeed + nRightSpeed) / 2;
      nSpeedChange = Speed_EPT - nSpeed;
      nP = nSpeedChange * speed_P;
      nI = nSpeedChange * speed_I;
      Speed_Old = Speed_New;
```

```
        Speed_Keep -= nI;
        Speed_New = (Speed_Keep>>3) - nP;
        if(Speed_Keep > Motor_MAX)
            Speed_Keep = Motor_MAX;
        if(Speed_Keep < Motor_MIN)
            Speed_Keep = Motor_MIN;

}

void CarMotorSpeedOutCal(void)//将速度均分 20 份给电动机 T=5ms
{
        int nSpeedOut;
        nSpeedOut = Speed_New - Speed_Old;
        nSpeedOut = nSpeedOut * (count_flag/20) + Speed_Old ;
        Cal_Left_Speed = Cal_Right_Speed = nSpeedOut;
}
```

10.4.5 方向控制函数

方向控制包括 3 个部分，即赛道信息提取、赛道信息处理和方向控制程序。其中，赛道信息提取与赛道信息处理在主函数中进行，方向控制程序利用前两个函数给出的结果进行控制。具体控制方案请参考第 5 章相关内容，下面给出简单的、可跑的范例程序。

1. 赛道信息提取

```
void RD_TSL(void)
{
  byte i=0,tslp=0;
  TSL_CLK=1;              //起始电平高
  TSL_SI=0;               //起始电平低
  Dly_us();               //合理的延时
  TSL_SI=1;               //上升沿
  TSL_CLK=0;              //下降沿
  Dly_us();               //合理的延时
  TSL_CLK=1;              //上升沿
  TSL_SI=0;               //下降沿
  Dly_us();               //合理的延时
  for(i=0;i<128;i++)
  {
    TSL_CLK=0;              //下降沿
    Dly_us();               //合理的延时
```

```
    while(!ATD0STAT0_SCF);//等待转换结束
    ADV[tslp]=ATD0DR5;    //AD 采集
    ++tslp;
    TSL_CLK=1;            //上升沿
    Dly_us();                //合理的延时
  }
  PORTB_PB7=~PORTB_PB7;
}
```

2. 赛道信息处理

```
void DEAl_TSL8(void)
{
  byte i=0,maxv=0,minv=0xff;
  word evv=0,tslp=0;
  for(i=0;i<128;i++)
  {
    evv+=(ADV[i]);
  }
  evv=evv/128;
  for(i=0;i<128;i++)
  {
    if(ADV[i]>evv)
      ADV1[i]=1;
    else
      ADV1[i]=0;
  }
```

3. 方向控制函数

```
void CarDircAdjust(void)
{
        int i;
        int nP;
        for(i=0;i<64;i++)
        {
           if(ADV1[64-i]==0)
           {
              Left_Side=64-i;
              break;
```

```
            }
            else
              Left_Side=0;
          }

          for(i=0;i<64;i++)
          {
              if(ADV1[64+i]==0)
              {
                Right_Side=64+i;
                break;
              }
              else
                Right_Side=127;
          }
          Dismid = 64-(Left_Side+Right_Side)/2;
          Dirc_Adj = Dismid * dirc_P;
}
```

10.4.6 电动机控制函数

平衡车的电动机控制并不是简单地给 PWM 寄存器赋值，在赋值给 PWM 寄存器之前需要做大量的工作，如死区补偿、正/反转处理等。电动机控制函数要与之前的平衡车状态控制函数良好对接，确保控制的精确性。下面给出电动机控制函数的范例。

```
void SetMotor(void)
{
  int T_Left_Speed,T_Right_Speed;
  T_Left_Speed = Left_Speed;
  T_Right_Speed = Right_Speed;
  if(T_Left_Speed>=0)
  {
      T_Left_Speed += Motor_Dead;
      if(T_Left_Speed>Motor_MAX)
        T_Left_Speed=Motor_MAX;
      PWMDTY3=T_Left_Speed;
      PWMDTY2 =0;
  }
  else
```

```
        {
            T_Left_Speed = -T_Left_Speed;//翻转赋值
            T_Left_Speed += Motor_Dead;
            if(T_Left_Speed>Motor_MAX)
              T_Left_Speed=Motor_MAX;
            PWMDTY3=0;
            PWMDTY2=T_Left_Speed;
        }
        if(T_Right_Speed>=0)
        {
            T_Right_Speed += Motor_Dead;
            if(T_Right_Speed>Motor_MAX)
              T_Right_Speed=Motor_MAX;
            PWMDTY1=0;
            PWMDTY0=T_Right_Speed;
        }
        else
        {
            T_Right_Speed = -T_Right_Speed; //翻转赋值
            T_Right_Speed += Motor_Dead;
            if(T_Right_Speed>Motor_MAX)
              T_Right_Speed=Motor_MAX;
            PWMDTY1 =T_Right_Speed;
            PWMDTY0 =0;
        }
    }
```

至此，平衡光电车的软件设计架构介绍完成。上述程序是基于官方方案修改的参考程序，其参数的调整流程请参考官方方案自行调节。希望读者在借鉴的同时举一反三，调整出性能更加优化的直立光电车。

本章小结

本章结合第七届智能汽车竞赛官方给出的平衡电磁车方案，从原理、硬件、软件 3 个方面详述了平衡光电车的制作过程。本章内容基于官方方案并进行了修改，给出适用于第八届竞赛平衡光电组的制作实例。希望通过该实例让更多的初学者更快理解平衡组的基本原理，制作出基本可跑的自平衡车。

第11章 信标组实例

11

11.1 信标组背景及竞赛规则

第十一届竞赛首次引入了信标组的竞赛内容。信标组不再设置定宽的赛道，而是在比赛场地内设置若干信标来发送闪烁的红光和调制的红外光线。同一时刻，场地内只有一个信标点亮，比赛的车模搜索并驶近信标。比赛系统一方面对于比赛进行计时，另一方面控制信标的点亮顺序。控制方法为每当系统检测到车模靠近正在点亮的信标，则熄灭该信标并按照一定顺序自动切换到下一个信标并使其点亮。该竞赛组赋予了比赛更大的挑战，使其更有难度。

图 11.1.1　信标组赛道概览

11.2 整体方案设计

信标组系统的总体工作模式为：OV5116 摄像头采集赛道图像，输出 PAL 制式信号，经过信号处理模块进行硬件二值化，采用 LM1881 进行视频同步分离，二值化图像信号、奇偶场信号、行同步信号输入 MK60N512VMD100 微控制器，通过二维数组存取赛道信息并进行处理；通过编码器检测赛车的运行速度，并采用 MK60N512VMD100 的输入捕捉功能进行脉冲计算获得速度和路程；通过超声波模块检测障碍灯，并且优先控制舵机打角，使之绕过路障灯；转向舵机采用 PD 控制；驱动电动机采用 PID 控制，通过 PWM 控制驱动电路调整电动机的转速；而车速的期望值由系统默认值、图像处理的优化算法及不同赛道的控制策略决定。

图 11.2.1 所示为根据信标组智能车系统的基本要求设计的一般系统结构，图 11.2.2 所示为智能汽车总体效果，系统应简单、高效，在设计过程中要尽量简化硬件结构，避免因硬件而出现问题。智能汽车主要参数如表 11.2.1 所示。

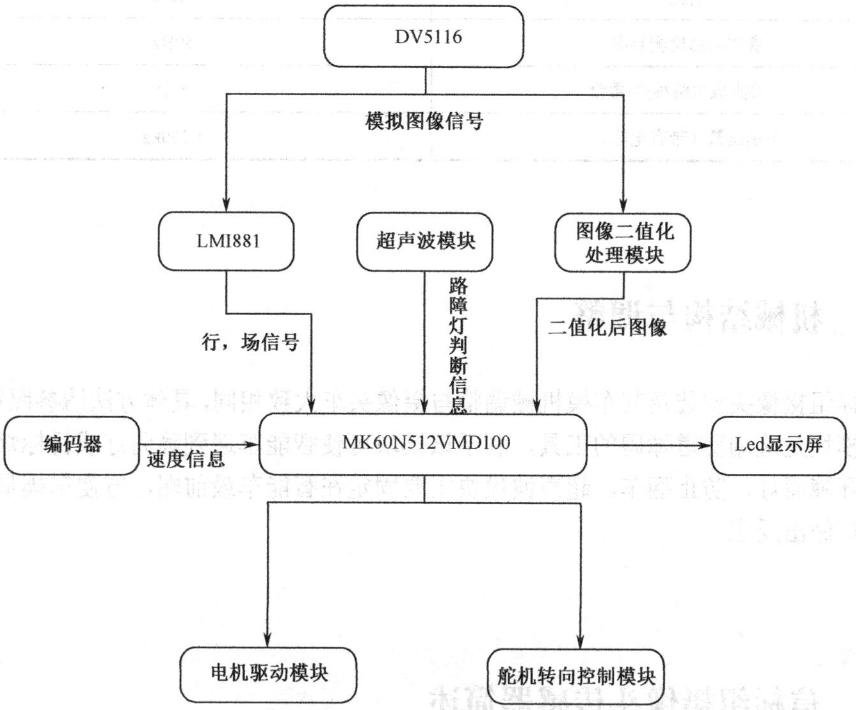

图 11.2.1　智能汽车总体结构

图 11.2.2　智能汽车总体效果

表 11.2.1 智能汽车主要技术参数

项　目	参　数
路径检测方法（竞赛组）	信标组
车模几何尺寸（长、宽、高）	275mm×160mm×310mm
电路电容总量	1014μF
传感器种类及个数	OV5116 摄像头 1 个、编码器 1 个、超声波模块 1 个
功耗	>10W
赛道信息检测频率	50Hz
主要集成电路种类/数量	5 个
车模质量（带有电池）	1.150kg

11.3 机械结构与调整

信标组摄像头安装及其车模机械调整与摄像头车大致相同，具体方法请参照第 4 章。超声波模块是检测赛道障碍的工具，利于该模块可使智能车遇到障碍灯或目标灯时能正常地避开障碍灯，防止翻车。超声波模块主要固定在智能车最前端，方便车模最快速地对障碍灯做出反应。

11.4 信标组摄像头传感器简述

图 11.4.1 OV7725

单片机采集摄像头数据一般分为两种。一种为模拟式采集数据，即模拟视频信号。单片机在处理这类信号时需要有分离电路及 AD 转换的信号，本节以电压比较器直接进行片外二值化，大大提高了程序执行效率及速度。另一种则为数字信号，其信号相对而言较为稳定，但造价比较高且处理比较麻烦。对于模拟式摄像头，一般使用 OV5116，前文对此已有介绍，详见第 7 章。对于数字式摄像头，比较常用的有 OV7725，该类摄像头自带图像处理芯片，有着较好的稳定性。OV7725 有高达 150Hz 的帧频率，自带硬件二值化且 BGA 封装。OV7725 使用的通信协议为 SCCB 协议。

11.5 图像信号采集处理

11.5.1 图像采集

由于本实例采用的是 OV5116 模拟摄像头，其场速率最高为 20fps，因此主程序的运行周期设置为 20ms，然后通过场中断与行中断将数据存储在芯片中。

1. 图像采集的主要代码

```
/*****************************************************************/
/**********************  场中断服务子程序  **********************/
/*****************************************************************/
void HREF_isr(void){
    PORTE_PCR0|=PORT_PCR_ISF_MASK;        //清除中断标志
    row=0;                                 //计数变量清零
    rownum=0;
    disable_irq(91);                       //禁止场中断
    enable_irq(87);                        //使能行中断
}

/*****************************************************************/
/************************行中断服务子程序 ***********************/
/*****************************************************************/
void HSYNC_isr(){                          //行中断
PORTA_PCR16|=PORT_PCR_ISF_MASK;            //清除中断标志
    if(rownum++>15){                       //15 行的场消隐区
        if((rownum%4)==0){                 //隔 3 行采集一次
            delay_us(36);                  //延时确保不会采集到行消隐区
            for(k=0;k<MAXCOLUM;k++){       //循环采集
                Image[i][k]=GPIOC_PDIR; //数据地址 GPIOC_PDIR
            }
            row++;
            if(row==MAXLINE) {             //当采集到的行数足够时
                disable_irq(87);           //禁止行中断
                enable_irq(91);            //使能场中断
```

```
                    chang_signal=1;                    //标识变量
                }
            }
        }
    }
```

2. DMA采集

DMA是一种高速且不经过CPU的数据传输方式，它可以将数据直接从一个地址空间复制到另外一个地址空间，这个动作由DMA控制器完成，而不需要CPU来搬运数据。在智能汽车系统中，相比第一种采集方式，DMA采集的主要优点在于能够采集更多的有效数据。

在竞赛组委会指定的核心控制器中，只有Kinetis系列具有DMA模块。以下程序以K60为例，介绍其采集过程。

```
/*******************************************************************/
/******************************DMA初始化****************************/
/*******************************************************************/
void DMA1_Init(void)
{
  SIM_SCGC6|=SIM_SCGC6_DMAMUX_MASK; //打开DMA多路复用器时钟
  SIM_SCGC7|=SIM_SCGC7_DMA_MASK;           //打开DMA模块时钟
  DMAMUX_CHCFG0=DMAMUX_CHCFG_SOURCE(51);
//DMA通道0对应51号DMA请求，即PORTC
  DMA_TCD0_CITER_ELINKNO=DMA_CITER_ELINKNO_CITER(MAXCOLUM);
//当前主循环次数，采集点数，自减
  DMA_TCD0_BITER_ELINKNO=DMA_BITER_ELINKNO_BITER(MAXCOLUM);
//用来重装载CITER
  DMA_TCD0_SADDR=(uint32)&GPIOC_PDIR;    //设置源地址GPIO口，PORTD
  DMA_TCD0_SOFF=0;                       //每次传送源地址不变
  DMA_TCD0_NBYTES_MLNO=DMA_NBYTES_MLNO_NBYTES(1);//每次读取一个字节
  DMA_TCD0_SLAST=0;                      //主循环结束后源地址0回写tcd
  DMA_TCD0_DLASTSGA=0;                   //主循环结束后目的地址0回写tcd
  DMA_TCD0_DADDR=(uint32)pix[0];         //设置目的地址，video数组第一个元素
  DMA_TCD0_DOFF=1;                       //每次写目的地址加1
  DMA_TCD0_ATTR=DMA_ATTR_SSIZE(0)+DMA_ATTR_DSIZE(0);
//源数据宽度为8位，目的数据宽度为8位
  DMA_TCD0_CSR=DMA_CSR_DREQ_MASK;     //DMA通道0主循环结束后停止硬件请求
  //DMA_TCD0_CSR|=DMA_CSR_INTMAJOR_MASK;      //使能DMA0中断
  DMAMUX_CHCFG0|=DMAMUX_CHCFG_ENBL_MASK;      //DMA通道0使能
}
```

```
/*************************************************************/
/************************** 场中断服务子程序 *********************/
/*************************************************************/
void HREF_isr(void){
    PORTE_PCR0|=PORT_PCR_ISF_MASK;          //清除中断标志
    row=0;                                   //计数变量清零
    rownum=0;
    disable_irq(91);                         //禁止场中断
    enable_irq(87);                          //使能行中断
}

/*************************************************************/
/************************* 行中断服务子程序 *********************/
/*************************************************************/
void HSYNC_isr(){                            //行中断
PORTA_PCR16|=PORT_PCR_ISF_MASK;              //清除中断标志
    if(rownum++>15){                         //15 行的场消隐区
        if((rownum%4)==0){                   //隔 3 行采集一次
            DMA_TCD0_CSR|=DMA_CSR_INTMAJOR_MASK;
                                             //使能通道 1 的硬件 DMA 请求
            DMA_ERQ|=DMA_ERQ_ERQ0_MASK; //允许 DMA 请求
            row++;
            if(row==MAXLINE) {               //当采集到的行数足够时
                disable_irq(87);             //禁止行中断
                enable_irq(91);              //使能场中断
                chang_signal=1;              //标识变量
            }
        }
    }
}
```

11.5.2 图像噪点处理与信标位置的提取

对摄像头采集到的图像进行的处理主要包括图像二值化与图像滤波。在第 5 章已经详细介绍了图像处理的各种方法，在此只针对智能汽车的需要进行讲解。图像处理是摄像头组程序不可缺少的一步，其目的主要在于为图像降噪、分离白底与黑线，为下一步的图像识别提供更简单、准确的图像数据。关于图像处理在第 7 章有详细叙述，在此不再介绍。

信标的位置提取主要是指确定信标的中心位置。摄像头传回来的图像数据经过二值化装入已定义好的数组中，再像摄像头组识别赛道边界那样查询信号灯的边界。由于信号灯的亮度明显高于外界环境的亮度，经过二值化处理之后如图 11.5.1 所示。

图 11.5.1　二值化处理后的信号灯图像

当我们从数组中提取到整个信号灯边界坐标时，再提取左、右边界距离最远的一行，则将该行与整个图像信号的中心位置的横坐标做差，该差值则为后续控制调节的偏差数据。具体程序算法如下。

```
/*****************************求偏差值*****************************/
  center_err=0;
  counter_center=0;
  for(i=5;i<MAXLINE-3;i++){

  if(right[i]-lift[i]>right[i+1]-lift[i+1]&&right[i+1]-
     lift[i+1]>right[i+2]-lift[i+2]){
     counter_center=i;
     center_err=CENTER-i;
     break;
  }
```

11.6　整体控制策略

车模为了完成任务需要识别并定位信标灯。其中最关键的任务是图像识别，由于符合比赛规则的信标灯在被点亮时，灯罩内红色 LED 和红外 LED 同时发出红光和红外光。最好在摄像头的镜头加一块红外滤光片，滤去大部分可见光，使得图像中白点完全只有信标灯。信标灯对应的图像像素亮度远远高于背景，可使得信标的图像识别难度大大降低。

11.6.1　路径选择及优化

对于信标组来说，知道信标的位置还远远不够，还需要设计行进的路径及绕行的方向。根据信标规则，车模要能够识别确定信标的方位并做定向运动。当车模上安装的磁标进入信标附近的感应线圈时，方可判定成功熄灭一盏信标灯，故路径的规划显得尤为重要。在车模行进的过程中需要随时判断车模前方是否有障碍灯，避免撞车。超声波检测程序如下。

```
/***********************************************************************/
/*************************   超声波检测   *************************/
/***********************************************************************/
 void HC_SR04_init()
 {GPIO_Init(PORT_B,1,1,1,1,1,0);      //超声波传感器使能引脚 Trig
 GPIO_Init(PORT_B,2,0,0,1,1,0x09);  //超声波传感器回波引脚 Echo，上升沿触发
 PIT_SetTime(TIMER0,10,0);          //定时 10μs
 PIT_TCTRL(TIMER0) |= PIT_TCTRL_TEN_MASK;       //启动定时
 enable_irq(88);                                //回波引脚使能
 }
 void PORT_B_isr(void)
 {GPIO_Init(PORT_B,1, 1, 0, 1, 1, 0);
 if(GPIO_get(PORT_B, 2)==1){
     GPIO_Init (PORT_B,2, 0, 0, 1, 1, 0xa);     //启动回波下降沿触发
     PIT_SetTime(TIMER0,50000,0);               //启动回波高电平定时时间
     PIT_TCTRL(TIMER0) |= PIT_TCTRL_TEN_MASK;
 }
 else
 {
     PIT_ReadValue(TIMER0,HC_TIME);             //测距时间
     PIT_Stop(TIMER0);
 }
 }
 HC_Distence=340*HC_TIME*0.5*0.001;            //前方障碍物的距离
```

通过实验发现有 3 种路径方案比较实用。

第一种方案：直线沿着信标方向行进，行进过程中对于障碍灯（由超声波模块检测）的处理采用摄像头组中所用的避障算法，第 7 章已有详细介绍，在此不再赘述。快到达信标灯时仅改变后轮两电动机差速，差速控制转向，如图 11.6.1 所示。减少舵机打角时间，其优点在于能快速捕捉下一次信标的位置。该种方案需要根据目标位置设定前进方向中线，得到前进方向偏差，进而对电动机进行位置式 PD 控制。

第二种方案：直线沿着信标方向行进，快到达信标灯时通过改变电动机差速，再以最大角度控制舵机转向，如图 11.6.2 所示。这种方案较为适合信标灯处于来回连续亮的情况，避免了在这种情况下过度绕行的缺点。

第三种方案：直线沿着信标方向行进，快到达信标灯时不改变电动机的期望速度，控制舵机转向，如图 11.6.3 所示。这种方案不减小车模整体速度，较适合信标灯在一条直线上连续亮的情况，避免了在该种情况下速度下降及过度绕行等缺点。这种方案须在到达信号灯之前就检测出目标信号灯，在高速行进且不减速的情况下不撞灯，对超声波模块及舵机性能要求较高。

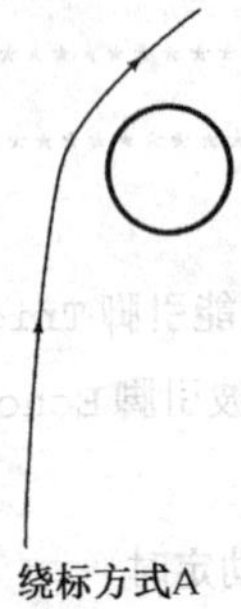

图 11.6.1　第一种方案

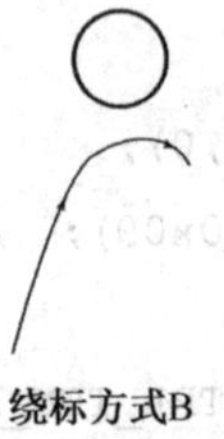

图 11.6.2　第二种方案

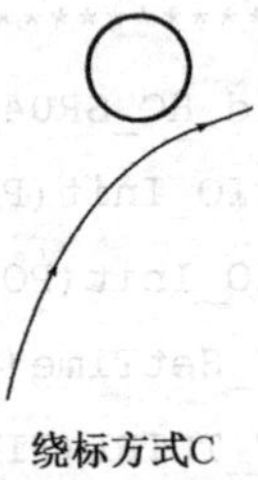

图 11.6.3　第三种方案

11.6.2　驱动电动机 PID 控制

由于位置式 PID 算法要用到过去偏差的累积加值，容易产生大的累加误差。故本例采用了增量式 PID 算法，算法如下。

```
PIDOUT = basicValue + Kp×d_error + Ki×error + Kd×dd_error
```

式中，

PIDOUT——PID 输出控制参数，体现为 PWM 宽度调整；

Kp——P 调节参数；

Ki——I 调节参数；

Kd——D 调节参数；

error——误差量，为期望速度与实际速度之差，误差量可以是正数，也可以是负数；

d_error——本次误差量与上次误差量之差；

dd_error——d_error 的误差量。

相应的控制程序如下。

```
/********************************************************************/
/******************************  PID 调速  *************************/
/********************************************************************/
void SpeedAdjust(){
    long d_error,dd_error,error;
    error=(int)(speed_ept-now_speed);          //理想速度与当前速度的差值
```

```
        d_error=error-pre_error;                    //当前速度差与上次速度差的差值
        dd_error=pre_error-pre_pre_error;
        pre_error=error;
        pre_pre_error=d_error;
        pwm_tmp=pwm_tmp + PID_P*d_error + error*PID_I + dd_error*PID_D;
        if(now_speed>22){
            Set_DCMotor(0,0);
        }else {
            if(pwm_tmp>=0)
            {
              Set_DCMotor(pwm_tmp,0);
            }
            else
            {
              Set_DCMotor(pwm_tmp,1);
            }
        }
        before_speed = now_speed;
    }
```

11.6.3 转向舵机控制

舵机的控制需要非常精确，特别在车模处于高速运行时。合理、及时地控制舵机打角角度是非常重要的。目前控制舵机打角较为容易且精确的方法是 PD 控制，控制程序如下。

```
/***********************************************************************/
/**********************  改变舵机方向  *************************/
/***********************************************************************/
void ChangeDirection(){
        int i=0;
        if(slo_center_ave>10) slo_center_ave=10;     //限制范围
        /****二次曲线计算舵机角度****/
        EachAngle=10*slo_center_ave*slo_center_ave+8*slo_center_ave;
        if(EachAngle<5) EachAngle=5;
        if(EachAngle>40) EachAngle=40;
        angle=MiddleAngle+(int)(cha*EachAngle);
        Set_Servo(angle);                     //舵机赋值
}
```

附录

历届竞赛新规则概览

本附录针对往届部分竞赛的新规则做出概括，旨在帮助大家对新一届竞赛规则的变化有一个整体的认识。具体的竞赛细则请参阅官方网站发布的文档。

第十三届竞赛新规则概述

芯片变化

与往届竞赛相比，芯片没有太大变化。但在新的规则中，明确说明竞赛可采用恩智浦公司的 8 位、16 位、32 位系列微控制器作为车模中唯一可编程控制器件。

值得注意的是，在三轮电磁组、二轮直立组及无线节能组只允许使用恩智浦公司的 KEA 系列的 MCU，其他组别对于单片机系列不限制。如果无线节能组使用了摄像头传感器进行赛道检测，则可以使用 KEA 系列之外的恩智浦公司的其他 MCU。

使用微控制器的数量没有限制。如果所选用的传感器或者其他电子部件中也包含微处理器，对微处理器的种类和数量不做限制，但其不得参与赛道信息的识别和处理、车模的运动决策与控制。

起跑线

在车模的起跑标志方面，第十三届竞赛与第十二届竞赛相同，均为斑马线式的起跑线（见图 1）。

对于电磁类——电磁普通组和电磁节能组，在赛道中间安装永久磁铁。

磁铁参数：直径为 7.5～15mm，高度为 1～3mm，表面磁场强度为 3000～5000Gs。起跑线附近的永磁铁的分布方式为在跑道中心线两边对称分布（见图 2）。

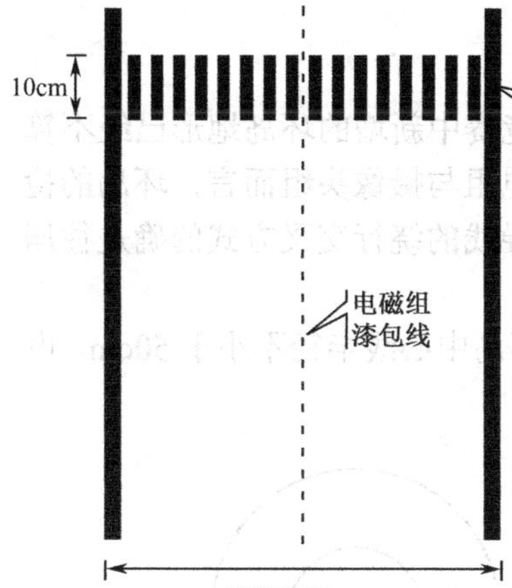

图 1　赛道起跑线

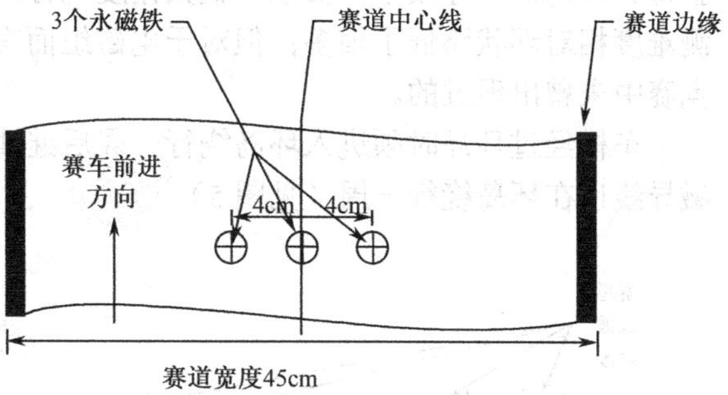

图 2　永磁铁分布

赛道边界判定

除了信标对抗组之外，其他各组都要求车模在运行过程中保持在赛道内。

在赛道边缘有可能粘贴两层黑色高密度海绵条，形成赛道路肩，作为赛道边界；也有可能不粘贴黑色高密度海绵条。通常情况下，海绵条宽度为 2.5cm，两层高度为 1cm；在赛道两侧相隔 25cm 粘贴，交错分布，间隔处仍为黑色边界（见图 3）。

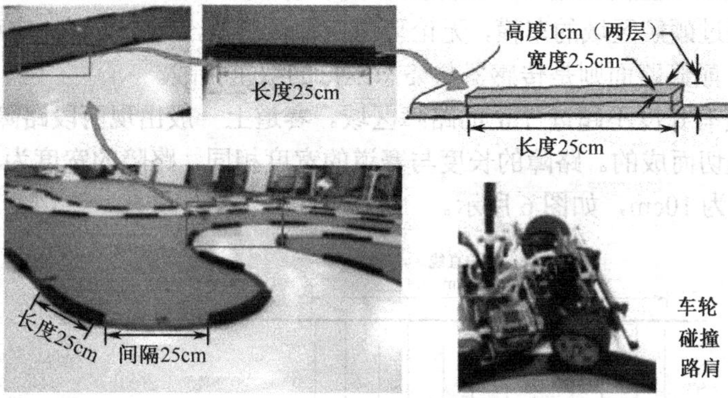

图 3　路肩

赛道元素改动——坡道

第十三届竞赛的坡道与往届竞赛中的坡道类似，但相对往届竞赛中的坡道，坡道的危险性明显降低了许多。第十三届竞赛的坡道在坡顶增加了一部分直道，在车模高速经过坡道时，更不易出现飞车现象。

坡道的坡度不超过 20°，坡道可以是不对称的，坡道的过渡弧长大于 10cm，坡道的长度、高度没有限制。一般情况下坡道的总长度为 1.5m 左右。电磁组的导引线铺设在坡道表面（见图 4）。

赛道新元素——环岛

与第十二届竞赛中出现的环形赛道相比，第十三届竞赛中新增的环岛地形已经不算新奇。环岛的尺寸较小，要求车辆大角度绕行。对于光电组与摄像头组而言，环岛的检测难度相对环状路低了很多；但对于电磁组而言，电磁导线的绕行交叉方式的确是往届竞赛中未曾出现过的。

车模经过环岛时须进入环岛绕行一周后继续前行。环岛中心线半径不小于 50cm。电磁导线也在环岛绕行一周（见图 5）。

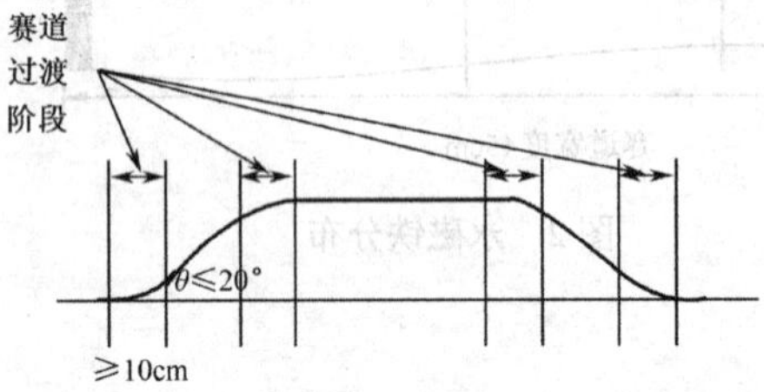

图 4 新坡道

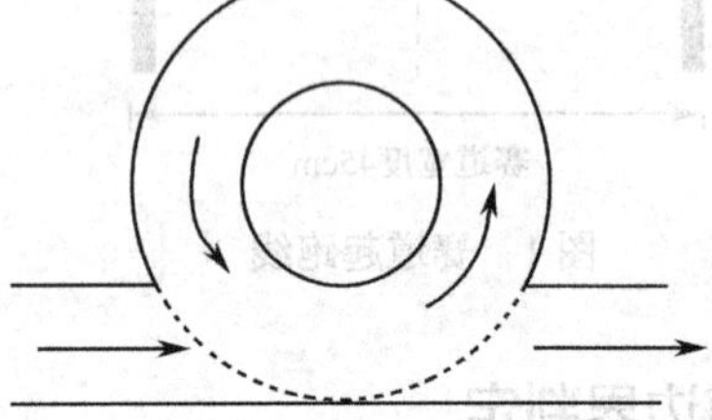

图 5 环岛

赛道新元素——颠簸路面

第十三届竞赛中出现的全新赛道元素：颠簸路面。与传统的复杂赛道地形完全不同，颠簸路面类似于连续布置的减速带。在分类上，颠簸路面应与路障、坡道等干扰类地形属于一类。高速经过颠簸区域的车模，无论采用何种传感器，均会受到一定程度的影响。而对于平衡车组，颠簸路面则是传感器与姿态维持的双重挑战。

赛道直线区会有长度不超过 1m 的路障区域。赛道上一般出现两段路障区域，路障是由单层 KT 板裁切而成的。路障的长度与赛道的宽度相同，路障的宽度为 10cm，高度小于 0.5cm，间隔为 10cm，如图 6 所示。

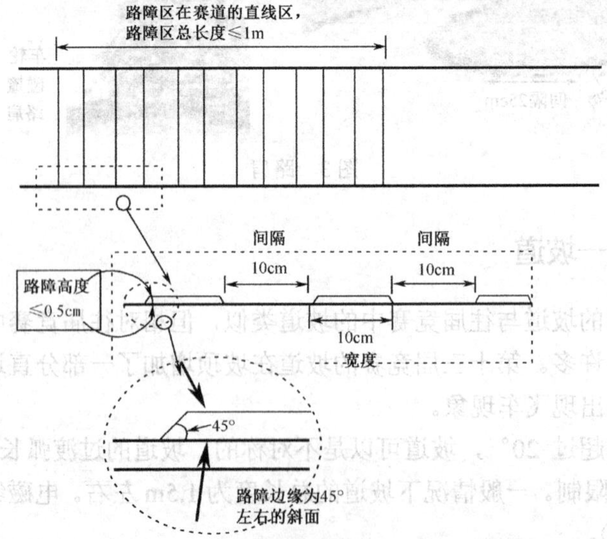

图 6 颠簸路面

比赛分组与车模限制

第十三届竞赛分组与往届相比，有着较大的变动。

- 双车组被单独分为一组，只允许使用 C 型车模；允许安装摄像头作为传感器，但距离地面不得超过 10cm（不能作为主传感器）；可以安装电磁类传感器，且不限制安装高度。
- 直立组只能使用电磁类传感器，车模限定为 D 型车模、E 型车模。
- 节能组被划为单独的无线节能组，须使用线圈作为电力来源，通过赛道发车点布置的充电线圈为电容充电，完成比赛。可使用 B 型、C 型、D 型、E 型、F 型车模，且不限光电、电磁传感器种类。
- 光电四轮组限制车模为 B 型车模。
- 新增了电磁三轮组。

第十届竞赛新规则概述

芯片变化

芯片的使用要求与之前相同，可用芯片添加了一款全新的 32 位单片机——KEA。据代理商提供的建议，该款单片机为汽车工业级单片机，供电电压为 3.3～5V，有不错的稳定性。喜欢挑战自我的同学可以选择使用新款单片机，在竞赛中若获得名次还会获得额外奖金。需要注意的是芯片之间的冲突问题。例如，K10 与 K60 冲突；KL25、KL46、KEA 这 3 种属于同系列，会冲突。详细情况参照下列分类。

- 32 位 Kinetis（ARM® Cortex™ -M0+），包括 Kinetis E、EA、L、M 等系列；
- 32 位 Kinetis（ARM® Cortex™ -M4），主要包括 Kinetis K、 W 等系列；
- 32 位 MPC56xx 系列；
- 16 位 9S12 系列；
- 32 位 ColdFire 系列；
- DSC 系列；
- 8 位单片机系列（可使用 2 片）。

车辆运行方向变化

在第十届竞赛中，无论是四轮车模还是双轮车模，都可以自行选择车模前进方向（见图 7）。

电磁组使用双车追逐形式

经过第九届竞赛直角拐弯和开放式赛道的过渡，新的变化终于在第十届竞赛中出现在了电磁组，即双车追逐形式的竞赛。双车竞赛需要在注重速度的同时很好地协调两车模的运行，具体的解读如下。

电磁组采用双车追逐竞赛形式，参赛队伍可以由 4 位同学组成。两个车模可以采用相同的 B 型车模，也可以采用 B 型车模与 A 型、B 型、C 型车模相混合的方式，如图 8 所示。

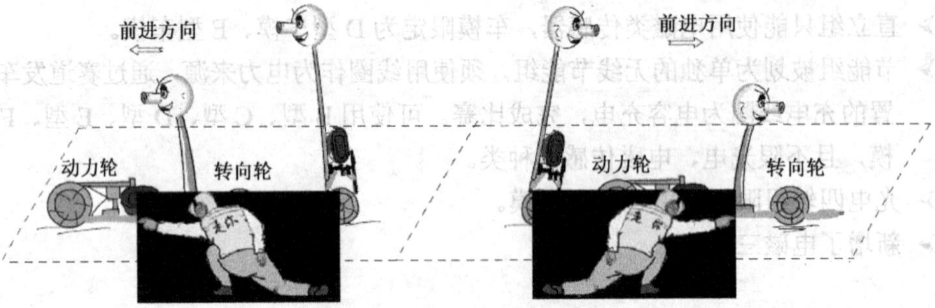

图 7　车模运行方向可以自行选择

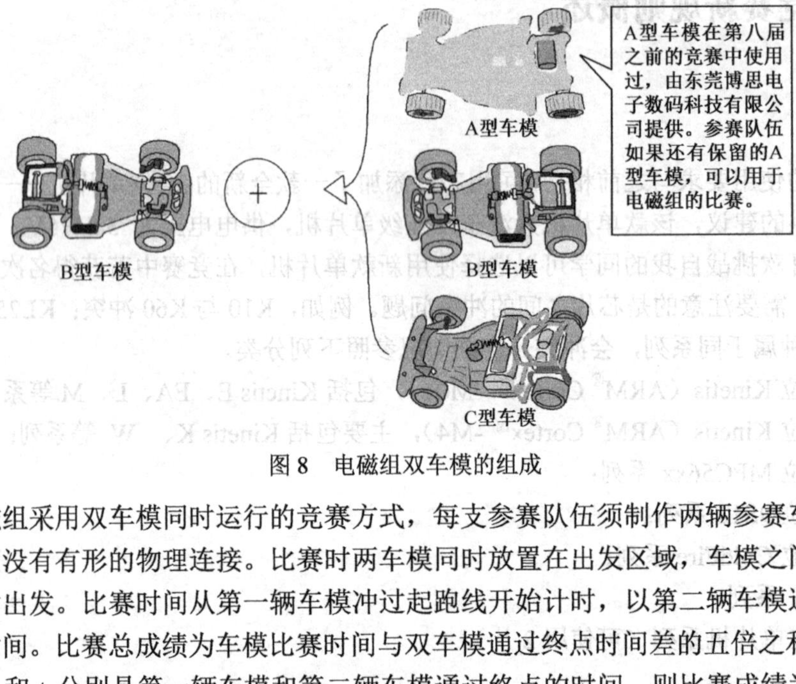

图 8　电磁组双车模的组成

电磁组采用双车模同时运行的竞赛方式，每支参赛队伍须制作两辆参赛车模。两辆车模之间没有有形的物理连接。比赛时两车模同时放置在出发区域，车模之间的间隔不限，同时出发。比赛时间从第一辆车模冲过起跑线开始计时，以第二辆车模通过终点作为结束时间。比赛总成绩为车模比赛时间与双车模通过终点时间差的五倍之和。

若 t_1 和 t_2 分别是第一辆车模和第二辆车模通过终点的时间，则比赛成绩为

$$t=\max(t_1, t_2)+5|t_2-t_1|$$

因此，为了完成比赛，不仅要保证两车模在行驶过程中不相撞，同时应尽可能实现双车模同时通过终点。若允许双车模并排通过终点，但两车模之间不能发生碰撞或接触。电磁组两车模之间不允许有任何有形的物理连接，但可以通过光电或者射频进行信息交互。两车模可以同时采用电磁传感器识别赛道进行比赛；也可以前车模采用电磁传感器识别赛道，后车模通过光电、摄像头传感器，以及无线通信方式跟踪前车运行。

电磁组可以自行定义一号车模和二号车模。在比赛各场次中，选手可以自行选择一

号车模或者二号车模的发车顺序。当发车时，两辆车模处于 1.5m 的出发区内，如图 9 所示。

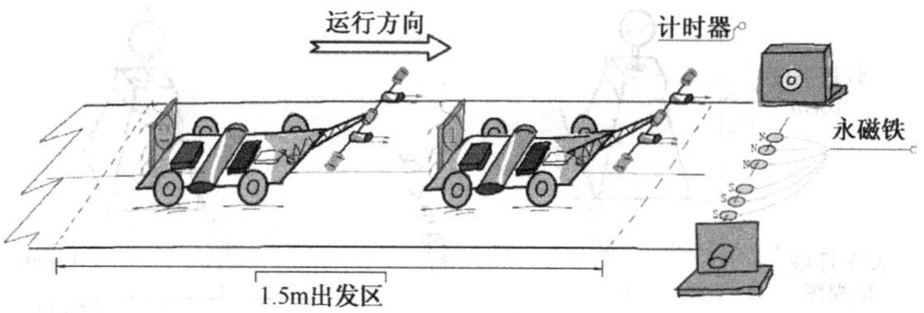

图 9 电磁双车模出发示意

灯塔起步与停车

摄像头组和光电组在第十届竞赛中也面临着全新的挑战，即灯塔起步与停车。出发区没有传统的终点线，取而代之的是两个灯塔。车模需要读取灯塔的指示信号起步或者停车，下面对该规则进行详述。

摄像头组和光电组车模竞赛采用发车灯塔控制方式。比赛前车模在发车灯塔前发车区内静止。当发车灯塔熄灭后，车模开始运行，如图 10 所示。

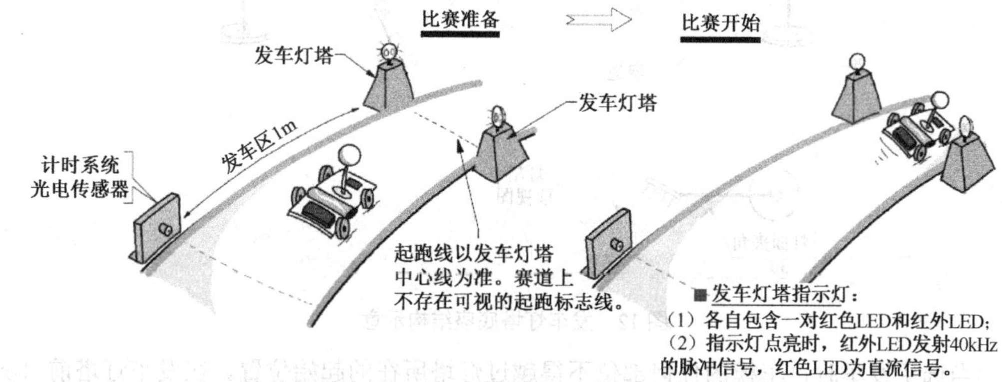

图 10 摄像头组和光电组发车灯塔

注：赛道上没有可见的起跑线和终点线。

发车灯塔不仅控制车模出发，同时控制车模停止。灯塔发光二极管高度为 10 cm。两个灯塔分别包括一对发光 LED，每对包括一个红色 LED 和一个红外 LED。当 LED 点亮时，红色 LED 通过 20mA 的直流电流；红外 LED 通过 40kHz 的方波脉冲电流，占空比为 50%，峰值电流为 20mA，如图 11 所示。

竞赛对于灯塔的底座机械结构没有特别规定。参赛队伍可以选择容易制作的材料进行制作，但要保证灯间距 50cm、灯高度 10cm、灯面夹角 30°。如图 12 所示的灯塔底座结构，由于灯塔底座距离赛道有一定的距离，这样不仅可以减少灯塔可能在赛道上产生的阴影，同时也降低了灯塔底座可能与车模相撞的概率。

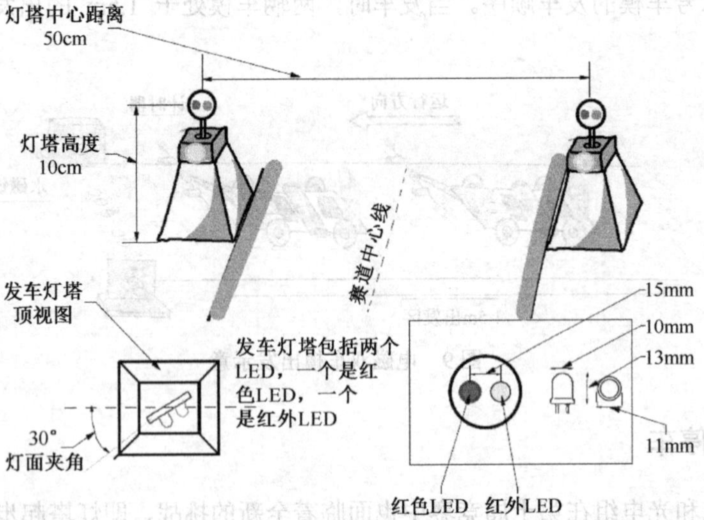

图 11 发车灯塔结构

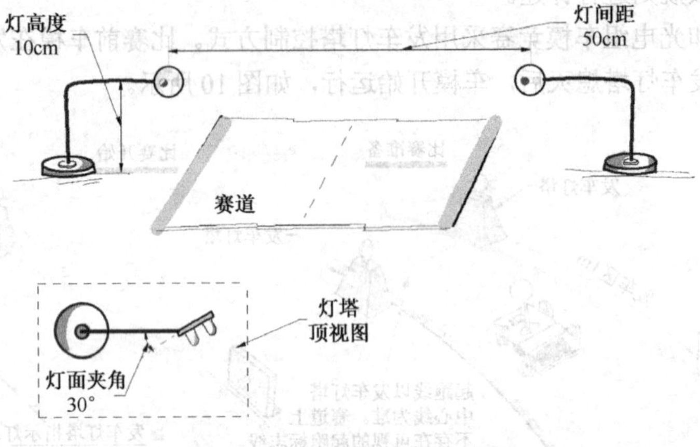

图 12 发车灯塔底座结构示意

当选手发车时，车模的任何部位不得越过灯塔所在的起始位置。在发车灯塔前 1m 处的赛道旁安装了计时系统光电传感器。计时从发车灯塔熄灭开始，当车模返回通过计时系统的光电传感器时结束。

为了完成比赛，车模除了要能够识别赛道之外，还要能够检测发车灯塔上的脉冲灯光。这可以通过简单的光电传感器来实现，也可以使用 CCD 进行检测。

摄像头组和光电组的比赛分为以下 4 个阶段。

1. 起跑阶段

车模在发车灯塔前 1m 起跑区内静止，此时车模任何部位不得超过发车灯塔中心对应的起跑线。当灯塔灯光熄灭后，比赛计时系统开始计时，车模需要在 5s 内冲过起跑区域，此期间的车模延迟时间计算在比赛成绩中。如果车模未能在 5s 内冲过起跑线，则算作车模冲出赛道一次，重新开始。

2. 比赛阶段

当车模冲过起跑线在赛道上运行时，发车灯塔在 LED 熄灭 5s 后重新点亮，为车模到达终点做准备。

3. 冲刺阶段

车模运行到达终点附近，在尚未通过计时系统光电传感器之前检测到发车灯塔上的 LED 脉冲灯光，此时车模应该准备减速慢行，直至通过计时系统光电传感器。

4. 停止阶段

当计时系统光电传感器检测到车模通过时，比赛计时结束。同时，发车灯塔上的 LED 灯光熄灭。当车模检测到 LED 灯光熄灭时，应该立即停止。如果车模停止在发车灯塔前，比赛正常结束；如果车模未能停止在发车灯塔前，比赛时间加罚 1s。

新赛道元素——直角转弯

延续第九届竞赛中电磁组出现的直角转弯，第十届竞赛中 3 个组别都出现了直角转弯。

在直角弯道两边距离 1m 处，赛道上有宽度为 10cm、长度等于赛道宽度的黑色标识，用于光电平衡组和摄像头组检测以提前减速（见图 13）。电磁组比赛中也可能出现折角弯道。折角弯道的角度可能是直角，也可能是大于 90° 的任何角。折角弯道前没有任何标识。

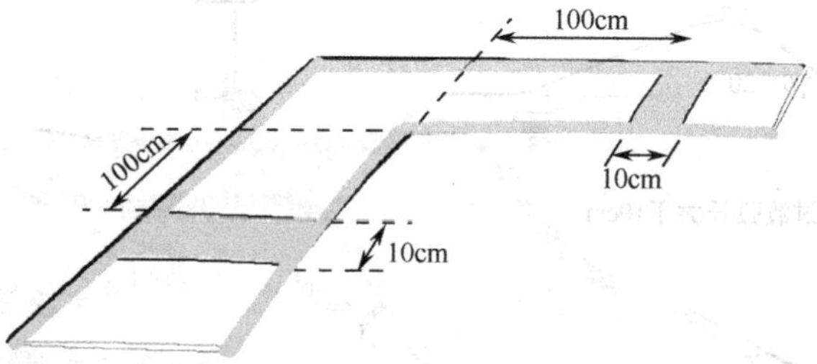

图 13 直角转弯赛道元素示意

新赛道元素——中心线

第六届之前的竞赛，都采用中心引导线的赛道。从第七届竞赛开始改为双侧引导线。在第十届竞赛中，结合这两种引导方式出现了新的赛道元素——中心线。

在赛道中会存在若干段以中心线为引导线的路段。中心线是宽度为 25±5mm 的黑线。每段中心线的长度不超过 2m。中心线只会出现在直道或者弯道上，距离赛道中的十字路口、坡道、直角弯道、路障有 1m 以上的距离（见图 14）。

赛道元素改动——障碍

赛道障碍一般为对称楔形体，长、宽、高分别为 30cm、10cm、5cm。路障内侧边缘距离赛道中心线为 5cm（见图 15）。

电磁组没有赛道障碍。

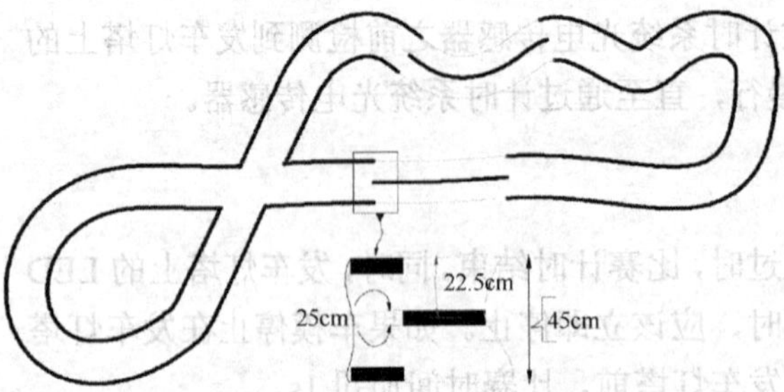

图 14　中心线赛道元素示意

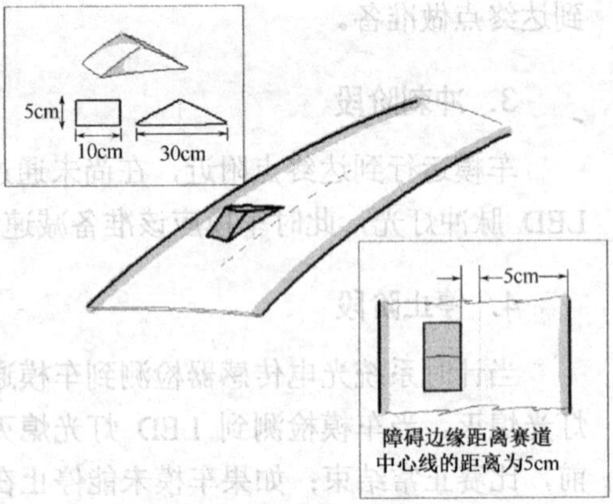

图 15　障碍赛道元素示意

赛道元素改动——不对称坡道

坡道的坡度不超过 20°。坡道可以是不对称的。坡道的过渡弧长大于 10cm，坡道的长度、高度没有限制（见图 16）。一般情况下坡道的总长度为 1.5m 左右。电磁组的引导线铺设在坡道表面。

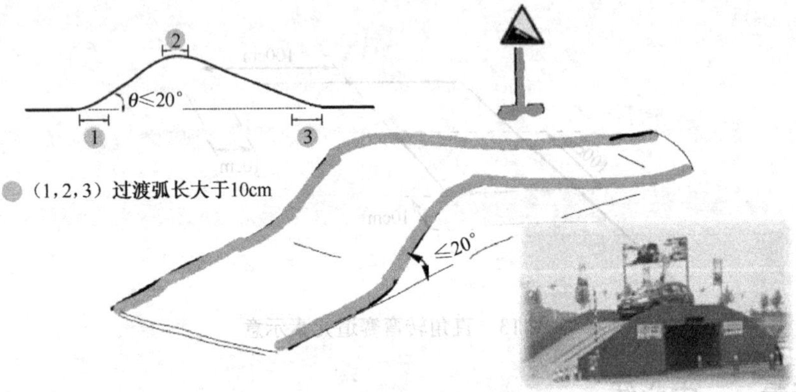

图 16　不对称坡道赛道元素示意

参考文献

[1] 卓晴，黄开胜，邵贝贝，等. 学做智能汽车——挑战“飞思卡尔”杯[M]. 北京：北京航空航天大学出版社，2007.
[2] 张毅刚，等. 单片机原理与应用设计[M]. 北京：电子工业出版社，2008.
[3] 胡汉才. 单片机原理及其接口技术（第 2 版）[M]. 北京：清华大学出版社，2004.
[4] 张鑫. 单片机原理及应用[M]. 北京：电子工业出版社，2005.
[5] 郭天祥. 新概念 51 单片机 C 语言教程——入门、提高、开发、拓展[M]. 北京：电子工业出版社，2009.
[6] 霍顿. C 语言入门经典[M]. 北京：清华大学出版社，2008.
[7] 张阳，等. MC9S12XS 单片机原理及嵌入式系统开发[M]. 北京：电子工业出版社，2011.
[8] 王宜怀. 嵌入式系统原理与实践：ARM Cortex-M4 Kinetis 微控制器[M]. 北京：电子工业出版社，2012.
[9] 王宜怀，陈建明，蒋银珍. 基于 32 位 ColdFire 构建嵌入式系统[M]. 北京：电子工业出版社，2009.
[10] 卓晴，黄开胜. 基于 S12 单片机的循迹车模视觉系统设计与优化[J]. 电子技术应用，2008， 109-111.
[11] 李仕伯，马旭，卓晴. 基于磁场检测的循迹车模传感器布局研究[J]. 电子产品世界，2009，16（12）：41-44.
[12] 黄友锐，曲立国. PID 控制器参数整定与实现[M]. 北京：科学出版社，2010.
[13] 刘金琨. 先进 PID 控制 MATLAB 仿真（第 3 版）[M]. 北京：电子工业出版社，2011.
[14] 冈萨雷斯. 数字图像处理（第 3 版）[M]. 北京：电子工业出版社，2007.
[15] RCFANS. 数码舵机和模拟舵机[OL]. http://www.rcfans.com.
[16] 米本和也. CCD/CMOS 图像传感器基础与应用[M]. 北京：科学出版社，2006.
[17] 飞思卡尔公司. http://www.freescale.com.cn/university.

[18] 恩智浦竞赛组委会. 电磁组竞赛车模路径检测设计参考方案. www.smartcar.org.cn.
[19] 全国大学生“恩智浦”杯智能汽车论坛. http://www.znczz.com/.
[20] 第七届“恩智浦”杯全国大学生智能汽车竞赛北京科技大学摄像头组技术报告.
[21] 第七届“恩智浦”杯全国大学生智能汽车竞赛北京科技大学光电组技术报告.
[22] 第七届“恩智浦”杯全国大学生智能汽车竞赛中南民族大学电磁组技术报告.
[23] 全国大学生“恩智浦”杯智能汽车竞赛官方网站.

反侵权盗版声明